祖先

 后浪

ANCESTORS

The story of China told through
the lives of an extraordinary family

一个家族的千年故事

Frank Ching

[美] 秦家骢 ——著 舒逊 曼予 ——译

北京联合出版公司
Beijing United Publishing Co.,Ltd.

献给我的

母亲　秦昭华
妻子　胡红玉
儿子　秦　彬

出版前言

本书作者秦家骢从他的 33 世祖、出生在 1049 年的秦观开始，叙述秦家历代祖先的生平，一直写到 1959 年他父亲去世。同时，以秦氏先祖的个人命运为线索，串联起这九百多年间家族的变迁和国家的兴衰。诸如：

身陷北宋新旧党争的秦观，三辞朱元璋聘书的元朝遗臣秦裕伯，"九转三朝太保、两京五部尚书"秦金，权相张居正的亲信秦燿，师从东林党人的明末孤臣秦镛，受清初"江南奏销案"牵连、"三藩之乱"期间在荆襄军前效力的秦松龄，康熙皇帝第九子胤禟的师傅、雍正朝受审入狱的秦道然，乾隆朝首科探花、舍身救父（秦道然）的秦蕙田，面对白莲教乱固守孤城十七天的秦震钧，于 18、19 世纪之交先后在浙江、广东缉拿海盗的秦瀛，经历天平天国之乱、家道中落的秦缃业，善后地方义和团之乱的秦国均（作者的祖父），经手陈其美被杀案、"七君子"案、"远东第一富豪遗产案"，参加过国民会议和制宪国民大会的法界先驱秦联奎（作者的父亲），死在抗日战场上的共产党烈士秦家骏（作者的哥哥）等。

除了大量历史事件，本书还涉及中国古代至近现代的政治、军事、法律、经济、文化、习俗的诸多方面，包括官制、兵制、赋税、科考、诗词、戏曲、服饰、建筑、婚丧，乃至扶乩、测字之事。

1988 年，本书英文版先后在美国和英国出版，迅速获得极大关注。

《华盛顿邮报》《纽约时报》《华尔街日报》《伦敦书评》等报刊杂志纷纷发表评论,《时代》周刊也对作者进行了采访。1993年和2001年,中文的简、繁体版相继出版。2014年,英国广播公司(BBC)和美国公共电视网(PBS)共同出资拍摄纪录片《中国故事》(The Story of China)。纪录片制片人兼主持人、英国著名历史学家迈克尔·伍德(Michael Wood)以秦家骢和本书为切入点,亲自前往无锡拍摄了第一集《祖先》。该纪录片于今年年初播出后,在中英两国好评如潮。

此次重版中文简体版,我们尽力核实、补充、修订了相关史料(包括年代、官职名、机构名、人名、地名等),也重新梳理了译文。同时,为了降低读者阅读上的困难,又增加了相关注释:简短的字词注解放正文括号中,并改变字体以示区别(没有改变字体的为原书括号中的内容);而对相关历史事件的背景、文言典故、文化习俗等的补充说明,则列入每章正文之后的"编者注"。由于本书时间跨度大,内容覆盖广,难免有不足、错讹之处,欢迎读者批评指正。

最后,非常感谢作者秦家骢先生在本书出版过程中给予的各种帮助,尤其是提供了珍贵的图片资料。

服务热线:133-6631-2326　188-1142-1266
服务信箱:reader@hinabook.com

后浪出版公司
2016年6月

目 录

出版前言　1

引 言　寻访九百年前的祖先坟墓　1

香江寄萍踪　1/ 重归故土　3/ 乍见秦氏宗谱　7/ 踏上寻根之路　11/ 终于找到了祖茔！　16

第一章　秦观：浪漫词人　22

忽然一鸣惊人　22/ 官宦之后，有意仕途　24/ 怀壮志，谋救国　27/ 应举未第　31/ 迟来的功名　37

第二章　秦观：屡遭贬谪的失意人　41

卷入滔滔政潮　41/ 京官生涯本是梦　45/ 二弃爱妾，远谪边陲　48/ 死道路，沉冤终平反　52

第三章　秦桧：秦氏家族中的叛徒？　55

此秦非彼秦　55/ 从主战到主和　57/ 诬害岳飞　61/ 荣辱急转直下　63

第四章　秦裕伯：上海的城隍　66

从父宦游大名府　66/ 避居沪上侍老母　68/ 三辞聘书，高风亮节　69/ 城隍屡现神迹　74/ 沧海桑田　76

第五章　秦惟祯：秦氏家族坚实的根　81

离乡另寻生路　81/ 自甘隐世　83/ 吴越春秋在无锡　85/ 秦氏落地生根　88

第六章　秦旭：碧山竹炉的故事　92

老僧转世报恩　92/ 有子仕途上青云　94/ 碧山吟社，十老优游　97/ 竹炉诗画，君臣同爱　99

第七章　秦氏门中的孝子　106

孝道传家　106/ 剜胸舐脓：秦永孚与秦仲孚　107/ 报亲先于事君：秦铠　109/ 子承父风：秦淮　112/ 寻父疗亲：秦开杰与秦凤翔　113

第八章　秦金：学士与战略家　119

清明探祖茔　119/ 不同凡响怀大志　121/ 登科入庙堂　122/ 保卫河南，拊循山东　126/ 巡抚湖广，兴利除害　129/ 出资修建宗祠　132

第九章　秦金："端敏"尚书　135

具疏力争不畏死　135/ 勤于任事，乞身归里　141/ 再起与致仕　143/ 身后备享尊荣　146

第十章　秦梁：梦中预言的应验　151

古墓父子情　151/ 是孝子也是能吏　152/ 入京如履薄冰　154 成也严嵩，败也严嵩　157/ 归田颐养十三载　159

第十一章　秦燿：济世英雄　165

父有令名　165/ 贵人相助　166/ 巡抚南赣与湖广　169/ 弹章交至，黯然下野　173/ 堪人玩味的结局　177

第十二章　秦镛：明末孤臣与哲人　182

东林遗风　182/ 东林党祸　184/ 儒者之宗高攀龙　186/ 父子同从一师　187/ 造福清江五载　188/ 时穷节乃见　191/ 颠沛流离南明朝　193/ 淡泊度晚年　195

第十三章　秦德藻：我父母的共同祖先　199

复杂微妙的谱系　199/ 由明到清　201/ 一族之长　205/ 儿孙满堂，五福齐享　208

第十四章　秦松龄：最年轻的翰林　217

少年得志　217/ 总为浮云能蔽日　219/ 赋闲享野趣　222 重入词林　225/ 御前记起居　227

第十五章　秦松龄：康熙皇帝的起居注官　240

史笔下的圣君　240/ 主考贾祸　245/ 斩不断的皇家缘　247 恬然一老叟　249

第十六章　秦道然：皇九子的师傅　255

入宫教书　255/ 皇子夺嫡　257/ 皇太后之丧　261/ 公私两兼，引火上身　267

第十七章　秦道然：政治犯　271

朝中起狂澜　271/ 初审江南　273/ 顺藤摸瓜，三王遭殃　276 再审北京　281/ 祸延全族　283

第十八章　秦蕙田：探花　288

新朝首科登鼎甲　288/ 伏阙陈情，舍身救父　291/ 随驾谒祭祖陵　293/ 祝寿与奔丧　297/ 秦氏九老传佳话　299

第十九章　秦蕙田：刑部尚书　309

援引律例断疑狱　309/ 经筵论道　311/ 掣派工程　315/ 慎刑章，昭平允　318/ 覆勘惹是非　321/ 叔侄化险为夷　325/ 尽瘁事国，死而后已　326

第二十章　秦震钧：平叛的一时之荣　334

名家子出判临清州　334/ 摄篆遇教乱　336/ 临危受命守孤城　340/ 浴血十七昼夜　343/ 功业在朝，声名在野　350/ 厚施乡邻，遗惠宗族　353

第二十一章　秦瀛：扫荡海寇的按察使　358

身负一门重望　358/ 当值内廷　359/ 除弊政，剿海盗　362/ 两次上书阮抚军　367/ 宽猛相济，急纾民患　372

第二十二章　秦瀛：京城大吏　377

提刑广东　377/ 留京任用献良策　383/ 屡遇疑难案件　386/ 失而复得　389/ 乞病归乡　391

第二十三章　秦缃业：荣登副榜　396

恪遵父训勤治学　396/ 生逢乱世，身如飘萍　399/ 入浙兴

利多 403/ 家道中落暗伤神 406/ 上书李中堂论外交 408/ 忧国忧民忧时 411/ 君子固穷 416

第二十四章 我的祖父：知县秦国均 420

兼祧本宗，捐赀入仕 420/ 志在四方轻别离 421/ 运银累立功绩 423/ 安抚温州民变 425/ 善后教案获好评 427/ 明镜高悬 432/ 爱民丢官，纳妾丧妻 434/ 革命暗潮汹涌 437/ 新政无疾而终 438/ 挥别帝制旧中国 441

第二十五章 我的父亲：法界先驱秦联奎 444

家中宠儿习法政 444/ 闯荡上海滩 446/ 齐人不是福 449/ 讼案坚守原则 451/ 挑战治外法权 453/ 乡人同宗最是亲 458/ 优游十里洋场 460/ 跃登事业巅峰 462

第二十六章 我的母亲：昭华的于归 467

战乱初结缘 467/ 司法革新露曙光 468/ 国民会议修宪法 473/ 相逢惊为天人 476/ 忘年逆伦之爱 478/ 共缔白首盟 480/ 勇战"七君子" 482/ 挺身捍卫人权 484

第二十七章 我的哥哥：共产党烈士秦家骏 489

家变烙下心痕 489/ 烽火少年时 490/ 徜徉银河话剧社 492/ 为爱入党 494/ 早陨的彗星 496

第二十八章 父亲的晚年 499

蜗居海隅 499/ 回归上海 500/ 重抄旧业享盛名 502 豪门恩怨 504/ 识破时局有先见 507/ 荣膺制宪重任 509 山河变色自放逐 511/ 时不我予空悲切 513/ 身心俱病，劳燕分飞 515/ 孤独走完人生路 517/ 再回首，亲情犹在 519

附　记 522

引 言
寻访九百年前的祖先坟墓

香江寄萍踪

我最早的童年记忆是1946年我五岁①时的夏天。那时，我们全家去香港避难。我在一艘驶过南海的客轮上，透过舷窗向外眺望。

我是在香港长大的。中国的孩子大都成长在祖父母、叔伯姑婶、堂表兄弟等家族亲属的环境之中，而我却离乡背井，游离于他们之外。我父亲有三房妻室，当时只有我母亲一房的儿女住在香港，而我父亲的其他子女则留在内地。所以一直到我长大以后很久，我都不知道自己到底有多少兄弟姐妹。

我父亲秦联奎，生于1888年（清德宗光绪十四年），比毛泽东大五岁，比蒋介石小一岁。他成长在政治与社会的动荡时期，正处于中国最后一个封建王朝覆灭，被一个软弱、不稳定的共和政体所取代的时候。他在二十几岁时按自己的意愿娶了一位苏州姑娘曹月恒。他俩养育了六个孩子，三男三女。

但在当时，合乎礼法的婚配应该听凭父母之命、媒妁之言，讲究门当户对，而且一夫多妻又是相当普遍的事，所以我父亲在和他的苏州美人成亲之后，娶了一房正室，名叫许佩华，是他昔日恩师的妹妹。成亲以前，他从未见过她。他的一个姐姐曾经代表男家去相亲，形容她"颇有姿色"。但是拜堂过后，当他掀起新娘的红盖头时，却看见一个长了一对小眯缝眼的容貌平庸的女人。于是没过多久，他便又回到他的初恋美人身边，而他的正室只好独守空房了。

到我父亲和我母亲秦昭华结婚的时候，他早年的两个妻子都已病故了，照中国的说法这叫"填房"。由于我父亲早年的子女和我母亲的年龄不相上下，他们大都不和我们住在一起。因此当我在香港长大时，我只认识我母亲所生的其他子女，以及我父亲第一任妻子最小的孩子家骅。

我上的是一所罗马天主教的教会学校。和香港其他这类学校一样，这所学校的目标是要把中国孩子培养成英国绅士。我们手里摇的是英国国旗，心里仰慕的是大英帝国的荣耀，学着计算的是英镑、先令和便士。当中国的孩子们受着与封建主义、帝国主义残余进行斗争的教育时，我却在中国的大门口、在遭到英国管辖的这片土地上，学习着西方的生活方式。

到我十二岁的时候，我的世界已经缩小到四个人的生活圈子里：一个生病、爱吵架，我称之为父亲的老人；一个经常与他拌嘴，比他年轻很多、性格刚强的女人——我母亲；还有与我年龄最接近的姐姐家德（Priscilla）和我。我是家中最小的孩子，母亲生我的时候，父亲已经五十多岁了。当时我还不太了解，这个脾气古怪的老人居然曾经是中国宪法的制定者之一，并且为了坚持自己的原则，选择了贫困、流亡的生活。1949年，在中华人民共和国成立前夕，他决定既不拥护蒋介石的国民党，也不拥护毛泽东的共产党，于是他关闭了上海的律师事务所，自愿流亡到香港与家人团聚。

父亲在香港度过了他生命的最后十年。他不能从事英国的法律事务，病情日益严重，性格也日益孤僻。我们住在一个比较好的地区一幢三层楼的租赁房屋里，与另一家合用一个厨房。虽然我们家安装了抽水马桶，但我还清楚地记得运粪工人的吆喝声。他们每晚都会来收集邻居厕所中的粪便。我们的邻居和香港的大多数居民一样讲广东话，我们却只会讲上海话。所以，虽然我出生在香港，却没有这个城市的归属感。这种疏离的感觉随着我们家日渐贫困而日益加重着。我们学校允许家境贫寒的学生少交一些学费，学费需按月缴纳。每个月老师都会当着全班的面读出每个孩子所交的数目，我的名字总是排在最后几名，因为我比别的孩子交得少。

重归故土

我渴望舒适、安全和我从未体会过的故土乡情。当时我并不自觉，实际上我早已开始了我这长达几十年的对我们家族的历史细节的探索。只是在若干年以后，我才理解到这是一种遵循中国优秀传统的行为。因为在中国人之间，一个最苛刻的评语就是说某一个人"忘本"。

我十九岁时离开香港到了美国，但在我的新居中，相同的疏离感时刻侵袭着我。我知道驱走这种魔障的唯一办法是探寻自己的根，而我的根埋藏在中国的大地上。

不过，直到20世纪70年代初期，中美关系解冻，我才决定回到中国，与那些我没听说过名字、在许多情况下甚至我不知道他们存在的亲属相认。

我到加拿大渥太华新建的中国使馆去申请签证，尽管我是以私人身份申请入境的，但是由于我当时在《纽约时报》（*The New York Times*）的国外新闻部工作，因而使馆以怀疑的眼光看待我的申请，他们告诉我这项申请需要得到中国外交部的批准。后来，我飞到香港，向中国政府在港代理机构中国旅行社陈情，提出我有作为"同胞"访华的权利。因为我出生在香港，按照中国的看法，尽管香港由英国管辖，它仍是中国的领土。同胞的身份和外国人不一样，同胞不需要入境签证，因为从理论上说，他们不过是从国土上的一处迁到另一处而已。几番交涉之后，我的申请被批准了。我得到了一封"回乡介绍信"。

1973年8月1日，我登上了一列经香港边界罗湖镇开往内地的老式柴油火车。这一年我三十二岁。平静沉稳、穿戴讲究的男男女女，包括外国人和华侨上了头等车厢。因为我是本国同胞，中国旅行社把我安排在了三等车厢。这里的男男女女上车时推推搡搡，把行李和孩子从窗口递进去，他们通常也跟着爬进去，因为狭窄的车厢口已经被堵死了。许多人都挑着扁担，上面晃荡着活鸡、食品篮和其他各种送给内地亲友的礼品，连站台上也很少有能站着的地方。我从人群中挤进去，在车厢口最下面的一级阶梯上站住脚，紧紧抓住把手，以免掉下去。就这样，我随着隆隆的火车缓慢地驶向内地。

在边界，我们跨过了一座将英国殖民统治下的香港与中国共产党执政下的内地分割开的破木桥，一边飘扬着英国国旗，另一边飘扬着中国的五星红旗。跨过这座桥之后，所有乘客就被带到一间大棚屋里接受移民与海关官员的询查。

盘问我的那个人不厌其烦地询问我的背景、工作、亲属和朋友。他让我掏出口袋里的所有东西。我的一个口袋里装了我在香港遇到的几个人的名片，盘问我的人对他们所有人都极其关切。他也问及有关我父母与兄弟姐妹的情况。对于我的回答，他全部记了下来。然后他又以不同的方式，将同样的问题从头再问了一遍。于是这场盘问又进行了一个小时。

最后，他终于认定我不会对中国的安全构成什么直接威胁，允许我通过了海关，但我带的一些香港报纸却被没收了。

和我从香港到边界的经历相比，前往广州的旅途是愉快的。这次我坐上了中国唯一一列装有空调的火车。它行驶于深圳与广州之间，专为外国人而设。我坐在舒适的软座上，浏览着广东省内的绿色田野滚滚而过。扩音器里播放着《东方红》的曲调。这首赞美毛泽东的歌曲在"文化大革命"期间十分流行。

当火车最终驶进广州站时,扩音器里还传出了感谢乘客协助列车工作人员胜利完成他们工作任务的话语。

离开香港以前,中国旅行社曾建议我住在广州的华侨饭店,可是当我抵达那里时,服务台后面的年轻女接待员却告诉我饭店已经客满了,而且她还拒绝为我介绍另一家饭店。"香港同胞一般都住在亲戚家里,"她说,"我们只接待国外华侨。"我一下子窘在那里了。我是以同胞身份入境的,却因此无法入住旅馆。如果我坦白告诉她,我实际上是从纽约来的,又恐怕会引起别的麻烦。但我别无选择。于是我拿出自己的美籍身份证明,向她解释说,虽然我是香港同胞,但住在美国。接待员的态度一下就变了。这次她告诉我不但有房间,而且还可以选择。最好的房间十美元一天,有浴室、电话和电扇,我就住下了。

第二天,我怀着急切的期待,登上了飞往上海的班机,我将从那里开始寻找失散已久的亲属。

我有我舅父秦开华的地址,但我和他并没有见过面。他和我母亲的关系一向不密切:他曾经因为我父母是远亲,反对过他俩的婚姻。但在1973年,这个舅父是我和国内所有其他亲属的唯一联络点。我从一张街道地图上找到他家的地址,为了避免招摇,决定步行前去那里。到他家门口时,我轻轻叩打房门,尽量不想引起邻居的猜疑。当一个只穿着背心裤衩的瘦削老人出现在我面前时,我意识到这就是我的舅父。我说明我是昭华的儿子秦家骢,他挥挥手把我招进屋里。穿过一间摆了一张木床的阴暗屋子,我们走进一间小客厅。当时正值盛暑,天气十分炎热。我们面对面落座以后,谁都想不起来该说些什么。最后,舅父打开电扇,直冲着我吹起风来,而他自己则用一把老式的蒲扇扇风。然后,他把我介绍给他的妻子和他们十六岁的女儿。

说来也奇怪,在这些陌生人的面前我有了一种回到家里的感觉。我跟他们讲起国外的亲属,以及他们各自的工作情况。告别以前,我邀请他们次日晚上到我入住的饭店吃晚饭。

第二天，我接到服务台的电话，说有客人在大厅等我。我下楼以后却发现我的亲戚和饭店职员争执起来了。原来饭店职员坚称他们每一个人都需要提交身份证明，并且如果他们不在三联单上完整地填写他们的姓名、家庭地址、工作单位、与被访者的关系，就不允许他们上电梯到餐厅去。晚饭过后，我想请他们到我的房间坐坐，可电梯操作员又拒绝让他们上去，说他们没有得到许可。回到大厅，我们被告知只有旅客的父母和子女才允许进入房间，其他客人只能在大厅接受招待。几经交涉，又填写了一份登记表，我的亲戚才被特许上楼。不用说，从此以后他们再也不来看我了。

但是，他们在自己家迎接了我。那段时间，我几乎每天晚上都和舅父、舅母待在一起，并且从他们那里，我了解到许多我做梦也想不到的关于中国和我们家族的事情。

离开上海之前，我为舅母买了一份生日礼物。我到只对外国人开放的友谊商店，买下一块中国名表送给她。我也送给舅父一些我带来的小玩意儿。他回赠给我一只小玉兔。这是他祖父传下来的、由他保留至今的几件东西中的一件。玉，对中国人来说，不仅仅是一块珍贵的宝石，人们通常把它当作避恶驱邪之宝。所以，舅父送给我这只玉兔，在一定意义上是把自己的一部分交给了我。

我从上海北上到北京，发现这两个城市存在十分鲜明的对比。上海是令人感到压抑的，作为曾经的世界性大都市，它华丽的外壳——那些西式风格的建筑物，在被人们忽视了四分之一个世纪后，已经逐渐倾圮了。北京是壮丽的：雄伟的长城蜿蜒在城北，广阔的天安门广场置身城中心——"文化大革命"初期，毛主席在这里检阅了数以百万计的红卫兵。还有长安街这条建于15世纪明代的大街，其宽阔足以容纳超过十车道的车辆通行。北京整个城市都传递给人一种历史感，透露出它是一个古老但仍然生机勃勃的文明的中心。

这次中国之行虽然短暂，却令我兴奋不已，它标志着我多年向往和梦想的实现。通过此行我所了解的有关祖国的情况，要比我通过多年阅读所知道的多得多。更重要的是，它使我产生了一种急于想去填补我对家族的空白印象的使命感。

乍见秦氏宗谱

第二年，即1974年7月，我又一次动身前往中国。这次我参加了一个香港旅行团，在毗邻香港的广东省停留一个星期，参观了广州、佛山和中国领导人常去的夕照温泉。

一个星期以后，旅行团返回香港，我则去上海探望舅父一家。到达之前，我先发了一封电报通知他，但是由于不习惯发中文电报，我竟忘了填写发报人姓名。因而，那天晚上当我登门时，他露出了出乎意料的神情。

"噢，是你呀，"他说，"我还以为是你母亲呢！"我感到他有些失望。

尽管他俩有些嫌隙，可是母亲多年来对他的心意还是软化了他，他很渴望能再和她见上一面。所以当那封未署名的电报到达后，他费了很多心思，买来酒、鸡和其他难以买到的食品，准备办一次家宴庆祝他们的团聚。

吃过晚饭，我提议和他下一盘象棋。我知道他是爱下象棋的。下完一局，他靠在椅背上瞧着他的妻子，略带几分感慨地说道："我做梦也没想到，昭华的儿子会来和我一起下象棋。"

舅父和我母亲再见一面的愿望终究没有实现。次年，舅母写信告诉我，他因肝病逝世了。失去了和故土的这一联系后，我急于寻找生活在内地的异母兄长，便向住在台湾的异母姐姐家娟探询。当年我们迁到香港时，她还留在上海。她给了我一个叫毛训询的上海人的地址，说我可以写信问他。于是我写信给毛先生，告诉他我是谁，可等了几个月却一封回信也没有。直到一年后我才知道，原来这个毛先生已经死了，而他的妻子对我们家的事情一无所知，提供不了任何线索。

1976年1月8日，周总理在长期身患癌症之后逝世了。他的病故使全国陷入悲痛绝望之中，终于在同年4月5日爆发了"天安门事件"。过了5个月，毛主席于9月9日逝世。几个星期之后，他的妻子江青和政治同僚王洪文、张春桥、姚文元，以组织"四人帮"篡夺权力的罪名被捕入狱。

此时，我已从纽约调到香港，作为《亚洲华尔街日报》（*The Asian Wall Street Journal*）的记者，经常前往中国。也正因为工作的关系，我得以随时赴内地和台湾采访。1978年底，我去了一趟台湾，向家娟和她的丈夫何品衡话别，他们已决定移民澳大利亚和女儿团聚，因为他们的女儿嫁给了澳大利亚一家餐厅的老板。一天晚饭后，家娟拿着一个装满旧书的大塑料袋从里屋走出来，一面交给我一面说："我保存的时间不短了，该是交给你这个儿子的时候了。"

袋子里装着的，是父亲1959年去世时留下的书籍和文件，是他为数不多的遗物中的一部分，由家娟收存并保管了二十年。我小心地打开塑料袋，注意到其中的三本书，两本是民国时期国民政府的官方刊物，上面印有父亲作为国民大会代表时的姓名和照片。

第三本是宣纸印刷的老式线装书，封面上印着手写体书名：《锡山秦氏宗谱》。

这本线装书记载了我家三十三代祖先的名讳，绵延九百多年，上溯到11世纪的秦观。我父亲和我母亲出于同族，都是这位宋代（960—1279）著名大词人的后裔。从我父亲这边计算，由秦观到我共传了三十三代，而从我母亲这边计算，到我则是三十四代。

当这本无锡秦氏家族的谱牒②刚交到我手里时，我并没有意识到谱系之书在今天有多珍贵。但是没过多久，我就发现了，即使在过去的年代，也只有名门望族才有历代宗谱传交下来。

宗谱的作用在于给本族成员灌输以家族为荣的心态。如果家族里出了一个大富大贵之人，他的亲属几乎都能蒙荫受惠；同样，如果一个人失势被黜，他的家族也都要受到牵连。

在过去，更有因一人获罪而使全族受戮之事。最重者，甚至要遭到诛九族的严惩，即诛其本人、父、祖、曾祖、高祖，子、孙、曾孙、玄孙，并株连他们的兄弟姐妹、配偶和后裔。诛九族的实际含义，是指灭其高祖以下、玄孙以上的满门大小。清初学士庄廷鑨修《明史辑略》，内多触讳之语，为清廷侦知，遂成大狱。时廷鑨本人及其父庄允城已死，诏令发墓焚骨，诛其全家，并累及其他学士家族。此外，凡作序者、校阅者，刻印及买卖此书者俱斩。牵连致死共计七十余人，其余被发配边疆。

大多数中国人和西方人一样，只知其父、祖等直系长辈，即使家族有谱牒沿传下来，也鲜少能追溯二三百年以上。

修宗谱需要做大量组织工作。每一个家庭都要记录其男性成员的生卒年月日，相比之下，女性成员仅生年在册，因女儿不能传宗接代，故记载从略。而我们家的宗谱还记有女儿的名字及其出嫁的人家，但不像男人那样详述生平。唯一的例外是"节妇"，一般为早年丧夫，甚至婚前丧夫的孀妇，她们坚持不改嫁，尽其余生孝敬已故丈夫的父母。

本族各家要为修宗谱提供生卒婚嫁的记录，而生平事迹一般相当简略。其中包括：名，为某某之子，字与号，官阶，功业，著述，生卒年月日；妻室姓名，为某某之女，籍贯，生卒年月日；子女取名；葬于何地。

载入宗谱的男子意味着他已被接受成为本族一员，那些被认为有辱家族的人则会被除籍。一个明显的事例是秦起。他是早期共产主义运动的组织者之一，也是1927年蒋介石在上海发动反共"清党"时，在无锡被处决的七人中最重要的一人。他的首级被割下来，挂在城墙之上，用以恫吓群众，不得参加共产党。我不清楚自己和他究竟是什么样的亲属关系，因为我们家最后一次修订宗谱是在他死后一二年，而他的名字没有出现在宗谱里。当时下令处决秦起的人是秦毓鎏，也是秦氏家族一员。他是国民党要员,曾经追随孙中山组织过反清运动。而他也是本族宗谱最后一版的主要编纂者。

潜心家族史反映了中国人对自己的家族感到自豪,同样也反映了他们对中国文化与文明感到自豪。然而到 19 世纪,当中国一再被西方列强欺凌,大部分国土被欧洲各国瓜分,成为它们的势力范围时,中国人的自豪感也遭到了毁灭性的打击。国家的落后昭然若揭,使中国人从盲目自满中觉醒了。许多具有革新思想的中国人转而求助于西方的科学、民主思想,来医治国家的病症创伤。他们抛弃了传统的价值观念,宗谱也因此被视为封建残余。1949 年,中国共产党取得政权之后,这种古老的做法几乎消亡殆尽。

许多仍留存在私人手里的宗谱,也在"文化大革命"中遗失了。年轻的红卫兵在毛主席"破四旧"——破除旧文化、旧习惯、旧风俗和旧思想——的号召下,把他们认为是原剥削阶级的残余物一概付之一炬。许多人因为害怕遭到迫害把祖传的谱牒自行销毁了。这些损失不论对个人还是对国家来说都是无法衡量的。西方的目录学家曾在 20 世纪 30 年代到 40 年代之间搜集了许多这类文献,所以今天美国有名的大学都藏有相当数量的中国宗谱,其中一些已在中国找不到了。

我们家族的许多家史材料也因"文化大革命"而被销毁或散失了。一些族人因为害怕狂热的红卫兵发现他们保留祖先的画像和宗谱,就自行将之焚烧了。但有一位亲属冒着遭受迫害的危险,保存了几页详列本族最近几代成员情况的材料。我就是从他那里第一次得到了我父亲和我祖父的家传[③]。我的祖母著有《明秋馆文集》《明秋馆诗集》两卷诗文,她的所有子女都存有复本。"文化大革命"以后,除去其中一卷的复本被保存下来成为孤本,其他各卷本都下落不明了。这个孤本是我一位族兄避开红卫兵珍藏下来的,后来他热情割爱,送给了我。

踏上寻根之路

1978 年 12 月 15 日，美国宣布承认中华人民共和国政府为中国唯一的合法政府，并决定撤销在外交上对台湾当局的承认。

我和其他十几名主要以香港为基地的美国记者一起，在该年 12 月底飞往北京，报道中美正式建交的新闻。五个月后，中国政府允许四家美国报纸——《华尔街日报》《纽约时报》《华盛顿邮报》(The Washington Post) 和《洛杉矶时报》(Los Angeles Times) ——在北京开设办事处。我被《华尔街日报》选派为驻华记者。

1979 年 6 月，我飞到北京，在首都当时最高的、拥有十八层楼的现代化建筑物——北京饭店的一个房间里设立了《华尔街日报》的办事处。这是一个令人兴奋的时代，中国正处于戏剧化的变化之中。人们长期被压抑的情感爆发了，街头出现了非官方的出版物和大字报。毛主席的一些指示，曾被奉为最神圣的信条，如今也得到了更正。此外，政府签订了几十亿美元的商业合同。我作为一名记者，报道着中国数十年来最重要的一段时期，而在空余的时间里，我也挖掘着家族背后的历史。无论打电话、写信，还是见一些人，每一次接触都带给我新的激励。我甚至见到了因遭受政治迫害而在监狱里蹲了二十多年的两个同父异母的哥哥。他们于 1979 年秋获释，是邓小平开明路线的受惠者。

在我刚开始探索过去时，并不知道自己要寻找什么，因为我不了解究竟有些什么材料留了下来。在一位中国目录学家的建议下，我查阅了美国哥伦比亚大学东亚图书馆所珍藏的中文善本古籍，终于发现一套刊印于 1873 年（清穆宗同治十二年）的十二卷本的《锡山秦氏宗谱》，载有按时代为序排列的本族重要成员的传记。其中最精彩的一卷是 11 世纪宋代词人秦观的年谱。我们家族大约每五十年修一次宗谱，最后一版完成于 1929 年，共计十七卷，而我得到的那一版正是这十七卷本的一部分。此后，又花了我七年工夫才把这套宗谱找全。

当我读到我那从未在无锡住过的父亲，竟然也参加了这套宗谱的编纂工作时，我多少有些意外：多么牢固的家乡观念啊！

当我被介绍给一位住在无锡的族兄时，我了解到了更多关于本族的情况。这位名叫秦志浩的族兄，是我在无锡血缘最近的在世亲属。我们俩是同出一个高祖的三从兄弟④。在中国，三从兄弟是划分近亲与远亲的界限。远亲不参加吊丧，而在"五服"⑤之内的亲属，包括三从兄弟是应该服丧的。透过这位性格沉稳的七十来岁的族兄，我了解到我们家族虽然较过去大大削弱了，但即便是在新中国成立后，还仍然在名义上存在着，并且事实上为政府所承认，直到"文化大革命"爆发。

古时候的中国，几乎所有大户人家都有自己的祖宗祠堂，一个保存宗谱和按时令祭祀先祖的地方。我本想去参拜一下建于16世纪第六箭河河畔的秦氏祠堂，但是第六箭河的河道现已荡然无存。族兄志浩告诉我，早在民国时期，这条河道就被填平了，改建成无锡市东西向主干道之一的崇宁路。现在他就住在这条街道上。据他说，曾经有个时期住在这条街道上的人几乎全姓秦。他还说，毗邻他家的大房子就是秦氏祠堂。

我绕着历代秦氏族人祭祖用的这幢建筑物转了一圈。它的面积很大，比附近的房子大一倍多。旧时，一跨过门槛就会看见一块巨大的木制牌匾，上面写着"淮海宗祠"字样。门槛两边各安放一块抱鼓石，佐以两根木柱，表现出稳定、坚毅的气派。再往里去又是一道由一对石狮拱卫的大门。

而现在，从外观上已经看不出这幢房子原来的使命了，因为里面住满了十几户人家。但在室内的橱柜和其他家具的后面，还依稀可以看见一些刻字的石板。不过由于住户们在石板上涂了油漆，上面的文字已难以辨认。我还发现在一个角落的墙壁中，镶有一块纪念一个并非姓秦而是叫王野舟的人的石板。他原是胡埭（今无锡市胡埭镇）的一名地方官吏，与我们家约二十三代以前、最初到无锡定居的祖先相结识，并将三女之一许配给了那位祖先。由于王野舟没有子嗣，秦氏家族便将他列入族谱予以祭祀。

经过岁月的侵蚀和"文化大革命"的浩劫，这座祠堂原来的一切布置，包括木制的祖先牌位、陈旧的画像，以及两顶我祖父使用过的轿子，都已荡然无存。我仔细察看了各家的家具用品，希望能发现一些遗物。结果什么也没找到。

回到北京，我常到中国最大的图书馆——北京图书馆（现中国国家图书馆）去。在那里，我发现了迁移到中国其他地方去的秦氏家族支脉的宗谱。我还发现了大量的我们锡山秦氏家族成员的作品，被辑成各种各样的诗文集。当时经常陪同我到图书馆去的，是我的中文老师林正忠。他是一位儒雅的学者，帮我译释文言材料。由于影印很不方便，我们花了许多时间坐在光线不足的阅览室里吃力地抄写材料。连我的司机小于也主动参与进来，他还到书店帮我寻找对我可能有用的书籍。

在1984年到1986年间，我还花了很多时间埋头在藏有明（1368—1644）、清（1636—1911）两代约一千万册典籍的中国第一历史档案馆里。在这里，我找到了本族成员写给皇帝的献诗，以及涉及本族官员的敕旨和奏折。

多亏我的司机小于的发现，我注意到上海《文汇报》（1982年7月26日第2版）上刊登的一则新闻：宋代词人秦观泗泾支脉后人的宗谱在上海郊区一农民家中被发现。

我很高兴，立即请求住在上海的亲属去那个农民家进行查访。我无法亲自跑一趟，因为我是外籍华人，尤其还是记者，未经特殊许可是不能去中国乡间的。碰巧在这个时候，我的老朋友、电影制片人孙小玲发现上海人供奉的城隍正是秦观的八世孙秦裕伯，那里还有一座供奉他的庙。

我随即飞往上海，发现原来秦裕伯就是属于泗泾支脉的。《泗泾秦氏宗谱》里有一幅他的画像，以及14世纪他与明太祖往来的信札。秦裕伯死后被皇帝敕封为上海的城隍。后世传言他曾拯救过当地黎民免遭屠杀，还惩治了杀人凶犯。我在上海老城区参观了他的庙，但失望地发现，这座庙宇于1927年重建后已改为一座百货商场，原来供奉在庙内的他的塑像已无踪迹。

在上海的时候，我从亲戚们那里得知：还有一个人也在追查秦观及其后裔的历史。此人名叫朱熙元，是秦观故里高邮的文化干部。我给高邮县打了电话，经过一番周折终于找到了他。他告诉我，他曾为了搜集有关秦观和他众多子孙的材料，前往全国各地翻阅图书馆文献、研读古代碑文、寻访墓地。

又过了几个月，我们才在上海见面。第一次见面已是深夜，我们坐在他的床上，一起谈论着秦观、秦观的后裔、秦氏宗谱，以及我在家族中的位置，而他给我的感觉就好像他是我们家族的一员似的。事实上，朱先生的知识主要来自自学，他是一个富有感情的人，为高邮产生秦观这样的才子感到非常自豪。

第二天，我们一起吃午饭时，朱先生告诉了我他的研究工作情况。他去过秦观的儿子秦湛定居的常州，寻访这位词人后裔的踪迹。在那里，他遇到了许多祖籍高邮的秦姓农民。他也去过无锡，并找到了许多古墓和碑文。

他脑子里的故事多得很。其中之一是说，一个有钱人想要入籍名门，宗族长者给他规定了三个条件。他愉快地接受了前两个条件：一是要捐献五十亩稻田，二是捐助两百石稻米。但第三个条件难住了他：他将被视为本族最小的成员，要孝敬其他所有族人，包括婴儿在内。

朱先生建议我提出访问高邮的正式申请，他说如果我能受到地方领导的正式欢迎，他做我的向导就容易多了。我照着他的话去做了，并且很高兴我的申请得到了批准。当我在政府招待所登记时，朱先生也陪同在侧。出于习惯，我在登记表的访问目的一栏里填了"搜集材料"，朱先生马上替我改为"拜谒祖居"。

那天晚上我受到了很高规格的接待，高邮的领导几乎全部出席了欢迎我的宴会。我感到自己被当作他们中的一员，有一种宾至如归的感觉。后来睡觉时，我感觉异常温暖，倒不只是喝了当地烈酒的缘故。

可是第二天一早，我就体验到了现实的另一面。我被领到前一晚饮宴的同一个餐厅，独自一人吃早餐。在我用餐时，朱先生来了，但他谢绝了和我同桌吃饭的邀请。不仅如此，我在高邮剩下的日子里都是单独用餐的。我曾恳求朱先生和其他人陪我一起吃饭，均无结果。因为我是外国人，需要和普通民众分开。

虽然如此，但朱先生和高邮的其他官员还是给了我各种各样的帮助。他们把我带到一座名为文游台的楼台前，向我展示这里是拟议中的秦观展览馆的馆址。当我登上了数级石阶，一幅不可思议的景象豁然入目：房间的四壁从上到下满是书法碑文，包括秦观本人、他的两个弟弟（秦觌、秦觏）和其他宋代学士的真迹。我对高邮有关部门如此用心地保存了这些碑文感到非常惊异。

他们还带我乘船沿着古老的大运河航行，并向我指点一块约有一条街见方的区域，当地人称这里是"秦家大院"，尽管这里已经没有秦姓住户了。

我在高邮的最后一天，朱先生赠我一首他所写的诗，以纪念我此次访问。在诗中，他对我重游祖先故里之行不吝赞美之辞。由此可见中国的吟诗传统直到今天仍在延续着。

高邮之行激励我更加努力地探寻秦观的后裔。于是，我又访问了秦观之子秦湛定居的常州和常州城外的洛阳镇，这个镇的两千人口有三分之二姓秦。我作为同宗族人被介绍给了许多乡民，其中包括一位八十多岁的医生和一个年轻的农民。这些人都知道自己属于族系中的哪一代。有些人甚至还拿出了不知如何在"文化大革命"的浩劫中幸免于难的宗谱。我拿起一册，上面写着《毗陵秦氏宗谱》。毗陵是宋代常州的称谓。

当我问他们祖居何处时，几乎我遇到的所有秦姓族人都回答是位于常州与无锡中间的"秦村"。正是从这个村子里走出一个名叫秦惟祯的青年，去到了无锡。而他就是今天被供奉的秦氏无锡支脉的始迁祖。所以洛阳秦氏与无锡秦氏都出自在常州落户的宋代词人秦观之子秦湛。

终于找到了祖茔!

　　1980年11月,我参观了无锡的秦氏故园——寄畅园。在寄畅园的入口处,我看见一块带有裂缝的木牌,上面写着简体的说明性文字,开头为:"明正德年间(1506—1510)秦金所建,称'凤谷行窝'。万历二十七年(1599),秦燿改建,易名'寄畅园'。"⑥

　　我知道秦金是第一个修辑秦氏宗谱的人,却从未听说过秦燿,后来才知道他是我的十三世祖。

　　木牌后面的文字描述了园内的景致,并说明北京颐和园内的"谐趣园",就是18世纪清帝乾隆南巡回京后仿"寄畅园"所造的。⑦

　　离开无锡的时候,我就决定了还要回来。第二年,我与姐姐家懿(Julia)、姐夫韦尔·奥克斯托比(Well Oxtoby)一起再次来到无锡。他俩都执教于多伦多大学宗教哲学系,此次来中国是为了度蜜月和休假。但家懿不仅是一个哲学家,也是一个历史学家,正是她建议我们到无锡惠山⑧去寻访秦观的故冢。我对约九百年前死去的人的坟墓至今还会存在,是持怀疑态度的,但仍同意了加入这场探寻之旅。

　　我们在一个风光明媚的秋天,抵达了位于上海西北方向的无锡。当地旅行社的一位姓吴的先生接待了我们。当我们说想要寻找一座12世纪的坟墓时,他甚是惊讶。他向无锡博物馆寻求帮助,那里的一位老人说他曾在书中读到过秦观葬于惠山二茅峰下。于是,我们驱车来到无锡西郊,停在了惠山脚下,开始了长途登山之行。

　　家懿向当地的一个农民打听,问他是否知道秦观墓所在。"不要浪费口舌了,"吴先生说,"他连秦观是谁都不知道。"和我们交谈的其他当地人,有听说过一个"秦大坟",但不知道它究竟在什么位置。吴先生陪着我们一起攀陡坡、穿竹林、跨沟坎,几个小时之后,他突然吆喝了一声：他看到远处另一座支陇上有一些坟墓。于是我们跑下山，驱车来到靠近那些坟墓的一个地点，然后重新开始攀爬。但是当我们终于到达那里时，却大失所望：所有的坟墓都是比较近代的。

吴先生和我决定继续往上爬，家懿和韦尔则落在了后面。渐渐地，连吴先生的热情也减退了，只剩下我一个人踩着松动的石头和沙砾，艰难地往上爬。最后，我也气馁了。

下山时，我发现家懿和韦尔遇到了一个老人。老人说他虽然不知道秦观墓在哪儿，却知道这个地区其他秦氏成员墓地的位置。他把我们带到一处有几块墓碑的地方，奇怪的是墓碑上一个字也没有。老人拾起一块石头，在其中一块墓碑的表面打磨起来。只见碑上的灰泥一片片脱落，露出了碑文，显示这个墓的墓主是一位清代的官员。老人解释说，在"文化大革命"期间，红卫兵要掘掉被认定为封建恶霸的坟。当地农民为了防止刨坟掘墓，便上山来把这些墓碑都涂上一层灰浆，这样红卫兵就无法辨认是谁的坟了。

老人发现了一块平摆在地上、不同寻常的墓碑，上面刻有许多小字碑文。我们用湿叶子和口水擦净表面，辨认出一部分文字。原来，这座坟是秦氏家族一个成员的妻子的。我们终于发现了一个先人的安息地。无奈天色已晚，我们不得不终止这次搜索。

一年以后，我的姐姐家瑛（Alice）从纽约动身访华，这是她离开中国三十年来首次回归故里，并且她也表达了寻访祖先墓地的愿望。

于是，1982年的某天清晨，我们在家驹大哥——也就是我父亲的长子——的陪同下，乘上了开往无锡的火车。当我们抵达惠山脚下时，我们决定先直接爬到山顶再慢慢走下来。上山的路把我们带到惠山三峰之一的头茅峰。头茅峰山势陡峭，山顶上有一座古庙，现已变成一个出售无锡特产，诸如泥塑"小阿福"之类的礼品店。

我们询问那里一位七十多岁的老售货员是否知道秦观墓的位置，并且解释说我们是秦观的后人。他告诉我们，他知道一座古坟就在附近，但他离不开商店，不能带我们过去。我有些急不可待，甚至想把他店里的全部存货都买下来，这样他就能锁上门带我们去了。但家瑛和家驹又和他谈了一会儿，发现他的妻子正在附近的溪边洗衣服，少顷即能回来做我们的向导。当老售货员的妻子回来并知道我们的请求后，似乎并不急着去。她不慌不忙地把湿漉漉、卷起来的衣服一件件地从水桶里取出来，抖开然后晾在晒衣绳上。我们猜想她这么做是想知道，如果她帮了我们这个忙会得到什么报酬，于是我们让她在这一点上放心。在上路之前她的行动是如此迟缓，一旦动了身，这位七旬老妇的步履竟相当矫健。我们从头茅峰下到山谷又爬上二茅峰，那里建有一个电视中继站。老奶奶从那个位置蜿蜒下山，到半山腰时她用手一指。

我们看见一圈堆砌的石块，似是一道石墙的遗迹，中间矗立着一方石碑。由于无路可寻，茂盛的荆棘草莽又暗藏危险，不仅纠缠我们的裤袜，还掩盖了沟坎坑阱，所以我们只好小心翼翼地一点一点挪近那方白色的石碑。

而这果然是一块历经几百年风雨侵蚀的墓碑，上面刻着四个大字：秦龙图墓。看到这几个字后，我想我们恐怕是闯到另一个姓秦的人的墓地上了。但大哥说龙图是官衔，不是名字。于是我拿出秦观的传记，一经对照，果然发现1130年，在秦观死后的第三十个年头，他被南宋朝廷追赠为"直龙图阁"[9]。我们真的找到我们祖先的坟墓了。

当我们依次站在这块墓碑后拍照留念时，我在兴奋之余也感到一丝凄凉。这座坟墓的发现，标志着我从三十年前还是一个香港小男孩时开始的探寻，已走到了最高点。

后来，我写了一篇关于我们发现宋代词人之墓的文章。这篇文章先是被刊登在《华尔街日报》的头版（1983年2月2日）上，而后迅速被翻译成中文，在中国各地转载。海内外对这件事的兴趣不断增长，到1984年，中国政府指示无锡地方政府立即准备修复这座坟墓。这项工程也在1986年得以完成。于是，那年秋天，中国学者齐集秦观故里高邮，举行了秦观学术讨论会。所谓三十年风水轮流转。秦观这位屈辱而死，仅享身后哀荣的传统词人，第二次得到了承认，这一次为他恢复名誉的是中国共产党。

【编者注】

① 作者所述年龄，英文原版以实岁计算。但中国旧日习惯使用虚岁，为使人物年龄与宗谱、年谱和证件上记载的年代相符合，本书征得作者同意，决定依辈分区分：凡作者祖先及父母的年龄，本书皆改为虚岁；而作者及其兄弟姐妹的年龄，则维持不变，仍为实岁。

② 中国古代记录氏族世系的资料，最早称为牒和谱，谱牒合称是稍晚的事。牒是以简单文字记述帝王的世系和行事；谱起源于周代，是由"旁行邪上"的线条所组成，用来分别帝王、诸侯间的远近亲疏关系。谱牒类文献在历史上曾有多种名称，如家谱、族谱、宗谱、祖谱、宗系谱、宗簿、家史、家乘、家牒、家志、家记、族系录、族姓昭穆记、族志、房从谱、诸房略、百家集谱、世录、世家、世本、世纪、世谱、世传、世系录、世典、世牒、世恩录、支谱、本支世系、枝分谱、帝系、玉牒、辨系录、列姓谱牒、血脉谱、联宗谱、合谱、真谱、源派谱、系叶谱、述系谱、渊源录、源流考、氏族要状、中表簿、维城录、谱录、房谱、近谱、会谱、统谱、通谱、总谱、家模汇编、乡贤录、会谱庆德编、私谱、传芳集、清芬志、本书、大同谱、家传簿等。

③ 在中国古代，谱与传是分开各自为书的，到明代才合而为一，举凡家人的碑铭志状、行述年谱，都常常汇编为家传，待他日修谱牒时再摘要录入其中。有的家族在谱牒里又为族中男子有德行者别立"列传"，族中女子有懿行者别立"内传"，族中嫁出女子有懿行者别立"外传"。有时还附印族中名人的画像以示先生形象，或刊印故事图画以表彰先人的光荣功绩。

④ 在中国古代的亲属关系中，父之兄弟称伯叔，伯叔之子称从父兄弟，又称从兄弟，俗称堂兄弟。父之伯叔称从祖祖父，俗称伯祖、叔祖；从祖祖父之子称从祖父，俗称堂伯、堂叔；堂伯叔之子称从祖兄弟，又称再从兄弟（从堂兄弟）。祖父之伯叔是族曾祖父，族曾祖父之子是族祖父，族祖父之子为族父，

族父之子为族兄弟（指狭义而言），又称三从兄弟。三从兄弟以外的同宗兄弟，依共祖情形依序递增为×从兄弟，即广义的族兄弟，仅为同姓之亲，已无服属。

⑤ 五服：旧时丧服有五个等级，按照生者与死者亲属关系的亲疏，由重而轻分别有斩衰（衰即缞，音同崔。以最粗的生麻布做成，断处外露不缉边，服期三年）、齐衰（以粗麻布做成，断处缉边，服期依关系远近而不同，或为三年、一年、五月、三月）、大功（以粗熟麻布做成，服期九月）、小功（以较粗熟麻布做成，服期五月）、缌麻（以疏织细麻布做成，服期三月）五种名称。五服之内，即同出一个高祖为亲，如在五服之外，就不再是亲属，即《礼记·大传》所谓的"六世亲属竭矣"。

⑥ 寄畅园在1860年（清文宗咸丰十年）太平天国之乱时已毁，今园内建筑物为后来重建，但水池、假山、亭榭的布置尚保留旧貌，其中假山是清初张鉽（著名的假山匠人张南垣之侄）的作品。该园呈南北狭长形，面积不大，约十五亩，西倚惠山，南望锡山，地形西高东低，环境幽美，又得惠山泉水，汇为曲池。全园格局以水池"锦汇漪"和池西的假山为中心，池东、北两面布置亭廊厅榭，近以惠山为背景，远以锡山龙光塔为借景，使园林的人工景物和自然的山水风光浑然一体。

⑦ 颐和园，中国现存最大的皇家园林，前身为1750年（乾隆十五年）建造的清漪园。1860年（咸丰十年）被英法联军焚毁。1886年（光绪十二年），慈禧太后挪用北洋海军军费，再次兴建，作为起居、理事、游憩之处，并易名为"颐和园"。颐和园位于北京西郊，由万寿山（原称"瓮山"，1751年［乾隆十六年］为贺皇太后六旬圣寿而改名）、昆明湖（原称"瓮山泊、西湖"，建园后，乾隆皇帝借汉武帝在长安开凿昆明池一事而改名）、宫殿区三部分组成，共有建筑三千余间。谐趣园，位于昆明湖东端、万寿山东麓，仿无锡惠山脚下的寄畅园建造，原名"惠山园"，1811年（嘉庆十六年）重修后改名。嘉庆皇帝在《谐趣园记》中说："以物外之静趣，谐寸田之中和，故名谐趣，乃寄畅之意也。"

⑧ 惠山位于无锡西郊，素有"江南第一山"的美誉，主峰三茅峰高328.9米。惠山古称历山、九龙山、冠龙山。相传西域僧人慧照曾居于此，亦名慧山。昔日其峰有九起，蜿蜒如龙，自东迤逦而西下。每一峰下有一坞，分别为白石坞、桃花坞、担钩坞、王家坞、宋坞、马鞍坞、望公坞、仙人坞、

火义坞（亦称火鸦坞）。

⑨ 直龙图阁：官名，直通值。龙图阁，宋真宗咸平元年（998）建，用以收藏太宗皇帝御书、御制文集与典籍、图画、宝瑞之物、属籍、世谱等。真宗景德元年（1004）置"龙图阁待制"，四年置"龙图阁直学士"；大中祥符三年（1010）置"龙图阁学士"，九年置"直龙图阁"，皆以他官兼任。待制、直学士、学士为侍从职，分别是四品、从三品、正三品；直阁为贴职，正七品。凡久任馆职者必选直龙图阁，作为升任待制的基础。俗称直龙图阁为假龙。按某些文献上载秦观为"赠龙图阁直学士"或"赠龙图阁学士"，有误。

第一章

秦观：浪漫词人

忽然一鸣惊人

1074年，在一个寒冷的日子里，一个年近四旬的男子莅临扬州大明寺^①。他头戴乌纱帽、身穿朝服，携带与他官职相称的少数随从。他就是后来名扬海内的大家苏东坡。苏东坡，原名苏轼。从取名为"轼"可以推测其父苏洵盼望他成为远见卓识之人，因"轼"者乃古代车厢前用以远眺的扶手横木。其字为"子瞻"，也有高瞻远瞩之意。但苏轼后来是以苏东坡之名传世的。那时他刚在宋朝第二大城杭州做了三年通判。虽然他才三十八岁，却已在京城开封和各州府为官十五年，并以词人、才子之名誉满全国。

当他走进大明寺平山堂时，抬头见墙上有人题诗一首，墨迹未干。这首诗的诗风，乃至书法均与自己的相似。能如此贴切地模仿自己风格的神秘人物究竟是谁？此人又因何题诗于此呢？

后来，苏东坡以此事告知其故交孙觉，孙觉静听不语，遂即以诗词数十首交付东坡，说道："此乃吾友之笔墨，请君鉴赏。"

苏东坡读后为诗作之风采所动，甚感惊异。随后恍然大悟道："向书壁者，定此郎也！"

苏东坡猜对了。孙觉告诉他，作诗之人乃自己的高邮同乡，一个默默无闻的学者，名叫秦观。这位年轻后生久慕东坡大名，企求一见。听闻东坡路过扬州，料定他必造访提携过他的恩师欧阳修②在大明寺内所筑平山堂，遂在那里题诗一首以谋一面之缘。苏东坡听后大喜。

此事发生在1074年，宋神宗熙宁六年。[1] 神宗赵顼是建立宋室天下的太祖赵匡胤的曾侄孙。此时的欧洲，黑斯廷斯战役（Battle of Hastings）已结束八年，"征服者威廉"（William I the Conqueror，1066—1087在位）正坐在英国的国王宝座上。

扬州是当时中国最大的城市之一，作为长江下游的主要商港，可凭借长江与内陆及东部沿海地区相通。隋代（581—618）开凿的大运河，贯通长江与黄河，又把扬州与华北地区连接起来。长长的船队把沿海地区和长江三角洲的食盐运送到扬州盐商的手中。由于扬州是如此重要的一个商业中心，所以早在10世纪，就有很多外国商人前来经商，包括波斯人和占婆（Champa，东南亚古国，位于今越南南部）人。两个世纪以后，一个名叫马可·波罗（Marco Polo，1254—1324）的威尼斯商人奉元朝皇帝忽必烈之命治理扬州三年。马可·波罗形容这座城市："它是如此巨大、兴旺，周围有二十七个城市都依附于它。而这些城市一个个也都是非常富庶发达的。"（The Travels of Marco Polo, 1950）

苏东坡与秦观的初次会面开启了他们终生不渝的友谊，苏东坡作为长者给予秦观指导与鼓励，而秦观则报以尊重和赞美。秦观与张耒、黄庭坚、晁补之同为苏东坡的四大门生，史学家称之为"苏门四学士"。在以后的日子里，秦观的政治际遇与苏东坡的进退不可分割地联系在了

---

[1] 1074年本对应宋神宗熙宁七年，但由于西方公历与中国农历的区别，秦观题诗一事可能发生在1074年初、尚未达农历新年的一个日子里，因而此处为宋神宗熙宁六年，而非熙宁七年。有关秦观的生平资料主要来自引言中提到的秦观年谱和王保珍所著《秦少游研究》。——作者注

一起，正如苏东坡本人的政治浮沉与汴京朝中的党派纷争交缠不清一样。

官宦之后，有意仕途

秦观，1049 年（宋仁宗皇祐元年）生，出身书香门第。秦观即将出生的时候，他的祖父承议公（名讳不详）正溯江奔赴南康郡（宋时属虔州，今江西省赣州市南康区）的任所，随行的有他的儿子及怀孕的儿媳戚氏。当他们在长江岸边群山怀抱的九江（宋时属江州，今江西省九江市）停留时，婴儿诞生了。

秦观跟他祖父寓居南康四年，然后全家返回高邮故里。虽然他是父亲的长子，但在宗族同辈兄弟之中排行第七，故称"秦七"。后因其父元化公（名讳不详）心慕汴京太学同窗王观的才学，乃名其子曰"观"，希望他能成为王观那样的学者。

秦观没有让他父亲失望，他自小聪慧过人，六岁入小学前就从其母学会读写。汉字与西方文字一样是从象形文字演化而来的，但与西方文字不同的是汉字并未发展出一套字母，所以学习汉字只能依靠记忆力去强记。一个人要在大约五万个汉字中，至少记住两三千字才能算识字，这也使中文成为世界上最难学习的语言之一。

秦观和他那个时期的学童，以读《三字训》《百家姓》《千字文》开蒙，其中《千字文》讲一千个汉字的用法，且无一重复。秦观从最常用的汉字开始，每天记忆几个字。在学会字音、字义后，他再用毛笔练习书写，用墨砚练习研墨。经过刻苦训练，他的书法日益精进，运笔如神，写出的字似有其自身的神韵。从古至今，中国的书法不仅仅是一门技艺，也是一种艺术，比绘画有着更高的评价。

幼年的秦观，其学习计划包括做文章、练书法和熟读经史子集。到十岁时，他已略通《孝经》《论语》《孟子》《大学》之大义。

秦观从《诗经》中学习中国古诗，其中有些是他出生前两千年的作品。他也背诵唐诗,那些代表中国诗歌创作最高峰的作品。学童们一般都吟诵五言诗,而七言诗是较后期的诗歌形式。直到今天,人们还说:"熟读唐诗三百首,不会作诗也会吟。"

唐(618—907)、宋两代皆以诗闻名。不过在宋代,更灵活的文学形式"词"也兴盛起来了。词,又名"长短句",一般诗是吟诵之作,而词可以唱。事实上,词正是配合曲调填写的。所以人们常说"作"诗和"填"词,而不是反过来。词人很少创作一个新曲调。新词填好后由茶楼、妓院的歌妓来唱。

秦观练习书法翰墨、作文赋诗,在其中引经据典,这些成就使文人学士有别于凡夫俗子。在当时阶级划分得非常清楚的社会里,绝大多数人都是文盲,士位居第一,其后依次为农、工、商等。学而优则仕,政府官员正是从士这个阶层中选拔出来的。成为官员的学士有钱有势,即便退隐后,也在家乡享有非常高的声望。虽然官爵不能世袭,但书香门第之后一般仍是学士。因为这样的家庭比较殷实,只有他们才能供养其子弟长年读书,准备应试;而家境清寒的,便只能带其子弟自幼从事农耕。不过,仍有不少贫农家庭辛苦积攒银两,以便能送出一个孩子去求学,希望他有朝一日能金榜题名,光宗耀祖。

在过去,商人一直是被人瞧不起的,他们常常被看作不事生产,却靠着买卖别人的劳动成果而获利的寄生者。但到宋代,商人的作用已得到广泛承认,连士大夫本身也会偶尔做些买卖。为了寻求体面,发达的商贾常常通过向官府捐赠以买得一官半职,或与官宦之家联姻以取得社会地位。

而从事卑微职业者,如优伶和歌妓,他们与他们的子弟,则连参加科举考试的资格都没有。

士的特殊地位,到秦观的时代已有一千多年历史。中国的第一位皇帝——秦始皇嬴政,崛起于秦,进而并吞六国、一统天下,修筑长城以御北方匈奴,建立秦朝(前221—前206)。在西安附近秦始皇陵[3]周围,曾发掘出数个规模宏大的兵马俑坑[4],由此可以想见当年宫廷的雄伟气势。由于无法忍受人们对他严刑峻法的批评，秦始皇曾下令焚书坑儒。而他原想世袭万代的王朝，在他死后不满三年就覆灭了。秦朝的短命，一直被归因于统治者的残暴不仁。

西方称中国为 China，与秦的罗马拼音 Chin 同源。但中国人称自己的国家为中国，即位于天下中央的王国。有些学者认为像秦观这样姓秦的人，是位于中国西北的古代秦国百姓的后裔，甚至是秦室的皇族子孙。秦始皇原姓嬴，但在秦灭亡后，他的家族改姓秦以避祸。有一种说法是：秦始皇的一个孙子定居在了高邮，是高邮秦氏的始祖，后来逐渐发展成为一个大宗族。如果此说可信，秦观就是秦始皇的嫡系，那么我也与有荣焉。但这仅仅是一种揣测而已。

秦室衰微，群雄并起，争夺天下，最后由一个没有受过教育的起义军首领刘邦结束战乱，建立汉朝（前 206—公元 220）。正是这位出自草莽的平民皇帝，帮助儒生恢复了他们的荣誉。有一则故事叙述汉高祖刘邦是如何为其谋士陆贾说服，相信儒生的价值的。

陆贾常向刘邦援引《诗》（《诗经》）、《书》（《尚书》）。刘邦骂他说："乃公居马上而得之，安事《诗》《书》！"陆贾说："居马上得之，宁可以马上治之乎？且汤（商汤）、武（周武王）逆取而以顺守之，文武并用，长久之术也……乡（向）使秦已并天下，行仁义，法先圣，陛下安得而有之？"

刘邦心中不悦，面带惭色对陆贾说："试为我著（撰述）秦所以失天下、吾所以得之者何，及古成败之国。"

从此，汉高祖就向陆贾学习文武之道了。到高祖的曾孙汉武帝刘彻时，儒家在朝廷的地位已树立稳固，道家之说乃被摒弃。朝廷为了选拔贤士而建立察举制度，这就是世界上第一个公务员考试制度。虽然当时的察举主要还是从贵族家庭的儒生中进行选拔，并且在汉代以后就被废止了，但它为公元 6 世纪建立更系统的科举制度提供了思想基础。

科举考试的形式虽然历经改变，但它培养出了一批具有儒家思想基本价值观的文人。举国上下，人人研读同样的儒家经典，从中学习方正、仁爱、孝顺、和睦等美德。到了宋代，世袭罔替基本被取消，平民和官吏家庭出身的子弟得以跻身学士行列。一直到 20 世纪，科举制度仍是投身仕途的主要阶梯。在 1905 年科举考试废除前，我父亲早年所接受的教育就是为应试做准备。

怀壮志，谋救国

年轻的秦观苦读经书，准备投考。像其他年轻人一样，他也梦想显亲扬名。

秦观的父亲于 1063 年（仁宗嘉祐八年）去世，与皇帝赵祯晏驾同年。这对秦家是一个沉重的打击。元化公本来仕途光明，如今却在三十多岁死去，遗下父母二老与寡妻、三子。十五岁的秦观与两个弟弟秦觌、秦觏按照周代（前 1046—前 256）制定的礼法，必须守孝三年。他们头两天禁食，其后只用粥饭，三个月之内不洗发，以表哀悼。孝服为白色，以粗麻制成，称为"斩衰"，不缝边，破了也不补。丧仪规定，父母死后，孝子须连哭三日，其后三个月要经常哭祭亡灵；一年之后每逢祭典即哭之。三年服满，奏礼乐作为终结。

孝子不论官职大小均须辞官服丧。没有这样做便触犯了刑律。

秦观十八岁时服孝期满。次年，他的祖父按照习俗为他安排了婚事。

因秦观出身书香门第、官宦之家，被认为是最好的择婿对象，所以他的祖父成功地为他说合了高邮首富徐成甫（本名天德，以字行）的长女文美为妻。徐成甫为人孝义，好学问，年轻时聚书几万卷，欲举进士，但其父不许，坚持要他经营家业。于是他立下誓言，日后"子当读书，女必嫁士人"。

按照宋代的婚配习俗，媒人会往来于男女两家，先互换庚帖、合八字，再交换祖上三代的信息，包括为官者的官阶、家中的财产情况。双方言定之后，由男家下聘，抬送两坛美酒，坛上点缀着象征荣华富贵的八朵红花到女家；女家则留下美酒，在坛内注入清水、活鱼，另加一双筷子送回男家。鱼象征富贵有余，筷子意为早生贵子。

成亲前一天，女家遣丫鬟到男家布置新房。男家要给这些仆人送红包，称为"喜钱"。

成亲之日，男家遣花轿、吹鼓手、执事人等到女家迎亲。新娘身着红嫁裳，头戴红盖头，被众人搀扶着坐上花轿，在一路鼓乐声中被抬到她的新家。在新娘下轿的地方，男家早已铺好了红毯。习俗认为新娘过门脚不沾地才是吉利的。待新娘下轿后，会有一个手持铜镜的人走在她前面驱邪，直到把她引入洞房，坐在喜床上。此时，新郎官先拜谒家中长辈，再到洞房把新娘牵出来。小夫妇各持一块心形红绸，在礼堂叩拜祖宗牌位，表示两人共承祖先，同奉宗庙；然后在亲友簇拥下入洞房行交拜礼，象征两人一生相敬如宾。礼毕，宾客们纷纷向喜床投掷果品及钱币，祝贺这对新人今后能多子多孙，富贵满堂。

无论男家、女家都对儿女的成婚大礼十分重视。尽管男人婚后还会再娶一房或几房侧室，而且家人也期望他们那么做，但妻妾的地位毕竟很不相同。妾仅比丫鬟、侍女的地位略高，有些妾本就是陪嫁丫鬟，逐渐开始照顾主人之需后，被收为偏房。因为上等人家的妇女视性为一个禁忌话题，所以许多妻子一般对丈夫纳妾是不甚在意的。

妾的娶、弃都可以不费周章，而休妻却是一桩大事，必须给出正当理由。这些正当理由包括无子、淫荡、不事公婆、口舌、窃盗、妒忌、恶疾等，称为"七出"。与此相对，也有"三不去"的规定。若妻家父母已故，丈夫不得休妻；若媳妇曾为公婆守孝三年，丈夫不得休妻；若丈夫娶妻时贫贱，富贵之后不得休妻。

徐文美嫁给秦观时不过十几岁。其母张氏在生第二胎时病逝，其父的继室蔡氏又生了六个孩子。文美身为长女，自幼便知照顾弟妹。

上等人家的女儿，除了到庙里烧香还愿外，一般不出闺门。即便到庙里去，也要乘坐帘幕遮盖的轿舆。嫁为人妇后，她们以事公婆、理家务为本职。毕竟，妻子不是丈夫自己挑选，而是公婆为之择配的，只有妾才是丈夫挑选的。所以中国人常说娶媳妇而不说娶妻子,从中也可以看出公婆的地位是在丈夫之上的。

文美婚后八年(即 1075 年,神宗熙宁八年),其父去世,年仅四十一岁。她那守寡的继母,在两天之后服毒尽节而亡。当时,秦观已是初露锋芒的学者。他为岳父母分别撰写了说明其生平事略的《徐君主簿⑤行状》和《蔡氏夫人行状》。

撰写行状是文人学士必备的才能之一。除了文学之事,秦观对朝政与军事也甚为关切。他对当时国家在军事上的软弱感触颇深。

在宋以前的几个朝代中,中国的部分领土被北方夷狄侵占。半游牧民族契丹族早在蒙古族之前,于 10 世纪建立辽朝(907—1125),统治七百万汉人为其臣民。他们统治的疆域,延伸至长城以南的燕云十六州,包括幽州(今北京)在内。西方对中国的古称"震旦"(Cathay),正是从契丹(Khitan)这个词衍生出来的。而在俄文中,至今仍称中国为"契太"(Kitai)。

此外,羌族中的一支——党项族,在中国西北部建立政权,命名西夏(1038—1227)。西夏建国前,党项族臣服中原,至 11 世纪初期独立。秦观诞生前七年(即 1042 年,仁宗庆历二年),宋朝为了避免两个好战的邻邦入侵中土,被迫增加输送给他们的"岁币"。

由于辽、西夏与北宋并立,当时中国的北疆变成了战乱频仍之地。尽管宋朝在人数上居于优势,却因为军事上的软弱,不得不每年都向辽与西夏献纳银绢以求和。

有些历史学家把宋朝军事上的软弱根源追溯到其开国皇帝——太祖赵匡胤。赵匡胤本为后周(951—960)归德军(治所在今河南省商丘市)节度使,于 960 年奉调出兵阻止契丹南下,行至陈桥驿(今河南省封丘县陈桥镇),其麾下将领发动兵变,把黄袍披在赵匡胤身上,拥立他为帝。宋太祖即位后,有鉴于自身经验,决定采取措施解除禁军将领的兵权,把军事交由文官执掌。他召集拥戴自己称帝的将领饮宴,酒意正酣时,他屏退左右说:"朕昨夜未曾安睡。"

诸将问其缘故。

"这不难了解,"太祖答道,"你们谁不羡慕我的皇位呢?"

诸将闻之大惊,忙叩头表示自己的忠心,说:"陛下何出此言?今天命已定,谁还敢有篡位之心呢?"

太祖答道:"朕不怀疑你们的忠心。但倘若你们当中的一人也在清晨被唤醒,且黄袍加身,他怎能不像我被迫推翻周朝一样推翻宋朝呢?"

诸将争辩说,这种情况实在难以想象,泣问如何才能表明他们的忠心。

太祖说:"人生短暂。幸福是有足够的资财享受生活,并遗给子孙后代。倘若众卿愿解下兵权,退居乡里,置良田美宅颐养天年,难道不胜过生活在危险不测的环境中吗?如此则君臣之间无所猜忌,互结姻亲,上下和睦,共享太平之乐。"

次日,所有参加饮宴的将领均以各种借口辞去禁军职务,引退还乡。太祖兑现诺言,封爵授勋,大加赏赐。

正是出于对另一次兵变的恐惧,宋代君主宁可削弱自己的军事力量,向其北邻屈服以媾和。他们确实取得了非凡的成功:赵匡胤式的兵变在此后的一千年中没有重演。虽然朝代因内部起义或外部侵略而更迭,但军队一直控制在朝廷手里。

秦观婚后不久写了一篇《郭子仪单骑见虏赋》,讲述唐代名将郭子仪平定了一起由回纥酋长仆固怀恩发动的叛乱的经过。他在这篇赋里指出:统一中国主要应靠策略,而非武力。他写道:"固知精击刺者非为将之良,敢杀伐者非用兵之至。"

随着秦观的政治思想日渐成熟,他踏出了早年生活的重要一步——为自己取了一个字。古代的中国文人习惯上有好几个名字。父母取的本名很少使用,只见于官方场合;字在朋友之间使用,以示相互尊重,一般诠释本名的意义或反映本人的志向。此外,当他进入人生中一个有着特殊意义的阶段时,如发表个人文集、就任新职或退隐时,他还可以另取反映自己身份和态度的别号。

秦观给自己取的字是：太虚。几年后，他向朋友陈师道解释他取这个字的用意，说：

> 顾今二虏（指契丹人和党项人）有可胜之势，愿效至计以行天诛，回幽夏之故墟，吊唐晋之遗人，流声无穷，为计不朽，岂不伟哉？于是字以太虚，以导吾志。

以"太虚"来表示宏图大志似乎有点奇怪，但按照当时道家的学说，"虚"并非"无"，而是"气"，亦即"生命力"。因此，"太虚"二字充满了这位年轻人实现目标的精力与雄心。他要振兴国家，收回失地，恢复中国往日的光荣。

应举未第

与此同时，朝中的权力均衡正在起变化。1067年（治平四年），英宗赵曙短暂在位五年后驾崩，其长子——年轻、富于改革思想的神宗赵顼继位。他提拔了性格独特，却有着经世之才的学者王安石入朝，交由他主持几乎全部政务。

王安石怪异的性情在当时是出了名的。他的上级和朋友责其衣垢不换、面垢不洗。有一个故事说：王安石有一次参加御筵，其间宾客须以盘中之食为饵，钓起池中之鱼佐餐。心不在焉的王安石竟把钓饵给吃下去了。

王安石入朝以前，曾在各州府任职二十五年，以其高超的学问和斐然的政绩著称，但他一直不愿入朝为官。此时神宗全力支持他变法，一接手他就提出了全面的改革方案。这些措施遍及朝政的各个方面，包括整顿国家岁入、建立农民贷款制度（青苗法）、稳定物价（市易法），以及改革科举制度等。这些新法受到了保守派官员的强烈反对。

一些素有声望但反对王安石的官员，一个个地辞去职务或被迫贬往各地，甚至当朝御史也不例外。从秦代开始，各朝都设有御史，专司弹劾纠察之职。到宋代，御史甚至可以在皇帝偏离仁政时谏诤他本人。御史任期为十二年，表奏条陈可以不透露其消息来源，且朝廷几乎从不因进谏而加罪他们。御史除了整饬纲纪，并无多少实权。

御史中丞（中央监察机关御史台的长官）吕公著曾得到王安石的举荐，但当他质疑在朝中封杀一切反对新法的言论是否得宜时，他也被解职并贬知颍州（治所在今安徽省阜阳市）。王安石曾清楚地对皇帝表示：他宁可任命没有特殊声望的普通官吏，也不任用才德兼备但妨碍新法实施的大员。

王安石最引起争议的一项改革称为"青苗法"。青苗法本是为了帮助那些春耕时乞诸借贷，直到秋收时才能还债的农民。新法让政府以年利百分之二十四，这种低于民间高利贷的利率借钱给农民，让他们渡过难关。但是这个计划在执行的时候出了问题。地方官吏不管农民是否需要，一律强迫他们货款付利息，否则就关入大牢。同时为了不让官府担风险，官员们又要求富农为贫农作担保。于是民间怨声载道，一些反对新法的官员将这一问题反映到朝廷。他们当中有许多人代表了地主的利益。

一些官员为了抗议新法挂冠求去，另一些则因反对新法遭到罢黜。敢于直谏的右正言孙觉被派去调查。孙觉回报说青苗法执行不当，因此触怒了王安石。尽管他们二人素来交好，王安石还是提议罢了孙觉的官，贬知广德军（治所在今安徽省广德县，"军"是宋元时屯驻军队的特别行政区域），徙知湖州（治所在今浙江省湖州市）。

孙觉的降职使秦观有了进身之阶。孙觉是秦家世交，当消息传出他在吴兴郡（宋时属湖州）需要一名书吏时，秦观求得此职。为孙觉工作使秦观得知朝中复杂的朋党之争，也正是通过孙觉，秦观才结识了日后影响他一生的苏东坡。

苏东坡也反对过王安石，曾上疏皇帝说王安石的新法会引发混乱。

出于报复，王安石便搜集了苏东坡的罪状上奏朝廷。苏东坡主动辞去朝廷职务请求外调。这是他试图躲避朝中政治倾轧的首次行动。皇帝如其所请，派他通判杭州。他在杭州三年任期届满，徙知密州（任所在今山东省诸城市）、途经扬州时，于平山堂墙壁上看到了秦观的题壁诗。

1078年（元丰元年），苏东坡在徐州（治所在今江苏省徐州市）知州任上。这一年秦观三十岁，正赴汴京应三年一次的解试⑥。解试一般在各州举行，因某种原因，秦观是在汴京应试的。也许是因为京师录取的名额要多一些。

不管是什么原因，秦观在进京赶考的路上，在徐州停了下来。他热切地希望见到苏东坡的心情，反映在他写的一首名为《别子瞻》的诗里，其中有两句说：

我独不愿万户侯，惟（唯）愿一识苏徐州⑦。

科举中选对所有士子的前途都是至关重要的，他们当中许多人都准备了多年，甚至数十年。解试中选者称为举人，就有了参加省试⑧的资格。未能中选者可以应下届解试，直至六七十岁。曾有皇帝在召见考生时，发现其中跪着一个白发老人。

皇帝对他说："你一定已经有了许多子孙吧！"

"不，陛下。"他答道，"草民今年七十三岁，尚未娶妻，因忙于应试，未及择偶。"

皇帝对此人深为怜悯，乃下诏把一名宫女许配给了他。

秦观在1078年秋到达汴京。考场设在一个特定的院落，四周高墙围绕，只有一门进出。秦观像其他考生一样，天未破晓便到达考场，他随身携带一个包裹，里面装着笔、墨、纸、砚、水盂、瓦罐、铺盖、考房的帷幕，以及食物。解试分为三场，共需八天。一场未毕，谁都不能离开考场。

考生先在考场外集合，由人领入考场。大门随即封闭，贴上封条，直到一场考完才重新开启，称为"锁院"。所有考生均由士兵进行严格的搜身检查，然后每人发一个号牌，对应一间黄土地面的密室。室内除了三个木板架别无他物，一个放物品，一个当座位，一个做书桌。为了不受干扰，秦观也和其他考生一样在自己的考房前悬起一张帷幕。第一天就这样过去了。

第二天清晨，日出以前，考官公布试题。官员们按照厚厚的白纸答卷卷面上的记录，仔细核对考生的姓名、年龄与相貌。考前登记考生的相貌特征是为了防止考试时有人冒名顶替。从白天到深夜，秦观和其他考生一直在答题。由于王安石变法，也改革了科举考试内容，所以当时的试题不再要求作诗赋，而是集中在阐述经义和评论时务上。和其他考生一样，秦观偶尔起身离座，到门外走廊入口的水缸里取水，或磨墨，或饮用。天黑以后便点起蜡烛继续作答。次日上午，他交了考卷，获准离开考场。第一场考试结束。

休息一天后，秦观回来参加第二场考试，仍是一天一夜。第三场也相同。在他初入考场的八天后，这次磨难总算过去了。但他还要等候成绩发榜，又要一个月的时间。

在这段时间里，书吏们紧张地抄写着所有试卷，称为"誊录"。誊录完再与原文核对。考官只阅抄卷，上面标注号码，不写考生的姓名、籍贯，称为"糊名"。这是为了防止考官认识考生中某些人的姓名或笔迹。通常两位主考官是由京师派下来的，并辅以地方上饱学的官吏。所有考官在发榜以前都要留在考场。把他们在考生未到以前就被锁在考场的时间算上，他们脱离正常生活的时间差不多有两个月。

张榜之时，秦观获悉自己落第了。但他似乎并不沮丧。他加入了苏东坡和诗僧参寥（俗姓何，法名昙潜，苏东坡改为道潜，以字行），一起游览东海岸的优美风景。参寥也是一位大诗人，在当时，无心功名利禄的佛门弟子成为饱学之士的情形并不少见，但是他们不得参加科举考试。此次旅行的目的，苏东坡将赴湖州任所，那是一个新兴的地方，约有十五万户人家；秦观则赶往会稽郡（宋时属越州，今浙江省绍兴市），他的叔父秦定正在那里为官（会稽尉）。这次旅行为秦观提供了一系列诗文的题材。此外，他还得以会晤许多名僧和才子，其中有新任扬州知州鲜于侁，这个人日后将成为他的另一位恩师。

当秦观、苏东坡和参寥游览到太湖之滨的无锡县（今江苏省无锡市）时，他们登上了惠山，并在山清水秀的静谧环境中互相以诗词唱和，谁也不曾料到就在数周之内，他们当中的一人会身陷囹圄，面临杀身之祸。苏东坡与其友在湖州分手，就任知州。秦观与参寥继续云游。他俩还未走出多远，便听到了苏轼以藐视朝廷之罪被捕的消息。

问题似乎在于，到任后的苏东坡在循例谢恩的奏章中流露出了对当政朝臣的轻蔑，其中有一段讥讽之辞说：

> 伏念臣性资顽鄙，名迹堙微，议论阔疏，文学浅陋。凡人必有一得，而臣独无寸长。……〔陛下〕知其（其，自称）愚不适时，难以追陪新进；察其老不生事（暗指"新进"生事），或能牧养小民。

与苏东坡等保守派对立的新党，认为"新进""生事"等词不是对他们的直接攻击，而是对重用他们的皇帝的间接指斥。他们逮住这个大好机会，火速采取行动，以此为把柄弹劾苏轼欺君妄上。苏轼因而被捕，解往汴京，史称"乌台诗案"。⑨

苏东坡入狱随即成为新党攻击旧党领袖的先声。他们对苏轼本人和包括孙觉在内的苏轼密友均奏请处决。除了摘引《湖州谢上表》，他们又"钻研"苏轼所写的其他百余首诗词，从中找出罪证，指控他借古讽今，谤讪朝廷，影射皇帝。（借古讽今是中国知识分子直到20世纪60年代还在使用的古老手法。著名历史学家吴晗写了一部关于明朝嘉靖皇帝的剧本《海瑞罢官》，却被林彪、江青、康生等人指控为对毛主席的攻击。对这部剧本的批判和对吴晗的迫害成为"文化大革命"的导火索。）

乌台诗案的审理结束后，神宗拒绝了处死苏轼的上奏，改判贬谪黄州（治所在今湖北省黄州区）任团练副使。按照株连家属的原则，其弟苏辙也遭到降职、贬谪。

秦观和参寥听到苏轼被捕下狱的消息后，立刻赶到吴兴郡打听情况，但他们又不能与打击苏东坡的势力抗争。在无能为力的情况下，两人遂继续云游。秦观到太湖西山岛（今属江苏省苏州市金庭镇）参拜了禹王庙。大禹是传说中的圣王。据说他曾以超人的力量疏导洪水入海，挽救了中原免受洪水之灾。抵达越州后，秦观成为知州程公辟（本名程师孟，以字行）的座上客，住蓬莱阁内。他的一些传世词作就是在这段时期内写成的，其中包括有名的《满庭芳》：

> 山抹微云，天连（一作"黏"）衰草，画角声断谯门。
> 暂停征棹，聊共引离尊。
> 多少蓬莱旧事，空回首，烟霭纷纷。
> 斜阳外，寒鸦万点，流水绕孤村。
>
> 销魂，当此际，香囊暗解，罗带轻分。
> 谩赢得，青楼薄幸名存。
> 此去何时见也，襟袖上，空惹啼痕。
> 伤情处，高城望断，灯火已黄昏。

将近1079年（元丰二年）底，秦观终于又回到了高邮。他起而为苏东坡辩护说："此公之大才虽不能为世所用，其诗文书法堪称绝代。"他还接到苏东坡书信一封，谈到谪居生活说："初到黄，廪入（薪俸）既绝，人口不少，私甚忧之。但痛自节俭，日用不得过百五十，每月朔（月初）便取四千五百钱，断为三十块（份），挂屋梁上，平旦用画叉（张挂画幅用的长柄叉）挑取一块，即藏去叉，仍以大竹筒别贮，用不尽者以待宾客，此贾耘老（本名贾收，以字行）法也。度囊中尚可支一岁有余，至时别作经画，水到渠成，不须预虑，以此胸中都无一事。"

宋代虽已使用纸币（北宋称交子，南宋称会子），但主要的流通货币仍是圆形方孔的铜质钱币，称为"铜钱"。为了进行较大交易，每一千文钱以绳串联，为"一贯"或"一缗"。苏东坡被贬在外四年，家财用尽。于是他在一个废弃的军事驻地旁，觅得一块土地从事农作。因这块土地位于一座山的东坡，故诗人为自己取号"东坡"。

迟来的功名

苏东坡虽遭贬谪，仍继续给秦观关怀和鼓励，劝他以亲老家贫为念，再一次应试。1081年（元丰四年），秦观第二次应解试，这一次是在扬州。他榜上有名，并于次年年初回到汴京应省试。为了成为进士，他还需要连闯两关。第一关是由礼部尚书主持的省试，在开宝寺举行，考生在狭小的禅房应试。省试合格的考生需向礼部呈自传一份。审核人员核对考卷与自传的字迹无误后，将结果上报朝廷。

第二关为殿试。⑩从宋代开始，为了提高皇帝的威信，殿试已成为常制。殿试在殿廷里举行，由皇帝本人或以他的名义命题。考生交卷后，皇帝并不会亲自审阅所有的考卷，而是由考官选出十份呈皇帝御览。皇帝可以改变拟议好的名次。最终，殿试前三名将获赐特殊荣耀，依次称为状元、榜眼、探花。事实上，一般只要通过了省试，也就通过了殿试。

但秦观失败了。这次落第带给他的打击很大。他回到高邮，彻底反省自己的人生目标。

秦观闭门不出有四十九天。他在写给苏东坡的一封信中说，他正在摆脱尘世的纷扰以恢复身心的清明，加强自身的修养以求得内心的平衡。为了洁身，他成了一个素食主义者。为了从传统文人的追求中逃离出来，他在这段时期内写了一本有关养蚕制丝的专著：《蚕书》。通过观察自己的妻子如何养蚕、缫丝、织绢，他写成了此书。在这部科技著作中，包含蚕卵的孵化、喂食、蜕变、形态学及蚕具制作等内容。

蚕丝是长江流域的重要物产，也是中国最有名的出口商品。罗马人称制作蚕丝的人为 Seres，称他们的国家为 Serica。哥伦布称中国人为 Seres。一直到 16 世纪，西方人才知道所谓的 Cathay（震旦）、China（支那）与 Serica（塞利卡）原来是同一个国家。

经过这番寻找自我之旅，秦观从一个存有幻想的年轻人转变成一个思想成熟的学士。过去他的志向是以天下为己任，现在他的目标是战胜自己。为了反映这种深刻的变化，他又为自己取了一个字。此时，他已不是青年时代那个野心勃勃的秦太虚了。

这次，秦观的字取自汉代不太知名的诗人马少游。照字面理解，"少游"是年轻时漫游的意思。秦观可能决定现在是安定下来的时候了。他对朋友陈师道解释这个字时曾说：

> 今吾年至而虑易，不待蹈险而悔及之。愿还四方之事，归老邑里，如马少游，于是字以少游，以识吾过。

秦观当时不过三十七岁，但他已经有了早衰的迹象。从他改字前一年的画像可以看出：他的须发已经斑白；长长的指甲说明他是一个不事耕作的学士；他的眼神有些凝重，而他的背已经微驼了。

改字说明秦观的人生已经到了一个转折点。只是在恩师苏东坡的劝说下，他才又一次参加了省试。1085 年（元丰八年），秦观在三十七岁之际终于考中进士。青年时代汲汲营营求取的功名，却在他看破红尘，决心追求自身修养之时降临了。进士及第为秦观打开了入仕的大门。此后，尽管他一再尝试逃离仕途，终因分裂宋室江山的各股政治势力的纠缠，未能如愿。

【编者注】

① 大明寺：位于今扬州市西北的蜀岗，邻近瘦西湖。该寺始建于南朝

宋孝武帝大明年间（457—464），故名。因讳"大明"二字，清代改名"法净寺"，1980年恢复原名。寺门外嵌着石刻"淮东第一观"，出自秦观的诗句。自唐代以来，文人墨客如李白、高适、白居易、刘禹锡等人来此，写下许多诗赞美它的景致。唐代高僧鉴真曾在此讲经，以它为法地东渡日本，闻名于世。1048年（宋仁宗庆历八年），时任扬州知州的欧阳修在该寺西南建平山堂，作为吟咏宴饮之所，并于堂前栽植柳树，世称"欧公柳"。

② 科举时代，凡考中举人或进士者，对主考官皆自称门生，并奉对方为师，唐代称座主，宋末已有先生之称，至明清时期则公然谓之座师、老师。此外，对当朝举荐自己的前辈官员，也以师礼事之。按说苏东坡并未直接受业于欧阳修，二人的师生关系乃源于上述两种情形。1057年（宋仁宗嘉祐二年），苏东坡进士及第（"及第"在明、清以前用于考取进士者，明、清两代只用于殿试前三名），主司即为欧阳修。而在苏氏父子三人布衣屏处，未为人知时，欧阳修就游其声誉，谓必显于世。

③ 秦始皇陵：位于陕西省西安市临潼区。陵园于秦王嬴政继位（前246年，秦王政元年）后开始营建，始皇统一中国后扩大工程，征集劳工七十余万，至秦亡尚未全部竣工，前后延续三十余年。1974年初，秦陵兵马俑被发现，随后展开陵园的勘察工作。陵园平面呈南北长、东西窄的长方形，有两重夯土垣墙，每边均设门。陵墓封土位于内垣墙内的南半部，底部近方形，每边长约350米，现高43米。封土之下为地宫，其东、西面各有一条墓道。西墓道中曾出土彩绘铜车马。研究人员曾对陵区及其周围土壤的汞含量进行大规模测试，推知地宫中心含有大量水银，且分布呈一定规律，这与《史记》关于地宫内"以水银为百川江河大海"的记载相符。内垣墙内北部为寝殿建筑群遗址，在内垣墙东、西、南三面墙外有沿墙修建的廊房遗址，为丽山园左右食官居处。外垣东边还有殉葬墓、陪葬坑群及兵马俑坑，西边则有刑徒墓地。秦始皇陵所开创的陵园制度，对其后历代帝王陵园建筑的影响很大。

④ 兵马俑坑：秦始皇陵随葬陶兵马俑的地下坑道建筑。位于陕西省临潼区西杨村西南，西距秦始皇陵东垣墙1公里。约建于前221年至前209年。1974年后发现俑坑四个：一号坑平面呈长方形，二、三号坑分别在其北侧东、西两端，前者平面呈曲尺形，后者平面呈凹字形；四号坑在二、三号坑之间，平面亦呈长方形，是未建成就废弃的空坑。一至三号坑均为土木混合结构，

三坑共出土武士俑八百多个，木质战车十八辆，陶马一百多匹，排列方向全部向东。还有青铜兵器、车马器九千余件。据目前推断，整个兵马俑群应是送葬军阵的模拟，陶俑、陶马宛如真人、真马，其所披铠甲多仿皮甲，不同兵种和官阶装束有别。所执兵器除个别铁镞外，均为青铜冶铸。这批兵马俑是研究秦代军队编制和装备的具体资料，对了解秦代雕塑艺术也有重要价值。1977年已就地建成秦始皇陵兵马俑博物馆。

⑤ 主簿，专掌文书之事的佐吏，是当时士流初仕之途。秦观的岳父徐成甫在熙宁年间曾任将作监（官署名，掌宫室，宗庙，陵寝等土木的营建）主簿五年，后来又改任潭州宁乡县主簿，故以其官职尊称之。

⑥ 解试：或称"发解试""州试"，性质同明清时期的乡试。原为一年举行一次，1066年（宋英宗治平三年）始定为三年举行一次。时间选在是年秋天，由各州进行考试，并将合格的考生解送（选送）礼部，故名。考试及格者称为举人。

⑦ 即苏轼。根据古时的习惯，姓氏加上任所地名，便可以代表做官的本人。

⑧ 省试：亦称"礼部试"，性质同明清时期的会试。原为每年举行一次，后亦改为三年举行一次。时间选在解试隔年的春天，由尚书省下属的礼部进行考试，故名。考试及格者称为贡士。

⑨ 乌台：即御史台。《汉书·朱博传》载："是时，御史府吏舍百余区井水皆竭；又其府中列柏树，常有野乌数千栖宿其上，晨去暮来，号曰'朝夕乌'。"后世遂以御史府为乌府，御史台为乌台。这次冤案的发起者皆为御史台的言官，包括御史中丞李定、监察御史里行（御史台的见习官吏）舒亶、何正臣，故称"乌台诗案"。

⑩ 殿试：亦名"廷试""御试"，指皇帝对录取的贡士在殿廷上亲自策问的考试。在汉代，皇帝亲自策问各地被举荐的人才，可说是殿试的发端。659年（唐显庆四年），唐高宗于大殿亲策举人；690年（载初元年），武则天于洛城殿亲策贡士。但在唐代，殿试尚未成定制。972年（宋开宝五年），礼部试进士科及诸科三十八人，太祖召对讲武殿，得进士二十二人，都赐及第。从此以后，省试之后进行殿试，遂为常制。

第二章

秦观：屡遭贬谪的失意人

卷入滔滔政潮

秦观初次上任的官职是卑微的定海县主簿。定海县位于明州境内，也就是现在的浙江省宁波市（取"海定则波宁"之意）镇海区。当时明州是一个繁荣的港口，其地位比今天的宁波还重要。由日本驶来的商船载着黄金、珍珠和木材；从高丽输入的是纺织品、漆器，以及具有延年益寿、滋阴补阳药效的人参；从南方的交趾即现在的越南输入的是各种香料。这些货物借助大运河又可运往杭州及内陆各城市，所以它是一座理想的商埠。

秦观身为主簿，其职责是辅佐县令，掌管簿记、税收、司法、赈济、颁布法令等民事工作；同为佐吏的县尉及军官等则负责治安、镇压叛乱和缉捕盗贼等军事方面的工作。

秦观的夫人是否被接到任所不详。很有可能她仍留在高邮故里。秦观在定海担任主簿的时间不长，很快便被晋升为讲授[①]，调到汴京附近的蔡州（治所在今河南省汝南县）。但是随后不久，他被卷入政治风波，连续遭受挫折和屈辱。11世纪的中国，正值知识界和政治界大动荡时期。在秦观的青年时代，最大的斗争发生在王安石的改革派与被称为保守派或传统派的松散联盟之间。奇怪的是这两派都宣称他们的目标是要把中国带回古圣先贤的治理时代。中国是有着追溯以往传统的国家，它的哲学家和政治家不断为近世如何背离了过去的理想时代而惋惜。连改革家王安石也为神宗列举传说中的尧、舜等圣王的言行做榜样。年轻时的秦观身为理想主义者曾支持过变法的主张，但他的所有恩师都是王安石的反对者。无可避免地，秦观与他们站在了同一阵线，恩师的政敌也就成了他的政敌。

就在秦观调到蔡州后不久，支持改革的神宗驾崩了。一夜之间，政局便发生了变化。继位的皇帝是年仅十岁的哲宗赵煦。由他的祖母太皇太后高氏（英宗宣仁圣烈高皇后）临朝听政，接管了权力。她不认同自己儿子进行的改革，欲以恢复祖宗法度为先务，于是召回了那些已经退隐的老臣。王安石变法的主要反对者之一司马光被起用为相，遂即废除了一切新法。苏东坡与其弟苏辙，以及秦观的另两位恩师孙觉、鲜于侁都被授予了高位。与此相对，追随王安石的官员或被解职，或遭贬谪，至于理想破灭的王安石则被迫退隐山野，于次年（1086年，元祐元年）病逝。

王安石一派人的失势下台，并不意味着朋党之争的终止。传统派内部因私人交往与地区利益不同，而分裂成不同集团。其中一派以苏东坡及其支持者为中心（简称"苏派"，或以东坡之籍贯称"蜀党"），另一派则以新兴的儒学派别——理学的创始人之一程颐的追随者为骨干（简称"程派"，或以程颐之籍贯称"洛党"）。苏派在解释儒家经典方面带有灵活性，且对探究佛教、道教等其他学说也饶有兴趣；程派则僵硬地坚持儒家正统，斥佛陀为"蛮夷"，批评其抛父别家、断绝尘缘、云游说法为忤逆不孝。程颐任崇政殿说书时，经常以拒绝恶女妖妇的蛊惑等道学家之言教育年轻的皇帝。

即使身处蔡州，秦观也感受到朝廷新的斗争形势的影响。但和他随后几年在京师的情况相比，现在他的官场生活是怡然自得的。他的一些脍炙人口的词便是在这段时间创作的，其中有几首灵感得自与他有浪漫交往的歌妓。在那个时候，文人与官宦经常流连于酒楼歌馆，那里的许多妓女都有很高的文学和音乐造诣。由于上等人家的妇女不在公开场合里露面，所以歌妓便成为官员们酒宴中仅有的女性陪客，由她们来敬酒、诵诗、唱歌、演奏乐器。她们与日本的艺妓有些相似，性方面的服务并不必然包含在她们的工作项目内。但道学家程颐和他那一派人决不与妓女周旋。程派不可避免地要指责苏东坡及其追随者的这些行为。

与秦观交往甚密的一位营妓（唐、宋时军中的官妓）名叫娄东玉（本名娄琬，以字行），现在除了秦观送给她的词《水龙吟》，她的生平已无从可考。这阕词写一位女子目送爱人远去，最后几句是：

花下重门，柳边深巷，不堪回首。
念多情，但有当时皓月，向人依旧。

他给另外一个营妓写了一阕题为《河传》的词：

恨眉醉眼，甚轻轻觑着，神魂迷乱。
常记那回，小曲阑干西畔。
鬓云松，罗袜剗。

丁香笑吐娇无限，语软声低，道我何曾惯。
云雨未谐，早被东风吹散。
闷损人，天不管。

这是秦观的名作之一。从当时的社会风气看，这是一首大胆的色情作品。秦观略作掩饰，暗喻了性爱动作（"云雨"）。那营妓则忸怩地否认她是欢场老手。

有人说秦观的诗与济慈（John Keats，1795—1821）和罗塞蒂兄妹（Dante Gabriel Rossetti，1828—1882；Christina Georgina Rossetti，1830—1894）的诗相似。但中国诗（也包括赋、词、曲等文体）和西方诗发展的道路不同，其作用也不相同。中国诗是抒情式的，与音乐的关系非常密切。西方戏剧和史诗中的叙事特质在中国诗里则很少见。此外，中国诗的节拍，不像英文诗那样以重音节和非重音节的排列为基础，而是讲究押韵与平仄。但最主要的区别也许在于：中国诗是所有文人生活中不可分割的组成部分。因为作诗是通过科举考试所必须具备的才能，而科举又是通往仕途几乎唯一的道路。所以，在过去的中国，每一个文人在一定意义上都是诗人；每一个官员照理都会作诗，许多官员也确实会作诗。

文人作诗词多是赠给朋友、爱人，甚至皇帝的。皇帝本人也作诗。中国人为某种场合作诗的愿望如此普及，连农民在新年和喜庆节日时都在自己的门外贴上对联。自己不会作就托别人代作。朋友之间互相赠诗是流行的做法。接到赠诗的人常常会次韵[②]一首相酬，如果是词则用同调和之。时至今日，老式文人还常常以诗词唱和。

词调是和内容无关的，许多人用同调填词，却表达了完全不同的感情。比如，秦观用曲调《如梦令》填写了一首词：

> 遥夜沉沉如水，风紧驿亭深闭。
> 梦破鼠窥灯，霜送晓寒侵被。
> 无寐，无寐，门外马嘶人起。

八百年后，毛泽东用同一个曲调填写的一阕境界完全不同的词：

> 宁化、清流、归化，路隘林深苔滑。
> 今日向何方，直指武夷山下。
> 山下，山下，风展红旗如画。

秦观是不是一个伟大的诗词创作者？后世评论家有不同的意见。蔡伯世说："子瞻（苏轼）辞胜乎情，耆卿（柳永）情胜乎辞。辞情相称者，惟（唯）少游而已。"但是，金代词人元好问却认为秦观的诗过于缠绵悱恻，贬之为"女郎诗"。

京官生涯本是梦

秦观在蔡州任所时，他在朝的师友一再想提拔他。1087年（元祐二年），苏东坡和前扬州知州鲜于侁以"贤良方正"荐秦观于朝。朝臣举荐官员是一件干系重大的事。如果被举荐的人将来获罪了，他的举荐人也是要受到严惩的。

在王安石主政以前，为了选拔"非常之才"，皇帝会下诏临时举行有"贤良方正、能直言极谏""博通文典、明于教化"等六个科目的制举[③]。只有少数人能通过御试获得这类称号，进而得以迅速晋升，担任要职。但王安石废止了这种考试。如今没有考试，秦观还被举荐为具备特殊才能的人，这份荣耀反而使他成为反对苏东坡的一伙人攻击的对象。结果这次举荐落空了，秦观未被征召。

一年以后，即1088年（元祐三年），朝廷恢复制举考试。秦观作为候选人又一次来到京师，应贤良方正科。考试分为两部分，秦观要分别写二十篇论（即议论文）和三十篇策（即对策，针对皇帝策问的政事、经义等内容，做出回答，献上计策）。文章的主题范围从帝王之道到军事策略，特别是如何防御北方蛮夷的进犯；从朋党之争到财政经济。一般，通过初试的人，要继续参加由皇帝本人主持，或皇帝年幼时由别人以他的名义代行的御试。但是由于程派的政治运作，秦观又遭人"诬以过恶"，指控其行为不道德，虽"了无事实"，他仍被拒于御试之外。

说来凑巧，秦观的舅父李常宁也于元祐三年到汴京应试。在过去三十年间，他履试不中。但是在这一年，他不仅登进士第，而且名列榜首。发榜之后，他得到朝廷许多赏赐，包括绿袍、乌纱帽和牙笏。带翅的乌纱帽标志着他的官员身份，绿袍代表他的官阶（唐、宋时六品或七品官员服绿）。牙笏是在金殿面君的时候捧在胸前，双眼凝视，聆听圣谕用的。李常宁被任命为宣义郎（亦称"宣议郎"，文散官名），签书镇海军节度判官（签书判官厅公事，简称"签判"，宋代于诸州府置，由京官以上充任，掌助理郡务，总领诸案文移等。镇海军节度，指青州，994年［淳化五年］改，治所在今山东省青州市），终于功成名就，赢得一身荣耀。但是没过几个月，他就病故了。

秦观在致舅父的《李状元墓志铭》中写道："君困于科举盖三十年，其得名宦才数月尔。呜呼，何起之难而偾之易邪？"后来的情况表明，这种伤感用在秦观自己的身上也是非常贴切的。

1090年（元祐五年），秦观又应制举策论，被任命为其父曾经就读过的太学的博士，但右谏议大夫朱光庭上疏指控他"素号薄徒，恶行非一"，而被撤销此职。很有可能是因为秦观经常在歌妓丛中冶游，以及他所写的艳词被程派视为毒蝎的缘故。一个月后，皇帝下诏，秘书省校对黄本书籍④可添一员，以秦观充任。这是一个官阶略低而政治上敏感的职位。

秦观居京师五年，从事校对黄本书籍的工作。他享受到了荣耀与声誉，并且得以与一些朝中命官过从。他住在官员特别居住的区域，他办公的衙署位于离皇宫不远的内城禁地。

在汴京居住被认为是一种特权。当时的开封是一个大都市，内城展现出帝都的辉煌，外城充斥着熙熙攘攘的商业活动。在主要道路两旁，贩卖丝绸、贵重珠宝以及各种草药的店铺鳞次栉比。饭馆里备有全国各地风味的佳肴，酒肆是最受欢迎的消遣场所，门首挂着三角形的酒幌。

太学和太庙（天子的祖庙）位于城南，路上满是行人、马车、轿舆、牛车、板车。京师最负盛名的相国寺俯瞰着滚滚汴河。寺庭里挤满了叫卖鸟、猫、狗、盆罐、铺盖等什物的小贩。参禅的比丘尼也来售卖针织刺绣和头饰等物品。后排货摊有书画和香料等物品出售。

汴京以其繁华的夜生活闻名于世。最出名的饭馆兼酒肆是常兴楼，它在汴京设有七十二处分店。饭桌之间以厚帘隔开，便于客人们在酒席宴前招来弹唱的歌女承欢侍酒。人们还可以在城东南角的店铺里购买鹰、鹞等宠物，在厩舍里租借马、骡、驴等牲畜。赌坊自午夜开局，直至次日黎明方歇。

秦观经常与其他官员一起光顾茶楼酒肆。在这些场合中，他填写的词就像如今的流行歌曲一样为人传唱。这些词尤其受到歌妓们的欢迎，经常用来为客人们弹唱。

汴京是一个富裕的都市，秦观身为一名文官，薪俸有限，过不起奢侈的生活。他曾作过一首诗《春日偶题呈上尚书钱丈》来形容他微薄的收入。

> 三年京国鬓如丝，又见新花发故枝。
> 日典春衣非为酒，家贫食粥已多时。

他把这首诗赠给当时的户部尚书钱勰，对方还和诗一首，送了他两袋米。

经济窘迫并不是最困扰秦观的问题，扰人更深的是朋党之争。他的恩师苏东坡为了躲避政治斗争的纠缠，一再奏请改任地方官。1089年（元祐四年）中，苏轼终于获得皇帝批准，外调杭州，任两年知州。

苏轼避居外地后，他的批评者便集中攻击他的追随者，特别是被称为"苏门四学士"的秦观、黄庭坚、张耒和晁补之。当时他们四人都在汴京做编修一类的工作。

时任宰相刘挚的日记里记载了一件事，可以说明1091年（元祐六年）汴京朝中政治倾轧的险恶气氛。先是御史中丞赵君锡向朝廷举荐，把秦观的官职提高一级，升为秘书省正字。不过，属于程派的侍御史

（御史台副官）贾易立刻上疏反对，又是以未被具体说明的"行为不检"为由，说秦观不堪此任。而赵君锡害怕被人指控说他偏袒苏派，马上改变了态度。就在同一天，他上疏表明：

> 臣前荐观，以其有文学，今始知其薄于行。愿寝前荐，罢观新命。臣妄荐观罪，不敢逃也。

举凡上奏朝廷的表章都应该是机密，但秦观却知道了这些内容，可能是宰相左右的苏派官员透露的。次日他拜谒了赵君锡，说贾易正打算以他们那一派人取代赵的位置。他向赵建议："中丞何不急作一章论贾，则事可解。"

但是赵君锡拒绝了。他已决定牺牲秦观来缓和他与贾易的关系。秦观离去后，当天晚上，又有一位朝臣王遹携苏东坡的信札来拜见赵君锡。在这封书信里，苏东坡指责赵君锡在举荐秦观一事上态度反复，他说贾易的反对倒是可以预料的，但为什么赵会如此懦弱，竟被对方吓倒了呢？一个月之后，赵君锡向朝廷另奏一本，指控秦观和王遹试图利用苏轼向他施加压力。

秦观一直等到两年后（即1093年，元祐八年），才经宰相吕大防亲自举荐，擢为秘书省正字。同年，他又兼任国史院编修，负责编纂先朝主张改革的神宗皇帝的实录。在正式上任时，秦观收到了御赐的文房四宝。

二 弃爱妾，远谪边陲

据说神宗在位时的正史，是以极其反对王安石变法的司马光的日记为基础编写的。参修先朝实录的史官倾向于否定变法派当政时的所作所为。因此，国史馆里上上下下尽是司马光和苏东坡的支持者。"苏门四学士"全都参与其事。

秦观年轻时取字"太虚"足见其受道家学说影响,此时,朝中的紧张气氛使他更加深入地埋头于对道教密旨的探索中。无论是过去放荡不羁的生活,还是此后对内心清明的追求,都已使他感到厌倦,于是他决定禁绝肉体上的享乐,过独身生活。这并不一定意味着抛弃他的正室,因为很可能她自婚后一直没有离开过家乡。然而,这确实意味着抛弃他那二十一岁的爱妾——边朝华。

边朝华原是个丫鬟,在她十九岁的时候被秦观收为偏房,当时这位词人已四十二岁。除了秦观对她的热恋和她对秦观的痴情,有关边朝华的身世我们所知甚少。她肯定没有受过秦夫人那样的上流社会的教育,也没有那样的成长环境。但秦夫人和朝华的最大区别是:秦夫人徐文美是秦观奉父母之命娶的妻子,而朝华则是秦观自己选择的爱人。

秦观在纳她为妾的那一天,写下过这样欢乐的诗句:

天风吹月入栏杆,乌鹊无声子夜阑。
织女明星来枕上,了知身不在人间。

秦观和朝华在汴京度过的三年热恋生活,时时被秦观的政治挫折的阴影所笼罩。道教思想给了他一条摆脱尘世折磨的出路。有些道教信徒寻求能让人长生不老的灵丹妙药,另外一些人的要求则没那么高,他们只想探索精神上的永生。为了求得真道,就需少私寡欲。

当秦观决定遣走朝华时,她拒绝离去。秦观赠给她贫穷的父亲银两绢匹,以帮助她另择夫婿。她悲恸欲绝。在与夫君分手的前夜,她痛哭不止,直到天明。为了安慰她,秦观在她临行之际写下这样的诗句:

月雾茫茫晓柝悲,玉人挥手断肠时。
不须重向灯前泣,百岁终当一别离。

然而秦观并没有如他写的那般坚决。二十余日后，当朝华的父亲带着女儿的恳求来见秦观，请词人接纳她重新回到他身边时，秦观心软了。因此在他的政治生命经历长期的波折与坎坷时，朝华又得以随侍在他身边。

朝华回归的同年（1093年，元祐八年）秋天，太皇太后高氏薨逝，其孙哲宗开始亲政。这位年轻的皇帝遵从其父神宗的改革主张，立即起用支持王安石新法的人。为了表示图治之意，他于次年改元绍圣，明令绍述神宗新法。

复职的王安石一派立即着手铲除高太皇太后重用之臣。苏东坡以轻慢先帝的罪名被一再降职，最终被贬至当时最边远的海南岛儋州（治所在今海南省儋州市）安置⑤。秦观等人则以妄自增损实录而获罪。王安石之婿蔡卞建议重修《神宗实录》。据说这次重修是以王安石的日记为本的。由于每次朝臣更换都要重新修史，致使不同党派关于《神宗实录》的准确性之争延续了数十载，直到南宋初年才停止，而那时中原北部已全部沦丧夷狄之手了。

秦观被御史刘拯指控为"只知有苏轼，不知有朝廷"，出为杭州通判。杭州在当时虽为全国第二大都市，但距朝廷已是千里之遥。秦观是在朝华的陪伴下开始这趟长途跋涉的。被逐出汴京这个学术、文明、文化和一切精神生活的中心，对他确实是一次沉重的打击。失去了尘世的荣华后，他又一次想到对精神永生的追求。行程近半，他与一位道士邂逅于淮河之畔。两人进行了一次长时间的论道，结果他又一次下决心实行禁欲生活。他派遣一名随员回到汴京，要求朝华的父亲来接她回家。这一次秦观非常坚决，朝华万般苦求均归无效。从朝华伤心离去的那一刻起，她的下落便无从查考。她可能另嫁了他人，也可能为秦观守节一生，或者，也可能自尽而死。

秦观还未到杭州，就听到汴京传来的消息说他已被再次降职。这次的圣谕，决定让这位曾以驱逐鞑虏、改革政治、振兴华夏为己任的志士，担任处州（治所在今浙江省丽水市）这个小地方征收茶、盐、酒税的税吏。

所有苏东坡的主要门生都遭受了类似的屈辱。在被人夺去了名誉和地位，又自行放弃了朝华的爱情后，处于极端痛苦之中的秦观在处州做了一个梦，这个梦后来被人们解释为他死时情态的预兆。他在梦中作了一阕词《好事近》，睡醒之后立即写了下来：

　　春路雨添花，花动一山春色。
　　行到小溪深处，有黄鹂千百。
　　飞云当面化龙蛇，夭矫转空碧。
　　醉卧古藤阴下，了不知南北。

秦观命运多舛，1096年（绍圣三年），他又被人诬以不称职、败坏场务、谒告（请病假）写佛书而获罪，贬谪到更边远的郴州（治所在今湖南省郴州市）。他在迁徙途中写下《题郴阳道中一古寺壁二绝》，充分反映了他精神上的压抑。其中有几句诗是：

　　哀歌巫女隔祠丛，饥鼠相追坏壁中。
　　北客念家浑不睡，荒山一夜雨吹风。

在洞庭湖畔，他遣人祭祀湖神，祈求自己和南来途中的老母妻小，都能旅途平安。他的祝祷灵验了，他在年底抵达了郴州。1097年（绍圣四年）春，在又一次对遭贬官员的大调动中，他被徙往位于黔缅边界的横州（治所在今广西壮族自治区横县）编管。逾一年，他又被徙往与苏东坡所处的儋州隔海相对的雷州（治所在今广东省雷州市）编管。对当时的人而言，海南岛如此边远，以至于苏东坡用"海角天涯"来描述它的位置。由于他们二人都被约束在贬所，因而这对好友无缘相会，但可互传尺素。谪放期间，秦观写了一系列伤感的诗词，如他在《宁浦书事六首》的第三首中写道：

> 南土四时尽热，愁人日夜俱长。
> 安得此身作石？一齐忘了家乡。

死道路，沉冤终平反

1100年（元符三年）春，哲宗二十五岁无嗣而崩，由其未成年的弟弟徽宗赵佶继位。这一次又由一位年长的妇人摄政。皇太后向氏（神宗钦圣宪肃向皇后）谕令对遭贬官员实行部分特赦，可渐次徙内郡，但不得入京畿。于是苏东坡得以移居大陆上的廉州（治所在今广西壮族自治区合浦县），而秦观则被放还到湖南的衡州（治所在今湖南省衡阳市）。在苏东坡的建议之下，二人相约在徐闻（今广东省徐闻县西南）相会。这是一次感人的故友重逢。

然后这两位毕生交好的朋友分别了，他们都知道今后恐难再有聚首之日。秦观动身前往衡州，但他终究未能抵达目的地。途中，他因伤暑染病在藤州（治所在今广西壮族自治区藤县）逗留，日游光化亭（一作华光亭），酒后醉卧榻上，对从人谈起他曾在梦中作过的一阕词，结尾是：

> 醉卧古藤阴下，了不知南北。

这很像是一句谶语。古藤应藤州，醉卧正是他此时的情态，从人大为惊愕。

他一时感到口渴，索水欲饮。当一名随员持玉盂打回清凉的泉水时，秦观面带笑容抬头一望，溘然长逝，时年五十二岁。

在他死后二年，即1102年（崇宁元年），秦观的名字被列入太皇太后高氏统治时期的一百多名重要官员的黑名单，刻为《元祐党籍碑》

立于端礼门。凡在黑名单上的人和他们的家属均不得进入汴京。次年，诏令全国各州县照样刻石立碑，入碑籍者的亲属及弟子也被排斥在汴京之外。徽宗还诏令销毁苏东坡、秦观等人的文集，焚毁已故宰相吕公著、司马光、吕大防、范纯仁、刘挚等在景灵西宫（1100 年建，用以奉安神宗之御容）的绘像，致使迫害规模进一步扩大。重刻的《元祐党籍碑》被竖立在文德殿门东壁，所列名单增至三百零九人。

1106 年（崇宁五年），彗星现于西方，文德殿门壁上的《元祐党籍碑》被一道闪电劈断。这件异常现象被解释为触怒天庭的不祥之兆。为了免遭天谴，徽宗马上诏令中止了这场迫害。

十年之后（即 1116 年，政和六年），秦观的儿子秦湛出任常州（治所在今江苏省常州市）通判，无锡亦在其辖区之内。在徐文美去世以后，秦湛把父亲的灵柩由高邮迁来，与母亲合葬于惠山一处主子孙昌盛的风水宝地。这座坟墓被弃置多年，正是九百年后被我发现的那一座。

1125 年（宣和七年）年底，宋徽宗被北方金人所迫，让位于其子钦宗。尽管宋朝君臣俯首帖耳，但金人还是在一次大败宋军之后，于 1127 年（靖康二年）春掳走了徽、钦二帝，史称"靖康之耻"。北方的国土，包括汴京在内，都被攻陷了。

宋室皇亲南逃，拥立徽宗第九子赵构为帝，是为高宗，从而建立了历史学家称为南宋的王朝，定都临安（今杭州市）。失去了半壁江山的沉重打击使高宗不得不采取断然措施。他抛弃了前几代皇帝的政策，对太皇太后高氏及她所信任的朝臣进行了死后的追封。

高宗即位之后三年（即 1130 年，建炎四年），他完成了对苏东坡及其门下弟子的死后追封。秦观和其他三位苏门学士被赐予"直龙图阁"的官衔。无锡的秦观墓也重新得到修葺。1803 年（清仁宗嘉庆八年），秦观后裔秦瀛在距其坟墓不远的三官殿（又名"祖师殿"），选屋三楹，刻淮海、少章、少仪（秦观及其两个弟弟）三公像以供奉。据《重修淮海先生墓记（一作祠堂记）》云：

少游墓后古松一株，直干高耸，有巨藤自墓穴中出，周匝数四，已乃施于松上，盖覆其墓，此真"古藤阴下"也。

【编者注】

① 讲授：又称"教授"，负责在地方官学中教导儒家经义、考核诸生。

② 次韵：旧时古体诗写作的一种方式，指依原诗的韵和用韵的次序另作一首相和。

③ 宋沿唐制，在科举考试的"常举"（即常贡举士，在固定的时间、地点开科取士）之外，设立"制举"（即制诏举士，由皇帝亲自下诏，临时设科，以选拔特殊的人才）。

④ 1059年（仁宗嘉祐四年），皇帝下令用黄纸写印正本（秘书省所藏书有正、副本之别，正本专作保藏，亦称"镇库本"；副本供应官员等人使用），以防蠹败。

⑤ 宋制，官员被责降免，轻者称"送某州居住"，稍重者称"安置"，又稍重者称"羁管""编管"，最重者则称"除名""勒停"。均须送至指定地区，并在一定程度上限制其行动自由。

第三章
秦桧：秦氏家族中的叛徒？

此秦非彼秦

20世纪70年代初期，当我在《纽约时报》工作的时候，曾经遭到相当不小的骂名。我写的一篇关于美籍华人社团对北京和台湾的态度有了转变的文章，引起了唐人街居民的愤怒。他们在《纽约时报》、时代广场和纽约市内举行示威，焚烧了一些报纸。唐人街的一家报纸宣称"一个秦桧的后人在作怪"。对不了解中国历史的外国人来说，这种影射会使他们觉得莫名其妙，但一个中国人马上就能了解这句话是在说我不只是个坏蛋，而且是个叛徒。

根据中国的正统史学，秦桧（1090—1155）是典型的奸臣，以叛国通敌之恶名传世。普遍的观点认为：秦桧身为12世纪南宋的宰相，不仅与攻占了宋室半壁江山的金人媾和，而且在此过程中，他还杀害了积极抗金、收复失地的英雄将领岳飞（1103—1142）。几个世纪以来，岳飞的名字代表着勇敢与爱国，而秦桧的名字则代表着奸佞与背叛。

时至今日，在杭州还可以看到秦桧和他妻子王氏的跪像被关在铁栅栏内，遭万人唾骂。1985年年中，当我访问杭州时，还注意到地方政府贴出布告，要求人们从卫生的角度考虑，不要往塑像上吐痰。这对夫妇的塑像永远跪在岳飞的坟墓前面。在旁边的岳鄂王庙（南宋宁宗嘉定年间，岳飞被追封为鄂王）里，供奉着身材大于真人、形象十分威武的岳飞坐像。他身上穿着将军铠甲，一只手按在剑柄之上。高悬在他头顶上方的漆金匾额上，写着他的名言"还我河山"。

当我被唐人街报纸上的咒骂刺痛的时候，我只觉得这是一种无理取闹。那时我还没有掌握本族宗谱，根本不可能确定我和这个叛徒是否沾亲带故。然而，过了一些年头，无论中国国内还是国外的学者都告诉我：一般人都相信无锡秦氏与秦桧之间是有关系的。

在本族最后一版宗谱第一册的《宋元世系图·后跋四》里，我发现了有关我们是否是秦桧后裔的讨论。讨论后边给出了这种说法全无根据的三点理由。

这三点理由是：

（一）秦桧是南京人，现在的南京也有秦氏家族。我们的祖先里并没有从无锡迁到南京去的人。从秦观以下，每一代都有据可查。

（二）秦观的故里在高邮，坟墓在惠山，乃其子秦湛定居常州时，迁葬于无锡的。1206年（南宋宁宗开禧二年），无锡县知县应纯之重修业已荒芜的秦观墓，收其后裔于官学，每月发给银两祭奉先祖。所以在当时无锡秦氏均被视为秦观之后。

（三）根据史书记载，秦桧收养的独子秦熺（本为秦妻长兄王唤的庶子，因嫡母郑氏善妒，出生后即被逐出家门）的后代已死绝。秦桧的曾孙秦钜通判蕲州（治所在今湖北省蕲春县）时，遇金人进犯，与郡守李诚之协力捍卫。城破，秦钜犹领亲兵巷战，死伤殆尽。秦钜归署，赴一室自焚，老卒冒火挽出之。秦钜大呼："我为国死，汝辈可自求生。"掣衣投火而死，其二子秦浚、秦潭皆殉难。所以，根据宋代的官史，秦桧已经绝嗣了。

本族宗谱的主要编纂者之一秦毓钧说，诬陷我们是秦桧后代的始作俑者，是清军入关后的第三个皇帝雍正，他是1723年到1735年间中国的统治者。这个皇帝是在与他的几个兄弟激烈争夺之后才取得皇位的，而他的兄弟日后也都为他们的野心付出了生命的代价。我们家族的一员秦道然，恰好是康熙皇帝第九子胤禟的师傅和府中管领，因而开罪了皇四子胤禛，也就是后来的雍正。结果，他在雍正年间一直被关押在大牢里。皇族中有一个叫苏努的人，曾支持过诸皇子与胤禛争位。有一天，雍正在一份复查苏努子孙应照叛逆例治罪的奏折上朱批道："现今秦道然实系秦桧之后裔，众所共知，伊（第三人称代词，他）则回护支吾，不以为祖，此则恶人之报昭昭不爽甚于国法者也。"一般说来，皇帝的话便是真理。此后许多传闻便把无锡秦氏家族与秦桧联系在一起了。

无锡博物馆馆长顾文璧先生对我说，对秦氏家族这个不公正的附会，任何姓秦的人是无法更正的。"我可以给你们'平反'，"他用了一个现代中国的政治术语说，"我可以写一篇澄清事实的东西。"顾先生果然这样做了。他写了一篇长文章说他认为这种传言不属实，并且解释说雍正皇帝就是造谣者。

不管秦桧是不是我们家族的成员，由于很多人都相信他与这个家族有关，再加上我们家族坚决否认这一点，因此我认为我更有理由把他写入这本追溯家史的书中。

从主战到主和

秦桧是江宁人，也就是现在的南京人。他于1115年（徽宗政和五年），也就是词人秦观去世后的第十五年，登进士第，被任命为密州教授，后来调升到汴京任太学学正（掌执学规、考核诸生），又迁左司谏（掌规谏讽谕），1126年（钦宗靖康元年）升为御史中丞。

当时是一个动荡的年代。拥有广大国土、统治千百万人民的宋朝多年来一直为契丹人所骚扰，与人口仅有七十五万的辽国交战屡尝败绩。但是到了12世纪20年代，原来凶悍善战的契丹人受到中原文化的熏染，军力随之日渐转弱。

就在辽朝国势日渐衰败之时，原先臣属契丹人的女真族首领完颜阿骨打会合各部落，开始举兵抗辽。1115年，他正式建国称帝，以完颜部所居的按出虎水（按出虎，女真语，意思是金）命名，定国号"大金"。①

宋廷乐见宿敌契丹式微，竟不警惕更强大的女真族的威胁，开始与女真族订立盟约联合攻辽。1121年（徽宗宣和三年），十五万宋军攻辽惨败。翌年，宋军第二次攻辽，几乎全军覆没。然后，金人单独攻辽大获全胜。

金人与宋订约归还燕京（即今北京市）一带的土地，宋人为补偿金的损失，同意将输辽的岁币白银二十万两、绢三十万匹转付给金人，又加"燕京代税钱"一百万缗。每缗为一千文铜钱。

然而，这个和约没有维持多久。宋徽宗劝说在平州（治所在今河北省卢龙县）任知州的辽朝降将张觉叛金，并向金索取平州，此举招致金人的大举入侵。

在军事抵抗日趋瓦解的形势下，徽宗禅位给他的儿子钦宗赵桓。金军长驱直入包围了汴京。钦宗被迫与金军统帅斡离不（完颜宗望）媾和。金人提出解围的条件有：割让太原（今山西省太原市）、中山（今河北省定州市）、河间（今河北省河间市）三镇及赔偿金帛数千万。

宋廷对这些要求计议了三天，大多数朝臣都认为只能接受别无选择。但有趣的是，日后被斥为叛徒的秦桧，却在这个当口主张不惜一切牺牲进行抗战。他提出四项军事建议：第一，割让三镇只会增长金人的贪欲，为了争取时间，可先放弃燕山一路（今河北省北部及东北部）；第二，金人生性狡诈，在他们撤退之后须加强我方防卫；第三，会集百官详议，拟定适当的和约内容；第四，拒绝金使入宫上殿，以维持朝廷的尊严，迫使番人就范。

三天之后，宋廷派康王赵构和少宰（即尚书右仆射，北宋末年的宰相之一）张邦昌率领一队人马作为人质在议和期间留在金营。

议和结果为宋朝皇帝同意割让三镇,输黄金五百万两、白银五千万两、表段(袍服用衣料)一百万匹、马牛骡各一万头、驼一千头。

"上述各项是根据汴京城内所有物资开列出来的,将从宫廷、各部以及官宦、市民、佛道寺院等各处搜集。"宋朝使臣对金军将领说,"我方已做到索根剥肤的地步了。"

更令人难堪的是宋朝皇帝还不得不忍受对其本人的侮辱。1123年(宣和五年)的和约多少还算是以平等地位签订的,而在1126年(靖康元年)的和约中,宋朝皇帝却被称为"大金国皇伯父"的"侄儿"。在东方社会的尊卑结构里,这个和约实际象征着宋朝皇帝跪拜在金人征服者的面前。

与金人的媾和没有维持多长时间。几个月后,金军又一次在汴京附近扎下大营。宋廷在恰巧名为"延和殿"的地方召开了御前紧急会议。约有七十余名朝臣建议接受金国的新条件,但包括秦桧在内的另外三十六名朝臣不同意接受。

时不我待,一个月之后金人发动进攻,轻取了汴京。为了巩固地位,金人拟建傀儡王朝,宣示凡赵姓者不得为帝,要求推举宋廷重臣张邦昌取代之。当时已被金兵俘虏的秦桧等忠于宋室的官员坚决反对此举。

秦桧在写给金人征服者的书信上说:

> 桧荷国厚恩,甚愧无报。今金人拥重兵,临已拔之城,操生杀之柄,必欲易姓,桧尽死以辨,非特忠于主也,且明两国之利害尔。赵氏自祖宗以至嗣君,百七十余载。顷缘奸臣败盟,结怨邻国,谋臣失计,误主丧师,遂致生灵被祸,京都失守,主上出郊,求和军前。两元帅既允其议,布闻中外矣,且空竭帑藏,追取服御所用,割两河地,恭为臣子,今乃变易前议,人臣安忍畏死不论哉?
>
> 宋于中国,号令一统,绵地万里,德泽加于百姓,前古未有。虽兴亡之命在天有数,焉可以一城决废立哉?昔西汉绝于新室,光武以兴;东汉绝于曹氏,刘备帝蜀;唐为朱温篡夺,李克用犹

推其世序而继之。盖基广则难倾，根深则难拔。

张邦昌在上皇（徽宗）时，附会权幸，共为蠹国之政。社稷倾危，生民涂炭，固非一人所致，亦邦昌为之也。天下方疾之如仇雠，若付以土地，使主人民，四方豪杰必共起而诛之，终不足为大金屏翰。必立邦昌，则京师之民可服，天下之民不可服；京师之宗子可灭，天下之宗子不可灭。桧不顾斧钺之诛，言两朝之利害，愿复嗣君位以安四方，非特大宋蒙福，亦大金万世利也。

但是秦桧的申述未被采纳。以张邦昌为帝的傀儡王朝定国号为"大楚"。金人掳走宋朝皇帝钦宗及其父"太上皇帝"徽宗，连同几乎全部的宋廷官员三千余人。金国差不多占领了淮河以北的所有宋朝领土，忠于宋室的人则退居南方。

依附宋室的朝臣们在退居南方之后拥戴了一个新皇帝以积聚力量。他就是被俘的徽宗的第九子赵构，唯一未遭金人掳走的康王。他于1127年（建炎元年）登基，是为高宗，开始了史学家称为南宋的王朝。

宋廷建都于杭州，逐渐巩固了它对南方领土的统治。当时名叫临安的杭州作为南宋都城凡一百五十年，直至宋朝覆灭。

与此同时，金人在燕京起用了令他们尊重的秦桧。他被置于金穆宗（完颜盈歌）之子挞懒（完颜昌）手下听用。不久他携家逃回杭州。究竟他是自行逃归，还是被金人故意纵回为他们效劳，一直是桩疑案。

归宋后的秦桧凭借其曾有的能力和忠正之名，立即被任命为朝中的礼部尚书。他怂恿南宋与金国媾和，主张宋、金两朝南北分治。

两年之内，秦桧被擢升为尚书右仆射（右相），成为朝廷中权力最大的二人之一。尚书左仆射（左相）吕颐浩掌军事，秦桧掌其他所有政务。不过，在1132年（绍兴二年），秦桧因支持被认为是耻辱的和议而遭罢相，直到五年后才复职。

诬害岳飞

当时宋廷有两大对立集团：一派主和，一派主战。主战者志在复仇报国，主张驱逐金兵，救回徽、钦二帝，收复国土。其中一个领导人物就是岳飞将军。

关于岳飞的生平事迹，史书所列甚少，一部分原因是他屈辱而死，官书未为之立传。但关于他的民间传说却车载斗量。据说岳飞的父亲岳和是一个农民，常节食以济饥者。岳飞出生后尚未满月，黄河决堤，洪水暴涨，其母姚氏抱着他坐在瓮中，被冲上岸而获救。岳母养儿，家教严格，反复教导岳飞要有强烈的爱国心，并在他的后背刺上"尽忠报国"四字为训。岳飞年少时，身强体壮，膂力过人。守纪律、忠贞、爱国是他的座右铭。1122年（宣和四年），真定（即真定府，治所在今河北省正定县）宣抚使（临时特遣的军政长官）刘韐招募"敢战士"，有意直捣燕京，二十岁的岳飞应募从军，被选为分队长。

北宋覆灭时，他年方二十五岁。当时朝中发出了勤王的号召，成千上万的农民应征入伍，岳飞也在其内。因寡不敌众，义军败退长江一线。在重新整编时（即1130年，建炎四年），岳飞组建了自己的军队——岳家军。由于岳飞不断收编投靠他的农民军部众和败于他手下的贼军残部，他的军队在宋室天下日益缩小时，逐渐成为实力位居第三的劲旅。

岳飞素以治军严明著称于世。其长子岳云在军营练习注坡（从斜坡上急驰而下）时，因马失前蹄，身着甲胄坠落马下，岳飞竟下令将其斩首，云："两军对阵亦如此鲁莽，岂非误事？"幸好众将跪请宽恕，岳飞才收回成命改为杖责。有人问他江山何日才得太平时，岳飞回答："文臣不爱钱，武臣不惜死，天下平矣。"

主战、主和两派的斗争主要体现在岳飞将军与秦桧的对立上。而在他们背后的，自然就是宋高宗本人。高宗从个人利益考虑，万一他的军队战胜金兵，救回其兄钦宗，且复立为帝，意味着他将丧失皇位，一无所有。

有一派史学家认为：操纵削弱主战派力量的正是高宗本人，秦桧只不过是奉命行事。一些近代的历史学家则认为他的动机没那么自私。在他们看来，高宗比较现实地了解到，要击败金兵在军事上是不可能的，签订和约是他能希求的最佳选择。

另一派史学家的看法是：高宗已为奸相秦桧所掌握，秦桧为了与敌人媾和而杀害了救国英雄岳飞。这种观点在中国一直普遍流行着。

1138年（绍兴八年），秦桧又一次因屈辱和约而陷入政治困境。但当这次和约在1140年（绍兴十年）为金人所毁时，秦桧又从事新的媾和工作。

在外交人员与金人议和的同时，将领们继续与金军统帅兀术（完颜宗弼，金太祖完颜阿骨打第四子）交战。在郾城（今河南省漯河市郾城区）之役中，岳飞大败了刘豫（金人扶植的第二个傀儡政权的皇帝，国号"齐"）军与金兵。他的军队直捣北宋故都汴京。金人阵脚大乱，似准备向黄河以北撤退。

然而，由于南宋文官唯恐这次大捷影响新和约的签订，高宗下令撤回所有的军队。据说，当时岳飞接到了皇帝连发的十二道金牌，才不得不班师回朝。

岳飞回到朝廷后，高宗解除了包括岳飞在内所有宋军将领的兵权，授以没有实权的枢密使、副使等官衔。军中因而大哗。朝廷又指控岳飞长子岳云及主要助手张宪图谋叛乱。岳飞受此案牵连，遭逮捕下狱。

1141年（绍兴十一年），南宋与金达成新和约。两国约定以淮水（今淮河）中流为界，金主册封宋主为帝，授予其合法的统治权。

宋朝沦为金国之藩辅（藩国，即臣服之国）。宋高宗在写给金的誓表中，不仅许诺"世世子孙，谨守臣节"，更尊奉金为"上国"，而卑称宋为"敝邑"。

作为议和的结果，1142年（绍兴十二年）中，金国派遣钦差刘筈南下临安，册封高宗为帝，册书上直书宋主之名，视其为子民，并表示望其能"世服臣职，永为屏翰"。

与这侮辱性的册封同时，刘筈还带来了死于囚所的宋室宗亲的遗体，以及仍然活着的高宗生母——皇太后韦氏（徽宗韦贤妃）。

在此期间，岳飞以"莫须有"的谋反罪名在狱中被害，显然是在秦桧的主使下，遭匆忙处决而非正式行刑。这可能是岳飞将军虽在狱中，仍对军中大将有着相当影响力的缘故。

荣辱急转直下

秦桧死于绍兴二十五年（1155）十月二十二日②，初谥"忠献"（宁宗开禧二年四月改谥"谬丑"）。他所媾成的和约维持了几乎二十年。直至1161年（绍兴三十一年），金主完颜亮（海陵帝）无故攻宋才遭到破坏。

秦桧死后的名声愈来愈坏。高宗声称和约招致的一切坏事都是臣下之过，并说秦桧控制了包括御医在内的所有朝臣，所以自己对他无可奈何。

在秦桧的恶名流传的同时，岳飞的英名日益显赫。1161年（绍兴三十一年），南宋抗金名将虞允文在采石（位于今安徽省当涂县西北）大胜金军。1162年（绍兴三十二年），宋孝宗即位，岳飞的遗体被迁葬到今杭州西湖之南的岳鄂王墓，并举行了隆重的葬礼。到了明朝（夹在蒙古族建立的元朝和满族建立的清朝之间，中国古代最后一个由汉族建立的王朝），岳飞在小说、戏剧里受到赞扬，各地建立了无数供奉他的庙宇。

八百年来岳飞一直被尊为中国最伟大的英雄，直到1966年的"文化大革命"。那时他的坟墓被毁，他被列入封建军阀之一。1979年"四人帮"垮台后，岳飞的坟墓又被修整，向公众开放。

如今，客观的史学家对秦桧和岳飞的评价很不一样。著名的宋史研究专家刘子健称秦桧为宋高宗的替罪羔羊。照他的说法，岳飞和秦桧都以自己的方式忠于宋室。岳飞是忠于自己的理想，秦桧是忠于皇帝，依他的意志行事。至于谁应对岳飞的死负责，他说：

> 多数史学家站在正统派方面谴责奸相秦桧，而对高宗的批评仅是轻微的。……但必须强调旧史一般总是不大攻击任何皇帝，除去那些最坏的典型昏君式的末代皇帝。

原因很简单：史学家不仅害怕其继位者报复，还怕被指控为借古讽今。

毫无疑问，在老百姓的心里，一个是大英雄，另一个是十足的恶棍。秦桧死后遗臭万年，使得几乎所有姓秦的人都觉得受到连累。在明代的通俗故事里，说秦桧和中国历史上恶名昭彰的叛徒一起被打下了十八层地狱。1752年（清高宗乾隆十七年）高中状元的官员名叫秦大士，也是江宁人，与秦桧同乡。他到杭州跪在岳飞墓前，写了一副对联，反映出当时人们对秦桧的憎恨：

> 人从宋后无名桧，
> 我到坟前愧姓秦。

【编者注】

① 有关大金国名的来源，还有另一种说法。《金史·太祖纪》载："收国元年（1115）正月壬申朔，群臣奉上尊号。是日，即皇帝位。上（阿骨打）曰：'辽以宾铁为号，取其坚也。宾铁虽坚，终亦变坏，

惟金不变不坏。金之色白,完颜部色尚白。'于是国号大金,改元收国。"

② 凡本书所提日月,若无特别注明,则民国之前均为农历,以中文数字标注,民国之后均为公历,以阿拉伯数字标注。

第四章
秦裕伯：上海的城隍

从父宦游大名府

上海一个博物馆的馆长对我说："中国的封建统治者制造了两套吏治体系，一套管今世，另一套管来生，使百姓们认为到死后仍然逃不出统治者的手掌。这就是城市有城隍的原因。"

我在1982年秋到上海博物馆去考查我的先祖、上海城隍秦裕伯的材料。那时我才知道原来城隍并非一开始就是神仙，而曾经是凡人。

我所考查的这位城隍爷是秦观的八世孙。当秦观在1130年（南宋高宗建炎四年）被追封为"直龙图阁"时，中国的半壁江山已落入北方少数民族——女真族之手。自此再过一百多年，整个中国第一次完全处于蒙古族的统治之下。凶悍的蒙古大军在成吉思汗的率领下，越过干旱的北方草原一路南进。

最后，蒙古征服者建立了历史上最大的帝国——蒙元帝国（1206—1368），其疆土从亚洲东海岸一直延伸到黑海，从西伯利亚草原一直扩展到印度的边陲。

1279年（帝昺祥兴二年），南宋的残余部队在崖山（位于今广东省新会以南的海中）海战中被击溃，宋室倾覆。蒙古人建立了一个中国式的王朝，定国号为"大元"，取《易经》"大哉乾元，万物资始"之意，表明只有他们才是历史上真正的大帝国的创始人。他们所统治的子民众多，蒙、汉两族人数悬殊，使得他们需要利用外国人来辅佐。因此元朝的第一个皇帝、成吉思汗的孙子——元世祖忽必烈接受一个威尼斯商人马可·波罗来做他的朝臣，也就可以理解了。

蒙古人对汉人基本上都不太信任，尤其是南方的汉人。北方的汉人由于一百多年来一直生活在女真族的统治下，因而被认为敌对心理较少。历史证明蒙古人的这个看法是对的，因为最后颠覆元朝的起义军正是南方汉人领导的。

蒙古人为了加强其统治，强制推行蒙古文①。1292年（元世祖至元二十九年），就在马可·波罗终止其在华长期生活后不久，元廷诏令全国诸县（元朝行〔中书〕省为一级行政区，下设道、路、府、州、县）都要建立学校，教授蒙古国字。蒙古人认识到他们必须防止被数量上和文化上都占优势的汉人同化。

秦观的玄孙秦天佑（又名秦禧）有知柔、知刚、知微、知立、知彰五个儿子，在蒙古大军长驱直入下逃到了江南。其长子秦知柔后来在上海定居。当时的上海还只是一个近海的集镇。

秦知柔的两个儿子良颢、良颢是在蒙古人的统治下长大的。良颢赴华北重要的学术中心大名路（即北宋四京之一大名府，治所在今河北省邯郸市大名县）求学，受业于一位萧姓的蒙古学大师，迅速成为当时最重要的蒙古学专家之一。他从汉文古籍中翻译了三百多条重要资料，编成一本蒙文的知识大全，名曰《纂通》。1295年（成宗元贞元年），铁穆耳继承其祖忽必烈的皇位，赐予良颢蒙古字学教授的职位。大德年间（1297—1307），经寇学士举荐，良颢向朝廷进万言策，被委任为国子监学录，后又擢升为浙西道榷醝使（掌盐政），不久辞官归里。

良颢的长子裕伯，1296年（元贞二年）夏生于大名，与其弟亨伯一起入学。1344年（顺帝至正四年），他在四十九岁时考中进士，被授以湖广行省照磨（掌收发文移、核对文书卷案）之职。1350年（至正十年），他被指派为山东高密县尹，在任三年政绩卓著，甚得民心。他整饬当地赋税，重修孔庙，开办学校四十二所，修葺城郭，建立赈济制度，设计了一个丰年储粮、荒年放粮给平民百姓的粮食调剂体系。

避居沪上侍老母

在山东任职期满以后，秦裕伯被晋升为福建行省郎中（元朝行省长官的属官），赢得"公正干练"的美名。但是他在福建任职仅一年，便主动向上级申请辞官引退，因他身为一名儒生，感到蒙元已然像孟子所说的丧失了天命，即失去了道义上统治国家的正当性。

在古代，中国人称他们的皇帝为天子，相信他受命于天，是联系天与人之间的纽带。若皇帝公正有德，则万民和谐，谓之"天佑"。若发生地震和水旱等自然灾害，则被解释为上天对统治者的警示，谓之"天谴"，此时，皇帝就要祭祀上天、改革吏治，以祈求宽宥。同样，若发生社会动乱，也被视为社会内部失去平衡的征兆。如果起义被镇压下去，则表明天命仍归原来的王朝，反之则证明天命归于新王朝。

秦裕伯看到全国正处于分崩离析之中。在当时被称为大都的北京，蒙古的王公贵族相互争权夺利，而在中国的南方，叛乱四起。元廷控制的地区日益缩小。于是在1354年（至正十四年），五十九岁的秦裕伯避住上海，侍奉老母唐氏。但当时的政治局势已无法使他过隐居生活了。

事实上，当时中国的南方大部分已落入起义军首领之手，他们互相争夺地盘，其中最主要的两个人是张士诚和朱元璋。

张士诚原与其弟士义、士德、士信均为船夫，因不堪政府勒索与商人剥削，故而揭竿起义，在1353年（至正十三年）率小股徒众抗元。元廷试以高位诱降，但张士诚拘杀了来使。他所影响的地区日益扩大，于 1354 年（至正十四年）自称"诚王"，僭号"大周"。两年后，他渡过长江，占领太湖以东的大部分州县，那里是中国最富饶的农业地区。他在现今的江苏省苏州市（元称平江路，张士诚改名隆平府）建都，在承天寺设立指挥部。其他的起义军士卒纷纷来投，他又很轻易地招纳了一些读书人在他的幕下为官。

苏州离上海仅四十多公里。当张士诚知道秦裕伯隐居在上海时，因慕其学者之盛名，想网罗至幕下，但两次邀请都被拒绝了。

此时，元廷也命中书省起用秦裕伯为行台②侍御史，又拟任他为福建行省延平路总管兼劝农事、知渠堰事，以及江浙行省理问（掌勘核刑名案件），他都辞而未受。

秦裕伯拒绝张士诚的网罗是明智的。张士诚与其劲敌朱元璋交战，一年之内连失长兴、常州、江阴、常熟四城，其弟士德也被朱元璋部下擒获（后士德令人秘密带话，劝士诚降元，为朱元璋所杀）。于是张士诚投降元军，企图求得一个王位，后仅获封太尉头衔。虽然在名义上降元，但是张士诚仍控制着他辖下的土地，并能扩充地盘。张、朱二人反复厮杀了八年，至 1366 年（至正二十六年），朱元璋取得了决定性胜利。张士诚所占领的大部分城镇望风而降，其都城苏州经受了十个月的围困，最终陷落。张士诚被执后解往朱元璋的大本营金陵（今南京市），自缢而死，部下多人遭处决——如果秦裕伯当初屈从了张士诚的劝诱，参加了张部，想亦难逃此祸。

三辞聘书，高风亮节

朱元璋出身贫苦，父兄均死于饥馑。他本人靠乞讨度过了荒年，十七岁时在皇觉寺出家，八年后还俗。当时国内一片混乱，朱元璋胸怀大志参加了起义军，与将领郭子兴之义女马氏成婚，成为这支部队的领袖。或许因他曾入佛门的缘故，他的部队在起义军中军纪最严明，杜绝任意杀戮与抢掠。1364年（至正二十四年）朱元璋自称"吴王"，建立西吴（1364—1368）。为了弥补自己文化上的欠缺，朱元璋招募文人学士来匡助他的大业。

击败张士诚后，朱元璋更需人才辅佐，乃修书请秦裕伯出山相助。他在吴元年（即1367年，至正二十七年）正月所写的信中说：

> ……今年两广半归，八闽遂定，齐鲁尽为我有。兵攻汴梁，又取河洛。其称帝号，吾欲不为，奈海滨之雄，纷纷者甚，各不知其所为，徒尔损民。我思中国之事，既元运倾颓，久无人主，我本中国之士，故立号纪年，率中国之人逐胡元，肃清华夏。然兵足食足，匡辅者少。人言裕伯刚明有道，故遣人询问有否。今既知其所在，特遣人礼请。若慨然一来，助我道理天下之人民，岂不幸甚。如书至而不起，可移居则利。其海滨之民好斗，裕伯居于此地，恐有累焉。裕伯思之。此书吾之肺腑，不识诗书，皆自言者，并无儒者之替词。

秦裕伯经过一番考虑之后，决定不把自己的命运与朱元璋的崛起联结在一起。他在写给朱元璋的丞相的信中作了解释：

> ……裕伯大名路人，幼随先父仕宦京师。叨充国子生员，侥幸登第，累受元朝爵禄，挈家寓扬州。至正十四年（1354），避地来居松江。老母唐氏，年及八十。其时平江张氏（张士诚）两次遣人招贤，固辞不允。继闻朝廷改除延平路总管，浙省达丞相（江浙行省左丞相达识帖睦尔）便宜除理③，问官俱不曾到任。乙巳岁（1365年，至正二十五年）十月十八日，老母弃世，旅殡于上海县长人乡二十一保，依制丁忧（孝子服父母之丧）。今承来命，以礼敦请，故敢以礼自辞。
>
> 伏念裕伯承元帝爵禄二十余年，今即背之而起，是不忠也。

身有母丧，未及终制，忘哀而出，是不孝也。近观皇帝朝廷自天民起兵，勘定祸乱，以仁义开国，以忠孝取人，今兹访求人材（人才），讲论治道，将见淮江之南，民物各得其所，如某亦治化中之物耳。又且不才多病，使得苟安畎亩，训诲子弟，力田供赋，长为箕山之民④，共乐太平之世，受衣食之赐多矣。若乃背恩忘亲，觍（羞愧的样子）面求达，不惟为明执事所弃，吴王英明远虑，必且深恶而诛之，以为维新臣子之戒。

兴言及此，惶愧无任。谨遣弟亨伯持状上告，伏望阁下俯赐矜怜。特以鄙诚，上复吴王殿下，倘遂所请，不胜幸甚。即有罪责，亦安敢逃。心虑荒迷，文疏意拙，伏维钧亮海涵。

但朱元璋不是一个能随便拒绝掉的人。吴元年四月，他又给秦裕伯送去一信，这一次在措辞上就没那么客气了。他写道：

古人尽忠于君者，盖自祖宗食禄，以至于自身。与君相知，言听计从。却乃当一个时去运衰之时，虽有智者不能展其谋，力者不能施其勇。抑且君亡臣亡，此必忠之道。〔但亦〕有等贤人德志过人，遇国家衰亡之秋，君昏臣权，强入从事，职居下官，君臣互不相知其心地，言不听，计不从，忽遇豪强之党，当时慨然从事，共兴王业，济世安民，为勋业大臣，垂名于今日，代代有之，亦非一人。

未闻有君将垂亡，臣下不谋，自窜草野，妄称忠臣，吾所不取也。我虽不读书，尝观魏微引夫子之言谏太宗曰："危而不持，颠而不扶，焉用彼相乎？"及得裕伯上丞相言，昔臣有元，曩者（先前）伪张（指张士诚）始假元名。裕伯虽欲趋赴本君，无由得出，是以陷也。今我与胡元虽有彼此之分，仗义之士当许之。今既不臣于我，吾当替元君夺情起复⑤，差遣使臣，以礼敬请，前赴燕京，未知可否？

当秦裕伯接到这第二封聘书时，他知道自己已经没有逃避之路了。在十分困扰的情况下，四月二十四日，他小心地做了一个答复说：

　　秦裕伯者，昔臣有元，读书食禄三十余年。今逢天数，礼宜弃捐，自放为民，钓水耕田。明帝远召，仁智兼全，仁而不杀，智而求贤。义弗敢往，服病相连，匪独服病，廉耻系焉。士无廉耻，弃君如筌，女无廉耻，弃夫如钿，廉耻道丧，国何用旃（音同毡，之、焉二字的合读）！惶恐上书丞相之前，转告陛下，宽仁照怜。投鹿于山，放鱼于渊，不出范围，物遂其天。

当时秦裕伯已经七十二岁了，很有可能身体一直不好。但是朱元璋听不进去他的申述理由，又送去第三封聘书，直截了当地说：

　　四月二十四日，率兵至龙江，有班、秦二儒诣船与之论事，其班姓者出一诗，吾见〔之为〕裕伯亲书，其作甚用意焉。然大丈夫一见青天白日，磊磊落落、肝胆相照的论数端，机谋合与不合，又在彼此。今见其诗妙论（妙，佛教指"非有"）太宗王（即李世民，称帝前本封为秦王）、魏封彝⑥等，却乃褒美严光、周党⑦于岩穴。裕伯之情必耿光万世，议论如是，吾再不以国事。
　　彼母服在身，合葬之孝，人伦之道，吾不欲阻彼。葬之后，挈家归匈奴（指北逃的元室），亦当礼送，以成裕伯之名节气志。若彼君亡国覆，无所依者，乃执臣节，不臣于我，吾当赠其清名，厚其家禄，以励将来，岂不美哉？
　　今彼有国有君，我若留而不发，实吾教人不忠也，故不敢不发，发而不往，妄谈高节，岂不贻笑于人？谅裕伯必不为此。书至，当保养，孝守母服，不出十月，当依前言。
　　古语云："胡马嘶北风，越鸟巢南枝。"虽鸟兽尚有定志，何况于人乎。裕伯本我中国之人，奈昔显宦于匈奴，今父母之邦，终不能留也。吾不知诗书，但闻一人抱祭器而走周，一人演洪范于武王⑧。裕伯诗咏节义之道，使吾方知历代帝王每就前朝之言。然济世安民，以成国家者，如裕伯之言，必尽皆纰缪（错误）耳。

在秦裕伯与朱元璋通信的过程中，元朝于1368年（至正二十八年）覆灭，朱元璋建立了明朝。他用"明"字为国号，显示出他的佛教出身。⑨立国后他对其拥戴者大加封赏。

朱元璋虽然认识到文官不可缺少，但是不授予他们太大的实权。他集大权于一身，废除中书省，不设立丞相，要六部直接对他负责。他还下诏指示，在他死后不得重设中书省，凡有议者一律问斩。因工作量过于庞大，他创立了大学士一职，专司联络与草拟敕旨等工作，并无实权。在明朝二百七十六年中，中书省从未恢复，但曾有几位大学士依靠个人威望主宰朝政的事例。

朱元璋还企图在其他几个方面以其意志加诸后人。鉴于前朝有宦官、后妃干政之祸，他下令把这些人的人数都限制在一百名以内。但这项举措逐渐被其后的十五个皇帝破坏了。他们多数人缺乏他的远见与魄力。到了明末，内宫后妃多至九千人，京师的宦官增加到了七千人之众。由于皇帝骄奢淫逸、不理朝政，以致宦官当权，造成了灾难性的后果。

明太祖不仅不信任朝臣，对其子孙也不放心。为了防止诸王谋位，京师只留太子朱标一人，其余或分散在外，卫戍北部、西部边塞，或赐予土地、田园及大量钱财，使其奴仆成群，极尽醇酒美人、声色犬马之乐。他对其所有后嗣均授以世袭爵禄，却不料到了明末，他的直系男丁竟繁衍到十万之众，成为国家难以承受的重负。

秦裕伯经过朱元璋的第三次催促，再也无法推托了。他不得已随使者到金陵上任，被授以有声望的翰林院侍读学士，为皇帝及太子讲读经史。

1370年（洪武三年），七十五岁的秦裕伯与御史中丞刘基（字伯温）同时被指派为京畿会试的主考官，这是学识卓越的人才能担任的职位。后来，因为与皇帝的意见相左，他被贬到陇州（治所在今陕西省陇县）任知州。不久即托病辞官，返回上海，并于洪武六年（1373）七月二十日去世，享年七十八岁。死后他与其妻子合葬于上海县长人乡长寿寺西隅其父坟茔的左侧。由于秦裕伯夫妇无嗣，加之其弟亨伯过继给他的孩子世隆又夭折，故他并无直系后裔。

城隍屡现神迹

秦裕伯的故事不因其死而终结，反而标志着一个新的故事的开端。根据传言，朱元璋听到秦裕伯的死讯后曾宣称，裕伯"生不为我臣，死当卫吾土"，乃敕封他为"显佑伯"，称"上海邑城隍正堂"。

这虽像是一种处罚，但上海的老百姓却把它看成是一种光荣。几百年来不断流传出许多城隍爷拯救黎民的神话故事。

有一个很神奇的故事说：明末清初之际，上海百姓因城隍庇佑而逃脱了一场惨遭杀戮的厄运。大约在秦裕伯死后二百五十年的1653年（清世祖顺治十年）秋，苏州总兵官（简称"总兵"，清代绿营军[详见第二十章注释⑤]的高级将领）王璟奉命扫荡海寇，因此人懦弱无能而被海寇打败。朝廷命江宁巡抚周国佐调查，王璟恐事迹败露，乃诬指上海百姓多与海寇勾结，奏请准予抄斩沿海一带的民丁。当时清廷初奠基业，立足未稳，对海上的骚乱特别敏感，尤恐百姓与反清复明的志士互通声息。因此周巡抚批准了王璟之所请，准备对沿海居民进行一次大屠杀。

在行刑的前一天晚上，上海县知县阎绍庆和士绅推派的代表曹垂璨前来叩见周巡抚，请他大发慈悲，网开一面，赦免这些无辜的死囚。然而，周巡抚拒绝撤回命令，下令鸡鸣时分纵兵屠戮。

当夜，上海的城隍爷，也就是秦裕伯，忽然在周巡抚面前显形。

只见他身着朝服，肩披红袍，手捧牙笏。然而他一言不发，只是徐徐摇首，瞬即消失。巡抚认为这是他操劳过度产生的幻觉，未加理睬，仍照常理事。秦裕伯的灵魂旋又出现，仍摇首不语，巡抚仍拒不理睬，城隍四次显圣，终使巡抚信服，乃下令缓刑。

当死囚因城隍的干预而得救的消息传开时，重获生机的上海百姓蜂拥到秦裕伯的庙宇前，上香礼拜。这座从明初即由道士主持的城隍庙因为收到了大量供奉银两，得以重修，并且，为了纪念这次神迹还专门修建了一座祭坛。

城隍的另一次显灵，发生在比较晚近的清宣宗道光六年（1826）十月。根据记载，一个名叫王阿宝的渔夫被人杀害，其堂兄王达德上衙门报案，说阿宝和弟弟瑞增曾与以顾金观为首的一伙渔民发生斗殴，二人均受重伤。事后阿宝赴渔舟照料，瑞增回家养伤。次日，当瑞增上船探视时，发现阿宝已死。

负责办案的上海县知县到死者船上调查，发现他躺在船舱里，面向舱壁，满脸带血，但舱板上却无血迹。他的头上有四处创伤，都在左侧，皮开肉绽，内骨皆损，伤口齐平甚阔。胸前的两处创伤很重，肌肉掀开，伤深及骨，伤口小且圆。从死者的伤势看，凶器肯定不是刀刃，而是两种金属利器。

知县下令逮捕了顾金观和其他六名同伙。顾金观承认他们与王瑞曾确实吵过架，但他说这场关于捕鱼地段的争执是在茶馆里发生的。根据他的陈述，当时他向王瑞增头上掷去一碗，伤及其左额。后来双方的朋友为了防止事情闹大，及时分开了斗殴的两人。而且，顾金观非常肯定地说，死者王阿宝根本没有到过现场。

知县开始怀疑凶手可能是死者之弟王瑞增，但苦无证据，于是他决定向秦裕伯求助。

一天晚上，知县率领衙役三班把王瑞增带到城隍庙，祈求秦裕伯助他破案。他们在庙里等到三更（23点—1点）时分，王瑞增突然着魔似的供认是他杀了他那患有残疾的兄长王阿宝，并诬陷顾金观为凶手的。他说顾及其友人在上游捕鱼，迫使他和阿宝不得不在下游作业。他与顾金观在茶馆发生口角，无奈争斗不过顾等一伙人。当晚回家后，他发现阿宝已入睡，突然想到一个能同时铲除他的对手顾金观和他那个孱弱无用的兄弟的一箭双雕的计划。于是他杀害了睡梦中的阿宝，并将罪行推给了顾金观。

凶器是一柄血污的劈柴斧头和一把修渔网的剪刀，在王瑞增屋后的小河里起出。多亏城隍爷的帮助，凶手终被依法处决。

关于秦裕伯显圣的说法越来越多。百姓们对他的法力如此深信不疑，以至于不少人甚至到城隍庙里去取香灰和在药里服用。

虽然大多数传说都讲秦裕伯如何拯救了上海百姓，但也有一个关于城隍遭难的故事。1748年（清高宗乾隆十三年），上海县知县王侹梦见秦裕伯托梦请求帮助。他醒来以后觉得事有蹊跷，马上由省城赶回城隍庙，发现庙已失火，便奋不顾身地冲入火场，从烈焰中救出了秦裕伯那象征着公正无私的红脸塑像。灾后他又主持重修了这座庙宇。

沧海桑田

到了19世纪，清廷日益衰落，并且和元末时期相仿，为各地起义所困扰，但这一次的形势更严重。随着西方列强入侵中国，各国都企图划分自己的势力范围。最为恶名昭彰的是发生在1840年到1842年（道光二十年到二十二年）的鸦片战争，英国派遣炮舰以保护它对中国的鸦片出口。

1842年（道光二十二年），英军迫使上海守军投降。五月十一日，英军在璞鼎查爵士（Sir Henry Pottinger）的率领下开进上海。为了寻一处较好的宿营地，他们选中了城隍庙。幸好他们只住了五天，没有对庙宇造成太大损失。

十三年以后，1853年9月7日（咸丰三年八月初五日），城隍庙又被名为"小刀会"⑩的起义军占领。他们控制了上海的大部分地区，在城隍庙西园（豫园）内建立指挥所。清廷镇压不住他们，与之持续交战了十七个月，终于在1855年2月17日（咸丰五年正月初一日），借法国军队的帮助夺回上海，起义军首领刘丽川被杀。由于小刀会的长时间占领和在此地殊死战斗，使城隍庙受到了很大摧残。

1860年（咸丰十年），英法联军应清廷之邀进驻上海，以对抗迅速壮大的太平军。这一次，城隍庙变成了英法联军的驻地。庙院里的一座假山被铲平，一个池塘也被填平，以便建造军队的临时营房。等到太平军的威胁消退、英法军队撤出后，庙宇周围已经变得面目全非了。

上海城隍庙在19世纪60年代晚期进行过一次大规模的修葺。到19世纪晚期，这座庙宇吸引了上海周围的众多游人，成为城里的游乐中心。每逢节假日，这里都举行花会和庙会。商贩们常常闻风而至，云集于庙前，这些交易活动使城隍庙一改过去肃穆的气氛。

到了20世纪20年代早期，几次火灾使城隍庙受到很大破坏。幸而有一批慈善家捐赠了巨款修缮，于是在1927年（民国十六年）底，一座用钢筋水泥建成的仿古大殿拔地而起。庙里供奉的红脸城隍身着明代朝服，坐在书案后面。他的手臂是可以活动的，以便于按季节给他更换衣饰。在每年好几次的宗教性节日里，人们都会把城隍爷放在神轿里抬出城隍庙，在老城狭窄蜿蜒的街道上游行。1935年（民国二十四年）的英文报纸《北华捷报》（*North China Herald*）上就有一篇关于城隍出巡仪式的报道：

  首先走过来的是二十四名骑在马上、披红挂紫的人，他们手里还拿着古式的长枪和弓箭；紧跟在他们后面的一大群人，身着红色和白色的长袍，中间夹杂了一些穿紫色和红色袍服的人，头上都戴着西方人看来像是黑纸做的高帽子。

  大锣越敲越响，苦力们抬着的香炉里冒出的香味与随从们手里拿着的熏香的香味愈来愈浓。穿黑袍和白袍的人拿着银色的锁链，身后跟了一群穿蓝袍、脑袋后面插着扇形孔雀尾的人。

游行队伍十分浩大，有三四公里长，绕完全程要好几个小时。城隍爷不时被抬到一个临时上香地点，报道说："他在那里休息片刻，接受上百人的朝拜，然后又被抬过十四五条街，最后返回城隍庙。这个庙会活动一直持续到夜间11点才结束。"

尽管城隍爷不断被商业化，善男信女仍继续到庙里来朝拜他，甚至在1949年共产党执政以后也未停止。但是到了1966年4月，"文化大革命"前夕，上海的一切教堂和庙宇都被封了。道士们把城隍塑像和其他宗教用品移到一个院落里保管了起来。然而8月23日夜，几乎上海所有的庙宇都遭到洗劫。年轻的红卫兵冲进了道士们的院落，把所有宗教用品砸烂或运走，其中就包括秦裕伯的塑像。

从那以后，城隍庙便变成了一座商场。1986年年中，中国道教协会的一位发言人对我说，他们已经制定了重设城隍庙的计划。我希望在不久的将来，秦裕伯的新塑像会安置在庙内（1995年1月，城隍秦裕伯及其夫人的塑像已进入上海城隍庙并正式对外开放）。今天的上海是中国最繁荣的城市，工商业十分活跃。我喜欢遐想秦裕伯这位城隍爷仍然关心着这座城市的幸福繁荣。

【编者注】

① 蒙古文：此处指的是八思巴蒙古字。蒙古原无文字，习用刻木记事。成吉思汗建国后，灭乃蛮，获乃蛮部畏兀人（即唐代的回纥人，今维吾尔族人）塔塔统阿，命教太子诸王以畏兀字（即古回纥字，是一种拼音文字，创始于8世纪，有字母二十余个，原为自右向左横写，后改为自左向右竖写）书蒙古语，称为蒙古畏兀字（即回鹘式蒙古字）。这种蒙古字自左向右竖写，蒙古统治者将它用以书写诏令文书。元世祖即位后，封授吐蕃萨迦派喇嘛八思巴为国师，

命他制作蒙古字。1269年（至元六年）正式颁行，被称为"蒙古新字"，次年又改称"蒙古国字"，成为官方法定的文字。这种蒙古字系依据藏文字母改制而成。藏文字母源于梵文字母，左起横写。八思巴新制蒙古字，改为方体，左起竖写，当是参照了回鹘式蒙古字和汉字的书写及构字方式。八思巴蒙古字共有字母四十多个，用以拼写蒙古语，也拼写汉语。元朝灭亡后，八思巴蒙古字由于不易识读，逐渐不通用。仍在民间使用的回鹘式蒙古字经过改良后，沿用至今。

② 行台：或作外台，元朝"行御史台"的简称。是御史台的分司机构，其设官、品秩、职掌同御史台，置于江南与陕西。

③ 即便宜行事，指经过特许，不必请示，根据实际情况或临时变化斟酌处理。

④ 箕山之民：即隐士。箕山在今山东省鄄城县箕山镇。相传尧在位时，巢父许由避世，隐于箕山；伯益避禹之子启，亦居于箕山之阴。后世遂以箕山为退隐的典故。

⑤ 夺情起复：古时官员遇父母之丧，循例应在家守制。凡丧服未满，朝廷即强令出仕，或朝廷大员因某种需要，特命不必去职居丧，以素服留署办事者，均称"夺情"。官员居丧期满后重行出任官职，或呈请终养（奉养父母，以终其天年），事毕出仕，则称"起复"。

⑥ 此处应该指魏徵与封德彝，二人皆为隋朝旧臣，归顺唐朝以后得太宗重用，官拜宰相。

⑦ 严光与周党，二人俱是东汉初年的处士。严光为光武帝之同学，及帝即位，乃变姓名，隐身不见。帝亲幸其舍，授谏议大夫，不就，耕于富春山（位于今浙江省桐庐县西），年八十余卒。周党，字伯况，太原广武（今山西省代县西）人。束身修志，州里称高，王莽窃位时，托疾杜门。自后贼暴从横，残灭郡县，唯至广武，过城不入。光武帝征为议郎，以病去职。复被征引见，自陈愿守所志，遂隐居渑池（今河南省渑池县），著书而终。

⑧ 此处引用的是商、周鼎革（改朝换代）时的两个典故。据《史记·周本纪》记载，纣王暴虐，杀王子比干（比干为纣王叔父，官少师，因屡次劝谏纣王，被剖心而死），囚箕子（箕子为商末贵族，纣王诸父，官太师，封国于箕，爵为子）。太师疵、少师强抱其乐器而奔周。后来周武王克殷，问箕子殷所

以亡。箕子不忍言殷恶,以周国之所宜,言告武王,故作《洪范》(洪,大;范,法)而陈天道。

⑨ "明"这一国号出于明教,即波斯人所创的摩尼教,中唐时传入中国。由于仪式和戒条相近,它又和出自佛教净土宗的白莲会(或称白莲社,即白莲教的前身,供养阿弥陀佛)、弥勒教(供养弥勒佛)相混合,很难分得清楚。明教有"明王出世"的传说,是民间熟知且深信的预言,弥勒教有"弥勒降生"的传说,白莲会也有"红阳(现在)劫尽,白阳(未来)当兴"的传说,三教都不满意现状,相信不久之后必然会有理想的世界来到,隐然成为人民救主的象征。元末,白莲会首领韩山童自称明王起事,败死后,他的儿子韩林儿继称小明王,军队以红巾为标志。朱元璋曾出家,为明教教徒,又加入郭子兴的红巾军,奉韩林儿为主。韩林儿死后,朱元璋继之而起,因此定国号为"明"。

⑩ 小刀会:清代民间的秘密社团,为天地会支派之一。天地会,是清代民间秘密结社,相传创立于1674年(康熙十三年),从福建、台湾沿海地区逐步扩大到两广地区及长江流域,以"反清复明"为宗旨,因"拜天为父,拜地为母",故名。又因明太祖年号"洪武",故对内称"洪门"。而小刀会最早于乾隆年间在福建创立。1850年(道光三十年),福建华侨、天地会会员陈庆真(一作陈正成,曾在暹罗经商,贩货至广东时加入天地会)在厦门重建,不久即发展到数千人之众。小刀会继承了天地会的组织形式,其歌诀、口号和腰凭等皆与天地会相同,并采用天地会在东南亚的代号"义兴公司"或"顺天洪英义兴公司"活动。会员以小刀为标志,故名。参加者以农民为主,在城市中的组织更有工匠、水手、搬运工人、游民,以及少数工商业主。19世纪50年代初发展到上海。1853年(咸丰三年),上海小刀会又与秘密团体如庙帮、塘桥帮、百龙堂、罗汉堂等合并,力量日益壮大,成为上海会党中的新组织。

第五章

秦惟祯：秦氏家族坚实的根

离乡另寻生路

在无锡秦氏宗祠的咏烈堂里挂着秦观的画像，其左挂着秦观之子秦湛的画像，两人都身穿华丽的朝服。而右边挂的则是一个头戴儒生方巾、身穿布袍的平民的画像。这个颇不显赫的人叫秦惟祯（大排行第五，故行名"瑞五"），是秦氏家族无锡分支的始祖，秦观的十二世孙。

秦观死后地位的沉浮影响着其子孙。到12世纪20年代，由于秦观受到朝廷追封，使其子秦湛也得以就任常州通判。

按照中国的传统看法，个人不过为家族之一环，上连祖先，下系后代。因此，皇帝常常会因为某个官员功勋卓著，进而诰封其父母及祖辈。同样，家族的后代也会因祖宗之贵而受到荫庇。

但是，对秦观的后裔来说，获封的官职每况愈下。其子秦湛曾任通判，为府的佐贰官（亦称"辅佐官"，是辅佐地方长官的副官），其曾孙秦煦为相差甚多的教授，而其玄孙秦师曾仅获品级最低的县主簿职位。[①] 到了宋末，甚至连这样低的官职也很难在家族里找到了。

尽管如此，家族内的文士传统仍然保留了下来，而且历代都有隐逸诗人。他们或无意功名，宁愿终老乡里；或欲求取功名，却不能逾越科举考试的屏障。

秦观的十世孙秦怀便是这样一个诗人。他携子隐居乡里，满足于田园生活。由于田产一代一代被分割，家族的经济自然日渐衰落。到秦怀的次子秦谟，已是一介寒儒，他的原配夫人蒋氏无嗣，晚年所娶的继室王氏为他生了三个儿子。当他七十五岁去世时，长子惟善（行名瑞三）、次子惟祯年尚幼小，三子惟福（瑞八）还是未出襁褓的婴儿。

不久之后，他们的母亲也去世了。兄弟三人幼年失怙，家业凋零，于是年轻的惟祯决心外出独自谋生。他采取这样断然的措施，一定是为当时的情况所迫，因为这意味着背离以家族命名、已繁衍了十一代的秦村（旧属常州武进县新塘乡，今属常州武进区雪堰镇），推卸掉了在自己父母茔前上坟祭祖的天职。

惟祯背上自己仅有的衣物，向东面的无锡县前进。当时无锡是一个中等城镇。到了傍晚，他已走了28公里的路，来到无锡富安乡一个叫胡埭的小镇。在疲惫不堪的情况下，他躺在一座名为状元桥（南宋宁宗嘉定十六年状元蒋重珍居此，故名）的桥上休息，准备次日清晨继续赶路。这座桥的桥名是有象征意义的，因为"状元"是殿试金榜第一名被授予的头衔。

胡埭住着一个名叫王野舟的人，任当地的鸿禧监簿（职掌不详）。他与夫人吴氏膝下无子，只有三个女儿。因夫妇二人年渐迟暮，他们甚为身后无人祭扫坟墓、承继香火而忧虑。

当晚王监簿做了一个奇怪的梦。他在梦中看见一只美丽的白鹤站在状元桥上，桥下成千上万只小鹤展翅飞舞。醒来后他感到十分诧异，便于次日清晨偕同夫人到状元桥一探究竟。

在桥上，他们看见了一个正在熟睡的年轻男子。这个陌生人虽然看起来风尘仆仆，长得却不似农夫，更像个书生模样。老夫妇把他唤醒问话。听过对方的身世之后，王野舟认定梦中的白鹤指的就是此人，那些小鹤则代表他众多的子孙后代。

王氏夫妇把这个惶惑的青年带回家，对他视如己出。惟祯也证明了自己是一个优秀的书生，他考入本地县学，成为一名生员，即后世俗称的秀才。这意味着他已被纳入儒生行列，能够享有某些特权，比如户内优免差役，地方官不能擅责等。

当惟祯到了成婚年龄时，他的恩公向他提出，想将一个女儿许配给他，条件是小夫妇的头生子要姓王，以赓续他的岳父的血脉。这样就可以保证王家的香火不断，王氏夫妇身后也有人祭祀。

"招赘"的做法虽然不甚平常，但是也并非绝无仅有。一般由无嗣之家向家境贫寒的新郎提出要求：不是儿媳嫁到婆家，而是女婿入赘岳父家。很少有男人愿意考虑入赘，他们视此为一种屈辱。

惟祯或许也曾以此为耻，但因感激王家的恩情就同意了。王野舟的女儿为他生了伯容、仲益、叔谦三个儿子。由于惟祯像他祖父一样无意功名，爱好自然，酷嗜青松翠竹红梅，所以他给自己的三子依次取字为：松隐、竹隐、梅隐。

不幸的是，由于命运的捉弄，王野舟的愿望未能实现。惟祯的长子本应承继王家的香火，却在幼年不幸夭折。于是惟祯的另外两个儿子便负起了祭祀父亲恩公的责任。这就是日后秦氏家族每年祭祀秦氏祖先，特别是秦观和秦惟祯时，也要祭祀王野舟的缘故。

自甘隐世

秦惟祯不仅是个文人，也是个画家。但现只存一首《自题松间挺立图》，是他题在自己画上的。这幅画的内容是一棵青松，诗为：

命遭坎坷怨途穷，故土飘零风雨中。
回首秦村同异域，馆甥[②]胡埭岂飞蓬。

> 长松掩映欣蕃衍，香草融和待郁葱。
> 未得雁行频聚首，衔杯一作主人翁。

因秦惟祯一生未入仕途，故不见其名于官书。我们可以设想，由于他是个秀才，在胡埭这样的小地方会小有名气，但他的一生很可能是默默无闻的。

我们所能找到的唯一留存至今有关他生平的材料，是其连襟尹邦詹所写的《题瑞五秦君像》。在这篇简短的文章中，最重要的是这样一句话："其十一世祖少游先生以诗学节义名于大宋，而载在简策者，彰彰可考。"很清楚地可以看出，早在惟祯生活的宋末，他是秦观之后已被认定为事实了。

惟祯死后被葬于胡埭归山（又称凤凰山、凤山，位于无锡之西）。后来他的岳父王野舟葬于其右。王野舟的遗孀遵照其笃信佛教的丈夫的遗愿，在两座墓的附近建造了一座庙宇，并在庙里供奉了一尊观音菩萨的大型石雕像。庙宇建成后取名"资福庵"，王野舟与秦惟祯的牌位也被供奉其中。庙边上留有一块田地给僧尼耕种，收入用作僧尼的日用与香油钱。

1777年（乾隆四十二年），当时最杰出的官员刘墉（即民间相传的刘罗锅，乾隆十六年中进士，官至体仁阁大学士）为秦惟祯写了一篇《锡山秦氏始迁祖瑞五先生墓碑》，表扬他为无锡秦氏的繁衍所做的贡献：

> 昔魏元成（唐代名相魏徵的字）谓求木之长者，必固其根本，欲流之远者，必浚其泉源。源不深而望流之远，根不固而求木之长，势所不能。其于人也亦然。自来世家旧族，继继绳绳，保世以滋大，推其本原，必有独厚焉者矣。

刘墉师从秦氏家族中的一位长者秦薪岩（本名仁，以字行），所以在秦家重修凤凰山祖茔、为瑞五公立新碑时，他写下了这篇碑文。中国人相信一个人坟地的风水可以影响后代的荣衰。刘埔在碑文中说："兹将建碑于凤凰山始祖瑞五公之茔，乃知龙山世墓（惠山［古称九龙山］秦观墓），海内所称，而先发源于凤麓，攀龙附凤，秦氏故多英俊也。要惟乃祖若宗之德，有以基之。"在中国，龙象征皇帝，凤象征皇后。

另一位文人周系英在他所撰的《锡山秦氏始迁祖瑞五先生墓表》中，对秦氏家族无锡支脉肇始人的评价是："《宋史》隐逸虽略弗传，而先生之裔名臣孝子萃于一家，海内称鼎族皆先生之德有以启之，其渊源独深矣。"

吴越春秋在无锡

今天的无锡市是长江下游最发达的中等城市之一，有公路及铁路和上海、南京相连。它位于被称为"鱼米之乡"的中国最富庶地区的中心。在秦惟祯投奔王家的时候，无锡已经拥有约五十万人口。这是一个有着悠久历史的居民聚居地。他们的祖先源自最早有文字记载的古代，比武王伐纣（约公元前1046年）还要早很久。传说武王的曾祖古公亶父有三个儿子。长子太伯（一作泰伯）知其父欲传位于其三弟季历，便以采药为名，偕二弟仲雍迁至长江以南的荆蛮之地，文身断发，以让季历。由于太伯至德，归之者千余家，于是他建立了自己的国家，国号"句吴"。而吴国的中心便是无锡一带地方。

约公元前5世纪孔子在世的时候，即巴比伦被波斯人攻陷之际，中国已分裂成数十个大大小小的诸侯国。当时周室衰微，群雄争霸。在中国南方，主要是吴国与其邻邦越国在互相角力。公元前496年（周敬王二十四年），吴王阖闾攻越，为越王勾践所伤。在阖闾临终时，嘱其子夫差立誓报仇。

三年以后，公元前494年（周敬王二十六年），勾践听到吴王夫差练兵复仇的消息，不顾谋臣范蠡的意见，决定先行动手，兴兵伐吴。

结果越国在夫椒（今江苏太湖中洞庭西山）一役中战败，勾践被吴王围困于会稽山。

勾践悔恨地对范蠡说："以不听子故至于此，为之奈何？"

范蠡答道："持满者（保守成业的人）与天（与天合），定倾者（扶倾救危的人）与人（与人合），节事者（制事有节的人）以地（以法地）。卑辞厚礼以遗（馈赠）之，不许，而身与之市。"

于是勾践派他的大臣文种去吴国求和。文种跪拜于吴王之前说："君王亡臣勾践使陪臣种敢告下执事：勾践请为臣，妻为妾。"

吴王的谋臣伍子胥说："天以越赐吴，勿许也。"还说："今不灭越，后必悔之。勾践贤君，种、蠡良臣，若反国，将为乱。"但吴王不听规劝，决定不灭越国，罢兵而归。

勾践沦为吴王的奴隶，清扫马厩好几年。他卑躬屈膝侍奉吴王，一直到夫差相信了他的忠诚，才得以释放。

越王勾践返国后便与谋臣计议复仇。他在卧席上悬了一颗苦胆，坐卧时就仰视苦胆几眼，饮食时也舔尝苦胆滋味，以永志不忘会稽之耻。他亲自下田耕作，让妻子亲手织布，他们食不加肉，衣不重彩。他成了一个最理想的统治者：折节下贤人，厚遇宾客，振贫吊死，与百姓同其劳。勾践深谋二十余年，他的百姓都效忠于他，君民同怀复仇雪耻之心。

相传，勾践的谋臣范蠡知道吴王夫差好色，便到处寻访美女。有一天，他在浣纱溪畔发现一个名叫西施的姣好女子。西施出自贫苦人家，她的父亲是个樵夫。因西施貌美，故其父向欲见其一面者索金币一枚。范蠡收留了西施，教之以歌舞、礼仪等取悦男人之道。虽然他爱上了她，但他还是把她献予吴王。果不其然，吴王因贪恋美色而荒废了国事，吴国国力也日渐衰落。

当范蠡判断攻打吴国的时机已成熟时，公元前482年（周敬王三十八年），越王勾践乃起兵伐吴。结果，越军虽大胜并杀死了吴国太子友，但未能一举灭吴。四年之后，公元前478年（周敬王四十二年），勾践再度兴兵大败吴军于笠泽（今江苏省苏州市吴江区），兵临吴都姑苏（今江苏省苏州市姑苏区）城下。吴王夫差乃遣使跪拜求和。使臣公孙雄说："孤臣夫差敢布腹心，异日尝得罪于会稽，夫差不敢逆命，得与君王成以归。今君王举玉趾而诛孤臣，孤臣惟命是听，意者亦欲如会稽之赦孤臣之罪乎？"

勾践意有所动，但是范蠡反对说："会稽之事，天以越赐吴，吴不取。今天以吴赐越，越其可逆天乎？且夫君王（指勾践）蚤朝晏罢（蚤，同'早'；指勤于政事），非为吴邪？谋之二十二年，一旦而弃之，可乎？且夫天与弗取，反受其咎。"

当使臣把这些话告诉夫差时，吴王决心自裁。他以三寸布帛覆面，说："吾无面以见子胥也！"伍子胥为吴王谋臣，曾多次劝谏夫差不要信任勾践。后夫差听信谗言，令其自尽。伍子胥告诉使者说："必取吾眼置吴东门，以观越兵入也！"

越国取胜之后，范蠡辞去职务，弃越奔齐。后来，他修书给多年僚友文种，警告说："蜚（同'飞'）鸟尽，良弓藏；狡兔死，走狗烹。越王为人长颈鸟喙，可与共患难，不可与共乐，子何不去？"

忠实的文种决定不走，后来不出范蠡所料，文种最终被勾践赐死。

根据传说，吴亡之后的某天夜晚，范蠡和美丽的西施一起泛舟而去。此后，范蠡避开政治，靠经商积资发了财，在中国五大湖之一的太湖湖畔定居了下来。直到今天，在无锡太湖北岸范蠡的住处，还有一个以他命名的园林叫"蠡园"③。人们形容西施之美，说当她在河边闲步时，连鱼儿都会沉入水底，羞于与她比美。一直到今天，中国还有"情人眼里出西施"的说法。

秦氏落地生根

"无锡"在字面上是没有锡矿的意思。据说在周代,惠山东侧的一座山峰上有一处锡矿。到两千年前的汉代,这处锡矿的锡已产尽,因而这个地方的名字便从"有锡"变为"无锡"。汉代时,在这座山里曾掘出了一块石碑,上面铭刻着:

有锡兵,天下争。
无锡宁,天下清。
有锡沴(音同戾,不和),天下弊。
无锡乂(音同义,安定),天下济。

从此这座山便名为锡山,而锡山也就成为无锡的别名。

无锡像当时所有城市一样,也有城墙围绕。城里有一条主要运河(即直河,又名弦河)贯通南北,由西向东则有几条平行的河道。从地图上看,无锡像一张拉满的弓,直河像弓上的弦,而东西向的河道像几支箭,故命名为"第一箭河""第二箭河"……直到"第九箭河"。在城中心的一条叫"第六箭河"。

无锡城南有一座官方设立的书院,每年春、秋两季会在这里祭祀孔子及其弟子。到了孔子祭日,人们进献蔬菜、丝绸和酒类供品,并杀一猪、一牛、一羊做祭品。

除了官立书院外,还有一座私立书院叫"东林书院",位于无锡城东隅有一片柳树的地方。它由北宋学者杨时建立,为其讲学之所,逐渐发展成为一座书院。这种私人建立的书院兴于宋代,作为官立书院的补充,帮助年轻人为参加科举考试做准备。到了明代,东林书院的影响达到顶峰,并成为一股主要的政治力量,倾动朝野。这座书院的成员以其正直的品格和反对宦官专权的坚定立场,受到全国知识界的极大推崇。

无锡悠久的历史和明媚的风光,在大量文学作品中都有记录。关于惠山的诗作很多,它被誉为华东最美的一座山。此外,还有诗文称赞秀丽的太湖,以及惠山第一峰下白石坞的"天下第二泉"[④]。惠山泉水以其水质甘醇、适于烹茶而闻名。相传,唐代茶道大师陆羽(史称"茶圣")遍游全国,评定天下水品二十等。其中,惠山泉被列为第二,始得名。

泉水优于井水,井水优于河水。无锡泉水的甜味被归因于其中含锡。宋代品茗能手聂厚载曾经做过一个试验,往一口苦井中注入锡。几年以后,这口井的井水竟然变甜了,于是他得出结论说锡可以使食物与水变甜。但就我所知,这种说法从未被科学证实。

自从被陆羽称赞以后,"天下第二泉"就出名了。清代的两个皇帝康熙和他的孙子乾隆都很喜欢这里的泉水。康熙皇帝初次南巡的时候(即1684年,康熙二十三年),曾偕同太皇太后(太宗孝庄文皇后博尔济吉特氏)、皇太后(世祖孝惠章皇后博尔济吉特氏)两宫来此品尝泉水。到第二次南巡(即1689年,康熙二十八年)时,他又旧地重游,并赐给秦家一块匾,上面刻着"品泉"二字。这块匾被挂在了泉水附近秦家的寄畅园里。现在,泉水几近干涸,但它传奇的过去依然留在人们的记忆里。

寄畅园位于惠山脚下,是一座小型的私家园林(占地约1公顷),但是园内的景观设置却给人一种宽阔的感觉,就好像惠山本身也在这座园林中一样。一条条曲折迂回的小径不仅提升了园林的美感,平添了几分诗意,还巧妙地隐藏起每一处景观,直至你从上一处景致中完全回过神来。连水池的形状也设计得别具匠心,因为它看起来远远超过了实际大小。

这座园林有许多典故,其中有些可能是编造的。例如,在寄畅园的一个亭廊里有一块匾额,上面写着"郁盘"二字。据说,乾隆皇帝曾在这里与一个和尚下棋。这位微服私访的皇帝是不习惯输的。那和尚注意到周围的人全都一副诚惶诚恐的样子,知道对手不是普通人,便设法让对方赢了。当晚乾隆皇帝回想起这盘棋，发现和尚是故意输给他的，不觉感到有些羞愧，于是下旨将此亭改名为"郁盘"。

再如，寄畅园里有一个水榭叫"知鱼槛"。它的典故涉及战国时期的两个哲学家——庄子和惠施。有一天庄子和惠施外出游玩，庄子看到水中的游鱼说："鯈（古同"儵"）鱼出游从容，是鱼之乐也。"他的朋友惠施反驳说："子非鱼，安知鱼之乐？"庄子便说："子非我，安知我不知鱼之乐？"

如今，寄畅园已不属于秦家了。1949年新中国成立后，它就被上交给了国家，作为国家文物被很好地照管起来，一切保养和修缮费用都由政府支付。

在秦惟祯的时代，这座园林还没有筑起。他的儿子们依然平静地住在胡埭。后来，他的一个孙子秦彦和（出自秦仲益一支）迁到无锡城内，住在第六箭河北岸的玄文里。从此秦氏家族的成员成倍增加，直至生活在第六箭河河畔的几乎所有人家都姓秦。

从秦惟祯到其孙辈的三代，宗谱记载不全，但是从其曾孙开始便记载得详尽多了。从彦和之三子季昇（本名琛，以字行）起，秦家每一个成员诞生的年月日都有记录。季昇本人生于明太祖洪武十五年（1382）三月初七日，正值明代开国皇帝朱元璋的统治时期。

季昇之子秦旭则是秦家若干代乡村诗人与隐士中最为出名的一个。

【编者注】

① 在《锡山秦氏宗谱》初编时，其中称秦湛之子为秦南翁（名讳不详），秦煦（任常州教授）是秦观的曾孙，秦师曾（任从仕郎兰溪县主簿）是秦观的玄孙。但是在《毗陵秦氏宗谱》中却无秦南翁之人，秦煦是秦观的孙子，秦师曾是秦观的曾孙。锡山谱曾在清代初年参酌毗陵谱，删去南翁这一代（按

此说,秦惟祯为秦观的十一世孙),但是到了嘉庆年间第七次修辑宗谱时,编纂者秦瀛认为疑者阙遗,故仍遵旧谱补入南翁(按此说,秦惟祯为秦观的十二世孙)。

② 馆甥:即女婿。《孟子·万章下》:"舜尚见帝,帝馆甥于贰室。"注曰:"礼,谓妻父曰外舅,谓我舅者吾谓之甥。尧以女妻舜,故谓舜甥。"后世因而称岳父为外舅,女婿为馆甥。

③ 蠡园:位于无锡市西南2.5公里的青祁村,因紧傍蠡湖而得名。蠡湖,一名"五里湖",是太湖的一部分,相传春秋末年范蠡曾偕西施泛舟湖上,故名。1927年(民国十六年),县中富绅出资建成该园。现在蠡园由原蠡园和1930年(民国十九年)所建的渔庄(又名"赛蠡园")合并,并以千步长廊连接而成。园林占地5.8公顷,其中水面有2.4公顷,它将北方园林的雄浑和南方园林的细腻融为一体,独具风格。

④ "天下第二泉"位于惠山东麓惠山寺南侧,本名惠山泉。唐代中书令李德裕酷爱此泉水,曾派人送至长安以供饮用。晚唐诗人皮日休作诗讽刺道:"丞相常思煮茗时,郡侯催发只嫌迟。吴关去国三千里,莫笑杨妃爱荔枝。"宋时泉上建亭及漪澜堂,明时成为众多文人学士品茗题诗之地。二泉有上、中、下三池,各有暗渠通水,至下池从石螭吻中流出。

第六章
秦旭：碧山竹炉的故事

老僧转世报恩

1407年（明成祖永乐五年），秦惟祯的曾孙、二十六岁的秦季昇坐船经太湖前往马迹山（或作马山，位于湖中西北方）。一时风雨大作，忽见一老僧在水中挣扎，季昇忙脱去外衣跳入水中，把老僧救出。

老僧向季昇跪谢救命之恩，并说："后世当为公子以报。"

三年之后，季昇之妻惠氏怀孕，全家欢喜地盼望能添丁。惠氏临盆之时，季昇焦急地在邻室踱步，忽见他以前搭救过的那位僧人的幽灵，进入了其妻的卧房。少顷即闻婴儿啼哭，随即产婆抱出了初生婴儿。

这个故事正应了中国的一句谚语："善有善报，恶有恶报"。同时，它也意味着此儿降生的情景可能是个预兆。

季昇为其子取名为"旭"，是黎明的意思。秦旭是秦氏家族无锡分支的始祖秦惟祯的玄孙，也是我上溯十八代的直系先祖。秦旭延续了家族传统，成为一名隐逸诗人，与他是僧人转世的传说若合符节。

秦旭生于明成祖朱棣在位期间。在永乐皇帝二十二年的强势领导下，明朝扩大了疆土，击溃了蒙元的复辟企图，派兵远征东北使女真降服，还兼并了安南（今越南北部）。但是安南人在中国控制下的时间并不长。

1421年（永乐十九年），永乐皇帝迁都北京，而南京仍为其第二都城，保留一套中央机构，其所属各部可以直接上奏朝廷。

在秦旭幼年时期，大明帝国的统治者坚强有为，帝都之壮丽闻名遐迩。1419年（永乐十七年）秦旭十岁时，著名的帖木儿（Timur，1370—1405在位）之子、波斯皇帝沙哈鲁（Shah Rukh，1409—1447在位）派了一个使节团来到北京，这个使节团的成员比较详细地记载了中国朝廷的堂皇景象。波斯宫廷史官描述中国人庆贺新年的情景说：

> 还在午夜时分，掌礼官就来叫醒了他们（指波斯客人），让他们骑上马，前往宫殿。那是一座非常豪华的建筑，刚刚建成十九年。那一夜，在那座大城市里，家家户户、街道店铺都燃起火把、蜡烛和灯火，仿佛置身白昼，连一根针掉在地上都能看见。
>
> 当夜晚的寒潮已退，所有人都准许进入新的宫苑。皇宫内的十万多人来自五湖四海，如中国北方、南方、马钦（Machin）、卡尔马克（Qalmag）、西藏、卡穆（Qamul）、卡拉科加（Qara-Khoja）、丘契（Churche）和沿海，以及其他许多不知名的国家和地区。皇帝大宴群臣，各国使节坐在金銮殿外。二十万禁军手持刀枪剑戟、斧钺钩叉和其他各式武器，拱卫左右。此外，约有一千到两千名侍者，手持五颜六色、大如盾牌的中国扇翣，交叉悬于肩头。舞伎与艺童跳着新奇的舞蹈，其袍服头饰争奇斗艳，非笔墨所能形容。

但在秦旭的成长过程中，却无缘参加如此奢华的皇宫盛典。他所禁受的是五岁丧母的悲恸。他的父亲续弦以后，又过了许多年，继母华氏才生下一子秦晔。

秦旭十几岁时，便以惊人的记忆力、勤奋与聪慧引起族中长辈的惊叹。他们纷纷劝说季昇鼓励秦旭去参加科举，但因季昇无意功名，所以他拒绝了。他说："吾闻之事亲者尽其心，不以己之得于外者，为外母荣也。"而且，他要把他的独子留在身边。秦旭是个孝子，一切听从父亲的安排。

季昇为他的儿子在本乡请了一位塾师，名叫余同文。秦旭的老师也认为他是一个非常杰出的弟子。

明英宗正统年间（1436—1449），秦旭曾做了一任万石长[①]，但是他真正的兴趣在文学。他为自己取了一个适情适性的号"修敬"，意思是修己以敬。可能他对自己是僧人转世的说法很认同，所以他的孝心十分虔诚。当其父病危时，秦旭夤夜叩拜北斗，愿自己早死而为父添寿。据说当其父逝世时，他由于过度悲伤，以致须发皆白。此后，他便专心奉养继母，关照她所生的一弟二妹。

据家传记载，秦旭为人"性庄重，寡言笑，举止有度"。在古老的中国，严肃被认为是一种美德。他身为一个恪遵古训的人，也以高标准来要求他的儿子们。但是据说他对待别人一直非常宽厚和仁慈。

他曾借给一个吴姓商人一百锭银子，不幸的是对方在樊山（位于今湖北省鄂州市西北）脚下遭遇了沉船事故，货物尽失。此人窘迫懊丧，意图上吊自杀。秦旭安慰对方说："痴男子，得不葬于鱼腹，足矣。乃惜囊中物耶？"于是他撕毁了商人写给他的借条。

秦旭优游于中国隐逸诗人典型的理想之中，过着许多文人学士追求的闲散、平和、恬静的生活。

有子仕途上青云

秦旭在世的八十五年里，他看着秦氏家族兴旺发达起来。从秦惟祯的时代开始，秦家的儒生没有跨越过县试以上科举的门槛。县试所给予的秀才称号，大约相当于今天的学士头衔。

1459年（英宗天顺三年），秦家的两个子弟有了突破性的进展。

秦旭之子秦夔与堂侄秦孚到南京参加乡试并中选了，成为无锡秦氏的第一批举人。中试（古代一般作"中式"）的举人有了做官的资格，于是秦孚出任嵩明州（治所在今云南省昆明市嵩明县）的州同知（州之佐贰官，掌钱粮、捕盗、海防、水利诸事）。而秦夔则在次年春天到北京参加了会试，通过之后又取得了参加殿试的资格。这些考试也是每三年举行一次，是比乡试更难跨越的关坎。秦夔证明了自己的能力，他荣登庚辰科殿试金榜第三甲，赐同进士出身，成为无锡锡山秦氏家族的第一个进士。进士称号相当于现在的博士学位。这一年，他二十八岁。

当时正值政治混乱时期。在秦夔参加乡试的十年前（即1449年，正统十四年），英宗朱祁镇在亲征蒙古瓦剌（明代对西蒙古诸部的统称）部首领也先的时候，被掳于土木堡（今河北省怀来县东南），史称"土木堡之变"。英宗的弟弟郕王朱祁钰即位，是为景帝，遥尊英宗为太上皇。一年以后（即1450年，景泰元年），英宗被释回京，景帝拒绝交还皇位，并将他软禁在南宫凡六年半。景泰八年（1457）正月，英宗以阴谋推翻了景帝而复位，改元天顺，史称"夺门之变"。

1462年（天顺六年），秦夔先被指派到南京兵部四司[②]之一的武库司任主事（文书官）。我们可以想象，当秦旭看见他的儿子穿上胸前补子绣有单腿直立、双翅展开的鹭鸶的青袍时，心情该是何等欣慰。禽类纹样代表的是文官，狮、豹、熊、虎等兽类纹样则代表武官。此后几年，秦夔先后任兵部职方司员外郎、武库司郎中。随着官阶的晋升，他的公服上绣的鹭鸶便改为白鹇了。秦夔此后又历任两处知府，他穿上了胸前补子绣有云雁的最高等级的红袍。[③]

1472年（宪宗成化八年），秦夔被擢升为中国南部的主要商业中心武昌府（治所在今湖北省武汉市）的知府。他在任上施行了均徭法，即按照民户丁粮（人丁、税粮）多寡均派杂役的政策。他的官声又由于他两次扶危救难而进一步提高。有一天，他参拜寺庙之后在江边散步，偶然发现有一名妇人被绳索捆绑，半身埋在沙丘里。他救出这名妇人后，听她讲述了受困的经过。原来这名妇人姓柳，随她经商的丈夫从杭州乘船经过江中，不幸遇见一群盗贼，他们杀死她的夫君，并企图将她强行奸污。由于她抵死不从，他们便绑了她，埋进沙中任其自生自灭。秦夔送这名妇人回家之后追捕这伙暴徒，当晚就将他们绳之以法。另外一件案子是：有一天，他因公务路过长沙府（治所在今湖南省长沙市），当地一个陆姓富户年轻貌美的女儿，被一个叫李昆的妓院老板掳去，准备逼良为娼。正在府城应举的此女之族兄向秦夔投诉，秦夔于是逮捕了李昆，从火坑边缘救出此女。秦夔在任时的威望之高，从人们称他为"湖广（明时下辖今湖南、湖北两省，治所在武昌府）第一清官"可得见之。

1478年（成化十四年），秦夔在建昌府（治所在今江西省南城县，辖南城、新城、广昌三县）知府任上，其母殷氏病故，他回家守孝两年三个月。复职以后，他清正廉明的声誉又因为两件案子而得到提高。第一案是平民何某准备状告广昌县（治所在今江西省广昌县）县令，为后者察觉，因而遣人出面诬陷何某，准备予以处决。此事被秦夔知晓后，调来一干人等重新审问，终使案情大白，救了何某一命。

第二案涉及吉安府（治所在今江西省吉安市）吉水县彭姓、伍姓两个家族的宿怨。双方互相控告，缠讼多年，牵连百余人，搞得知府也束手无策，只好求助于同僚秦夔。为防止串供，秦夔希望能逐个审问涉事人员。由于人员众多，县衙容纳不下，秦夔便在广场设立公堂。他还下令在广场上每隔数丈竖立一桩，每桩捆绑一人，由他逐一审问。十天之后，终于解决了两家的纠纷。

1485年（成化二十一年），秦夔迁福建右参政（一省的副行政长官，从三品官职），因病仅视事十八天，又转任江西右布政使（一省的最高行政长官，从二品官职）。这时他的官品已仅次于各部尚书（正二品官职）了。他的大红袍上绣的不再是散答花或小杂花，而改为三寸直径的小独科花，胸前补子上绣的则是一只锦鸡。

秦夔在五十三岁时因体力衰退而告老还乡，与其父和诸弟在恬静的生活中度过了他最后的十年岁月。

儿子事业上的成就提高了秦旭在无锡的经济和社会地位。他得到了各方赐赠给他的许多荣衔，但从他的诗可以看出，他对这些并不在意。

碧山吟社，十老优游

1482年（成化十八年），秦旭在七十三岁时组织了碧山吟社。这个诗社只有秦旭、李庶（号纲庵）、陈履（号逊庵）、陆勉（号竹石）、高直（号梅庵）、黄禄（号杏轩）、杨理（号听玉）、陈公懋（号玉溪）、施廉（号北野）、潘绪（号玉林）十个老人，都是无意追求功名的文士。他们虽无一官半职，却在社会上都享有名望。

由于政途多舛，许多乡绅更向往一种平静的生活。这样的处世态度在当时是备受尊敬的，世人说他们志趣高尚，不似终日追名逐利的小人。

秦旭详尽地解释了诗社的宗旨，归结起来大意为："吾侪幸生圣明之世，既无公卿大夫之责，又无农工商贾之劳，惟歌咏太平，以形容国家之盛，此分内事耳。然饱食终日，无所用心，圣人所戒。自今而后，务以德义相劝，过失相规，言毋妄诞，行毋诡随，期不愧于古人，无惭于后进，斯幸矣。不然，吟咏虽工，宁免将来之訾议乎？"

这十人在惠山脚下、春申涧④上寻得一座龙泉精舍，将它改筑为碧山吟社，每月聚会一次。它包括一间很大的集会厅"十老堂"，一座"捻髭亭"，一间书室，一间茶室，一间厨房，以及一个溪水回流、松竹茂盛的花园。碧山吟社吸引了许多文人学士，每逢外省宾客来访时便在此欢宴。

七十三岁的秦旭是十人中比较年长的，其他九个成员的年纪从四十九岁到七十四岁不等。当时年近五十的人便被称为老者，因为这个岁数的人很可能已经当上祖父了。中国社会是有敬老传统的。

每月聚会时，与会的人分为几组，有的唱曲，有的绘画，有的讨论哲理。与仇英、文徵明、唐寅同被誉为明代四大画家的沈周，曾作《碧山吟社图》。明人李珵对此画进行了细致的描述：

> 酒罢抚卷执笔而书者，秦修敬也。坐中而观者，李纲庵也。面石壁而挥毫者，陆竹石也。凭肩指示按膝而玩者，陈逊庵及其同宗玉溪也。至如横卷洒雅集图者，非杨听玉乎？憩松阴联坐石而相鹤者，非黄杏轩、施北野乎？临清流而作推敲势者，非高梅庵乎？举铁笔刻竹而题诗者，非潘玉林乎？

有时月会因故取消，秦旭便带两个随从上山去拜访几位老僧。有时也应老僧之请作几首诗。

当秦夔从江西右布政使任上退休回到无锡后，他便成了碧山吟社最活跃的成员之一。虽然一些同乡认为秦夔在五十三岁这样一个相对年轻的时候致仕，是一件很可惜的事，但秦旭对此却非常高兴，他立即写了一首诗《闻夔儿解官柬公禄》：

> 珠遗沧海得天全，消息多应不妄传。
> 白社疏狂从我后，青云腾踏看人先。
> 舞裙歌扇留桃叶，绿水青山送酒船。
> 老病得儿相料理，底须华发怨流年。

秦旭不仅活到看见儿子退休，而且在他八十多岁时，还目睹他的侄孙秦金开始步入仕途。秦金是我们家族中担任官职最高的一人，他曾任南京三个部（礼部、户部、兵部）和北京两个部（户部、工部）的尚书。

秦旭一生身体硬朗。孝宗弘治七年（1494）十一月十六日晚间，八十五岁的他在临终之前起床穿戴好衣冠，端坐在床上和几个儿子谈话。儿子们问秦旭还有什么遗言,他缓缓张开眼睛说:"吾得于世多矣,吾又奚(疑问代词,犹'何')言?"遂溘然而逝。

他死时遗下三个儿子、四个孙子、十个孙女和三个曾孙。死后与妻子殷氏合葬于惠山望公坞。

秦旭去世后,他无锡的好友,以及远近知晓他名声的人,都来哀悼他。按照当时的风俗,大官去世后,由皇帝按其品性赐予谥号。由于秦旭不曾出仕,无法接受朝廷赠谥,所以他的好友李舜明等人送给他一个私谥,曰"贞靖"。

秦旭死后第二年,其子秦夔也去世了,碧山吟社顿失支柱。而诗社的其他老人,除一人以外,相继在16世纪20年代撒手尘寰。最初的碧山吟社也就不复存在了。

竹炉诗画,君臣同爱

竹炉(诗文中或写作"垆")的故事基本上是碧山吟社史的一部分,尽管竹炉本身的历史比它还长。

竹炉原件建造于14世纪末,明太祖洪武年间(1368—1398)。当时著名画家王绂(后来官居中书舍人,掌缮写诏敕文书等事,故世称王舍人)因为目疾,在无锡的听松庵(位于惠山之南桃花坞下)借寓静养,他病愈后在庵中的秋涛轩左壁画了一幅庐山风景图,邀好友潘克诚前来共赏。有一天,湖州某竹工经过无锡,听松庵的住持性海(法名普真,以字行)请他制作一个茶炉。竹工按照性海的要求,以斑竹(又名湘竹、湘妃竹)为材料,"织竹为郛(音同孚,外框),筑土为质(内胆)……熔铁为栅,横截上下,以节宣气候。"茶炉高一尺,顶圆底方,状似神话中的乾坤壶。竹炉制成后,王绂绘图赋诗以传其奇。其画与诗均裱在一个卷轴上,人称《竹炉图咏卷》(或称《竹炉图诗卷》《竹炉诗卷》)。

成祖永乐初年，性海和尚迁往虎丘山（今江苏省苏州市西北），他把竹炉赠予潘克诚当作临别纪念。竹炉留在潘家六十余年。宪宗成化年间（1465—1487），潘克诚的孙子把它送给了一个叫杨孟贤（杨谟）的富户。

杨孟贤去世后三年，1476年（成化十二年）冬，秦旭之子秦夔自武昌府报政还里，借住听松庵。当时听松庵的住持是性海的孙子戒宏。有一天他给秦夔看了《竹炉图咏卷》。秦夔非常喜爱上面写的诗，便四处寻访竹炉原件，终于在杨孟贤的兄长杨孟敬那里找到，并说服了他把竹炉送还听松庵，并图咏卷贮于秋声小阁（或说松风阁）。秦旭和碧山吟社的其他成员都非常高兴这个有名的竹炉能失而复得，重归听松庵。他们举办了一次特殊的庆祝会，全国各地许多有名的诗人都来与会，每人为此赋诗一首题在图咏卷上。秦旭身为诗社之主，写了一篇《竹炉诗跋》曰：

> 听松庵竹茶炉，真公手制也，沦落人间已五十余年，寻访不可得。适儿夔自湖湘归，假榻庵中，因睹诸乡老所咏，慨然有收复之念，乃述数语，俾公徒孙宏上人访求于城中之家，得于秋林杨公所，封泥编竹，宛然若新发硎（音同形，磨制）者。上人欢喜，以手加额曰："不图今日复睹先师之手泽（先人遗物）也，山中风月从此不孤矣。"夔忘其固陋，僭作复茶炉记并诗，社中诸公不鄙，倚歌和之。余亦勉成一律，装潢成卷，亦一胜事也。上人当置之山中，汲泉煮茗，荐文祠下，以慰真公在天之灵，俾知后人能光复旧物云。

可是，竹炉和图咏卷都没能长久地保存在听松庵里。到17世纪前期，明代末年，竹炉又不见了。原本由于岁月的侵蚀，竹炉内壁的泥土已脱落，仅框架犹存。再加上当时国事蜩螗，竹炉遗失并未被立刻发现，发现以后也无人寻找。后来听松庵毁于大火，在混乱中连《竹炉图咏卷》也无影无踪了。

据说在清代初期,《竹炉图咏卷》又被发现了,由明珠大学士长子、满族著名词人纳兰性德从京师某人手中购得。1684年(康熙二十三年)秋,无锡诗人、秘书院典籍(掌收贮图籍、出纳文稿、管理吏役等事,兼管关防)顾贞观仿旧复制了两个竹炉,至冬入京,携一炉同行,准备与京中文士题咏唱和。一天,顾贞观拜访好友纳兰性德,两人在书斋共赏书画,纳兰性德拿出自己偶得的《竹炉图咏卷》给顾贞观看。当时在这卷上已有图四幅[5]、文十三篇、诗九十二首。顾贞观一见此卷便爱不释手,乞求纳兰性德割爱,后者慨然相赠。于是顾贞观携竹炉及图咏卷回到惠山,并建造了一座新的听松庵以贮之。在此后的庆祝会上,有更多文人书写诗文于卷上,以志其对竹炉的欣赏之情。由于卷轴过长,1697年(康熙三十六年),江苏巡抚宋荦删去其中芜杂诗文,将它分裱为四卷,钤以官印,期勉寺僧永为珍藏。

有趣的是在顾贞观仿制竹炉近半个世纪后,竹炉原件也被发现了。那是在1732年(雍正十年)冬,一位法名叫松泉的和尚(性海的后裔)在一个农民家中发现的。据农民说,竹炉是几代以前他家的一个曾在惠山一座寺庙中出家的亲戚留下来的。那个亲戚脱离寺院后归家务农,随身带回来了这个竹炉,还有一套茶具。经过多年,茶具均已破碎,而竹炉却基本上未损。

松泉从农民那里取回竹炉,归还无锡。他请吏部郎中王澍撰写一篇记叙竹炉经历的文章,以便刻石志之。王澍写好文章后认为,既然最初让竹炉重现天日的是秦夔,且倡议为竹炉作诗文,使之名声大振的是秦旭,所以此物不仅是无锡的遗产,也是秦氏家族的一段佳话。因此王澍让松泉造访当时的秦氏族长秦道然,请他写记一篇以志此炉第二次重现于世。秦道然依言写了一篇《惠山听松庵再复竹炉记》,在文末引秦旭、秦夔《复竹茶炉》诗中的句子"湘筠骨格依然好,留与真公弟子传""从此远公(即戒宏)须爱惜,愿同衣钵永相传",呼吁寺僧视竹炉如僧人的袈裟、钵盂一样,世代传承下去。

就在竹炉被送回听松庵几年后，1751年（乾隆十六年），皇帝弘历初次巡视江南。由于竹炉的名声早已传到京师，乾隆皇帝便在这座庵里作短暂停留。他后来记载了这件事，文曰：

> 惠山名，重天下，而听松庵竹炉为明初高僧性海所制，一时名流传咏甚盛，中间失去，好事者仿为之，已而复得，其仿、其复胥（皆、都）见（出现），诸题咏联为横卷者四，我朝巡抚宋荦识以官印，俾寺僧世藏之。自是而竹炉与第二泉并千古矣。乾隆辛未（即乾隆十六年）春二月，南巡过锡山，念惠泉为东南名胜，圣祖仁皇帝数临其地，有"品泉"二字赐额，爰（于是）命舟瞻仰，坐出房，煨炉酌泉，啜茗小憩，并用前人原韵成二律，题王绂画卷，仍归寺僧，永垂世宝，而纪其缘起如此。

制作这座竹炉的最初目的，与其说是为了使用，不如说是用来装饰。竹象征清高，就像清茶一样。但是不知为什么，后来人们却说它具有特殊的煮茶功效了。

乾隆皇帝写过四首关于竹炉的诗，赞其美，论其历史悠久。他也喜欢汲第二泉之水，用此炉烹茶。

六年以后（即1757年，乾隆二十二年），乾隆皇帝第二次驾幸无锡。他又到听松庵汲惠山泉，用竹炉煎茶，当即题诗《听松庵竹炉煎茶叠旧作韵》和《汲惠泉烹竹炉歌再叠旧作韵》两首。当时《竹炉图咏卷》的第四图已遗失，他特命大臣张宗苍补绘了一卷。他还赐名庵内贮放竹炉的弥陀殿为"竹炉山房"，并在回京后复制了一个竹炉，在北京西郊的玉泉山上另筑了一间竹炉山房。

此后十年之内，乾隆皇帝又两次下江南，每次都到无锡赋竹炉诗、饮竹炉所烹之茶。

1768年（乾隆三十三年），乾隆皇帝这位多产诗人感到自己原先作的诗不完美，要把他过去的墨迹都收回润色，其中就包括竹炉诗。

当他把四轴《竹炉图咏卷》寄回无锡听松庵后，1779年（乾隆四十四年）冬，寺僧不慎将锦䩄（卷首贴绫的地方）蔫旧玉签（轴头上写有卷名的小牌子）损折，无锡知县邱涟便把它们迎至县衙，欲重新装裱。不幸县衙西面的民居失火，延烧至县衙，四轴长卷全部化为灰烬。乾隆皇帝闻讯大怒，有关官员被罚银二百两，送给听松庵的寺僧作为补偿。他还决定恢复四轴《竹炉图咏卷》，由他亲自补绘第一图，令皇六子永瑢补绘第二图，另两位大臣弘旿、董诰补绘第三、第四图，御制诗章冠于卷首，于每卷图后补录前人题咏的诗文序跋，依其原次，以还旧观。这些摹本仍藏于听松庵。此后几年，乾隆皇帝多次驾幸听松庵，又题诗于新卷轴上。

此外，乾隆皇帝还从宫内藏画中，选出王绂所绘的另一幅作品，赏赐给听松庵以补偿他们的损失。这幅画题为《溪山渔隐图》。

不久，王绂的这幅图卷便和竹炉一样远近驰名了。凡访听松庵者必谋一面之缘。

1860年（咸丰十年），风波又起。无锡被太平军占领，听松庵被战火摧毁。《竹炉图咏卷》摹本与王绂的《溪山渔隐图》均散佚。

四年以后（即1864年，穆宗同治三年），我们家族的一位杰出学士秦缃业在上海发现了这批画轴。他把它们带回无锡，但当时听松庵已成瓦砾，仅房基尚存。至1865年（同治四年），该寺房基上建起一座淮湘昭忠祠，纪念与太平军连年征战的清军阵亡将士。秦缃业见恢复竹炉山房的可能性已不存在，便把画轴交给无锡黄埠墩一所新落成的寺院收藏。

《竹炉图咏卷》就这样重归无锡寺院的僧人手中，但那幅《溪山渔隐图》却未被寻回。到19世纪60年代，秦缃业的族弟秦恩延在洞庭山（位于太湖东南部）一民居中发现了这幅画，出高价购回无锡，捐给了收藏《竹炉图咏卷》的寺院。

1872年（同治十一年），秦缃业曾写过一篇文章《王绂溪山渔隐图卷复归僧寺记》，其中叙述了竹炉四百年的沧桑，有一段文字这样写道：

噫！烟云过眼，书画之常，一经易主，莫可踪迹，而古人笔墨自有真气流行，恐非后世所能抚仿，况是卷，前追吴镇（与黄公望、倪瓒、王蒙并称"元代四大画家"）后启沈周，尤称绝笔，乃既失而复得之，不可谓非幸事。至听松庵，自有唐迄本朝，兴废不一，无难复旧，今顾并其基地而亡之，千余年古迹一旦荡焉泯焉，殆亦有数存乎其间耶！

【编者注】

① 万石长：即粮长，明代乡间掌税粮征收的基层半官职人员。1371年（洪武四年）始设于浙江、南直隶、湖广、江西、福建等地，后向全国推广。大率以纳粮万石左右为一粮区，择区内田粮多者充任，平时负责劝导农民耕种和按期纳粮当差，申报灾害，检举逃避赋役的人户等。起初粮长为大户承充的优差，可凭借职权，用征多解少等办法营私舞弊；征税后解运到京，得到皇帝召见，问对如旨，则可任官。故地方上有钱有势之人往往世代把持粮长一职。但是在明代中叶以后，赋役日重，逃亡日多，粮长不胜赔累，遂成为苦差，其职务由大户单独承当变成粮长与里长合一，共同"轮充"。到了正德年间（1506—1521），又变成若干小户共同承当的"朋充"。它实际上已是当时农村的一种重役。清初仍保留于个别地区，后渐罢。

② 兵部四司，分别指武选司（掌武职官员的选授、品级）、职方司（掌各省的舆图[地图]，军队的检阅、操练之事）、车驾司（掌仪仗、驿传、厩牧等事）、武库司（掌兵籍、武器、乡会试的武科，以及编发、戍军诸事）。各司下设郎中（相当于正司长，正五品官职）、员外郎（相当于副司长，从五品官职）、主事（正六品官职）等。

③ 公服，即官员的制服，有别于正式节庆典礼的朝服。京官每日早晚朝奏事及侍班、谢恩、见辞，外官每日办公时，均穿着公服。明制，文武官朝

服为青缘赤袍，公服则依品级而有不同。在服色方面，一至四品，红袍；五至七品，青袍；八品、九品，绿袍；未入流杂职官，与八品以下同。在花样方面，一品，大独科花（独科花即团花），径五寸；二品，小独科花，径三寸；三品，散答花，无枝叶，径二寸；四品、五品，小杂花纹，径一寸五分；六品、七品，小杂花，径一寸；八品以下无纹。在补子（补缀于公服胸背上的一块织物）方面，文官用飞禽，一品仙鹤，二品锦鸡，三品孔雀，四品云雁，五品白鹇，六品鹭鸶，七品鸂鶒，八品黄鹂，九品鹌鹑；武官用猛兽，一品、二品狮子，三品、四品虎豹，五品熊罴，六品、七品彪，八品犀牛，九品海马；杂职练雀；风宪官（掌监察、司法的官员）獬豸（传说中的独角兽，见人打斗，会以角触理屈之人）。

④　春申涧：溪涧名，又名黄公涧，位于无锡惠山第一峰脚下，现在的锡惠公园内。相传为战国春申君黄歇饮马处，故名。

⑤　《竹炉图咏卷》第一图系王绂的画作，第二图为履斋所绘，第三图为成化年间吴珵所绘，第四图佚失，作者不详，至乾隆年间由擅长山水的张宗苍补绘。

第七章
秦氏门中的孝子

孝道传家

中国自古以孝为先。我们家族出了多位孝子，流传的故事和歌颂他们的诗篇也不少。宗谱里自然不记不孝之人，如果有这等子弟存在，他们的事迹会被认为是家族的耻辱，而不予收录，连他们本人也会被排斥在宗谱之外。

我还记得，我在童年时常为传统的孝子故事所感动。几乎所有的中国儿童都听大人讲过这类故事，以培养他们敬老的品德。我特别喜欢的一则故事是：一个无钱买蚊帐的贫寒人家的小孩名叫吴猛，在他八岁时，每天晚上把自己的身体暴露在外给蚊子咬，希望蚊子饱唬他的血后就不会再去咬他的父母，让他们得以安睡。这样的故事让我觉得自己很不济，因为我知道我永远也做不到那么不自私。

在中国的一部重要经典《孝经》里引孔子的话说："身体发肤，受之父母，不敢毁伤，孝之始也。立身行道，扬名于后世，以显父母，孝之终也。夫孝，始于事亲，中于事君，终于立身。"总之，孝是一切道德的本原。因为爱自己的父母，故不能给他们带来耻辱；因为爱自己的父母，所以应努力上进，从而给他们带来荣耀。

　　被称为御史的官吏巡视全国各地，惩恶扬善，特别是要旌表义夫节妇、孝子贤孙。礼部在颁赠孝子称号之前要经过严格的考察。由朝廷正式诏旌孝子的人很少，兄弟二人（包括堂兄弟）同获这项殊荣的事例更为少见。然而，秦氏家族在15世纪到19世纪期间却出了好几对孝子。

剜胸舐脓：秦永孚与秦仲孚

　　秦旭的次子永孚（本名秦旦，以字行）、三子仲孚（本名秦奭，以字行）是第一对孝子。在长兄秦夔身居高位之时，他们弟兄在家侍奉双亲，克尽孝道。当初秦夔考入县学为生员，曾对他们说："吾方肄学邑庠，以图补报（扬名显亲，报答恩惠），事父母之礼，未免有缺，二弟尤宜加谨慎。"

　　他们二人是碧山吟社的年轻成员。永孚沉静严谨，忠厚纯朴，是个知名的画家。据说他天性腼腆，每与年轻友人谈话涉及女性时，便会脸红害臊。他事父尽孝，每当秦旭发怒时，就会跪在父亲膝前，直到父亲的情绪好转，才敢起身。我的父母均出自永孚这一支。

　　年纪最小的仲孚是个多才多艺之人，不过他的诗被认为略逊永孚一筹。秦夔到南京任官后，秦旭曾遣仲孚诣秦夔处求学，但据说仲孚思父心切，尚未待到卒业，即告其兄宁愿返乡侍父。当秦旭因年老而染上病痛时，仲孚开始学医，数年之后便对岐黄之术颇有研究了。

　　1463年（天顺七年），五十四岁的秦旭患上了心脏病（可能为心绞痛），每十日左右便发作一次。因医药无效，他们兄弟只有每日祈祷父亲早日康复，用手给父亲的胸口做按摩，急得头发都变白了，终使父亲的病情好转。次年，秦旭的旧疾复发，病情有所加重。兄弟二人每自捶胸，以冀分受父亲的痛苦。后来，仲孚从古代药书上发现兔血可以治疗此症。他自己认定人血更好。或许他受了中国的一种传统观念的影响，以为病人如果服食至亲之血便可使重病痊愈。（甚至在纽约，我还见过一名妇女试图用这个方法救活她患癌症的丈夫，但是没有成功。）

这对兄弟乃自抓胸膛出血，集之于杯与药酒掺和，让父亲饮下。秦旭的病竟然多年未犯。

1471年（成化七年），他们的母亲殷氏上楼时摔下来，伤了左膝盖，流血甚多。他们十分心疼，请了名医黄公禄等为她医治。由于是在炎夏，创口发炎流脓，产生恶臭，无人愿意服侍。他们两兄弟则按时为母亲冲洗伤口，上药包扎，夜间坐在她床边为她打扇驱蚊。但母亲的创伤仍流脓不愈。两兄弟便轮流为她吸尽脓液，直到冬天创口终于愈合。

这对兄弟的至诚尽孝为邻里所颂扬，风声不久传到了常州。常州府知府龙晋调查后，于1473年（成化九年）上疏礼部，请求予以表彰。题本（各衙门因一般公事具文进呈的章疏）最后说："二子承奉侍养，始终无怠，委的孝行超卓，别无纤毫违碍，乞旌表以励风俗，等因具题请旨。"

1476年（成化十二年），礼部经过仔细核查之后，在向朝廷上疏中拟文批复龙晋知府说："……行令该县给与（予）无碍官银（公家羡余的经费）三十两，行令本家自行起盖牌坊，旌表秦永孚、秦仲孚双孝之门。"

此疏经皇帝御批照准。这是一个很大的荣耀，因为兄弟二人同受旌表是很少见的。

在两兄弟受朝廷表彰时，永孚四十一岁、仲孚三十七岁。当时他们的双亲在堂，也同享了这份荣耀。他们的宅第门前悬挂起"双孝"匾额。

秦旭之妻殷氏死于1478年（成化十四年）。秦旭又活了约十七年。母亲去世以后，不再能照顾父亲，于是两兄弟侍父的责任更重了。每日，他们只在伺候父亲吃饭、沐浴之后，自己才进食、沐浴。

两兄弟都长寿，仲孚活到七十八岁，永孚活到八十八岁。仲孚直到去世时还很健康，他死于重阳节次日。照中国的传统说法，人们在重阳这一天登高以避山下的灾祸。仲孚在去世前一天还参加了重阳节庆祝活动，写下了这一首诗《九日》：

> 抱病忽闻佳节至，独携藜杖强登临。
> 黄花笑我容还瘦，绿酒盈樽手自斟。
> 处处辞巢知社燕，家家悲杵送秋音。
> 不堪览镜头如雪，折得好枝懒去簪。

1521年（正德十六年），当永孚八十六岁时，武宗驾崩，由武宗的堂弟朱厚熜以藩王身份入继大统，是为世宗嘉靖皇帝。新君对其生身父母的关注，造成他与几乎全部朝臣的矛盾，因为他一再为其亡父兴献王朱佑杬和仍然在世的母妃蒋氏提高封号。在他即位的次年，他赐予永孚皇粮、布帛以表彰其孝行。这是对一个终身尽孝的臣民的最高赏赐，而被这位皇帝赏赐更是别具意义。

这对兄弟去世两百多年后，在1746年（乾隆十一年），皇帝批准为他们建造一座"双孝祠"，并赐给秦家一块金匾，匾上有御题的"孝友传家"四个字。这块匾额被悬于无锡城西门外、面对惠山建立的牌坊上。此外，乾隆皇帝还赐了一块刻着"孝友"字样的石碑。然而在"第二次世界大战"期间，邻近寄畅园的祠堂和牌坊均被日军的战机炸毁了，现在这块土地上建了一个公共厕所。

永孚、仲孚两兄弟突出的孝行，为永孚之子秦镗和仲孚之子秦铉所继承。其中，关于秦铉的事迹已不可考，只知道他与其堂兄也是一对孝子。但是关于我的十六世祖秦镗的事迹则有不少材料。他侍奉父母直到他将近七十岁。

报亲先于事君：秦镗

秦镗从小看着自己的父亲永孚如何侍奉祖父，直到祖父于1494年

（弘治七年）去世。那一年永孚五十九岁，秦镗二十九岁。耳濡目染之下，秦镗也成了孝子。秦旭去世两年后，永孚身患腿疾，经常疼痛，不能伸直。秦镗接连数月为父祈祷，反复以首叩地，不顾额头流血，直至其父痊愈。

秦镗早年学业有成。1485年（成化二十一年），他在二十岁时考入县学成为生员，又通过了次年的科考（参见第八章注释②），取得了参加乡试的资格。但是他在乡试中落榜了。

大约在这个时候他娶了龚氏之女为妻。秦镗的夫人是他的贤内助，当他乡试屡考不中、悒悒寡欢时，她安慰他说："物贵者不速售，君尚益懋学（勤学），将来所获不远且大哉。"

不幸的是，她在三十一岁时就病故了，遗下三个儿子秦淮、秦漳、秦瀚。

秦镗后又续弦，但这次婚姻的结局也是不幸的。继室徐氏在婚后一年内患上心脏病卧床不起，十五年后过世。

1504年（弘治十七年），三十九岁的秦镗第七次参加乡试，终于得中，成为举人，并有了参加会试的资格。但是在会试中，他失败了。1506年（正德元年），他入学的书院举荐他为贡生[①]，送至翰林院待选。秦镗通过了选拔，得以进入国子监就读。作为监生[②]，他在学习后期曾被派到大理寺及户部历事[③]。

但是，一直到秦镗在国子监卒业，他都未能取得一官半职。也有可能他是因为母亲身体不好，而不能接受官职。1507年（武宗正德二年），秦镗七十岁的母亲张氏中风不起，他便专心侍奉病母。

秦镗母亲的病情恶化到了不能言语、下肢瘫痪的程度。1517年（正德十二年），秦镗拟不去参加会试，但因母病已转平稳，其父几乎是强迫他赴京应试的。而他又一次落第。当时他的双亲都已经八十多岁了。

根据撰写秦镗墓志铭的著名书画家、江南才子文徵明的叙述，秦镗在落第之后常说："吾所为去家数千里，以图禄仕者，乃以为亲也。禄不可必得，而吾亲日益老，舍朝夕之养而为悠悠之图，此何为者？

乃不复出，养二亲以寿终。"秦镗信守此言，故1520年（正德十五年）会试到来时，他决定不去应试。1523年（世宗嘉靖二年）会试再次举行，他仍未参加。这一年，他的父亲过世。1526年（嘉靖五年），当会试又一次到来时，他正服母丧。秦镗前后侍奉母亲十九年，母亲去世后他又守孝三年。

嘉靖七年（1528）七月二十六日，皇帝诏令文武百官举荐在孝节方面树立突出榜样的臣民。十月，无锡县学生员姚毅等人联名向常州府上报秦镗的孝行，建议给予表彰。

常州府知府张大轮亲自到无锡调查。他在给京师礼部的《上举旌孝行疏》中，罗列了秦镗的孝行，指出因其母不能言语，不得不揣测母意以侍之；其母便溺起坐，则亲身扶持，相伴而行。疏中最后说：

> 臣惟牧守之职，以风化为先，风化之敦，以孝义为本。况诏旨俯临，拳拳以旌孝为重，如秦镗者使臣不与奏闻，终身泯没，则何以励孝行于闾阎（里巷的门，泛指民间），敦风化于郡邑？不惟臣于职守有亏，而于皇上以孝治天下之至意，亦不能无负矣。伏望皇慈允臣所奏，将秦镗旌表门闾，庶几（但愿）有裨风化，不辜恩典，臣亦得效万一于圣治之醇厚也。

这个请求经巡抚都御史陈祥核实，建议准其所奏，但是礼部以为秦镗属待命官员，尚在仕进之列，仍可出任官职；如若出任官职，则与为侍奉父母而放弃仕途一事不符，乃驳回其请。

1540年（嘉靖十九年），秦镗七十五岁时，无锡县知县万虞恺以"笃孝廉节"的名义举荐他赴礼部应会试。此时距秦镗取得会试资格已有三十六年。但秦镗拒绝了这个建议，说道："吾养不及亲，宁能以迟暮为子孙窃禄耶？"遂将应得的役夫、礼银尽数退还。

次年，秦镗之长子秦淮以生员身份应贡入京，乃上书为父亲请封，解释其父面对入仕事君与在家孝亲难以兼顾，选择孝亲，是因为其父

"窃谓事陛下之日长,而报亲之日短也。……讵庸(岂,何以)知嘉靖二、四等年,臣祖父母相继病故,臣父亦年六十有余,连遭两丧,哀毁成疾,虽切犬马报主之心,而气血不强,精神衰耗,实不堪一命任矣。"

秦淮还说,如果他的父亲不能被旌表为孝子,那就应该得到一个官衔,并请求恩准,念其父年老体衰,可免于亲自赴京受封。

吏部循先例准其所奏。秦镗被授以南京都察院都事(掌缮写章疏)的官衔,仍留在无锡教养子孙。

大约与此同时,秦镗的两个邻居又上书请准赐予秦镗孝廉称号。秦镗闻知后乃要求他们撤回所请。他说他未能入仕事君,仅仅尽了人子之责,"遽以孝名,心亦何忍。……身既不行,义无可受,又何敢以此受廉名乎?"

秦镗七十五岁时,他的小儿子秦涵(庶出)和孙子秦禾乡试得中,分别担任官职。他们的成就被认为是上天对秦镗至孝的褒奖。1544年(嘉靖二十三年),秦镗去世,享年七十九岁。他在临终时曾说:"吾父为孝子,姊为节妇(适[嫁,旧称]闰江人吴铁,夫死子夭,乃归依父母以居,1531年[嘉靖十年]受旌),可不辱矣。"

在17世纪20年代,秦镗死后八十年,一些乡绅上书请求将他列入乡贤祠。最后得到督学御史④孙之益的批准。

子承父风:秦淮

秦镗的长子秦淮(我的十五世祖)也是一个孝子。他走的是书香门户子弟的必经之路:参加各级科举考试。然而当他取得会试资格后,历史重演了。秦镗劝他赴京赶考,但他知道其老父体衰需人服侍,又知道其父在同样情况下放弃了自己的前程,乃拒绝去应试。他假作整理行装一再推迟,从而耽搁下来,与诸弟一起侍奉老父。

秦淮的生母龚氏早故,他对待生病的继母徐氏甚孝。据说这位妇人死后曾托梦给他,说:"吾无以为报,吾将乞佳儿以昌汝后。"秦淮终得秦采、秦禾、秦荣、秦楠四个儿子,其中秦禾考取了进士,他的后裔有几个还成了无锡籍中最为显赫的官员。1568年(穆宗隆庆二年),八十一岁的秦淮去世。在他死后几年,其名被列入无锡乡贤祠。

寻父疗亲:秦开杰与秦凤翔

两个多世纪后,第三对孝子又在秦氏家族中产生。这两兄弟是秦开杰与秦凤翔(原名文权)。他们的父亲秦渊泉于1811年(嘉庆十六年)赴京参加顺天乡试,留下了他的妻子王氏及分别为九岁和四个月的两个儿子。落第之后,秦渊泉没有还乡,而是留在北京,成为蒙古正蓝旗出身的吏部尚书松筠的记室(军府中的幕僚)。

两年后(即1813年,嘉庆十八年),松筠被派往西部边陲,担任伊犁将军一职,统辖天山南北两路的军政事务。当松筠至新疆赴任时,秦渊泉在帐下随同。新疆的面积约占中国国土面积的六分之一,人口却很稀少,很大一片土地被称为"有进无出"的塔克拉玛干大沙漠覆盖。

今天的人们可以从北京直飞新疆省会乌鲁木齐。但是在19世纪,旅行要靠骆驼队。人们沿着古老的丝绸之路,用几个月的时间才能走完这段经常受到匪帮攻击的漫长旅程。新疆是大清帝国境内距离华夏文明的中心最为遥远的地区。街道上来来往往的人们长得和汉人很不相同。一座座清真寺和伊斯兰教的尖塔显示着他们的宗教信仰。穆斯林占到了当地人口的大多数,包括约六百万维吾尔族人,相当多的哈萨克族人、塔吉克族人、柯尔克孜族人,以及长得像欧洲人的乌兹别克族人,还有以神箭手著称的锡伯族人等。

乌鲁木齐的街道有阿拉伯集市的气氛。外表凶猛、一脸虬髯的理发师在便道上挥舞着刮胡刀，小贩们叫卖着羊肉串和手工编织的毛毯。在中国的其他地方有专卖清真食品的餐馆，在新疆也有专卖非清真食品的汉人餐馆，只是数量很少。

不知是什么原因，虽然松筠只任伊犁将军两年，但是秦渊泉却在那里待了三十年。松筠在任时曾召集一批文人编写《新疆识略》，秦渊泉可能与这项工作有关。也有可能是因为松筠在卸任伊犁将军后被贬黜了几年：他规劝皇帝不要去盛京（今辽宁省沈阳市）祭祀祖陵，不慎触犯天颜。既然他是在阴霾笼罩下离开新疆的，也许他当时不能携带随员同行。

不管是哪一种情况，秦渊泉留在无锡的儿子们长大了，他们的母亲在一个没有丈夫陪伴的家庭中日渐衰老。母亲节俭度日，带大了两个儿子。这对兄弟非常渴望找到父亲，他们向每个外来人打听秦渊泉的下落。

有一天弟弟凤翔梦见自己到了一处风土人情与中原迥异的地方。他还看见了一个容貌近似他心目中的父亲的老人。睡醒后，他把此事告诉养父秦达泉（渊泉之兄）。达泉对凤翔说，在他看来，凤翔所梦见的地方一定是在长城尽头的关外。那里就是古人所谓的"番邦"。从此，两兄弟非常注意去过西北边陲的旅行者。

1844年（道光二十四年）年初，凤翔在北乡教读，遇到一个刚从新疆经商回来的乡人贾某。凤翔与他攀谈，打听那边的地理情况，并询问住在那里的有没有无锡人。"只有一人，"对方回答说，"这个人在那边居住了多年，现在已是满头白发。"凤翔再问这个人的姓名，贾某说："大家都叫他秦二。"

凤翔高兴得手舞足蹈，又哭又笑，因为父亲的确是家中次子。但是当他将这个消息告诉哥哥开杰时，两兄弟发生了少有的争执。

"让我去寻找父亲吧！"开杰要求道。

"不，哥哥。"凤翔回答说，"你已过继给伯父，伯父和母亲都已年迈，需要有人侍奉。身为长兄，这是你的分内之事。而我身强体壮，也有了子嗣，应该让我去寻找父亲。"

"但是你作此远行还太年轻，到西北的路是漫长又危险的。"开杰争辩道。

"关外仍是我大清的国土，如果商旅可以往来，那么我就能去。世上焉有无父之子呢？"

争论就这样解决了。两兄弟从亲友处借来五十两银子，准备了大量干粮。道光二十四年四月二十六日，凤翔告别开杰和母亲，只身前往嘉峪关。

尽管旅途上一路艰辛，凤翔起誓不找到父亲，决不还乡。出关之后，他又经过五个月的跋涉才到达乌鲁木齐。那时他随身携带的银两和干粮俱已用尽。

他打听到父亲住在一个叫红庙的地方。于是他去到那里，看见一位老者，就跪拜在这个人膝前哭泣。老者忙问："阁下是何人？"

"我是您的儿子！"凤翔答道。

渊泉开始还不相信眼前之人就是自己的儿子。直到凤翔用了两个小时向父亲讲述家乡父老、邻里和他母亲，也就是渊泉之妻的各种情况。渊泉终于确信无疑，乃与凤翔抱头大哭，说："你果然是我的儿子。不过，你为何来这里呢？"

凤翔向父亲诉说他们兄弟如何花了很多年才打听到父亲的下落，并请求父亲和他返回家乡。

渊泉叹道："我离家三十余载，本想会老死异域，现在你既然至此，我自当和你一同回乡。但是我们如何筹措这么长旅程的盘缠呢？"

幸好凤翔万里寻父的事迹传开，博得渊泉在当地的朋友和邻里的同情，纷纷慨然相助，为他们父子凑足了旅费。

道光二十六年（1846）十二月初三日，凤翔伴同老父回到家乡，此时距他起程寻父已过去两年七个月，而他的父亲已经六十八岁了。当渊泉和妻子重逢时，渊泉向她拜了四拜，感谢她独力育子之辛劳。全乡都为他们阖家团圆道喜祝贺。

一年以后，渊泉痰喘剧作，重病不起，药石罔效。在实在无计可施之际，凤翔对他的兄长说："听说昔日有割股（大腿）疗亲的故事，我愿意割自己的肉来医治老父之病。"

开杰回答说："我也愿意为父亲略尽孝心，你就成全我吧！"

两兄弟又为此事争辩。这次开杰占了上风。他乘凤翔不备，割下左腿一块肉，和在药中，让不知情的父亲服下，老人的病情竟有好转。

不幸的是，渊泉的生命没有维持多久，道光二十八年（1848年）三月十五日，他的旧疾复发，终于撒手尘寰。五年后，兄弟二人的母亲也离开了人世。

咸丰十年（1860）四月二十三日，五十八岁的秦开杰为了保乡卫民，死于太平天国之乱。由于他身后无嗣，凤翔以己子蓉灿赓续其兄的香火。但秦蓉灿也在太平军攻占无锡、历时数月的兵祸中丧生。战争结束后，秦氏家族的二十四支绝了十支。

凤翔把他兄长死于太平军进攻无锡的防御战一事表奏到朝廷，让开杰死后得到了皇帝的嘉奖。这时，无锡的士绅认为开杰与凤翔孝行感人，又公推翰林院编修朱福基为代表，为这两兄弟请求旌表。

请求旌表的程序复杂，旷日费时，需层层上报直达礼部。而后由礼部派官员核实上报的材料，并且取得包括秦氏家族族长，以及府、州、县各级官员的甘结（文据保证）。所有卷宗要经过江苏巡抚、督学御史、两江总督三人批准签署。而巡抚吴元炳命地方再次调查无误后，始将它交给礼部，乞赐两兄弟"孝子"牌匾。

之后，礼部要求一份详细的事迹报告，以供该部起草摘要，上呈朝廷。朝廷又命无锡呈交一份由四方面，包括秦氏姻亲、同乡、同邻和本族代表，共同签署的关于开杰和凤翔兄弟的事实册结。

这份事实册结上呈后，朝廷才正式批准授予他们兄弟二人"孝子"头衔。最后批准是在光绪二十六年（1900）九月下来的，距上送第一份请命书已有二十五年。连弟弟凤翔都已去世八年。

四百年前，秦氏门中的第一对双孝兄弟受到诏旌时，他们的父母仍健在。那时的程序相对简单，批准也快。到了20世纪，旌表的过程变得如此复杂，以至于最后获得批准时，有关人员都已不在人世了。

【编者注】

① 贡生：明清府、州、县学的生员，成绩或资格优异者，经考选可升入京师国子监读书，称为贡生，意思是以人才贡献给皇帝。明、清两代，贡生名目各有不同。明代有岁贡、选贡、恩贡和纳贡，清代有恩贡、拔贡、副贡、岁贡、优贡，均为正途出身。另有以捐纳获贡生资格者，称为例贡，为异途（非正规仕途）出身。

② 监生，是国子监学生的简称，其中以贡生资格入国子监读书的称为贡监。《明史·选举一》："学校有二：曰国学，曰府、州、县学。府、州、县学诸生入国学者，乃可得官，不入者不能得也。入国学者，通谓之监生。举人曰'举监'，生员曰'贡监'，品官子弟曰'荫监'，捐赀（通"资"，钱财）曰'例监'。"

③ 历事：又称"拨历"。明代国子监监生学习到一定期限后，就被分拨到在京各衙门实习，历练事务，每三个月接受一次考核，一年期满。勤谨者送吏部附选，仍令历事，遇有官缺，挨次取用；平常者再令历事；才力不及者仍回监读书；奸懒者发充下吏。在地方衙门方面，有时也派监生分行州、县，清理粮田，或至国内各地督修水利。历事制度始于1373年（洪武五年），当时官吏缺额很多，不敷朝廷之用，故以监生在诸司办事，甚至出任中央和地方大员。但是后来监生日多，历事又复冗滥，出路极为困难，有在吏部听选十余年不得官者，故此制在明代中叶之后逐渐废止。

④ 督学御史：即提督学道，简称"提学官"。始设于1436年（正统元年），南北直隶以御史充任，各省参用按察使司（参见第八章注释④）

副使、佥事（按察使司的属官），专司督理一省学校教育及各种文化事业，不理刑名。清初沿设于省，1726年（雍正四年）改为"提督学政"，简称"学政"，掌学校政令，岁、科两试。

第八章
秦金：学士与战略家

清明探祖茔

即使到了四月份，华北平原仍然是一片苍茫，长城以外只能看到斑斑点点的绿色。但此时无锡所处的长江三角洲已是郁郁葱葱。1983年4月5日，我在几位伙伴的陪同下，到无锡郊外的山峦间搜寻古墓。这里多数是明代的墓葬。碰巧这一天正值清明，是中国传统习俗里为往生的亲人烧香、扫墓、献供的节日。尽管反对封建陋习的"文化大革命"已经过去了，当天敢上坟祭祖的人仍然很少。

我最关心的是寻找在16世纪曾历任户部、工部、礼部、兵部尚书的秦金的"尚书墓"。

由于为官显赫，秦金的墓占地很大。我曾在北京图书馆一本名为《先城集补》（由秦金的裔孙、秦薪岩之子秦云锦编纂）的书上，看到过一幅它的构造图。当时我曾为它与统治中国两百七十七年的明代十三位皇帝的陵墓[①]何其相似而感到惊讶。奉安皇帝灵柩至陵寝所经过的"神道"两旁，排列着石人、石兽护卫皇陵。秦金墓的墓道两旁也竖立着石狮、石虎、石羊，以及比真人还大的文武官员雕像。

如今四百多年过去了，长长的墓道上已经长满杂草，石像也荡然无存。1958年大跃进，上级指示农民筑起土炉大炼钢铁。这些明代的大理石雕像大部分都在这场运动中被无情地摧毁了。残留的一些则被砸碎散落在草丛里。

秦金的墓地现在属于胡埭公社的一个生产队，墓穴本身已经变成一个巨大的坑洞。人们告诉我说，1967年"文化大革命"期间，生产队决定掘开这座坟墓。我问一个农民："是你们需要这块地耕种吗？""不，"他答道，"我们是想看看这么大的一座坟墓里有什么东西。听说里面埋的是一个被斩头的人，下葬时给他换了一颗金头。我们就是想看看那颗金头。掘开它花了我们整整一个星期的时间。棺材是石头做的，上面还盖着几块很重的石板。为了起出它们，我们还得在那上面钻眼儿。"

但是他们白花了力气。可能早在几百年前，就有盗墓贼占了先。他们一个星期的劳动换来的只是掘出几块石板。有一对石板是用金属绳索紧紧捆绑起来的。解开绳索以后，发现一块石板上篆刻着墓主的姓名、职衔，另一块刻着秦金的生平事略。不识字的农民并不知道这就是与死者埋在一起的墓志。石板上的字迹对他们来说毫无意义，但是石板本身却有用处。从那时起，这些石板便被他们放在池塘边用作洗衣的搓板，或者晾晒他们的衣物。多年的磨损已使石板变得平滑，现在只有几个字还能依稀辨认。幸亏当地的一位乡村教师知道这些石板具有文物价值，便在农民搬走它们以前，不厌其烦地把刻在上面的铭文逐字逐句抄录了下来。

在古代，显赫的家族都会雇佣看坟人全家来看守自家的墓地，尽管如此，盗墓的事情还是常常发生。这些达官贵人的坟墓建筑得非常坚固，四周都是石墙，墓顶也盖有沉重的石板，盗墓贼几乎不可能穿透。但是中国人相信尸体要与地气相接，所以墓底不用石板砌死。因而盗墓贼就能从地下挖掘隧道，越过石墙进入墓穴。千百年来，坟墓愈大，愈会成为盗墓贼的目标。

那一整天，我可以说是在历史文物中磕磕绊绊地穿行着。在这个缺少木材和石料的地区，一块块石刻，有的被用来围猪圈，有的做跨过溪流的垫脚石，还有一块被用来支撑一个农民的床铺。沉重的石板也被用来夯地。一切为了保护大人物长眠地下所做的努力都是枉费心机。使用者倒不是出于恶意，而是出于无知和实用目的。

不同凡响怀大志

根据乡村教员抄录下来的秦金的生平事略可知，秦金生于明宪宗成化三年九月十一日，即1467年。就在这一年的三十六年前，圣女贞德（Jeanne d'Arc，1412—1431）被当作异教徒烧死在木桩上，而十六年后，马丁·路德（Martin Luther，1483—1546）才降生。

秦金的父亲秦霖，是叔谦的曾孙景熏（本名凯，以字行）之子。他是个贫穷的儒生，自其曾祖彦起、祖父朴、父亲景熏到自己，家里四代都靠教授私塾为生。

秦霖自号"卑牧"。这个号的含意既表明了他的谦逊，也合乎他作为一名塾师的职业。他在下面这首名为《斗室》的诗里叙述了自己的境况：

> 乏金难买地，结屋仅容身。
> 帘破能通燕，檐低欲碍巾。
> 曲肱时肆志，抱膝屡凝神。
> 莫笑规模窄，中藏万斛春。

据说秦金是个非凡的青年。一天晚上，他梦见家堂神（一家的守护神祇）出现在他面前，说他将来会成为威震八方的高官。由于大人物出入时，小神须起身致敬，故而它请求把神龛从大厅搬到远处，免得每次秦金经过时，它就不得安宁。第二天，秦金移走了神龛，因为他相信梦境里的启示必将应验。

秦金小时候，每逢读书疲倦时，便到亲戚家串门。后来人们发现，凡是家中有病人的，在秦金来过之后，竟都痊愈了。亲朋们说那是因为秦金命中注定要拥有很大的权势，所以病魔都惧怕他。

这些故事虽然荒诞，但多少说明了秦金自幼便被人们认为是个不同凡响的人物。

还有一个故事反映了他年幼时的自信心。每当秦霖去教富家子弟时，他的儿子总陪他前去。老师常被东家请去吃饭，但是儿子不在受邀之列。有一天，秦霖以此为由出了一个上联，要秦金对出下联。对对子是旧时开蒙教学的一种常见方式。父亲出的上联是：

东家设席儿无分。

秦金马上对曰：

北阙登科我有名。

然后，秦金对父亲说："儿岂志于食者，自后请大人不必形诸颊齿（担忧发愁）。"秦金长大后，其父礼聘有学问的老师教他经史子集和治国安邦之道。十五岁的时候，秦金痛失慈母王氏（秦霖的继室），那时他就已经能够撰写悼念亡母的祭文了。三年守丧期满后，他已经为参加科举考试做好了准备。

登科入庙堂

秦金所面对的明代科举制度，与四百年前秦观必须克服的科举制度相比，已经发生了很大的变化，要求更为严格了。投考的士子需要先通过县一级的预试，才有资格参加从州、府一级开始的真正的文官考试。

秦金首先考过了在无锡举行的县学入学考试，成为生员，然后又通过了巡按御史兼提学官所主持的岁考、科考，取得参加乡试的资格。② 不仅如此，秦金在县学入学考试、岁考、科考中都是第一名。

1486年（成化二十二年），二十岁的秦金参加了乡试。

当时，秦金的家乡无锡县隶属南直隶，于是他赴南京应试。虽然在赶考的几千名士子中，录取者仅为百里挑一，但他仍一举中试，取得参加每三年在北京举行一次的会试的资格。

可是，秦霖没有同意自己的儿子去参加次年的会试。或许是担心独子要到遥远的北京赴试还太年轻。或许是想把家事放在首位，因为大约就在这个时候，他纳了马氏为妾，也为儿子安排了一门婚事。秦金娶的妻子钮氏，是一个有教养、有文化的女子，比他大三岁。我们对她所知甚少，但可以猜想她出自一个富裕的人家，因为只有这种家庭才能让女儿学习文墨。我们也可以推测她并不十分美丽，因为把女儿留到二十多岁才出嫁并非常例。

钮氏是一个贤内助，很快就操持了家务，和公公以及秦金的庶母马氏相处甚好。1492年（弘治五年）秦金二十六岁时，钮氏为其产下一子，名叫秦泮。次年，秦金重新拾起中断数载的学业，进京参加会试。

进士之榜分为一甲、二甲、三甲，一甲赐进士及第，二甲赐进士出身，三甲赐同进士出身。一甲只取三名，第一名为状元，第二名为榜眼，第三名为探花。这些名称均出自古代习俗。例如，"探花"系唐代惯例，最初与及第名次无关：凡新科进士，天子赐宴，选最年轻、最英俊的两人，到京师名园曲江（位于今陕西省西安市东南部，唐时赐宴登科进士于此）之西的杏园中去探寻最美丽的杏花，此二人便被称为探花使或探花郎。一甲的三名进士得到特殊荣耀，前程远大；二甲、三甲的进士名额则年年不同。

秦金在当年的九十名二甲进士中居第三十二位，另有三甲进士二百零五人。所有登科进士被邀请到主持会试的礼部，参加皇帝赐予的"恩荣宴"。

大学士徐溥和会试主考官欲举荐秦金进入为皇帝和朝廷提供文学和学术服务、享有很高声望的翰林院任职，但被秦金婉言谢绝了。他解释说，自己必须回到无锡，侍奉家中患病的父亲。徐溥对秦金把孝顺放在自己的前程之上甚为欣赏，曾对人夸赞道："释褐（脱去布衣，换着官服，即被授官，开始做官之意）新进，能知忠孝大节，不有秦氏子耶！"

在家陪伴父亲一年后，1495年（弘治八年），秦金到北京任户部福建司主事，督办太仓（京城中储积粮食的大仓）粮储。他勤奋地投入工作，经常下到北直隶所辖各县检查库房、粮仓和关卡。京师的粮食供应依赖大运河的漕运。在运粮船速度迟缓、气候变化又难以预测的时期，一个良好的仓储体系可以减少干旱年月中发生饥馑的危险。在确保南方的漕粮妥善储存的同时，秦金还着手整饬了所属部门的一些腐败和官僚现象。

次年，户部派他监理运河沿岸的临清仓（位于今山东省临清市，积储河南、山东两省粮食，以备转运北京），勘查顺天府（今北京市）等地的灾歉情形，监收皇城四门仓（储粮供给守御军）及象房粮刍（粮草）。

明代每三年对所有官员进行一次考核。[③]每个官员都由其主管上司评定属于"称职""平常"或"不称职"三种等级。

秦金的上级、时任户部尚书周经给予秦金的评价非常高。经他提拔，秦金升任河南司员外郎；而秦金的父母、妻子也都获得了朝廷封赠的荣衔。后来，秦金被擢升为山西司署郎中（代理郎中），职责包括与鞑靼（明代对东蒙古诸部的统称）接壤一带驻军的军需供给。由于军队常年戍边，屯粮时有不足，确保他们的粮饷充裕是户部最艰巨的任务之一。

1503年（弘治十六年），秦金的父亲病故，留下了一卷诗集《卑牧吟稿》和他编辑的一本《湖南杂录》。秦金乃辞官守丧。据说，他悲恸至极，三年足不出户。

在秦金守丧三年的后期（即1505年，弘治十八年），时值孝宗朱佑樘驾崩，其十五岁的长子朱厚照即位，是为武宗。武宗继位后，于次年改元正德。不幸的是，这位皇帝的为人与他的年号并不相符。年轻的武宗对国事的兴趣不大，反而沉溺于狩猎与微服出访，整日嬉游玩乐，生活日益荒唐堕落。在无人治国的情况下，一群被称为"八虎"的宦官（刘瑾、马永成、高凤、罗祥、魏彬、丘聚、谷大用、张永）乘虚而入，利用权力的真空主宰了朝政。

宦官是唯一获准居住在皇宫内的男性侍从。他们的职责是照料宫中女眷，并服务于皇帝的个人需要。他们通常来自贫苦人家，家长送一名子弟净身入宫事君，可以提高自家的社会地位。宦官通常是被人鄙夷的，仅能凭着皇帝的恩幸向上爬。于是，他们经常体承上意，积极物色年轻的女子供主子享乐。在中国历史上，有关宦官深受皇帝宠信、进而暴虐无道、终至专权干政的事例并不少见。

到16世纪，明朝内廷已设有二十四个由宦官司事的部门，包括十二监、四司、八门，统称为内府二十四衙门，负责皇宫的各项杂务，诸如保管日常用具、礼仪用具、衣饰、印玺、章疏；备办柴炭、食物、钟鼓、仪仗、纸张、沐浴之事；管理马厩、宫殿、林苑；制造纺织品、工艺品和其他匠作制品等。此外，宦官还监督宫廷财务。在宦官之首司礼监的辖下，竟有太监数千人之众。

1506年（正德元年），秦金到户部复职，递补为四川司郎中。由于他行事干练，遂被诰授奉政大夫，其已故的父亲秦霖亦获赠奉政大夫、四川司郎中之衔，其亡母和妻子钮氏获赠夫人之号。

但是没过多久秦金便尝到了宫内倾轧的滋味。早在他为父守孝期间，宫廷内侍与外戚亲贵急于中饱私囊，共同请求恩准以高于官价的价格买卖食盐，破坏了国家的盐业专卖制度。秦金在户部复职之后，立刻奏请收回此项成命。他提出戍边军队的粮食是用食盐交换来的，现在的做法无异于削弱边防力量。但是刚刚即位的皇帝不愿更改先帝的决定。时任户部尚书韩文上疏批评皇室花费无度,恳请武宗禁止皇亲买卖食盐、诛除内臣马永成等人。韩文的意见不但未被采纳,自己反遭罢黜。但秦金没有受到波及,仍然保住了官位。

保卫河南,拊循山东

在京师为官十余载之后,秦金于1508年(正德三年)升任河南按察司副使提督学校,简称"河南提学副使"。这是他第一个高阶官职。提刑按察使司是一个庞大的体系,传统上一直负责行政司法的工作。

提学官的职责包括:批准诸生进入府、州、县学,主持岁考、科考,以及授予生员出仕的第一级学衔"秀才"。秦金身为提学官,给全省生员制定了规范。他设计出很高标准的教学要求,强调纲常伦理为教学重点。当时最负盛名的提学官是秦金的无锡同乡、改革家邵宝,他曾任江西提学副使,被生员们尊称为"先生"。

江西俗好阴阳家言,在那个年代,风水先生在占卜殡葬日期和地点上起着很大作用,因而许多生员的父母遗体都停放在家中或寺庙里,等待风水先生的建议,有的甚至等上数十年还不能入土为安。另外,殡葬的花费很大,许多家庭要筹划多年才能偿付墓地、墓碑等费用。比如,我父亲就是在我祖父去世二十多年后才买到墓址的。

邵宝决定革除当地这种亲死不葬的陋习。他规定凡尚未安葬父母遗体的生员不得参加科举考试,于是各家急忙办理父母后事,举葬者数以千计。随着秦金的名声崛起,他的名字常常和邵宝联系在一起。两人遂成为至交好友,情谊深厚,为他们培养的众多学生所传颂。这些学生中有不少人后来成了朝廷要员。

1510年(正德五年),秦金卸任按察司副使一职,但仍留在河南,升任布政使司④左参政,分守大梁(开封)。

当时明廷时时为农民起义所困扰,其中最大的一股势力始于正德五年底，以刘六（刘宠）、刘七（刘宸）兄弟为首。刘氏兄弟，霸州文安（今河北省文安县）人。昔日，权宦刘瑾的家人梁洪向他们索贿不得，诬指为匪，令人破其家，没收其财产。兄弟二人被迫起义造反，从者甚众。起义军最初威胁京畿、山东一带，后又南下河南，州县相继陷落，所到之处官员尽遭屠杀。闻风丧胆的地方官吏不是逃亡就是投降。镇守信阳州（治所在今河南省信阳市）的都指挥佥事（都指挥使的属官）马振领兵抗敌，为起义军所杀。一时之间，古城开封这个秦观曾在此当过几年编修的北宋首府，也受到了起义军的威胁。

在这危急时刻，右副都御史、河南巡抚⑤邓庠把守卫开封和统率民兵的艰巨任务交给了秦金。朝廷同时委派了参将宋振率军进剿刘六所部。

1511年（正德六年）中，秦金在开封城48公里以外的延津（今河南省延津县）视察时，得知刘六与杨虎西进开封的消息。他立即修书报告巡抚邓庠，请后者做好军事防御。随后又有消息说，杨虎所部距离开封以北的封丘（今河南省封丘县）已不足50公里。

这时宋振所部来到延津，秦金劝其暂驻以协同保卫封丘。宋振一口回绝说："吾奉命讨刘六等，非为杨虎也。"乃继续率军前进至开封，向邓庠报到。

秦金知道如果得不到宋振军抗击起义军，那么成功的机会就很小，但封丘临近开封，一旦陷入敌手则难保开封的安全，乃策马奔向东南方向的封丘。当他抵达时，当地官员出城迎接，跪于路侧，泣不成声地说："贼势孔炽，宜宵遁以避其锋。"

秦金拒绝了他们的请求，并晓以大义，表示人人均需为城防献力，不得擅离。他说道："吾足一移则无封丘矣，尔曹奈何导我以非义乎？"随即命令民兵立即准备战斗。幸运的是，此时邓庠已令宋振移师封丘。

不久，有消息来报，说起义军已抵达离城不足7公里的铲脚村。秦金促请宋振率部进剿。当宋振上马时，秦金挥手说："此行自有应援者，君其锐然先之。"秦金亲率民兵尾随宋振之后。宋振军迅速进攻起义军主力，将其击败，斩首俘获甚众。起义军残部当晚撤至邻近的脑里村。

第二天清晨，起义军包围了由官军把守的陈桥镇。发动突袭，轻易驱走了官军。这里的守军受到很大挫折，许多士卒被俘，平民死伤惨重。当宋振的援军赶到后，起义军便从陈桥镇撤走。宋振率部紧追，终于在一场激烈的战斗之后击溃了敌军。

当这支胜利的部队回到封丘时，已是二更天，接近午夜时分。这时有探子回报说，屯驻黄陵岗（今山东省曹县西南，位于开封以东45公里）的起义军，正在计划一次反攻。于是秦金促请宋振赶到那里，将起义军驱至长垣（今河南省长垣县，开封以北约70公里）。

此时从山东追剿起义军而来的参将李瑾，决定与秦金所部会师，在他的千人策应下，遂将起义军逐至滑县（今河南省滑县，长垣县以北约48公里）展开决战。然而由于一场大雨，部分起义军得以乘隙逃脱。

李部回师封丘，居民错认为起义军，惊恐万分。秦金乃登城眺望，看见了官军旗帜，遂笑曰："此我军也！"当即遣人晓谕百姓，开门将李部迎入城内。

邓庠收到捷报之后，大喜，遂派人迎接秦金至开封。同僚皆来称贺，秦金谦称："将卒之功也，某何与焉。"

但是封丘的百姓却不这样想。他们说："曩昔微（无，非）秦公，我辈皆鱼肉矣。"乃在学宫（作为学校的孔庙，泛指地方官办学校）之西为秦金建立一座生祠，祠中供奉着他的肖像，每逢其生辰即杀牲醴酒，为恩公祝寿祈福。

刘六、刘七之乱在1512年（正德七年）秋被平定。明代的农民起义，以及从秦代开始两千多年以来其他朝代的农民起义，除了有几次造成朝代更迭，多数起义都沦为失败。而起义失败的原因，一般都归为缺乏一定的理论指导与完善的组织。中国有一句俗话，叫作："成者为王，败者为寇。"不过，在今天的中国人看来，这些起义都是正当的。毛主席说过："在中国封建社会里，只有这种农民的阶级斗争、农民的起义和农民的战争,才是历史发展的真正动力。"

由于守卫开封、封丘有功,秦金在1512年升任为山东右布政使,再转为左布政使。这使他向朝廷一级大员更近了一步。

主政山东以后,秦金发现,作为官军和起义军交锋的主战场,这片地区已经满目疮痍。由于物资匮乏,导致物价飞涨,少数投机商人发了财而老百姓遭了殃。于是秦金立即着手战后恢复工作,他禁止了一切黑市活动,并实行了物价管制。

巡抚湖广,兴利除害

秦金在山东三年,于1514年(正德九年)底晋升为巡抚湖广地方兼赞理军务都察院右副都御史。

赴任途中,他带了两个侍从巡行黄州、汉阳二府(治所在今湖北省黄冈市黄州区、武汉市汉阳区),抚军安民,记录各方问题。其后他就这些问题向朝廷上疏,提出八项建议,包括添官府以督边仓、设关吏以谨防御、减差内臣以靖地方、裁革多官以省冗费、处(委任)边卫军职以便行事、处军职以严事例、订法律以清仓场、处置苗民以保地方。其中以第三、第四点最为敏感,即裁撤冗员与削减离京太监的权力。

秦金初到湖广时,就发现这里实际上一片混乱。按照传统,少数民族一直被允许自选土官,然后由朝廷授以印信。然而秦金却发现,大约在一百年以前的永乐年间,施州卫(治所在今湖北省恩施市)等处的外地人就已窜入忠峒安抚司、忠建宣抚司、高罗宣抚司、镇南长官司,并窃据了这些土官的职位。由于情况复杂,朝廷在弘治年间(1488—1505)取消了土官的设置,下令守臣将冒袭者擒拿起来,将印信收贮于官府。秦金到任后,辨明了各夷寨的合法首领,奏请恢复忠峒安抚司、忠建宣抚司、高罗宣抚司(1515年[正德十年],镇南长官司夷种尽亡，其司遂废）。这样做提高了土官的威信和影响力。

1517年（正德十二年）夏，朝廷诏令湖广进贡鲟鳇⑥鱼秧。八月，秦金上疏奏曰："今湖广频年灾伤，川襄泛滥，弥漫千里，饥者资食菱芡，鬻（卖）及儿女。此令一出，贪吏乘之，指一科百，民其能堪？且鲟鳇大者千斤，小亦数十百斤，生育巨海，非池沼中物也。借使采取以进，物违其性，中途必不能活。虽罪解送之吏，饲守之人，亦无所致力，只增怼怨耳。"他请求武宗收回成命，此疏被朝廷驳回。

同年，湖广的一些主要州县遭受水灾，秦金奏请救济。北京户部紧急会议，商定发库粮以赈灾民，并免去重灾地区百姓赋税，减少其他灾区百姓的赋税。

在两次上疏中，秦金提出的关于军事和民事改革的一系列意见，均被采纳了。他还根据自己巡抚湖广的经验，撰写了《抚湖政要》与《安楚录》两本著作。

秦金在湖广任事时，获准为他心目中的大英雄岳飞建立一座庙宇。这位南宋将军曾立志驱逐鞑虏，但因中了佞臣秦桧的奸计而冤死狱中。虽然此时北方的蒙古人不再对明朝构成威胁，但他们仍不时骚扰明朝边境。

湖广等处也是匪患频仍。他们与苗、瑶土司互相呼应，盘踞山区，流窜于数省边界，逃避州府大军的追剿。到了正德十二年，由于匪势猖獗，朝廷下令各地协同围剿。而平定此次乱事，是秦金漫长的官宦生涯中最大的成就之一。

秦金率军进剿湖广东南部、与江西、广东、广西接壤的郴州、桂阳地区。匪酋是剽悍的瑶民龚福全。在他手下有刘福兴、李斌、高仲仁、黎稳、蓝友贵五员大将，这是一支相当强大的部队。

秦金将他率领的官军分为前哨、左哨、右哨、后哨四路兵马及一支策应军，于十一月初二日开始部署。十一天之后，他下令全面进攻。经过七天激战，右哨占领匪军据点七个，斩匪首蓝友贵连同其手下一百四十三级（首级），生擒十四人。

贼众计划向山上的据点撤退，秦金便把官军展开，切断匪军所有退路，同时继续向其战略据点进迫。

至十二月二十六日，前哨在四十三天之内出击三次，共计占领匪军据点十六个，俘获匪首两名，擒斩匪徒二百二十一人，焚烧房屋一百二十余间。而官兵伤亡甚小，据非官方的战役记录（[明]高岱《鸿猷录》，1557年写成）仅死四人、伤七人。

另外几路兵马也同样取得了战果。右哨在告密者的帮助下探明了匪首李斌的具体位置。官军与匪徒在悬崖边展开了一场厮杀，从清晨战至日落，终将敌军击溃，李斌被斩，其子李仲清被俘。在持续四十三天的战斗中，这路兵马攻克匪军据点二十七个，擒斩匪首三人（蓝友贵、李斌、黎稳）、匪徒四百八十三人，焚烧房屋二百四十余间，而官军仅九死二十五伤。

左哨自十一月十五日进剿篡衣、秀才、邓家、鱼黄、朱广、老虎、东岭等匪穴，经过三天的激战，斩匪徒一百六十九级，生擒十七人。隔日，有人密报匪首刘福兴正大张旗鼓在腊粟寨练兵。官军于是攻破贼寨，生擒刘福兴及其手下六人，斩匪徒六十三级。

然后这路兵马又进行了一系列战斗。他们势如破竹，在三十八天之内，共占领匪军据点十七个，俘虏匪首二人，擒斩匪徒三百六十五人，焚烧房屋二百三十余间。据记载，官军的伤亡仍是出奇地轻微，仅四死三十一伤。

后哨也立了功，在五十三天之内进行的三次战斗中，占领匪军据点二十二个，俘获匪首二人，擒斩匪徒五百三十八人，而官兵仅死五人、伤二十二人。

无疑，经此一役，郴、桂的匪军几乎全被歼灭，因为此后几十年这一地区未再发生任何骚乱。但是，如此少的官军伤亡人数实在令人难以置信。也许是战术上的考虑，因而故意少报。甚至有可能伤亡的官兵被算在伤亡的匪徒里了，因为每杀一个匪徒便有一份犒赏，更何况一旦身首异处也就分不出是官兵还是匪徒了。

尽管各路兵马战果辉煌，秦金却不满足，匪酋龚福全仍然在逃。于是秦金悬赏捉拿龚福全：凡生擒者赏金五百锭，献其首级者赏金二百锭。十二月二十七日，得知龚福全率众匪徒逃遁，过走马山、禾仓石，据险立寨，右哨诸将乃率兵抵寨下。双方交战数次，最终在除夕的一场战斗中，宣慰使彭世麒偕其弟世验将龚福全擒获。同时被俘的还有龚福全的妻子唐氏、女儿及侄子龚秀，被擒斩的匪徒为一百二十一人。至此，过去几十年里曾多次被追剿、而后又能东山再起的郴、桂匪乱，终于敉平了。

出资修建宗祠

郴、桂之役后，秦金犒赏了手下所有将士，并抚恤了阵亡者及受伤者。他本人和巡按湖广监察御史王度、镇守湖广地方御马监太监杜甫都被录功升俸一级。此外，秦金、杜甫还获准荫子、侄一人世袭锦衣卫百户（锦衣卫百户所的长官，统兵一百二十人）。秦金上疏辞免这项奖赏，但是皇帝驳回了他的请求。

秦金在湖广三年，擒江贼、讨瑶寇、平苗叛，政绩十分优秀，朝廷乃下诏将他进阶为通议大夫，其父秦霖、祖父秦景熏也获赠同样的荣衔，其曾祖秦朴赠光禄大夫，其长子秦泮受到恩荫，免试进入国子监就读。

1518年（正德十三年），监察御史兼提学官张汝立来到秦金的故里无锡。监察御史作为皇帝的耳目，职责是弹劾地方官吏的失职行为，表彰他们的功绩。秦夔的儿子秦锐乃向张御史提出请求，准予在第六箭河之畔重建一座秦氏家族的始祖秦观的祠堂。[⑦]张御史照准之后，秦锐便修书告知其族兄秦金[⑧]。秦金除了捐献银两，还令二子秦泮、秦泾协助建祠工作。

1519年（正德十四年）春，秦淮海先生祠（秦观，别号淮海居士，世称淮海先生，故名）建成。同年，秦泮考中乡试。重建后的祠堂，大殿上悬挂先祖秦观的画像，四间后室里分别供奉秦金的父亲秦霖和曾祖秦朴（代表住在西门的秦氏支脉），以及秦锐的父亲秦夔和祖父秦旭（代表住在河上的秦氏支脉）。于是这座被称为"五先生祠"的家庙便成为无锡秦氏整个家族的宗祠。

【编者注】

① 明代十六位皇帝中，太祖朱元璋葬于南京钟山之阳，其孙建文帝下落不明，因"夺门之变"被英宗推翻的景帝葬于北京西郊玉泉山，其余十三位均葬于今北京市昌平区天寿山下，统称为明十三陵，包括成祖长陵、仁宗献陵、宣宗景陵、英宗裕陵、宪宗茂陵、孝宗泰陵、武宗康陵、世宗永陵、穆宗昭陵、神宗定陵、光宗庆陵、熹宗德陵、毅宗思陵。其中，长陵的建筑规模最大，保存最完整；定陵则是唯一被发掘过的陵墓，其地宫已对外开放。

② 明代生员入学，最初由巡按御史、布政使、按察使，以及府、州、县官主持考试。1436年（正统元年），始特置提学官，专督学校。提学官每三年一任，任内举行两次考试，一次是岁考，一次是科考，都按成绩优劣分为六等。一、二等受赏，三等如常，四等以下受罚。科考列一、二等者，就取得参加乡试的资格，称为"科举生员"。

③ 明代考课官员的方法之一，亦称"考满"。其主旨是对任职到一定年限的官员考核其资历政绩，作为官职升迁的依据。中央和地方官每三年一考，三年曰初考，六年曰再考，九年曰通考。三考即九年为满。诸部寺所属，其初任只为署职（署理官职），必待考满始实授。考核的具体办法是：内外官任满时，给由（任满的官员其上官要开具其由历［履历］及奖赏、处罚信息，供吏部核查）赴部，由吏部从实考其才能优劣，依《职掌事例》进行黜陟；果有殊勋异能，超越等伦者，则由皇帝亲自裁定。考核的标准有称职、平常、不称职三等。规定：称职者升，平常者复职，不称职者降。此外，贪污者付法司罪之，驽钝者免为民。

④ 布政使司，简称"布政司"，全称为"承宣布政使司"，是明代省级行政区划和行政机构。1376年（洪武九年）明太祖朱元璋改革元代行省制，不称"行省"改称"布政使司"。明置十三布政使司，上文"福建司""河南司""四川司"等均为简称。但除正式文件外，习惯上仍称省。此外，在各省级行政区内设立承宣布政使司、提刑按察使司、都指挥使司三司，分管行政、刑名、军事。明中期以后，为了加强对三司统一指挥，开始设立巡抚、总督之职，兼理民政、军政、刑狱。

⑤ 明代对在外的巡抚，均加给高于本职的虚衔，如都御史、副都御史、佥都御史，以示尊崇。

⑥ 鲟鳇：一名鱣。产于江河及近海深水中，长二三尺，无鳞，状似鲟鱼而背有骨甲。色灰白，鼻长有须，口近颔下，尾歧。《金史·地理志》记载：上京岁贡有秦皇鱼，即此。

⑦ 第六箭河河畔旧有尼庵善智寺，故而俗名"师姑河"，后被秦氏族人秦镛改名为"师古河"。张汝立至无锡，尽毁女观尼庵，波及善智寺，秦锐遂请求以其原址改建宗祠。

⑧ 秦锐与秦金同为秦惟祯的七世孙，前者出自秦仲益一支，后者出自秦叔谦一支，两人为五从兄弟。

第九章
秦金："端敏"尚书

具疏力争不畏死

1520年（正德十五年），秦氏宗祠建成后一年，秦金升为户部右侍郎（六部之副长官，明代为正三品官职）。这是他的第一个部级职位，这一年他五十四岁。六部的每个部设左右两位侍郎。左右侍郎为同一官品，但左侍郎居长。

不久武宗朱厚照驾崩，享年三十一岁，无嗣。他在位十六年，其间耽于享乐、不理朝政，致使大权旁落在宦官佞臣手中。凡敢冒颜进谏的官员都受到杖责、囚禁和各种刑罚。他甚至在一个时期内禁止养猪，因猪与皇家的姓氏"朱"同音。

武宗死后，他十五岁的堂弟、兴献王朱佑杬的长子朱厚熜被拥戴为明朝的第十二位皇帝，是为世宗。如此决定有可能是武宗的临终遗愿。按照传统做法，若无皇嗣，则由皇侄或其他下一代皇室成员来承袭皇位。让同辈入继大统会造成严重问题，因为他无法成为先帝的子嗣。

果不其然，新君的人选刚决定，问题就来了。正德十六年（1521）四月二十二日，年轻的藩王从南方封地安陆（治所在今湖北省钟祥市）

抵达北京郊外，坚持不以皇太子的身份入承宗祧，而要以兴献王的身份嗣皇帝位。结果朝臣妥协，他在当日便正式登基。

世宗即位的第六日，他诏令群臣廷议去世已两年的生父兴献王之封号。新君意欲尊其生父为帝，但多数朝臣认为他的责任主要是继承大明帝统，而不是尊崇自己的双亲。礼部尚书毛澄建议：循西汉定陶王（子为哀帝）和宋濮王（子为英宗）之先例，新君应尊孝宗为"皇考"，使他本人成为武宗之弟，另尊其生父为"皇叔父"，尊其仍在世之母妃蒋氏为"皇叔母"。对于生母，他不自称"子"，而称"侄皇帝"。

世宗不同意这个提议，令再议此事。十七天后，毛澄上疏重申他原先的建议，世宗仍不允。于是这位礼部尚书又抄送宋代程颐的《代彭思永议濮王礼疏》和三国时期魏明帝的诏书①为自己辩护，但这位年轻的皇帝仍然坚持自己的反对意见。

这时，群臣的看法产生了分歧。以观政进士张璁为首的一班人逢迎上意，提出皇帝应尊其生父为兴献帝。世宗乃欣然同意这个提议，他批驳了朝中其他大臣的意见，并提升了张璁的职位。

接下来就是迎接皇帝的生母入京。毛澄称孝宗孝康敬皇后张氏现为皇太后，新君之母宜待之以王妃之礼，从皇宫的旁门进入。此议又被世宗驳回。他坚持要以皇太后之礼对待他的生母，与张太后享受同等待遇。最终，群臣让步，议定以皇太后之礼将新君生母从中门迎入。

新君登基后定年号为"嘉靖"。1522年（嘉靖元年），秦金改任吏部右侍郎。吏部掌管其他各部官员的升迁，居六部之首，但他在职时间不长。有人上疏说他"无人伦鉴"，即改变了吏部传统的升迁准则，因而扰乱了吏部的正常工作，还指责他一些大臣"忝居高位，辜负皇恩"。结果，一些官员被迫退休，秦金被调任为户部右侍郎。或许是抗议此次调任，秦金请辞官职，但未获批准。数日之后，他又告病还乡，亦被驳回。或许是为了安抚他，朝廷把他晋升为户部左侍郎。因户部尚书孙交有病，秦金成为户部实际上的最高长官，监管全国十三司及南、北直隶所辖的盐政、内陆关卡、储粮和御马仓等一切事务。

在秦金呈给新君的奏章中，有一件涉及皇亲国戚利用权势霸占民田、扩充皇庄（明朝皇室直接经营的庄田）的问题。当时昌化伯邵喜（世宗即位后尊亲祖母邵氏为寿安皇太后，后尊谥为孝惠太皇太后，封其弟邵喜为昌化伯）正在兼并京畿一带一向被认为是公田的土地，尽管如此，秦金与都察院仍上疏援引历代先例，奏请谪戍有关人员。他在奏章中写道：

近传奉内旨，各官置皇庄，及差管各庄官校。臣等闻命，不胜惊疑。夫以万乘之尊，下与匹夫分田，以官壶之贵，下与小民争利，非盛世之事。昔汉高帝令民得故秦苑囿园池，武帝罢养马苑，昭帝罢中牟苑，均以赐民。下至元帝，亦以三辅公田及苑囿可省者，振业贫民，后世以为美谈。赵宋之君，亦知以京城四面禁围草地，令开封府告谕百姓，许其耕牧。是前代之主，无不以畿内之民为重者。

我太祖高皇帝以应天（南京）等处为兴王之地，夏税秋粮，不时全免。列圣相承此意，有隆无替。何正德以来，奸猾无藉之徒，乘时射利，沽恩冒赏，多将畿内逋逃民田，投献左右近幸之人。而左右近幸，不念畿辅重地，献谄取说（通"悦"），乃遂奏为皇庄。弊源一开，无有穷极。况管庄内官、收租官校，俱城狐社鼠，侵欺攘夺，为害万端，利归贪狡，怨归朝廷，为新政之累不浅。乞差科道（参见第十章注释②）部属官各一员，分诣查勘，自正德以后，系额外侵占者给还其主，管庄人员尽数取回。……庶军民乐业，上下俱利。

对此，世宗御批如下：

畿内根本重地，祖宗朝屡有优恤禁约。迩来奸猾妄将军民田土设谋投献，管庄人等因而乘机侵占。朕在藩邸已知其弊，览奏深用恻然。

虽然他批示了"其即如所议行之"等语，但是他把国舅爷邵喜的罪行赦免了。

在秦金的监理下，国家岁入逐渐增加。大约在此时，距他剿灭郴、桂瑶寇虽已过多年，他又上疏辞免先帝钦赐的升俸一级、荫子为世袭锦衣卫百户等恩典。锦衣卫本是皇帝的近卫，但秦金累疏恳辞未受。这次，世宗恩准了他的请求，但下令仍升俸一级如初，另赐白银彩币。秦金代子请辞的原因不详，或许是因为锦衣卫有其黑暗的一面：当时它与宦官一起从事着一些特务活动；它的统领（指挥使）具有几乎是无限的纠察与司法大权，牢狱中设有令人不寒而栗的酷刑室。

新君即位曾为秦金等老臣所欢迎，他们对武宗的越轨行为仍然心有余悸，期盼新君能励精图治。这个愿望在世宗即位之初得到一定的满足。新君遣散了大批宫中冗员，限制了宦官的一些活动和皇亲国戚霸占民田等恶行。但是他在体制上却没有进行什么改革，而且后来开始效法他的堂兄武宗，也耽于享乐、不理朝政了。

1523年（嘉靖二年）对秦金而言是十分忙碌的一年。因为他平定湖广之乱有功，他的次子秦汴也被恩准进入国子监就读（长子秦泮业已考中举人）。秦金被擢升为南京礼部尚书。这是他的第一个正部级职位。

不久之后，全国陷入南涝北旱的苦境。这些自然灾害在当时被认为是上天不悦的征兆。一个有德的君王能够保证风调雨顺、国泰民安，而大旱饥荒则是昏庸的皇帝所招致的天谴。

以秦金为首的一些大臣，借河南水患的机会向世宗进谏。这是一个很容易招致贬谪或杀头的危险举动。秦金上《灾异陈言疏》于朝廷，在开头一段颂扬之辞后，他写道：

> 陛下登极一诏，百度咸贞（咸为六十四卦之一，孔颖达疏"泽性

下流,能润于下;山体上承,能受其润",上下通达,是吉利的贞卜),天下拭目,想望至治。比来(近来)举措多与诏旨背驰,百司罔遵,万民失仰。此诏令不能如初也。

陛下即位之初,罢逐庸回(用心邪恶之人),任用耆旧。比闻内阁拟旨,或从中改,至有疏请,徒答温语,未见依从。此任贤不能如初也。

陛下即位之初,听言如流,朝请暮报。比来事涉戚畹(外戚)、宦寺(宦官),虽九卿执奏,科道交章,皆曰有旨。此听纳不能如初也。

陛下即位之初,凡先朝传升、乞升等官,一切厘革。比来宦戚之家,藩邸之臣,恩泽过滥,封拜频烦(繁)。此慎惜不能如初也。

陛下即位之初,凡奸党巨恶,俱付都察院鞫问(审问),刑部、大理寺拟平。比来辄下之镇抚司(明代直属于皇帝的审判机构,可以不经过由刑部、都察院、大理寺构成的三法司直接执行,专理刑狱),台谏论列而不从,法司执奏而被诘。此任法不能如初也。

陛下即位之初,首命户部减御马、坝上等仓场是年粮草之半,仍令科道官备查马匹牛羊实数,不免冒滥,事方举行,人皆欣忭。乃因太监阎洪等言,遂寝(停止)查覆。此恤民不能如初也。

陛下即位之初,遣斥法王、佛子、国师、禅师人等,禁黜左道。比来误听,乃于禁严之地,修设斋醮(道场),连日不止,耗蠹财用,溷渎(混乱)宫庭(廷)。此崇正不能如初也。

陛下即位之初,精明充盛。比来圣躬时或违和,天颜未能如旧,岂燕闲之地,违养心之道欤?此保啬(保养、爱惜)不能如初也。

夫陛下初政所以清明者,政出公朝,而左右(身边侍候之人,近臣)不能预(通"与",干涉)也。今政不能如初者,政在左右,而公朝或不能知也。唯政不可一日不在朝廷,权不可一日移于左右。所谓政在朝廷者,非必皆其独运也。设公卿以代理之,台谏以纠察之，股肱有托，耳目有寄。即主威重于九鼎，国势安于泰山。自古帝王制御天下，操此术而已。不然，则内庭外朝之势隔，而信任有所偏。宦寺女谒之情亲，而听受有不察。名曰总揽而权实移于下矣。伏望皇上，上忧天命，下悲人穷，思九庙付托之重，念万姓仰戴之勤，侧身思过，修德格天，使天人慰悦，和气流通，灾异潜消，休祯（吉祥的征兆）协应。

秦金的这一份奏章反映了许多大臣的意见，时任北京礼部尚书汪俊劝说世宗接受此忠谏之言。秦金不仅未受惩办，反被晋升为南京六部之首的兵部尚书，参赞机务。

但秦金任兵部尚书仅两个月，就又奉调到北京任户部尚书。在明代，北京吏、户、礼、兵、刑、工六部尚书加上都察院左都御史，是为皇帝参赞军国大事的七个地位最高的要员。（遇有更重要的问题，还加上通政使与大理寺卿，这些人合称为九卿。）

到北京之后，秦金发现自己被卷入一场政治风暴之中，皇帝本人站在一边，大部分朝臣站在另一边。在此之前的数月内，世宗继续为他的生父追赠封号，并提高他生母的地位。凡持异议的官员均被囚禁。至此，即嘉靖三年（1524）三月，世宗称其双亲为"本生父母"，如其生父的称谓为"本生皇考恭穆献皇帝"。但他并不喜欢前面的限定词，便在七月下诏删去"本生"二字。朝内诸大臣几乎全部反对此举。秦金和九卿中的其他大臣都上疏力争"本生"二字不宜削，但世宗却留中不发。

于是，二百三十余名大臣在九卿的率领下，俱跪于左顺门之前，请求皇帝收回成命。世宗闻知后命司礼太监谕退，但群臣不散去。世宗乃遣锦衣卫拘捕丰熙、张翀、余翱、余宽、黄待显、陶滋、相世芳、毋德纯八人，加以囚禁，而群臣仍伏地不起，撼门大哭，声震阙廷。世宗大为光火，下令将员外郎马理等一百八十余人杖责，投进锦衣卫囚室，致使编修王相等十七人伤重而死，另又戍谪若干人。两个月以后，世宗钦定尊其生身父母为皇考、圣母，改称孝宗帝后为皇伯考、皇伯母。事毕，世宗诏令修纂一本有关此次"大礼议"的书。

由于秦金位居群臣之上，他常在反对皇帝追尊其生父的具名疏本上领衔连署。但是到了嘉靖三年七月十八日，这场争议的真正领袖吏部左侍郎何孟春上书认罪，自承聚众哭谏，从而解除了秦金和其他大臣的责任。

勤于任事，乞身归里

做这位喜怒无常的嘉靖皇帝的户部尚书不是一件容易的差使，况且皇上常把国事委诸宦官及内侍。加以明朝皇帝一向有对大臣滥施刑罚的先例，秦金的一位前任就因皇帝偶见其工作怠惰，而被卫士用铁链铐在案头之上。

幸运的是世宗对秦金印象还好，尽管他在"大礼议"中站在了反对皇帝的立场上。不过，秦金又接连卷入另外几件涉及皇家内部争议的事件中。当时，皇亲国戚利用权势谋取私利的事情甚多。这些人本为平民，借后妃得宠而一步登天。

另一个使秦金头疼的问题是盐业专卖。多年以来，一边是皇帝允许其佞幸私贩余盐，另一边是户部欲对这一禁榷商品施行更为严格的控制，两边一直进行着一场拉锯战。

担任户部尚书的秦金不可避免地要和宫中太监发生冲突，只是时间早晚的问题。1525年（嘉靖四年）秋，一些部臣及御史屡次执奏，抗议内府各监局额外雇用匠人少则数百多则数千并以此扩张势力的行为，但世宗俱不采纳谏言。因宫廷所用款项由户部提供，所以秦金在九月上疏说：

> 钱粮为国家之命脉，其盈缩系安危，输纳出小民之脂膏，其

> 缓急系休戚。各监局军匠，见（现）在食粮上工数亦不少，兹复收充众多，滥役冗食，莫此为甚。即今水旱灾伤，仓库空虚，役将何继？乞收回成命，免致耗蠹。

世宗核准了秦金的奏章，但太监们仍然得到皇帝的信任。

两个月后，宦官梁栋上奏说宫中需要添置一批金珠宝石，请户部拨款。秦金上疏说：

> 内府供用，例取之各解到折粮、折草等项数内，其金止云南年例一千两，急缺则该部量为办用。今朝廷经费多端，太仓所余无几，此外别无区处（策划安排），乞行催各省应之数。至于珠石，原非中土所产，祖宗朝俱有内藏。皇上躬行节检（俭），必不以此玩好之具，劳民动众。矧（音同哂，况且）广东、云南等处，灾异频仍，一闻采取，民何以堪。

但是世宗偏袒太监，不肯答应，令户部照往年事例采买。

明制，每六年对在京的文武百官进行一次考察。② 1527 年（嘉靖六年）考察后，秦金与工部尚书赵璜被"恩准"引疾致仕。当时到底发生了什么事并不清楚，显然他们得罪了某些权势人物，并且很有可能和他们往常与太监们起冲突有关。一些官员上疏请求让他们留任，指出这二人奉公执法，而朝廷现在面临着加强边防、复苏经济等问题，正需要老臣经营赞理。但是，世宗批驳了这些官员的意见。不过，秦金和赵璜的引退未蒙羞辱，朝廷赐给了他们终身俸禄、仆役及还乡费用。在当时，即使朝臣因公出差，其旅费也是由本人自付的。

对年已六十一岁的秦金而言，他的官宦生涯显然是结束了。于是，他一心一意留在无锡，从事个人的志业：编写自他曾祖秦朴开始修辑的宗谱。这是秦氏家族迁到无锡以后第一次编写自己的宗谱。秦金在其序言中写道：

……嗟夫！以千万人而视一人，则固有间矣。以一人而视千万人，岂有间乎？分有亲疏，族无贵贱，情也。支分派别，谱不能悉（全）者，势也。势，吾与如之何也已。后之观者，孝弟之心油然而生，使之无至忽忘，而相视如涂（途）人，可也。谱云谱云：尚思敬承而光大之哉，毋徒视为具文（空文）而已也。

在这段比较悠闲的时间内，秦金在惠山寺附近购得一块原供僧人居住的土地。他在那里建了座美丽的园林，里面有一处寓所，因为他的号叫凤山，故称"凤谷行窝"。在以后的四百多年中，这座园林的命运一直和秦氏家族的兴衰联系在一起。为了纪念园林的建成，秦金写下一首诗《筑凤谷行窝成》：

名山投老住，卜筑有行窝。
曲涧盘幽石，长松胃（挂）碧萝。
峰高看鸟度，径僻少人过。
清梦泉声里，何缘听玉珂（马笼头上的装饰品）。

再起与致仕

1531年（嘉靖十年），秦金在野四年之后又被朝廷召回，重新起用。他在朝中的支持者说他材能兼备，引退为时过早。但他的职务已降为南京户部尚书。秦金仍积极赴任，并立即上疏，提出六项利民的改革意见，包括经营牧场、调运干草、建设防洪堤、按官价采购丝绸、调控棉布价格等。这些都得到了朝廷照准。

十一年前一名御史曾上疏谓秦金"忝居高位，辜负皇恩"，现在南京御史乔英也上了一本奏章，对秦金大加称赞，建议将他调入朝廷授以适当官职。

但秦金仍被留在了南京。一个月后，显然在有些失望的情况下，秦金请求引退还乡，但未获批准。1533年（嘉靖十二年）年初，秦金终于被调回北京，升任工部尚书。于是他又一次进入了权力中心。他的主要职责是监督皇宫的兴建，修缮毁于火灾和因年久而破损的宫殿，疏浚大运河等。

秦金会同一些大臣奏请世宗恩赐包括《明伦大典》在内的书籍。《明伦大典》即世宗钦命修纂的有关"大礼议"之书。书中记录了嘉靖皇帝与朝臣相争、坚持尊封其生身父母、并取得最终胜利之事。此时秦金与其他曾经反对过世宗的诸大臣有此举动，正是他们降服的一种表示。世宗高兴地予以照准。

秦金身为工部尚书的一项重要工作，是把建于1420年（永乐十八年）的太庙，从原来的"前正殿，后寝殿，殿翼皆有两庑（堂下廊屋），寝殿为一堂九室"，改为九座"有殿有寝，各立门垣"的专庙，分别供奉历代祖先。1534年（嘉靖十三年），秦金呈上了新的太庙建筑群的设计图，交皇帝批准。太庙之内，除了供奉已故皇帝与皇后（仅限原配）的神主，也贮存他们的冕旒冠带，以供祭祀时陈设。诸庙之东西庑供奉亲王、功臣的牌位，分别从享、配享。世宗略做了一些修改，就批准了这份设计图。

但是秦金在1536年（嘉靖十五年）太庙建成之前便离开了工部。1541年（嘉靖二十年），新的太庙在建成五年之后遭雷击起火。迷信的皇帝感到十分惊恐，决定以较小规模重建，恢复原来一庙九室的旧制。

秦金在他为官的最后几年中，获得了大量封赠。1534年，他六十八岁时，被加封为太子少保（正二品官职），次年升为太子太保（从一品官职），享受到文官最高等级的待遇。此外，他还接受其他职务，如担任殿试主考官等。因疏浚大运河有功，他得到了白银二十两、丝绸服饰二件等赏赐。

这时他的年龄已经开始影响工作了。因为身体的关系，甚至在太庙举行大典时他都没能参加。1535年（嘉靖十四年），他被改任为南京兵部尚书，即十三年前他曾担任过的职位。

尽管年迈，这位军事战略家依然认真负责。秦金提出了一系列改组军队的意见，他呼吁集中训练部队、建立巡夜守更制度、重建南京城墙——中国城市中最长的一座城墙③、为士卒建立人事档案、改革官饷制度、增加军政工作人员等。

在就职几个月之后，秦金奏请告老还乡。世宗知道秦金年事已高，但出于对大臣的敬重，并且为了顾全他的声誉，所以并未批准。过了几个月，到1536年，这位七十岁的尚书再次上疏请求引退，终于得到恩准。朝廷发予他还乡旅费，并每月给米四石，每年遣夫役四名供其使唤。皇帝将他晋阶为光禄大夫，同时第三次诰封他已故的三代尊亲。他们均被封赠光禄大夫、太子太保、南京兵部尚书的荣衔，他们的妻子则都获封为一品夫人。

秦金回到无锡后，再度埋头研究宗谱和学习四书五经。他重建了祖茔，以此彰显祖先的新身份。据推测，他也聘请了画师绘制了身穿朝服的男女祖先的画像。

秦金成了一个典型的祖父，常与他的六个孙子秦相、秦柽、秦格、秦柄、秦楷、秦柱一起玩耍，并教授他们阅读经典。他自己也每天读经。在他的视力减退以后，他便令仆役二人每天为他诵读经史典籍。

秦金还非正式地恢复了碧山吟社的活动，常常与一群友人在他的或别人的别业集会，饮酒赋诗。

和他的祖先宋代大词人秦观不同，秦金从未纳妾，也从未被人指责过有任何放荡行为。他是一个正人君子，一个必要时能领兵上阵的学士。但他的兴趣不仅限于风光的官宦生活，他也是一个恋家的人，以家族身世为荣。由于修纂宗谱和兴建宗祠，他受到本族后裔的永世尊崇。

身后备享尊荣

嘉靖二十三年（1544）正月二十七日，秦金去世，享年七十八岁。他的遗体葬于归山北湾薛墩，离其父茔不远。当世宗听到他的死讯时，当即下令辍朝一日，颁旨予以祭葬，并命史官撰写他的从政事略，交礼部评估核定。在皇帝的同意下，秦金获得朝廷赐予的一个反映他的行谊的谥号。这两个字是从九十二个字中挑选出来的，每个字都承载一个特殊的意义。他得到的谥号为"端敏"，意指端正和聪敏，这可能是对他居官五十二载、历仕三朝的品德所做的评价。在赐谥时，皇帝称他持身励行，忠勤体国，老成练达，有古大臣风节，出色地完成了他的职责。

秦金去世的当天，遗体经过彻底清洗，梳头束发，剪须断爪（指甲），修剪下来的部分与生时掉落的牙齿都盛于小囊，待大殓时再放入棺角一起埋葬。然后为死者穿上明衣（死者洁身后所穿的干净内衣，即送终衣）、袭衣（死者在小殓、大殓前所穿的左衽袍），口中实饭含（珠玉贝米），脸上加面衣，两耳填充耳（玉制耳塞），两手着握手（以布帛缝合的囊状手套），两脚纳履舄（单底鞋称履，复底鞋称舄），尸身覆之以衾（被子）。设立灵堂，献上供品与祭酒。次日清晨为小殓，先在床上铺席，席上铺三副横绞（宽布条）、一副直绞，绞上铺一块布衾。接着将尸身移于床上，舒绢、叠衣以垫其头部，卷两端以补两肩空处，又卷衣夹其两胫，再把其余的衣服（每一件均左衽不纽）平摆于尸身之上，用布衾围裹起来，但是脸面部分除外，也不绑绞（表示家人希望死者复生，欲时见其面），殓毕覆之以衾。次日清晨为大殓，先置一衾于棺内，垂其四角于外，将死者脸面处的布衾合拢，四绞捆紧打结，放入棺中，置生时所落发齿、所剪须爪于棺角，其余空缺处卷衣塞实，以防移灵时滚动。收衾时，依次用衾角覆盖死者脚部、头部，以及身体左右侧，令棺中平满。家人凭哭尽哀，召匠人加盖下钉。

秦金去世七日后，常州府通判代表皇帝前来哀悼亡灵，遵上谕设立九个祭坛,并宣读朝廷祭文。秦金去世后的第四十九天(中国人叫"七七",标志着祭期的结束),常州府知府另设了九个祭坛。

墓地是经过精心选择的。要选一方"美地"的主要标准是:周围土色光润,草木茂盛,他日不会被道路、城郭、沟池或耕地侵占。

品官的丧礼有着非常繁缛的礼节与严格的随葬物品。死者咽气后,由一个人拿着他的上衣,在屋顶向北高呼其名字三遍,称为"复",即所谓"招魂"。再将其上衣卷起来投到屋前,由人以箧接住,取衣覆盖在尸身上,祈求鬼神让亡灵回到人间。复而不醒,才正式办丧事。招魂的衣服并不放入棺内。小殓时要为死者穿十九套衣服,包括一套朝服和代表官品的革带④等。大殓时放入棺内的衣服套数,按死者的官职高低多少不等。此外,死者生前的日用品,诸如沐具、方巾、梳子等也一并殓入棺内。梳子置入盒中,衣服装入包裹。死者手中要放置其生前上朝时所持笏板(一至五品用象牙,六至九品用槐木),嘴里要含谷米、珠玉,意思是让他在阴间不会缺吃少穿。

随葬的还有一面绣有死者名字的旗幡,称为"铭旌",上面还记载着他的官职荣衔。铭旌的长度在礼法上也有规定,四品以上的官员要有九尺长。

按照明朝的规定,一、二品官员允许随葬的物品多达八十件,包括鼓、旗、拂尘、马鞍、弓箭、火炉、水箱、甲胄、汤匙、瓶、唾壶、香炉、香盒、香、茶盏、杯、碗、碟、椅、脚踏、木马、枪、剑、桌、床等,以应他死后之所需。

在棺材上面覆盖着一方绣有火云图样的布罩,标志死者的官员身份。

秦金的葬礼是在他死后次年举行的。仪式由一位朝廷使臣主持。秦金葬在了合葬墓穴的一侧。六年以后,他的妻子钮氏去世,葬在了墓穴的另一侧。钮氏的葬礼由皇帝指派常州府知府到场监礼。

钮氏是一个颇有性格的女人。当她的丈夫在大梁剿灭叛贼时,曾传来他被掳去的消息。钮氏闻讯后流泪说道:"夫君死节,妾分(第四声；甘心，甘愿）俱死，无憾也。"当盗匪在无锡的江村一带活动猖獗时，她拒绝雇用贴身护卫，说："亡命利吾赀（盗匪以为我有钱），不得且遁去，奚格虏（勇猛的家丁）为？"

一条蜿蜒的道路通向秦金夫妇的合葬墓穴，两旁排列着树木和石像生。按照明朝大臣的墓葬规制，一品大臣的墓前应竖立石狮、石虎、石羊各一对，以及七尺高的文、武官员各一对。我在1983年找到的就是这些石雕的残块。

中国社会的等级结构甚至在墓碑上也有所反映。按照秦金的身份，他的碑下可以用龟趺（刻成龟形的碑座）。龟象征长寿。品级低的官吏的碑下则不能用龟趺。此外，墓碑的高度、宽度、碑顶的方圆，按死者的官阶都分别有规定。

除了墓碑和地上其他能表明死者是谁的标志外，中国人还在地下设有第二重保险，以便日后即使墓石与墓碑不复存在，发现坟墓之人仍然可以立即辨认出墓主来。因而，每个官员的墓穴中都埋有两块刻着他的姓名和生平事略的大石板。这两块石板的刻字面彼此相对，用金属绳索扎牢，然后埋在墓穴内或它的前方。

官至一品的秦金之墓，占地周围九十步，每面二十二步；二品官茔地周围八十步，每面二十步，至七品官茔地周围仅三十步，每面七步半。

秦金的墓志铭刻于神道碑上，为他的老友严嵩所撰。严嵩于1542年（嘉靖二十一年）拜武英殿大学士，入值文渊阁，至秦金去世这一年九月升任首辅。后来严嵩成了有名的大奸臣，所以虽然严嵩的诗文中存有写给秦金的诗，但在秦金传世的诗文集中却没有提到严嵩的作品。显然有人出于慎重，查阅了秦金的作品，把所有证明他们之间有联系的不吉利的文墨都给抽掉了。而这篇墓志铭，因刻于石碑之上，不能被轻易去除，故而留存了下来。

关于秦金殡葬，有个有趣的传闻。据说一些造墓工匠对他们的待遇不满意，其中一人便咒骂葬在这个墓穴里的死者说："本家要发，须待石龟翻身。"由于龟趺是被一块大石碑压牢的，所以它几乎没有可能翻过来。但是到了1600年（明神宗万历二十八年），即秦金死后的第五十六年，一场暴风雨把石碑打倒，石龟也被翻过了身。结果这年秋天，秦金的曾孙延焘和玄孙重泰皆乡试中试。

【编者注】

① 太和三年（227）七月，魏明帝曾下诏曰："礼，王后无嗣，择建（立）支子（与宗子相对，指近亲旁支的子孙）以继大宗，则当纂正统而奉公义，何得复顾私亲哉！汉宣继昭帝后，加悼考（指宣帝生父刘进，为戾太子刘据之子，以外家姓称为史皇孙，在武帝时期的巫蛊之祸中遇害，宣帝即位后加谥曰"悼"）以皇号；哀帝以外藩援立，而董宏等称引（援引）亡秦，惑误时朝，既尊恭皇（哀帝即位后，尊生父定陶王刘康为恭皇），立庙京都，又宠藩妾（指刘康生母、哀帝祖母孝元傅昭仪，曾亲自养育哀帝成人，哀帝尊其为恭皇太后，后改号帝太太后，住永信宫），使比长信（指太皇太后、成帝生母孝元王皇后，住长信宫），叙昭穆（指宗庙中的排列次序：自始祖之后，父曰昭，子曰穆）于前殿，并四位（另两位指成帝皇后赵飞燕和哀帝生母丁姬，前者被尊为皇太后，后者被尊为恭皇后，改号帝太后）于东宫，僭差无度，人神弗祐，而非罪师丹忠正之谏，用致丁、傅焚如之祸（哀帝死后，王莽［孝元王皇后之侄］秉政，令改葬傅太后与丁姬。相传发棺时，臭气冲天，更有烈火从中出）。自是之后，相踵行之。昔鲁文逆祀，罪由夏父（公元前625年［鲁文公二年］，夏父弗忌为宗伯，掌宗庙昭穆之礼，不顾次世长幼，跻僖公于闵公之上，故曰逆祀）；宋国非度，讥在华元（公元前589年［宋文公二十二年］，华元、乐举越礼厚葬文公，君子以为不臣）。其令公卿、有司（泛指官吏），深以前世行事为戒。后嗣万一有由诸侯入奉大统，则当明为人后之义；敢为佞邪导谀时君，妄建非正之号以干正统，谓考（父）为皇，称妣（母）为后，则股肱大臣，诛之无赦。其书之金策，藏之宗庙，着于令典。"

② 考察：明代考课官员的方法之一。其议黜名目有八法，曰贪、酷、浮躁、

不及（不称职）、老、病、罢（软弱无能）、不谨。京官每六年一次考察，在巳、亥岁举行，四品以上自陈以取上裁，但给事中和御史亦可进行纠劾，谓之"拾遗"，凡经检举有上述八条之嫌者，均须追究处置。五品以下由吏部会同都察院进行考察，老、病者致仕，浮躁、不及者降调，罢、不谨者闲住，贪、酷者贬为民，具册奏请，谓之"京察"。外官每三年一朝觐，察典随之，在辰、戌、丑、未岁举行，谓之"外察"或"大计"。州县以月计，上之府；府上下其考，以岁计，上之布政使。至三岁，抚、按通核其属事状，造册具报，丽以八法。而处分察例有四，与京官同。弘治、正德、嘉靖、隆庆年间，士大夫廉耻自重，以挂察典为终身之玷。至万历时，阁臣有所徇庇，考察遂成政争之工具。

③ 明代的南京城，包括外城、京城、皇城、宫城四重。外城，亦名外郭城，俗称土城头，周长一百八十里，顺天然地形垒成，是具有军事性质的防御城，其城墙已于早年被毁。京城，即应天府城，也就是今天的南京城，其城墙全部用砖石筑成，周长六十七里（一说九十六里），平面呈南北长二十里、东西宽十一里的不规则形状，打破了中国历代城池多作正方形或长方形的传统。这座砖城之长，不仅是中国第一（北京内城周长四十五里，外城东西南三面计二十八里），而且是世界之最（当时法国巴黎城周长五十九里）。

④ 革带：古代系于朝服之外的带饰，标志着穿戴者的身份地位。明代的革带以绫包革而成，上缀玉、犀、金、银、乌角饰片，依官阶各有等差。明制，皇帝、皇后、妃嫔、皇太子、亲王、郡主、公、侯、驸马、伯、一品文武官员，或特蒙赏赐者，始可使用玉带。此外，二品革带用犀，三至四品革带用金，五至七品革带用银，八至九品革带用乌角。按秦金生前官居一品，故得随葬玉带。

第十章
秦梁：梦中预言的应验

古墓父子情

就在我得知秦金墓在"文化大革命"期间被掘开的同一天，我很幸运地发现了一座几乎完整的秦氏祖茔。这座坟墓位于覆盖着树木、藤蔓和杂草的军嶂山（或作军帐山、军将山）山麓上，隐藏在一片竹林背后。在它附近的粉红色桃花丛中，横卧着一匹石马、一只石龟的残块。此外，还有四根石柱，现在用做跨过干涸沟溪的小桥。

陪同我的无锡博物馆馆长顾文璧变得非常兴奋。他用手比画着坟墓原来的结构，说："这是一座典型的明代坟墓，称为'三间四柱'（间是两柱当中的部分）。"坟墓本身是一个圆形土丘。墓地用青石筑的矮墙围起。虽然这座坟墓已有四百年的历史，但是石墙上刻的一个长须老人还依稀可辨。老人的左边是一头梅花鹿，右边是一只仙鹤，横跨他头顶的是松树枝。顾先生解释说，这些图案都是长寿的标志，表示坟墓修建时要葬在这里的人还活着。中国人对于历史以及个人在历史中的地位，是非常关切的。这种关切一直延伸到他们自己的葬身之地。有地位的人常常在自己还健在时就把墓地选好了。死于1901年

（光绪二十七年）的中国政治家李鸿章，在1896年（光绪二十二年）出使欧洲时就随身带了一口棺材。

无锡这座坟墓的墓碑已经无存了，但在山坡下约90米处有一座叫"香堂"的建筑，是四百多年以前停灵的地方。虽然房子现在已成为一家麻风病医院的文娱活动室，但是墙上镶嵌的几块石刻还能辨识。顾先生用一块湿布擦掉了石刻上的白色涂料，没费多大力气就认出上面刻的是以前的一位大学士所撰写的铭文。文章叙述了墓主秦瀚如何在他去世的两年前，即1564年（嘉靖四十三年），选中了此地作为自己的墓地。秦瀚的儿子秦梁卒于万历六年（1578）九月二十四日，葬在了其父茔的右侧。

从两座坟墓的位置来看，秦梁将其父葬在正对太湖更为吉利的地方，而把自己的墓址留在一侧，很明显是孝顺的表现。

是孝子也是能吏

秦梁的父亲秦瀚，是碧山吟社的创始人秦旭的曾孙，是放弃仕途在家侍奉生病老母十九年的秦镗的儿子。秦瀚生于明孝宗弘治六年，即1493年，这一年哥伦布（Christopher Columbus，1451—1506）从西班牙启航去寻找印度。

秦瀚二十一岁时成为秀才，同年完婚，两年后得子，子即秦梁。一本名叫《锡金识小录》的书说，在秦梁的母亲殷氏临盆前，有一个邻居梦见秦家的这个孩子日后当官至布政使，即明代的省级行政长官。五十一年后，这个预言果然应验了。

按照当时的一些记载，秦梁小时候是个与众不同的孩子。他不太喜欢玩孩子们的游戏，却喜欢放风筝。他有一个约3米长、3米宽的大风筝，需要几个壮汉帮忙，方能把它放上天空。

1531年（嘉靖十年），秦梁十七岁时，他父亲的长姑母以节旌门。

秦瀚的这位姑母嫁给国子监监生吴铁为妻，二十八岁守了寡，遗腹子四岁时也不幸夭折，遂回娘家侍奉父母。她希望领养一个侄儿做嗣子，以接续她丈夫的香火。她选中了秦铠季子秦瀚，于是秦瀚在一岁时便过继给了吴家。自此在名义上，秦瀚没有父亲，他的姑母成了他的母亲。他一直认真履行自己身为吴家嗣子的责任，还上书朝廷，请求为养母的忠贞守节赐以旌表，得到了朝廷的恩准。后来秦瀚恢复了秦姓，具体情形不详。但他显然已经为吴家在近亲当中找到了一个德行堪为嗣子的人来代替他。

秦梁是一个勤奋好学的青年。二十一岁时，他以附学生员[①]的身份进入了秦金曾就读过的县学，为自己必须面对的科举考试做准备。两年以后，即1537年（嘉靖十六年），秦梁因岁考、科考成绩优异，进阶为廪膳生员，被授以秀才头衔，但他直到1543年（嘉靖二十二年）才通过乡试，成为举人。1544年（嘉靖二十三年），秦梁第一次参加会试，名落孙山，要再过三年才能再去应试。于是他当了三年塾师，并常常教育他的学生："士当洁身自好，不媚权势。"到1547年（嘉靖二十六年），三十三岁的秦梁终于考中进士，被任命为江西南昌府推官（明代各府的佐贰官，掌刑狱之事）。

秦梁到南昌上任后，获悉此地有一帮以平十二为首的匪徒到处为非作歹，并且因匪首平十二与当地的一名巡检相勾结，所以他总能摆脱追捕，逍遥法外。秦梁严辞责问该名巡检，对方吓得跪地求饶。秦梁说只要他能帮忙擒获匪首，便可饶他不死。于是这名巡检假意与匪首继续勾结，同时将其所有动向上报给了秦梁。最终，在一名内应的协助下，秦梁夜入匪巢，将平十二擒拿归案，斩首示众。

秦梁并不轻易判处犯人死刑。在他到南昌赴任之前，他的父亲就告诫过他："无以苛刻斲（音同琢，砍、削）人命也。"秦梁把这句话谨记在心，遇到定夺生死的案件必详细检视证据是否确凿无误。有一次，秦梁披阅官牍至深夜，他的次子秦炉跪在案前，请求他稍作休息。秦梁斥责说："孺子何知，吾所职多重辟（辟，罪也；重辟，极刑），一或不慎，置之死亡，敢图一身之逸哉？"

秦梁的这种严肃态度，曾经挽救了一名罪不至死却因冒犯监司而险些丧命的犯人。监司逮捕了那名犯人，几乎把他打死，还要让他戴上俗称"弥尾青"的大枷，罚站于道旁。秦梁听说了这件事，立即着手调查，查明事实后先下令将犯人释放，然后才向监司禀报，监司也没有再追究。

入京如履薄冰

1551 年（嘉靖三十年），在南昌任职满三年的秦梁被调到京师，迁吏科[②]给事中，负有监察百官的责任。

随着年纪增长，世宗开始沉湎于道教的神秘之说，寻求长生不老的灵丹妙药。他为道士设坛，广收天下名香、金银珠宝，专事炼丹，不理朝政。

秦梁在入京为官的当年就触怒了皇帝。身为吏科给事中，他的一部分工作是批评朝政弊端，甚至谏举皇帝敕令之失，并及时提出建议。因他拒绝参加世宗举行的斋醮仪式，并且很有可能也劝诫皇帝减少此类活动，结果冒犯了天颜。具体的内情不详，现在有关此事的叙述仅为秦梁因"谏上不进香"而受到杖责。所谓杖责，是指用可以致伤的重棒责打。秦梁伤得很重，所幸未被打死。

当秦瀚听说此事时，便给他写信说："致身事主，苟得死，所无憾也，落职奚病焉？"父亲还安慰儿子，既然他以言官自居，如果在需要的时候不谏诤，就是失职，那么便真的难辞其咎了。"诚得其言而死，死犹生也。"

秦梁对家人说，如果他"不得转移上意，死不瞑矣"；如果他能劝皇帝放弃道教，痴心妄想罢了。世宗如此迷恋道术，连大学士严嵩也一意媚上，成了撰写青词（斋醮时上奏天神的表章，因用朱笔写在青藤纸上，故名）的专家。

在 16 世纪上半叶，鞑靼酋长俺答发动数次袭击，进犯长城以南，并逐渐接近北京城。嘉靖二十九年（1550）八月，鞑靼军在京郊扎下营寨，先锋部队更是直抵北京城下，烧杀掳掠八日之后撤退，史称"庚戌之变"。蒙古部落的入侵让世宗和大臣们认识到，在大多数百姓居住的城外再建立一座城墙，已经刻不容缓。两年以后，秦梁被指派为监造外城城墙的两个负责人之一。（京城城墙作为内城城墙，始建于一百三十年前的 1419 年。）秦梁对待这项工作非常认真，他干脆睡到了修建靠近皇帝祭天用的天坛的那段城墙的工地里。当他发现有一名高官上下其手、中饱私囊致使工期延误时，他立刻上奏皇帝罢免了那人的官职。在监造城墙的这段时间内，秦梁无疑树立了一些政敌。

建好的外城城墙比内城城墙的规格要低。内城城墙高约 11 米，墙基宽约 18 米，顶宽约 15 米；外城城墙高约 7 米，墙基宽约 12 米，顶宽约 9 米。城墙的外侧每隔 60 至 100 米便突出一方形墩台（或称敌台、马面），上面建有守卫用的敌楼。此外，内城开城门九，外城开城门七。十六座城门外均设有半圆形的护卫小城，称为瓮城。瓮城上设有箭楼，位置和城楼相对，朝向城外的三面开有无数箭窗。

由于外城城墙的建设进展顺利，秦梁被擢升进入政治上敏感的通政使司任职。通政使司负责接收、处理各省、州、府呈递的本章，决定是否执奏、驳正、敷陈、引见，以保持上下政令畅通。秦梁先任右参议，两年之后迁左参议。

其间，他与大学士严嵩之子工部左侍郎严世蕃过从甚密。严嵩当时已经独揽朝政大权，成为了实际上的宰相，虽然当时并没有设置宰相。

有些史料把秦梁的迅速升迁归因于他与严嵩父子的密切关系，但也有史料说，秦梁因拒绝附和当时靠贿赂升官的风气，而得罪了严世蕃。这两种说法在一定程度上可能都是真的。总的来说，秦梁确实有可能得到了严嵩的庇护，因为他与严世藩来往密切，严嵩又是他的叔祖父秦金的密友，但后来秦梁也确实试图疏远严氏父子。

1558年（嘉靖三十七年），秦梁被迁往南方，改任南京太仆寺少卿（掌马政），间接归兵部管辖。太仆寺管辖全国若干牧场。秦梁的任所位于滁州（治所在今安徽省滁州市），直隶于南京。

来到滁州，秦梁不仅可以欣赏南方的秀丽山水，而且能离他的老父近些。

当秦梁在北京时，秦瀚曾写下一首满怀父爱的诗《除夜有怀梁子远行》：

倏忽晴阴岁暮天，怀思千里正凄然。
车轮古道兼程日，灯火萧斋（指书斋，兼取萧瑟之义）欲尽年。
霏雪未应迷朔地，便鸿（乘便捎带的书信）何日度南川。
相违隔岁明朝是，短发频搔夜未眠。

1554年（嘉靖三十三年），秦瀚决定恢复已经六十年没有活动的碧山吟社。自他的曾祖秦旭去世以后，几十年来，原先的建筑已经变得破旧不堪。在当地一些名士的帮助下，秦瀚把精舍整修一新，并将原来的"十老堂"改名为"绍修堂"。

秦瀚关心的另一个工程是他的叔父秦金在城郊惠山脚下所建的园林。秦梁得知后，便把它买了下来，供自己和父亲游赏。

为此，秦瀚作《广池上篇》③描述这座园林，他在诗文中说：

百仞之山，数亩之园。有泉有池，有竹千竿。有繁古木，青荫盘旋。
勿谓土狭，勿谓地偏。足以容膝，足以息肩。有堂有室，有桥有船。
有阁焕若，有亭翼然。菜畦花径，曲涧平川。有书有酒，有歌有弦。
有叟在中，白发飘然。识分知足，外无求焉。如鸟择木，姑务巢安。
如鱼居坎，不知海宽。动与物游，矫若飞仙。静与道契，寂如枯禅。
灵鹤怪石，紫菱白莲。皆我所好，尽在吾前。携筐摘果，举网得鲜。
约我生计，斯亦足焉。时饮一杯，或吟一篇。老怀熙熙，鸡犬闲闲。

天地一瞬，吾忘吾年。日居月诸，莫知其然。优哉游哉，吾将终老乎其间。

在秦瀚享受着自在优游的生活的这几年，秦梁先被擢升为南京太仆寺少卿，嘉靖三十九年（1560）十月又迁南京鸿胪寺卿（掌朝会、宾客、吉凶礼仪之事），不到一年时间（嘉靖四十年五月）再迁南京通政使司右通政。一些人认为，秦梁两迁官职，就是权臣严嵩父子在背后支持他的证据。

据说，秦梁调职之后，严世蕃曾派了一个门客来对秦梁说："公一岁而再迁，皆清局（即位高而有清望的官职）者，谁自也？"此人要秦梁拿出实质性的表示，以酬谢严世蕃，但秦梁一口回绝了，说道："吾不知自也，将无以久次竽滥之食。"

成也严嵩，败也严嵩

不管秦梁与严嵩父子的实际关系如何，严嵩父子在权倾朝野近二十年之后下台了，并留下了千古骂名。清代官修的《明史》把严嵩列入《奸臣传》，指控他"窃政二十年，溺信恶子，流毒天下"。严嵩失势，是由于他的一个年轻同僚、大学士徐阶逐渐取代他赢得了世宗的宠信。1561年（嘉靖四十年）严嵩的妻子欧阳氏去世，他的儿子严世藩需要辞官为母亲守孝。失去了儿子的帮衬，八十二岁的严嵩已经没有能力继续取媚皇帝了，这也加速了他的倒台。

严嵩下台的转折点发生在嘉靖四十年十一月世宗所居的永寿宫失火之后。严嵩提议，重修永寿宫的花费太多，皇帝应该暂时徙居南宫（即英宗当太上皇时被景帝幽禁的地方）；而他的对手徐阶献上了以三殿（嘉靖三十六年［1557］四月，奉天、华盖、谨身三大殿遭雷击起火，重建后世宗下令改名为皇极、中极、建极）余材重建永寿宫的计划。于是世宗更加宠信徐阶，冷落严嵩。此时，严嵩的政敌利用皇帝对严嵩的不悦和对方士之言的迷信，乘机弹劾严氏父子。至次年五月，世宗下旨令严嵩致仕，令其子戍远边。

当一个权贵获罪时，他的同党和追随者无可避免地也要受到牵连。所以严氏父子的失势，让他们的政敌得到一个机会，揭发所有与严氏相关的官员。

1563年（嘉靖四十二年），新上台的权贵利用另一个机会清除异己，这就是每六年举行一次的京察。考察期间，每一个朝臣先要上疏自陈政绩不佳，奏请解去自己的职务，同时希望能得到皇帝的批驳。

秦梁因与严氏父子有往来，所以他的降职是意料之中的。他先前已被黜为浙江布政使司左参议（从四品），比其原职通政使司右通政（正四品）低一级，又转调为山东按察使司副使。"今诚以忤权门而黜，黜犹荣也已。"秦梁的父亲用了多年以前秦梁教育学生的话来安慰他。

秦梁的仕途虽然遭受挫折，但是并没有终结，因为他在严嵩下台后的朝堂上并不是没有朋友。迫使严嵩下台的大学士徐阶是他父亲秦瀚的故交，而此时迅速得到晋升的李春芳是与他同科的进士。所以，秦梁又有了进身之阶。

1564年（嘉靖四十三年）春，五十岁的秦梁被调任为浙江提学副使。他做了五个月的考官，巡视了十一个县，授予了五十六名生员秀才学衔。这些生员都参加并通过了乡试。不仅如此，在他的管区内所有考中乡试的生员中，只有一个不是由他选出来的（因该生当时正在守孝，未能参加科试），说明了他的识才能力之强。同年八月，秦梁又升任为浙江布政使司左参政。

1565年（嘉靖四十四年），秦梁的学友兼同年（同榜登科者）李春芳成为武英殿大学士，入阁参赞机务。是年，秦梁被授予湖广按察使一职。次年，他升任为江西右布政使，应验了在他出生之前邻居梦中的预言。但是，秦梁没有去上任。

因为这一年秦瀚中风，秦梁忧父心切，故而请假归里。回到无锡后，他发现，尽管父亲日日服药，病情仍迅速恶化。秦梁衣不解带，日夜侍奉，然而过了两个月，至嘉靖四十五年（1566）六月二十三日，秦瀚还是撒手尘寰了。

秦瀚最后在病榻上嘱咐秦梁说："天不可必，待人而定；福不可徼（同"侥"），由养而全。小子识之！"

秦梁中断仕途为父守孝，但丧期结束后他并未再出仕，而是告老还乡了。我们有理由相信这个结果并非完全出于秦梁自愿。他当时不过五十二岁，完全可以再有十年时间活跃在政坛上。显然严嵩的政敌仍然对他存有戒心。纵然他那得势的朋友李春芳支持他，还为他的父亲撰写了墓表，但反对他的力量实在太大了。

归田颐养十三载

秦梁生命中的最后十三年是在无锡度过的。他投身写作，编辑了秦夔的纪念文集《五峰遗稿》，重刊了秦金的《安楚录》，并且加了序。

秦梁虽已退休，却仍保持着对政治的浓厚兴趣。他的那些做了官的学生写信给他，征求他对一些政治问题的意见。他还成了当地知县邹墀的朋友，说服对方简化税法，以单一税目代替各类杂税，合并征收。秦梁建议试行的这个办法就是"一条鞭法"④。

1572年（隆庆六年），无锡县知县周邦杰邀请秦梁主持修辑记载当地地理、历史等情况的《无锡县志》。八十年前，秦梁的曾伯祖秦夔曾参与过这部著作的前一版的编纂工作。于是秦梁同意了，并于1574年（万历二年）完成编纂。他在序言中写道：

> 今天下郡邑之有志，犹古列国之有史，所以昭信垂远，法不可缺。无锡自泰伯端委以来，号称名都，其风土殊丽，文物秀雅，甲于吴下，而世远籍湮，不少概见。胜国（被灭亡的国家，此处指

元朝）时王文友氏始为之志，我明景泰中冯择贤氏加修焉。宏（弘）治初吴凤翔、李舜明氏则又再修，迄今八十年所，其间生聚繁滋，法制因革，与夫人材消长，习俗变易，不可胜纪。苟文献不足，后将何征？

岁隆庆壬申（即1572年），临川念庭周侯（即周邦杰，号念庭，江西省临川县人）来莅（治理）锡，廉明倜傥（同"倜傥"），施政发教，不逾四年而四封之内廪廪向风。一日揽山川，按图籍，披旧志，而病其岁久且逸也，遂躬（亲自）走币（送礼）谒余而请曰："前志修于吴、李二君，而序其端者方伯公⑤也。先生嗣居方伯而世其学，岂有意乎，愿图新志于先生也。"余谢不敏。侯固请毋让，乃设局公署，属（通"嘱"）余统其事，檄（晓谕）诸生秀而文者华子泮、李子时芳、尤子璇、盛子磐、余弟柄（即华泮、李时芳、尤璇、盛磐、秦柄）佐之。于是相与扬扢编摩，汇昔三志，核其故实，整其世次，芜滥者芟（删）之，舛杂者厘之。自宏治甲寅（弘治七年，1494年）迄万历改元，搜罗放失，咸就诠次，统为目十卷二十有四：志舆地表封域也，志宫室备规制也，志食货重赋役也，志兵防戒不虞（意外之事）也，志人物崇贤哲也，志官师彰劝戒（诫）也，志选举征仕进也，志文艺示考信也，外志以裨其逸，杂志以综其余。盖一时文献灿然，足征后有考者，其弗在兹乎？

是役也，窃从先大夫之后，矢心毕力，阅月者六，易草（底稿）者再，其事则增于前，其文则损于旧。即未有裨于治化，庶几备采于民风，或亦可无愧先大夫所论著矣。然余顾有深惧焉，志于王而或议其拘也，志于冯而或议其驳也，志于吴若李而或议其陋也。拘驳且陋，病于史则均，均不足以传，又安知后之议今，不犹今之议昔者乎？惟侯命不可虚，爰识此以俟来者。

秦梁的担忧果然发生了，甚至他还在世的时候，和他共事的一些人就对他编纂《无锡县志》的方法表示不满。他的一个主要合作者华泮，在写给同乡好友鸿山学士华察（号鸿山，官至翰林院侍读学士，为《三笑姻缘》故事里纳唐伯虎为仆的华太师的原型）的一封信中，曾私下大吐苦水，说这位主编"录赐诸条不能如命"。因为按照秦梁的意思，"以其人殁已久，且无富贵子孙，故一笑置之。"华泮还说，有一些书记载旧事甚多，而秦梁弃不一阅；"至公无私之说，执一不听"；"泰伯庙记、孝子祠记皆细字附书，而竹炉记大字特书。颠倒如此，倘再小于竹炉而文出秦氏，必不舍之矣。"风闻这些议论，秦梁笑着回应说："知我罪我，一听之人也。"

秦梁的曾伯祖秦夔为弘治七年版的《无锡县志》作过序，而秦梁亲自编纂了这部万历二年版的县志，这说明当时秦氏家族已成为无锡社会中有影响力的大户了。从那时开始，一直到1881年（光绪七年）最末一版的《无锡县志》，其间各版的编纂几乎都是由秦氏族人负责的。

秦梁和他的父亲一样，喜欢到惠山的秦家园林去游览，并在保留"凤谷行窝"原名的情况下对它进行了扩建。在一个夏日里，秦梁赋诗《七月五日偶至凤谷山庄》曰：

朝来畏烦暑，凤谷恣幽寻。
红尽愁莲老，青铺任草侵。
高吟蝉隐叶，闲舞鹤栖林。
独酌无同调，松风澄素襟。

秦梁最出名的作品是一篇题为《天下人心之公论》的长篇政论，内容论述了政府革新政治的最好方式。他在这篇文章的开头就说：

善图天下之变者，革之以渐，济之以权，操之以一，然后可以无弊。失此三者而徒称快于一时，无益也。

秦梁像多数文官一样，替亲友写了许多墓志铭和墓表。其中有一篇《贞女熊氏墓表》是为十五岁就与他的堂叔秦汉（秦锐之子）订亲的婶娘熊寿芳而作的，非常有意思。两人订亲时，秦汉仅十六岁，但他没有等到成婚便去世了。按照当时的习俗，婚前夫妻不允许会面，所以熊氏自始至终从未见秦汉一面。可那时的人非常看重已经订立的婚约，结果熊氏在听闻未婚夫去世的消息后，哀痛逾恒，并企图悬梁自尽，幸而被她的家人救了下来。

身体恢复以后，熊氏发誓决不另嫁。她引刀断发，割去右耳以表决心，她还要求死后葬在未婚夫的墓旁。1556年（嘉靖三十五年），熊氏五十四岁时，朝廷得知了她对未婚夫无比忠贞的消息，乃旌其门，大加褒奖。

秦梁在父亲去世以后，就成了一家之主，必须照顾他的老母与两个年少的弟弟，其中最小的弟弟秦槩（庶出）尚是幼童。此外，安排子女的婚事自然也是他的责任。那时的习俗讲究门当户对。他的原配陈氏所生的三个儿子秦㰀、秦焜、秦焯都与名门望族的女儿结了亲，他的侧室朱氏所生的儿子秦燫与家境略次一等的家庭结了亲，尽管这位新郎是国子监的监生。他的三个女儿都嫁到了官宦之家。他的孙子们也都与背景相当的家庭结了亲。

1577年（万历五年），秦梁六十三岁时，生了一场病，自夏至秋饮食骤减。入冬以后，他又感染了风寒。次年正月，在他母亲八旬大寿之日，他坚持起床为母亲拜寿，以免老母为他的健康担忧。为此，他还参加了长达一个月的庆寿筵宾活动。至1578年（万历六年）秋，秦梁终于一病不起，九月二十四日与世长辞。他对儿孙们的临终嘱咐是：

> 我秦氏世有令德。吾学不堕先业，仕不毁官箴，家不坏名节。所可恨者，吾母百年事耳。汝等勉之！

【编者注】

① 明初，府、州、县学的生员有定额，皆由官府供给廪食。其后生员名额增多，于是分为被供给者和不被供给者，其中食廪者称"廪膳生员"，增额者不予供给，称"增广生员"，地位次于前者。1447年（正统十二年），又于廪膳生、增广生的名额之外，增取生员，附于诸生之末，称"附学生员"。清代相沿，以初入学者曰附学生员，经岁、科两试，等第高者可补为增广生、廪膳生。

② 明制，设吏、户、礼、兵、刑、工六科，掌侍从、规谏、补阙、拾遗、稽查六部百司之事，与都督院同为独立的司法机关，通称"两衙门"。六科给事中与都察院十三道监察御史均有监察稽核、建言朝政、纠弹百官之职责，故亦统称为"言官"或"科道官"。不过，六科给事中与都察院御史在具体职能上还是有一定分工的，前者侧重纠察各部行政之事，后者侧重刑名之事，但并非绝对如此。清代沿置六科，1723年（雍正元年）始将其并入都察院。

③ 此诗文乃秦瀚仿唐代诗人白居易的《池上篇》所作。白居易，字乐天，号香山居士。824年（唐穆宗长庆四年），罢杭州刺史，后归洛阳，于履道里（位于洛阳城东南隅）购得已故散骑常侍杨凭的宅第，地方十七亩，竹林池馆，有林泉之致。829年（唐文宗太和三年），白居易称病免归，以太子宾客分司东都（洛阳），隐居履道里。某日酒酣，闻乐童合奏《霓裳散序》，"曲未竟，而乐天陶然已醉，睡于石上矣。睡起偶咏，非诗非赋，阿龟握笔，因题石间，视其粗成韵章，命为《池上篇》云尔。"对于自己的仿古之作，秦瀚曾序其事曰："《池上篇》乃白乐天履道里时醉后所成也，予每诵之，辄喜其幽远闲适，恨不身蹑雅胜，以想其醉醒于松石，握笔时不知作何态度也。庚申（即1560年，嘉靖三十九年）之夏，葺园池于惠山之麓，目中境界，觉其一二肖似，遂诵乐天之篇，字味而句讽之，恍然以为真似也。且于园池所有，而篇中不载者，增入数语，命之曰《广池上篇》，书于池亭之壁，然斯特以景物言耳。若曰显然自附于香山居士，则如云泥何哉。"

④ 一条鞭法：明代中叶以后推行的赋役制度，简称"条编法"，又名类编法、明编法、总赋法等。"编"间或作"鞭"，间或用"边"。据《明史·食货（国家经济财政的统称）志》记载："一条鞭法者，总括一州县之赋役，

量地计丁，丁粮毕输丁官。一岁之役（徭役），官为金募，力差（民户直接应役）则计其工食之货，量为增减；银差（民户交银代役）则计其交纳之费，加以增耗。凡额办、派办、京库岁需与存留、供亿（供给）诸费，以及土贡方物，悉并一条。皆计亩征银，折办于官，故谓之一条鞭法。"此法最初由内阁大学士桂萼于嘉靖九年（1530）十月提出，曰"编审徭役"，奠定了征收原则。五个月后，御史傅汉臣上疏第一次使用了"一条编法"之名。然世宗并未采用，只在地方试行，直至1581年（万历九年），首辅张居正将此法推行全国。

⑤ 此处"方伯"指秦夔。伯，古代管理一方的长官。方伯，即一方之伯，泛指地方长官。明清时期，方伯为布政使的尊称，而秦夔官至江西右布政使，故世人尊称他为方伯公。

第十一章
秦燿：济世英雄

父有令名

1985年春，我收到了住在无锡的族兄秦志浩寄来的一封信。随信附有五张三百八十一年前的文书，上面的文字至今还清楚地抄录在薄薄的红线格纸上。而这正是秦梁的侄儿、我的十三世祖秦燿（文献中或作秦耀）的财产分配文约。

秦燿死于1604年（万历三十二年），这份文约在他生前就已准备好，在他死后由四个见证者共同签署完成。类似的文件，或者说像遗嘱一样留下来的文约，在今天是很少见的。不仅如此，由于它记录了一个拥有大量财富的高官的遗愿，且他的妻妾均有所出，因而这份文约就有了特殊的价值。

秦燿生于世宗嘉靖二十三年，即1544年，也是英王亨利八世（Henry VIII of England）宣布与罗马教皇克莱门七世（Clement VII）断绝关系，颁布法案将英格兰教会立为国家教会的第十年。秦燿为秦禾的次子。秦禾是秦淮的次子，于1553年（嘉靖三十二年）考中进士，任浙江西部的武康县（治所在今浙江省德清县武康镇）知县。当时倭寇猖獗，气焰止炽,江、浙、闽三省的许多沿海城镇都被他们占领和围困了,像武康这样没有城墙的集镇更是容易受到威胁。

浙江通判急令秦禾修筑城墙防御武康,但秦禾拒绝了。他认为匆忙筑墙不仅会给百姓带来很大的经济负担,而且还会增加他们对于倭寇攻击的恐惧心理,削弱他们的抵抗能力。作为替代,秦禾亲自训练乡兵,在重要地点设立检查站,以防倭寇侵袭。

秦禾领兵,打退了倭寇的数次进犯,于是倭寇改变了战术:他们派人假扮成僧侣模样,混进武康城内,企图探明设防情况,并乘机制造混乱。幸而秦禾心存戒备,假意设宴欢迎,却在席间将众"僧"一举擒获,次日把他们斩首示众。倭寇得到消息后,知道攻陷武康的可能性很小,再也不敢窥伺此地。

秦禾在武康任满之后,被晋升为南京工部主事,再升任本部员外郎、郎中,1562年(嘉靖四十一年)迁浙江金华府(治所在今浙江省金华市)知府,后因其堂兄秦梁督学浙江,朝廷就把他调至云南任永昌府(治所在今云南省保山市)知府。这种避免亲属在同省为官可能产生的不便称为"回避"。嘉靖四十五年(1566)九月十二日,秦禾死在任所,年仅五十岁。

秦禾为人很慷慨,总是乐意在经济上帮助亲友。在他死后,他的两个儿子秦炳(二十七岁)、秦燿(二十三岁)欲去讨还债务,但他们的母亲葛氏(秦燿的生母,秦炳为侧室许氏所生)说:"汝等功名不成,非缺少钱财。索债之举如乃父之意否?"于是兄弟俩改变初衷,撕毁了借据。

贵人相助

秦禾死后,秦燿在家为父守制二十七个月(旧时守孝三年,以二十七个月为满),并在此期间照顾祖父秦淮,直至1568年(隆庆二年)

祖父也去世了。1571年（隆庆五年），秦燿考取了进士。他参加会试时的主考官是内阁大学士张居正，当时已有成为朝中宰辅之势。命题时，张居正精心地切合时事，贯彻自己的信念，要考生们明确君臣关系、各种法规在不同时期的运用，以及名实相副的儒家观念，如只有完成帝王之业者才能被真正称为帝王。

张居正对秦燿非常赏识，举荐他进入享有威望的翰林院任庶吉士①，为皇帝和朝廷提供各类文学及学术咨询。

秦燿在翰林院学满三年后，于万历元年（1573）五月被任命为刑科给事中。给事中有权驳正百官所上章疏，甚至驳正尚未颁布的皇帝诏旨。各州、府上呈六部的章疏必先通过各科给事中修改，如果他们认为奏本不符合既定原则，即予以驳回再议。

除了有封驳之权外，给事中作为皇帝监察六部的耳目，还可以随时执奏，或者参与廷议，建言朝政、纠弹百官，甚至在他们认为皇帝有过失时进言规谏。此外，他们也常常奉敕到各地巡查。

这时，秦燿已经成为了权相张居正的亲信。隆庆六年（1572）六月初十日，十岁的朱翊钧登基，是为神宗，年号"万历"。张居正便是自这一年起，直至他于万历十年（1582）六月二十日病逝，担任内阁首辅长达十年。而且因为万历皇帝年幼，他以帝师的身份实际接管了朝政，"任法独断，操持一切"。他和严嵩一样，是明代虽无宰相之名，实有宰相之权的内阁大学士之一。

每一个大学士都以殿阁名入衔，入殿阁办事。明设四殿二阁，分别为中极殿、建极殿、文华殿、武英殿、文渊阁和东阁。六个殿阁大学士很少有设满的时候，一般只有三四人在职。由于他们在宫中听差，因而被视为"内廷"的一部分。与"外朝"官员不同，大学士理论上并无实权，但是从15世纪以来他们的地位却大大提高了。最初他们只是皇帝的内廷秘书，后来职权渐重，代皇帝批阅奏章，有权票拟答辞（将拟好的批答之辞，用墨笔写于票签上），再进呈皇帝朱批。而对一些软弱无能的皇帝来说，朱批仅是一种形式而已，甚至可能由司礼监的秉笔太监或随堂太监代劳。权相张居正虽然死后受辱，落了个不光彩的下场，但他与遭到后世唾骂的奸相严嵩不同，被认为是明代最杰出的名相之一。

和其他大权在握的人一样，张居正并不回避利用其权势消除异己，提拔像秦燿这样的追随者。当时他的政敌还无力反抗，但他们等待着时机。等张居正死后，就没人庇护他的追随者了。

有了张居正的支持，秦燿的官职直线上升。按照正常的法度，官员要任满三年或六年后才能晋升，但秦燿并非如此。万历三年（1575）七月，他被擢升为兵科右给事中，仅一个月之后又升为礼科左给事中。

次年，十五岁的神宗派秦燿作为钦差大臣，代表他主持其皇从叔祖——衡府齐东温惠王朱厚炳——的王妃的册封仪式。同年，秦燿丧母，需依礼辞官守孝。在他服丧期间，首辅张居正的父亲过世，让张居正陷入一场危机之中。当时张居正的改革才刚刚起步，他又奉命主持皇帝的大婚典礼，这个节点不允许他离开，结果张居正既未参加父亲的葬礼，也未归家守制，而这严重违背了儒家的礼教传统，于是在朝廷里掀起了轩然大波。对于那些上疏弹劾自己悖礼行为的御史和其他官员，张居正以犯上罪给予严处（因神宗下旨"夺情"，故张居正不必丁忧居丧）。

万历七年（1579）七月，秦燿回到北京，被任命为刑科左给事中，次年正月又递补为吏科都给事中。在吏科任职时，他批评吏部尚书王国光举荐晋升官员不慎重，于是对方企图把他调离吏科，但秦燿得到了张居正的庇护。

张居正提醒秦燿要避免与政敌公开对峙。但秦燿坚持直言不讳，不断上疏朝廷，提出自己的意见与批评，包括如何任用人才、如何惩罚懒官、如何挑选宦官、如何防止腐败、如何布防、如何扩大政策效果、缩小其副作用等。

秦燿三十七岁时被任命为庚辰（即1580年，万历八年）会试同考官（协同主考或总裁先行阅卷之官）。这是一个拥有潜在影响力的职位，因为他的许多门生后来都成了朝廷要员。

两年后，即万历十年（1582）三月，他被任命为太常寺少卿，总管祭祀礼乐大典。

万历十二年（1584）二月，秦燿以原官提督四夷馆，掌四夷往来文书的翻译之事。中国人自古把华夏文化看成是世界文化的中心，将四方诸民族统称为"四夷"。与明朝互有往来的，北面是蒙古诸部落，也是前朝入主中原的蒙元文化的发祥地；东面是有朝鲜与日本；西面有维吾尔族人与藏族人；南面及西南还有众多少数民族部落。此时，在中国东北的地平线上升起了一小片乌云，是努尔哈赤领导的满洲②正开始联合其他部族的力量。这股力量在六十年后将越过长城，入主中原。但在当时，很少有人察觉到这一威胁。

至于西方的夷人，如葡萄牙人和意大利人则更不被视为威胁，在中国人的意识中几乎没留下什么印象。尽管在16世纪中叶，葡萄牙人已经小规模地参与到对中国的非法贸易中了。当秦燿提督四夷馆时，葡萄牙人已经在澳门扎下了根，而意大利传教士利玛窦（Matteo Ricci，1552—1610）已经开始了耶稣会对中国的渗透。

巡抚南赣与湖广

万历十年六月二十日，太师兼太子太师、吏部尚书、中极殿大学士张居正去世，神宗令辍朝一日，赐谥"文忠"，赠"上柱国"，更称之为"元辅"。但没过几日，张居正的政敌上台，抨击他怙宠夺情、威权震主，为神宗所忌，于是命人抄家没籍，追回谥号，逼迫其长子敬修坦白交代张之罪行，对其生前所提拔引用者，斥削殆尽。

秦燿亦在斥削之列。顺天府府丞上疏指控秦燿为张居正的爪牙，在吏科任职时均按照张的意旨批评官员，故奏请免去秦燿的太常寺少卿之职。另外还有一些人也随声附和。

秦燿虽未被免职，但晋升却无望了。此后两年，他被平调为太仆寺卿，又转任间接由礼部领导、掌祭祀与国宴饮乐事宜的光禄寺卿。

万历十四年（1586）六月，他受命巡抚南赣汀韶等处（辖江西的南安、赣州两府，广东的韶州、南雄两府，湖广的郴州，以及福建的汀州府），加都察院右佥都御史衔。身为巡抚，秦燿不隶属六部，而是皇帝的钦差大臣。几十年来，南赣地区一直为以流民为主的山寇、流贼所扰，到万历年间，乱事又起。

其中一股叛贼的首领李佩，是秦金时代的南赣巡抚王阳明（王守仁，别号阳明）曾进剿过的叛首李鉴之孙。当年王阳明剿匪，歼灭贼众二十四巢，独留岑冈（位于今广东省和平县西北，隔溪与江西省定南县毗邻）一巢险不可下，最终只能以羁縻（笼络）之策抚驭之，而此巢之首领就是李鉴。

秦燿在到达南赣的三日之后，即令进剿岑冈之敌。李佩闻之，率众驻守在山上自己的巢穴中。于是秦燿调动官兵在关隘处提防堵截，又遣将领兵与邻近各县乡兵协同围剿。最终在秦燿的奇袭下，贼首李佩、黄清被俘，另擒斩贼众九十余人，招抚二百余人。后来，李佩、黄清被押赴市曹，处决示众。

因擒获岑冈叛贼有功，万历十五年（1587）十一月，秦燿被升俸一级，赏银二十两、表里（袍服用衣料）二套。

有趣的是，岑冈战役开始后，因万历十五年，岁次丁亥，值考察京官之期，故秦燿要上呈一份《自陈疏》。正如我们先前所提到的，内阁大学士和吏部尚书常常会利用这个机会，借朝臣们的自我评鉴来排除异己、安插亲信。

京察自陈疏的文体非常刻板，语言也较造作，充满了最谦卑的词句。秦燿先在自陈疏中列举了自己曾经就任过的官职，然后说：

> 今职伏念：臣猥（谦辞，鄙贱的意思）以虚庸，逢时厚幸，中朝窃禄垂十七年，职业因循，短长无补，深惟旷官（居官而旷废职

守)之刺,常怀覆䰇(出自"鼎折足,覆公䰇"一语,比喻知小而谋大,力薄而任重)之忧。矧赣镇系四省边隅,抚臣实一方锁钥,不职如臣,奚堪任使。伏乞杖下吏部,将臣议黜,别选贤能以充之。庶上无愧于清时,下少安于愚分,臣不胜陨越(失职),俟命之至。

自然,在秦燿取得岑冈平叛的胜利后,也就没人调他的职了。

一年多以后,白莲教僧人李圆朗发起了另一场叛乱。白莲教是一个神秘的民间宗教组织,其信徒构成了20世纪以前明、清两代多次农民起义的基础。在李圆朗的周围就聚集了大量信徒,尤以年轻人为甚。

李圆朗谋乱于其家乡广东始兴县,诡称"子丑年(即戊子[1588年]、己丑[1589年])天有大灾,鬼将啖人,捐资自投者,给朱符可免"。1589年(万历十七年)春,赣州府(治所在今江西省赣州市)龙南县大旱,禾黍不入。四月,李圆朗称王,自称受天命取代帝位。

他画符念咒,令各军穿黑衣协同作乱;又自举山字形义旗,带领徒众数百人分兵至龙南县东桃隘,鸣鼓祭旗,举行起义大典;在祝告上天之后乃率军攻击行商客旅,俘获马匹甚多;继之进犯南雄府(治所在今广东省南雄市),地方守军请求增援。

此时,秦燿率领官军追赶而至。他先在诸将的协助下切断叛军的补给,随后与敌人在南韶(南雄与韶州的合称,韶州府治所在今广东省韶关市)展开激战。李圆朗力不能战,专靠符咒,以致叛军死伤者甚众,而李圆朗本人和他的二十个主要追随者被生擒。最终,李圆朗及从众十五人在龙南市场被处决,其余关入大牢。

叛乱平定后,秦燿及其同僚御史刘继文、庄国祯三人联名上疏,报告龙南地区剿匪取得胜利,并提出安抚当地百姓的措施。

因连续镇压岑岗、南雄两次叛乱,生擒匪酋李佩、李圆朗等人,秦燿获赐御笔亲题的"擒获有功"四字匾额。这块匾额在秦氏家族悬挂了好几代。

万历十七年(1589)六月,秦燿被升任为都察院右副都御史,巡抚湖广。历史在这里重演了一次：出生于曾堂叔祖秦金卒年的秦燿，在和秦金相仿的年纪（秦金为四十八岁，秦燿为四十六岁），担任了和秦金同样的官职，前后相隔七十五年。

当秦燿到达湖广时，这片地区正受干旱无雨之苦。于是他上疏朝廷，奏请以当地的税收救济灾区。在这份《请留钱粮给赈灾民疏》中，秦燿详细描述了自己上任途中的见闻，他写道：

> 臣自九江入黄梅，迤逦至省，萧条景象，惨目惊心。及往承天谒陵③时，因雨雪连旬，阴霾经月，见汉阳、京山、应城之间，僵尸载道，臣甚恻然怜之。诚恐各属大约类此，即遍檄守各道，督行府州县掌印官，酌处官银雇倩（出钱雇请）人夫，责令乡约④、保甲⑤人等，于郊外旷野去处，开挖土圹，尽数掩埋，冀免暴露，以回天和。而比（及，等到）臣竣事以返也，会城内外饥民填拥，蓬眉裸体，无复人形；哭泣颠连，不绝如线。虽曰开仓赈给，而流移缰属，死者踵接。臣复督行该道，责成守令官员，查照收埋，殆无虚日，言之可为于邑。然此第（只，仅仅）臣所见闻者。至于臣所不见不闻者，又不知几千万人也。询诸父老，咸云："连年灾沴，自昔所无，今岁春耕，禾未入土，逮秋播种，蝗复为灾。往冬尚以蓼蕨自糊，今则采掘已空，兼旬（二十天）再食。往冬或止老弱坐毙，今则壮夫亦馁，一仆不苏。上户举田产减价招卖，佃买无人。下户将子女割恩出鬻，收养无主。"
>
> 臣闻斯言，盖当食废箸而终夜展转，以图维者，殆匝月（满一个月）于兹矣。先是臣受事之初，即牌行司府州县，清查仓库。俱称〔万历〕十四五年（1586、1587）遇水，十六年（1588）水旱相仍，议赈议贷，搜括无余。无论各属即司库银两，东支西吾，动见匮乏。而蕲、黄、长沙等处，又盗贼繁兴，公行剽掠，郊原多梗，商旅畏途。虽经臣与按臣（巡按御史）遵奉明旨，出榜严禁，近亦稍稍敛戢。然此亦大乱之兆，不可长也。语云："民穷则盗起，

盗起而民益穷。"楚俗（楚地的风俗）呰窳（音同子语，苟且懒惰）而又剽悍，将来事势，臣窃忧之。

查得浙、直（南直隶）等处灾伤，荷奉皇上给发帑银，特遣科臣赈济，而又允浙江抚臣之请，准留南粮折银以抵军饷缺乏，军民因此乐生。今臣查抚属十五府，州县一百二十有三，而被灾州县实计一百一十有七，无灾者仅六邑耳。较之浙、直更甚。况楚省为皇祖（睿宗兴献皇帝）汤沐之乡⑥，根本之地，尤非他处可比。皇上宁能恝然（音同颊，冷漠不在意的样子）而已乎！

夫民为邦本，未有无民而可以安邦者。皇上加意穷民，恒以一禾不获而忧，而全楚之民，命垂旦夕，即照浙、直例发内帑，以拯穷乏，亦所宜然。顾自楚至京，迢遥二千余里，纵发内帑，亦缓不济事。臣不敢以此冒恳。臣所为灾民乞命于皇上者，计惟有臣等抚按衙门未解赃罚、召纳⑦事例与荆州抽分厂⑧银，及十六年改折⑨三分漕粮耳。此虽已有成命，行令解京，然舍此别无他图，辄敢披沥陈于皇上之前。盖无米而炊，臣之所不能也。闻民疾苦，而不述以上闻，臣之所不忍也。谓成命之已下，惧于天威，而不思终徼福于皇上，臣之所不敢也。楚氓憔悴，莫甚此时。今不蚤（早）为计，直待变生不测，措置无方而始表陈，则为时晚矣。

秦燿的请求得到了恩准，他也因拯救了数十万人的性命而受到称赞。当一年以后秦燿离开湖广之时，当地的米价已经降了下来，逃离灾区的百姓得以返回家园。

弹章交至，黯然下野

1590年（万历十八年），秦燿四十七岁，正值英年，至少还有二十年的前程，但时运却对他不利。

这一年，去世已久的张居正再次受到廷臣追论，身为张的门生，秦燿又成了廷臣的攻击对象。七年以前，张的政敌企图除去秦燿，但未能得逞；七年以后，他们的第二次排挤终于取得了成功。事情的具体发展已不清楚，对秦燿的攻击大约发生在十一月份。首先是御史王麟趾发难，指责他结党营私。继之另一个御史郭实指责他阿附权贵。另外，吏部尚书王国光也奏请免去他的官职。由于这些指责和批评，秦燿被停职了，但敕令中写明让他"回籍听用"。

大约在此时，又有一项指控落在了秦燿身上。遭到排挤的秦燿赠送了大笔钱财给那些有影响力的官员，显然是企图赢得他们的支持。虽然这在当时是相当普遍的做法，但秦燿受到了责难，并且罪名是挪用公款，收买官员。至此，问题的性质已不仅是行贿，而是更严重的贪污了。秦燿替自己辩解说，所涉款项并非来自库银，而是来自赃赎（指赃罚银和赎罪银），再者使用这笔钱作为抚按官员的应酬和交际开支由来已久，并非他一人如此。

秦燿奉召至京答辩，暂住寺院。那时候寺院和旅店一样提供住房，膳食虽然全是素食，却很精致，一切食宿费用以捐赠方式偿付。秦燿入朝对质，上疏抗辩，期待至多处以轻罚了事，但是新任湖广巡抚李祯对他的批判却极为严厉。

当时传言，有一篇对秦燿十分有利的《勘功疏》将从广东（一说是南赣）发来，朝野咸认为皇帝会重新起用他。正在这个时候，秦燿的一个下属——湖广衡州府（治所在今湖南省衡阳市）同知沈鈇——上呈了一份极为详尽的、记载了秦燿派遣差役到各府、州、县衙门勒索钱财的清单，具体到每一笔勒索的日期、款项和差役的姓名。沈鈇控告秦燿在担任湖广巡抚的一年多时间内贪污白银一万五千两。

这样一来，案情就倒向不利于秦燿的一边了。皇帝下令吏科稽查此案，于是吏科上呈了一本详细参劾秦燿的奏章。其中有几段是：

近得一二抚臣，其为人至贪饕也。平时背公营私，所取罚锾殆尽。至其去任，以千金馈遗当路，当路弗纳，复攘之为己有。非但裂己行检，亦且污人名节。是以缙绅开局（开局放荒），骗冒冠裳，而躬（自身）市井之行者（计功而堪利者，市井之行也）也。以斯人而抚方镇，然则监司（负有监察之责的官吏）何所取则（取法），而守令亦奚以观焉？

至是湖广衡州府同知沈铁论耀被劾回籍，垂涎十五府库藏，盗括逾万余金。

当万历十八年十一月内，该御史郭实论耀奉旨听用，此盖有从中私庇之者，而耀之心自揣为死灰不行复燃，就于本年十二月初二、十九等日，差承差刘应望、刘掾等赍（携带）票径至衡州、永州二府，共取银八百两，票云送内阁申（申时行）、内阁许（许国）、内阁王（王锡爵）各二百两。桂杨州、郴州、道州共取银三百两，票云送西广军门刘、广西总兵李各四十、六十两不等。来阳、衡阳、祁阳、零陵各县各取得银八十两，安仁、临武、常宁、衡山、蓝山、宁远、江华、永兴各取银六十两，票云送两广军门刘、广西抚院蔡、广西总兵张。且所送之人只有其姓，而无其名。其票有云原银径给来役领送，仍将原票具由并付本役缴查，毋得与文申缴，致滋延缓，此府县见抄在案也。

就在这本揭露秦燿舞弊行为的奏章上报之后，又一本详列他以前过失的奏章接踵而来，其中也有些琐碎的事情。吏科奏称：在本年二月间，秦燿曾差人携银至湘南的衡阳、常宁二县，命县官去铺行购买葛布（细麻布），用的是馈赠当路官员的名义。而地方官吏称兑白银后，发现少付九两，结果代买了一百匹葛布，未获分文。奏章最后说，由此可见地方各府、州、县为了满足秦燿之贪饕，承受着沉重的负担。

调查的最终结论是：秦燿贪污属实。皇帝乃责令其交回赃银一万多两，并判决将他发配到边疆。

秦燿交出了赃款，据说相当于他财产的十分之一，但不知是什么原因，他并未被解往边疆。据说秦燿以一万两白银的巨额贿款，买通了一位皇太妃出面说情，从而把那一条罪行给减免了。但这一位皇太妃是谁却从未被披露过。据信她是皇家上一辈的女眷，对万历皇帝颇有影响，可是官方文件上并没有关于减刑的记载。

至于秦燿如何聚敛了这么多财富，倒是有几个未经证实的传闻。其中一个传闻说，当初秦燿受命征讨湖广的峒蛮（旧时对居住在中国南方山区的少数民族的泛称），事先宣布了将于何时进剿他们的山寨。叛军得到消息后纷纷逃窜，遗下了没有来得及带走的金银珠宝。于是，当秦燿的大军抵达时，不经战斗就没收了全部财宝。

这则传闻在秦燿死后引发了激烈争论，争论本身又一次说明了中国人的人生观：一个人的行为，无论是好是坏，都会影响其子孙。也就是说，如果一个人生前做了善事，那么他的后裔将受其福荫；反之亦然。

秦燿的许多子孙后来都发迹了，一些人就将之归因于秦燿生前积了厚德。他们相信，因为秦燿给予了叛军逃走的时间，没有和他们交战，从而拯救了生灵，种下一方福田。

另一些人则不同意这种观点。有一本评述无锡及当地人物的书叫《锡金识小录》，就对此提出质疑："使蛮而不大为民害，则宜抚不宜剿，使足为大患，则宜剿不宜纵。诸蛮闻进兵而逸，非大寇可知。即使奉朝命进剿，而巡抚大臣当以疏告，力任抚绥，斯为德诚大。乌有利其有而纵其人，以为积德者乎？秦氏自成趣公（即秦季昇，号成趣）、修敬先生（即秦旭，号修敬）、孝子永孚，种德厚矣，后裔之盛，或未必缘此事也。"

秦燿获谴落职发生在1590年冬至1591年（万历十九年）之间。当时神宗二十八岁，还有心管理朝政。此后不久，他就厌于视事，放弃了几乎所有政务。按照传统，皇帝应该日日临朝议政。然而，年轻的神宗却疏于朝政：1589年，他停止上朝；1591年，他停止参加任何大典。他在位的后三十年，大权落在了旁人手里。

不过，也有神宗感兴趣的国事，那就是征收赋税满足他即兴的享乐。

他创立了新的税目，然后差遣宦官到各地去征敛。他拒绝接见大学士，只透过宦官与他们联络。从1603年（万历三十一年）到1614年（万历四十二年）的十一年里，他仅与大学士议过一次政。此后，他只在1615年（万历四十三年）和1620年（万历四十八年）他驾崩之前，分别举行过一次廷议。

皇帝的怠惰意味着大部分政府机构的瘫痪。各种奏章均被搁置，无人省览批答，致使老、病、失意的朝臣挂冠而去。一时之间，朝廷六部变成一位尚书兼管三部，而另外三部均由侍郎代理的局面。在各地方衙门中，官吏有一半缺员不补。

即便如此，在当时的朝廷中，也没有一个大臣能站出来担起责任，处理朝政。因为那样做恐有篡权之嫌。于是宦官便乘机攫取了权力，只有他们可以面圣。在这种情况下，朝臣各结朋党，士大夫互争意气。至神宗驾崩，他留下了一个瘫痪的政府，其内部派系盘根错节，官僚机构和军队被严重削弱，而这最终导致了大明王朝的覆灭。此外，他无能的继任者们进一步加速了明廷的衰亡，以至于神宗驾崩后不到二十四年，北京就先为起义军领袖李自成所攻毁，然后又被满洲人占领，后者更是征服了全中国。

处于太平时期，政府却不能正常运作，与之相似的还有1966年到1976年处于"文化大革命"的十年。那时在疯狂的政治风潮中，政府许多重要岗位也留下了空缺，原来的在职人员都被批判为"走资本主义道路的当权派"，遭到迫害或下放到农村，接受"再教育"。部长、司局长消失了，被没有头衔的"负责人"取代。

堪人玩味的结局

秦燿的最后十三年在无锡过着退隐的生活。他购买了由秦金所建，后被秦梁接管的名园，并正式改名为"寄畅园"。他还重新整修了这座园林，使之竣工后成景二十[30]，各具特点。他又为每个景点赋诗一首，共计二十首，辑为《寄畅园二十咏》。他在序言中说：

> 吾邑九龙二泉，秀甲江左，唐宋以来，名流品题不一。余家园在其下，理荒薙（除去）草，构列二十景，总名之曰寄畅。或登高舒啸，或临流赋诗，境内词人过者，歌咏相属。念王右丞辋川有集[11]，李赞皇平泉有诗[12]，要之（总之）各写尔怀，非曰自侈其盛。嗟余宦途奔走，今幸息机，对景放言，庶几有因余言而知余之志者云！

此外，秦燿还建了一座关帝庙（位于无锡城内崇安寺大殿之西）。关羽以其英武和忠义为世人尊崇，秦燿建庙供奉关帝，借此来表明自己也是勇敢、正直的。

但秦燿受黜一事，仍被视为家族名誉的一个污点，以致他的九世孙秦瀛写了一篇名叫《辩诬》的文章，为祖上辩护。在此文中，秦瀛以控告秦燿的人都没有好下场，来证明秦燿是受到诬陷的。比如，秦燿的主要揭发者沈铁后来被处决了，其父被迫自缢身亡。秦瀛写道："公没，而铁父子之祸作。殆公之灵已得请于帝。"意思是说秦燿在阴间打赢了这场官司。

秦燿死于万历三十二年（1604）五月十五日。在他去世后一个月，他的妻儿继承了他的万贯家财。正式书写的财产分配文约由四个见证人联名签署，分别是秦燿的兄长秦炳、他的妻弟、女婿和侄儿。

继承人按继承次序排列：妻在妾之前，儿子在女儿之前，嫡子在庶子之前。不过，儿子继承的财产要比他们的母亲多得多，女儿继承的最少。若只是义女，事实上直接分不到什么，但她可以继承其义母的遗产。

秦燿的收入主要有两个来源：地租和贷款。他的家产非常丰厚，虽经分配，他的子、孙，以至曾孙，还都居于无锡首富行列。

虽然秦燿死于1604年,但直到六年后才出殡,可能是因为其子辈欲择吉日安葬的缘故。墓址是秦燿生前选定的。按照当时的习惯,秦家还把墓地附近的一块田地,永久地赠给了一户愿意世代为秦燿看守坟墓的周姓农民耕种。

令人难以置信的是,1985年年中当我第二次到无锡调查时,不仅发现了秦燿的坟墓,更遇到了周家的后人。当时,我和族兄秦志浩、无锡博物馆馆长顾文璧、姐姐家德、她的两个儿子,按照一张粗略的地图,一起去探寻这座古墓。顾文璧找到一位姓邵的农民把我们带到了墓地。它就位于路旁不远的山坡上,路的另一边有几畦菜田,以及曾经拱卫着墓道的一头石羊和一只石兽的残块。

当我看到秦燿坟墓的墓志已被挖起,且破损得大部分铭文都看不出时,我肯定这座坟墓早已被毁。我想,既然地下的墓石已被掘出,那么墓穴之中必然空无所有。

但我估计错了。那个邵姓农民带我们去见一个叫周金福的年轻妇女,她是从1610年(万历三十八年)起就给秦燿看坟的周家后人。她告诉我们说,他们家到"文化大革命"之前一直都尽着给秦燿守坟的职责。但"文革"时期,政治动荡,他们无法再继续这项工作。她还告诉我们,那时红卫兵确实是打算掘开墓穴的,可这座坟墓建造得非常结实,他们掘不动,于是他们设法掘出了墓碑,一把砸碎了。

见过周金福后,我不禁对中国社会的连续性感到惊异。这个农民家庭十几代以来,竟一直忠实地看守着秦燿的坟墓,不管朝代更迭、革命战乱与自然灾害,他们始终恪尽自己的职责。这使我对中国社会蕴藏着的内聚力有了更多的理解:一种能抵御任何风云变幻的了不起的内聚力。

【编者注】

① 庶吉士，名称源自《尚书·立政》"庶常吉士"之意。解曰：庶者，众也；常者，祥也；吉者，善也。明清时期的新科进士，除一甲三人可直接入翰林之制（状元授翰林院修撰，榜眼、探花授翰林院编修），二、三甲中选有资质者入翰林院学习，称为"馆选"，入选者曰庶吉士。学满三年后再试，按成绩分发任用，择优者留任。明英宗以后有"非进士不入翰林，非翰林不入内阁"的惯例，所以庶吉士是内阁辅臣的重要来源，张居正本人就是翰林院庶吉士出身。

② 满洲：部族名，即满族。据《钦定满洲源流考》记载："今汉字作满洲，盖因洲字义近地名，假借用之，遂相沿耳，实则部族，而非地名。"不过，在明朝和朝鲜的官私著述中并不使用这一名称，他们经常用的是建州、女真、女直，直至明崇祯八年（1635）十月十三日，皇太极正式下令，废除女真、肃慎等旧名，一律称满洲。自此，满洲一词作为全族名称，与汉、蒙、回、藏等并用。至于满洲二字之由来，说法很多，现在尚无定论。

③ 兴献王葬于安陆州，子世宗入立，尊其园寝曰"显陵"。1531年（嘉靖十年），升安陆州为承天府，治所在今湖北省钟祥县。

④ 乡约：明清时期的地方小吏。由知县任命，在乡中负责传达政令、调解纠纷。

⑤ 保甲：一种统治人民的户籍编制。1070年（宋神京熙宁三年），王安石推行保甲法，改募兵为保甲。其法以十家为一保，有保长；五十家为一大保，有大保长；十大保为一都保，有正、副都保正。家有两人以上者，选一人做保丁，须自备弓箭，演习武艺战阵。同保范围内如发生犯法事件，保丁须检举、揭发或追捕。明、清两代亦沿袭了保甲制度。

⑥ 即汤沐之邑。最初指诸侯朝见周天子，周天子在京畿之内赐以封邑，供诸侯住宿和汤沐之用，故名。后来诸王、列侯、公主等皆获封汤沐之邑，邑内赋税以供个人奉养，不入仓廪府库。

⑦ 召纳：明代充实边储的方法之一。由政府开列边防所需粮食和其他物资（如马、铁、布）的数量、运送地点、交换比例等，招募商人交纳实物或现钱，然后给予盐引或茶引。当时盐、茶均由官方专卖，商人持引（贩卖货物的凭证）

赴指定的盐场或茶园支兑盐、茶，运往指定的销区贩卖以牟利。

⑧ 抽分厂：或作"抽分场"，负责向贩运竹木柴薪等物的商人征取商税的机构。抽分系按比率抽取，商人可以缴纳实物，亦可折换银两。

⑨ 改折，又称"折征"。明、清两代征收漕粮，有时因兑费（即兑运费用。明代，百姓将漕粮托由官军代运，给予路费和耗米 [以损耗为名，额外加征的费用]，是为兑费）过繁，运送不易，故政府下令折银解京，以免千里转运之苦。

⑩ 二十景有：嘉树堂（1746 年 [乾隆十一年] 改为双孝祠）、清响斋、锦汇漪、清籞、知鱼槛、清川华薄、涵碧亭、悬淙涧、卧云堂、邻梵阁、大石山房、丹邱小隐、环翠楼、先月榭、鹤步滩、含贞斋、爽台、飞泉、凌虚阁、栖玄堂。

⑪ 唐代著名诗人王维，官至尚书右丞，世称"王右丞"。晚年长斋奉佛，得宋之问蓝田别墅，在辋口（即峣山之口，位于今陕西省蓝田县西南），辋水周于舍下，别涨竹洲花坞，与道友裴迪浮舟往来，弹琴赋诗，啸咏终日。尝聚其田园所为诗，号《辋川集》。

⑫ 唐代名相李德裕，833 年（太和七年）晋封为"赞皇伯"。于伊阙（位于今河南省洛阳市南，两山夹峙，伊水中流）南置"平泉别墅"，清流翠篠，树石幽奇。初未仕时，讲学其中，及从官藩服，出将入相，三十年不复重游，而题寄歌诗，皆铭之于石。五代时尚有《花木记》《歌诗篇录》二石存焉。

第十二章
秦镛：明末孤臣与哲人

东林遗风

在无锡的东北角，有一片不起眼的砖混结构的实用平房，这就是东林小学①。每当课间休息时，小学生——许多是戴着红领巾的少年先锋队队员——就在篮球场上玩耍。在一群群孩子们嬉戏的地方当中，矗立着一座高7.24米，构架为三间四柱五楼的石牌坊。石坊的每个楼檐都有镂花石雕，每层楼脊的两端各有一只状似海狮的鸱吻②。在坊额上，从右至左题着"东林旧迹"四个字。

石坊之后是一个年代较近的院落，由带有人字形屋顶的老式建筑组成，这就是在旧址基础上修缮而成的东林书院。书院的修缮工作完成于20世纪80年代初期，同时还成立了东林书院文物保管所（后称东林书院文物管理处），辟馆向公众陈列展览三百多年前有关书院及其主要弟子的文史资料。而在17世纪的几十年里，东林学派一直是一股重要的政治力量。

东林书院是明末全国儒生酝酿为使软弱无力的朝廷恢复儒家的政治和理学价值观念的活动中心。如上一章所述，到17世纪，明朝皇帝大多已无心政务，腐化到允许他们的内监、乳母和姻亲滥用皇权的地步。

东林书院企图使明廷恢复传统的道德规范，故讲学之余，指陈时弊，享有"天下言正学者首东林"的美名。其门下弟子分布全国，但势力主要集中在长江沿岸的城市里。在全盛时期，"东林人"主导了政府上层，然而成功如昙花一现，至17世纪20年代中期，被政敌斥为"东林党"的这群人遭到了中国历史上最专横跋扈的宦官魏忠贤的残酷迫害。

大批东林党人被罢黜、监禁、放逐、拷打，乃至处决。当东林魁首高攀龙听到锦衣卫在宦官的控制下来无锡搜捕他时，他穿好朝服，自沉于宅后水池。高攀龙死后，司礼监秉笔太监魏忠贤下令彻底摧毁东林书院，不许留存片瓦寸椽。这是一场文教领袖与以权宦魏忠贤为代表的阉党之间的对峙。而那位无心治国的天启皇帝朱由校，却还在专心致志地做着他所嗜好的——木工。

当我访问东林书院时，使我大为感动的是，这座兴盛于明代的书院至今仍然在思想界占有一定地位，一些学人、志士自觉继承其道德传统。

在他们当中有一位知名的知识分子叫廖沫沙，便宣称自己是东林精神的传人。

廖沫沙和历史学家吴晗、杰出作家兼编辑邓拓在"文革"时期被错定为"三家村反党集团"③，而遭到残酷迫害。廖沫沙在监狱里蹲了八年，但总算熬过来了；他的两个同伴则含冤而死。

"文化大革命"开始的标志之一，是对吴晗写的《海瑞骂皇帝》《海瑞罢官》等文章和剧本展开批判。时任北京市副市长的吴晗以明代忠臣海瑞为主角进行创作，是为了倡导其"刚正不阿，直言敢谏"的精神，然而却被批判者们指责为借古讽今，表面上是批评明世宗罢了海瑞的官，实际上是批评毛主席罢了反对"大跃进"的国防部部长彭德怀的官。

"文革"开始后，针对吴晗的批判扩大到了"三家村"其他成员的身上，而他们对东林书院的看法也直接导致了后来的结局。邓拓是东林讲学顾宪成的推崇者。他曾在发表于《北京晚报》"燕山夜话"专栏的一篇文章中，引用了顾宪成的对句："风声雨声读书声声声入耳，家事国事天下事事事关心。"邓拓的批评者指出：东林书院事实上是明廷政治上的反对党，而邓拓歌颂东林书院，就等于是鼓吹人民反对共产党的统治。

1982年，也就是"文化大革命"结束之后的第六年，无锡市政府决定开放东林书院。负责修缮书院的工作人员邀请"三家村"冤案的唯一幸存者廖沫沙书写一副对联，悬挂在书院的主体建筑依庸堂里。廖写的就是曾为邓拓赞赏的东林讲学顾宪成的那两句名言。现在这副对联就悬挂在依庸堂屏门两侧的柱子上。

邀请廖沫沙在东林书院留下墨迹，这一行为的含义是中国人所熟悉的。例如人们都知道《人民日报》的报头和北京车站的站名是毛主席题写的。对于一个机构而言，如果能邀请到一位政治名人或文化名人来题写它的名称，被视为一件非常光荣的事情。

一个更明显的例子是：1952年，《重庆日报》请求时任中共中央西南局第一书记邓小平为它题写报头。由于邓是四川人，且西南局驻地重庆，所以他就答应了这个请求。后来邓在"文化大革命"中被批判为"第二号走资本主义道路的当权派"，他的题字被机警的报社编辑们给撤下来了。1975年，当邓暂时复出、协助身患癌症的周总理主持中央工作时，《重庆日报》又恢复了他所写的报头。但次年1月周总理逝世，邓再度下台，《重庆日报》就又换掉了报头。在毛主席逝世后，1977年邓恢复职务，《重庆日报》的报头又一次出现了他的题字。

东林党祸

在秦燿去世的1604年，当时的重要思想家、政治家顾宪成因党祸

（在国本之争中拥护不受神宗喜爱的皇长子朱常洛为太子）而被削职为民。回到家乡无锡后，他和其弟顾允成，同邑高攀龙、安希范，以及其他几位地方大儒，在北宋杨时讲学的原址上修复了东林书院。在这里，顾宪成和他的朋友们不仅阐释儒家思想，而且议论时政，臧否人物，吸引了许多有志之士。受此风气所及，邻近城乡也建立了类似的书院，这些书院的成员也被认定为东林党人。

虽然东林书院远离京师，但是它的影响力相当大，竟能阻止朝廷任命它认为不合适的官员担任要职。万历四十八年（1620）七月二十一日，神宗驾崩，东林党人的命运迎来一个转折点。是年八月，皇太子朱常洛继位，改元泰昌，是为光宗。然而，光宗在位仅一个月后离奇暴崩。于是光宗长子、年仅十六岁的朱由校登基成为皇帝，改元天启，是为熹宗。由于当过东宫伴读的司礼监秉笔太监王安，同情在党争中遭斥黜的东林党人，他们当中的许多人又被召回朝廷做官，其中有些是已经辞官二十年或二十五年的老臣。那时，顾宪成已死，高攀龙继之出掌书院。他和其他东林党人因在万历朝拥立太子有功，均被授以要职，一时之间"东林势盛，众正盈朝"。东林党从在野转为在朝，登上了权力顶峰。

虽然东林党的兴起很快，其事败也是急转直下。与他们合作的大太监王安，在1621年（天启元年）被他的对手魏忠贤陷害杀死。熹宗任由权力落到了他所信任的太监魏忠贤和他的乳母客氏手中，于是这两个人联手统治了内廷。

事件起于1624年（天启四年），御史林汝翥巡城时杖责了内侍曹进、傅国兴二人，魏忠贤乃矫旨对林汝翥处以廷杖，林汝翥惧冤死而逃。此时有人说林汝翥是内阁首辅叶向高的外甥，于是一大群宦官包围住了叶宅，叶向高在屈辱之下奏请告老还乡。司礼监秉笔太监魏忠贤早就想独揽大权了，一直忌惮于像叶向高这样的老臣。叶向高辞官后，朝中清流无所依附，东林党人的灾难也就开始了。他们面临的是一场政治大清洗，包括高攀龙在内，一个个遭到革职听勘、强令致仕。然而，魏忠贤罢了他们的官并不满足。天启五年（1625）十二月，魏忠贤以朝廷名义，在全国颁示《东林党人榜》共三百零九人，下令生者削籍，死者追夺，已经削夺者禁锢（断绝仕途，不得为吏），或是发配边疆。十几名东林党领袖被捕，最后惨死狱中。

天启六年（1626）三月十七日丑时（凌晨1点—3点），一支锦衣卫缇骑到无锡逮捕高攀龙；如前所述，高攀龙投水自尽。但魏忠贤没有就此罢手，又以高之长子世儒未阻其父赴死，将其判罪戍边。

儒者之宗高攀龙

东林书院制定有自己的行为规范，并概括成"饬四要""破二惑""崇九益""屏九损"④等容易记住的语句。

高攀龙及其他东林讲学，对他们的学生影响很大。高攀龙是传统儒学的坚决捍卫者。他治学常常从自省开始，曾说："格致（格物致知）不至极处，多以毫厘之差，成千里之谬。格致至一旦豁然知性矣，才知反求诸身，是真能格物者也。"

对高攀龙来说，"理学"的实践工作就是自我完善。为此他身体力行，严于律己，每天进行严格的锻炼，以求达到静思的境界。高认为这是让心思在平静中回归自身，被动地觉知其本性。

为了达到这一点，他主张静坐。其曰："默坐澄心，体认天理者，谓默坐之时，此心澄然无事，乃所谓天理也。要于此时默识其体云尔，非默坐澄心，又别有天理当体认也。"而体认天理的方法，则靠"猛省"，也就是顿悟。

"顿悟"的概念来自佛教禅宗，这是高攀龙思想的一个组成部分。在《困学记》中，他谈到自己顿悟的经验说："一念缠绵，斩然遂绝，忽如百斤担子，顿尔落地。又如电光一闪，透体通明，遂与大化（人生的重要变化，即生命）融合无际，更无天人内外之隔，至此见六合

（东西南北上下）皆心，腔子（身体）是其区宇，方寸（心）亦其本位，神而明之，总无方所可言也。"

出于这种顿悟，他体会到一切外物都是相对而言的，从根本上说无生亦无死，这使他把死亡看成是一种回归，能够从容地面对它。

父子同从一师

高攀龙在东林书院的一个得意门生是秦尔载，秦梁的孙子。

秦尔载身为东林书院的弟子，时常到河畔高攀龙的住所去聆听他的教诲，参加静坐。

有一次，尔载向高攀龙问修身之道。高对他说："人心之迷，常在至近。如子之族，大族也。饥者寒者，日当吾前，而漠然视之，是其心槁（槁）而不生，又何言修？"

尔载被这些话打动，解释说："念之素矣。尝欲祠吾宗双孝子（即秦永孚、仲孚），以南亩三百周（通"赒"，接济）近宗之困者而未逮也。"

尔载在东林书院入学一年便成为一名都讲（主持讲学的人），但两年之后（即1607年，万历三十五年）病故，遗下一妻三子。尔载去世时高攀龙伴随在侧。尔载命他十一岁的长子秦镛向高跪拜，请高收为学生。高攀龙在为尔载写的墓志铭中说道：

> 彦熙（秦尔载的字）之可使为善，如水之赴于壑，火之赴于薪。不可使为不善，如取火之不可于方诸（古代在月下承露取水的铜器），取水之不可于阳燧（古代以日光取火的凹面铜镜）。可使就善人，如耳入师旷（春秋时晋国盲人乐师，善辨乐声）之音，口入易牙（春秋时齐桓公之宠臣，擅长调味）之味。不可使就不善人，如刺之不容于目，如臭之不容于鼻，益其性然也。

高攀龙教导秦镛十四年，使之成为其门下理学思想的主要阐述者之一。

天启元年（1621）三月，当东林党人得势时，高攀龙重获起用，被召往京师任光禄寺丞，次年正月升为光禄寺少卿，五月再升太常寺少卿。七月，他上疏陈务学之要，因言皇帝近旁有人混淆是非，变乱忠孝的道德准则，遭政敌摘引疏中"不孝"语，触怒了熹宗，而被罚俸一年，改为大理寺添注（添入注拟）右少卿。高攀龙上奏，乞放归田里，皇帝不允。年底，进太仆寺卿添注。此时秦镛二十七岁，已中秀才。

一年以后，天启三年（1623）十二月，高攀龙升为刑部右侍郎，次年八月又迁都察院左都御史。但他在任的时间不长。九月，高攀龙纠劾两淮巡盐御史崔呈秀贪污，要求严惩；崔急忙投在魏忠贤门下，乞为义子，因而得到了保护。在这场权势的较量中，东林党人大败。十月，高攀龙上疏乞罢，皇帝允之，于是高返回了无锡故里。

以后几年，东林党人继续遭到阉党迫害，有的被捕，有的受刑。天启五年至六年（1625—1626），魏忠贤两次下令拆毁天下东林讲学书院，高攀龙被迫自尽。到1630年（思宗崇祯三年）秦镛考过乡试时，东林党祸这件事基本上已经过去了。

天启皇帝崩逝后，信王朱由检继位，大力铲除奸逆。阉党失势，魏忠贤自缢而死。到1637年（崇祯十年）秦镛取中进士时，东林书院又恢复起来，那一年许多东林学派的儒生都中了进士。

高攀龙的侄子、秦镛的好友高世泰，掌教东林书院三十年，直到清代初年他去世为止。

造福清江五载

秦镛的仕途开始于1637年，那时明朝灭亡的迹象已经显现。在西

图1-1　1929年完成的最后一版《锡山秦氏宗谱》,作者花了七年功夫才找齐全套线装书。它开启了作者对自身家世的探索之心。

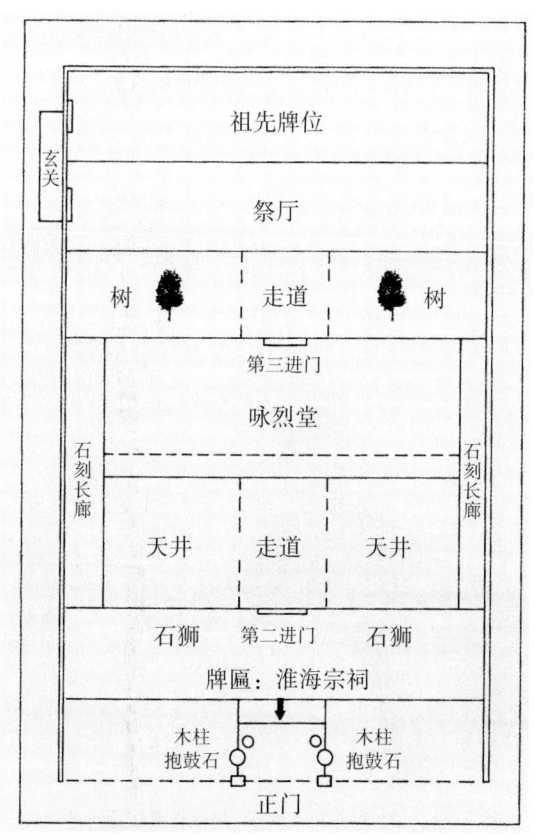

图1-2　始建于明朝的秦氏宗祠平面图

图 2-1　高邮位于大运河支流旁，是秦氏家族先祖秦观的故里。

图 2-2　高邮的朱熙元先生，对秦观非常了解，是作者高邮之行的向导。

图 3-1 无锡寄畅园外已有裂缝的布告牌。这座园林由明朝中叶的秦金一手创建,为秦氏家族私人园邸凡四百五十年之久。

图 3-2 谐趣园地处颐和园的东北角,由乾隆皇帝仿照寄畅园而建造,是自成一体的园中之园。图为谐趣园西宫门。

1 入口
2 双孝祠
3 秉礼堂
4 含贞斋
5 九狮台
6 嘉树堂
7 涵碧亭
8 七星桥
9 八音涧
10 鹤步滩
11 清响斋
12 知鱼槛
13 郁盘亭
14 锦汇漪

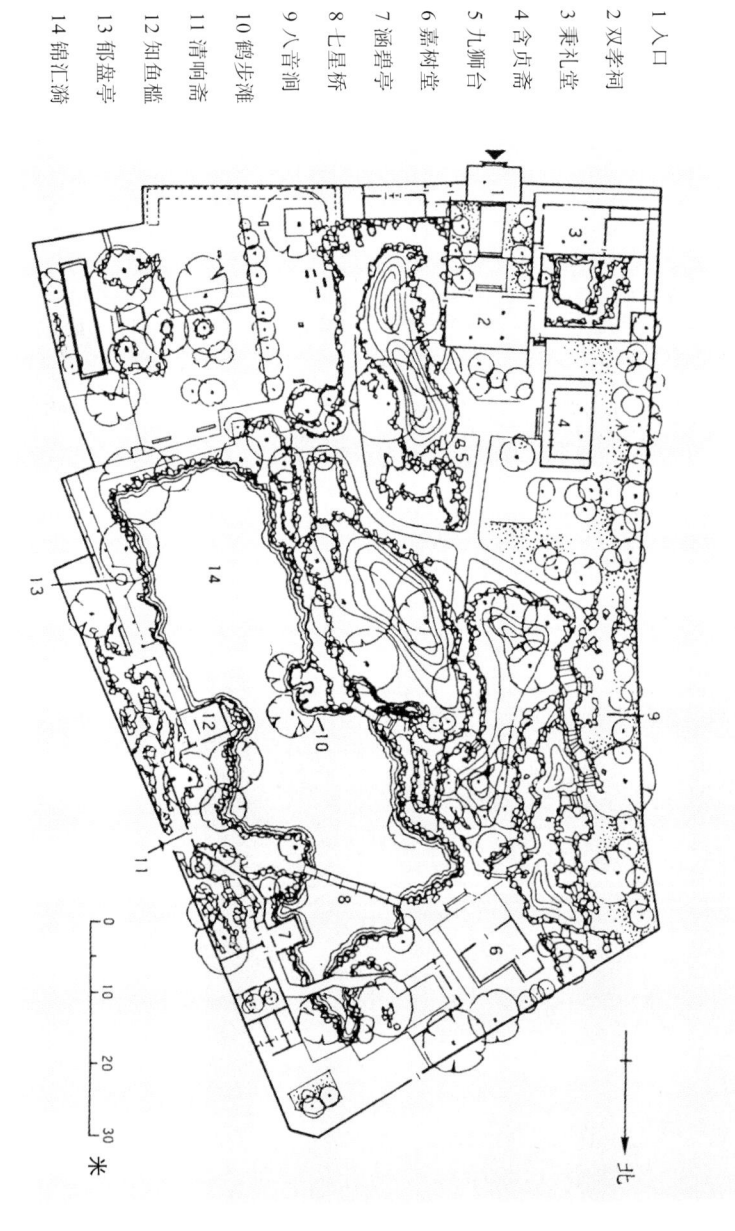

图 4　寄畅园平面图

图 5-1　从惠山之上俯瞰的景象。惠山素有"江南第一山"的美誉，秦氏家族有很多祖先埋葬在这里，统称为"龙山世墓"。

图 5-2　作者在秦观墓前留影

图 6-1 扬州大明寺外景。院墙外侧嵌着石刻"淮东第一观",系出自秦观的诗句。

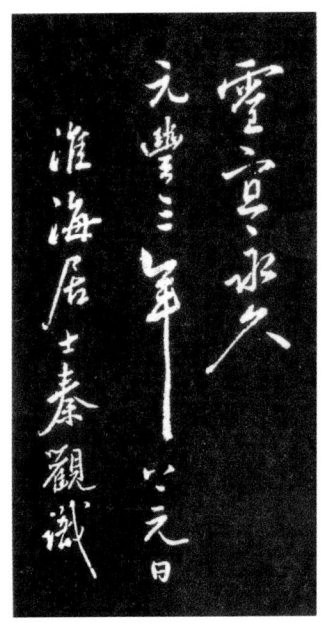

图 6-2 秦观墨君诗真迹(见清嘉庆《秦邮帖》)

图 7-1 《淮海集》古版中的秦观画像,显示他壮年早衰。

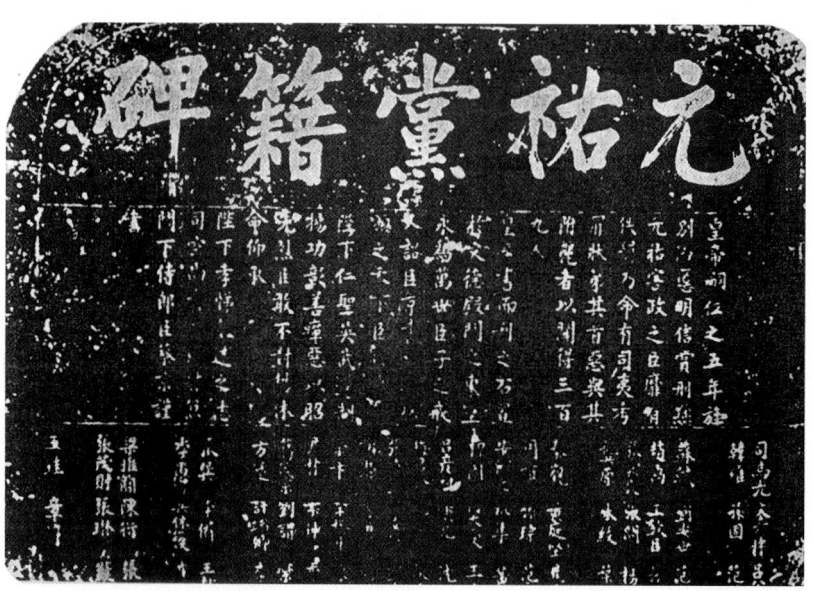

图 7-2 宋徽宗时代刊行全国的《元祐党籍碑》(局部),下方第三行首为苏轼,第七行首为秦观。

图8-1　岳鄂王庙内的岳飞坐像,他身穿将军铠甲,一只手按在剑柄之上,形象十分威武。

图8-2　杭州西湖岳飞墓前的秦桧夫妇(左为其妻王氏)跪式铜像。由于常被游客当作泄愤的目标,四周已围起铁栅栏,墙上正中有告示牌"讲究卫生,禁止吐痰,违者罚款"。

图 9-1 供奉泗泾秦氏先人秦裕伯的上海城隍庙,已改装成一座工艺品商店。

图 9-2 《泗泾秦氏宗谱》上的秦裕伯画像

图 10-1 锡山秦氏家族始迁祖秦惟祯画像,一身处士的布衣打扮。(绘于清朝中叶)

图 10-2 惠山东麓的天下第二泉下池及漪澜堂。墙上"天下第二泉"石刻系元代著名书画家赵孟頫的真迹。

图 11-1 寄畅园中的"郁盘亭",廊下的石桌石椅据说是乾隆皇帝和寺僧下棋处。

图 11-2 寄畅园"知鱼槛"三面临水,对岸是伸出的石矶"鹤步滩",远方高处即为锡山龙光塔。人工景物与自然风光在该园之中合而为一。

图 12-1 创建碧山吟社的秦旭画像（绘于清朝中叶）。他一生并未出仕，但是因其长子秦夔的关系，也得以获封官职荣衔，故而身着朝服。

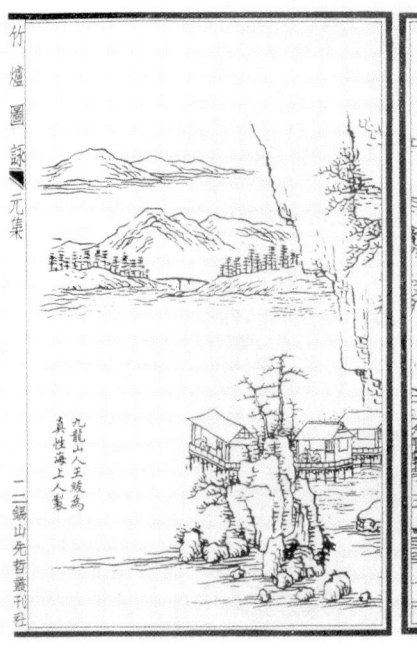

图 12-2 王绂竹炉图摹本（见《竹炉图咏》，收于锡山先哲丛书第一辑）

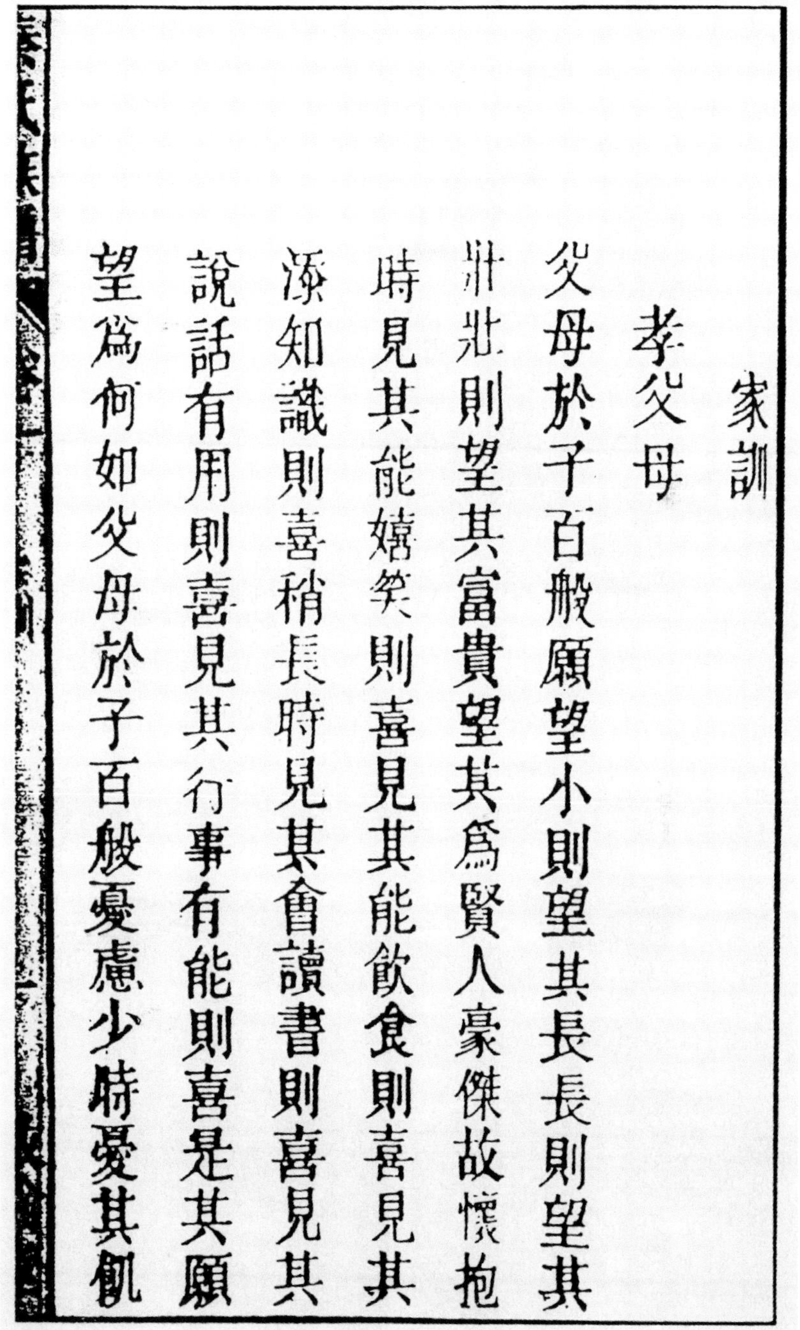

家訓

孝父母

父母於子百般願望其小則望其長長則望其壯壯則望其富貴望其為賢人豪傑故懷抱時見其能嬉笑則喜見其能飲食則喜見其漸知識則喜稍長時見其會讀書則喜見其說話有用則喜見其行事有能則喜是其願望為何如父母於子百般憂慮少時憂其飢

图13　锡山秦氏家族素重孝道，其家训第一条就是"孝父母"。

图 14-1 秦氏双孝之一的秦永孚画像（绘于清朝中叶）。他的儿子秦镗、孙子秦淮也都尽心事亲，可谓一门世孝。

图 14-2 秦氏后双孝：割股疗亲的秦开杰（左）和万里寻父的秦凤翔（右）。

图15 秦金"尚书墓"的神道上长满杂草,草丛中倒卧着一匹在"文化大革命"中被砸碎的石马。

图 16-1 秦梁的坟墓在文革时之所以未被红卫兵摧毁,可能是因为它位于一座麻疯病医院的后面。石墙上刻着一个长须老人,老人左边有一头梅花鹿,右边有一只仙鹤,头顶缀有松树枝。这些象征长寿的图案,说明修墓时要葬在这里的人还活着。

图 16-2 秦梁的父亲秦瀚画像。他复兴了六十年没有活动的碧山吟社。

北，李自成已成为一支起义军的首领，号称"闯王"；在北方，满洲人在他们的领袖努尔哈赤及其子皇太极的领导下，把都城一再向南推移，而明廷却仍然不闻不问。明廷的国库几乎耗空，钱财被万历皇帝及其后裔挥霍殆尽。太监和外朝官员的内讧进一步削弱了政府，结果最有才能的人成了牺牲品，纷纷被贬官、流放和处决。

在这种背景下，秦镛出任江西清江县（治所在今江西省樟树市）知县。为了熟悉当地的历史和地理情况，他要求阅读清江最新版的县志，这才发现原来这里已经有三百多年没有修史了。于是他把处理政务之余的时间全部用在了重修县志上：每当触及某个已故长者的姓名，便设法向其后裔追索其生平事迹；每当下乡查访，便与不识字的农人攀谈；每逢路途上遇有碑石，便将仍可辨识的字句抄录下来。当地人也不时投送有关风土人情的文章给他。此外，他还常和乡绅父老聚谈，征询他们的意见。终于，1641年（崇祯十四年）秋，秦镛开始了撰写县志的工作。

秦镛把清江的历史追溯到14世纪明朝初建之时，他在《清江县志序》中说：

> 清虽弹丸，实江省要会，其间山川之源流，田赋之本末，兵农之利弊，人物之盛衰，自洪（洪武）、永（永乐）迄今，荒落过半。及今不为，曰我未暇而诿之后人，自此更数十百年，其为湮没何可胜道。今虽缺略纰谬（缪），未能成书，倘惠邀邑之先生长者，爱取而更定之，以贻后之君子，俾有所折衷焉，便犹存什一于千百也。是则镛之苦心也。抑聚散离合，凡人之情。镛视清犹家也，视清人犹父子兄弟也。一旦罢去，念我清人思之不置，何以自慰？庶几手此一编相对，如履其地，如见其人，不犹愈于托之梦想乎？是则镛之微情也。

秦镛身为县令，把东林书院之所学付诸实行。当时地方遭灾，盗匪横行乡里，富户负有喂养军马之责，以备战时征用，因而赋税得以免除，重担便落在了庶民身上。为了减轻穷人的负担，秦镛乃令胥吏缴纳赋税充用。

当时盗贼猖獗于天昌一带，秦镛设计，令兵士伪装成农民，混入该地。果然，匪首龚森九率众欲抢劫这群看似毫无防备的农民，终被擒获。另一匪首杨标四藏在家里，秦镛率军过其门而去。杨以为他们另有差遣，于是放松警觉，秦镛回师将其徒众一网打尽。

为了改善当地风气，秦镛还编写了《四诫歌》《五谕歌》（或作《四禁歌》《五劝歌》）等以抑恶扬善为主旨的歌诗，供农民耕作时传唱。

《四诫歌》告诫百姓勿窃盗、勿为恩子赘婿、勿好讼、戒轻生亡命。而《五谕歌》则劝谕百姓早完粮、公水利、务本业、行保甲、立社仓。

从这些歌的歌词来看，秦镛对当地越来越多的年轻男子入赘到妻子家中的风俗最为不满，视之为违反自然伦理的事，他认为女子出嫁到夫家才是正道。他的这首歌长达五十四句，长度为其他歌谣的三倍多。其中有这样的话：

> 江滨有奇俗，积习伤雅化。生男事他人，生女不出嫁，男去离膝前，婿来寄庑下。如登傀儡场，骨肉缘皆假。……哀哉父与母，何忍弃其子。财帛重丘山，骨肉轻敝屣。……恩男与赘婿，举国皆如狂。愿言一丕变（大变），醇俗臻羲皇（即伏羲，据古籍记载他制定了中国的嫁娶制度）。

秦镛在清江为官五年，1642年（崇祯十五年）冬，当他离任时，"邑父老子弟云集雷呼，拥前旌（仪仗中前行的旗帜）不听去，或怀果提壶，追饯三百里外，依依不忍别。"

秦镛从清江来到京师。崇祯十六年（1643）四月，他与同僚二十六人至吏部奏请辞官归里。当时东北地区正处于战争之中，急需官员去填补那些已经死亡或去职的官员所留下的空缺。于是秦镛被指派前往曾三次沦为主战场的山东蓬莱县（治所在今山东省蓬莱市），担任知县，他在那里度过了六个月。

时穷节乃见

1644年（崇祯十七年），秦镛到了重新授官的时候，他先回无锡休假。在他返乡期间，明朝灭亡了。闯王李自成的大顺军（崇祯十七年正月，李自成于西安称王，建立"大顺"政权）围困了北京城，而离京最近的明朝部队正在长城抵御满洲人的入侵。在孤立无援的情况下，三月十九日，明太祖朱元璋的十二世孙崇祯皇帝朱由检在煤山⑤脚下的一棵老槐树上自缢而死。至此，统治中国二百七十七年的明朝终于丧失了天命。

在明思宗自尽的那一天，没有一名官员前去吊唁。李自成率领着他的大顺军进入北京城，当时他还没有得到皇帝的死讯，沿路未遇任何抵抗。京师没有留下一个救亡图存之人。

放弃复明大业的官员中，有秦镛的一个族侄秦泘。他与一些无锡出身的官员决定投靠大顺军。闯王入城时，秦泘跪迎道侧，高呼："兵部职方司主事秦泘，恭候圣驾。"见闯王不睬，复高声再陈，无奈军马声把他的声音淹没其中。不过，闯王的随从中有人是其旧识，注意到了他。

几日之后，闯王尚未即位，秦泘的姑父赵玉森与其无锡同乡兼密友王孙蕙便匆匆前往报名求职，途中遇到了秦泘，三人握手大笑，相约同事闯王。

他们登记完姓名和新职位后，也分配到了新的住所，并被勒令不许回家。因为大顺军进城时，许多明朝官员都把他们的财宝埋藏起来了，所以大顺军要逐户搜查。

随后，所有登记好的新进官员要到闯王最亲信的将军刘宗敏的督府报到。秦泘乘机偷偷跑回家中取他所藏财宝，没有在指定的时间、地点露面。等到他赶至督府时，刘宗敏正派兵捉拿他。他急忙跪下，连连叩头求饶，但这并未平息大将军的怒火。刘宗敏下令对他施以枷刑，秦汧大叫说："圣天子欲平定江南，正爱惜人才之际，倘饶蚁命，愿效死力。"他的朋友王孙蕙也为他说情，刘宗敏终于释放了他，罚银五百两抵罪。

秦汧投效新朝廷的愿望确实获准了，但因闯王不信任明朝降吏，故指派秦汧到遥远的四川省射洪县（治所在今四川省遂宁市射洪县）担任知县。那个地方在当时甚至可能还不属于闯王的势力范围。

对秦汧来说，更为不幸的是闯王的新王朝并未建成。四月，明朝将领吴三桂（因其爱妾陈圆圆为李自成所得，而投靠了满洲人）联合清军（1636年［崇祯九年］，皇太极称帝，改国号"大清"）在山海关击溃了李自成和他的大顺军，史称"山海关大战"。四月二十九日，战败后的李自成回京称帝，将皇宫里的金银财宝尽数熔化，次日又火烧了紫禁城，而后退出京师。他占领北京共四十二天，践祚仅一天。

秦汧降李时三十岁，他在悔恨中又活了五十余年。虽然满洲人入主中原后极力拉拢明朝官员，但他们视降李者为叛徒。随着李自成败退，秦汧回到了无锡，在碧山吟社的荒芜庭院中度过余生，活到八十三岁。

清军入关后，遂即进占了北京城，声称他们是为被李自成推翻的明思宗复仇而来的。他们不仅为这位前朝的末代皇帝发丧，加谥（谥曰庄烈愍皇帝）建陵（陵曰思陵），更直言他是为大臣误国所累：

> 庄烈之继统也，臣僚之党局已成，草野之物力已耗，国家之法令已坏，边疆之抢攘已甚。……呜呼！庄烈非亡国之君，而当亡国之运……徒以身殉，悲夫！

颠沛流离南明朝

虽然满洲人已在北京巩固了地位，但是一些明朝遗臣并未放弃战斗。他们拥戴崇祯皇帝的堂兄福王朱由崧在南京登基，称号弘光。新君将计就计，派遣使臣到北京感谢满洲人赶走李自成，允割长城以北之地并许以岁贡，请满洲人撤军。满洲人的相对条件是：如果南京小朝廷放弃宣称其政权为全国的合法政权，接受附庸国的地位，则可允许其继续存在。南京方面拒绝了这个条件。

秦镛回到无锡十余天之后，崇祯皇帝死难的噩耗传到了他的耳中。五个月后，他被南京小朝廷委任为河南道监察御史。

当时，曾有一位大员遣人告诉秦镛说："阁下若来求见，可以加官晋爵。"秦镛拒不前往。后来，当此二人相会于朝堂上时，大员向秦镛拱手致敬，并对群臣说："御史不受一人恩（不私相授受），真天子门生也！"

不幸的是，南京小朝廷和前朝一样，因朋党之争而四分五裂。秦镛的疏本都被束之高阁。不久，他看出事已不可为，企图投缳自尽，被家人救活，乃获准引退归里。

在大敌当前的情况下，南京小朝廷不仅不能团结，反而卷入了小规模的内战之中，严重削弱了自己的力量，最终使清军得以攻克南京。弘光皇帝被俘后解往北京，死于狱中。秦镛逃到无锡城东第四箭河河畔的药师庵里避祸。

但明室仍未终结。弘光朝廷覆亡后，唐王朱聿键称帝于福州，建号隆武；鲁王朱以海监国于绍兴，拒不依附隆武政权。1646年（顺治三年）夏，清军抵达绍兴，鲁王逃去。十月，隆武皇帝被俘，绝食殉国。

唐王的四弟朱聿鐭逃至广州，于同年十一月仓促称帝，建号绍武。数日之后，明神宗之孙、思宗堂弟桂王朱由榔也在广东的肇庆称帝，建号永历。

清军南下，势不可当。广州的绍武皇帝为了解决内部纷争，不得不派兵攻打肇庆。清军乘虚而入，击败了广州城的抗清部队。广州陷落时，绍武皇帝自尽而死。

这时南明就只剩下一个永历皇帝了。在清军追击下，他先逃到了广西的梧州（今广西壮族自治区梧州市），又转到平乐府（今广西桂林市东南）。清军到达平乐时，他撤退至全州（今广西桂林市东北）。顺治四年（1647）四月，清军围困桂林，他迁入湖南武冈州（治所在今湖南省武冈市）。后来，他又辗转广州、贵州、广西、云南等地，后人评价他"惟事奔逃"。

其间，永历朝廷曾向澳门求援，一度收复了一些失地。为了继续得到葡萄牙人和罗马教廷的支持，再加上曾经在北京接受过耶稣会教士洗礼的司礼太监庞天寿的屡屡进言，1648年（顺治五年），永历皇帝的家人纷纷加入了天主教，但永历皇帝本人除外，他们还各自取了教名，皇太后王氏（永历帝的嫡母）称"烈纳"（赫烈纳的简称，即Helena），皇太后马氏（永历帝的生母）称"玛利亚"（Maria），皇后王氏称"亚纳"（Anna），皇子慈恒称"当定"（公斯当定的简称，即Constantinus）。

顺治七年（1650）十月十一日，随着情势日益险恶，皇太后烈纳直接向罗马教廷提出了一个私人申请，恳请罗马教皇英诺森十世（Innocentius X，1574—1655）和耶稣会会长"代求天主"，保佑永历政权"中兴太平"，并派更多传教士来华。这封信到1652年（顺治九年）年末才到达威尼斯，次年到达罗马。那时教皇英诺森已死，新任教皇亚历山大七世（Alexander VII，1599—1667）于1655年（顺治十二年）底回了信，但信使到1659年（顺治十六年）才抵达中国，那时皇太后烈纳已经去世七年多了。

17世纪50年代，永历皇帝在遥远的云南暂避清军追剿。后来云南也不能安身，他又逃到了缅甸，在那里像俘虏一样过了两年。1662年（康熙元年）年初，清军追至中缅边界，要求引渡永乐帝，缅人答应了。于是，南明的最后一个皇帝被清人用弓弦给勒死了。

淡泊度晚年

秦镛离开药师庵后，住到了其北面由他取名为"千休馆"⑥的一间老宅里。此后十七年他一直住在这里，除了逢年节、朔望到宗祠祭祖外，几乎足不出户。秦镛一生从未纳妾，无声色之好，对物质财富也没有兴趣。但他喜爱藏书。为了避免遭到迫害，他不谈论时事，拒绝与过去的同僚相见，只偶尔与一二知己谈论理学，其挚友之一就是东林书院的主讲、高攀龙之侄高世泰。

他在引退以后的日子里，花了大量时间写作和阅读，特别是在研究《易经》上，成了一个易学专家。他还编修了新版的《锡山秦氏宗谱》，并于1660年（顺治十七年）付梓行世。1528年（嘉靖七年），当秦金出版第一版秦氏宗谱时，曾建议每三十年修订一次。然而在这一百三十二年中，只有孝子秦铉的三子秦瀹续修过一次。前两版宗谱大部分是宗支图表，秦镛则用他能搜集到的材料，为宗谱中的个人立传。前后披阅十年（从顺治六年至十六年），三易其稿。

秦镛在《顺治庚子三修宗谱序》中，谈到了宗谱内大宗、小宗⑦的问题。他认为大宗不一定是最重要的宗支。例如，中斋公（秦夔）、养恬公（秦永孚）、务本公（秦仲孚）与端敏公（秦金）等支脉皆为小宗，却繁衍最盛，子孙贤德，难道就不能将它们视同于大宗吗？他总结道："凡此皆所谓五世则迁者也。其迁也，不独以世，或以贵，或以贤，或以子孙蕃硕。一言以蔽之，曰'勉为善'而已。勉为善，则大宗可以不废，而小宗可以崛起。"他还劝告族人："欲疏远之相联属也，则必自一气之无乖离始；子孙之无忘其祖宗也，则必自子弟之能敬其父兄始。此又由近及远之义。"

他还修葺了祖茔，恢复了祭田（各家捐出土地，其收入主要用于祭祀祖先）的旧例。

直到去世以前，秦镛常常与族侄孙、东林书院讲授秦松岱讨论哲理。六十五岁的他在临死前一天，招二弟秦锁至床前，嘱其写下他的遗言：

义尽仁至,乃圣贤事,一间未达(未能通达),歉歉往事。千休馆中,朝斯夕斯,十七年来,颇惬心期。今日之事,非不获已,偶厌人世,夕死可矣。

秦镆希望兄长安然以终,便请他到自己家里去。秦镛睁开眼睛说:"吾硁硁素志,汝岂忘之乎?"于是秦镆不再作声。次日早晨,秦镛醒来,强起盥漱沐浴,然后躺回到床上,其弟侄等围绕左右。到了傍晚,秦镛的四肢渐冷,他突然举起右手擦了擦前额,又抓了抓左臂,停留片刻,蹶然而起,双足下垂,背倚着一个仆僮,瞑目端坐。他面无惧色,亦未作痛苦呻吟,溘然而逝。秦镛死于顺治十八年(1661)闰七月十八日,七个月以前,清朝入关后的第一位皇帝福临驾崩。

当清江县的百姓听闻秦镛的死讯后,他们十分悲痛,把他的灵位供奉在了当地的名宦祠内。而无锡的乡绅又将其牌位入祀道南祠,这座祠堂是为纪念与东林学院有着密切关联的人建立的。后来,他的门人、族侄孙秦松岱又在他晚年居住的千休馆,为他单独建立了一座祠堂,世称"秦御史祠"。

当时的评论家张有誉(无锡人,1622年[天启二年]进士,曾仕于明及南明,官至户部尚书加太子太保,晚年崇信佛教,自号大圆居士)盛赞秦镛,说他的勤奋、信念和学识,使他成为自宋代以来最伟大的哲学家。

【编者注】

① 清末受西学东渐的影响,1902年(光绪二十八年),东林书院应旨改为"东林高等小学堂"。新中国成立后,随着东林书院修缮工作的展开,1981年东林小学与书院划界分离。2002年至2004年,无锡市政府协调搬迁了东林小学,并对书院进行了全面修复,使之基本恢复了明清时期的布局与

风貌。

② 鸱吻：亦称"鸱尾"，原称"蚩尾"。古代宫室、殿堂、楼屋之正脊两端的一种鱼形装饰构件，可禳厌火灾。古人认为龙生九子，鸱吻系其一，它居于东海，平生好吞，虬尾似鸱，鼓浪即降雨。鸱吻缘于印度的摩羯鱼（或摩伽罗），在佛经中是雨神的座物，传说能避火，故将其形象用于建筑脊饰。据载，中国最早使用鸱吻是在西汉武帝时，初期鸱尾，尾尖向内倾伸，外侧施鳍状纹；中唐及辽代鸱吻下部出现张口吞脊的兽头，尾部逐渐向鱼尾过渡；元代鸱尾渐向外卷曲；明、清已不称鸱尾，而称鸱吻、兽吻、大吻，尾部完全外弯，端部由分叉变为卷曲，兽身多附雕小龙，比例近于方形，背上出现剑把。

③ 20世纪60年代初，北京名士吴晗、邓拓（笔名马南邨）、廖沫沙（笔名繁星）以"吴南星"的联合笔名，在杂志专栏"三家村札记"上发表杂文议论时政。于是"文革"开始后，他们三人被打成"三家村反党集团"。1979年8月，中共中央批准为"三家村"冤案平反。

④ 所谓四要，是知本、立志、尊经、审几。

所谓二惑，指世人对讲学的两种疑惑：迂阔而不切，高远而难从；所讲非所行，所行非所讲。

所谓九益，指会讲时，以道义相切磨，教人为圣为贤，非止科名，一也。广集宿学硕儒（博学之士），二也。指视森严，三也。整肃习气，非仁义不谈，非礼法不动，四也。寻师觅友，相互切磋，五也。质诸公众，广征博采，六也。可以追按既往，可以预筹将来，七也。重视人之责望我者，而不敢妄自菲薄，聊自姑息，八也。会以明学，学以明道，而后立言、立功、立节，九也。

所谓九损，指"比昵狎玩，鄙也""党同伐异，僻也""假公行私，贼也""评议是非，浮也""谈论琐怪，妄也""文过饰非，怙也""多言人过，悖也""执是争辨（辩），满也""道听途说，莽也"。

⑤ 煤山：元、明、清三代的皇家苑囿，位于北京城南北轴线的中心点上，今故宫神武门之北。原为荒郊野地，辽金时期，因凿湖、兴建宫殿堆土于此，才形成小丘。元代辟此地为皇家后苑，称原有小丘为"青山"。明永乐年间，成祖朱棣下令在北京营造宫殿，并仿中都凤阳皇城北有万岁山的布局，将开凿城池的泥土和拆毁旧宫殿的渣土堆筑在青山上，亦称为"万岁山"。其中央主峰正好压在元朝宫殿延春阁的基址上，有"压胜前朝"之意，故又称"镇

山"。此外，因山下曾屯放过煤，而俗称"煤山"。1655年（清顺治十二年）改称"景山"。1928年作为公园对外开放。

⑥　"千休"一语出自明代理学大师陈献章的五言古诗《闻陈宗汤、湛民泽欲过江门，遇飓风，不果，用张廷实韵寄之》，诗云："斩蛟须射虎，水石敢谁欺。老梦不知远，客来何怨迟。千休千处得，一念一生持。衰白如曾见，斯言或可依。"因其居住在白沙村（今属广东省江门市蓬江区），故门人称之为"白沙先生"。其学以静为主，倡端坐澄心，故为高攀龙、秦镛等东林师生所推重。

⑦　中国古代的宗法制度规定，同一始祖的嫡长子一系为大宗，余子孙为小宗。《礼记·大传》："别子为祖，继别为宗，继祢（宗庙中称亡父为祢）者为小宗。有百世不迁之宗，有五世则迁之宗。"（孔颖达疏："别子谓诸侯之庶子也。诸侯之适［嫡］子适［嫡］孙继世为君，而第二以下悉不得祢先君，故云别子。"此处以别子为祖，是因为儒家把天子、诸侯的继统［君统］与卿大夫的继统［宗统］区分开来，针对后者而言的。）大宗继承始祖正体，可以一直延传下去，故而百世不迁。小宗或宗其高祖，或宗其曾祖，或宗其祖，或宗其父，超过五世，亲缘已疏，即无服丧规定，故而五世则迁。

第十三章
秦德藻：我父母的共同祖先

复杂微妙的谱系

我父母有一个生于 17 世纪的共同祖先，不过当我试图追溯他们之间的世系脉络时，却发现这不是简单地查查宗谱图就能解决的事情。

有一段时间，我以为他们最近的共同祖先是秦仲锡，也就是秦埈——湖广巡抚秦燿的长子——三个儿子中的次子。秦埈是一个非常富有的人，在无锡的士绅中间享有很高的地位。但经过一番调查后，我发现他们最近的共同祖先不是秦仲锡，而是他的下一代。

秦仲锡是国子监监生，但从未做官，有证据显示这和他一生健康状况不佳有关。他把他的大部分家财都用在了收集字画上。人们说他有这方面的天赋，鉴赏古代文人学士的作品时独具慧眼。

秦仲锡在四十七岁时就去世了，留下三个儿子：秦德澄、秦德藻、秦德湛。我可以说是他们三人中任何一个的裔孙。老大秦德澄身体不好，死于 1638 年（崇祯十一年）他二十四岁时，留下一个年轻的孤女和一个为了纪念亡夫没有再嫁的孀妇王氏。

根据宗谱记载，我父亲这一支出自德澄的大弟德藻门中，而我母亲这一支出自德澄的二弟德湛门中。但是，由于德澄身后无嗣，他的两个弟弟各过继了一子到他名下，其中一人便是我母亲的先祖，所以我可以说是他们三兄弟任何一个的后代。

先过继给秦德澄的，是德湛的新生儿秦松岱。一般说来，收养一子就可以赓续香火了。但因德藻逾周岁的长子秦松龄，其出生之日与德澄去世之日接近，在一定意义上被认为是德澄转世，所以也成了他的养子。

实行"双嗣"也许还有更实际的理由。因为这个家族很富有，所以把大哥的家产在两个弟弟之间分一分可能看起来更公平些。这种过继的主要目的，是确保所有家庭都能延续下去。过继的婴儿会在两个母亲的关怀下长大，他的生母和养母多半是同一家族的人。

我之所以认为秦仲锡是我父母最近的共同祖先，是因为本族的宗谱图是按照过继关系而非血缘关系排列的，上面显示我母亲的先祖是秦松岱。但事实上松岱无嗣，在他死后，他的"长兄"松龄的次子秦实然被指定继承他这一房的香火。这又是一次身后过继关系。所以我母亲实际上是秦德藻长子秦松龄的后代。

我父亲则是秦德藻的次子秦松期的后代。虽然我的父母是八从叔侄，这个关系已经很远，无论在中国还是西方都不构成婚配的法律障碍，但是由于我们宗族内部非常紧密团结，我父母这两支又一向保持联系，所以他们的结合终究引起了一场风波。

我们最近的共同祖先秦德藻，生于明神宗万历四十五年（1617）二月二十五日。他的早年生活遵循着一般的学而优则仕的道路。他攻读诗书，准备应举，显示出一个有为青年的风范。1634年（崇祯七年）他十八岁时，考入县学成为一名生员。后来，他两度到省城参加乡试。

但是秦德藻一直未能取得秀才以上的学历，所以他一生没有出任官职，步了秦旭、秦瀚的后尘，在家过着悠闲的隐士生活。而他的子辈多入朝为官，特别是长子秦松龄，在一个时期内还成为皇帝的宠臣。秦德藻在宗族中的地位突出，并非由于他本人做过什么事迹，而是因为他的长寿和他众多功名成就的子孙。当他于八十五岁故去时,他的子孙已繁衍到一百余人,这让他享受到了中国传统理想中难得的五世同堂之乐。

在一定程度上,人数的优势使秦德藻的后裔主宰了这个家族。他的子辈开枝散叶,到他的孙辈形成二十四个分支,其中涌现出了许多儒者、隐士、诗人和官吏,也有一些普通的农民。他亲眼见证了自己的家庭繁衍成为一个兴旺发达的大户人家,而在接下来的两百年间,它的地位还会得到广泛承认。

从我父亲这一边算,我是德藻之孙、秦松期之次子秦轩然所出第十一分支的一员。从我母亲这一边算,我是德藻之孙、秦松龄之次子秦实然所出第六分支的一员。

由明到清

当我们秦家在无锡巩固着它的地位时,另一种性质完全不同的巩固地位活动在长城以北火热地进行着。就像在13世纪成吉思汗将蒙古人锤炼成一支无可匹敌的武装力量一样,四百年以后,满洲诸部也逐渐团结在一个具有雄才大略的领袖周围,这个人就是努尔哈赤。

1590年(万历十八年),无锡的秦仲锡还是个婴儿,三十二岁的努尔哈赤带领着一些满洲的部落酋长到明廷进贡。五年以后,万历皇帝因努尔哈赤率部在辽东地区保塞有功(打败与明廷存在冲突的女真部落,形同为明廷看边),赐封他为"龙虎将军"。不过,努尔哈赤在接受明廷封赐的同时,私下也酝酿着征服全国的长远计划。

他用了三十年的时间,或与一些满洲的部落酋长结亲,或对一些不顺从的部落酋长予以讨伐,最终促成了满洲各部的大联合。当他一个接一个地降服满洲诸部时,还逐步编成了持正黄、正白、正蓝、正红、镶黄、镶白、镶蓝、镶红八色旗帜为代表的"八旗兵"。随着蒙古人和汉人的加入，又增建了蒙古八旗和汉军八旗。①编入八旗的旗人不仅包括官兵，也包括他们的家属。

作为征服计划的一部分，满洲人还研究了他们的前辈，包括契丹人、女真人和蒙古人，是如何入侵中原的。他们把载有这些历史事件的汉文书籍翻译成满文②，以便从中汲取经验教训。

正如成吉思汗本人未能亲眼看见蒙古族统一中国一样，努尔哈赤也在满洲人接管中国之前就死了。不过，到1626年（明天启六年，后金天命十一年）他去世时，满洲人入侵中原的计划已经很周密了。就在前一年，他们已经把都城迁到了沈阳（今辽宁省沈阳市）。

努尔哈赤的第八子、三十五岁的战斗英雄皇太极，继承了后金③的汗位，也承担起了实现他父亲梦想的责任。他征服东面的朝鲜，收之为附属国；向北把后金的领土扩展到黑龙江，也就是现在中国和苏联的界河。从1629年（明崇祯二年，后金天聪三年）起，他的军队几乎每隔一年便攻破一次明军在长城的防御，进犯沿线的城市，到北京的外围安营扎寨。他几乎就能完成满洲的灭明大业了，但终究和他父亲一样，还是没能在北京即皇帝位。1643年（明崇祯十六年，清崇德八年），皇太极在攻陷北京的前一年驾崩。

由于皇太极生前没有立嗣，故其崩后，在他的长子、三十四岁能征善战的豪格和他的庶弟、三十二岁拥有赫赫战功的多尔衮之间，展开了激烈的的权力之争。最终经过双方妥协，决定由皇太极的第九子、年仅六岁的福临继位，由支持豪格的亲王济尔哈朗和多尔衮共同摄政。就这样豪格失去了继承皇位的机会，而多尔衮成了摄政王。次年，清军在多尔衮的统率下南下入关、进占北京。顺治皇帝对他一再封赏，多尔衮终于总摄朝政，权势达到顶峰。1648年（顺治五年），多尔衮以莫须有的罪名将一直与他敌对的豪格逮捕下狱。数周之后，豪格卒于狱中，其福晋④博尔济吉特氏被多尔衮纳为侧福晋。1650年（顺治七年）冬，多尔衮坠马跌伤，一个月后薨，年三十九岁。次年，十四岁的皇帝开始亲政。

入主中原的第一个清朝皇帝福临，是一个相当成熟的少年。他认识到自己的汉文水平不足以处理国事，甚至不能阅读呈上来的奏章，于是勤奋攻读，几年之后不仅能够读写，还能批阅参加殿试的贡士的文卷。

除了有思想和早熟外，顺治皇帝也特别虔诚。他对日耳曼传教士汤若望（Johann Adam Schall von Bell，1592—1666）非常友好。汤若望曾在明廷传授过天文学，又代明廷监修过大炮，后来为清廷留用，供职于钦天监（掌观测天文气象、计时报更、编制历书、选译吉日）。年轻的皇帝常常拜访汤若望，和这个有学问的人谈论许多问题，表现出有强烈的求知欲与开明的头脑。每次在他走后，这位耶稣会传教士都会把他所坐的椅子收起来，因为御用过的椅子别人是不能再去坐的。

耶稣会的愿望是让清朝皇室皈依天主教，就像他们曾经成功地使南明皇室信奉天主教一样。虽然这次他们没有成功，但是得到清廷的恩宠和隆遇无疑方便了他们在京城和各省展开传教工作。

顺治皇帝对天主教是有兴趣，但他对佛教更为虔诚，特别是在西藏的政教领袖五世达赖喇嘛（阿旺罗桑嘉措）进京觐见后。他不断召见佛教高僧，想要出家的念头日益强烈。至于顺治皇帝在1661年（顺治十八年）他二十四岁时是真的因病驾崩了，还是为了出家为僧而让位给他年仅八岁的儿子玄烨，则是一桩历史疑案。有关顺治皇帝秘密出家的传说，包括康熙皇帝常常到佛教圣地五台山的清凉寺拜见皇父的故事，一直在民间广泛流传着。

清军占领北京之后继续向南方推进，由多尔衮的胞弟多铎统帅。少数几个忠于明室的人试图率众抵抗清军入侵，诸如在扬州和嘉定（今上海市嘉定区）两城。结果，当这些地方被清军攻占后，又惨遭屠城。⑤

其他地方的民众，尽管勉强，普遍还是接受了新秩序。然而，清廷下达了一纸"剃头令"，要求所有男人必须像满洲人那样剃去前额的头发，只把余下的头发编成辫子垂于身后，却引发了广泛的民怨。

这道命令被汉人视为降服于征服者的屈辱标志，更何况，汉人自古遵循"身体发肤，受之父母，不敢毁伤，孝之始也"，所以一些男人宁可舍了性命也不剃头，便在清军到达之前自杀了。许多地方在明吏逃去以后、清军到来以前的一段时期内，接近无政府状态，频频发生仆人起来反对主人、抢掠和诸多无意义的暴行。

在这种情况下，二十九岁的秦德藻应寡母的要求，护送她和自己的妻子侯氏到乡下避祸。然后他又返回城里，照顾因年迈而不便跋涉的祖父母。到1645年（顺治二年）秋，清军已经击溃了无锡周边的一切抵抗力量。

次年，虽然南方还未全部平定，但是满洲人已经显示出他们管理国家的能力。他们还沿袭了前朝的科举制度，照常在北京举行会试和殿试。由于南方还有骚乱，这一年百分之九十五的进士都是北方人。1647年（顺治四年），秦德藻的堂叔秦华钟（秦禾之孙）被选为岁贡生（参见第二十章注释⑯），并在1649年（顺治六年）参加廷试，考授广西平乐府富川县（治所在今广西壮族自治区富川瑶族自治县）知县，在任三年。

其间，他应召参加了清廷对忠于明室的人所发起的一次围剿。在随后的战斗中，一些城镇几度易手。1653年（顺治十年），华钟在平乐县被南明将领李定国俘虏。由于百姓说秦华钟是好人，李定国乃劝他为南明复国效力，并让他在死亡与封爵之间做出选择。华钟企图自尽，却因为他儿子们的哭声惊动了看守而未果。不久，回师的清军又把李定国赶出了平乐。李部撤退时，仍为俘虏的华钟乘隙投水而亡。为了表彰他的忠勇，清廷追封他为按察使佥事，给予祭葬。

秦华钟的殉难，使原先对南方臣民怀有戒心的清廷，改变了对秦氏家族的看法。另一方面，经由参加科举和接受官职，南方的儒生暗示了他们对清王朝的承认。随着秦家成员取得的权势越来越多，更胜于他们的祖辈，秦氏家族终于在满洲人的统治下又兴盛起来了。

一族之长

秦德藻一生从未参加清廷举行的科举考试，但这并不必然意味着他反对新王朝。这一点可以从当时混乱的时局和他家里的各种牵挂上轻易得到解释。秦德藻的学业最初因为其父去世而中断，守孝期未满，其兄德澄亦亡故。于是他在二十二岁时便成为一家之主，担负起了照顾包括其兄的遗孀和孤女、他自己的母亲，以及祖父母在内的一家老小的责任。出于孝心，他尽其所能让母亲高兴。虽然他自己不信佛，但为了信佛的母亲也吃斋念佛。

秦德藻的长子秦松龄，在1654年（顺治十一年）中举。次年，十九岁的他及进士第。那一年春天，秦家另外两个子弟秦钺和秦镶也中了进士。秦镶被授以浙江温州府（治所在今浙江省温州市）推官一职，而秦钺则高中探花（殿试中考取一甲第三名），授翰林院编修。

秦松龄也任职于翰林院。因一族同时出了两位翰林，所以秦钺与秦松龄也被时人呼为"大秦""小秦"（在辈分上，秦钺乃秦松龄的族祖）。

秦德藻生了六个儿子，妻侯氏生松龄、松期、松乔、松如四子，妾张氏生松虬、慧航二子。六子慧航从小信佛，长大后出家为僧，无嗣，故不载入宗谱。

由于秦松龄在他伯父死后过继为嗣，故而秦德藻的次子、我父亲的先祖秦松期便成为家中的长房了。秦松期是秀才，考充廪膳贡生（以廪膳生员的资格考选为国子监贡生），1675年（康熙十四年）入京参加廷试，选为蒙城县（今安徽省亳州市蒙城县）县学训导，又改授翰林院孔目（掌章奏文移），皆婉辞不就，自愿回家侍父。1714年（康熙五十三年），他续修宗谱，独任刊刻，印制了第四版《锡山秦氏宗谱》。

三子秦松乔以增广生员贡入国子监就读，但并未出仕。他活到了八十二岁，为人乐善好施，天真烂然。因其排行第三，人称"三老佛子"。

四子秦松如也是国子监监生，曾任广东高州府吴川县（今广东省吴川市）知县。当时那个地区因明末降将、时称"三藩"的吴三桂、尚之信和耿精忠叛变而陷入动乱。秦松如上奏建议减轻当地农民的纳税负担，朝廷却急于筹款以供军用，他因此获罪落职。两年以后，朝廷修改了税法，松如又得到起用。广东人民为了表示对他的感激，在他逝后，将其牌位供奉在吴川名宦祠内。

五子秦松虬乃庶出，为国子监监生，死时年仅三十四岁。

秦德藻的长辈、同辈，乃至一些晚辈，都在他之前去世。身为族长，他主管着大家族的事务。当他的亡兄之女要嫁给一个来自贫穷家庭华姓男子时，他送给她百亩田地，供其一家度日之用。

1660 年（顺治十七年）秦德藻四十四岁时，其妻侯氏去世。他们夫妇共同生活了二十六年，秦德藻特地为她写了一篇行略，其中有几段说：

> 侯之先多名德，又世显贵。太仆卿少芝公讳先春，为孺人（古代大夫的妻子，明清时期七品官的母亲或妻子称为孺人，也通用为妇人的尊称）之曾祖，户部主事澹泉公讳鼎铉，为孺人之父，母华安人。嗟乎，余欲稍述孺人之生平，悲不能自主。余垂老矣，而不能与孺人偕老，四子皆成立矣，女嫁矣，而不能见其成立，见其嫁。嗟乎，余之于孺人也，至今而益悲。
>
> 孺人之未归（嫁，出嫁）余也，祖母王太君亲教之。王太君者，少而守节，教子及孙成进士，两受旌于朝，邑中所称侯节母者，于诸孙中绝爱孺人，谓其类己。及归于余也，先君子（对已故父亲的称呼）初捐馆舍（舍弃所居之屋舍，为死亡之婉称）。余早任家事，内衅时作，外患交讧。孺人佐余，以镇静，以柔婉，又恐余愁苦，时时解余曰："是无足虑，在所以自处何如耳。"及于辛巳之岁（1641年，崇祯十四年），不戒于火。先君子枢尚处中堂，火及于溜（第四声，屋檐）。先母号泣，欲以身殉。孺人身当炎烈，率先僮仆，手自扶舁（音同余，共同用手抬），仅而得免。当此时，余以扫先

大父（对已故祖父的称呼）墓在外。苟非孺人，则其祸当有不忍言者。嗟乎，能不悲哉！

先母尝多病。孺人药饵必亲，饮食必亲，无有后时。先母性严重（谨严持重），意有所不可，或至竟日无笑语。孺人侧行却立，若无所容，必待意解而后即安。至于鼎革之际，独奉先母避居乡间，而余以王父母⑥在城中，故不敢离左右。间一趋侍先母，孺人必趣之归曰："事姑有我在，二老人不可离也。"凡奉侍先母者几三十年，未尝见有过失。至孺人亡，而先母日夜悲泣，属纩⑦之夕，犹呼孺人不置（不舍，不止）。嗟乎，此可以观孺人也。

其事余甚敬。家无巨细，孺人一一经理，然必向余取进止，未尝专决。客至命酒，居恒设食，必丰必洁，甚至躬亲庖湢（指厨房和浴室），必当余意乃喜。余每多外侮，内父（岳父）澹泉公实终身覆翼之，而孺人未尝有德色（自以为对别人有恩德而表露出来的神色）。凡此皆人情之所甚难。

其于诸子，虽甚爱惜，而遇有过，必加诃（苛）责，言必告以正。犹忆冬夜与孺人共坐。松龄在旁坐，口呼寒。孺人色然曰："此时窭（音同聚，贫穷）人无衣食，行冰雪中者甚众。汝衣轻暖，拥炉坐，而呼寒耶？习惯长成，将为纨绔子，可丑也。"及松龄成进士，官京师。手书戒之曰："勿以少骄人。年少易为人重，亦易为人轻。汝思为人所重者哉！"又曰："勿念我。能勤职业，答君恩，即所以报我也。"其明于大义如此。孺人持身家，一以勤俭为法，闺阃（妇女居住的内室）之内，执麻枲（音同洗，泛指麻），课纺织，规程井井，日计月算，晚寝早作，二十余年如一日。性喜朴素，凡明珰翠羽之饰，方空、吹纶（皆细纱名）之衣，时所最尚者，生平未尝一御。见有若此者，必为婉言以讽止之，故人敬之，以为女师。亲戚宗党之困乏者，必厚恤之，有终身待以举火（生火做饭，引申为过活）者。又设糜（粥）施椑（小棺材），以济道路之病且死者，日若不足。特不喜以与僧道尼姑，曰："吾所哀怜，贫者耳，若辈不贫也。"

秦德藻的妻子故去一年后，他的母亲也撒手尘寰，享年七十二岁。她守寡二十七年。在她七旬寿辰之时，秦镛为她撰写了一篇《从嫂于太孺人七十寿序》，细述了她的生平事略。

据秦镛说，仲锡的夫人于氏出身钜（通"巨"，大）族，初嫁时家务不繁，她"一无所事，惟日明妆丽服以娱侍其姑（婆婆）若太姑（太婆婆）已耳"。及其夫染病，则侍奉他直至临终，后来又教养孤子。在她的幺儿德湛去世后，她就得了心脏病，经常服用汤药。到了五十岁时，她开始茹素，一心诵经拜佛。

儿孙满堂，五福齐享

1684年（康熙二十三年），皇帝玄烨开始了他的第一次南巡，他一生共南巡六次。皇帝进行南巡的官方理由是巡视黄河堤坝，并亲自查访百姓的生活状况。其实还有第三个理由，没有公开宣布，无疑也是最重要的，即寻求南方大批有影响力的士绅家族的拥戴，其中有不少还没有完全臣服于清廷的统治。

康熙皇帝第一次南巡历时两个月。他亲临了在17世纪40年代抗清最激烈，并因此惨遭屠城的扬州和嘉定两地，以示他明白汉族臣民心中的敏感点。

在南巡途中，他还强调了自己对汉族文化与传统的尊重。他在山东曲阜，瞻仰了孔庙，又在明故都南京，祭祀了明太祖朱元璋的孝陵⑧，旨在展示清继明统的合法性。为了拉拢南方士绅，他又增加了江南⑨、浙江两省进入国子监的生员名额。

康熙皇帝的圣驾经由大运河抵达无锡。在他初巡江南时，龙船停泊在无锡西郊、靠近惠山脚下的一个码头。文武官员在那里接驾，儒生则聚集在其北边的一座庙宇里。码头距离寄畅园很近。当皇帝前往这座园林时，秦氏族长秦德藻带领着子侄，跪在路边迎谒。

据当时在场的人的叙述，皇帝接见秦德藻时，先是垂询他的年龄并注视了他一下，转而问他在场的最大的儿子秦松期是否与秦松龄沾亲。松期答道："他是我的兄长。"

秦德藻时年六十八岁，不算上他的女性后裔，就已经有六个儿子、十六个孙子和四个曾孙了。

以后二十三年间，康熙皇帝又五次驾幸无锡，每次必到寄畅园。他非常喜欢这座园林，便把它立为行宫，每次到无锡都在此处驻跸。

康熙二十八年（1689）正月，皇帝第二次巡视江南。他召集了一批有名的艺术家，在当时最负盛名的画家王翚的率领下，把自己南巡的场景绘制成共计十二卷的《康熙南巡图》。这幅巨作从皇帝离京开始描绘，一路所经过的州县城池、山川景物、名胜古迹和风土人情尽收眼底，非常细致。在南京那一卷中，皇帝身穿明黄色行袍，罩石青色丝质外褂，头戴红冠，着白靴，向庙宇走去。他的身旁有四名禁军侍卫，其中一人手持黄华盖（黄缎制的伞盖）遮挡阳光，另一人手持宝剑，余二人各执弓矢。接着又有二十四名禁卫军，文武官员尾随其后。

从各卷所绘人物看来，皇帝的随从人员有官兵三千人左右。比如，第一卷描绘了康熙皇帝从京师出发的情景。当皇帝从永定门出皇城时，道路两旁都排列着士兵，还有更多士兵断后。圣驾经大红门（南苑的北门），穿行南苑⑪的皇家围猎场，一路向南前进。

先头队伍手执二十对不同颜色的华盖，每顶华盖的边缘都绣着象征吉兆的蟠龙和仙草，顶部则绣有各种花卉，分成两列依序前进。其后有两名执杖校尉。

第二组二十人排列在道路两旁，手执遮挡风沙的扇翣，一边为方扇，另一边为团扇，分红、黄两色，绘有单龙或双龙图案。

第三组分为两行，每行二十三人，手执长竿，竿头飘舞着长幡或饰以白旄。第四组队伍高举一百零九种旗帜，其后有两对持仗校尉，为第五组先导。这一组仪仗手持各式"兵器"，包括仗（木质朱漆，两头贴金）、瓜（上端如瓜，表面涂金，朱漆木柄）、钺（上端如钺，表面涂金，朱漆木柄）、星（上端嵌六块木片，圆顶如星，表面涂金，朱漆木柄）。

其后是拿着各种乐器的吹鼓手，包括四十八名腰鼓手、十二名吹奏龙篴（同"笛"，此处指龙头横笛）的笛手、四名敲小钹的、二十四名吹笙的、四名打大锣的、八名吹小铜角的、八名吹大铜角的。在吹鼓手中间还有六名掌灯者，两人一排，每人擎着一盏红灯（铜盘承烛，以铁丝笼之，红纱覆之，悬吊于立式拐柄的顶端）。

在吹鼓手之后是皇帝及其重要随从所用的车驾。一辆金辂和一辆玉辂由两头象牵引，跟着一辆八驾马车和一辆较小的两轮马车，还有一辆由二十八人抬的金辇。其后是五头驮着宝瓶的大象（即宝象，寓意吉祥平安）和四头以备清道之用的大象（即朝象）。

然后就是骑在马上的皇帝，一个骁骑兵撑着九龙曲柄黄华盖给他遮阳，他前面有二十名骑兵开路，后面跟着手持殳、戟、豹尾枪、弓矢和仪刀的近卫军。随后有一幡三角形镶红边的黄龙大纛。

断后的是一大批仆役，二人一排，拿着金香炉、金香盒、金盥盆、金唾壶及玉枕等杂物。行列中也有王公贵戚、内廷官员如大学士、太监，以及各部随员。最后，所有留在京城的文武百官都在路旁跪送圣驾。

此次南巡，皇帝又在无锡驻跸，这让当地居民十分欢悦。街上行人载歌载舞，欢迎圣驾光临。他第一天住在无锡城内，次日游幸天下第二泉。照惯例百姓须匍匐道旁，但是天忽然下起雨来，地上一片泥泞。皇帝立即昭告百姓不必跪在泥水中接驾，群众乃起身高呼："万岁，万岁，万万岁！"

皇帝的龙舟停在无锡放生池边。"放生"是佛教的做法，一直沿用到今天。皇帝游过天下第二泉，又驾幸寄畅园。这次秦松龄也与同族父老一起接驾。自皇帝初巡江南以来的五年中，秦德藻一家又添了三个孙子和四个曾孙。而就在这次南巡的前一年,秦德藻得到皇帝恩准,将其曾祖秦燿的神牌移入无锡乡贤祠内。

十年以后,康熙三十八年(1699)三月,康熙皇帝三巡江南。这是秦德藻最后一次得到圣上召见。当时他已八十三岁。在这十年中,他家又添了三个孙子、十二个曾孙。老人再次迎驾于秦园,皇帝和皇太后在此住了一宿。皇帝还赐给秦家两方御笔匾额,并御批准许以"寄畅园"为园名。

1701年(康熙四十年),秦德藻在八十五岁时辞世。虽然他未曾为官,也无特殊建树,但一生受到人们的崇敬,被视为孝悌楷模,贤良之士。

在他死后,无锡同乡严绳孙(清代著名学者,擅作诗、古文,又工书善画,曾参修《明史》,与秦松龄合纂康熙年间《无锡县志》)为其作传曰:

> 余修邑乘(县志),至前明成(成化)、弘(弘治)之际,未尝不慕当时人物之盛。不特(不但)士大夫文章道德,烂然史册,而一时隐君子(隐士)如贞靖先生(秦旭)辈,读书好古,优游乐志,又皆高年大耋,作为诗篇,以涵泳太平,岂其气运适然欤?何风之厚也!先生为方伯中斋公(秦夔)暨(连词,及)旌孝子养恬、务本公(秦永孚、秦仲孚)之父,修身乐道,为乡里师法。晚年结十老之会,啸歌觞咏,徜徉九峰二泉间,此碧山吟社所自昉(始)也。自是之后,邵文庄(即邵宝,卒谥文庄)有二泉精舍,先生从孙端敏公(秦金)有凤谷行窝。虽皆致身通显,谢政归田,寻盟泉石,然其厚德高风,隐见若一。苟非洪(洪武)、永(永乐)以来,休养成就,乌能致此哉?历今二百余年,而秦先生海翁,绝似其祖,凡行事际遇,无一不与之相类,余是以重有慕也。
>
> 海翁先生者,贞靖先生九世孙,讳德藻,字以新,海翁其别号。风采秀整,翛然(自在超脱的样子)尘埃之外,人望之若神仙

中人。秦氏承世孝之后，家法雍穆，与他族殊，而海翁先生尤夙有至性。……年未四十，以子宫谕先生⑪贵，遂绝意仕进，栖息林泉，垂五十年。于佳胜之地，必有精舍，而皆恢复先业。每当风和日煦，雪霁花开，先生笋舆（竹轿）必往焉，往则诸子从之，犹曩者贞靖先生之于吟社也。……先生孝于其亲，……生平亦未尝一言敢伤人，一事敢先人。……夫人之于世，敦行孝弟（孝悌），束修自好，亦或（也有）不乏矣。顾（副词，只是）所不可必者寿，即寿，而穷约困顿，疾病支离，劳苦患难，拂虑撄心者，亦何可胜道。而先生之于世若此，何福之备与。昔箕子陈洪范次九"五福"之畴⑫，一曰寿，二曰富，三曰康宁，四曰攸好德，五曰考终命，而于建用皇极，则敛时五福，用敷（敷言，布陈言教）锡（通"赐"，赐予）厥（其）庶民，若似乎福非独天之所命，而为人主之所锡。……今国家重熙（光明），累洽（合）太平，安养六十年所矣。四方之耆年（年寿高。《礼记·曲礼上》："六十曰耆。"）劭德、咏歌盛治者，应不乏人。以余所见，海翁先生则亦锡福之征，而本朝化成（教化成功）俗美（风俗美好）之明验也。独是贞靖先生寿八十五始卒，而海翁先生寿适与之相符，岂昔人所言，数世之后，子孙必有一人似其祖者耶？

考郡邑志载，吟社盛时，卿大夫、士到锡者，必访于家。……若今海翁先生之寄畅园，则翠华（皇帝仪仗中一种饰有翠鸟羽毛的旗，此处指康熙皇帝）三巡江南，四经临幸，御书赐额，温问再三，其为林泉光宠，固非昔日所敢比，而圣天子之引见高年，优礼耆俊，窃以为虽三代之盛，不是过矣。以是而官，海翁先生五福之全，维皇之锡，岂不信哉！因书之以附其家乘，俾后之修志者有考焉。

【编者注】

① 满族的先世女真人以射猎为业，每年到采捕季节，以氏族或村寨为单位，十人结伴入山，由有名望者统率，每人各出一支箭，这种组织称为"牛录"（或作牛鹿，满语，汉译为大箭），首领称为"牛录额真"（额真或作厄真，满语，汉译为主人）。1601年（万历二十九年），努尔哈赤在牛录制的基础上，将所辖人丁编为黄、白、红、蓝四旗，旗色皆纯。1615年（万历四十三年），努尔哈赤在原四旗的名称前冠以"正"，又增编镶（俗写，或作厢）黄、镶白、镶红、镶蓝四旗，创建了八旗制度。旗帜除四正色旗外，黄、白、蓝均镶以红，红镶以白。其制规定，每三百人为一牛录，设牛录额真一人；五牛录为一甲喇（或作扎兰、札拦、加喇、加蓝、家喇、夹喇、甲喇，满语，汉译为竹节、段，有"行伍"之意），设甲喇额真一人；五甲喇为一固山（满语，汉译为八旗之"旗"），设固山额真一人，掌该旗之户籍、田宅、教养、营制、兵械，以及选官序爵、操演训练等军政事务，下置左右两位梅勒（或作美凌，满语，汉译为肩，有"副"之意）额真。八旗制度乃军民合一，以旗统人，凡满族成员皆入旗为兵，这便是满洲八旗的前身。1634年（后金天聪八年，明崇祯七年），梅勒额真及以下的额真改称为"章京"（又作獐鹰，满语，源于对汉语"将军"之讹读，汉译为有职掌的文武官员），次年分设蒙古八旗。1642年（清崇德七年，明崇祯十五年）分设汉军八旗，旗色皆与满洲八旗同。从此，八旗的每一旗下都包括满洲、蒙古、汉军三个部分，但以满洲八旗为主。1650年（顺治七年）多尔衮死后，清世祖福临为了加强对八旗的控制，将皇帝亲统的镶黄、正黄、正白三旗，称为"上三旗"，由王公所统的其余五旗，称为"下五旗"。八旗兵是清朝开国的武装力量，入关后又分为京营和驻防两部分。京营八旗负责皇宫和京师的安全，形同禁军；驻防八旗则派驻全国各大城市和军事要冲。1660年（顺治十七年），定八旗各级官员之汉名，固山额真为都统，梅勒章京为副都统，甲喇章京为参领，牛录章京为佐领。

② 满文：1599年（明万历二十七年），努尔哈赤命额尔德尼、噶盖以回鹘式蒙古文为基础创制满文，颁行国内。此为无圈点的满文，又称"老满文"。1632年（后金天聪六年），皇太极以满文的文字上下雷同，难于区别，人名、地名尤易舛讹，命达海酌加圈点，满文声、形因而大备。此为有圈点的满文，

又称"新满文"。

③ 后金：明末满洲人所建立的政权。1616年（万历四十四年），努尔哈赤定都赫图阿拉（又作黑图阿拉、赫图阿喇、黑秃阿喇。满语，汉译为横岗或横甸。皇太极天聪年间［1627—1636］尊为"兴京"，故址位于今辽宁省抚顺市新宾满族自治县永陵镇老城村），并登汗位，建元天命，国号"大金"。为了与北宋末年女真人完颜阿骨打所创建的大金有所区别，史称"后金"。到了1636年（后金天聪十年，明崇祯九年），皇太极去汗号称帝，改元崇德，改国号为"大清"。"清"与"金"乃一音之转。

④ 福晋：或作福金、富金、夫金，满语，原为女真人对汉语"夫人"之讹译。清代作为满洲贵族妇女的称号，凡亲王、世子（亲王的继承人）、郡王、长子（郡王的继承人）的嫡、继正室封为福晋，侧室封为侧福晋、庶福晋。此外，清太祖努尔哈赤时期，因宫闱未有位号，均沿用满洲习俗，称嫡妻为大福晋，妾为侧福晋、庶福晋（即侧妃、庶妃）。直至康熙年间，后妃定制，始不再混用此一名称。此处的福晋指第一义。

⑤ 史称"扬州十日""嘉定三屠"。1645年（顺治二年）清军南下，四月十五日进围扬州府。明督帅史可法在外援断绝、军饷不济的危急情况下，率领扬州全城军民坚守孤城。二十五日，清军破城而入，对扬州人民进行持续十天的大屠杀，史称"扬州十日"。同年，清军灭南明弘光王朝后，继续进攻江南，嘉定县百姓推侯峒曾、黄淳耀为首，于闰六月十七日起兵守城。七月初四日城破，清军大肆屠戮后弃城而去。此为一屠嘉定。逃出的居民陆续回城，并与城郊民众组织起来再次抗清。七月二十六日五更（3点—5点），居民尚未起，清军入嘉定城郊葛隆等镇，肆行屠杀；次日入县，再屠其城。此为二屠嘉定。八月十六日，南明ภ总吴之蕃起兵江东，攻占嘉定，遭清军反扑，失败，嘉定复遭屠难。此为三屠嘉定。

⑥ 王父母即祖父母。《礼记·曲礼下》："祭王父曰'皇祖考'，王母曰'皇祖妣'。"疏曰："王父，祖父也。皇，君也。考，成也。此言祖有君德已成之也。……妣，媲也，言得媲匹于祖也。"再如《尔雅·释亲》："父为考，母为妣。父之考为王父，父之妣为王母。"

⑦ 属纩：纩，丝绵，质轻，遇气即动。人将死，在口鼻上放丝绵，以观察有无呼吸，称为属纩。后以此称病重将死。

⑧ 明孝陵：位于南京市东郊钟山南麓玩珠峰下。陵墓始建于1381年（洪武十四年）。次年，皇后马氏葬入，定名为"孝陵"。1398年（洪武三十一年）朱元璋驾崩，与马皇后合葬地宫。至1405年（永乐三年）全部完工，历时二十五年。

⑨ 江南省，原为明代的南直隶，1645年（顺治二年）清兵平定江南，改置江南承宣布政使司，废除南京的陪都地位。又因清初改承宣布政使司为行省，遂称江南省。1661年（顺治十八年），江南省左、右布政使划片对治：左布政使分管上江，驻江宁；右布政使分管下江，驻苏州。1667年（康熙六年），大臣上奏停用左、右布政使之名。于是，左布政使改称江南安徽布政使司布政使，右布政使改称江南江苏布政使司布政使。至此，安徽、江苏两省的分治大局已基本确定。

⑩ 南苑：地处北京南郊古永定河流域，草木茂盛，禽兽聚集，故成为元、明、清三代以狩猎活动为主的皇家苑囿。元代称"下马飞放泊"，广40公顷，冬春之交，皇帝携侍从至此放鹰游猎。明代称"南海子"，于永乐年间增广其地，周围约50公里，设四门：北大红门、南大红门、东红门、西红门，绕以周垣，岁搜于此。清代称"南苑"，扩为周围60公里，辟九门，正北曰大红门，稍东曰小红门，东北曰双桥门，正东曰东红门，东南曰迴城门，正南曰南红门，西南曰黄村门，正西曰西红门，西北曰镇国寺门。繁育禽兽于其中，为行围、讲武、阅兵之地，建有行宫、晾鹰台及庙宇多处。现建筑多不存，尚有碑亭、水泊等。

⑪ 指秦松龄，曾任太子东宫属官之一的"左谕德"，故世称宫谕先生。详见第十五章。

⑫ 洪范九畴，是殷遗臣箕子向周武王陈述治国的九种方法。据箕子言，此乃天所赐禹，因其治水有功。"初一曰五行（'一曰水，二曰火，三曰木，四曰金，五曰土。'），次二曰敬（慎重）用五事（'一曰貌，二曰言，三曰视，四曰听，五曰思。'），次三曰农（通"醲"，厚）用八政（'一曰食，二曰货，三曰祀，四曰司空［掌土建以居民］，五曰司徒［掌民事以教民］，六曰司寇［掌诘盗贼］，七曰宾［掌诸侯朝觐］，八曰师［掌军旅］。'），次四曰协（和，相符）用五纪（'一曰岁，二曰月，三曰日，四曰星辰，五曰历数。'），次五曰建（建立）用皇极（皇帝统治的准则），次六曰乂（治理）用三德（'一

曰正直,二曰刚克,三曰柔克。'),次七曰明(显明)用稽疑(考正疑事,当选择知卜[龟甲曰卜]筮[蓍草曰筮]人而建立之。),次八曰念(思考,思虑)用庶征(事情发生前的诸多征兆),次九曰飨(赏)用五福(见正文),威(罚)用六极('一曰凶短折,二曰疾,三曰忧,四曰贫,五曰恶,六曰弱。'明言善恶必报)。"

后人有云:"《洪范》以人君为主,上之所为,下必从之,人君好德,故民亦好德,事相通也。"

第十四章

秦松龄：最年轻的翰林

少年得志

1983年秋，我应邀参加在台湾举行的一次家谱学会议。与会人士中有一个叫昌彼得的学者，是台北"故宫博物院"副院长。在他的帮助下，我查阅了博物院内所有姓秦的人的档案，并找到了我母亲的九世祖、秦德藻的长子秦松龄的许多材料。

秦松龄的传记不止一种，而是有六种不同的稿本，其差别通常在于叙事之详略。例如，第一稿的开头按照一般传记的惯例，列出了他的姓名、籍贯，说他来自"江南无锡"。江南作为一个省只是17世纪40年代至60年代的事，所以第二稿改为"江苏无锡"。此外，第二稿还增加了一些细节，比如某件事发生的年代，秦松龄担任某职的起讫时间等。这一版的天头上还贴有纸条，指出文稿的错误之处，以及某些有待查验的事实。第三稿是一个缮写清楚的誊本，并注有校勘者的名字。第四稿又是校正稿，增加了松龄"字留仙"等细节，天头上也贴有以备日后详查的注解字条。第五稿已接近这篇传记的定稿，所有格式都遵循当时的书写惯例，比如但凡提到皇帝都要空三格作为抬头。第六稿为定稿，共五页半。文字缮写精美，只在前稿基础上删除了一个冗字，改正了一个错字。

官员、文豪儒宗及其他著名人士死后，都由宫廷史官作传。总体看来，这种传记比较简短，只列举其官宦生涯中的突出成就。

秦松龄生于崇祯十年（1637）六月十九日。从现存资料来看，他开蒙很早，天赋颇高。七岁学《中庸》，闭目潜思良久曰："吾识性矣。"他对"天道"的理解给他的塾师钱肃润留下了很深的印象。松龄显然是早慧的学生，十二岁就中了秀才，十八岁中了举人。次年（1655年，顺治十二年），他进京赴试，一举考中进士。十九岁的他甚至尚未成婚，这是清廷开科取士以来绝无仅有的。后来他被选入内翰林弘文院①，成为庶吉士。接着便在其生父秦德藻的安排下，娶了一个姓吴的年轻女子为妻。

馆试②时，顺治皇帝福临命以"白鹤"为题赋诗。松龄应制而作，有句云：

> 高鸣常向月，善舞不迎人。

福临很喜欢这两句诗，对左右阁臣说："此人必有品！"乃拔置第一。

秦松龄在内翰林弘文院的工作之一，事实上是为皇帝代笔。在这个位子上，他很容易了解朝堂之事，并帮皇帝表达出内心的情感。例如，有一次他受命起草了一篇《拟赐祭殉和硕肃武亲王③庶妃文》，以褒扬为豪格殉葬的三位不出名的庶福晋（尔额衣色你、舒胡里、尼喀齐）。这篇文章虽然简短，却反映出福临对其亡兄的感情，以及对其叔父摄政王多尔衮囚禁豪格致死的怨愤。到福临躬亲大政时，多尔衮已死，但他仍指责多尔衮犯有篡权之罪，下令追夺一切封赏。

1657年（顺治十四年），秦松龄二十一岁，被授以内翰林国史院检讨（掌纂修文史），是担任此职最年轻的官员之一。由于他的才能给皇帝留下了很好的印象，似乎注定将迁升高位，然而大祸突然从天而降。

总为浮云能蔽日

变故的种子早在几年前就已经播下了。在清朝开国的十几年里，满洲人只牢固地控制了北方各省，他们经常对南方进行镇压。这些军事行动耗尽了国库，所以清廷下令取消明朝所给予官绅家庭的大部分减免赋役的优待，而这引发了普遍的逃税现象。从1657年开始，中央加大了对地方政府施压，要求向南方富户征收钱粮以应付财政所需。顺治十五年（1658）五月十二日，顺治皇帝诏谕户部，严厉批评南方士绅豪强的逃税行为，其中特别指出应对无锡更加注意：

> 又江南无锡等县，历来钱粮欠至数十万。地方官未见有大破积弊、征比（征收核查）完结者，皆由官吏作弊。上官不行严察，且乡绅举贡之豪强者，包揽钱粮，隐混抗官，多占地亩，不纳租税，反行挟制有司。有司官不能廉明自守者，更惧其权势，不敢征催。该部遇有如无锡等州县之欠钱粮者，察明奏请。

身为皇帝的文书，秦松龄肯定知道朝廷向东南各省施压，加大征税力度的事。他小心地给自己拥有的五顷（五百亩）农田交足赋税，以确保无虞。但是他没有想到，一件非他所能控制之事将把他卷进这场漩涡里去。

1660年（顺治十七年），秦松龄的生母去世，他回家理丧。当他不在朝的时候，因漏税被免了官职。原来他的一个孀居的族姑（适［嫁，旧称］朱氏，居江阴）为了逃税，把她的田产登记在了他的名下，而他对此一无所知。松龄的生父命他不要告官申辩，以免他的族姑受辱。松龄虽不情愿，却也只好应允，因而获罪，削籍为民。在这种情况下，他已无为官的可能，只有隐退乡里，了此一生。

1661年（顺治十八年，岁次辛丑），松龄仍在居丧，突然传来了天子晏驾的噩耗。顺治皇帝正当盛年，突然驾崩，不免令人生疑，而其遗诏的公布，则让这件事变得更加神秘了。在遗诏中，年轻的皇帝引咎自责，历数了自己的十四项过错，包括在满汉官员中偏袒汉人、事母不孝，等等。一般认为，这道遗诏是（或者部分是）由他的母亲孝庄文皇后博尔济吉特氏（以下简称为"孝庄"），以及辅佐他儿子玄烨的四位大臣索尼、苏克萨哈、遏必隆、鳌拜所伪造的。辅政四大臣，特别是集大权于一身的鳌拜，都是保守派满洲人。他们视汉人为被征服者，不想接受和了解汉族的文化或历史。他们正是辛丑"江南奏销④案"的指使者。

在清朝统治的前二十年里，反抗最顽强的是东南的江、浙两省，满洲人对这里的镇压也最激烈。顺治十八年正月，八岁的玄烨刚刚继位，辅政四大臣便以谕旨的名义，颁行征催钱粮新令，定各部官员"如限内拖欠钱粮不完，或应革职，或应降级处分"。三月又定各省巡抚以下、州县以上征催钱粮未完之官的处分例。虽然各谕旨和处分例没有明确针对江南，但江、浙乃是全国最富庶的省份，所课的赋税也最高。结果自新令颁行后，江南被祸最惨：苏州、常州、镇江、松江四府并溧阳一县，凡上年奏销有未完钱粮的官绅士子全被朝廷下令黜革。无锡隶属常州府，所以出身无锡的生员、举人、进士，即使是名列榜首者，也都被革去了功名。

"江南奏销案"反映了当时满汉之间的紧张局势。无锡及江、浙其他地区的人民对郑成功义军的同情，使满洲人积怒于当地人心之未尽服帖。在1659年（顺治十六年），郑成功就已挥师进入江南，一路直捣南京，后来才被击溃。所以满洲人极为认真地征收一切赋税，锱铢必较，并对拖欠钱粮者治以重罪。

满洲人还故意不存税收记录，也有可能是记录之后尽行销毁了，以免留下迫害汉人的证据。但在民间仍存有非官方的记载。董含《三冈识略》有云：

> 江南赋役，百倍他省。……大约旧赋未清，新饷已近，积逋（拖

欠）常数十万。时司农（古代官名，掌钱谷之事，历代相沿，至明废。清代因户部主管财政、赋税，故以司农或大司农别称户部尚书）告匮，始十年并征，民力已竭，而逋欠如故。〔江宁〕巡抚朱国治强愎自用，造欠册达部（送达户部），悉列江南绅衿一万三千余人，号曰"抗粮"。既而尽行褫革，发本处枷责，鞭扑纷纷，衣冠扫地。如某探花（指苏州昆山人叶方蔼，顺治十六年及第）欠一钱，亦被黜，民间有"探花不值一文钱"之谣。夫士夫（读书人）自宜（应该）急公（以公家〔国家〕为急），乃轩冕与杂犯同科，千金与一毫等罚，仕籍、学校为之一空。至贪吏蠹胥，侵没多至千万，反置不问。吁，过矣！

最终，因为奏销案的牵连，江南共有一万三千五百一十七人失掉了前程。当一些人提出申诉时，当地官员以此作为对朝廷不忠的证据，乃将他们加以逮捕、鞭扑，因而招致更多的抗议。这件事终于酿成了顺治十八年七月，十八位苏州士子在南京被斩首的"哭庙案"⑤，其罪名不是"抗粮"而是"谋叛"。被囚禁者达三千人。

虽然秦松龄正式承担了逃税的罪责，但是他不愿给提携他的座主胡兆龙（山阴人，时称"山阴先生"，顺治十二年二月，以内翰林秘书院学士身份任会试主考官，三月充当殿试汉读卷官，四月担任庶吉士教习）留下不好的印象。于是松龄写信给恩师，解释了事情的经过：

……某以蓬荜小生，早膺知遇，阁下拔之众人之中，世祖章皇帝置之侍从之列，有一善未尝不奖借之，有一过未尝不教诲之。当时视世祖如天，视阁下如父，天无所不覆，父无所不爱，雨露风雷之所感，熏陶教育之所成。虽以下钝如某者，亦思自奋其力，稍勉学问，以附于正人君子之列，以答主知而报师恩。

不意治丧旋里（返乡）之时，遂有奏销一案，有间急公之义，几蹈不测之辜（罪）。幸荷圣恩，仅从削夺。然某久在京师，素知功令（法令）。薄田五顷，输赋独先。本籍欠粮之册，绝无贱名。

只以同族孀姑，远在邻邑，平日不相闻问，不知何人所使，诡将彼户滥注卑衔，逋赋三分，致干（以致干扰）国宪（国家法令），直俟檄提之日，方知受罪之由。彼时欲赴阙（赶赴宫阙，指入朝觐见）自明，而有司拘管在下，陈辨（辩）如石投水，更念孀姑无子，恐其被罪，必致丧生，迁延至今，未敢轻发。今岁复多疾病，年未三十，齿发已衰，因而自安愚分，不复再冀昭雪。然而先帝拔擢之恩，阁下教育之德，无所报称（相称地报答他人所施之恩惠）则已耳。乃自负抗粮之罪，上辱君师之知，中夜自思，无地可处。惟有修身慎行，诵诗读书，于文章学问或略窥一二，少得表见（显现）于世，使世之人指而称之曰："此世祖章皇帝旧史官也，山阴先生之门下士也。其人始虽得罪于朝廷，而终无大悖于名教（以等级名分［君臣、父子、夫妇、兄弟、师生等］为核心的礼教）。"则某之所以答主知而报师恩也。

赋闲享野趣

秦松龄被革职之后，在无锡度过十三年。由于他出自一个富有的家庭，因此得以悠闲生活，坐享天伦之乐。他的夫人吴氏为他生了一个女儿和一个儿子。女儿天资聪慧，而儿子秦道然则很驽钝。秦松龄常惋惜自己的女儿生错了性别，不是个男孩子。

当儿女还在襁褓中时，他的夫人就去世了。秦松龄又娶了一个填房华氏，她的父亲华亦祥在内弘文院任侍读。由于这位继室出自名门，秦松龄的地位显然有所提高。他虽遭黜退，但仍被人以原职称谓，受到人们的敬重。此外，他还纳了一费姓女子为妾。华氏为他产下次子实然（后出继松龄之弟松岱），是我母亲的先祖，而费氏则生了祖然、易然、明然、寿然四个儿子。

1666年（康熙五年），秦松龄去拜望他的族祖、时任江西按察使的秦鈜。秦鈜和松龄不同，家境贫寒，生活非常节俭。若干年后，秦鈜去世，松龄为他撰写墓志铭，说这位族祖在担任陕西布政使司参政、分巡榆林东路兵备道的三年内，只能睡木板床上，尽管节衣缩食，仍然入不敷出，但百姓经常争着给他醴酪，待之如亲人。升任江西按察使后，他甚至无钱供养书吏，乃一人亲理案牍，日夜劳神。

与此相对，富有的秦松龄可以专心读书，优游于经史。在这段日子里，有两件趣事可以说明当时有钱的士绅是如何消遣生活的。

第一件趣事，和一种曾流传于中国民间的迷信仪式"扶乩"有关。人们相信一个死去多年的人的灵魂可以被召来附在一个活人的身上。这就是说：一个根本不懂英文的人，在理论上有可能被莎士比亚的灵魂附体，而突然背诵起《哈姆雷特》的台词来。

相传，秦松龄曾在家里特辟一室，设立乩坛，专门用来召乩仙。有一天，松龄伴同无锡知县吴兴祚回家。吴是秦家故交，一向不信神仙鬼怪之事，但听说松龄要请唐代大诗人李白降乩，便决定要来一观究竟。

他们进屋后，只见乩童在他面前的沙盘上写道："吴兴祚为何不跪？"

吴知县答道："请为我赋诗一首，如为佳作，自当跪拜。"

李白透过乩童问："以何为题？"吴知县碰巧看见角落里卧着一只猫，便答道："猫。""用何韵脚？"那附体的神灵显然很有自信地再问。

吴知县便选了同音的"九、韭、酒"三个字，分别用在诗的第一、二、四行。

乩童马上把面前的丁字形木架扶平，在沙盘上写了以下四句诗：

猫形似虎十八九，吃尽鱼虾不吃韭。
只因捕鼠太猖狂，翻倒床头一壶酒。

吴知县于是信服，急忙跪倒在地，向李白的仙灵致敬。

秦松龄的另一件生活趣事，发生在1670年（康熙九年）他被罢官近十年之后，与一位被邀请到秦家寄畅园参加聚会的客人有关。

这位客人名叫余怀，是著名的诗人和戏曲爱好者，祖籍福建莆田，侨居南京。他因撰写《板桥杂记》，记述明清之际金陵秦淮河畔长板桥一带的歌妓，而为世人周知。余怀有一个好友，叫徐君见，苏州人氏，以度曲（制曲）名闻四方。

据余怀所述，徐生精通南曲⑥，"年六十余，而喉若雏莺静女，松间石上，按拍一歌，缥缈迟回，吐纳浏亮，飞鸟遏音，游鱼出听。文人骚客，为之惝怳（也作'惝恍'），为之神伤。"有一天，徐生对他说："吾老矣，恐不能复作少年狡狯事。得吾之传者，乃在梁豀⑦。今太史（官名，史官之长。明清时期，因修史由翰林院负责，故称翰林为太史）留仙秦公（秦松龄，字留仙）尊人（对别人父母的敬称）以新公（秦德藻，字以新）所蓄歌者六七人是也。君倘游九龙二泉间，不可不见此人。"

康熙九年九月，余怀途经无锡，应众友人之邀，泛舟同游惠山。此时，秦松龄在六七名歌者的陪同下，乘画舫，抱乐器，凌波而至，与他们相会于寄畅园。余怀写道：

> 于是天际秋冬，木叶微脱。循长廊而观止水，倚峭壁以听响泉。而六七人者，衣青纻衣，躧（屣）五丝履，恂恂（谦恭的样子）如书生，绰约（柔美的样子）若处子，列坐文石（有纹理的石头），或弹或吹。须臾歌喉乍转，累累如贯珠，行云不流，万籁俱寂。余乃狂叫曰："徐生，徐生，岂欺我哉！"

重入词林

1674年（康熙十三年），距"江南奏销案"已经过去十余年，三十八岁的秦松龄得到重新起用，但他并非接受朝廷的正式任命，而是通过某人以"贤能"之名举荐，被派往荆襄军前效用。川湖总督（1668年［康熙七年］合并四川、湖广总督而置，驻荆州府，1680年［康熙十九年］废）蔡毓荣请他给官兵们讲学。在这个位子上，他参与了康熙皇帝统治时期的一个重要事件：平定三藩之乱。

1644年（顺治元年），背叛明廷、帮助满洲人取得政权的山海关总兵官吴三桂，受封为平西王。1659年（顺治十六年），吴三桂打败南明将领，攻下云南，清廷遂命其镇守云南。两年以后，他因擒斩桂王（永历皇帝）朱由榔有功，晋爵亲王，兼辖贵州。是时，他与镇守广东的平南王尚可喜、镇守福建的靖南王耿精忠合称"三藩"。但至1673年（康熙十二年）年初，康熙皇帝以三藩分镇擅兵为国患，决定撤藩。九月，诏至云南。十一月，吴三桂起兵叛变，先杀害了云南巡抚朱国治（即制造奏销案和哭庙案的原江宁巡抚），随后分别写信给耿精忠和尚可喜的长子尚之信，此二人相继策应，三藩共同举起了反清大旗。

川湖总督蔡毓荣受命戡乱，虽然他迅速遣兵设防，但吴三桂率军出云、贵，几乎占据了湖南全省。康熙十七年（1678）三月，吴三桂在衡州（今湖南省衡阳市）称帝，改元昭武，定国号周，这对清朝的统治形成了真正的威胁。

秦松龄在军中宣讲宋代理学中的天道性命之说与忠孝大义，让官兵效忠清廷的统治。他在蔡毓荣帐下报效四年，直到康熙十七年八月吴三桂病死为止。此时，清廷明显已胜利在望。为了庆贺这场漫长的平叛战争的胜利，松龄作了一首《湖南大捷纪事三十韵》。诗的最末几句是：

宽租（宽免田赋）明诏重，止杀主恩先。

市列千金肆，人耕再熟田。

五兵（五种兵器，所指不一）还武库，六月备宫悬[8]。

玉烛辉丹陛[9]，金尊献御筵。

升平（太平）同作颂，敷奏圣人前。

吴三桂的叛变显示了清廷在南方的统治是不稳固的。康熙皇帝迫切希望争取对满人统治仍不服帖的南方士绅，于是决定师法他的皇父，力行汉化，包括采纳汉人的典章制度，推崇汉学，同时以身作则。为了延揽杰出的儒士入朝，他下令开设一种特殊的考试：博学鸿儒科[10]。

1678年（康熙十七年）春，皇帝谕令吏部：

自古一代之兴，必有博学鸿儒，振起文运，阐发经史，润色词章，以备顾问（顾视讯问，咨询）著作之选。朕万几（机）余暇，游心文翰，思得博学之士，用资典学（初指勤勉学问，后指帝王及储君对经史典籍的学习）。我朝定鼎以来，崇儒重道，培养人材，四海之广，岂无奇才硕彦，学问渊通，文藻瑰丽，可以追踪前喆（哲）者？凡有学行兼优，文词卓越之人，不论已仕未仕，令在京三品以上及科道官员，在外督抚布按，各举所知，朕将亲试录用。其余内外各官，果有真知灼见，在内开送吏部，在外开报督抚，代为题荐，务令虚公（虚，虚己受人；公，公平公正）延访（广为求访），期得真才，以副朕求贤右文（右，上也，引申为重视）之意。尔部即行传谕。

川湖总督蔡毓荣爱惜人才，遂举荐了他的幕宾秦松龄。1679年（康熙十八年，岁次己未）春，己未词科开考，膺荐的名儒共计二百零二人，但有一些忠于明室的人称病告老，拒不赴考，最后在体仁阁参加殿试的为一百四十三人。康熙皇帝在一、二品大员的协助下亲自主考，内阁大学士和翰林院掌院学士负责阅卷，由此录取考生五十人，其中二十人列为一等，秦松龄便包含在内。

录取的五十人均被派往了翰林院。秦松龄得以恢复过去的功名，成为清代两入词林⑪的少数人士之一。他再一次担任二十二年前曾被授以的"检讨"一职，在四十三岁的时候，重新步入仕途。他和其他同年一起受命纂修《明史》。这是足智多谋的康熙皇帝所想出的又一个策略：让这些可能对明室仍有留恋的人修史，既可以引他们入彀，为自己所用，又可以使他们承认清朝统治的合法性。

按照中国的传统，每一次改朝换代之后，当朝都要编撰前朝的官史。所以，清代的宫廷史官应诏纂修《明史》，正如昔日明代的史官纂修《元史》一样。

纂修《明史》是一项很大的工程，需要一大批学者的参与。事实上，这也是一个政治上敏感的工作。顺治年间，一些忠于明室的学者私自编修了一部《明史辑略》。由于这部史书用了明朝而非清朝的年号，所以它的编撰者被定为叛逆。结果参修该书的主要人员满门获罪：凡十五岁以上的男丁全部问斩，妇孺沦为奴隶。相关涉案人士，如校阅、作序、刻书、印书、买书、卖书、藏书者皆不免于难，惨遭屠戮。连那些并未参与其中，但知情不报的官员，也一律处决了。主编庄廷鑨虽在这部明史完成以前就已去世，仍遭剖棺戮尸之祸。

御前记起居

秦松龄参与修史仅两年。1681年（康熙二十年，岁次辛酉）他四十五岁时，被任命为江西省乡试的正考官。成为正考官是一种荣耀，因为只有最有学问的人才能担任，但在康熙年间，也有一定的风险。当时发生了不少科场案，如1657年（顺治十四年，岁次丁酉）在顺天府（今北京地区）举行的乡试，曾爆出重大的舞弊丑闻，被惩治者多达数百人。⑫ 案件涉及贿赂、敲诈、顶替、投匿名信诽谤、滥用职权等多项罪名。幸运的是，秦松龄主持的辛酉江西乡试得以顺利完成。

同年二月，他被选充为"起居注官"之一，负责记录皇帝公开的日常活动及言行。担任这个职位，使他经常接触皇帝。查阅秦松龄记载的皇帝日程是很有启发的。

康熙皇帝的一天通常以早朝拉开序幕。他在乾清门接见群臣，处理日常政务。御门听政⑬时，大臣奏议之事多与人事任免有关，如递补员缺、恩准朝臣引退等，所以玄烨显然要提前对这些议题有所了解。

只要有可能，皇帝每日都要到孝庄太皇太后居住的慈宁宫问安。因为玄烨的皇父和生母孝康章皇后佟佳氏（以下简称为"孝康"）早逝，他是在祖母的教养下长大的。

起居注官由几个官员轮流值班，所以秦松龄的名字没有出现在每日记注的末尾。

康熙二十一年（1682）七月二十七日，秦松龄在《起居注册》上写道：

> 二十七日壬申。早，上御瀛台⑭门，听部院各衙门官员面奏政事毕，部院官员出。大学士、学士随捧折本⑮奏请旨：为吏部题补内阁侍读学士员缺，选监察御史王国昌拟正（正取），吴兴祖拟陪（备取）。上问曰："王国昌学问如何？"大学士明珠奏曰："王国昌学问优通。前侍读学士员缺，因系伊兄王国安之缺，未经选择。"上又问曰："吴兴祖学问如何？"明珠奏曰："监察御史内，除王国昌外，吴兴祖学问亦优。前补金汝祥时，曾经拟陪。"上曰："吴兴祖先经陪拟，着（表示命令语气）补授此缺。"

解决了这件事之后，玄烨继续处理其他题本，其中两本是关于当地民政的。秦松龄记注道：

又为直隶巡抚格尔古德题,直隶所属沿海地方皆系沙碛,并无可垦之地,户部议令该抚等再行严察保题。上曰:"天津等处沿海地方垦种之地甚多,若系百姓垦种,输纳钱粮,无容置议。若系豪强并旗下人霸种,岂不虚弃钱粮?着该抚再行详察具奏。"……又为贵州巡抚杨雍建题,黔省荒残,请将本年地丁钱粮蠲免(免除)事。上曰:"贵州地方大兵未经久驻,且蠲免钱粮恩诏开载甚明。杨雍建知而具题,明系市恩(讨好),殊属不合。这所奏不准行!"本日超居注官葛思泰、秦松龄。

九月十八日,皇帝在乾清门听政,门前设有两头鎏金⑯铜狮。御座安放在门厅正中,御座之后展开一面屏风,以免朝臣窥探宫闱;御座之前摆置一张盖着黄巾的章奏案。案桌的左前方铺有绣垫,可供上奏官员跪禀。

清晨,乾清门侍卫抵达,翼立在御座左右。另有豹尾班侍卫立于丹陛之下,西侧的持豹尾枪,东侧的佩仪刀。

部院各衙门官员在天明以前就咸集于此,等候皇帝圣驾莅临。他们朝西在门厅内站成一排,对面是翰林、科道官员。皇帝乘御辇到达,升座坐定,起居注官移到门厅内的西柱下,准备记注。尚书一人持装有题奏本章的匣子,走到章奏案前跪下,把匣子置于案上,再起身回到原来的位置,跪下启奏。

秦松龄在这天的记注上写道:

十八日壬戌。早,上御乾清门,听部院各衙门官员面奏政事毕,部院官员出。大学士、学士随捧折本面奏请旨:为吏部议,招抚贵州黄九畴,应照周昌例,以佥事道⑰用事。上曰:"黄九畴系王辅臣(三藩叛乱时曾反清后又降清)心腹之人,素行狡诈,不宜录用。凡此等投贼复降之人,概不准用。着该部再议。"……又为[吏部]尚书黄机引年乞休事。上曰:"黄机谨慎寡交,虽系年老,尚堪办事，着留任。"……上又谕大学士等曰："自用兵以来，百姓供应烦苦。朕前屡言，俟天下荡平，将钱粮宽免。今岁各处所报灾伤甚少，尔等可同户部先将天下钱粮出纳之数通算来看。至陕西一省，供应较他省苦累加倍，钱粮犹应宽免。"明珠等奏曰："皇上所见极大。今四海晏安，正休养生民之时也。"奏毕，上回宫。……已时（上午9点—11点），上诣太皇太后、皇太后（孝惠章皇后博尔济吉特氏，皇帝的嫡母，以下简称为"孝惠"）宫问安。本日起居注官常书、秦松龄。

十二月二十日，秦松龄在阴历年前最后一次当值，记注了皇帝如何处理工程弊案：

> 二十日癸巳。早，上御乾清宫，大学士、学士捧折本面奏请旨：……又都察院议，工部修造宁寿宫（孝惠皇太后的寝宫）销算钱粮浮多，将侍郎苏拜、金鼎等革职事。上曰："凡工程俱关系钱粮，工部堂官（明清时对中央各部正、副长官的通称，因在各衙署大堂办公，故名）理应详察估计，量减浮冒（虚报）。今观一应工作，必反为预行（事先进行）浮估，待工竣时，蒙混奏销，欲将所剩互相侵肥。如此情事（情况），朕虽已知，量（思量）必更改，故不行纠察摘发（揭发）。今仍积习陋规，视为常事，此等弊端并不更改，理应依议处分，严行惩创。但观宁寿宫工程俱属坚固，并无疏忽。苏拜、金鼎从宽免革职，着各降二级留任。其监造官刘玺等及司官白尔黑等，着从宽免革职交与刑部，亦各降二级留任。修造宫殿，诏款所载甚明，今将朱之弼、党古里、司官塞华等援赦免议，不合。朱之弼等俱各降一级留任，其佐官亦着免交刑部。"……是日，辰时（上午7点—9点）封印，上不御乾清门听政。本日起居注官牛钮、秦松龄。

阴历年后的二月初一日，秦松龄记载了一件和他的职务直接相关的事，说明了这项工作的敏感性。由于皇帝循例不得索阅本人的《起居注册》，显然玄烨认为起居注官有可能滥用职权，歪曲他的口谕，影响他的形象。

秦松龄在记注册上写道：

初一日癸酉。辰时，上御乾清门，听部院各衙门官员面奏政事。翰林院为康熙二十一年《起居注册》照例会同内阁诸臣看封贮库，以绿头签⑱启奏。上曰："尔等可同内阁诸臣来奏，另有谕旨。"少顷，同内阁诸臣进。上曰："记注起居事迹，将以垂之史册，所关甚要。或在朕前原未陈奏，乃在外妄称如何上奏，如何奉旨，私自缘饰开写送起居馆（纂修皇帝起居注的机构）。且每日止该直（值）官二员记注，或因与己相善，特美其辞；与己不相善，故抑其辞，皆未可知。起居注官能必其尽君子乎？记注册朕不欲亲阅，朕所行政事，即不记注，其善与否，自有天下人记之。尔等传谕九卿、詹事（掌辅佐教导太子）、科道等官，会议应作何公看。如以所无之事诬饰，记注者将严惩焉！"……本日起居注官阿山、秦松龄。

康熙二十二年（1683）四月初七日，秦松龄再度当值，记注了皇帝如何用人：

初七日己卯。辰时，上御乾清门，听部院各衙门官员面奏政事毕，部院官员出。大学士、学士随捧折本面奏请旨：为吏部题补甘肃布政使雅思哈升任员缺，正拟郎中席特库，陪拟巴锡。上曰："席特库年衰，巴锡或尚堪用。尔等以为何如？"大学士明珠奏曰："席特库原属平常，巴锡久任吏部郎中。"勒德洪奏曰："巴锡年久，且为人谨慎。"上曰："巴锡学问大约平常，然亦非甚不堪之人，既年久谨慎，着补布政使。"……本日起居注官阿山、秦松龄。

五月二十七日，秦松龄记注了皇帝主持祭地大典：

> 二十七日戊辰。早，上以夏至，躬诣方泽坛⑲致祭毕，回宫。巳时，上诣太皇太后、皇太后宫问安。本日起居注官阿山、秦松龄。

皇帝身为天人之间的纽带，必须尽所谓天子的职责，为民祈祷丰收。在举行各项大祀之前，皇帝循例应至斋宫斋戒三日。当他出宫去祭祀时会鸣钟，当他抵达太庙或祭坛时则会击鼓。

八月二十三日，秦松龄的同僚记注了松龄职位升迁之事。不清楚是正常轮值，还是有意让本人回避，当天不由秦松龄侍班执笔。皇帝御门听政的议题之一是升补"中允"的缺员。中允是詹事府的属官，掌管侍从礼仪及教授皇太子文书。那时康熙皇帝已选立了年仅九岁的二阿哥⑳胤礽为太子。由于胤礽的生母孝诚仁皇后赫舍里氏难产而死，所以皇帝钦命了一大批官员担负起教育皇储的重任。

《起居注册》上写道：

> 二十三日壬戌。……辰时，上御乾清门，听部院各衙门官员面奏政事毕，部院官员出。大学士、学士随捧折本面奏请旨：……又升补中允事。明珠等奏曰："臣等问学士牛钮、张玉书，言翰林官中现任讲官㉑秦松龄品优学裕，历俸亦久，即继田成玉应升之员。臣衙门汉官亦皆言秦松龄品优俸深。"上曰："秦松龄朕亦知之，人品学问俱优，可升此缺。"……本日起居注官牛钮、王封溁。

秦松龄是以晋升为右春坊（詹事府所属的一个机构）右中允，同时兼任起居注官。不过，讽刺的是眼下秦松龄置身东宫教导皇太子胤礽，日后他的儿子秦道然奉旨在九阿哥胤禟处教书，而胤礽、胤禟这对异母兄弟后来反目成仇，并且胤禟还被牵涉到谋害皇太子一事中去了。

对秦松龄来说，1683年应该说是他的幸运年。四十七岁的他不仅成功地重登仕途，而且在短期之内两度升官。康熙皇帝还对他颇有好感，他期待可以填补被迫赋闲的那十几年空白。可惜好景不长，次年就终结了。

【编者注】

① 据《清史稿》记载，庶吉士旧隶内弘文院（清代内阁与翰林院的前身之一，掌注释古今政事得失、行事善恶，进讲御前，侍讲皇子，教育诸亲王等。与内国史院［掌记注皇帝起居诏令，编纂史书、实录，撰拟章奏、诰命册文，收藏御制文字等］、内秘书院［掌起草外交文书，处理各衙门奏疏、皇帝敕谕、告祭文庙等］合称为"内三院"），设翰林院后，始归属翰林院下。但在翰林院定制之前，其与内三院时分时合，较为复杂。此处，秦松龄选为庶吉士，入内翰林弘文院学习。

关于内三院与翰林院的沿革：1627年（后金天聪元年），皇太极设文馆，以亲近侍臣在馆办事。1636年（后金天聪十年），改文馆为内三院。1644年（清顺治元年），清承明制，设立翰林院。次年，裁翰林院以归内三院，改称内翰林国史院、内翰林秘书院与内翰林弘文院。1658年（顺治十五年），裁内三院改置内阁，复设翰林院。1661年（顺治十八年），裁内阁、翰林院，复设内三院。至1670年（康熙九年），圣祖命改内三院为内阁，专设翰林院，遂成定制。

1733年（雍正十一年）开始，翰林院特设教习馆，供庶吉士入馆深造。三年学习期满后，由教习奏请皇帝御试，称为"散馆"。散馆后可授予官职，其中成绩优等者留翰林院任编修、检讨之职，称为"留馆"；中等者或留馆，或出仕各部主事、知县；下等者或被除名，或再学习三年，等下次散馆任用。

1735年（雍正十三年），正式改为庶常馆。

② 顺治年间，馆选沿明制，殿试毕即考选庶吉士。馆选之法，可参见清代史料笔记《养吉斋丛录》中的记载："顺治丙戌科（1646年）殿试后，选择年貌一百余人，于内院（指内三院）复行考试。如殿试例，题用奏疏、律诗各一，俱钦定。入选者，用（任用）庶吉士。"

③ 和硕，满语，汉译为角、方，加于亲王、贝勒（满语，汉译为部落酋长，有"管理众人"之意）、公主等名词前，有"统辖一方"之意。和硕亲王是清代宗室等级最高的爵位封号。最初，努尔哈赤为防止同族各支系间发生内讧，分封子弟叔侄八人为八固山（旗）贝勒，各主一旗或若干牛录，共执国政，并规定八家均分人口、土地和财物，有不称职者，可随时更换，但八家（即八分）之数固定不变。1636年（崇德元年），皇太极称帝，始定和硕亲王、多罗（满语，汉译为道理、礼仪，有"有礼的"之意）郡王、多罗贝勒、固山贝子（满语，是贝勒的复数，有"天生贵族"之意）、镇国公、辅国公、镇国将军、辅国将军、奉国将军共九等。1653年（顺治十年）增奉恩将军为十等。1748年（乾隆十三年），又定十四等爵，为和硕亲王、世子（亲王之嗣子）、多罗郡王、长子（郡王之嗣子）、多罗贝勒、固山贝子、奉恩镇国公、奉恩辅国公、不入八分（即八家家主之本支子弟中，凡未分得牛录户口者，不得享受八分之权力）镇国公、不入八分辅国公、镇国将军、辅国将军、奉国将军、奉恩将军。

④ 奏销：清代财政制度之一。清制，地方政府征解（征收解送）地丁钱粮，必须于年底统一销算。先由各府、州、县将本处征解的各项钱粮开列细数，报至该省布政使司。再由各省布政使司将全省钱粮完欠（完税、欠税）、支解（交付）、起运、存留之总数，以及拨充兵饷、办买颜料、剩余之数，汇造清册（日奏销册），呈送该省督抚核查。最后再上报户部各省主管清吏司（清代，户部按地区划分有江南、浙江、四川等十四个清吏司）稽查审核，由户部复核。另外，凡拨款采买粮食、物品，备办军需，营造修建工程等，事毕，经管官员都必须将各项用度造册呈交户部或工部，以备核查销算。为了严明此项制度，清廷特定期限，延期不报者，分别议处。又定例，地方官员造报各项文册如有遗漏、数目草错，即驳回重造，并给予罚俸等处分。

⑤ 哭庙案：顺治十八年二月初一日，顺治皇帝的哀诏下达苏州吴县（清为苏州府衙、省督抚衙门所在地），设位府衙大堂。江宁巡抚朱国治率领众

官绅哭临（帝后去世，集众定时举哀）三日。初四日，吴县生员金人瑞（即明末清初著名的文艺批评家金圣叹）、倪用宾等百余人相率哭于文庙，因吴县知县任维初贪酷虐民、暴刑催征，百姓不堪其苦，乃撰写揭帖控告之。随后鸣钟击鼓，拥至府衙，百姓从者千余人，号呼欲驱逐任县令。朱国治及诸哭临者大骇，立命捕治。众哗散，逮捕倪用宾等十一人。因朱国治与任维初交好，旋即具疏上闻，略言："兵饷难完，皆由苏属抗纳，而吴县尤甚。新令任维初目击旧官皆以未完降革，遂行严比（追比，旧时地方官吏严逼人民，限期交税、交差，逾期受杖责）……劣生倪用宾、沈琅……当哀诏哭临之日，乃千百成群，肆行无忌，震先帝之灵，罪大恶极，其不可逭（免除）者一也；县令虽微，乃系命官，敢于声言扛打，目中尚知有朝廷乎？其不可逭者二也；匿名揭帖，律令甚严，身系青衿，敢于自蹈，其不可逭者三也；尤可异者，道府自有公审，乃串凶党数千人，群集府学，鸣钟击鼓，意欲何为！至于赃款，止（只）有卖漕一款，出自本役吴行之口供，并无见证。总之，吴县钱粮，逋欠成例，稍加严比，便肆毒螫。若不显示大法，窃恐诸邑效尤，有司丧气，不敢再行追比。攫此恶锋，伏祈乾断（皇帝裁决），严加法处施行。"四月，朱国治奉旨押解诸生至南京，与钦差叶尼会审，不召任维初，只严刑拷打生员。此时，金人瑞等未被抓获的哭庙生员也随之来到南京，又相继被捕。会审过后，叶尼上疏，称倪用宾等"摇动人心倡乱，殊于国法"，应立刻处决；吴行之遭倪用宾等逼勒谎供，应杖三十，革役；任维初既无过犯，应免议。七月十三日，金、倪等十八人被处斩于南京三山街，其家产籍没入官，妻孥遭戍边塞。

⑥ 南曲：本指宋元时期南方戏曲、散曲所用各种曲调的总称，与北曲相对；此处指的是昆曲。昆曲，初称"昆山腔"或简称"昆腔"，明中叶以后始称"昆曲"，清中叶以后始称"昆剧"，此外也有"南曲""南音"等名称。昆曲是中国传统戏曲中最古老的剧种之一，最初为元末流行于苏州府昆山县一带的民间戏曲腔调，由"精于南辞，善作古赋"的昆山千墩（今江苏省昆山市千灯镇）人顾坚加以创作和改进，至明初已有"昆山腔"之名，但传播范围不广。嘉靖年间，江西人魏良辅因学习北曲，比不上北人，乃寓居太仓（昆山之东）钻研南曲。他发现昆山腔比较平直，便汲取当时流行的海盐腔（起源于浙江嘉兴府海盐县）、弋阳腔（起源于江西弋阳县）等民间曲调的特点，

对昆山腔再加丰富，同时引入了北曲中使用的中州韵，增加伴奏乐器等，把南北曲融为一体，逐渐传唱全国各地。昆山新腔旋律舒徐，婉转细腻，又有"水磨腔""水磨调"之称。昆腔至此基本定型，但从元末到魏良辅时期，还只停留在清唱（俗语谓"冷板凳"，要求闲雅整肃，清俊温润）阶段。大约在嘉靖末至隆庆年间，魏良辅的众多推崇者之一昆山人梁辰鱼，专门创作了用昆腔演唱的传奇剧本《浣纱记》，使昆腔登上了戏剧舞台。经过魏良辅的革新和梁辰鱼的实践，昆曲的影响越来越大，一直到清中叶，为昆曲的兴盛期。此后，随着戏曲上出现"花"（花部，即昆山腔以外的地方戏曲，如京腔、秦腔、弋阳腔等）"雅"（雅部，即昆山腔）之争，昆曲逐渐走向没落。2001年入选联合国教科文组织首批"人类口头和非物质遗产代表作"。

⑦ 梁谿：即梁溪。位于无锡县治西门外，源出惠山，其袤三十里，流入太湖。相传古溪极隘，南朝梁大同年间（535—545）重浚，故名。或云东汉隐士梁鸿居此而得名。元代的《无锡县志》介绍梁溪时，言"凡岁涝，则是邑之水由溪泄入太湖，旱则湖水复自此溪回，居民藉以溉田。俗云：州人不能远出，出辄怀归，以此溪水有回性所致。"后世遂以梁溪别称无锡。

⑧ 宫悬：旧称"宫县"。古代礼乐，按身份地位定等次。帝王用乐，四面悬挂乐器，象征宫室四壁，称"宫悬"；诸侯用乐，称"轩悬"，即去其一面而悬；卿大夫用"判悬"，又去一面；士用"特悬"，只悬一面。

⑨ 丹陛：古代宫殿台基之前的阶梯，漆为红色以示尊贵。

⑩ 博学鸿儒科，或称"博学鸿词科"，简称"鸿博科"。清沿唐宋之制，为制举（参见第二章注释③）的一种，可追溯至717年（唐开元五年）。清康熙十八年（1679）、乾隆元年（1736）分别举行了己未年博学鸿儒科、丙辰年博学鸿词科，历史上又称为己未词科、丙辰词科。

⑪ 词林：翰林院的别称。北宋至和元年（1054）九月，仁宗飞白（书法笔法的一种，"取其若丝发处谓之白，其势飞举谓之飞"）书"词林"二字赐翰林学士王洙，始有是名。明太祖洪武初年于皇城内建翰林院，匾额曰"词林"，遂有此称。

⑫ 顺治十四年（1657）八月，丁酉科顺天府乡试，庶子（太子的属官）曹本荣为正考官，中允（太子的属官）宋之绳为副考官，评事（大理寺属官，掌平决刑狱之事）李振邺、张我朴，博士蔡元禧，行人（掌传旨、册封之事

郭浚等十四人为同考官。李振邺结交权贵，在外所通关节（考生与考官之间的暗号，清代也称"条子"。事先定明诗文某处所用之字，写在纸条上，以为验记，可呈递给熟识的考官，或行贿相托而递之，犹如过关之用符节。清代科场案频发，多与通关节、递条子有关，传统的"糊名""誊录"无法制止这种作弊方法）有二十五人，而闱中试卷近六千，一时难以寻获，他便用蓝笔抄上所有关节暗号，让其随身书童灵秀代为查找，并从中录取了五人。另一位广受贿赂的是同考官张我朴，他与考生蒋文卓有隙。当时同考官郭浚得人请托，欲荐蒋廷彦卷于主考，被张误以为是蒋文卓卷，乃横加阻挠，郭浚只好作罢。发榜之后，物议沸腾，张我朴、李振邺却毫不顾忌，动辄向人炫耀其功。郭浚认为是他们打破了自己的好事，就急着告诉蒋廷彦："兄卷已中，张（张我朴）故不许，即张汉（一位与李振邺有隙的考生）卷亦已中，李（李振邺）故检而毁去也。"为了报复，蒋文卓将张、李二人徇私舞弊之事写成匿名揭帖，到处散发，张汉则将揭帖刻印出来，并投送了四张给科道衙门，科场丑闻因而广传于世。十月，刑科给事中任克溥上疏揭发此案，皇帝福临传旨捉拿疏内有名人犯，令吏部、都察院严加审问。结果审出李振邺、张我朴赃证有据，吏科给事中陆贻吉、博士蔡元禧、进士项绍芳，以及行贿中试的举人田耘、邬作霖，并皆属实。顺治皇帝大怒，下旨七人俱着立斩，家产籍没，父母、兄弟、妻孥俱流徙尚阳堡（位于今辽宁省开原市东，是清初著名的流放地）。李振邺亲笔抄录二十五个关节的那张纸，事后并未向灵秀索回销毁，反而落入灵秀的同伴冯元手中。冯与李怀有宿怨，本想将它收藏起来，作为挟制对方的凭证，案发后乃上交官府。凡纸上有名的，都被一一捉拿归案。此外，负责科场事务的礼部官员、监试御史和考官也遭拘捕入狱。十二月，顺治皇帝谕令礼部，将顺天乡试中试的举人速传来京，等候复试且不许迟延规避。次年正月，他在太和门亲自主持复试，有八人文理不通被黜落。四月，刑部拟将续审案犯二十五人处以极刑，皇帝御临太和门亲审后，俱从宽免死，各责四十板，流徙尚阳堡。礼部官员董笃行等自认失职，从宽免罪，仍复原官，考官曹本荣等亦著免议。秘书院大学士管吏部尚书事王永吉，因其侄王树德贿买作弊，自请处分，降五级调用。丁酉顺天科场案至此落幕。

⑬ 御门听政：通常在清晨举行，又称"早朝"。指帝王亲自到外朝、

内廷的正门,与群臣一起处理政务。明代,皇帝听政是在外朝之正门"奉天门"(嘉靖时改称"皇极门",清初改称"太和门")举行。清代,顺治皇帝御太和门,康熙即位后移至内廷之正门"乾清门",并定下了每日御门听政之制。如若皇帝出巡,则在行宫举行。雍正、乾隆时期,御门不再频繁举行,日常视事一般在宫殿内召对臣工。咸丰以后,此典礼遂废。

⑭ 瀛台:位于西苑(即中南海)南海小岛上的殿宇。西苑,又称"西海子",位于紫禁城西侧,是有八百年历史的皇家园林,初辟于金元时期,明清两代续有增建,中心地带为南、中、北海,水面相连,合称"西苑三海"。瀛台始建于明代,旧称"南台"。清顺治年间,别建宫室,为帝王、后妃避暑之处。因其四面临水,景色秀丽,衬以亭台楼阁,美如传说中的海上仙山"瀛洲",顺治皇帝遂改名为"瀛台"。

⑮ 折本:由内阁票拟处理意见的题奏本章(清沿明制,凡臣工上奏文书,若陈述公务如钱粮、刑名、兵丁、民务之事,用"题本",加盖官印;若乞恩、认罪、谢恩等陈情建言、申诉之事,用"奏本",不加盖官印),要经皇帝御览朱批,其中关系国计民生有待与群臣商议的,或不能为皇帝所同意要退回另拟票签的,则折角下发,即为"折本"。内阁接到折本后,逐日收存,待积至若干件,可在御门听政时,由内阁大学士、学士等捧进请旨。得旨后,由内阁另缮票签,再随同其他本章进呈御览,其批本程序,与其他本章相同。

⑯ 鎏金:古代金属工艺装饰技法之一。系将金和水银合成金汞齐(即合金),涂在铜器表面,然后加热烘烤,使水银蒸发,金则附着于器面不脱落。

⑰ 道,指道员,别称道台。明初,以布政使司和按察使司管辖一省(参见第八章注释④)。由于地域广大,便由布政使的佐官左右参政、参议,派驻在一定地区,叫作"分守道",主要管理钱谷;由按察使的佐官副使、佥事,分巡某一带地方,叫作"分巡道",主要管理刑名。道员一般分辖几个府、州,辅佐布、按二司办理地方政务,并负责考核、监察地方官员(所谓"中央有科道,地方有守巡道"是也),是省与府、州之间的地方长官。但道员没有专衔,仍须兼带布政使司参政、参议或按察使司副使、佥事衔,称参政道、参议道、副使道、佥事道。除此之外,还有专职道员如督粮道、水利道、管河道、马政道、提学道、盐茶道等,均系因事因地而设置。清沿明制。1753年(乾隆十八年),裁撤参政、参议、副使、佥事等衔,道员一律定为正四品官,并多带兵备衔,

职权更重。

⑱ 绿头签：或作绿头牌。清代官员奏事或外官入觐时，先向皇帝呈递的名衔牌。以薄木片或竹片制成，长约30厘米，通身涂以白色，上部3厘米处刻成云头状，涂以绿色，中间竖行书某官之姓名、籍贯、出身等。因为是在皇帝进膳前呈递，故又称"膳牌"，皇帝视之决定饭后是否召见。

⑲ 方泽坛：为地坛的祭坛，明、清两代皇帝的祭地之处，与天坛的圜（音同圆）丘坛相对应。《周礼·大司命》记载了：冬至日，礼祭天神，天子祀天于地上之圜丘；夏至日，祭祀地祇，天子祭地于泽中之方丘。但西汉末年，汉平帝实行天地合祭，开启了后世关于天地合祭（人君事天地犹父母）、分祭（阴阳有别）之争。支持分祭者中，就有明世宗嘉靖皇帝。1530年（嘉靖九年），世宗认为天地合祀（1377年［洪武十年］，太祖定制）与古礼不合，遂于北京城安定门外东侧，增设方泽坛。坛台分上下两层，方形，以符"天圆地方"之说。坛下四周有泽渠，祭祀时注水于渠中，取"泽中方丘"之意。1534年（嘉靖十三年），改称整个建筑群为地坛。清沿明制，定圜丘、方泽、祈谷、太庙、社稷为大祀，皇帝要亲诣致祭，遇国有大事，则派亲王、皇子代行"祭告"之礼。

⑳ 阿哥：或作阿格，满语，汉译有兄长、公子、皇子之意。这里指的是第三义。清初皇族子弟皆称阿哥，后来成为皇子的专称。

㉑ 讲官：明清时指经筵讲官、日讲官等，即为皇帝进讲经史的官员。此处是指日讲官。1670年（康熙九年）设起居注馆后，以日讲官兼充起居注官，称"日讲起居注官"或"日讲官起居注"。1686年（康熙二十五年）停日讲，但起居注官仍系衔"日讲"二字。

第十五章
秦松龄：康熙皇帝的起居注官

史笔下的圣君

秦松龄担任起居注官的第二年，清廷与逃到台湾的反清复明势力之间长达数十年的对峙告一段落。康熙二十二年（1683）七月二十七日，郑成功的残部在其孙子郑克塽的率领下，向清朝水师投降。

对峙时期，清廷曾试图通过切断台湾的粮食及其他物资供给，削弱台湾的力量，为此甚至强制迁移了海峡西岸的沿海民众。然而满洲人并没能因此打败台湾的反清势力，直到他们组建起了一支强大的舰队，才真正在台湾行使他们的统治权。

负责为清军拟定战略的是福建总督姚启圣。他调兵制器，奖励士卒，精敏整暇，咄嗟立办，捐造船只，无所不备，使福建水师在数年之内迅速壮大、变强。但在具体的进剿行动上，姚启圣与水师提督施琅发生了分歧。最后康熙皇帝把这支水师的作战指挥权完全交给了海战经验显然更为丰富的施琅，批准他相机自行进剿。施琅取胜后，直接由海道上呈捷报，显然没有考虑让姚启圣转呈一事。姚启圣派遣飞骑由内陆驰报，晚了两日抵达京师。这给康熙皇帝留下了姚启圣企图贪占施琅之功的印象。

皇帝的这一偏见，在康熙二十二年九月初九日，他御门处理姚启圣奏请垦荒一事中，明显地表现了出来。秦松龄在当日的记注册上写道：

> 初九日丁丑。……辰时，上御乾清门，听部院各衙门官员面奏政事毕，部院官员出。大学士、学士随捧折本面奏请旨：……又福建总督姚启圣请开垦广东等省沿海荒地等事，共八本。上曰："朕观姚启圣近来行事，颇多虚妄。当施琅进兵时，不及时接济军需，每事掣肘，所造战船徒费钱粮，多不堪用。又屡奏捐助银十七八万两，大约虚冒居多。况姚启圣并无劳绩，而奏内妄自夸张，称臣与提臣（提督）如何调度。今台湾降附，海贼荡平，该省近海地方应行事件自当酌量陆续施行。姚启圣预行借端陈请，明系沽名（猎取名誉）市恩，殊为不合，这各本皆不准行！"明珠等奏曰："姚启圣乃一好事夸诞之人，诚如圣鉴。"上曰："尔等严切拟票送进。"本日起居注官葛思泰、秦松龄。

清朝皇帝每年都要复审各省上报的死刑案件，由他亲自裁定是否情真（后作情实，即罪情属实）；如果情真，采取何种方式执行；是否缓决，是否减等发落，等等。由于这个审核在秋季举行，所以称为"秋审"。①

量刑的标准常常不是行为本身，而是凶手与被害人的关系。所以，儿子杀了父亲的定罪要比父亲杀了儿子重很多，因为儿子应该对父亲行孝，而父亲对儿子却无此义务。同理，仆人攻击或诋毁他的主人是一项滔天大罪，而主人打骂甚至杀了他们的仆人都不会受到严惩。

这种做法的根据是皇帝至尊的社会阶级制度。按照逻辑推理，如果容忍一个人反对他的主人或父亲，必将导致弑君行为的发生。满洲人尤其强调主奴的地位之别，在他们家里，蓄养包衣阿哈②——身份像奴隶一样的家奴、家婢——是很普遍的事。

秋审的廷议是令人印象深刻的。廷议通常在早晨进行，皇帝的主要大臣都会参加，包括内阁大学士、学士，以及九卿、都御史、刑部堂官、御前侍卫等。考虑到场合的严肃性，皇帝会穿着素服，以示哀悼。

皇帝入座之后，大学士把奏章案上的黄册、题本进呈御览。皇帝核阅之后，指明应处决的罪犯，然后将定谳者的姓名用红笔勾出。

最后，谕旨要翻译成满文，呈皇帝御览无误。由都察院各道监察御史抄正，转交给刑部，再由刑部各司发至各省执行。

秦松龄记注了康熙二十二年十月十四日的秋审廷议。这次廷议有一点未循通例，举行的时间不是在早晨，而是在皇帝处理完日常政务，并诣太皇太后和皇太后处问安之后的午间。秦松龄与同僚牛钮在记注册上写道：

> 十四日辛亥。……午时，上御懋勤殿（位于乾清宫西庑），召大学士、学士等入，酌定在京秋审情真重犯。命大学士、学士等坐，上取各犯罪案逐一亲阅，再三详审。其情罪决无可恕者，俱定情真。

接着皇帝处理那些他认为可疑或可矜的案件。这一次，他把属于这一类的罪犯都宽赦了。其中比较特别的包括：

- 古纳杀主拟凌迟案

上曰："古纳虽经定罪，但始终未曾自认。情属可疑，故数年未决。可仍著监候（收监等候下次秋审），俟另有发觉，再行定夺。"（认罪虽不作为量刑的主要根据，但会得到肯定。如果犯人在严刑拷问之下仍不肯认罪，那么他是否有罪便很值得怀疑了。）

- 夺钱伤人案

上曰："田大止夺人钱一千五百，因兵丁追获，一时情急，刀刺二人手腕。所夺之钱为数无多。"

- 通奸杀人案

上曰:"梁长寿与严自贵妻私通,杀死自贵,情殊可恶,但伊兄阵亡,情尚可悯。"

- 伪造印鉴诈欺案

上曰:"噶尔拜仿造假印,诓取库银二千余两,罪虽应死,但其情迫于贫困,以致妄为。"

- 魇魅家主案

上曰:"黑子书符置依(伊)主衣襟内,魇魅(古代一种邪恶的巫术,用来诅咒害人)伊主,情虽可恶,然不过愚妄无知,从来符咒岂有使人受祸之理。"

- 牙兔、五子、袁二、李二、七儿等偷盗仓米案

上曰:"牙兔等虽同谋偷盗,然为首止牙兔一人,可止将牙兔正法。"

- 械斗伤人案

上曰:"李大等虽与王强等争斗,打死开极等三人,但案内俞五已经正法。若复将伊等尽行正法,人数太多,似觉可悯。"

- 预谋杀人案

上曰:"葛巴库因困迫不能还银,与硕色商议谋死阎免。硕色不系造意之人,情有可原。"

- 误会杀人案

上曰:"孙连盛因刘大裸身入其院内,认以为贼打死。素无仇恨,情亦可原。"

- 自卫杀人案

上曰:"万儿看守园地,因潘国辅动手先打,乘醉回打致死,并非首先行凶。"

- 贩卖人口案

上曰:"李松将本家之人骗卖,止得银五两,并非大恶,且银数甚少。"

皇帝推翻了这些死刑判决之后,总结当天的工作道:"人命事关

重大,故召尔等入内殿共相商酌,稍有可原,即开生路。今日事繁时久,尔等可用饭去。"随即下令移坐批本房,赐点心与茶水给大学士、学士、记注官。

在康熙二十二年十一月初十日的廷议中,康熙皇帝问起了《明史》的纂修进度。据秦松龄的记注:

> 初十日丁丑。……辰时,上御乾清门,听部院各衙门官员面奏政事毕,部院官员出。大学士、学士随捧折本面奏请旨:……上又问大学士等曰:"所修明史若何?"李霨奏曰:"草本已有大略,总裁官③各行分阅,尚未互相参酌。自万历,以及天启、崇祯,此三朝事繁而杂,尚无头绪,方在纂修。"上曰:"史为永垂后世之书,关系最重,必据实秉公论断得正,始无偏诐(音同必,偏斜,不正)之失,可以传信后世。观今人于己作之文,他人稍改字句,便不快意,有此理乎!凡所作之文岂有一字一句不可更改者?当虚心,彼此互相推究,安得遂以己作执为尽善耶?"又顾学士牛钮等曰:"即如朕偶有所制之文,常付伊等参酌,有当更改之处,字句即行更定。"大学士李霨奏曰:"圣谕极当。己作之文岂可据以为是,必无可更改耶?"王熙奏曰:"汉人陋习,皇上知之最悉。如此者甚多,若以其所作之文为不善,应行更改,彼即视为寇雠(仇敌)。此皆偏私之见,非大中至正之理也!"上曰:"然。今观翰林官员所撰祭文、碑文,亦俱不乐改易。若不稍加更定,恐文章一道流于偏私矣!尔等将此语传谕修史各官知之。"……本日起居注官牛钮、秦松龄。

皇帝的话就是法律,唯一能约束他的是道德力量。因而,他总是试图凸显自己仁民爱物的形象。康熙二十三年(1684)三月初十日巳时,正阳门外一个居民区失火,皇帝亲临现场,登上正阳门城楼视察火情。为了防止火势蔓延,他下令拆除起火点附近的房舍,用激桶(又称"水龙",古代灭火器具)分头洒水降温。一些内大臣(清代侍卫处副长官)和侍卫也被调来救火。终于把这场大火扑灭了。

主考贾祸

秦松龄在《起居注册》上最后记注的一件事,是康熙二十三年三月二十二日,皇帝命翰林院将他所作的五道《五台山碑文》翻译出来。碑文反映了康熙皇帝对于佛、儒两家思想的理解,其"虽言佛教,而儒家治平(治国平天下)之理包括已尽"。当天与松龄一同当值的起居注官是阿山。

是年,秦松龄由右春坊右中允升为左春坊左谕德,负责十一岁的储君胤礽的道德教谕,同时兼任翰林院修撰。在他四十八岁之时,似乎又一次有了进阶的机会(明清时期,左、右春坊实为翰林官的升转之所,称为"开坊")。

但后来秦松龄被派任为顺天府乡试的正考官。这项任务一般历时几个月。

正考官的责任很重。因为中试的生员名额有限,他必须黜落大批考生,并因此而阻断他们入仕的唯一道路。同时他必须谨慎地选取上榜的考生,因为考官评阅过的试卷一律还要解送礼部"磨勘",严格检查所有遣词造句,有无不符或违规之处。

如果出了问题,不仅该考生会失掉功名,且永远不得再参加科举考试,考官也会被记过、罚俸,或者遭受更严厉的惩治。倘若查出受贿、徇私的情况,官员还有被戍边,甚至被处决的可能。

据正史记载,那一年礼部的磨勘结果,发现有三名中试生员的试卷"文体不正",两名生员的试卷"文理悖谬"。虽然并没有提到关节舞弊之事,但是包括秦松龄在内的所有考官都被革职了。这是康熙皇帝登基二十多年以来,对科场案所给予的最重处罚。奇怪的是,尽管处罚如此严厉,事件经过却没有多少记载。

现今的历史学者认为有人故意掩盖了事实。近代清史名家孟森把秦松龄的被黜,归因于当时康熙皇帝的宠臣高士奇的挟怨报复。秦松龄曾经拒绝为高士奇的文集《扈从东巡日录》作序,因为他很蔑视对方经常向皇帝献媚的行为。

甲子科(即康熙二十三年)顺天府乡试,所有中试的南方生员都来自文风鼎盛的江苏、浙江两省,没有一人来自文化较落后的湖广、江西、福建等省,这给高士奇提供了借口。他抓住这一点,认为考官存在录取不公的嫌疑,皇帝乃谕令九卿与科道官员要特别严格地磨勘所有举人的试卷。当时名儒徐乾学家中有两人同时登榜,一个是他的儿子徐树屏,一个是他的侄子徐树声。结果磨勘之后,他儿子的功名被革去了。

这些史料和我们秦家留存的材料相符。据秦松龄的玄孙秦瀛说,祖上传下来的说法也是高士奇借事生风,利用科场案铲除了眼中钉秦松龄。而秦瀛很可能是听他父亲那一辈的人讲的,他们在案发时都已到了懂事的年纪。正如孟森先生所说:"秦氏世代词林,留仙子道然,道然弟靖然、子文恭公蕙田,蕙田子泰钧,皆以翰林服官。所传先世之事,当作事实观。"

至于两份试卷里的"文理悖谬"指的是什么则一无所知。如果有可以被解释为对满洲统治者大不敬的模糊用语,后果会更惨,因为清廷知道全国还有不少汉族士子不欢迎他们。毕竟,那场历时八载、由吴三桂及其盟友发起的三藩之乱,平定了才刚刚三年。

清朝统治时期所发生的一桩著名的文字狱,就与科举考试有关,史称"查嗣庭试题案"。1726年(雍正四年)江西乡试,有一道考题出自《诗经·商颂·玄鸟》的"维民所止"。这句话的首字与尾字恰好犯了当朝皇帝的讳,充任正考官的内阁学士兼礼部侍郎查嗣庭被指控故意以"雍正去头"暗喻杀死皇帝[④],结果被捕入狱,病死后遭戮尸枭示,其兄嗣琏(后改名慎行)、嗣瑮也被囚禁,其妻孥则发配边疆,家产籍没入官。

也许还有更多因素导致秦松龄和其他考官遭到严惩。秦松龄就树过几个有权有势的敌人，比如，孝诚仁皇后的叔父索额图曾数次邀请他赴宴，他都没有去，因而得罪了对方。得罪清廷贵戚显然不利于他巩固朝中的地位。

斩不断的皇家缘

仕途再次受挫，迫使秦松龄在四十八岁时离开了官职。但即便到了此刻，他还被看作是一个有名望的人，至少在知识界中如此。虽然他的前程中断了，却未遭受屈辱。

秦松龄在无锡度过了余生，直到去世以前他还得到皇家的封赐。

秦松龄被免职的五年后，即康熙二十八年（1689），皇帝第二次南巡至无锡。圣驾于二月初二日傍晚抵达黄埠墩（位于无锡古运河中心，因春申君黄歇在此疏浚水道而得名）。满城点起了数百盏灯笼迎驾。次日清晨，康熙皇帝带领随从人员驾幸梅花盛开的秦家寄畅园。当时秦松龄在园门迎驾，由此可知他未被加罪。寄畅园中有一株樟树，树干阔十围，枝叶皆香，皇帝抚玩不止，转身问秦松龄："此树几何年？"

秦松龄答道："此园在臣家二百年，在前原有此树，不知其年也。"⑤

随后康熙皇帝去了天下第二泉。

游览完名泉胜景，康熙皇帝命侍臣备妥笔墨纸砚，御书"品泉"二字，赐予秦松龄，并命他刻匾悬于漪澜堂中。那年七月，在漪澜堂举办了御书匾额的揭幕仪式。

秦松龄在罢官闲居的第二个阶段，完成了搁置多年的《无锡县志》。他承认可记的人、事甚多，应记哪一些，删去哪一些，是难以定夺的。他在《无锡县志》的序文中说："夫事变多则不胜书，人物众则难备载。非综其详则虑过简，非提其要则虑过繁。故凡史乘之作，操觚者初非不欲尽善，及其成，或偏而不该，或泛而无当，盖甚矣其难也。"

秦松龄对中国文学的长远贡献，是他编撰了《毛诗日笺》，一本注释《诗经》⑥的著作。如此看来，秦松龄仕途短暂也许是件好事，因为这给他从事文学留下了充裕时间。正如一位清代儒者所说：无锡秦氏以书史传家和官宦众多而知名，但直到秦松龄，秦氏家族才以其著述传世。事实上，在官修的《清史稿》中，秦松龄的传记是收入"文苑"列传而非"官宦"列传的。

秦松龄在完成县志以后，便与其弟松期一起续修宗谱。尽管他没有活到看见三修宗谱的出版，但他确实贡献了一篇序文。在这篇序文里，秦松龄谈到宗人应有患难相助的义务，并感慨这种良好的传统已经丧失了。他说：

> 古之制，凡月之吉（阴历每月初一），少长咸会于先祠，拜谒毕，齿坐（按年龄大小依次就座），命一人庭诵古训。诵已，长且贤者绎其义而讽导之。书会者名于册，再会互陈其所为，其行有孝弟（悌）忠信者，俾（使）卑且幼者旅拜之，而著于其名之下；有悖戾之行者，命遍拜群坐之尊者以愧之，而亦著于其名之下。逾月而能改者，如初；否则摈（排斥）不使坐。逾年不能改者，斥勿齿。同姓之人，疾相抚，患相拯，贫相赒（救济），死相葬，老弱癃残者相养，祭醻相召，昏（婚）嫁丧灾相助。不能然，不使与会。斯数者，本于周制，而损益于诸大儒，吾祖宗之所奉而常行也。今或一行之，未必无笑以为迂者，是可叹也。

1703年（康熙四十二年），当秦松龄六十七岁时，皇帝四巡江南。在驾幸无锡期间，康熙恢复了秦松龄原有的功名，从而结束了其尴尬的地位。在因甲子顺天科场案被罢十九年之后，秦松龄再一次得到了皇帝的恩惠。

在此次南巡中，皇帝清楚地表示了他并不怀疑秦松龄怀有二心。他曾垂询松龄、松期二人，秦家子弟中谁是能读书上进者。松期推荐了松龄的长子、当时四十六岁的秦道然。随后皇帝便带了秦道然北返京师，让他在九阿哥胤禟处教书。

恬然一老叟

1713年（康熙五十二年）秦松龄七十七岁，他进京祝贺皇帝的六旬万寿⑦。当时朝廷举行了盛大的庆典，活动持续好几天。

康熙皇帝聘用的马国贤神父（Father Matteo Ripa，1682—1746），在他的回忆录《清廷十三年》（Memoirs of Father Ripa）里描写了这次庆典：

> 4月4日（农历三月初十），全国各地的大员群集北京，协助筹办庆典并参加朝贺仪式。各官按品级职位不同，纷纷献上珍贵的寿礼。
>
> 庆典期间，整个北京城都笼罩在欢天喜地的气氛中。全民穿着盛装，宴会通宵达旦，鞭炮、焰火到处燃放，与过年时的情景完全一样。不过最使我吃惊的，是从畅春园⑧到北京城（西直门）长达3英里（近5公里）的御道上所布置的点景。道路两旁全用绒毯和最精致的锦缎围起，每隔一段距离便搭设各式彩棚、庙宇、经坛和戏台。戏台上一出出戏曲竟相上演。
>
> 庆典所用丝绸数量如此之大，使我们欧洲人都不约而同地想到，在欧洲没有一个国家拥有这么多的丝织品。此外，京师大大小小的寺庙里都有官员为皇帝祈祷。他们在皇帝的画像之前跪拜献礼，恭祝他福寿绵长。
>
> 4月11日（农历三月十七日，万寿节前一天），皇帝从畅春园起驾回宫，万民夹道瞻仰龙颜。在一般情况下，皇帝出巡会有骑兵净街，所有住房与店铺都要关门闭户，窗子也要全用幔布遮住，

不允许任何人窥视。此次，适逢皇帝的六旬万寿庆典，既没有遮掩门户，也不驱散百姓，于是街上挤满了想要一睹天子风采的人群。皇帝陛下威风凛凛地骑在马上，身穿用金线精美绣制的五爪龙袍——五爪龙是只有皇家才能使用的图案。走在他前面的，是两千名排列有序的骑兵；紧跟在他后面的，是皇亲贵胄，再后则是大批满汉官员。

各省遣来众多年高但身体康健的耆老，到京师庆寿。他们被编成队伍，手持各地旗帜迎驾。之后，皇帝还会在一个地方集中召见他们，而这支老人队伍竟有四千人。皇帝陛下很高兴看到这种满堂人瑞的景象，他垂询许多人的年龄，用极其亲切、谦逊的态度对待他们。他甚至邀请他们所有人参加聚宴，不仅他亲自出席，还令诸皇子、皇孙向他们敬酒。最后他又亲手赏给每位老人一些东西，比如其中年龄最大的一个接近一百一十岁的老人，获赐一套朝服、一根拐杖、一方砚台和其他物品。

祝贺寿辰是中国历史上一个不变的主题，而与高龄长者会面本身便被认为是一件吉祥的事。

康熙皇帝的六旬万寿庆典规模非常大，用了近一年时间准备。秦松龄身为退休官员，参加了在太和殿（外朝之正殿，俗称金銮殿）举行的朝贺典礼。朝贺时，王公大臣站在最前面，向皇帝行三跪九叩之礼，其后是外国使臣、藩部酋领和退休官员。此外，上至亲王，下至来京的普通百姓都要向皇帝敬献一份寿礼。礼品从古书、佛像、鼻烟壶、织锦、象牙雕刻到骏马、活鱼一应俱全。

同时，官员们还会献上自己作的祝寿诗。秦松龄就进呈了十首，诗的前面还有一篇提到康熙皇帝南巡的序言：

> 恭惟皇上阅视河工，抚循东土，平成（平定）即奏，安阜（安定富足）应时。于是江南士庶，忭舞欢迎。适逢万寿之期，献无

疆之祝。臣遭遇两朝，过蒙宽假，殆兹暮齿，重被恩荣。仰圣德之如天，真名言而莫及。曩者备员记注，敢云蠡测管窥。略述十首，未足颂扬万一。不揣芜陋，恭呈御览，臣松龄不胜踊跃之至。

《留仙进呈颂扬十诗》中的一首如下：

辛勤宵旰（宵衣旰食）不辞劳，运转玑衡⑨手自操。
凤递银虬⑩频视夜，月斜金爵⑪见挥毫。
网罗册府开三殿，擘画经纶选六曹。
记得螭头⑫曾侍直，曙光才动五云高。

三月二十五日，康熙皇帝在畅春园正门为来自各省的四千余名老人举办"千叟宴"，秦松龄也参加了。席间共端上八道主菜，佐以六谷（稻、黍、稷、粱、麦、菽）之饭，还供应各式餐点与水果。客人按齿序排坐。秦松龄七十七岁，并于五十八年前中进士，故列上座。

宴后，南书房⑬翰林向众人宣读谕旨，颂扬孝悌。皇帝出御幄升座，命扶掖八十岁以上官员、九十岁以上耆老到御座前，亲自赐酒一卮。之后，又按品级分发了钦赐的礼品。秦松龄得到一顶暖帽、二件团龙纱袍褂，以及一方松花石砚。

秦松龄在京师还见了他儿子秦道然的学生九阿哥胤禟。庆典过后，他在其子道然的护送下回到无锡。

次年，康熙五十三年（1714）五月初一日，秦松龄去世，享年七十八岁。临终那一天，他在沐浴之后以手抚额，面带笑容，穿衣卧床而逝。

秦松龄心满意足地撒手尘寰。他的家庭平安地度过了改朝换代所带来的动乱。虽然他曾两度受黜，但最终恢复了荣耀和地位。他的儿子秦道然是九阿哥的师傅、翰林院编修，孙子秦芝田已经登上仕途。他的家庭获得皇帝的恩宠，受到无锡父老的尊重，仍为江南富户之一。

但在他去世十年之后，这个家庭却因政治问题蒙受羞辱，遭遇了家业飘零的厄运。

【编者注】

① 中国自汉代以来，接受儒家"春生秋杀"的思想，即有秋后决囚之制。清制，各省督抚须于每年五月中旬以前，将监候秋决的案犯，分别以情实、缓决、可矜（情有可原）、可疑、留养承祀（存留养亲）五类（不同时期，或有变化）上报刑部。刑部对案卷审核批阅后，将原案及部拟看语、督抚看语一并刊刷，送九卿、詹事、科道各一份。八月内定好日期在紫禁城金水桥西，由三法司（刑部、都察院、大理寺）会同九卿、詹事、科道详核，以各省秋审起数，按"实、缓、矜、疑、留"逐案唱报。定议后，再按"实、缓、矜、疑、留"分别拟定题本，其中情实类还要另造黄册，详细记录案件始末、犯人供词等，随本进呈，奏报皇帝裁决。

② 包衣阿哈：简称阿哈，满语，"包衣"译为家的（后也作为名词单独使用，专指奉职于努尔哈赤家族的旗人群体），"阿哈"译为奴隶，连起来即家中役使的奴隶。主要来源于战俘、罪犯、负债破产者和家奴所生的子女等，为满洲贵族所占有，没有人身自由，被迫从事各种家务和生产劳动，身份世代相袭。

满洲人所谓的奴才，是相对其主人而言的。鲁迅在《且介亭杂文》的《隔膜》一文中说得很精辟："满洲人自己，就严分着主奴，大臣奏事，必称'奴才'，而汉人却称'臣'就好。这并非因为是'炎黄之胄'（炎黄子孙，指汉族），特地优待，赐以嘉名的，其实是所以别于满人的'奴才'，其地位还下于'奴才'数等。"

③ 总裁：官职名，取"汇总裁决"之意，如元、明、清三代国史馆掌修国史的官员，及明清时期的会试主考官都称"总裁"。此外，清代的修书机构，如武英殿、会典馆、方略馆、四库全书馆等也下设正、副总裁。非常设之职，待会试结束，或书成之后便行裁撤。

④ 有关查嗣庭获罪的原因，还有其他记载。一说他以《论语·卫灵公》"君子不以言举人，不以人废言"二句，以及《孟子·尽心下》"山径之蹊间，介然（经常）用之而成路；为间（一会儿）不用，则茅塞之矣。今茅塞子之心矣"一节命题，显示他不满当时国君的用人之道，被雍正皇帝认为"心怀怨望，讥刺时事"。一说他以《易经》"正大，而天地之情可见矣"为第二题，"其旨远，其辞文"为第三题，《毛诗》"百室盈止，妇子宁止"为第四题，前用正字，后用止字，中间一句寓意将两字联系起来。这让雍正皇帝联想到，此前一年（即1725年，雍正三年）被处斩的汪景祺在《历代年号论》一文中，说"正"字有"一止之象"，并引用前代年号中带正字的，如金海陵帝的正隆、金哀宗的正大、元顺帝的至正、明武宗的正德、明英宗的正统，都不是吉兆；而查嗣庭显然和汪景祺一样，利用试题的正、止二字攻击"雍正"年号，诅咒现今政权。除试题外，在查嗣庭寓所中搜出日记两本，有直论时事之文，也被雍正援以为有心叛逆之实据；搜出科场怀挟细字、密写文章数百篇，定罪为藐视国法、玷辱科名，遂将之下狱。

⑤ 据小横香室主人编《清宫遗闻》卷一"圣祖垂念寄畅园樟树"记载，寄畅园的樟树乃千年之物，迨康熙皇帝驾崩后，此树遂枯，时人啧啧称奇。

⑥ 西汉初年，传授《诗经》最有名的是鲁国（西汉封国，汉初郡县制与封国制并行）的申培、齐国的辕固、燕国的韩婴，他们所传《诗经》分别称为《鲁诗》《齐诗》《韩诗》，统称为"三家诗"。因"三家诗"都是用当时通行的文字隶书撰写的，所以后人又称之为"今文诗"。除此之外，又有《毛诗》，据说是由河间献王刘德的博士毛亨和毛苌所传。因其诗文以先秦东方诸国通行的古文字撰写，所以后人称之为"古文诗"。汉代，朝廷提倡今文经学，《毛诗》的影响远不如"三家诗"。但日后"三家诗"逐渐衰微，先后亡佚，只剩《毛诗》独盛。今本《诗经》即为《毛诗》。

⑦ 即万寿节，清朝皇帝诞辰的尊称，取"万寿无疆"之意，与元旦、冬至祭天并列为清宫三大节之一。至于逢旬（十岁为一旬）诞辰，则要大庆，尤其逢花甲（六十岁）、古稀（七十岁）、耄耋（八十岁）之年，更为隆重。皇太后、皇后的寿辰则分别称为圣寿节、千秋节。

⑧ 畅春园：清代北京西郊的皇家园林之一。康熙二十三年，皇帝南巡，十分眷爱江南山水和园林，返京后下令在明神宗生母李太后之父武清侯李伟

别墅（明代称为"李园"，也叫"清华园"，因其"前后重湖，一望漾渺"，被誉为"京师第一名园"）的故址上建造皇家御园，作为"避喧听政"之所。畅春园南北长约1000米，东西宽约600米。中路的"九经三事殿"是正殿，意为循经守礼，处理国政的地方；东路以"澹宁居"为主，前殿是皇帝御门听政、馆选、引见之所，后殿是皇帝读书之处；西路建筑则为皇子、皇孙读书之所。1860年（咸丰十年），畅春园被英法联军烧毁，现仅存雍正皇帝登基后为亡父荐福所建的恩佑寺和乾隆皇帝为生母孝圣宪皇后钮钴禄氏所建的恩慕寺这两座寺庙的山门而已，遗迹甚少。

⑨ 玑衡：指璇玑玉衡，古代观测天象的仪器。《后汉书·孝安帝纪第五》云："昔在帝王，承天理民，莫不据璇机玉衡，以齐七政（古天文术语，所指说法不一，一曰日、月及金、木、水、火、土五星；二曰天、地、人及四时；三曰北斗七星）。"

⑩ 银虬：指银漏和虬箭，古代计时器。银漏壶中有虬纹箭，水满而箭出，箭上有刻度，用以计时。

⑪ 金爵：装饰于屋顶上的铜凤。《昭明文选》卷一班孟坚（班固，字孟坚）之《西都赋》有云："设璧门之凤阙，上觚棱（同"棱"）而栖金爵。"唐代学者李善注："三辅故事曰：建章宫阙上有铜凤皇（同"凤凰"），然金爵则铜凤也。"

⑫ 螭头：或作螭首。螭，传说中一种无角的龙。古代碑额、殿柱、殿阶及印章上常刻螭头作为装饰。自唐代开始，因起居注官站立在宫殿螭阶的凹处，故用螭头别称起居官。如《新唐书·志第三十七·百官二》记载："其后复置起居舍人，分侍左右，秉笔随宰相入殿。若仗在紫宸内阁，则夹香案分立殿下，直（侍直）第二螭首，和墨濡笔，皆即（就在）坳处，时号螭头。"

⑬ 南书房：又称南斋，位于乾清宫西南庑，北向，原为圣祖玄烨的读书处。1677年（康熙十六年），选侍讲学士入内当值，称"南书房行走（"行走"之意，参见第十七章注释②）"或"南书房翰林"，晨入暮出，随时应召侍读、侍讲；皇帝外出巡游，亦皆相随。除了备顾问、论经史、谈诗文，入值者有时还起草诏令、撰述谕旨。南书房遂逐渐成为发布政令的地方，权势日崇。雍正年间军机处建立后，南书房官员不再参预机务，专司文词书画之事。1898年（光绪二十四年），南书房撤销。

第十六章
秦道然：皇九子的师傅

入宫教书

我第一次听到我母亲的八世祖、秦松龄的长子秦道然的事迹，是在1983年4月，我回到无锡有机会接触到那里的史学家和一些远亲的时候。之后我便着手调查，更多地了解这位被皇帝怀恨在心，囚禁了整整十三年的秦氏祖先。

秦道然年幼时被认为是资质驽钝的。事实上，他的塾师曾劝秦松龄让他退学。但道然决心弥补自己天赋上的不足，比别的孩子付出加倍的努力。背诵是中国传统教育的重要手段。道然强迫自己把一篇文章读上二三百遍，直至背得滚瓜烂熟。这样慢慢练习，渐入佳境，后来一篇文章他只要读几遍就能背下来了。他意识到自己克服了一个心理障碍，并对友人说，他过去愚钝是因为内心有一片阴影。现在阴影已经去掉了，他的记忆力大大增强，于是他开始专心研读经史子集。

十六岁时，秦道然考入县学成为生员，并取得秀才头衔。他不仅会背别人的文章，也学会了自己作文。到十七岁时，他与靖然、辰燕、曾荣三个从弟被人合称为"秦氏四子"。此外，他的书法（尤其是汉隶）

也很有名。不过，尽管他做了许多努力，但省里的乡试他却十举不中，到第十一次才通过。因为乡试每三年举行一次，所以他花了三十年的时间成为举人。

在这三十年中，秦道然和当地士人马云翎、严青梧一起组织了文社"讲德会"。它是仿照东林书院建立的，其室位于锡山之下。他们敦请宜兴名儒汤之锜为主讲，尊高攀龙，崇《复七规》（高谈论静坐方法的一篇文章，"复七"之名取自《易经》"七日来复"之义）。每年春秋两季还定期集会讨论理学思想。

秦道然作为地方学士和待举儒生的平静生活，在1703年（康熙四十二年）皇帝第四次南巡时终止了。当时除了少数重臣以外，很少有人知道，康熙皇帝与他的太子——已故的孝诚仁皇后所生的二阿哥胤礽——之间出现了严重的问题。皇帝得到密报说，皇太子胤礽与小人为伍，做了许多暴戾不仁的勾当。于是他计划培养其他皇子，以期从中选出另一个储君取代胤礽。一年以前，他从苏州长洲县招来名儒何焯，做八阿哥胤禩的师傅（准确的职位是侍读）。此番他临幸秦家寄畅园，遇到了秦道然，便把他带回京师当九阿哥胤禟的师傅。

在北京，秦道然被选入康熙皇帝设立的南书房当值。南书房行走由皇帝钦命的"才品兼优"的词臣组成，以抗衡那些已经控制了科举考试的文人官僚。康熙年间，科场中频频爆发丑闻。士子上榜往往不全靠真才实学，考官的个人好恶会起很大作用。尽管朝廷尝试了许多办法使考官不能辨识考生的身份，但收效甚微。八阿哥的师傅何焯就是因为得罪了主考官，才会多次乡试不中。1700年（康熙三十九年），皇帝斥责了主持当年会试的官员，指出中试者多是大臣子弟，孤寒士子未能入彀。于是他颁布新的规定，凡高官子弟皆编入"官字号"，另入号房考试；在官卷的取中定额上，各省乡试"每十卷，民卷取中九卷，官卷取中一卷"，会试则"每二十卷，取一卷"。新规的原意是为普通士子提供较好的条件，但没想到后来官卷分配到的录取名额竟大大超过了应试的官生人数。

为了表示对入值南书房的文人的重视，康熙皇帝钦赐了举人头衔给何焯、汪灏，使他们有资格参加会试。但考官们居然不体承上意，胆大地让这两个人落榜了。于是皇帝再一次施展他至高无上的权威，钦赐何焯、汪灏、蒋廷锡（侍奉内廷，前已中举）进士头衔。

因此，虽然秦道然曾经屡考乡试不中，但康熙皇帝仍然录用他在南书房当值。秦道然入京时，九阿哥胤禟已有二十一岁。他是宜妃郭络罗氏所生，与五阿哥胤祺同母。皇帝的第二任继室孝懿仁皇后佟佳氏去世后，宜妃和四阿哥胤禛、十四阿哥胤禵（原名胤祯）之母德妃乌雅氏得宠。由于八阿哥胤禩的母亲良妃卫氏本是辛者库①罪籍，入侍宫中，所以她卑微的出身成为她儿子竞争储位的一个主要障碍。

教育皇子是一件关系重大的事。每日早晨，有时在破晓之前，皇子就到书房跟从师傅读书、作文，所学内容与生员准备科举考试差不多。在必要的时候，师傅可以教训皇子。皇子年轻时，准许有同龄的王公子弟伴读。

除了研读汉文的经史子集外，清朝的皇子还须学习满文，以免丢失满洲人的文化传统。他们也要练骑马，习武术，尤其是挽弓射箭。

康熙皇帝每一天都要亲自检查皇子们的功课。据说，他会先为众阿哥讲解经书，然后才上朝听政。

皇子夺嫡

进京后不久，秦道然便见识到了诸皇子之间的政治斗争。他是在康熙四十二年（1703）三月十五日抵达北京的，仅两个月之后，皇帝便下诏圈禁了元老大臣索额图。索额图是皇太子胤礽的外叔祖，对他有相当大的影响。索额图的下台使其他皇子觉察到太子失宠的事实，他们迅速展开了对权力的争夺。竞争主要发生在大阿哥胤禔（惠妃纳喇氏所生，庶出）和八阿哥胤禩之间。胤禩不仅得到九阿哥胤禟和十四阿哥胤禵的支持,而且康熙皇帝之兄裕亲王福全也是他的有力拥护者。康熙四十二年,裕亲王临死之前,还在皇帝面前揭发了太子所参与的不法活动,同时赞扬胤禩有德有才,堪立为储君。自此,朝廷内便陷入了一场长达二十年的——这一点称得上是中国历史之最——残酷的夺嫡之争。不过在当时,更多的还是私底下的阴谋,很少有明目张胆的行为,因为胤礽还是公认的太子。

入京两年后,秦道然考中举人,那时他已四十八岁。他的长子秦芝田迎头赶上,与父亲同年登榜。三年后,即康熙四十七年(1708)九月,皇帝在塞外驻地布尔哈苏台(今内蒙古自治区乌拉特中旗西北)终于废黜了胤礽的皇太子封号。他命人把胤礽锁拿到行宫前,当着满汉大臣的面宣布其罪状,包括"不法祖德,不遵朕训,惟肆恶虐众,暴戾淫乱"等。其中最严重的指责是说太子每夜逼近布城(御帐),透过缝隙向内窥视,意欲为索额图复仇,刺杀君父、篡位夺权。说完即命人把太子押回京师监禁起来。其他皇子的党羽立刻开始活动,各为其主谋取储君的遗缺。

事实上,在胤礽被囚当天,大阿哥胤禔就面奏皇帝,推荐立八阿哥胤禩为储,甚至建议除去废太子,说:"相面人张明德曾相胤禩后必大贵。今欲诛胤礽,不必出自皇父之手",显然想要行刺胤礽。皇帝听之大为惊愕,马上采取措施将胤礽保护起来,并派人追查张明德之事,得知相面之语是胤禩告诉其他阿哥的,乃下诏逮捕八阿哥,革去其多罗贝勒爵位。后来当皇帝听说胤禔迷信魔魅之事,又查出其镇魔胤礽之物时,乃下令革去大阿哥多罗郡王爵位,圈禁终身,并告诉其他皇子、诸大臣,废太子的荒诞行为皆由胤禔魔魅所致。

康熙皇帝对阿哥们的行为十分失望。有一次,他道出自己心中的恐惧,对诸皇子说:"日后朕躬考终,必至将朕躬置乾清宫内(皇帝生前居此,死后灵堂也设于此,象征寿终正寝),尔等束甲相争!"悲痛和压力损坏了皇帝的健康,他的双颊凹陷了下去,眼睛周围布满皱纹,胡子也变成了灰色。到1708年(康熙四十七年)底,皇帝患病渐重，乃召诸大臣商议立储之事。他说除了胤禔以外，其他皇子均可由诸大臣保奏，但令他气愤和吃惊的是诸大臣几乎都保举了八阿哥胤禩，唯一保持中立的是他的一个亲信——文渊阁大学士李光地。

尽管康熙皇帝说过尊重诸大臣的保奏，但他却否定了他们的选择，说胤禩才刚刚因为参与谋害皇太子一案而被囚禁，且其母出身贱籍，怎能立为储君？但朝中支持胤禩的声势依然很大，以至于皇帝担心他会被迫让位给胤禩。

这时康熙皇帝开始倾向于重新册立胤礽为皇太子，因为他相信胤礽是魇魅的受害者，过去种种悖谬之事都是附体的鬼物所为。次年（即1709年，康熙四十八年）春天，皇帝说胤礽的鬼物已经拔除，正式宣布复立胤礽为太子，粉碎了胤禩和他的支持者胤禟的幻想。

复立太子之日，诸皇子也受到加封。胤禟与十四阿哥胤禵被册封为固山贝子。排行在他们之前的皇子都晋爵为亲王、郡王。其中大阿哥胤禔因使用魇魅之术而被摒除竞争，三阿哥胤祉、四阿哥胤禛、五阿哥胤祺被册封为亲王，七阿哥胤祐、十阿哥胤䄉被封为郡王。自己的爵位不仅无法与兄长们相比，甚至比不过十弟，胤禟的心中显然颇为不满。同一年，秦道然考中进士，充翰林院庶吉士。

1712年（康熙五十一年），秦道然被授以翰林院编修，同时继续在贝子府教胤禟读书，成了九阿哥的亲信。身为翰林官，秦道然可以伺察皇帝平日的心情、嗜好等，将有关消息传达给胤禟。胤禩的师傅何焯也是翰林院编修，同样为自己的皇子学生效劳。

那一年十月，康熙皇帝看到二阿哥胤礽又做出荒唐之事，对他大失所望，又担心自己被迫退位，便第二次废黜了他的皇太子封号，谕令将其终身圈禁，并对胤礽和支持他的几个阿哥处以鞭笞之刑。耶稣会传教士马国贤当时在场，他记述道：

当我们抵达畅春园——京城近郊的那座御苑时，我们惊恐地看到大殿的花园里跪着八个或十个大臣和两名太监。他们都光着头未戴帽子，两手被反绑在身后。离他们不远，皇子们站成一排，也光着头未戴帽子，两手绑在胸前。不久，皇帝坐着敞篷轿子（步舆）从宫院中出来，前往正在受罚的阿哥们那边。快到目的地时，他像老虎那样怒吼起来，大骂了太子一顿，把他和他的家眷及下人等一概囚禁宫内。

从那时起一直到十年以后康熙皇帝去世，他拒绝了无数次立储的建议，还严厉惩治了那些劝告他立储或保奏某个阿哥为皇太子的大臣。

1714年（康熙五十三年），秦松龄去世，道然循例返回无锡为父守孝。

他服满回京后，被指派为日讲起居注官，像他父亲三十年以前一样负责记注皇帝的政务活动。这个职位一直很敏感，在诸王夺嫡期间尤为如此。

1715年（康熙五十四年），何焯被捕并被抄了家，因为皇帝怀疑他煽动了八阿哥的野心。众阿哥之间的斗争愈演愈烈，每个觊觎储位的皇子都在皇帝左右安插了亲信，以打探皇帝的喜好、想法及情绪变化。

正是担心出现这种情况，早在1679年（康熙十八年），皇帝即已谕示大学士等："朕每日听政，一切折出票签，应商酌者，皆国家切要政务，得失所系。今后起居注官除照常记注外，遇有折本启奏，俱令侍班记注，惟会议机密事情及召诸臣近前口谕，记注官不必侍班。"到康熙五十六年（1717）三月，随着诸皇子的斗争日益激烈，再加上记注官陈璋偷抄谕旨一事[②]，皇帝决定限制起居注官的职权。但这一年，秦道然被委派担任江西乡试的副考官，说明他仍受到朝廷的器重。

皇太后之丧

这时，孝惠皇太后患了重病。她的嫡子康熙皇帝已过六十，健康情况也不佳，他常觉得头晕，脚肿难行。由于相信自己行将就木，康熙五十六年（1717）十一月二十一日，皇帝面谕众阿哥和诸大臣，公布了自己的遗言。其中一段透露了他内心对生死的看法：

> 朕享天下之尊，四海之富，物无不有，事无不经。至于垂老之际，不能宽怀瞬息，故视弃天下犹敝屣，视富贵如泥沙也。倘得终于无事，朕愿已足。

皇太后病重引发了众人猜测。他们认为康熙皇帝出于孝心，终将册立太子，使皇太后在去世之前得见储君之面。这种传言不可避免地加剧了众阿哥之间的紧张关系。

康熙五十六年十二月，秦道然在《起居注册》上写道：

> 初一日辛巳。皇太后病势渐笃，圣心忧劳，以致圣体不安，日就羸瘦足痛，艰于步履。恐皇太后脱（倘若，下同）有不虞，深以不能尽礼为忧。于是诸王、大臣合词奏曰："皇上孝事两宫，超越万古。问寝视膳，晨昏定省，无时或间。即如太皇太后宾天已经三十年（孝庄薨于康熙二十六年十二月二十五日［1688 年 1 月 27 日］），而皇上前日与廷臣言及，辄涕下如雨，哀不自胜。正孟子所谓，大孝终身慕（想念）父母。虞舜而后，惟我皇上一人也。今皇太后慈体违和，惟恐或有不虞，不能行礼，惓惓（恳切的样子）以此为忧。《礼记》谕居丧之制，五十不致毁（致，极也。五十始衰，居丧乃许有毁，而不得极羸瘦），六十不毁，七十饮酒食肉处于内。此先王定制，凡寻常无疾之人，尚宜如此，况皇上年近七旬，今又抱疴，断宜遵循礼制。且皇太后受皇上六十余年孝养，玉食万方，

寿至八旬，此亦古来母后中所仅见者。皇太后脱有不宁，一切礼仪，令诸王、大臣恪恭将事（办事）。皇上一循《礼记》定制，即圣经无过不及之中道也。盖圣躬关系宗庙社稷，四海苍生，极为重大。惟愿皇上加意调养，以慰中外臣民之望，则圣躬万安，所谓守身以事亲，愈以成其大孝也。"折子交与奏事六品官双全等转奏，留中（奏折留置宫禁中，不交议也不批答）。是日起居注官秦道然、阿尔赛。

尽管皇帝双足肿痛难行，但他每日还是定时到宁寿宫探视皇太后。宁寿宫在紫禁城东北隅，离他住的乾清宫相当远。诸大臣对此甚为不安。三日之后，秦道然记注道：

> 初四日甲申。辰时，诚亲王（三阿哥胤祉）、雍亲王（四阿哥胤禛）、十六阿哥（胤禄，八阿哥胤禩的同母弟）传谕旨曰：皇太后病势渐增，朕母子聚顺有年，极其欢洽。今不幸值此，朕体虽不安，此心何能恝然？顷（不久前）朕亲往请安，自觉难支，故又回宫。朕亦视身体而行，能支持则竭力以尽礼节，不能支持则难勉强。"既而诚亲王、雍亲王传谕旨曰："此事着诸皇子、领侍卫内大臣（清代侍卫处长官，掌统帅侍卫亲军）、大学士、礼部满汉大臣、满九卿会同议奏。其诸皇子割辫③之事，亦着议奏。"

于是，朝廷大臣奉皇帝谕旨，集议皇太后丧仪。他们查阅本朝先例，特别是康熙皇帝十岁时殡葬生母的丧仪（孝康皇太后薨于康熙二年［1663］二月十一日），至午后上奏议事结果。秦道然接着记注道：

> 申时（下午3点到5点），礼部尚书〔镇国〕公吞珠等奏称："臣等会议得，查例皇帝孝服，向用纺丝。慈和皇太后（孝康生前的徽号）之事，皇上亦服纺丝，载之档案。倘遇皇太后之事，照旧例预备

白纺丝孝服,即妃嫔亦预备白纺丝孝服。又查得慈和皇太后之事,皇上并未割辫,倘遇皇太后之事,皇上亦断不可割辫。"缮折启奏。

这就是说皇帝为其嫡母守丧的礼仪绝不能超过为其生母守丧之礼。按照满洲人的习俗,只有父亲和祖父去世时,子孙方才割辫,但皇帝在三十年前他敬爱的祖母去世时曾破了这个例。

康熙皇帝阅过奏折之后,在上面朱批到:"孝服用布为是。此外更无尊长,应行割辫之事。不幸遇此,朕必行割辫。"

同时他又通过诚亲王传谕,令诸大臣再行议奏割辫之事。九卿会议后缮折具奏道:"满洲旧例,年老有疾者,皆以孝服为忌。今皇上年近七旬,圣体违和,又穿孝服,于孝道已极尽矣。慈和皇太后之事,皇上并未割辫,今断不可行割辫之礼。诸皇子皆系孙枝,亦停其割辫。"

皇帝下旨答复:"朕昨所下诸皇子之旨甚明,当遵朕言为是。"

最后,秦道然在《起居注册》上写道:

是日,皇上足背浮肿,不能转移。因皇太后病势渐增,用手帕缠裹,乘软舆诣宁寿宫,捧皇太后手,惨切请安。旋以身体不支而回。在苍震门相近之处,设帷幄以居。是日起居注官华色、秦道然。

那一夜,皇帝未回寝宫。他在靠近宁寿宫的苍镇门暂居,以示对皇太后的孝顺。三十年前太皇太后去世时,他也是采取这样的做法,在慈宁宫外设帷幄守丧。

次日,皇帝两度传谕,动情地讲述了他探视皇太后的情况。秦道然记注道:

初五日乙酉。……是日诚亲王、十六阿哥传谕旨曰:"皇太后病势大增,朕若于素所寝处之地居住,心甚不安,因于苍震门相近之处，设立帐幄，衣不解带。朕数日足疾，兼之体又不安，遍身沉重，中心烦躁，不能成寐。至三鼓（夜半11点—1点）时，近侍累劝解衣，乃稍寝即醒。醒时头晕，随又起坐至五鼓（黎明3点—5点），始寝半刻。朕欲竭力尽礼，似此形势，甚恐不能支持也。"本日，近侍魏珠传旨，谕诸大臣："昨日皇太后病势愈增，朕乘软舆，脚背浮肿，不能转移，用手帕缠裹，才能移动。朕捧皇太后手奏云：'母亲我在此。'皇太后张目畏明，以手障光视朕，执朕手。朕原不忍暂离左右，因体不能支回宫。从前自以为犹能勉强从事，昨劳瘁后，甚为不安，头亦迷晕。五阿哥（胤祺）奏云：'臣自幼承皇太后母④养育，皇父圣体违和，一应事务，臣可以料理。'朕云：'我在，尔何可代理耶？'朕务期躬尽典礼耳。今岁二月以来，心忡头晕。在热河⑤时，此疾如故，气亦甚弱。目下虽病，较在热河时稍减矣。"是日起居注官文岱、秦道然。

次日，大臣们继续劝皇帝注意自己的身体，不要为了向皇太后尽孝，而使自己劳累过度。秦道然的记注上写着：

初六日丙戌。辰时，固山贝子苏努，领侍卫内大臣，满汉大学士，八旗满洲、蒙古、汉军诸大臣，满汉九卿，詹士（事）、科道公同（犹"共同"）谨奏……皇上圣算已濒七旬，皇太后聿（古汉语助词，无义）跻（登，升）上寿，受备物之奉者，几六十年，是皇太后之福，皇上之孝，皆极古今之所稀。言念及此，圣情亦可以宽慰矣。至于一切礼仪，臣等虽愚，岂不知皇上孝思维则（孝思，孝亲之思；维，句中表判断；则，效法先王也）。然考汉儒郑康成（即郑玄，字康成）最精于礼，其论国有大忧而君有疾者，使子执事。即朱子（宋代大儒朱熹）谨礼终身，及暮年有疾，遇家有祭祀，坐视子孙拜跪而已。此皆典礼之明证，前贤所已行。伏乞皇上深抑圣情，俯衷古制……顷之，诚亲王、雍亲王、十六阿哥传谕旨曰：

"皇太后倘有不虞,朕欲力疾亲诣,尽敬祭奠,强节哭泣。尔等亦有父母,勿过为劝阻。若屡劝阻,朕必伤悼,反增朕病。"

当日过些时候,皇帝又传了一道谕旨:"皇太后若有不讳,朕越二三日祭奠一次。至梓宫⑥发引⑦时,朕送至宁寿宫门。若能勉支,或送到箭亭(位于景运门[乾清门广场东侧之门,与西侧的隆宗门相对而立]外,是清朝皇帝、皇子练习骑射之所,也是阅视武科进士技勇之处)、东华门(紫禁城东门)。"当时的习俗是亡者不能在宫内停放过久,应将其遗体奉移到殡宫⑧,因为满洲人相信停灵宫内会缩短皇帝的寿命。到了傍晚,皇帝与群臣长期以来担心的事情终于发生了。秦道然记注道:

酉时(下午5点—7点),皇太后崩于宁寿宫。皇上拊膺哀号,即行割辫,孝服用布,哭泣不止。皇子、诸王及近侍人员不忍仰视,跪奏曰:"皇上春秋已高,又兼圣体违和,哀痛过甚,伏乞皇上以社稷生民为重,请节哀暂回调养。"叩请再四,上不允,仍视梓宫安设。毕,亲行祭奠,哀恸不已。诸皇子及近侍人员复屡叩请,始回苍震门……是日,起居注官徐元梦、汤右曾、华色、文岱、海宝、秦道然、阿尔赛。

奠酒是丧礼的一部分,在许多场合都要举行。一般先由礼部尚书备酒一爵献给皇帝。然后,皇上将酒倒在一只大金钵里。当典仪官宣唱示意时,在场的所有官员一起行跪拜之礼。

此后十天,皇上继续住在苍震门内的帐幄中。到第十一天,要将孝惠皇太后移灵宫外。秦道然记注道:

十七日丁酉。卯时(清晨5点—7点),大行⑨皇太后梓宫,由东华门安于朝阳门外殡宫。是日,上勉诣宁寿宫亲奠,呼母号泣。

近侍人员不忍仰视，亦皆恸哭。及发引之时，诸皇子、近侍人员以时不可误，再四泣劝，扶拥上至西阶。梓宫启行，上痛哭。梓宫过后，犹恸不止。近侍人员叩请良久，上方止哭，回苍震门……是日起居注官徐元梦、汤右曾、华色、文岱、秦道然、海宝、阿尔赛。

梓宫发引由仪仗为前导，自东华门，经协和门（出入东华门的必经之路）、灯市口、红庙大路，出朝阳门。王公大臣按照品级在沿途各点齐集，举哀跪迎梓宫，随行哭送。汉文武官员于殡宫墙外齐集，候梓宫至。公主、王妃以下八旗二品以上官员之妻先至殡宫二门外两翼立，待梓宫至，举哀跪迎。梓宫奉安于殡宫后，用帷幔布置灵堂。皇子奠酒，王公大臣与众女眷随班（依照官位等次）行礼举哀。

次日，秦道然写下了他身为起居注官的最后一条简短的记注：

十八日戊戌。上居苍震门。是日早，显亲王衍潢等，内大臣、满汉文武大臣、九卿、詹事、科道官员奏曰："大行皇太后安设殡宫，丧事已毕。今时值严寒，圣体违和，兼之足疾，累日以来力疾尽礼。臣等叩请皇上际此方春之时，节哀调摄，保合太和，宽怀颐养。此实宗庙社稷之庆，亦大小臣工、四海苍生之大幸也。"奉旨："知道了。"是日起居注官徐元梦、汤右曾、华色、文岱、秦道然、海宝、阿尔赛。

皇太后的丧礼一直进行到次年清明节、她的梓宫葬入北京郊外的清东陵⑩为止。康熙皇帝想要亲自送葬，但在群臣的劝阻下最后不得不宣布，因圣体违和，放弃此行。康熙五十七年（1718）三月十四日，皇太后逝世已过百日，皇帝终于迁回北京西郊的畅春园，恢复他的日常活动了。

公私两兼，引火上身

秦道然的起居注官生涯，在这年三月康熙皇帝裁撤起居注馆时终止了。他被授以翰林院庶常馆教习（负责教导庶吉士）。1719年（康熙五十八年），他再次担任翰林院编修一职，而后改任礼科给事中，负责稽查礼部弊误，旋即又掌登闻院⑪事。就在他被任命为礼科给事中的六个月之前，九阿哥胤禟让他做了贝子府管领兼财务经办，这原是一个应由满洲包衣担任的职位。

礼科给事中是都察院的言官，秦道然膺任此职以后，为了避嫌，曾央求胤禟解除他经办府邸财务的差使，但九阿哥坚决不答应。期间，秦道然又数次陈请准予退休，都被朝廷驳回了。后来，人们说他当时可能已经有了不祥的预感。

在康熙皇帝去世的前几年里，九阿哥胤禟是储位的主要争夺者之一。他积累了大量财富，用收买人心的办法加强自己和党羽的地位。

虽然胤禟拥有有势力的盟友，但他却从未得到皇父的欢心。情势日益明显，他出头的机会不大，占上风的是四阿哥胤禛和十四阿哥胤禵。这两个阿哥虽是一母所生，却形同仇敌。不受宠爱的胤禟遂用他的巨额财富帮助胤禵对抗胤禛。康熙皇帝晚年似乎愈来愈倾向胤禵。康熙五十七年（1718）十月，他任命胤禵为抚远大将军，统帅驻防青海、新疆、甘肃等省的部队，进军西藏驱逐由塞外入侵的漠西蒙古准噶尔部。胤禵当时三十一岁，以"大将军王"⑫的身份出征，受到非常隆重的欢送，更让人相信他是皇帝的爱子。由于皇帝身体欠好，胤禟安排了信使从北京快驰到胤禵的驻地西宁，随时通报京师的大小动静。虽然秦道然没有参与这些事，但他是了解情况的。在胤禵出征以前，秦道然曾奉胤禟之命去拜访他，虽然胤禵因事忙未能接见，但命太监给他送了一顶帽子。

三年之后，胤禵奉诏回京述职⑬，停留了六个月。康熙六十一年（1722年）四月，在他重返军营以前，秦道然又奉胤禟之命去拜访他。

这一次他们谈了话。

七个月之后，十一月十三日深夜，六十九岁的康熙皇帝突然驾崩。他君临天下六十一年，是中国几千年来在位时间最长的一个皇帝。在帝王之位上，他见证了满洲人由征服者变成统治者，并且在很大的程度上统一和加强了大清帝国。但在个人生活上，他却时时为众皇子之间的纷争所困扰。

康熙皇帝驾崩并未演变成诸皇子束甲相争的局面。因为四阿哥胤禛及时行动，精确地调度人马，接管了皇权。胤禩、胤禟、胤䄉三兄弟，以及包括秦道然在内的他们的支持者，全部枉费了心机。对他们而言，新君即位将是一场无情的灾难。

【编者注】

① 辛者库：全称为"辛者库哲特勒阿哈"，是数个满语合成的名词。"辛"或作新、薪、身，汉译为金斗，是满洲人量粮食的器具；"者库"指谷米；"哲特勒"即吃；"阿哈"是奴隶。行文上习惯省去后两个词，只书辛者库，汉译为食斗米口粮的奴隶。辛者库人多是因罪被罚的八旗官员及其家属等，籍没入内务府（参见第十七章注释⑨）和王府为奴，由包衣佐领或管领（满语为"浑托和"，意即半个佐领）管束。

② 康熙五十六年三月间，记注官陈璋查阅《起居注册》档案，抄录皇帝上一年十二月所谕江南钱粮之旨，交予记注官赵熊诏。原来，康熙五十五年两江总督赫寿奏请蠲免前项钱粮，皇帝命他缮本具奏。待题本上奏之后，皇帝得知赫寿系受人嘱托，与人私同商定，具题欺君，意欲沽名钓誉，故而以西边正值军需之时（指征剿准噶尔部酋领策妄阿拉布坦），旧欠不准蠲免。但陈、赵以为皇帝上一年有欲免江南钱粮之意，偶尔谕及，今年却未行蠲免，于是二人将前后谕旨不符之处抄录下来，想上奏皇帝。事发之后，皇帝在三月十六日谕示大学士等："起居注衙门，自古未有久远设立者，亦有旋立旋

止者,或因所记不实故耳。朕听政之日,记注官入侍,伊等局蹐(形容谨慎、畏惧的样子)无措,岂能备记谕旨。侍班汉官,归寓后纂写数日,方携至署,与满官校看,又每争竞是非,则其遗漏舛讹可知。谕旨皆有关系,惟朕朱书谕旨及批本发科者,始为的确。其起居注所记,难于凭信也。"此事件为康熙五十七年(1718)三月十九日皇帝裁撤起居注馆埋下了伏笔。

③ 割辫:清代皇室的丧仪之一。即解开发辫,剪去发梢寸许。

④ 孝惠皇太后终身未育,为了排解寂寞,乃将五阿哥胤祺从小养在自己宫中,深加疼爱。两人虽名为祖孙,实则情同母子,故胤祺昵称孝惠为"皇太后母"。

⑤ 即"热河行宫",又名"承德避暑山庄",清代大型皇家园林。始建于1703年(康熙四十二年),初有三十六景,乾隆年间又增三十六景。1711年(康熙五十年),皇帝玄烨在行宫的午门上题额"避暑山庄"。因位于河北承德之北,又别称"承德离宫",是清朝皇帝避暑及处理政务的重要场所。行宫主要分宫殿区、苑囿区两大部分,苑囿区又包括湖泊、平原、山峦三个景区。其宫殿布局严谨,风格朴素淡雅,苑囿则融合了南北造园艺术的精华,尽现山光水色之美。山庄外东北边建有十二座皇家寺庙,是清廷为了团结蒙古、新疆、西藏等少数民族,利用宗教作为笼络手段而建的。其中八座由理藩院(清朝管理少数民族事务的中央机构)管辖,加之都处于京城以外,因此俗称"外八庙"。

⑥ 梓宫:皇帝、皇后的棺材。常用稀有的梓木(亦有以名贵的楠木替代者,然以"梓"命名帝后棺椁,因其有"木王"之誉)制成,作为亡者所居之室,故名。清代帝后的梓宫一般为两层,内棺外椁,材质坚硬耐腐。棺材采取满洲式样,平头齐尾,两侧板直;棺盖两边向上成斜坡状,前端有一葫芦形木板,故又名"葫芦材"。梓宫成形后,内棺周身涂以朱漆,雕有填金的藏文经咒,底饰"万"字纹样;外椁则先用一百匹高丽布缠裹衬垫,再经过四十九道漆饰工序,每一道都有不同名目。漆饰完毕,还有一系列加工流程。其制作之复杂,用费之奢靡,远远超过古制。

⑦ 发引:又称"执引"或"执绋"。旧时出殡,灵柩起行,送葬者执绋(牵引柩车的绳索)前导。

⑧ 殡宫:帝后遗体在葬入陵寝之前的暂安处。清朝皇帝,除世祖和圣

祖的殡宫设在景山的皇寿殿外，康熙以后多设在景山的观德殿；皇后的殡宫地点并不一样，往往在北京城外。

⑨ 大行：古代帝后崩逝，在停灵未葬之前皆冠以"大行"二字。其含义有两说：一指天命有终，往而不返。因臣下讳言帝后之死，故用此说法。一指亡者有大德行，必受尊名，以上谥号。

⑩ 清东陵：清代在关内所建的第一组皇家陵区，位于今河北省遵化市马兰峪迤西，北京以东125公里，故名。陵区内共有皇帝陵寝五座、皇后陵寝四座、妃园寝五座、公主园寝一座，埋葬着五个皇帝、十五个皇后、一百三十六个妃嫔、一个皇子、两个公主，共计一百六十一人。孝惠皇太后的陵寝称为"孝东陵"，是清代第一座皇后陵寝。

⑪ 登闻院：又称"登闻鼓厅"，清代通政使司下设机构。1644年（顺治元年），仿宋朝建立的登闻鼓制度，初设登闻鼓于都察院门首，日轮御史一人监管，掌百姓击鼓鸣冤之事。1656年（顺治十三年），移置长安右门外，以给事中或御史一人轮值。1722年（康熙六十一年），鼓厅由都察院分出，并入通政使司，以参议一人兼管。凡有击鼓喊冤者，由通政使讯供，情实则奏闻请旨，下刑部昭雪；如系诬告，则送交刑部，按律加一等治罪。

⑫ 胤禵由固山贝子超授（越等授官）王爵，不仅出征时"用正黄旗旗纛（帝王车上的装饰物），照依王纛式样"，而且在军中及其所上奏章和皇帝所降谕旨中也都称呼为"大将军王"，但却没有正式得到封号，有点类似"假王"。这种情形后来又发生了一次，据《永宪录》记载，雍正元年五月封胤禵为多罗郡王，下注云："未赐封号，注名黄册，仍称贝子。"

⑬ 胤禵西征后，顺利平定了西藏，立下大功。但对准噶尔部原先盘踞的地区，清军却一直没有进展，许多官兵因不耐苦寒而病死，故康熙皇帝命胤禵返回京师，面授西北用兵之机宜。

第十七章
秦道然：政治犯

朝中起狂澜

康熙皇帝驾崩的噩耗传到了远在西宁的胤禵那里。虽然这位三十五岁的皇子手握兵权，却不能为自己争取继位的机会。因为在他得到消息的时候，他的四哥胤禛已经登基为帝，改元雍正了。胤禛甫一即位，马上着手消除他弟弟的威胁。康熙皇帝殡天的次日，胤禛就召胤禵回京，并剥夺了他的兵权。

康熙皇帝死时，虽然胤禛在北京，但事态发展之迅速也让他无计可施。京畿步军统领（俗称九门提督）隆科多倒向胤禛一方，帮助四阿哥顺利接管了朝政。不仅如此，新君在皇考的丧礼举行之前，就把在北京拥有众多有力支持者的胤禟派到边远的西宁去了。

胤禛还不失时机地搜集证据，用来对付他的兄弟亦是仇敌们。他首先采取的一个行动是向胤禟盘问秦道然的身份。他质问胤禟为什么要让秦道然这个汉人来管理他的家务事。胤禟谎称秦道然只是照管包衣下的两个学堂，实际上并不算是管家。

关于胤禛是否真的是由他的皇父选定的嗣君，答案或许永远也不会有人知道。有的历史学家认为康熙皇帝属意的接班人是胤禵,他遗诏里所写的"传位十四子"被人篡改成了"传位于四子"。① 这种说法几乎从康熙皇帝一死就开始流传。有人甚至断言四阿哥胤禛谋害了他的皇父,以确保自己能够入继大统。

有一点是肯定无疑的,现存的史料曾遭新君下令修改过。《清圣祖实录》中不利于四阿哥和有利于其他阿哥的记载都被删掉了。雍正皇帝曾给予实录的修纂官极高的封赐。

胤禛登基十几天后,胤禵派密使到礼科给秦道然带口信说:"皇上问起你来了,说你是汉人如何管家务事,为何待你这样好?恐怕要叫你问你,须打点说话答应。"

来人还告诉秦道然,胤禵是怎样回答这些问题的,要他统一口径。很可能没过多久,秦道然就被召去问话并被关押起来了。《清世宗实录》里第一次提到秦道然,是在雍正元年(1723)二月初十日。那一天,皇帝谕诸王大臣,指责胤禵的忠实追随者勒什亨(苏努[参见注释⑫]之子,时任领侍卫内大臣、御前行走)违反禁令,擅自保存他处置诸王亲信的记录。

雍正皇帝表面上声称,他的兄弟是受了家中太监的蒙骗,于是将这些奸恶之辈发配边疆,令其疏远。但他在上谕里说:"朕……曾谓勒什亨曰:'此不过惩治家人(奴仆,家奴),其事甚细,不必记在档案。'而勒什亨显悖朕旨,记载档案,复敢以恳给佐领,冒昧陈请,狂妄悖谬。勒什亨不可在内廷行走②,着革职,发往西宁,跟随允禵③效力。"

在谈到胤禵时,雍正皇帝问道:"且允禵之太监何玉柱,一至微至贱之人,而使有家赀数十万。伊府管领,何人不可用,而用一汉给事中秦道然?"然后他又自己回答说,胤禵想要通过何、秦二人"耀内廷太监以财利,而要(邀)外廷汉人之称誉"。又说尽管胤禵怠忽职守,纵容下人,"如此作为,朕犹并未革其贝子,降其俸禄,撤其家奴。所惩治者,特一二奸恶太监耳"。

不幸的是,秦道然也是和太监何玉柱一起被惩治的"奸恶小人"

之一。

雍正元年十月十一日，皇帝在刑部拟议对原任礼科给事中秦道然应即处斩的奏折上批示："秦道然倚势，诈人银两甚多，着暂停处斩，监禁江南，将伊应交银两照数追比，完日再行奏闻。"

尽管这时雍正皇帝还没有公开迫害他的兄弟们，但他对付其他政敌的手段已经相当狠毒了。马国贤神父在他的回忆录《清廷十三年》里，描述了被雍正皇帝处死的一个名叫莫劳④的大臣的临终场面：

> 他被告知皇上令他自尽，于是刽子手解开了他身上的镣铐，递给他一杯毒药、一根绳索和一把匕首，让他自己选择死法，但没有给他留下食物（可能指断头饭）。第二天刽子手回来，以为莫劳已死，却见他还活着，便催他立刻就死。莫劳从身上脱下饰有真金的锁子甲，递给来人，恳求稍缓时限。刽子手接受了他的礼物，向上司报告莫劳还未自尽。第三天，刽子手发现莫劳仍活着，就把他压在一袋沙土下，使他窒息而死，然后又焚尸扬灰，才算完成了这场悲剧。

初审江南

胤禛用了三年时间巩固自己的地位，同时逐步削弱潜在对手的权力。到1726年（雍正四年）年初，他已准备好采取下一步的行动了。他截获了一封胤禩写给儿子弘旸的信件，是胤禩用从葡萄牙传教士穆景远那里学的古斯拉夫字母添改后写成的。于是他指控胤禩别造字母，意图谋反，指控胤禟与之暗中勾结，并革去二人亲王（胤禛继位后加封胤禩为亲王）、贝子爵位，削除宗籍，以便把他们当作平民处置。为了羞辱他们，雍正皇帝还下令胤禩改名"阿其那"，胤禟改名"塞思黑",在满语里分别是"狗"和"猪"的意思。⑤

雍正皇帝在他的兄弟周围布下了一张严密的网。他先搜集能够加罪他们的证据,其中秦道然的供词是关键性的。为了争取秦道然的合作,皇帝先利用邵元龙——秦道然过去的同僚,后来为胤禩所疏远——的题参奏折⑥,以及姚子孝——胤禩府太监,曾给在前线的胤禵递送康熙皇帝的喜怒动静和健康状况等情报——的供词,给他编织罪名。

雍正四年二月初七日,雍正皇帝谕令刑部左侍郎黄炳和两江总督查弼纳审讯关押在南京的秦道然。上谕黄炳说:

> 此事你会同查弼纳在江宁省城审理。将邵元龙原案与姚子孝原案俱带去,逐款详细问他。他系汉人,非别人可比。为何帮助允禩作恶吓诈人?所作所为之事,恶乱已极,且口出狂言,说允禩有帝王体。此等谋为不轨,他罪该诛戮,朕宽恩饶他,发回原籍,着他完银助饷。他又将所有家产,俱行藏匿。他所行之事,已据姚子孝尽行供出。叫他将允禩、允䄉、允禵所作所为之事,一一详细供出。朕还宽他。他说了后,你奏。你仍在彼候旨。

二月二十九日,黄炳抵达南京,随即会同查弼纳审讯秦道然。他们取得了秦道然的口供,虽然没有用刑,但是对他施加了极大的精神压力,不断向他重申只有"从实招来"才能得到活路。

秦道然的供词被保存了下来。这份以问答的形式写下的文件成为雍正皇帝整治他的八、九、十四皇弟的主要依据。不过,它所引起的疑问几乎和它能解答的问题一样多。比如,在它之前,那些更早的审讯过程,竟完全没有记录可查。很有可能,雍正皇帝曾下令不必记录,抑或销毁了记录。

无论如何,到这次审讯时,秦道然已经被关押了四年之久,其中三年是待在北京的刑部大牢里。他究竟是什么时候被解到南方去的则不得而知。记录留下了许多空白。

审讯中的一些问答，也证实了秦道然在某一时刻曾被勒令缴纳美其名曰"助饷"的巨额罚锾。他被限期在六个月内筹足白银十万两，但到审讯时却只筹到十分之一。

秦道然面临的第一项指控是：身为汉人，他不应该卷入满洲皇族的家务事，也就是众皇子之间的权力斗争中。

秦道然先承认自己有罪，同时用他曾经试图辞去胤禟府中的差使来为自己减轻罪责。然后他背叛了过去的主子，转变成为告密者，列举一长串胤禟的罪行，以及他本人在其中所扮演的角色。

秦道然反复声称自己犯了滔天大罪，实该万死。他供出许多桩胤禟参与敲诈他人财物的事例。譬如，胤禟收一个"干女儿"就要索取八万两银子，因为人们认为与皇室攀亲是一种无上的荣耀。此外，皇亲、巡抚、总督，乃至下级官吏，都在胤禟的压力下被迫进献过大笔银两。

其中被讹诈数额最大的人，是胤禟的女婿、大学士明珠的孙子永福，他给了胤禟三十万两银子。至于胤禟是如何控制这些被他大敲竹杠的人的，具体向对方威胁或承诺了什么，则无从知晓。秦道然因为参与了这些活动，也分得了一小部分好处，总数为三千三百二十两银子。除了敲诈，九阿哥还非法从事人参买卖。人参作为一种延年益寿的药材，拥有很高的经济价值，是财政收入的重要来源，所以国家对人参的种植、开采和销售都有着严格的规定。而胤禟却遣太监何玉柱到关东，私自刨了人参到南方贩卖，赚了很多钱。

胤禟是诸皇子中最富有的一个。通过和大学士明珠家联姻，他使自己的资产增加了一倍有余。不过他做这些并不是为了囤积财富，而是利用金钱来实现他和他的两个兄弟的政治野心。实际上，在那几年里，他敛聚了相当可观的一笔钱，准备支付夺嫡之争的军费开支。

秦道然身为南方士大夫的代表，在胤禟的政治计划里起着关键性的作用。正如康熙皇帝必须推行汉化来争取汉人，皇子们也一样需要支持者巩固自己的地位。秦道然使胤禟得以和汉族文士取得联系。从他经常去胤禟的府邸，待到深夜，甚至天明才离开，可以看出他们之间的关系匪浅。很有可能，秦道然是胤禩、胤禟、胤䄉三兄弟谋取皇权活动中的一个重要谋士。

秦道然必然已经认识到胤禟继位的希望很小，因为人人尽知康熙皇帝不喜欢他和八阿哥胤禩。但是秦道然也知道，万一他的学生有朝一日当上了皇帝，那他将会得到显赫的地位，所以他才对人说胤禟的相貌"有帝王体"。

他供称："我又向人说，允禟为人宽洪（宏）大量，慈祥恺悌，要人知道他好处。这是我不轨的心，罪该万死。"

在秦道然的供词里，他还提供了有关胤禟其他违法乱纪行为的情报。因为在当时蓄奴是被许可的，所以买卖妇女并不违法，除非使用了暴力或欺骗手段。此外，被卖者是大家闺秀还是出身卑贱的乐户女子，也有很大区别。胤禟曾通过太监何玉柱从天津、苏州、扬州等地买来女子。具有讽刺意味的是，这个太监冒充富有的扬州盐商安三之子⑦，明媒骗"娶"大家闺秀，然后把她们送到北京供胤禟享用。

秦道然所说的有关他过去的主子兼学生的供词，构成了胤禟罪状的重要依据。例如，秦道然说胤禟因为他的一些兄弟封了王，而自己只封了贝子，心中不快。有一次，他把表明身份的花翎⑧从朝冠上取下，并向门上众人说："你们看我头上的翎子有甚么好看。"这件事被用来证明他对他的皇父心怀怨恨。

还有一次，胤禟因为懒于执行皇父所交付的任务，就谎称有病，并且让他八哥也照做，欺君妄上。当康熙皇帝废掉皇太子胤礽，将他圈禁起来时，胤禟觉得对这位兄长的惩罚还不够严厉。这种情绪被解释为不忠不孝的表现。

顺藤摸瓜，三王遭殃

秦道然在审讯过程中所供出的情报，不仅陷害了胤禟，也陷害了胤禩和胤禟。

他把胤禩描述成一个伪君子和骗子，说八阿哥待人好、说话谦和都是装出来的，想要博取美名罢了，还说胤禩利用汉人侍读何焯来推动自己的政治目的，但却提不出什么实实在在的证据，只道胤禛也说过，八爷会沽名，经常叫何焯的弟弟在南方各处买书，借此给南方文士留下好印象，以取得他们的支持。

胤禩学习懈怠，书法写得不好，所以康熙皇帝命令他每天必须练字十幅呈览。但是他不耐烦写字，便雇人代他完成功课欺骗他的皇父。

此外，秦道然说胤禩违背康熙皇帝的戒酒之训，每每酗酒闹事。他还惧内，放任自己的嫡福晋郭络罗氏在府里发号施令。这种情况即便是在平常人家也不能容许，更何况是在亲王府？

至于胤禟，秦道然说他借口有病，躲避陪同皇父出巡热河。于是康熙皇帝调来胤禟的亲信湖广总督满丕等人随行做苦差，以此来惩罚他。出京之日，胤禟亲自到城外送满丕等人，道歉说是自己连累他们受苦了，又赠"平安"二字，众人无不感激。秦道然说胤禟明是在抱怨皇父，又邀买人心，让众人感激他，将置康熙皇帝于何地？这是胤禟不忠不孝之处。

胤禩、胤禛和胤禟三兄弟，在太子胤礽未被废黜的时候，就时常有抱怨之言。道然指责这是不忠不义的行为，因为二阿哥未废就是三人的主子，怎么能抱怨自己的主子？

道然还为谋害太子一案提供了新的证词，进一步显示出诸皇子在幕后对权力的激烈争夺。他说胤禩曾请相面人张明德替自己占卜未来。张某投其所好，言八阿哥"丰神清逸，仁谊敦厚，福寿绵长，诚贵相也"，有朝一日将会当皇帝，并建议行刺已被康熙皇帝废黜的太子。虽然三兄弟没有接受他的建议，但是1708年（康熙四十七年）这件事被揭发之后，张某遭凌迟处死，胤禩、胤禛和胤禟被迫前往法场亲睹行刑场面。

因为这件事，胤禩被监禁。胤禛和胤禟代他向皇父求情，反而触怒了康熙皇帝。他问道："你们两个要指望他做了皇太子，日后登极，封你们两个亲王么？"又说："你们的意思说你们有义气，都是好汉子，在我看来都是梁山泊的义气。"

性情急躁的胤禵赌咒发誓，言语举动甚是不好，康熙皇帝大怒，拔出小刀说："你要死，如今就死！"在场的众阿哥恳求皇父宽恕，康熙皇帝这才收了小刀，改用板子责打胤禵。胤禟跪下抓住板子还想求情，皇帝便用力掴了他两记耳光，以致他的脸肿了好几天。后来康熙皇帝将胤禵痛打了二十大板。

对秦道然的大部分审问都集中在胤禟和胤禵的关系上。道然揭露了九阿哥和十四阿哥曾秘密安排，由胤禟差人到西宁向胤禵通报京城里的情形，特别是康熙皇帝的健康状况。

根据秦道然的供词，胤禟要他的皇弟在战场上打个大胜仗，以便登上储位。他曾对道然说："十四爷若得立为皇太子，必然听我几分说话。"胤禵在西宁担任大将军后，不仅打败了入侵西藏的准噶尔部，而且把他们赶回了老家。但是康熙皇帝驾崩之时，他却远在数千里之外，因而不能对继位问题施加任何影响。

在整个审讯过程中，秦道然一直极力表明，他在皇子们的阴谋里只扮演了一个微不足道的角色。

审讯快要结束时，刑部侍郎黄炳做了一个纯属推测的论断，他诘问秦道然道："你还有未供出的事体甚多，容你慢慢想去，一一再行供来。若仍然少有隐瞒，必将你严行夹讯。你既系读书人，难道不晓得大体么？你从前欺天欺君之处已多，今还不悔悟么？"

秦道然受到的压力很大，他必须让审讯者相信他是诚实和愿意合作的。他反复说："我原是该万死的人。今奉旨审问，实供则生，隐瞒则死。这是莫大的天恩。我就是个畜牲，也有些灵性，感戴君父不杀之恩，还敢有丝毫隐瞒么？况连日以来，何事不究到，何处不穷到。允禟、允䄉、允禵不忠不孝处，私结朋党处，收拾人心处、讹诈人钱财处，以及我本身行事恶乱种种该死处，无不尽情吐露，并无一字游移影响。皇上至圣至明，无微不照，我何敢有丝毫隐瞒？若要暂免自己的严刑，将没作有，这便是欺皇上，是断断不敢的。"

审讯之后，刑部左侍郎和两江总督向雍正皇帝报告：

> 该臣等查得秦道然存心奸险，行止不端。自圣祖皇帝给与允禟教书以来，凡允禟所作恶乱之事，不但不为谏阻，而且从傍（旁）附和，倚势作恶，不法之事不一而足，如管理允禟家事称为大人，吓诈满丕等银两，复向人赞扬允禟好处，其邵元龙所告各款，又皆直认不讳。是秦道然系一不堪匪类，允禟竟以心腹待之，一举一动无不预闻，以致秦道然在外招摇生事，吓诈多人，甚至存心不轨，口出诳言。似此恶乱之徒，所当亟请置诸重典，以为不法者戒。其应追助饷银十万两，并所诈满丕等银三千三百二十两，俱交臣查弼纳于该犯家属名下作速严追，分别充饷入官。

由于秦道然只筹得十万两罚锾的十分之一，所以补足其余银两的巨大压力就落到了他的家人身上。

然后根据秦道然所提供的证据，刑部左侍郎和两江总督奏称"允禟、允䄉、允禵恶迹昭著，难以枚举"，便列出三位皇子的罪状如下：

• 胤禟

大不敬一："因只封贝子，心中不快，向门上众人怨望圣祖。"

大不敬二："懒待行走，假装疯痰之症，已属不合，复令允䄉装病，欺诳圣祖。"

大不敬三："向秦道然说圣祖圈得大阿哥松，抱怨圣祖。"

大不敬四："皇上登极后，遣人向秦道然说，令其打点说话，欺罔皇上。"

存心不轨一："允禵出兵之日，隔一二日便至其家，每次二三鼓方回。"

存心不轨二:"差姚子孝在军前往来不停。"

存心不轨三:"好将货财给人,全不计较,收拾人心。"

- 胤禩:

存心不轨一:"存心奸诈,行事诡谲;逢人哄骗,假作谦和;沽名钓誉,收拾人心。"

存心不轨二:"与允禟、允䄉私自结好,作为羽翼。"

存心不轨三:"东宫未废之前,允禩与诸术士往来,踪迹甚属诡秘。"

大不敬一:"烦人写字,欺诳圣祖。"

大不敬二:"挟仇责打司官。圣祖问及,不据实启奏,信口立誓。"

大不敬三:"不遵圣祖戒酒之诫,饮酒打人。"

- 胤䄉:

大不敬一:"因圣祖将伊等亲信之人带往热河当差,允䄉在城外亲送,又各给'平安'二字,明系抱怨圣祖。"

大不敬二:"出兵之时,向允禟说'父皇年高,好好歹歹给我信儿'等语,此臣子所不忍言者,允䄉公然不讳。"

另外,两位官员向皇帝报告,胤禩、胤禩和胤䄉的所有罪状,都有秦道然的口供可以作证,并且秦道然是在未经任何刑讯的情况下和盘托出的。他们建议,应该按照《大清律例》治胤禩、胤禩和胤䄉之罪,以彰国法,同时追回、没收三人非法诈取的钱财。

在这份由刑部左侍郎黄炳和两江总督查弼纳共同签署的奏折最后,写着:"所有讯过秦道然供情理合,遵旨具奏,恭候圣裁。臣黄炳谨遵圣谕,在宁(江宁,即南京)候旨,伏祈皇上睿鉴施行。雍正四年三月初十日。"

再审北京

雍正皇帝命令黄炳将秦道然从南京押回北京，显然是为了六个星期以后，让他在京城里再次接受审讯。北上途中，秦道然一直被关在囚车里，也不给他吃的。这样的羞辱完全摧毁了他的自尊心，为求活命，他的审讯者想听什么，他就不得不说什么。

这一次的审讯发生在1726年（雍正四年）年中，此时新君想要打击的他的三个兄弟已全部下狱。牵连此案的其他人员也和秦道然一样被带到北京受审，包括天主教教士穆景远、太监张瞎子（原名张恺，曾为胤禵算命，后来随侍胤禟长子弘晸），以及胤禟的文友兼亲信何图（曾任甘肃省巩昌府知府，被胤禟荐与胤禵，派往军前效力）。

审讯的一部分内容被保存了下来，很有可能经过了删改和审定。因为其中只记录了审讯者多罗果郡王胤礼（康熙皇帝第十七子）等人提出的两个问题，以及秦道然的回答，还有一些地方标明了"又供"二字。却没有记录问题是什么。

这一次和上一次一样没有用刑，但威胁显然是有的。譬如秦道然说："我是实该万死的人，蒙皇上宽至如今，在我已属万幸。到如今又奉旨命王、大人审我，我还不将自己的罪过与允禩、允禟、允禵的情罪，尽情说出，是我自己不愿得命，且不顾我妻室儿孙了。"

秦道然把他能想到的又都说了一遍，然后说："以上各款，犯人在江南时已经供明，今又蒙王、大人讯问，因又细细思想，将前供未尽之处，再行尽情供出。……允禟却是个糊涂不堪、无才无识的人。圣祖皇帝也深知道他，所以诸王子内从不曾赞他一声，亦从不曾交他办一件甚么事。当二阿哥未废之时，他原立心想帮助允禩，及二阿哥既废，又见允禩的保举不成，心上料着允禵有分，因更深相结纳。他自己口里也常说'我是无望的'，但他心里究竟怀着妄想，这是我深知的情节。"

审讯者于是问他："你既知道允禟无才无识、糊涂不堪，你却为何又帮助他做这样悖逆大罪的事？你又怎么见得允禟既然自己无望，又心里常怀着妄想呢？"

道然回答说："允禟曾向我说：'当日妃娘娘（九阿哥生母宜妃郭络罗氏）怀娠之日，身子有病，病中似梦非梦，见正武菩萨赐以红饼，状如日轮，令妃娘娘吃了，果然病愈胎安。'又说：'我幼时耳后患痈，甚危，已经昏迷。忽闻大响一声，我开眼时，见殿梁间金甲神围满，我的病就好了。这俱像是我的瑞兆。'他有这些话在心里，我又见他种种行事，所以他怀着妄想，惟有我知道的。至于我明晓得他无才无识、糊涂不堪，却又依附他，这就〔是〕我该死处。"

之后，秦道然又供出了一些可以用来惩治他过去的主子的情报。他揭发说："二阿哥未废之时，允禟常向我说二阿哥的过失。因二阿哥待他和允禩、允禵三人不好，所以同心合谋，有倾陷东宫、希图储位之意。因竭力趋奉老裕亲王（福全），要他在圣祖前赞扬，所以裕亲王病时，曾以广善库⑨为因，力荐允禩有才有德。"

道然还说，1708年（康熙四十七年），二阿哥胤礽既废，圣祖命诸臣保举可立为皇太子之人，他们的同谋者秘密商定推举八阿哥胤禩。"揆叙（明珠的次子，时任工部左侍郎）、王鸿绪（明珠的亲信，时任户部尚书）与廷臣暗通，各人手心都写了一个'八'字，遂合词保了允禩，意谓所谋必成。不料大忤圣意，不但允禩大失所望，允禟、允禵亦甚觉沮丧。这些事体不但我知，即举朝之人，亦所共知。"

随后，道然揭露，胤禩把胤禵在出征期间被召回北京述职一事，解释为康熙皇帝要阻止十四阿哥打胜仗。

道然说："及允禵有大将军之命，允禟便喜欢之极，指望他立了大功，早正储位。后来圣祖曾命允禵进京，允禟甚是不悦，向我说：'皇父明是不要十四阿哥成功，恐怕成功之后，难以安顿他。'"

道然接着又说："允禟要知道圣祖皇帝内庭（廷）消息，厚结太监陈福、李坤，叫（叫）他伺察圣祖喜怒动静，不时通知他。如此用心，就可知他的心迹了。"

供词的其余部分都是些零星小事，给人的印象是：他在极力搜索自己的记忆来满足审讯者。

道然说："允禵也晓得允禩是庸才，其所以与他厚结的缘故，不过为他肯替允禵使钱，要藉（借）他钱财收拾些人心。允禵每访得九流术士中有些异样的，便令心腹人招至家中，藏之密室。到打发去的时节，便叫（呌）允禩送他银子，或一百两或二百两不等。这种人也多得紧，我时常听见送银子到允禵家里去的人向我说，所以我得知道。至于给的是甚么人，我实不曾知道。"

除了秦道然，其他牵连在内的人，如穆景远、何图、张瞎子，以及一干差役、太监等，也都受到详细的审问。雍正四年六月初二日，皇帝根据审讯的口供，降旨列举了胤禩罪状二十八条、胤禵罪状四十条，而这两人从未被允许为自己辩护。在罪状公布后三个多月之内，胤禩、胤禵相继卒于保定（今河北省保定市）与宗人府⑩的禁所，两兄弟都被虐待致死。

但是即便他们已身故，雍正皇帝仍不满意。胤禩死后，雍正皇帝要直隶总督李绂向他通报，是否有人在哭悼。七天后，他得知没有人至灵前吊唁，还是不满足，命令李绂继续严密监视。连胤禩的遗孀也是三个月之后才得到许可，把尸体收走。

祸延全族

因为愿意合作，秦道然免于一死。雍正皇帝开恩让他发回原籍金匮县⑪，交与地方官收管。次年（即1727年，雍正五年）四月，宗人府审理胤禩家产案，奏请调取秦道然，于是他被解回北京再次接受问话。不久之后，皇帝朱批查弼纳所奏苏努子孙俱应照叛逆例正法折⑫时，评论乱臣贼子的依附者注定要为千古所不齿，其子孙皆避忌而不认先人，并说："现今秦道然实系秦桧之后裔，众所共知，伊则回护支吾，不以为祖，此即恶人之报，昭昭不爽，甚于国法者也。"

秦道然的处境影响了全族，他的家人被迫清偿所有债务。他的弟弟秦实然自愿分担他的不幸，提出代他坐牢，被金匮县知县一口回绝，指出实然已过继给他的叔父秦松岱为子，与道然在法律上已不是兄弟，没有义务以身共难。但是实然声泪俱下地说："出嗣者分，同生者身；不株者国恩，不移者天性。兄存与存，兄亡与亡耳！"他变卖了全部家产来偿付道然的罚锾，不过所得极为有限。

直到雍正朝结束时，秦家的经济状况都未见改善。由于秦道然无力偿付罚锾，包括寄畅园在内的家财被没收充公。整个家族一贫如洗，备受煎熬。即使有子弟考中了进士，也不得飞黄腾达。无锡秦氏看起来似乎注定要湮没无闻了。

【编者注】

① 关于胤禛串通隆科多将"传位十四子"改为"传位于四子"的说法站不住脚，因为遗诏用汉、满、蒙三种文字写成，并没有矫饰的可能。不过，孟森在《清世宗入承大统考实》指出："以遗诏中'十'字改作'于'字之故，并非久后野人之语，实是当时宫廷中宣布之言。"此外，他还对遗诏的真实性提出质疑，"圣祖传位于四阿哥之遗诏……已证明为戌刻圣祖崩后始入受传者之耳"，而且"在园（康熙在畅春园离世）、在京所得传位之末命，皆出于隆科多"。清史学家王钟翰也在《清圣祖遗诏考辨》一文中，证实遗诏是雍正即位后一手伪造的。他们都认为康熙皇帝属意的接班人是皇十四子胤禵。

② 行走：清代官制用语，即入值办事之意。清制，凡不改原职而调充其他职务，即称在某处行走或某官上行走，如"在军机处行走""在军机大臣上行走"，其初入者加学习二字，称"在军机大臣上学习行走"。

③ 雍正皇帝胤禛即位后，为了避讳同字，以己为尊，将兄弟们名字中的

"胤"改为谐音"允"。雍正朝纂修的官书,涉及这些人名时,多书为"允×",即使是原作于康熙朝的文献,后来才刻印的,也往往遵循此规定。本章在述及诸皇子时,一概用其本名;援引资料时,则依据原文。

④ 莫劳,原书写作 Mo-lao,此人生平不见于正史。据一些清史学家猜测,有可能是指葡萄牙传教士穆景远(Joannes Mourao,或作穆经远、穆敬远、穆金远、穆近远),他卒于1726年(雍正四年),系被毒死(一说绞死),尸体遭火化扬灰。这些情况与马国贤所述大体相符。不过,他并非是一名高级官员。

⑤ 经清史学家考证,"阿其那"与"塞思黑"并非"狗"和"猪"之意,如陈寅恪说:"无论阿其那、塞思黑,非满文'猪''狗'之音译,且世宗亦决无以猪、狗名其同父之人之理。"至于这两个词的具体释义为何,不同专家、学者有不同的说法,这里不再列举。

⑥ 邵元龙,无锡人,1696年(康熙三十五年)顺天榜举人,与秦道然早先都是胤禩的师傅,同出同入。后来胤禩迷上明人瞿汝稷编集的禅宗佛书《指月录》,秦道然恰有研究,答应了几句,胤禩十分高兴,从此对他亲近倚信,而将邵元龙遣去教其长子弘晟读书。邵某遂上了一份奏折,揭发胤禩六款罪证,其中前三款与秦道然有关,说他每日由角门私进贝子府,三更方出,不知密商何事;胤禵出兵之时,与胤禩每天都至其家晤谈,四五更方回,不知密商何事;又与胤禩府中的太监何玉柱、管事人班住儿结为弟兄,行事凶恶,对好言劝阻的邵怀恨在心,几欲陷之于死地。甚至还说秦道然中进士、做翰林、选科道,皆胤禩代为嘱托营谋。针对这些指控,秦道然后来在口供中都做了修正和澄清。

⑦ 安三,原名安岐,字麓村,朝鲜族人。出身内务府包衣,并担任朝鲜佐领(康熙年间,内务府上三旗下设包衣满洲佐领、旗鼓佐领[即汉人佐领]、朝鲜佐领和内管领),与大学士明珠关系密切,为其家臣。当明珠得势时,安三在京城里犯了罪,明珠就将他送到江南,给他一笔资金在扬州贩盐,声名赫奕,与山西巨贾亢氏齐名,在当时有"南安北亢"或"南安西亢"之说。安三精于书画鉴赏,收藏之富,甲于海内,他常在字画中留下"安麓村"题跋。安三的儿子安二,原名安蚨,与胤禩之间有交往。秦道然在口供中说,何玉柱第二次下江南,带了十多个女子回京,声称是扬州安蚨送给胤禩学戏的。

⑧ 花翎：清代五品以上官员所用冠饰。主体为孔雀翎（孔雀尾羽所做，以翎眼［即孔雀尾羽上的圆花纹］多者为贵，有三眼、双眼、单眼之分），根部缀以蓝翎（鹖鸟尾羽所做，无眼。六品以下的官员、侍卫只佩戴蓝翎），用翎管连接在朝冠顶，翎尾下垂拖至脑后，反映了骑射民族的古老遗风。清初，爵位中最为显贵的亲王、郡王、贝勒不赐戴花翎，因为花翎是"臣僚之冠"。固山贝子、固伦额驸（皇后所生固伦公主的丈夫）戴三眼孔雀翎，根缀蓝翎；镇国公、辅国公、和硕额驸（妃嫔所生和硕公主的丈夫）戴双眼孔雀翎，根缀蓝翎。其余五品以上大臣，除皇帝特旨另有恩赐者，只能佩戴单眼孔雀翎，根缀蓝翎。如若降级或革职，须立即变更花翎或拔去花翎。

⑨ 广善库即内务府库房。内务府，或作"内府"、"总管内务府"的简称。清代总辖宫廷事务的机构，凡帝后的衣、食、住、行、育、乐都由其负责承办，并管理太监、宫女等。清入关前即设置，1654年（顺治十一年）废，改设十三衙门。1661年（顺治十八年）又废十三衙门，复置内务府，遂成定制，直至1924年（民国十三年）宣统皇帝溥仪被逐出宫为止。内务府的组织源于满族的包衣制度，其主要人员分别由满洲八旗中的上三旗所属包衣组成。最高长官为"总管内务府大臣"，简称为"内务府总管"，正二品，皆由满族王公大臣兼任，无定员，等于是皇帝的大管家。清代每当皇室发生大事时，常派皇子或皇帝的兄弟管理内务府。康熙四十七年皇太子胤礽被废后的第四天，胤禩就奉召署理内务府总管之事，以取代前任总管凌普，后者是胤礽的乳公（乳母的丈夫）。

⑩ 宗人府：管理皇家宗室事务的机构。1370年（明洪武三年）置大宗正院，1389年（洪武二十二年）改称宗人府，设宗人令一人，左右宗正各一人，左右宗人各一人，以亲王领之。清沿明制，于1652年（顺治九年）置，改宗人令为宗令，设一人，宗正、宗人各一人，俱以宗室王公充任。宗人府掌皇九族之属籍，按时纂修玉牒（皇帝家族的谱牒。唐代已有，沿及明清，清代每十年续修一次。以帝系为统，长幼为序；存者朱书，殁者墨书；宗室记于黄册，觉罗［满语，指清代皇室的旁支子孙］记于红册，并各有满文、汉文本；各本均书宗支、房次、封职、名字、嗣袭、生卒、婚嫁、谥葬等），对确保皇族特权、维护皇家宗法，具有重要作用。

⑪ 1724年（雍正二年），两江总督查弼纳以苏州、松江、常州三府赋

重事繁，疏请太仓等十三州县各析为二。1726年（雍正四年），正式在无锡城东别置金匮县，直至民国时期始又并入无锡县。无锡城中第六箭河北岸有金匮山，别名紫金山，相传东晋学者郭景纯曾埋黄金符匮于山下，时有紫气腾上，故名。金匮山旧为该邑之镇山，县名"金匮"即源自于此。秦家世居第六箭河河畔，亦划入金匮县治下。但无锡、金匮同城而居，山川人物与历史发展难以划分清楚，故以下各章遇有这类情形，仍以"无锡城"笼统称之。

⑫ 苏努是胤禩集团的重要成员之一。康熙皇帝曾说，苏努是清太祖（努尔哈赤）长子诸英的曾孙，与清太宗（皇太极，努尔哈赤第八子）这一支有仇，所以总想破坏他们父子兄弟的关系，遂其心意。雍正皇帝即位之初，为了拉拢苏努，将他由贝子晋爵为贝勒。但是当胤禩、胤禵的势力被击垮时，苏努也随即遭到整肃。查弼纳是苏努的姻亲，原本也拥护胤禩，后来见苏努获谴，自己又连番被诘问，惟恐受到连累，乃供出苏努与许多皇族结党乱政，与胤禵、胤禩朋比为奸，并大力推动这些案件的审理工作。1727年（雍正五年），苏努又被控涂抹圣祖朱谕，应照大逆律概行正法。查弼纳欲永除后患，竟与诸王、大臣联名上折，奏请将苏努之子孙四十人尽行正法。雍正皇帝特别点名谕斥他，说"众人所执者国法，而查弼纳所怀者私心也"，讥之为小人情状。

第十八章

秦蕙田：探花

新朝首科登鼎甲

雍正十三年（1735）八月二十三日，坐上中国金銮宝座的第三位满族皇帝胤禛驾崩了，享年五十八岁。他的登基疑云重重，他的辞世也一样笼罩着谜团。虽然官方公告说他平静地死在圆明园①内，但是民间广泛流传的谣言说他是被吕四娘——一个被他下令死后戮尸的儒生的女儿——刺杀而死的。②

胤禛记着自己经过残酷的夺嫡之争才当上皇帝，所以他避免公开立储，只宣布他已亲笔写下嗣皇帝位的皇子的名字，并放在密封的锦匣内，置于乾清宫的"正大光明"匾额后。雍正皇帝驾崩后，锦匣里的谕旨被取出。在他的六个皇子（另有四子早夭未序齿）里，立为储君的是熹贵妃钮钴禄氏所生的四阿哥弘历，即位后改元乾隆。

清朝皇帝很重视皇子们的教育，他们从中挑选最有能力维持满族政权的皇子为储君，而不论他是皇后还是妃嫔所生。

乾隆皇帝在位六十年，其间中国的势力和影响力都达到了最高峰。在鼎盛时期，他辖下的国土惊人地扩展到了一千三百多万平方公里，是美国领土面积的一倍半。但是到他统治的末年，已经可以看出大清帝国衰落的迹象了。可是，由于他的帝国无疑要比周边所有的邻国都强大，沉浸在优越感中的乾隆皇帝，对漂洋过海的欧洲在技术——特别是军事技术——上迅速赶超中国，可悲地一无所知。他晚年曾傲慢地对欧洲使节说：天朝是完全自给自足的，所以不需要他们的工业品。

登基那一年，弘历二十五岁，有着明亮的双眼、高挺的鼻子和微微有些突出的耳朵。这是一个充满自信的年轻人，他受过很好的教育，能文善武，既精于满族传统的骑射，又熟读经史，也擅长绘画和书法。事实上，乾隆皇帝为自己的文学成就而自豪，到他晚年时，据信其诗作已有四万三千多首。

弘历逐步撤销了他皇父生前所做的一些决定，如乾隆四十三年（1778）正月，他下诏恢复了其皇叔胤禩和胤禟的原名，收入宗籍。

新君即位通常要大赦天下，乾隆皇帝也是一样，但赦免的犯人中间却不包括死刑犯和像秦道然这样的特案犯。

乾隆元年（1736）二月，全国学子汇集于京师，参加礼部所举行的会试，其中便有三十五岁的秦蕙田。他是秦道然的小儿子，为一位姓浦的妾所生。当秦道然被关在囚车里从一城押解到又一城的时候，蕙田总是混在解差当中，用钱收买他们，尽可能减轻他父亲的痛苦。后来秦道然被判刑，家产又被变卖一空，用来偿付罚锾。自此，蕙田给自己定下了严格的学习要求，逼迫自己努力读书，立誓有朝一日要买回所有的房屋和田产。

当秦道然被监禁在家乡时，蕙田在改善他父亲的牢狱生活上起到了很大作用。因为金匮县的首任知县王乔林很器重蕙田，把蕙田当作自己的门生，所以王知县让秦道然住单人牢房，允许他向囚犯讲学，还允许他的家人不受限制地探视他，每天给他送饭食等。尽管秦道然还是在押罪犯，但他的牢狱生活已被安排得尽可能地舒适。这样做也是符合雍正皇帝所下旨意的，上谕对秦道然"不必严加拘禁，亦不得听其擅离"。

王知县还帮助蕙田谋取功名。在这个年轻人准备应试的期间，他先后推荐蕙田到南京和广东做事。蕙田心里十分清楚，得到官方承认是他洗刷家族耻辱和争取父亲获释的唯一途径。

秦蕙田是全国七千多名举人里，考中贡士的三百四十四人中的一个。在回乡之前，他们还要参加皇帝亲自主持的殿试。殿试得中前三名就能立刻飞黄腾达。

殿试由朝中最有才学的大臣出题和阅卷，但他们并不评定名次。四月初二日，应考的贡士坐在宏伟、壮观的太和殿丹陛前，就乾隆皇帝策问的关于治国之道的几道试题，如"用中敷治，列圣相传""政治行于上，风俗成于下""衣食足而后礼义兴"③等加以回答和阐述。秦蕙田在他的长篇对策里，开宗明义就说：

> 臣闻帝王之治本于道（方法），帝王之道本于心。心也者，至治之根柢，万化之枢机也。廓然大公（合于天道），以立其体，物来顺应，以致其用。举敷政维风（出自《诗经》"不竞不絿，不刚不柔。敷政优优［宽和］，百禄是遒［聚］"）、厚生正德（出自《尚书》，厚生以养民，正德［自正其德］以率下）之理，悉会归于无偏无党之平（出自《尚书·洪范》对"皇极"［参见第十三章注释⑫］的阐释"无偏无党，王道荡荡；无党无偏，王道平平"。无偏无党，即为至治），而其要皆原于诚。《中庸》谓，凡为天下有九经，所以行之者一也。一者，诚也，即中也……

考官们从数百份试卷中选出最好的十卷，签拟名次，呈皇帝御览，皇帝可以随意改变它们的排名。四月初四日清晨，乾隆皇帝驾临养心殿，批阅这十份卷子。

弘历勤于政事，所以亲自看完了殿试进呈卷。然后他召见十三位读卷官（负责评阅试卷的高级官员，于大学士、尚书、侍郎中选派）说："卿等所拟第一卷内，有耕耤之典句。朕未曾耕耤，此句不切，可置第二。取所拟第六卷为第一。"他是指他还没有举行过耕耤礼——

由皇帝亲自扶犁耕田，向上天祈求丰收的传统春祭大典。他所评定的第一名是原来的第六名。

评定完名次之后，乾隆皇帝下令拆去试卷上的弥封（糊名的封条）。当弥封揭开时，他所取的第三名（原定的第二名）是秦蕙田。

次日，太和殿内举行了隆重的传胪④典礼，公布殿试结果。清晨，诸贡士集中在殿前，身穿公服，头戴三枝九叶顶冠（顶镂花金座，上衔金三枝九叶），排立在身穿朝服的文武各官的东西班次之后。礼部堂官诣乾清门奏请皇帝出宫，午门鸣钟鼓。乾隆皇帝入太和殿升座后，静鞭⑤官在阶下鸣鞭三响。鸣鞭毕，丹陛大乐奏《庆平之章》。此时读卷官等各官，向皇帝行三跪九叩礼。内阁大学士一人进殿，至东侧黄案前，取金榜捧至檐下，授礼部堂官。礼部堂官跪接后，由中阶左旁下，置于丹陛正中所设的黄案上，跪叩礼毕退。鸿胪寺官引诸贡士上前，鸣赞官命他们下跪听传。传胪官随即在丹陛东侧宣读授予他们进士头衔的诏令，然后开始唱名。其中一甲三人的姓名，被传唱三遍，由鸿胪寺官分引出班。第一名金德瑛在御道左边跪下；第二名黄孙懋，就御道右边稍后跪；接着轮到秦蕙田，在御道左又稍后跪。列二、三甲者仅唱一次，不引出班。

十九天之后，即四月二十四日，乾隆皇帝降旨任命金德瑛为翰林院修撰，黄孙懋、秦蕙田为翰林院编修。秦蕙田进了翰林院，他的父亲和祖父都曾在这里供职。此外，一些经博学鸿词科取中的士子，也被派到这里担任编修或低一级的侍读。其他人则被派往府、县当地方官。五月十一日，一甲三人再获殊荣。他们被派到南书房行走，作为皇帝个人的文学顾问，也是蕙田的父亲道然曾经做过的工作。

伏阙陈情，舍身救父

同月，蕙田的母亲浦氏去世，他回无锡城奔丧。虽然浦氏是他的生母，但是许多年前，他的祖父秦松龄已做主把他过继给了身后无嗣的叔父秦易然，所以在法律上她已经不是他的母亲了，他也不必守孝三年。

由于养父母都过世很早⑥，蕙田实际上只熟悉自己的亲生父母。他在提到已故的养父母时称他们为"父""母"，而在说到他的生身父母时则称他们为"本生父"和"本生母"。

就在母亲的葬礼结束后不久，蕙田以他长期奋斗而来的功名为赌注，上书乾隆皇帝，恳请赦免自己的父亲。他的奏折措辞严谨，丝毫没有暗示先帝把他父亲下狱有任何不公正之处。那份奏折行文很长，其内容节略如下：

> 臣有本生父秦道然，因身负重罪，蒙世宗宪皇帝覆载（常言"天覆地载"，此处比喻帝王恩德）深仁，从宽革职，令本身出银十万两充饷。臣父身系圜土（牢狱），搜括产业，竭蹶措变，只因催追银两力不能完，以致仍行圈禁，迄今九载，年已八十，衰朽不堪。本年五六月内，因侵染暑湿，疟疠时作，寒热交攻，淹淹（奄奄）一息，几至瘐毙羁所。情关骨肉，痛楚难忍。七月底，病势稍定，残喘复续。臣因假期已满，不得不领文趋赴阙廷，而还顾家有八旬迈父，老病拘幽，既无完解之期，更无久延之望，方寸昏迷，不能自主。臣诚不忍昧心窃禄，以致外干罪戾（罪过），内渐（浸）名教。现今恭遇皇恩，矜慎庶狱（各种刑狱诉讼之事），有一线可原者，概与宽释。惟有吁恳圣主，如天好生之仁，俾援一线可原之例，仰冀鸿慈，格外鉴宥（体察宽恕），丐（赐予）臣父秦道然八旬垂死之余生，幸离羁所，得以终老牖下（窗前）。臣愿革去职衔，矢（通"誓"）竭血诚（赤诚），效力奔走，以赎父罪。

时人称赞秦蕙田是当世两大孝子之一⑦，但他这样做是冒了很大危险的。皇帝行事向来难以预料，正如朝臣常说"伴君如伴虎"。他很有可能会被革职,甚至被冠以对先帝大不敬等罪名。

蕙田很幸运。乾隆皇帝批复说:"秦道然着释放,其未完银两亦着豁免,仍令该督抚转饬(通"敕",告诫)地方官严行管束,不许出境生事,钦此。"

秦道然获准回家居住,以便他的家人可以照料他,但他不准随意离开金匮县,说明乾隆皇帝觉得不能完全信任他。道然回家之后写了《困知私记》一书,记录了他对十四年牢狱生活的感想,可惜这本书没有保存下来。

随驾谒祭祖陵

乾隆皇帝赦免了秦道然,同时也赢得了秦蕙田对他的忠诚。尽管蕙田考中进士时已有三十五岁,但他还是为朝廷服务了三十年,直至去世。他恪尽职守,以至于自己几乎没有时间和家人团聚。蕙田开始做官时,夫人侯氏已经生了三子(泰钧、复钧、鼎钧)一女,其中次子复钧早夭。后来,他的妾又生了一子(上钧)一女。此外,便再无所出。

乾隆皇帝对他的这个新臣子显然有所偏爱。蕙田的祖父秦松龄,不仅侍奉过弘历的祖父康熙皇帝,还侍奉过他的曾祖父顺治皇帝。1737年(乾隆二年)岁末,皇帝亲自写了一幅"福"字赐给蕙田。新年在大门上贴福字是中国人的传统习俗,以期来年带来好运,若能在自家门户展出御书墨宝,更被视为无上荣耀。到了除夕夜,乾隆皇帝又赐给蕙田墨一匣、笔一匣、貂皮两张、荷包一对内有银锞(银元宝)一锭、䌷(同"绸")帕一方、西洋布帕二方和鹿尾二条。笔墨是适合赠给读书人的礼物,鹿尾和磨成粉末的鹿茸一样,被认为有治病和壮阳的作用。此外,皇帝还赐给他一头鹿、一头羊、四条鱼和四只雉鸡。

在蕙田供职的三十年间,像这样的恩赐每年都有五六次。他每一次都仔细地记录在自己的日记《味经公随笔》(秦蕙田,号味经)中,现存两卷。

蕙田入翰林院后不久,便被指派参与一项重要工作:编纂《大清一统志》。这项工作在六十年前康熙朝时就已开始了,到1744年(乾隆九年)才最终完成。全书共三百五十六卷,对当时帝国的疆域、中央及地方行政区划的建置沿革都做了详尽的描述。

1738年(乾隆三年)仲春,皇帝初次举行耕耤大典,蕙田随行。对处于农业社会的中国来说,确保每年有一个好收成,是一件非常重要的事,为此必须祈求上天保佑。二月二十九日黎明,乾隆皇帝斋戒沐浴后,身穿绣有金龙纹的朝服,头戴嵌着珍珠的朝冠,离开皇宫,率文武百官到北京外城西南部的先农坛,向传说中在数千年前教会中国人耕种的神农氏献上祭品,祈求五谷丰收。

乾隆皇帝作为天子——上天和他的臣民之间的纽带——在完成祭祀之后,便前往具服殿脱去朝服换上便服,准备他的下一项任务:耕田。在具服殿东有一亩三分地专为皇帝耕耤之用。皇帝进入耤田,在众大臣和从京师附近挑选出来的一百名老农的见证下,亲自执鞭、扶犁,耕地七垄[⑧]。随后他登上观耕台,命亲王五推五返,九卿九推九返,并由选定的农民耕至耤田终亩。

这个古老的仪式可以勉励农民以皇帝为榜样,勤于耕作,重农务本。同时,古人认为皇帝屈尊耕作可以体恤民间疾苦,从而取悦上天。典礼最后,乾隆皇帝在田边漫步,与农民交谈,然后在鼓乐声中起驾回宫。

这一年岁次戊午,值三年考察京官之期,蕙田第一次接受京察。[⑨]乾隆皇帝显然对他很满意,不仅裁定为京察一等,还亲自召见他,给予他加一级[⑩]的奖励。四个月后,蕙田被任命为顺天乡试的同考官。

1739年(乾隆四年)再次举行殿试。这一年,蕙田的堂弟秦勇均考中探花。在清朝统治中国的二百六十八年间,像这样兄弟都名列一甲的另外只有四家。[⑪]

1741年(乾隆六年)秋,秦蕙田忙于主持试务。八月时,他先担任顺天乡试同考官,十月又被选充为顺天武乡试副考官。武科乡试和文科乡试一样，也是每三年举行一次，考试侧重骑射才能与兵器技勇。

乾隆七年（1742）正月，蕙田被派到上书房⑫行走，担任众阿哥的师傅，正如他的父亲曾经担任康熙皇帝的儿子胤祹的师傅。

乾隆皇帝没有公开预立太子，而是跟他的父亲一样，把储君的名字藏在乾清宫"正大光明"匾额后的密匣里。事实上，鉴于康熙朝最后十年里皇子们激烈地争夺储位，雍正皇帝永久地废除了预立太子的传统。

秦蕙田升迁得很快。乾隆八年（1743）闰四月迁侍讲，六月迁右春坊右庶子，八月又被任命为通政使司右通政。通政使司这个机构负责处理皇帝和大臣之间的谕旨、奏折。这一年，乾隆皇帝做了一个不同寻常的决定：他要到关外的盛京（今辽宁省沈阳市）附近去谒祭祖陵。⑬

皇帝出巡的准备工作立即引出数十份奏折，占用了蕙田在通政使司的全部时间。其中大部分奏折来自礼部，请示礼仪问题，即皇帝、皇太后（弘历的生母钮钴禄氏）与其他随从人员如何前往各个陵寝进行祭祀。乾隆皇帝要谒祭的皇陵包括：顺治皇帝福临的父亲皇太极的昭陵、皇太极的父亲努尔哈赤的福陵，以及努尔哈赤所修建的埋葬着他的四位祖先的永陵。礼部认为永陵的祭典应该最隆重，因为里面葬有清朝皇帝的始祖。

乾隆八年九月十六日，皇帝驾临永陵，奉皇太后率皇后照例先进行"展谒礼"。皇帝身穿适合这种场合的素服，在一位礼部堂官的陪伴下，从正门之左门（中门叫神门，墓主棺椁、神牌等由此通过，平日不开；右门则是祭祀时臣工出入的门）进入外有红墙环绕、内有数座殿宇碑亭奉祀着墓主及其配偶的陵园，再往北通过启运门（永陵祭殿区大门的专称，其他清代皇陵称隆恩门）之左门，绕行启运殿（永陵祭殿的专称，其他清代皇陵称隆恩殿）东侧的通道，来到宝城（墓冢所在的圆形或长圆形院落，是陵园的最后部分）的台阶前，跪在事先摆好的拜垫上，叩首及地，直起腰身再虔诚地叩首两次。然后他站起身子再跪下叩首三次，如此一共跪三次叩九次。皇帝向他的祖先行三跪九叩之礼，就和他的臣子每天觐见他时所行的礼节一样。

三跪九叩礼毕，皇帝升阶进入宝城，在墓冢之前举行隆重的谒陵仪式：凡四跪，祭酒十二爵，然后站起来面向西方放声号哭。与此同时，排立在启运殿两侧的皇子和王公大臣也跟着行礼举哀。礼毕，礼部堂官导引皇帝由原进之门出，返回行宫。

皇太后、皇后和其他皇室女眷由永陵掌关防衙门（负责陵寝祭祀及修缮等事务的文职机构）官员的妻子陪同，从正门之右门进入陵园，来到启运门下，皇太后就正中拜位，皇后立于其后，行六拜三叩礼。然后皇太后走向宝城，皇后跟随在后，在墓冢之前举行和皇帝一样的仪式，站起来面向东方放声哭悼。礼毕，掌关防等官之妻导引皇太后、皇后按照来时的路径离开陵园。

第二天，皇室一行人再来永陵举行更为隆重的"大飨礼"。进入祖陵后，乾隆皇帝来到启运殿，在香案前跪下，上香，起身，行三跪九拜礼。然后行初献礼，包括奠制帛（祭祀所用丝织品）、祭酒、读祝。司祝官读完祝文，皇帝行三拜礼。接着又行亚献、终献礼，各祭酒毕，皇帝行三跪九拜礼。王以下官员均随行礼。然后皇帝命人将制帛、祝版（书写祝文的长形木板）拿到燎炉焚烧，他自己到望燎位观看焚化过程。最后，他升阶进入宝城，来到墓冢之前，再次面向西方放声号哭。王公大臣也都跟着行礼举哀。

后来，他们又前往努尔哈赤和皇太极的陵寝，分别举行了谒见礼和大飨礼，祭祀流程与永陵大致相同，规格略低。当皇帝谒祭祖陵时，王公大臣就站在旁边陪同祭祀。

秦蕙田担任右通政只有三个月，随后晋升为内阁学士兼礼部侍郎。隔了一年半，至乾隆十年（1745）五月，他被正式授以礼部右侍郎一职。在担任礼部右侍郎的三年内，他呈递了自己最早的一批奏折，这些资料至今犹存。其中在一份名为《请申严名分疏》的奏折里，蕙田指出许多地方士绅利用权势影响官府做决定，以谋取私利，常给地方官造成困扰。他主张在官吏和庶民之间应该划清界限,使权力只掌握在官吏手中。他的奏折引起了朝廷的重视,因为地方士绅与官府争夺权益已经成为当时最严重的行政问题之一。对此,蕙田提出的解决办法是奉行孔子之道,以礼治国。礼在儒家的思想中是非常重要的,因为它规定了宇宙和社会的秩序。

在另一份名为《捐监兼收银谷疏》的奏折里,蕙田建议修正现行的捐监制度,认为朝廷可以根据情况兼收银两和米谷。他指出,参酌实际的经验,五谷有丰歉,无定价,不能长久贮藏,运送时又多折耗赔累;而金无盈绌,银有定数,易于保存和转送。此外他还补充说,各省的田土不一,要闽、粤、云、贵等食米不敷的省份捐纳谷物,然后再让它们从江、浙、川、广(指湖广)等省买进谷物来消费是不合理的。⑭

祝寿与奔丧

1745 年(乾隆十年),当秦蕙田在北京任礼部右侍郎时,无锡城的秦家决定修辑新版宗谱。上一版的秦氏宗谱还是三十一年前(1714 年,康熙五十三年)修成的。参与编写那一版宗谱的人只有秦道然还在世,但他已经年老,显然不能再投身这项工作了。

临近秦道然九十岁生日的时候,蕙田向朝廷告假数月,回乡为父祝寿。

这次寿辰让秦道然十分感动。他的八十岁生日是在狱中度过的,而现在他已回到家人和朋友身边。他的九旬大寿庆祝了一年之久。二十五年前,他的家族曾因他而没落,现在他已成为备受尊敬的一族之长。由于他的儿子蕙田所取得的成功,扭转了秦氏一族的颓败命运。

蕙田在返乡期间也对新版宗谱的编写工作给予帮助,他收集整理了家族各个支脉的资料。此外,很有可能是从这时开始,他逐渐把家族失去的财产收买回来。

就在几年前,官府终于把寄畅园归还给了秦家。这座园林已十多年无人照管,亭园败落,杂草丛生。秦道然参与拟订了寄畅园的修复计划。为此,乾隆皇帝愿意资助白银一千两,但是秦家恳辞未受。

至此,寄畅园为秦家所有已历数代,和秦家几经兴衰。秦燿去世之后,他的四个儿子秦㙚、秦䇓、秦坦、秦𡊮曾把园子瓜分了,直到秦德藻的时候才又合并在一起。为了避免寄畅园再次被瓜分,在秦道然主持之下,全族决定在园里修建宗祠,专门用来纪念明代秦家出过的几个孝子。这样做有两重目的,一方面是为了提倡孝道,另一方面是确保这座园林不致再被分割或卖掉。园子里还辟出了四十亩农田,其收入用于修葺宗祠和春秋祭祀。秦道然的提议是由蕙田具体起草的。

祝寿活动结束后,蕙田因为不愿意离开他的父亲,一再推迟返回京师的时间。但是道然对他说:"陛下如此厚待吾家,汝应尽力效忠皇上,从速返任。我虽年老,身体精神尚健,勿以我为念。"蕙田这才离开了家。

修建宗祠需要先得到官府的许可,所以蕙田向礼部提出了申请。得到批准之后,秦家便在寄畅园的左侧兴建了秦氏双孝祠。乾隆皇帝又赐予蕙田的六世祖秦燿入祠配享的荣耀。秦家还在园中特地建了一座"宸翰堂",用以悬挂康熙皇帝历次临幸时御书亲题的匾额。

1747年(乾隆十二年)岁次丁卯,朝廷举行京察。三月初七日,身为礼部右侍郎(清代为从二品官职)的秦蕙田呈递了一份自陈三年内政绩的疏本。他以极谦逊的言辞说自己不称职,请求皇帝将他罢斥,并提出了接替自己的具体人选。[15] 他说:"臣生而鲁钝,然承陛下恩宠,委以重任。臣自知无甚建树,故恳赐罢斥。顺天府府丞孙灏才略过人,学识渊博,臣谨举荐其替代臣职。"四天之后,乾隆皇帝拒绝了他的请求,降旨曰:"秦蕙田简佐秩宗[16],着照旧供职。该部院知道,钦此。"

这年三月二十五日,秦道然去世,蕙田返回金匮县服丧一年。在此期间,他研究了祖父秦松龄的同僚徐乾学所编写的一部关于丧礼的重要著作《读礼通考》，同时致力于编撰他自己的著作《五礼通考》。他从二十三岁时就开始定期和学者聚会，讨论礼经之文，最终用了三十八年的时间才完成了这部巨著。

秦氏九老传佳话

乾隆十三年（1748）四月，秦蕙田服满回京，递补为礼部左侍郎。次年年初，西南传来了平定金川的消息。金川（即今金川县，位于四川省阿坝藏族羌族自治州境内，因靠近大金川［大渡河上游的一条支流］而得名）地处四川省西部，是藏族等少数民族的聚居地。乾隆初年，金川土司攻打周边部族，蚕食邻封。乾隆皇帝派兵征剿，遭到土司兵民的奋力反抗，后者用石头筑起数千个坚不可摧的碉寨。由于清军久攻不下，前后有两位将帅——川陕总督张广泗、经略大臣（清代遇有重要军事战役时，皇帝以亲信授经略大臣，统帅数省官兵，地位高于总督，事罢即撤）讷亲——被乾隆皇帝分别处斩、赐死。后来国舅（孝贤纯皇后富察氏之弟）傅恒领命暂管川陕总督，经略军务，在他的指挥下，战事告捷。最终土司乞降，金川初定（二十二年后，即1771年［乾隆三十六年］，金川战役再次爆发）。乾隆皇帝把这次战役列入他在位六十年间的"十全武功"⑰之一，但他也为此付出了很大的代价。据估计，仅此一役就花费了二千万两白银，超过政府岁入的四分之一。

金川战役后，乾隆皇帝对川边民众施行绥靖安抚政策，这也提醒他制定南巡的计划了，就像他的祖父康熙皇帝曾六幸江南笼络南方士子一样。乾隆皇帝非常敬佩自己的祖父，以之为榜样，他即位时就曾祝告上天，祈求能统治得像祖父那样长久。不过，康熙皇帝临御六十一年，可玄烨即位时只有八岁。弘历登基时已经二十五岁，要统治那么久似乎不大可能，但上天满足了他的愿望。

南巡的路途遥远、耗资巨大，对此乾隆皇帝以孝道为理由，与儒家的价值观完全相符。因而，他的第一次南巡，虽然在1749年（乾隆十四年）就提出了计划，但直到两年后才提上日程，作为皇太后钮钴禄氏六旬圣寿的庆典活动之一，乾隆皇帝与皇太后一起巡幸江浙。

秦蕙田一得知主上的南巡计划时，就建议乾隆皇帝驾幸康熙皇帝生前所喜爱的秦家园林。皇帝御驾亲临将是一个家族的无上荣耀，同时也向世人显示这个家族深蒙圣眷。乾隆皇帝答复说，他会到寄畅园瞻仰皇祖父的墨宝，但不想打扰邻近的居民，也不要蕙田随同前往，因为他担心蕙田会让无锡城的百姓和族人大肆铺张地接待自己。

显然乾隆皇帝真正担心的，是秦蕙田会利用随驾之便，在无锡城达到他自己的种种目的。乾隆皇帝说，既然寄畅园中有康熙皇帝的墨宝，那一切费用应由当地官府和商界支付，而不由秦家负担。尽管有皇帝的御旨，秦家还是不遗余力地准备迎驾。他们甚至把古董陈放在花园里让皇帝赏玩。寄畅园的修葺工作用了两年时间，花费了五千两白银。

无锡、金匮两县的官府，和皇帝南巡所经过的其他地方的官府一样，把接驾的排场办得十分热闹气派。虽说乾隆皇帝这次南巡一共安排了三个半月，但是御驾在每个地方只停留一到两天。为了接驾，无锡、金匮两县的官吏重修了一部分已经倾圮的城墙。但是因为御舟沿大运河航行只能看到城墙的一面，所以只修补了能被看到的那一面。从大运河上一眼望去，城墙很牢固，实际上内墙很多地方都是坑洞。反正，它只要在皇帝巡游时屹立不倒就行了。与此相对，御舟计划通过的一座拱桥，由于近期河流涨水，桥洞太低，官府便把这座桥拆掉了重建。此外，御驾一行可能经过的道路都重新铺设了，城门也重新漆过了。为了让皇帝看见之后龙心大悦，到处都张灯结彩，还特意栽种了一片竹林。

为了方便皇帝的扈从人等驻宿，无锡城的城南和城北各划出一片宿营地，占地共计五百多亩。因为御驾一行乘船抵达，所以大运河上的旧码头也都被拆掉了。重建的新码头每一个都缀以贴金的龙头饰物，系着五彩绸带，铺满红色地毯，预示皇帝将要到来。接驾的前期作业耗资不计其数。南巡途中的各地都是这样准备的。

惠山是无锡城的主要景点。其中，保存着具有历史意义的竹炉和相关诗画卷轴的惠山寺，有一部分也被重建了，花了一年时间，直到皇帝临幸的前几天才完工。为了保证"天下第二泉"的泉水不受污染，在乾隆皇帝到来前的一年里，官府下令禁止任何人从这里取水。

乾隆十六年（1751）二月十九日，皇帝在离开北京三十六天之后，驾临无锡城，一切均已就绪。皇帝的御舟停在了迎龙桥，这座桥位于无锡城西北角，其对面就是城北宿营地。御舟之后十余里，是皇太后及皇后、妃嫔的船只。放眼望去，随驾之舟，前后相接，竟一眼望不到尽头。当晚，护驾的羽林军和其他人等住在岸上，皇帝和皇室人员住在船上。

第二天一早，乾隆皇帝开始在无锡城游览。他先奉皇太后銮驾至秦家寄畅园用早膳。

在寄畅园门口恭候御驾的是秦家二十四位成年男子，其中为首的是九位六十岁以上的老人，他们依次跪在路旁，低着头，须发眉睫一片皓白。乾隆皇帝遂问带头迎驾的长者有多大年纪。此人是秦松龄的侄子，九十岁的秦孝然。其次是松龄之子，八十七岁的秦实然，四十多年前他曾在这座园林迎接过康熙皇帝。在场的还有松龄的另一个儿子，六十六岁的秦寿然。其他年长的家族成员是他们的从兄弟：八十五岁的秦敬然、七十岁的秦荣然、六十一岁、家道殷富的秦瑞熙，以及他们的侄辈：秦道然的长子、七十六岁的秦芝田，六十岁的秦莘田（实则只有五十八岁，可能为凑足九人的吉祥数字而列名其中），秦敬然的儿子、六十二岁的秦东田。后来这些人被称为"秦氏九老"。

乾隆皇帝垂询每个人的名字、年龄和功名。然后他亲笔书写"耆英"二字，赐给两位年纪最大的秦家长者，并恩准他们把字刻于匾额，悬挂大门之上。通常只有九十岁以上的老人才能享有这样的荣誉，但是因为秦家有这么多长寿老人，皇帝决定对他们格外施恩。

古人视长寿为积德的善报，所以一个家族出了这么多长寿老人，不仅稀罕而且被认为是祥瑞之兆。乾隆皇帝遂命人把他由九位年龄总和大大超过六百岁的老人接驾这件事记载下来。隆重的接驾仪式之后，皇帝和随从人等进入寄畅园游览，主人们仍旧跪在园外候驾。

乾隆皇帝是第一次临幸这座园林，他非常欣赏园中的水池假山、曲桥台榭、翠柳绿杨。在游览途中，他走进一座特别的亭子，里面铭刻着他的祖父康熙皇帝亲笔御书的诗文。这一切使他诗兴大发，遂即赋诗一首，派大学士拿到园外向仍旧跪着的秦氏族人宣读。

从寄畅园出来后，乾隆皇帝移驾惠山寺，品尝了用竹炉烹煮的天下第二泉泉水所沏的茶。后来他回忆说："惠泉为东南名胜，圣祖仁皇帝数临其地，有'品泉'二字赐额。爰命舟瞻仰，坐出房，煨炉酌泉，啜茗小憩，并用前人原韵成二律，题王绂画卷，仍归寺僧，永垂世宝，而纪其缘起如此。"

饮过茶后，皇帝一行人来到漪澜堂观赏天下第二泉。这里的景色也激起了皇帝的诗兴，于是他赋诗一首，到达附近碧山吟社的旧址时又写了一首诗。然后他们登上了锡山，也就是让无锡得名的那座山。皇帝在望湖亭上眺望太湖的壮丽风光。后来，天下起了雨，皇帝乃返回御舟。

乾隆皇帝驻足的地方还有华孝子祠[18]。当时皇帝骑马前往城南的宿营地，看见一位身穿公服（参见第二十章注释①）的老者跪在那里迎驾，便问对方是何人。老者说他叫华希闵，是康熙五十九年（1720）举人，正在等待任命。当时中举的人多于空缺的官位，因此进士以下的中举者往往要等很多年才能得到官职。皇帝问他多大年纪，华希闵回答说："八十。"皇帝笑着应允他："毋须再等。"于是钦赐给他知县的职衔和俸禄，但是没有实差。华希闵十分感激地跟到城南宿营地，皇帝又赐给他一些绸缎和一张貂皮。

乾隆皇帝起程继续南巡之前，诏赐秦家在寄畅园迎驾的成员二十八匹绸缎。南巡结束，回京的途中，他再次在无锡城驻跸。秦氏全族聚集在新安镇（位于无锡城南，临太湖）谢恩，并邀请他再次前往寄畅园。秦氏九老还依照皇帝在寄畅园中所赋之诗的原韵，各作了一首诗上呈御览，蒙他收下。乾隆皇帝应邀复幸秦园，并赐给最长寿的秦孝然一首诗，名曰《再题寄畅园》。当他回到京师以后，他下令在颐和园里仿照寄畅园的模样修建一处园林。

乾隆皇帝解释说："华南园林中，惠山秦园历史最为悠久。其名寄畅，系圣祖所赐。辛未（即乾隆十六年）南巡时。朕曾往该园。因爱其幽静美景，携回图纸，并命在万寿山麓建造相仿之园，名'惠山园'，其中亭台蹊径，均按原样。"

颐和园里的惠山园至今仍在供游人欣赏，不过名字已经改成了"谐趣园"。

【编者注】

①　圆明园：清代康熙年间始建的大型皇家园林，位于北京西郊，由圆明园、万春园（原名绮春园，同治年间改）、长春园三园组成。最初，该园是康熙皇帝赐给皇四子胤禛的藩邸，并赐以园额曰"圆明"。雍正皇帝即位后，体认皇考赐名的含义，说："圆而入神，君子之时中也；明而普照，达人之睿智也。"乾隆年间，绮春园和长春园正式归入圆明园，三园的格局基本形成。圆明园继承了中国几千年的造园传统，既有北方园林之雄健，又有江南名胜之秀丽，在长春园还建有工整的西洋建筑。前后经营一百五十余年，1860年（咸丰十年）被英法联军焚毁。同治年间曾拟恢复，动工一年即因经费无着而停工。现多处遗址尚存，亦有少量修复，已辟为"圆明园遗址公园"对外开放。

②　此事牵涉到清代著名的"吕留良反清案"。吕留良，浙江省崇德县（今桐乡市崇德镇）人，明末遗民，不仕清廷，著书多种族兴亡之感，严夷夏之防，对满族多有讥刺。1728年（雍正六年），湖南郴州（今郴州市）人曾静服膺其说，遣弟子张熙秘密投书川陕总督岳钟琪，劝他起兵叛变，为岳告发于朝廷。雍

正皇帝谕令将曾静、张熙二人拘捕入京,由他亲自审讯,结果曾静当场悔过认错,还供出吕留良家秘藏惑乱人心之书。于是兴起了一场文字狱。1730年(雍正八年)底至1732年(雍正十年)底,吕氏阖门受到严厉惩治。当时吕留良及其长子吕葆中已死,俱被剖棺戮尸,枭首示众,次子吕毅中被判斩立决,族人俱诛,孙辈全部发往宁古塔(今黑龙江省宁安市)为军奴,其所遗著作、日记、书信等尽行毁禁。此外,往来弟子门生、刊刻印书者、援结亲附者俱处极刑。受连累而遭杀害者的高达百余人。吕四娘相传是吕葆中之女,一说为吕留良之女。

③ 乾隆元年丙辰科殿试试题分别是:

"夫用中敷治,列圣相传。然中无定体,随时而用,因事而施。宜用仁(恩者),则仁即中,仁非宽也;宜用义(理者),则义即中,义非严也。或用仁而失于宽,用义而失之严,则非中矣。何道而使之适协于中耶?《诗》称'不竞(竞争)不絿(急躁)',《书》称'无偏(不公正)无党(偏私)',果何道之从耶?

"政治行于上,风俗成于下,若桴(通"枹",鼓槌)鼓之相应,表彰之相从。然夏尚忠,商尚质,周尚文,其后各有流弊,惟唐虞(唐尧与虞舜,即尧、舜时期)淳厚,后世莫能议焉。其悉由于允恭、温恭(《知言》:允恭者,尧帝也;温恭者,大舜也)之德致之然耶?抑五典(父义、母慈、兄友、弟恭、子孝)五礼(吉、凶、军、宾、嘉五礼)之惇庸,五服(天子、诸侯、卿、大夫、士之服尊卑有别)五刑(墨[面上刺字]、劓[割掉鼻子]、剕[断足]、宫[男为去势,女为幽闭]、大辟[砍头])之命讨(上述礼法出自《尚书·虞书·皋陶谟[谟,谋也]》,由上古时期辅佐过尧、舜、禹的政治家、思想家皋陶提出来的,皋陶因此被誉为"圣臣"),亦与有助耶?朕欲令四海民俗咸归淳厚,其何道而可?

"国家三年一大比(科举),士宜乎得人。然所取者,明于章句,未必心解而神悟也;习于辞华,未必坐言而起行也。朕欲令士敦实学,明体达用,以劢(音同卖,努力)相(辅佐)我国家。何以教之于平素,何以识拔于临时,科举之外,有更宜讲求者欤?

"意者(如果)衣食足而后礼义兴,凡厥庶民,既富方谷(以天下的粮食[即爵禄]富之),足民即所以训士(训教士子)欤?《书》称'土物(庄稼)爱，厥(其)心臧(善)'。又有谓，沃土之民不材(不成材)者，何欤？夫民为邦本，固当爱之；爱之，则必思所以养之；养之，必先求所以足之。朕欲爱养足民，以为教化之本，使士皆可用，户皆可封，以臻于唐虞之盛治。务使执中之传不为空言，用中之道见于实事。"

④ 传胪：殿试阅卷后，皇帝传旨召见新科进士，按甲第唱名传呼。也叫"胪传""胪唱"(上传语告下曰胪)，其制始于宋代，皇帝在集英殿宣唱，由阁门承接，转传于阶下，卫士六七人皆齐声传名而高呼。至明、清两代，传胪仪式愈加严格、隆重。

⑤ 静鞭：清代卤簿(仪仗)用器具。典礼前后分别抽地作响三声，令人肃静，表示仪式的开始与结束。静鞭以黄丝编成，长一丈三尺，宽三寸；梢长三尺，渍以蜡，打在地上很响；柄木质漆朱，长一尺，刻金龙头。

⑥ 秦蕙田实际上未曾见过养父秦易然一面。因为易然死于康熙四十一年(1702年)十月十七日，两天后蕙田出生，被视为易然的转世，所以过继给易然为子。这种情况在前述秦德澄、秦松龄的身上也发生过。蕙田的养母顾氏则在次年九月去世。

⑦ 当时与秦蕙田齐名的孝子叫方观承，安徽桐城人。其曾祖方孝标曾任内弘文院侍读学士，著有《滇黔纪闻》一书；祖方登峰(音同义)，曾任工部主事；父方式济，曾任内阁中书，侨居江宁。1711年(康熙五十年)，出身桐城的翰林院编修戴名世，因其著作《南山集》书南明永历年号，称清朝当以康熙元年为定鼎之始，遭左都御史赵申乔劾为"狂妄不谨"，事下刑部，以大逆罪被处斩。此案牵连者甚众，其中由于《南山集》选用了《滇黔纪闻》中的部分材料，且方孝标的族孙方苞(桐城派散文创始人)又为《南山集》作序，坐是方氏族人皆获罪。是时，方孝标已死，方登峰与子式济并戍黑龙江。观承尚少，寄食清凉寺。每年与兄观永徒步至塞外探视父祖，往来南北，枵腹(空腹)重趼(通"茧")，直至数年以后父祖去世为止。由于往来南北多次，使他具知各地风土民情，励志勤学，为平郡王福彭所知。1732年(雍正十年)，福彭以定边大将军率师讨准噶尔，奏为记室(军府佐吏)，世宗召入对，赐中书衔。师还，授内阁中书。乾隆年间，他又受到高宗重用，累官至直隶总督加太子太保。1768年(乾隆三十三年)卒，赐祭葬，谥恪敏。1779年(乾隆四十四年)，御制《怀旧诗》，列入"五督臣"中。

⑧ 中国自古每年春耕之前要选吉日，天子亲行耕耤之礼，古制向为三推三返。但1724年（雍正二年），世宗初行耕耤，三推三返毕，复加一推。1738年（乾隆三年），弘历初行耕耤，亦遵循父制，行四推，每年如之。至1772年（乾隆三十七年），群臣顾及皇帝年事渐高，请罢亲耕，不许，命仍依古制三推。嘉庆以后，仍加一推如初。

⑨ 清沿明制，1651年（顺治八年）开始举行京察，以六年为期，三品以上自陈，四品等官由吏部、都察院考察议奏，报皇帝亲定黜陟去留；另有三年考满之法并行。1662年（康熙元年）罢京察，专用三年考满例，三品以上仍自陈，余官分五等：一等称职者纪录，二等称职者赏赉，三等平常者留任，四等不及者降调，五等不称职者革职。1664年（康熙三年），停考满自陈例；1667年（康熙六年），复行京察；1685年（康熙二十四年），京察又停。1723年（雍正元年）复行京察，改以三年为期，遂成定制。

因此，逢子、卯、午、酉岁举行京察，部院司员先由长官考核，以才（才能，有长、平、短之分）、守（操守，有廉、平、贪之分）、政（政绩，有勤、平、怠之分）、年（年资，有青、中、老之分）"四格"为标准，分为三等，一等曰称职，二等曰勤职，三等曰供职。其中列一等者加级（详见下注）记名，以备有官位出缺时奏报任用。同时纠以"六法"，不谨、罢软者革职，浮躁、才力不及者降调，年老、有疾者休致。长官考核后，按标准评定等级，加注考语呈送吏部。除了翰林、詹事、科道以外，其余京官还要依次至都察院听候过堂询问。最后，三品京官由吏部开列事实，四至五品由王、大臣分别等第，具奏引见取上裁。

⑩ 清制，凡官员考察成绩优良，或立有功绩者，均交吏部议叙（由吏部酌议功之大小赐以奖励），给予纪录或加级。纪录分三等，加级亦分三等，两者合之，共有十二等，即纪录一次、纪录两次、纪录三次、加一级、加一级纪录一次、加一级纪录二次……以此类推至加三级纪录三次。凡官员被议处降级时，可用加级抵销，加一级可抵销降一级，兵部所叙军功加一级可抵销降二级。纪录一次可抵销罚俸六月，兵部所叙军功纪录一次可抵销罚俸一年。欲以加级抵销罚俸者，凡因劳绩或特旨加赏之级，每一级准改为纪录四次，按次抵销罚俸。若遇大过、私罪则实降实罚，并指明不准抵销。

⑪ 据朱沛莲编撰的《清代鼎甲录》统计，兄弟二人皆列鼎甲者还包括：

江苏长洲县人彭定求（康熙十五年状元）、彭宁求（康熙二十一年探花）；江苏吴县人潘世恩（乾隆五十八年状元）、潘世璜（乾隆六十年探花）；山东济宁县人孙毓溎（道光二年状元）、孙毓汶（咸丰六年榜眼）；直隶省南皮县的张之万（道光二十七年状元）、张之洞（同治二年探花）。

⑫ 上书房：或作尚书房。雍正元年设置，位于乾清宫东南庑，北向，五间，供皇子、皇孙读书之用，阶下则为他们习射之处。房内挂有雍正皇帝御笔对联："立身以至诚为本，读书以明理为先。"原状无存。按清朝家法，皇子、皇孙六岁即入上书房读书。教师由皇帝特派大臣中才学俱优者充任，其品高者称总师傅，余为师傅。

⑬ 清入关前有所谓"盛京三陵"。最早的是永陵，位于辽宁省抚顺市新宾县永陵镇西北启运山下的苏子河畔。初建于1598年（明万历二十六年），原名兴京陵，1659年（清顺治十六年）改称永陵。内葬努尔哈赤之远祖孟特穆（肇祖原皇帝）、曾祖福满（兴祖直皇帝）、祖父觉昌安（景祖翼皇帝）、父塔克世（显祖宣皇帝）、伯父礼敦、叔父塔察篇古及他们的妻室等人，其建筑迄今保持基本完整。其次是福陵，坐落在沈阳东郊浑河北岸的天柱山上，故俗称东陵（与入关后在北京以东营建的清东陵有别），为清太祖努尔哈赤和孝慈高皇后叶赫纳喇氏（或作叶赫那拉氏，皇太极生母）的陵墓。于1629年（后金天聪三年）选定陵址，1634年（天聪八年）兴建，1636年（清崇德元年）定名，现已辟为东陵公园。最后的是昭陵，位于沈阳北郊，故俗称北陵，为清太宗皇太极与孝端文皇后博尔济吉特氏（孝庄之姑母）的陵墓。始建于1643年（清崇德八年），竣工于1651年（顺治八年），并封陵墓后以人工堆造的假山为"隆业山"，康熙、乾隆、嘉庆朝多次扩建，是关外规模最大、保存最好的清代帝陵，现已辟为北陵公园。

⑭ 捐监，指明清科举时代捐赀纳粟给朝廷者，可入国子监为监生。明景泰年间（1450—1457），因进饷不足，乃定捐监之制，最初仅限于生员，后来扩大及平民，都可捐赀成为监生，称例监（参见第七章注释②）。清代沿用此制。雍正年间（1723—1735），皇帝以积贮宜裕，允广东、江、浙、湖广以本色（米麦）纳监。1736年（乾隆元年），谕令罢一切捐纳事例。廷议捐监为士子应试之阶，请留户部捐监一条，以备各省赈济之用，帝从之。1738年（乾隆三年），皇帝依据"与其折银交部，至需用之时动帑采办，展

转后期,曷若在各省捐纳本色,就近贮仓"的意见,诏复行常平仓(古代政府为调节粮食供应和粮价而设置的粮仓,于丰年买入,歉年卖出)捐监例,各省得一体纳本色。然而,原定各省捐谷三千余万石,数年仅得二百五十余万石,复令户部兼收折色(银两)。1745年(乾隆十年),米价日腾,湖广总督鄂弥达奏请易捐谷为捐银,帝允行。但秦蕙田认为此举将使仓储日渐空虚,有违重农足食之国策,因而上疏主张银谷兼收,除赴捐之人有愿意交谷上仓者,仍照旧收谷外,其余情愿捐银者,即照户部捐监一百零八两之额,一体收捐。

⑮ 清沿明制,清初京察,三品以上大臣循例自陈求斥罢,候旨照旧供职。1743年(乾隆八年),皇帝谕大臣自陈罢斥者,须举贤自代。后来以所举不得其人,或树党营私,遂停举贤自代。1752年(乾隆十七年),皇帝以"自陈繁文,相率为伪,甚无谓也",诏罢大臣自陈例,改由吏部开列事实,上报皇帝亲自裁夺。

⑯ 简,即简任,经过遴选而任用官吏。秩宗是古代的礼官,后世遂习称礼部为秩宗。佐秩宗,即礼部副长官,此处指礼部右侍郎。

⑰ 十全武功:指清乾隆时期的十次重大军事行动,为高宗自我夸耀之辞。指两次平定准噶尔之役,平定大小和卓(新疆回部酋长波罗尼都、霍集占兄弟,和卓意为穆罕默德的后裔)之乱,两次金川之役,平定台湾林爽文之乱,缅甸之役,安南之役,以及两次抗击廓尔喀(今尼泊尔)人入侵之役。1792年(乾隆五十七年),廓尔喀国王请降,清军凯旋之际,高宗欣然回忆他即位以来在边疆地区所建立的十大武功,乃作《十全记》以纪其事,并令写成满、汉、蒙、藏四种文字,建碑勒文。高宗因此自称"十全老人"。

⑱ 华孝子祠位于惠山脚下,现在的锡惠公园内。祠中奉祀东晋时无锡的孝子华宝。华宝之父华豪,安帝义熙(405—418)末年奉派戍守长安,华宝时年八岁。华豪临行前对华宝说:"我还,为汝冠(冠,冠礼。古代男子二十岁时需结发戴冠,行成人礼)。"后来长安沦陷,华豪殉职。华宝年至七十不婚冠,有人问之,他每每号恸弥日,不忍回答。481年(南齐建元三年),高帝诏令旌表其门闾。唐代时以其故居为祠。

第十九章
秦蕙田：刑部尚书

援引律例断疑狱

秦蕙田是我们家族在清代最卓越的成员，就像明代的秦金一样。

乾隆十五年（1750）十月，蕙田被调任为刑部右侍郎。皇帝南巡回京的第二年，即乾隆十七年（1752）六月，他转升刑部左侍郎。身处这个职位，几乎不可避免地会得罪权势或成为他们的敌人。对于在刑部工作的官员来说，如果皇帝不同意他们的判断，他们更可能获罪。中国的司法理念包括给予每种罪行恰如其分的处罚。如果官员错罚了无辜之人，他自己也会受到处分。不仅如此，即便人犯确实有罪，如果官员处罚不当，过宽或过严，他仍然会受到处分。此外，刑部官员往往必须处理一些难以定夺的案件，在这些案件中，不同的儒家原则存在直接的矛盾冲突，比如对于"孝"和"法"的取舍等。

清廷各部都有两名尚书，一满一汉，满人的地位固然在汉人之上。此外，还有四个侍郎，满汉各半。

身为刑部左侍郎，秦蕙田负责处理了一些非常棘手的案件。有一桩案例是：1755年（乾隆二十年），有一个名叫蔡通男人撞见他的妻子卢氏与人通奸，盛怒之下他抓起一把斧头朝这对男女掷去，杀死了他的妻子，砍伤了那个奸夫。事后却发现奸夫是他的嫡亲叔父蔡奕凡。按照儒家原则，伤害长辈是很严重的罪行。纵使那个叔父因通奸罪而被处以绞立决，但蔡通也被江苏巡抚庄有恭依刃伤伯叔父母律而判处绞立决。

关于这个牵涉法律与道德之争的案件，秦蕙田在向皇帝呈递的《议捉奸致伤尊长勿论疏》中表达了自己的观点：

> 议得断狱务期平允（公平适当），援例（援引律例）贵有折衷（折中）。律载：本夫于奸所亲获奸夫、奸妇，登时杀死者，勿论（不追究）。此言本夫捉奸，杀死奸夫，统得勿论。即至杀死有服尊长，亦无另有治罪之条。若本夫因捉奸仅致伤尊长，则更可无论也。又杀奸例载：本夫、本妇、有服亲属，皆许捉奸，但卑幼不得杀尊长，犯则依故杀（故意杀害）伯叔父母姑兄姊科断（论处）。此则专言应许捉奸之两家卑幼服属，不得干犯尊长，亦止言杀而不言伤。而本夫之捉奸致伤尊长者，则尤可无论也。是以乾隆六年（1741），臣部议覆（讨论答复）河南按察使沈起元条奏：本夫捉奸杀死尊长，当随时酌量议拟在案，是因奸而杀尊长，尚在矜疑之律，若致伤未死，自应照律勿论。盖尊长内乱（乱伦），律干斩绞重辟，既予本夫以捉奸之权，自难禁其必无致伤之事。详查律例，检阅条议，从无本夫获奸，致伤有服尊长，仍应科罪之文。……臣等详阅案情，折衷成例，蔡通既无科罪之条，自应予以勿论，应将该抚拟以绞决之处，毋庸（不用）议。

最终蔡通无罪开释，显然乾隆皇帝认为蕙田的论证有说服力。

但秦蕙田也不总是能够得到皇帝的同意。有一个案子，其中若干人因在本省犯了抢劫杀人罪，将被押赴京城接受宣判。可人犯称病，于是刑部同意缓期三个月执行。乾隆皇帝得知后，认为刑部的处理过于宽大，遂命成立以国舅傅恒为首的专门小组，讨论应如何处分刑部的高级官员。

这个专门小组由二十八名大臣组成，包括吏部和兵部的满、汉尚书，以及另外几个部的满、汉侍郎。他们讨论的结果是，建议对涉及此案的五名刑部最高官员罚俸一年，得到皇帝批准。这个处分尽管很重，却也没有听上去那么严厉。清代实行的是功过相抵，所以官员扣除的薪俸可以用加级或纪录来抵销（参见第十八章注释⑩）。通常，处分和奖励都只见于纸上。当然如果官员没有功来抵他的过，那他就真的会失去这份薪俸。在这个案子里，秦蕙田就确实丢掉了一年的薪俸。

不过，薪俸实际上只是官员收入中最小的一部分。他们还能得到一笔和薪俸不相上下的粮食津贴，以及一笔"养廉银"①，其数额是薪俸的好几倍，甚至几十倍。另外，官员也能从其他方面得到收入，例如贡献（下级向上级的进献）、馈赠，等等。只要不太过分，并不被视为贪污。

一个官员的实际收入有多少，可以从一些家族对其做官的成员每年可得收入所做的估计中看出来。比如，有一个家族预期从一名二品官那里，每年可以得到八万两银子。秦蕙田当时就是二品官，而他的年薪只有一百五十两。一般来说，省级官员，甚至级别还要低一些的地方官，薪俸外所得的收入要比京官高，因为京城里还有许多级别更高的官员瓜分下面所贡献的财物。中国人常说"升官发财"，可见当官和发财总是伴随而来的。

经筵论道

1754年（乾隆十九年），秦蕙田奉命协理国子监算法馆（又称国子监算学）事务。这项任命显示了他学识之广博。他不仅文学造诣高，而且精通经史、礼法、律令和音乐。他确实是一位通才。

那一年，秦蕙田的长子秦泰钧通过了殿试，继他父亲、祖父和曾祖之后担任翰林院编修。在清朝，只有一个家族超越了这一显赫的成就，有四代以上的人相继在翰林院供职。这就是安徽桐城的张家，从张英开始他家连续出了六世翰林。[②]

第二年，秦蕙田被任命为经筵讲官，也就是当了皇帝的师傅。这是一个极为尊贵的职位，同时他还兼任着其他职务。给皇帝讲课一般定在每年的仲春、仲秋之日。我们手头留有两份蕙田进讲的记录。一次是在乾隆二十四年（1759）二月初八日，皇帝先遣官告祭奉先殿（即内太庙，供奉已故的帝后神主，凡上徽号、册立、册封、御经筵、耕耤、谒陵、巡狩、回銮及诸庆典，均祗告于后殿）、传心殿（内设皇师伏羲、神农、轩辕、帝师尧、舜、王师禹、汤、文王、武王，以及周公、孔子位，皇帝御经筵前行祭告礼），随后驾临文华殿听讲。讲官与大学士、九卿、詹事等行二跪六叩礼，分班入殿内序立（按品级站立）。那天充当直讲官的是伍龄安、蒋溥、介福、秦蕙田四位学士，分别讲授自己擅长的内容。他们出班就讲案前，行一跪三叩礼。秦蕙田进讲的是《易经》中的一句话，而《易经》被认为是最晦涩、最深奥的一部中国经典。这句话出自《系辞》上篇，曰："易简而天下之理得矣。"蕙田事先拟了一篇讲义，名为《龙德而正中者也》（标题也出自《易经》）。

由于命题是抽象的，所以秦蕙田在讲解中联系起治国之道。他说圣贤之道，惟贵一中。然则帝王御世，日理万机，要用中于民是困难的。况且，即使帝王做出了正确的决定，奉行的官员也有可能犯错误，以致不合乎中道了。例如：贵粟重农是善政，备荒仓储更是帝王的良法美意。但是如果官员执行不力，在歉收的年头则不够供给百姓；如果执行不当，那么在丰收的年头也会粮价腾贵。

蕙田强调，地方政府提高粮价购粮时，应注意不要扰乱市场。他说地方官买米得小心从事，不宜行之太骤，为之过急，否则风声所被，富人囤积居奇，粮价当然高昂。

再如税收。蕙田说，务本之民，不外业户（地主）、佃户（租种地主土地的农民）二种，地方官吏催逼业户纳税，而业户要靠佃户向他们交租才能付税，如果遇到佃户拒不交租，业户——特别是奇零小户（即小地主）——就无法完税。但是官府只向业户而不向佃户施加压力，其结果是业户被迫降价贱卖土地。他们通常把土地分割后出售给那些强势的佃户，除此之外也没有其他人敢买。等到这些佃户买下田地之后，又将昔日抗租的伎俩，转为抗粮的刁风，甚至有人自恃身居乡野，攘臂侮辱催征的税吏，而地方官不能洞察民情，还往往和佃户互相勾结，打压业户。这就是奉行未得其平，而难免失中者也。

既然官吏奉行政令出现了问题，蕙田紧接着分析问题的根源是出在官员身上，还是出在制度上。他认为国家法制精详，一方面设官分职，使内（在京之官，执法奉令，通达政体）外（外省之吏，承流宣化，练察民情）相维，体统相制；另一方面，国有章程，使内外之员迭居（交替）互任，如县令行取③为部曹（各部司员）、考选为科道，科道、部曹复出为道府，都有定例。但是现在，可补缺的职位太少了。结果六部司员鲜习民事，处事不无偏蔽之虞；科道不悉民情，条奏但陈肤泛之语。不仅如此，六部司员还执掌各省督抚的考绩、奏章的得失，直接影响各省的纲纪，又负有保举的重要责任，却每每将不胜任、懦弱、庸碌无能、年老的地方官，列为部曹人选。他说："此势之所趋有未尽，挽回而即合于中者也。"

进讲完毕，乾隆皇帝发表了他的看法，诸臣行二跪六叩礼。然后皇帝返回寝宫，并在协和门赐宴款待讲官和侍班的高级官员。

蕙田另一次进讲也是在仲春经筵上。乾隆二十六年（1761）二月初四日，皇帝和大学士、九卿、詹事在文华殿听讲。那天的四位直讲官是伍龄安、秦蕙田、介福、刘纶。秦蕙田、伍龄安讲解《孟子·离娄下》中的"舜明于庶物，察于人伦，由仁义行，非行仁义也"四句。舜是介于尧和禹之间，中国上古传说中的第二位明君，以深入了解人性及复杂的人伦关系著称。他教导说，行为是否仁义，取决于行为背后的动机，而非行为本身。蕙田按题拟了一篇讲义，名为《任贤勿贰，去邪勿疑》（标题出自《尚书·大禹谟》）。

讲解时，蕙田说大舜之德，有虞之治，在以诚为体，以刚为用之效也。由于国家太大，一个人难以治理，帝王必须任命官吏来辅佐自己。然而人的品格分贤与邪两种，对此帝王开始要有鉴别之识，灼然有见；继之以刚健之力，用人不惑。他说要判定官吏的贤邪，必须看清这个人的心术；而要辨别其心术，必须分析其行为是出于公心还是私心。出于公心者，其气象必光明磊落，行事必平直正大，凡事以民生国计为念，不留恋爵禄，不盲从舆论，不依靠声势，不逃避艰险。这样的人身处高位，能责难陈善，身处低位，能恪勤匪懈。他们爱君奉国，故曰公也。相反，出于私心者，其情态必掩饰闭藏，行事必圆熟软媚，凡事以一己之身家名位为重，始而患得，终而患失，遇有争议的事惟取模棱，但求保位。这样的人身处高位，只想着取悦人主以固宠，身处低位，则处心积虑地逢迎上级不惮卑污。无论面上如何，他们的心中只有自己，故曰私也。

蕙田说由于贤臣议事据理，奉职秉法，奸邪之人深感不便，遂委曲隐约中伤之，不曰沽名，则曰卖直，不曰归过，则曰揽权，因而善人君子不能久安于朝廷之上，皆帝王任贤贰之故也。至于剩下的那些邪人，调停之外无他长，承顺之外无他术。日复一日，年复一年，帝王虽多鉴察，然以其小心无过，则宽大容之，以其备位年久，则姑且以之，因而人心渐靡，风俗渐偷（苟且），纪纲渐弛，此则去邪疑之故也。

那么如何才能避免上述情况？蕙田说："诚则不贰，刚则不疑。"如果帝王持身以诚，知其贤而任之，开诚布公，推心置腹；充分授之以事权，即使拂逆己意也能宽恕；重用其所推荐的人才，不怕臣下专擅结党，那么利有举而必兴，害有除而必去。如果帝王刚毅果断，一察觉朝廷有阴邪之辈，则立即加以罢斥，虽无大过，亦勒令退居，不使佞幸在位而阻碍了贤良晋身之路。如此一来，天下岂有不大治的道理？④

掣派工程

1757年（乾隆二十二年），皇帝再次南巡，秦蕙田随同前往。这时，蕙田的事业又迎来一个高潮。乾隆皇帝一行人于正月十一日离京，就在第二天蕙田被擢升为负责修筑堤坝等工程的工部尚书。

在无锡城，秦蕙田恭迎御驾到寄畅园，这次皇帝住了下来。秦家接驾的人里有四位是当年的"九老"（指秦寿然、秦芝田、秦东田、秦莘田），其余老人都已作古。皇帝给予了他们每个人新的赏赐。

秦蕙田在无锡城时，家人向他求教，如何解决家族内长期存在的一些问题。他的从兄秦东田告诉他，由于家族繁衍迅速，已无力照顾所有贫穷的族人了。他说过去族里有许多有钱人，他们能接济自己的近亲，但现在家族扩大后，有些家庭已经入不敷出。蕙田认为这个问题很紧迫，他建议购置一些农田交由宗祠管理，用来救助贫困族人，并定下了一千亩的目标。不过，除了给出这个建议以外，当时的他无力做更多的事。

在这次南巡途中，乾隆皇帝和六年前一样作了许多首诗，有一首《游寄畅园题句》，其中两句是：

清泉白石自仙境，玉竹冰梅总化工。

蕙田也依原韵恭和一首以谢恩：

春台渥泽庆庞鸿，曲水平波一擢通。
惠麓恩承三径里，奎文（御书）光灿百年中。
池鱼灵跃游知乐，溪鸟欢迎语亦工。
争仰御毫亲染翰，彩笺捧出紫微宫。

乾隆皇帝看见一块名为"美人石"的尖顶石，觉得这个名字不恰当。

他认为这块石头傲然独立,具有阳刚之气,乃决定将它改名为"介如峰",并为之赋诗一首。

蕙田又依原韵恭和一首以谢恩。他赞美皇帝的御诗为园中景物增色,并说此石"忽邀天顾动天语,卓尔特立超辈行"。

回到北京以后,蕙田奉命兼任乐部大臣(乾隆七年置,隶属礼部,掌宫中音乐,由礼部尚书或部院堂官知乐者兼任)。一年前,他曾署理⑤过这一职务。

这年七月,蕙田发现工部办事程序中存在严重疏漏,乃上疏建议进行改革:

> 臣部大小工程,派员查估、承修、查验。因工程有难易繁简,各员遂不无营求趋避。请嗣后(以后)二百两以内,臣部例得委派之工,设立名签。除到部未及一年,及曾经记过者扣除外,其应派之员,堂官公同酌定,汇录成簿。仍以工程大小酌分等次,凡一百两以上之工,将满郎中、员外名签掣派(即抽签均派);三十两以上,将满主事掣派;三十两以下,将笔帖式⑥掣派。掣定后,即于簿内注明。其承办之员,堂官留心察核。有实心经理,工程妥协,又能节省钱粮者,记功一次。依限报竣,工程如式者,注明如式字样,以后准其再派。若草率违限不合式者,记过以后停其掣派。如有不肯据实估、修、查验,致侵冒工价者,即行指参(参劾)。

乾隆皇帝接受了蕙田的建议。

不久之后,蕙田经历了身为当朝大员所要承担的风险。他是九卿——清代指六部尚书加上理藩院尚书(掌蒙古、新疆、西藏等地少数民族事务)、都察院左都御史、大理寺卿——中的一员,而九卿的任务是对皇帝如何处理重大事务给出建议。如果皇帝不同意他们的建议,他们就要对此负责。

在秦蕙田就任工部尚书以前，湖南布政使杨灏因侵占谷价三千多两银子被判死刑。[7]由于他及时交出了这笔赃款，湖南巡抚蒋炳建议改判"缓决"，也就是判处死刑但不执行，照常监禁，而缓决到最后往往能请旨减等发落。这个案子被列入乾隆二十二年秋审的题本内，在送呈御览之前，九卿等人要先行会审，包括秦蕙田在内的九卿及科道官员都没有提出异议，三法司也赞同蒋炳的建议。可是乾隆皇帝核阅后却大怒，他在九月初九日的谕旨中说：

> 杨灏身为藩司（布政使的别称），乃侵肥克扣三千余两，此其贪黩败检，本应立行正法，以彰国宪，监候已系朕格外之恩。朕以为该抚审拟招册（记录犯人供词的册子），及三法司、九卿、科道等廷谳时，自当入于情实，乃册内妄以该犯限内完赃，归入缓决。试思藩司大员，狼籍（藉）至此，犹得以限内完赃，概从末减（末，薄也；减，轻也；末减，从轻论罪），则凡督抚大吏，皆可视娄赃亏帑为寻常事，侵渔克扣，肆无忌惮。幸而不经发觉，竟可安然无恙，即或一旦败露，亦不过于限内完赃，仍得保其首领。其何以饬官方而肃法纪耶？廷臣等于此等案件，并不权事理之轻重，竟尔恣意欺罔，朦混照覆，将视朕为何如主？朕临御二十二年，所办案件，内外臣工所共见共闻，尚敢如此窃弄威柄，施党庇伎俩。朝臣亦可谓有权，今日检阅之下，不胜手战愤懔。

乾隆皇帝不仅下令将杨灏即行正法，而且降旨将蒋炳革职，抄其家产，拿解来京，交刑部严加治罪；同时斥九卿、科道于"此等要案，则无一人见及，雷同附和，公为矫诬"，着与三法司一并交吏部从重严加议处。十月初四日，刑部建议将蒋炳拟以斩监候，但皇帝念他意在沽誉，并未受贿，因而改成军台（清代西北两路传达军报及官方文书的机构）。十月初六日，职位更高的官员也按责任大小承担了相应的处分。包括刑部右侍郎、左副都御史、工部右侍郎在内的六个人被革职从宽留任——这是清代对官员的一种常见处分，如果四年内官员不再犯错误，可以重新恢复原来的职务。刑部尚书、工部尚书、刑部左侍郎三人，其中之一就是秦蕙田，从宽免其革任，但被注册备案。其余五十七人或是降级留任，或是撤销原有的加级、纪录。

慎刑章，昭平允

虽然发生了这件事，乾隆皇帝仍旧信任秦蕙田的能力，三个月后（即乾隆二十三年〔1758〕正月）任命他为刑部尚书。继任工部尚书的是蕙田的无锡同乡，也是他女婿嵇承豫的父亲嵇璜。

蕙田就任新职后最早进呈的奏折中有一本叫《私铸案犯分别定拟疏》，是关于处理伪造钱币之事的，这在当时和现在一样是一个严重的问题。铜钱是当时流通的主要货币，私铸者常常在铜料中掺入不值钱的金属——譬如铅——来制作伪币，又或者剪下真铜钱的边，把碎屑熔化后，再铸成真的铜钱。蕙田在奏折里指出，不同的罪行如私铸假钱、古钱和毁坏真钱，应该区别处理。然而，各省对这些案件的判决却不考虑其他因素，又如伪造或毁坏的钱币数量等。他写道：

> 窃查设局鼓铸，所以通钱法，济民用也。而奸徒射利，私销（销毁）私铸，均为钱政之害，是以定例俱拟骈首（指私销、私铸者骈首就戮）。嗣因私销之案重于私铸，将毁化制钱及私剪钱边者，改拟斩决，而私铸之案，仍拟斩候，列入秋审。此种案犯，有干法纪，自应拟入情实，明正典刑，以彰国宪。臣等查阅审题各案，内有潜匿深山密箐（树木丛生的山谷）之中，夥（同"伙"）党鸠（通"勼"，聚集）工，铸钱至数十千及百千不等者。亦有私自在家偷铸，旋即畏罪停工，钱数仅止数百文及数十文不等者。并有造作古样钱文、砂壳小钱，不能通行运卖，及甫经开炉，即被访获，未及

造成者。向来外省督抚，或拟情实，或拟缓决，既不足以肃刑章，更有钱多而拟缓决，钱少而拟情实，尤非所以昭平允。况直省秋审，大典攸关，督抚为内外刑名之关键，若办理参差，必待廷谳之时，九卿改驳，亦非众共弃之之意也。今外省秋审将届，似应酌定章程，以期画一。

蕙田建议草拟各省统一执行的处分等级：凡伪造铜钱一万文以上者，不论砂壳古钱、人数多寡，秋审时一概拟入情实，请旨勾决处斩。偶然私铸铜钱，数额不及一万文者，以及铸造未成，旋即畏罪中止者，援照强盗免死减等之例，改发配巴里坤（今新疆维吾尔自治区巴里坤哈萨克自治县）等处种地效力，以赎其死。至于累犯，即使数额不及一万文，也应一并拟入情实，加以处斩。这样，每年秋审时既可以避免由于各省判决不一，皇帝和大臣需要花费大量时间重新审理才能最后定夺，因而延迟进程的情况；同时也解决了判处缓决之后，犯人照常监禁，安坐牢中，无以昭炯戒的问题。

这年秋审时，乾隆皇帝否定了刑部对三件案子拟定的处理意见（其中一件将首犯、从犯倒置，另外两件是案内某一人犯罪情与其他人犯同，而秋审定罪互异，刑部皆未核定划一办理）。结果，承办这些案件的司员及派办秋审各员，以前所得纪录，俱行销革；蕙田和刑部满尚书鄂弥达，及满汉左、右侍郎等，因总理谳牍，未能逐一详查改正，每案各罚俸半年。

蕙田就任刑部尚书的第二年，即1759年（乾隆二十四年），皇帝决定复查前五年的案卷，对案件拖延处理者问责。五十五名在职和已调职的刑部官员均受到了处分，只有一名已经退休、靠养老金生活的官员被免予追究。

如今蕙田已经五十八岁，开始患上各种疾病，其中视力衰退就多次使他陷于困境。比蕙田年轻九岁的乾隆皇帝每次发现文件里的错误，即使不影响意思的表达，也要处分有关官员。是年六月，刑部一司员在抄录一份文件时无意中重复了一行，堂官没有发现这个错误，就将其呈送皇帝御览，蕙田和他的刑部同僚因此被罚了一个月的薪俸。闰六月二十三日，蕙田以眼疾为由奏请病假，只被准假二天，而这显然不足以改善他的病情。

随后蕙田又被委派充任翰林院掌院学士。虽然这是很高的荣誉，但此时他已身兼刑部尚书、经筵讲官和乐部大臣，这只会加重他的负担。此外，他还常常被委以其他差使，如保举各省官职人选，主持科举考试等。

在担任刑部尚书期间，蕙田着手处理一个长期没能解决的社会问题。当时一些人由于种种原因离乡背井，到处流浪，他们常常成帮结伙，为害地方。

他建议各省拘捕所有的无家可归者和乞丐，将他们遣返原籍，编入乡村的保甲中。保甲制度是以十户为一甲，十甲为一保。个人都属于户，每户〔户长〕必须向甲长登记本户成年男丁的姓名，并报告他们的活动。不仅如此，一保之内，各甲成员互相担保，对彼此的安全和行为负责。因为一体连坐，各户会相互监督，户长也会负责让本户成员遵纪守法。蕙田认为，一旦把游民纳入这种互相担保的社会组织中，他们就失去了闹事的机会。

皇帝原则上同意了蕙田的建议，但做了一些修改。他在乾隆二十三年四月十二日的谕旨里说：

> 据秦蕙田奏请将各省流丐递解回籍一折，游食穷民，行止无定，探囊胠箧（囊，口袋；胠，撬开；箧，箱子。指偷盗），无所不有。诚使各遣归乡里，编入甲中，严加管束，不复生事，自是清狱讼、息事端之良法。但此辈辗转流移，城市村落，所在多有。必一一拒查押送，责成原籍保甲等收管，事理颇属烦琐。且恐沿途办理不善，未免转致滋事。……夫流丐在境，固不必过为迫逐，亦自当加以管束。与其纷纷移解，责成原籍收管，不若就所在地方设

法查禁，尚属简便易行。嗣后地方官，凡遇流丐在境，务须督率保甲人等，谆切晓谕，仍不时留心察访，如有逞强不法者，即严拿惩治，以警愚顽。庶于听其营食之中，而即寓禁其滋事之意，既不必解送纷繁，亦不致漫无约束矣。直省诸大吏，其董率（统率）所属实力行之，勿视为具文也。

覆勘惹是非

大约在这个时候，秦蕙田被扯入一桩漫长的、复杂的考试事件里。通常，乡试中试者的试卷要送到京师，由礼部仔细检查其遣词造句是否有违禁之处，称为磨勘。因为百中取一，这少数人的试卷应该是各方面都没有什么纰漏的。如果磨勘之后发现中试者的试卷有错误，那么不仅这个新进举人会被取消资格，永远不得参加科举考试，而且相关考官也要受到处分，最重的会被革职或充军。

乾隆二十四年秋，全国举行了三年一次的乡试。放榜后，礼部磨勘了所有中试者的试卷。为了确保磨勘官⑧不犯错误，礼部奏请钦点大臣覆勘（覆，审也；覆勘，即审查磨勘之意）乡试试卷。乾隆皇帝降旨特派秦蕙田、观保、钱汝诚、孙灏四位大臣进行覆勘，并说磨勘一事向来被视为具文，是以特派大臣详加校阅，现在许多应试者的诗文太差，试帖（帖经以试，可参见第二十一章注释④）一项尚可稍为宽假，惟制艺⑨为应试诸生本分，务须秉公磨勘。最后，他还警告说："如有疏漏，经朕指出，惟特派诸臣是问。"

1760年（乾隆二十五年）年初，覆勘大臣完成工作。但是一月二十九日，御史朱丕烈上了一份奏折，控告秦蕙田和其他覆勘大臣严重失职。朱丕烈是此次乡试的磨勘官之一，根据他的说法，他亲自审阅了四十一份试卷，并发现其中二十五份存在严重缺陷，无论是文章的作者还是让它们通过的考官都应当受罚，包括取消这二十五个中试者的举人头衔，并根据其过错程度禁考一至三次；同时对相关的主考官予以降职或调任处分，对负责阅卷的同考官予以降职或罚俸处分。他说这些建议都符合礼部所制订的规章，然而以秦蕙田为首的覆勘大臣却只接受了他对十五名考生的处分建议。不仅如此，他还暗示秦蕙田和他的同事们从轻处理其余十名考生，是为了包庇那些是他们亲友的考官。

朱丕烈在奏折里说，他把评语写成了纸条贴在试卷上，但有些评语可能被故意篡改了，不过他留有全部评语的抄件可供核查。他在奏折的结尾别有意味地指出：江西乡试主考官、工部侍郎钱维城不仅和秦蕙田是江苏同乡（钱维城是常州府武进县人），而且是另一位覆勘大臣钱汝诚的好友；福建乡试主考官、侍读学士王鸣盛是秦蕙田的门生和江苏同乡（王鸣盛是太仓州嘉定县人）；广西乡试主考官、翰林院编修钱载则是钱汝诚的远亲。他说："故臣不禁怀疑彼等对考生之宽厚，实出于私情。"然后请求皇帝亲自审阅所有二十五份试卷。

乾隆皇帝立即进行处理，两天后他降下谕旨：

> 御史朱丕烈参奏，覆勘试卷大臣秦蕙田等瞻徇（徇顾私情）不公一折，经朕详悉面谕，并特派大臣等会同军机大臣⑩，提取各原卷，逐一详加核对。今据覆奏，有该御史原经签出，而覆勘大臣误行指驳者，江西省汪其度一卷；未经列入奏单者，湖北省陶大朋、广西省萧鼎揆二卷。秦蕙田等既经司事覆勘，乃未将原勘官签出各条，应存、应驳及应行声明之处，悉心分别查办，咎本难辞。至折内所称瞻徇考官乡情世好，为本生（此处指本家）巧为开脱之处，则现在细核各卷，如考官钱维城、王鸣盛、钱载等勘过试卷内，其处分已有部议应行降调及罚俸数年者。即增入折内所指各条，亦并无所加损，是该御史所参，俱无实据。朕复召入面询，该御史亦不能更指其非。此其泾渭较然（分明），固非

此次派出大臣所能稍为偏袒，并调停中立如和事老人之为也。

但磨勘一事，向来视为具文，以致举子应试，考官衡文，无由（无法）大彰惩劝（赏罚）。以至士子习尚纷（分）歧，罔识行文正鹄（原指箭靶子，此处指正确的目标），不得不亟为厘正，是以详定磨勘条例。然举行伊始，朕本意，实不过欲去其太甚，俾知（俾［使］众周知）警觉提撕，岂必逐字逐句，加意吹求，致获隽（得中）者无一自全，而典试（主持考试）者尽干吏议，斯不已太甚乎？然考官衔命抡才（选拔人才），既优其廪饩（膳食津贴）、路赀，又复获尔许（如此）桃李，即试卷有疵，若罚俸停升之类实所应得，设（假设）致罢官降调，朕必曲宥（曲意宽宥），此中自有权衡。若官官相护，即此罚一年两载之俸，亦必冀为开脱，则不独覆勘者罪所难容，即考官等，朕亦岂能轻贷？今秦蕙田等既无此等情弊，则疏漏各条，所谓公过（公事中出的过错），非朕所深恶矣。朱丕烈以心疑或然之语，弹劾属虚，朕亦不能为之匿其所短，正所谓瑕瑜各不相掩者也。况直省朱、墨卷⑪汗牛充栋，不但秦蕙田等三四人之力，未必精核无遗，即自谓悉心推勘如朱丕烈，所分只有数十卷，设令再派大臣为之检校，伊能自信更无挂漏乎？

明季科道恶习，专以党援抨击为务，遇事交章倾轧。而九列（九卿之列）中，又或各树私人，互相报复，固由驾驭失宜所致，而臣工中各自便其门户之私，不惜害及朝章国是。其所关于治道者甚大，朕心存炯戒，乾纲独揽，务期朝宁肃清，诸臣中谅不敢稍生狎玩之见。即有此等伎俩，亦何所复施。今磨勘一事，哓哓（争辩）不已。然杜渐防微，其端实不可长。所有覆勘疏忽之秦蕙田、观保、钱汝诚，着交部议处。御史朱丕烈所奏不实，亦着交部议处。然若因其参劾大臣，而该部遂有意从严，思以钳制言官之口，更难逃洞鉴。将此通行传谕中外知之。

结果，吏部认为三位覆勘大臣并未徇私舞弊，而且阅卷十分辛劳，决定给秦蕙田纪录两次。蕙田立即上疏谢恩，称自己也有过失，并归咎于自己学识不足和视力欠佳。他还提出了一个办法，使磨勘官对试卷的评定有了标准。九月二十九日，乾隆皇帝又降下谕旨，再次强调挑选试卷必须审慎，磨勘试卷所关极重，并补充了一句："若其学识才情，大端确有可取，即一二字句失检，无妨弃瑕采录。"

这一年三月，蕙田受命担任会试的正总裁（即正考官）。因为他知道皇帝对抡才择士的过程很关心，所以他奏请呈送最佳的十二份卷子而不是十份卷子⑫给皇帝裁夺，得到了许可，这反映了蕙田的慎重和谦虚。同年秋，他的长子秦泰钧被任命为庚辰恩科浙江省乡试⑬的副主考。蕙田乃上疏皇帝，感谢他给予其子的恩典。

两年之后，蕙田日益减退的视力又给他造成了麻烦，使他三次遭到处分。一次是他没有看出一份刑部文件中罪犯的名字被抄错了，一次是没有发现试题里的误印，还有一次是因为笔帖式把一个字错写成了另一个同音字。身为一部之长，却要对这些基本上无关紧要的抄写错误负责，听上去可能有些奇怪，但在当时，把不完全正确的文件送呈御览被视为大不敬的表现。

1761年（乾隆二十六年），经过三十八载的辛勤写作，蕙田终于完成了长达二百六十二卷的《五礼通考》。他所研究的"五礼"分别是祭祀之礼、庆典之礼、宾主之礼、军旅之礼和丧葬之礼，即通常所谓的吉礼、嘉礼、宾礼、军礼及凶礼。五礼之下又分七十五类，蕙田还以乐律附吉礼，以天文历法、方舆疆理附嘉礼。虽然此书主要涉及史学和哲学领域，但它被认为是一本治理国家的实用手册，一本了解社会习俗和行政行为的完全指南。这部著作后来被收入了《四库全书》。《四库全书》是中国古代规模最大的一部丛书，从1773年（乾隆三十八年）开馆修书，至1782年（乾隆四十七年）基本告成，汇集、编纂、保存了许多珍贵的文献典籍。⑭

乾隆二十六年十一月二十一日，因皇太后七旬圣寿（十一月二十五日）将至，皇帝下诏覃恩⑮，准许大臣呈请封赠他们的先人。

蕙田的生父秦道然、养父秦易然，还有他的祖父秦松龄、松龄的生父秦德藻和养父秦德澄等三代，都在十二月被貤赠⑯官衔。此外，蕙田的两位曾祖母王氏（德澄之妻）、侯氏（德藻之妻），三位祖母吴氏（松龄之妻，道然之生母）、华氏（松龄的继室）、费氏（松龄之妾，易然之生母），以及四位母亲——他的生母浦氏、养母顾氏，和他生父的两位前妻徐氏、胡氏——也都貤赠一品夫人。

乾隆二十七年（1762）三月三十日，秦蕙田和刑部满尚书舒赫德因为一个案子被皇帝告诫。该案案犯王世杰冒领寡妇的银米、珠宝，而且酗酒逆母。皇帝对判罪没有异议，但对量刑有不同看法。刑部拟判流放，皇帝认为所发遣之地不当，乃降旨改遣，他说："此等事件，自应专折具奏，该部辄行（擅自行使）列入汇题。岂以朕南巡途次，未必留心细检及此，冀可从宽汇题完结耶？此本非朕逐案详阅，几至情罪失当。舒赫德、秦蕙田不应如此办理，着传旨申饬。"

叔侄化险为夷

1763年（乾隆二十八年），一个涉及秦蕙田的从侄、湖北省官员秦鐄的案子，使蕙田面临潜在的灾难性后果。

这年四月，湖北按察使高诚控告原任归州（治所在今湖北省秭归县）知州秦鐄，在追查该州两桩盗案时，将盗犯同伙马祥拷打致死，并且怀疑秦鐄为了逃避责任，与他的从叔秦蕙田暗通关节。⑰由于这个案子干系重大，乾隆皇帝乃亲自过问。

五月十八日，上谕：

> 高诚覆奏归州张洪舜犯盗一折，错谬已极。前因该州先后两案盗犯，音字相同，又事隔经年，并不审讯报部，形迹可疑。经刑部参奏，在高诚虽非承办，但伊为臬司（明清时按察使的别称），

> 到任一载，岂竟毫无见闻，是以令其据实陈奏。今高诚奏到，不特（不但）种种掩饰支离，大失司宪之体，且诿过于原任知州秦锳，用刑致毙夥盗马祥。夫州县官讯鞫重案，即刑毙一盗犯，亦不得谓之枉滥。设以此欲加秦锳之罪，岂伊等纵脱首犯转得藉口（借口）无过乎？其意不过以此案由刑部举发，该州秦锳系尚书秦蕙田之侄，妄疑秦锳通信内部，故为此挟嫌砌陷，殊不知事属子虚。而秦锳以捕风捉影之谈，徇私诬捏，潜通消息，不独秦锳罪无可逭（逃），即秦蕙田朕必不稍为姑贷。今此案冤良纵盗，物议沸腾，而通省督抚藩臬，上下扶同一气，有心朦混若此，秦锳即直揭部科，亦所应得，又安得以通信为嫌乎？

乾隆皇帝下令进行调查，真相逐渐大白，牵连出的湖北省官员也愈来愈多。结果湖广总督、湖北巡抚、湖北按察使、武昌府知府等承审委员俱被革职拿问。湖广总督爱必达不仅丢了官，还被发配伊犁，自备资斧，效力赎罪。

五月十九日，皇帝决定把秦锳由知州擢升为知府。他说："看来此案由该州秦锳亲赴监犯家起赃，历历指明详报，究属首先举发之员，能事可嘉。秦锳俟服阕⑱后，着以知府升用。"

为了确保这个案子得到公正无私的处理，秦蕙田没有参与调查，皇帝派遣刑部满左侍郎阿永阿、汉右侍郎叶存仁二人前往勘审。

乾隆二十八年春，秦蕙田又一次担任会试正总裁。十月，他被加封太子太保的荣衔。虽然预立太子的做法已经废除多年，但是加封"太子太保"等官衔以显荣大臣一直是保留的。

尽瘁事国，死而后已

虽然蕙田在涉及自家侄儿的案件里被证明无罪，但他却因为其他理由而数度遭受处分，有几次是名义上的革职。⑲所以，当他在文件上签署自己的姓名时，不得不写"经筵讲官、太子太保、刑部尚书兼理乐部大臣革职留任，从宽留任，又从宽留任"。

乾隆二十九年（1764）四月，蕙田因重病请求解任。皇帝减轻了他的工作负担，但不许他辞官。上谕里说："秦蕙田不必解任。题奏事件照常办，寻常咨行事，暂且不必画稿（在公文稿上签字以示同意），俾得从容调摄（调养身体）。"免除蕙田签署所有刑部文件的职责，这意味着他可以不用对其中发现的错误负责了。

尽管工作负担减轻了，六十三岁的秦蕙田的健康仍没有起色。当年八月，他再次请求辞官返乡休养。八月十六日，皇帝传谕刑部满尚书舒赫德向他报告秦蕙田近日情形如何，或需拨医调治之处。舒赫德回禀说秦蕙田确有重病。于是蕙田的辞呈终于在八月十九日获得皇帝恩准，谕曰："尚书秦蕙田以现在病未向痊，奏请开缺⑳，给假回籍就医一折，着照所请，准其给假南旋。既可乘便就医，而江乡水土，于伊调摄自必相宜，可以日渐痊愈，所有刑部尚书不必开缺，其事务着刘纶兼署。"

八月二十八日，蕙田上疏向皇帝禀告他将乘船南返。这是这位尚书和他侍奉了三十年之久的主君之间的最后一次通信。皇帝在文件上批示："知道了。"

可是蕙田并没有如愿回到家乡。九月初九日巳时，船只才沿大运河行至沧州（今河北省沧州市），他就在船上病故了。八天后，蕙田去世的消息传到宫里，皇帝降旨说："尚书秦蕙田奉职西曹㉑，恪勤素著。前以患病告假，准其回籍就医，尚冀痊可。兹闻在途溘逝，深为轸恻。应得恤典，已敕部察例具奏。着再加恩赏给银一千两，经理丧事，以示优恤。"朝廷循例赐其祭葬，谥曰"文恭"。

蕙田死后，他的长子泰钧也决定退休，后来还参与了第六版（刊印于1784年，即乾隆四十九年）宗谱的重修工作，而秦家的其他子弟仍继续侍奉乾隆皇帝。

【编者注】

① 养廉银的设立，意在厚禄养廉，杜绝贪墨，其来源主要出自"耗羡"。明代中叶推行一条鞭法后，除了江南地区仍征本色米以供京师漕粮外，其余田赋一律改为征银。为了便于运送，州县乃将所征收的碎银，镕销成锭，但熔铸过程不无折耗，故地方官吏征税时会加征这部分损失，即所谓"火耗"。此外，官府征收漕粮时，也会为了弥补贮存、运输产生的损耗，加征"鼠耗""雀耗""脚耗"（即搬运所耗）等。所有这些以弥补损耗为由而向百姓加征的部分，统称为"耗羡"。通常，官府征收的耗羡要高于银、粮的实际损耗，多出的部分往往落入地方官吏手中，滋生贪腐。清初沿袭此做法，火耗各地不一，有高至正额百分之五十者，甚至解运往返费用亦摊入其内。1724年（雍正二年），山西巡抚诺岷、布政使高成龄奏请将该省各地加派的耗羡提解充公，以填补该省的财政亏空，余下的分发给各官养廉。雍正皇帝认为"与其州县存火耗以养上司，何如上司拨火耗以养州县乎？"遂令先在山西试行，随之推行各省。于是火耗由附加税变为正税，地方官府征税时每两追加一至三分不等，全部上交藩司（布政使司的别称），统一分配。1727年（雍正五年），又定以两淮、两浙盐课羡余，分拨都统、副都统、前锋统领等八旗官员做养廉银。其后，在京文官亦有养廉银。至1782年（乾隆四十七年），其他武职始有养廉银。

② 张英，安徽桐城县人，其子廷瓒、廷玉、廷璐、廷瑑、孙若潭、若霭、若澄、若需、曾孙曾敞、玄孙元宰、来孙聪贤，共六世十二人，均为翰林。

③ 行取：明清吏部的铨选制度。凡在外州、县官内升，依规定年限，经大臣保举可调京职，并经考选可补授科道或六部官职之例。明创行，清初沿袭，定三年行取一次，康熙时有补授御史者。乾隆年间，各省视行取为空文，以没有受过处罚的平庸的州、县官应选，至1751年（乾隆十六年）罢之。

④ 除了正文中提到的两次仲春经筵，秦蕙田还在乾隆二十三年（1758）二月、乾隆二十五年（1760）二月、乾隆二十八年（1763）二月举行的经筵大典中担任直讲官，分别进讲《书经》中的"思其艰以图其易，民乃宁"二句、《论语》中的"四时行焉，百物生焉"二句，以及《易经》中的"咸速也，恒久也"二句。

⑤ 署理：清代吏部铨选制度。指内外官员已缺出，而中央所正式任命

的官员未到达之前，差委品级相近的官员暂行代理其职务。

⑥ 笔帖式：或作笔帖黑，满语，汉译为办理文件的人。清人入关前，称学者、文士为"巴克什"（或作巴克式、榜式、榜识、把什、帮实）。皇太极以此号赐予文臣，犹如武臣之巴图鲁也，近乎官名。1631年（后金天聪五年），皇太极更定官制，设立六部，改巴克什为笔帖式。后来，清代中央各部院衙门、内务府、地方督抚衙门，以及八旗驻防将军、都统、副都统衙门内均设置该职，是掌管翻译、缮写满汉奏章文书、记录档案等事宜的低级官员。

⑦ 乾隆二十年，朝廷调拨湖南仓谷赈济江南，必须购谷补充。布政使杨灏在发放谷值时中饱私囊，百取一二，得白银三千余两。当时的湖南巡抚陈宏谋秉公处理，上疏参劾，谳实，乃将杨灏拟斩监候，秋后处决。但乾隆二十二年各省秋审，湖南巡抚蒋炳以杨灏于限内缴清赃银，拟入缓决，因而引起一场司法风暴。

⑧ 磨勘官的人选，清初由礼部及礼科的官员担任。1701年（康熙四十年），改在九卿、詹事、科道官员中选派。1736年（乾隆元年），又改由都察院科道五品以上、科甲出身的官员，以及翰林、詹事府中允、赞善（掌侍从太子）以上官员共同磨勘。

⑨ 制艺：即八股文，别称制义、时艺、时文、四书文、五经文、八比文等，是明、清两代科举考试的专用文体。这种文体起自宋代的经义（与帖经等徒取记诵的科目相比，经义要求考生进一步阐明经文的义理），于明代形成固定格式，盛行于清代，直到光绪末年才废除。八股文的题目，皆出自四书五经（所以称"四书文""五经文"）。考生对经文的解释，必须依据朱熹的《四书集注》和官方规定的"经解"。考生所作的内容，也只许"代圣人立言"，而不许自由发挥。八股文有一套固定的格式，由破题、承题、起讲、入手、起股、中股、后股、束股八个部分组成，每一部分的句数、句型也都有一定的规定。"破题"共两句，即说破题目要义。"承题"为三句或四句，意即承接破题，申述题目的意义。"起讲"十句用以概说全文，即题目中夫子为何而发此言。"入手"为起讲后入手之处，要求考生代入圣贤语气，通常题目是何人说的就要以那个人的身份来讲。"起股""中股""后股""束股"是八股文的主体，考生正式展开议论。在这四个部分中，每个部分都有两股排比、对偶的文字，每股少则八句，多至二十句，合共八股（所以称"八股文""八比文"）。

每股之间，有时用一二句转折过渡，称为"过接"。束股后用数句结尾，谓之"收结"。八股文虽以八股为式，但也有六股、十股，乃至十六、十八股者。每篇的字数在三百至七百字之间。

⑩ 军机大臣：清代军机处的长官。军机处全称为"办理军机事务处"，是辅佐皇帝办理机要政事，协助皇帝制定国家大政方略的中枢机构。其始设时间说法不一，一般认为成立于1729年（雍正七年），因西北用兵而设立，初名军机房，或称军需房，1732年（雍正十年）改称此名。乾隆皇帝即位后一度以"总理事务处"代之，1737年（乾隆二年）复置。1901年（光绪二十七年）另设"督办政务处"分担其职，至1911年（宣统三年）清廷宣布成立责任内阁后撤销。军机处无正式衙署，其办公处所设于内廷隆宗门内，称为值房；无专职官员，全部工作由军机大臣主持，具体事务由军机章京处理。军机大臣，全称为"军机大臣上行走"，俗称"大军机"，由满、汉大学士、尚书、侍郎、总督等奉特旨充任，为兼差，无定额，亦无任期限止。其中由皇帝指派满、汉一员为首席，称为揆首或揆席。军机章京，俗称"小军机"，又称司员，初无定额，由军机大臣在内阁中书等官员中选调，乾隆时改由内阁、六部、理藩院等衙门取用，1799年（嘉庆四年）定满、汉军机章京各两班，每班八人，共三十二人。军机处原本秉承皇帝意旨办理军机事务，后扩及所有国家重要政事，等于是旁夺了内阁的权力，进一步加强了君主专制统治。

⑪ 明、清两代的乡试，在将试卷送考官评阅之前，都要经过一道誊录的手续。誊录官主持誊录所（与下文的"对读所"一样，都是考场内临时设置的办事机构），从各府、州、县书吏内选调誊录手若干名，将考生的试卷用朱笔照誊一遍，添注涂改的地方则不予誊录，称为"朱卷"。与此相对，考生的原卷用墨书写，称为"墨卷"。每名誊录手一天定额誊写三份试卷，务求谨慎，而且朱卷与墨卷还要经过对读所核对，倘有讹误，即予以更正。会试的誊录工作与乡试略同。放榜之后，中试者的朱、墨卷必须一起进呈磨勘。

⑫ 据清代学者陈康祺所著《郎潜纪闻》记载："殿试卷，例以前十本进呈。惟乾隆庚辰年（即1760年，乾隆二十五年），秦尚书蕙田等以十本外尚有佳卷，特旨许以十二本进呈。是科十四名以前，并入翰林。至乙卯年恩科（为乾隆皇帝在位六十年，即将禅位于嘉庆皇帝而特设），大学士〔三等忠襄〕伯和珅读卷，以无佳卷，止取八本呈御览，见《北江诗话》（清人洪亮吉著）。

即此一端，文恭（秦蕙田的谥号）与和相，其心术之广狭了然矣。"

⑬ 清代科举取士，三年大比是定制，称为"正科"。此外，逢特殊庆典如出师大捷，或是皇帝登基、万寿、践位周甲（满六十年），或是皇太后圣寿（仅限乾隆朝）等，都特诏增加举办考试，以示嘉惠士林，称为"恩科"。乾隆二十五年岁次庚辰，本无乡试，有会试，但是因为八月逢皇帝五旬万寿，故在春三月开正科会试，八月加开恩科乡试，次年春三月再加开恩科会试。

⑭ 《四库全书》第一部粗成于1782年（乾隆四十七年），以后又陆续分抄，其间抽毁和补充了一些书籍，直至1793年（乾隆五十八年）才全部完成。全书按照西汉以来历代沿用的经（指儒家经典，下分诗、书、礼、易、乐等十类）、史（包括各种体裁的历史著作，下分正史、别史、杂史、传记、时令、地理等十五类）、子（专列诸子百家及艺术、谱录等书，下分儒家、兵家、法家、农家、医家、天文算法等十四类）、集（收历代作家的散文、诗词等著作，下分楚辞、别集、总集、诗文评、词曲五类）四部分类法编纂，每一部下分若干类，类下细别为属。它一共被抄录了七部，其中四部分别贮于北京内廷文渊阁、京郊圆明园文源阁、沈阳故宫文溯阁、承德避暑山庄文津阁，合称"内廷四阁"或"北四阁"。又在镇江金山寺建文宗阁、扬州天宁寺建文汇阁、杭州圣因寺建文澜阁，皆珍藏抄本一部，合称"江浙三阁"或"南三阁"。此外，《四库全书》的副本存于京师翰林院。由于抄成时间不一，各阁所藏卷数并不完全相同。文源、文宗和文汇三部藏书连同翰林院副本，已全毁于战火。现存四部中，文渊阁部贮于台湾，余者均在大陆。

⑮ 覃恩：指朝廷有重大庆典时，皇帝对臣下广施封赏、赦免等恩泽。

⑯ 清制，职官、命妇以自身所受封的爵位名号，呈请移授亲族尊长父母，谓之貤封。人已死者，称貤赠。凡貤封，不得逾制：八、九品官貤封父母，四至七品官貤封祖父母，一至三品官貤封曾祖父母。其本宗惟伯叔祖父母、伯叔父母、兄嫂及庶母，准其貤封。外姻惟外祖父母准其貤封。为他人后嗣者，其所后祖父母、父母已封赠者，准貤封本生父母、祖父母。此前德澄、德藻、松龄、易然等已被貤赠光禄大夫、刑部右侍郎加二级，此时晋为光禄大夫、经筵讲官、刑部尚书兼理乐部大臣加一级。秦道然因身份特殊，仅貤赠光禄大夫、经筵讲官、刑部右侍郎加三级。

⑰ 根据《清高宗实录》《清史稿》和秦镛所撰的《归州盗案记》，可约

略拼凑出这两桩案子的情节如下：乾隆二十七年（1762）五月二十六日夜，归州仓坪乡赵启贤家被劫。赵启贤认出盗匪乃张洪贵、张洪舜（实名张洪炎）等人。闰五月十一日，知州秦镣率兵役在三块石张家擒拿盗犯，起获原赃，并发现张洪贵、张洪舜正是一年多以前龙城乡李作棋家被盗案内开释之犯张红贵、张红顺，于是着手审讯，不料却掀出官场重重黑幕。原来，乾隆二十五年（1760）三月间，张氏兄弟与同党张楚璧、张玉堂、马祥等八人变装行劫李作棋家。事主三兄监生李作材访知盗踪，偕弟到州衙门禀报。时任知州赵泰交因公外出，吏目（清代知州下有吏目，佐理刑狱并管理文书）夏念祖派遣差役，协同保正（参见第十一章注释⑤）袁志芳，于四月二十日至张家起赃擒盗。赵泰交因他务缠身，不能即时办理此案，辗转迟延，遂改事主禀报为访查，并将抓获日期推后了两个月，还把张红顺因病保释捏造为携赃远逃。张楚璧等人心生奸计，他们买通狱卒，怀挟张红顺进监印簿一页，于司审时极口喊冤，当堂呈出印簿，以其弟并未远逃为据，诈称差役至家中起赃，实乃搜去自存银两，并指控赵知州滥刑逼供，他们是被屈打成招的。湖北巡抚周琬、按察使沈作朋不明就里，偏执己见，坚持要审出个结果，更力持翻案，最终以栽赃诬良、挟仇陷害完结定案，强令差役认赃，嫁罪于已故的苏凤、被判流刑的宋明身上，并革去李作材监生身份，与袁志芳同遣军中效力，判处赵泰交、夏念祖流刑，而张红贵、张红顺等人却无罪开释了。查清详情后，秦镣乃向上级报告此事，希望能平反前案。但是出于种种私心，湖北巡抚汤聘置之不问，湖广总督爱必达无意昭雪，湖北布政使沈作朋（乾隆二十七年二月升任布政使，由督粮道高诚接任按察使）暗中牵制，力护前非。乾隆二十七年八月，宋邦绥接任湖北巡抚，既知案情矛盾，又经李作棋等具状控诉，仍采取不奏不办之态度，一味模棱瞻徇，为上级巧为弥缝情弊。十一月，武昌府知府锡占、汉阳府知府傅显等奉委承审盗案，也观望迟疑，拖延时日，直到刑部介入此案。原来张洪舜妻张吴氏与人通奸，事发上报到了刑部。刑部发现"伊夫张洪舜及伊夫兄张洪贵"，其姓名与从前该州知州赵泰交"滥刑妄断案"内开释监犯张红顺等字音相同。乾隆二十八年（1763）四月，刑部上奏湖北归州民妇张吴氏犯奸一案，一并指出张氏兄弟盗案可疑之处。皇帝下令严查，传谕高诚将此案实在情形，专折密奏，而高诚仍然为督抚掩饰，诿过于下僚，奏称赵泰交、秦镣办理不善。由此可充分看出当时官官相护、上下徇庇的陋习。

⑱ 服阕，即服满，守孝完毕。秦镠为"秦氏九老"之一秦东田的长子，他的家庭是秦氏家族中非常显赫的一支，其弟秦镳和其子秦泉、秦潮都是翰林出身。秦东田死于乾隆二十七年三月二十六日，讣闻于四月二十九日至，秦镠就任知州甫三个月，上报丁忧，尚未交卸，仍戮力抓捕盗犯，至闰五月十七日署知州宋某到任，始由其代理职务。故当时秦镠仍在停官居丧之中。

⑲ 例如，据清国史馆所编的《汉名臣传》卷二十一《秦蕙田列传》记载，乾隆二十四年，御史观成挟嫌诬奏民人张九违禁躢（晒）曲（曲蘖，造酒的酒曲）一案，蕙田拟罪失当，部议革职，奉旨宽免。

⑳ 开缺：清代吏部铨选制度中的一项规定。凡大小官员，因故不能留任，或有犯过失而罪不至降级革职者，即饬令开去本职，官位低者另候补委，官位高者另候简用。

㉑ 曹：兵部、刑部的别称，此处是指刑部。按中国的五行之说，西方为金，主兵刑之义，故名。

第二十章

秦震钧：平叛的一时之荣

名家子出判临清州

1757年（乾隆二十二年），皇帝在秦蕙田的随同下临幸无锡城。接驾的秦家成员中，最年轻的是腼腆拘谨的秦震钧。当时他二十三岁，已经是一个杰出的书法家了。他把乾隆皇帝第一次南巡时所赐有关寄畅园的御制诗，以及前人所写的一些诗文汇集成册，进献给皇帝。乾隆皇帝愉快地接受了，并回赠给他一些书籍和绸缎。不过，他下一次觐见皇帝，就不是在赏心悦目的园林里了，而是在镇压叛乱的腥风血雨之中。秦震钧是在紧急形势下闻名一时的英雄。

秦震钧是秦松龄之曾孙，秦道然的弟弟、"九老"之一的秦实然之孙，秦蕙田的堂弟秦春田之子。秦震钧生于雍正十三年（1735）正月初三日，在秦春田六个儿子中排行第四。他的三个哥哥鸿钧、龙钧、广钧为父亲的原配吕氏所出，他和两个弟弟豫钧、凤钧的生母是秦春田的继室黄氏。少年时代，他在家跟随大哥鸿钧读书。秦鸿钧曾以附学生员的身份考选为国子监贡生，然而多次赴乡试不中，三十七岁时遂绝意进取，集中精力教育自己的儿子和弟弟。

为了让震钧明白身上所应担负的责任，鸿钧曾对他说："吾秦氏自前明以来，以诗书世其业，阀阅（功勋。太史公曰：古者人臣功有五品，以德立宗庙定社稷曰勋，以言曰劳，用力曰功，明其等曰阀，积日曰阅）相承，迄今家门鼎盛甲江左。顾后生子弟多游惰不读书。昔唐文襄（即唐顺之，明嘉靖八年进士，官至右佥都御史，巡抚淮扬，抗倭海上，崇祯中，追谥文襄）之表乐易府君（即秦镗，号乐易）墓曰：'街衢之间，褒衣（褒衣博带，古代儒生装束）矩步（步态合乎规矩），不问知为秦家子弟。'今此风亦颇衰息矣，岂尽子弟之过欤？抑亦丁男日繁，而父兄之贫者十之八九，其力不足以择师而教其子弟，遂至玩愒时日，而诗书之教微，而礼让之俗减也。"鸿钧曾建议设立一所家塾，以保证本族子弟有学习的机会，可惜他力有不逮。这个愿望后来由秦震钧和他的长侄秦瀛实现了。

震钧并没有一直留在金匮求学。二十二岁时，他捐了个监生到北京的国子监就读。这在当时是相当普遍的做法，监生有资格参加乡试。①震钧自此陷入了一个屡举不售的失意时期。最后他放弃了科举考试，通过捐纳给自己买了个前程。长期以来，捐官是一种得到承认的入仕途径，但捐纳只能获得最低级别的官职，要想借此升上高位的希望很小。震钧捐了个县丞（清代各县的佐贰官，正八品，掌粮马、征税、户籍、巡捕、水利诸事），几乎处于官僚机构的最底层。

1770年（乾隆三十五年），震钧被派往山东，在大运河以东的泰安府东阿县任职。因为他的政绩不错，第二年就递补为临清州州判（清代各州的佐贰官，从七品，掌督粮、捕盗、海防、水利诸事）。临清是华北的一个重要城镇，在东阿以北约90公里，北京以南约460公里处。因位于从南方运粮到北京的大运河之上，它又是一个商业贸易中心，具有战略性地位。

中国有一句古话说："英雄造时势，时势造英雄。"临清后来的局势便造就了一位英雄。

摄篆遇教乱

多年以来，在距离东阿县不远的寿张县（治所在今山东省阳谷县东南的寿张镇），一个叫王伦的人集合了一些信徒宣讲白莲教教义。作为一个教派，白莲教的前身白莲社大概出现在公元5世纪，源于佛教一个强调苦行的支派，即净土宗。到14世纪初，由于元朝各地官府压迫民众的现象越来越普遍，白莲教成为一个带有明显政治色彩的组织。朱元璋利用白莲教成员的支持建立了明朝。但是他一坐稳了皇帝宝座，就把白莲教斥为异端，残酷地企图消灭它。白莲教于是隐蔽起来，通过宣扬个人救赎、给人治病、教授武功等方式，继续招揽信徒。数百年来，尽管明、清两朝屡次镇压这一教派，但对一小部分接受不了官宦和知识分子所推崇的儒家学说的老百姓而言，白莲教仍然很有影响力。它与正统佛教不同，当时的白莲教信徒所崇奉的是女神"无生老母"。②

白莲教教主王伦（于1751年［乾隆十六年］秘密加入白莲教，1771年［乾隆三十六年］自称为白莲教支派"清水教教主"）的家族在寿张县党家庄已有二百多年历史。王伦本人大约出生在18世纪30年代一农户家中。③他十几岁时便开始学道习武，勤练拳脚，活用棍棒刀剑等兵器。尽管他身材矮小，不足五英尺（1.52米），但后来他成了当地公认的武术高手。

王伦曾在寿张县附近的阳谷县衙门当差，因而与阳谷县和其他县的捕快、差役、胥吏熟识。其中一些人后来成了他的信徒。他不但教他们武术，还传授瑜伽、打坐、运气（气功）、斋戒（断食）等功法。因为王伦声言"饮水一瓯可四十九日不食"，故而他的教派也被叫作"清水教"。他宣称这样才能禁受住弥勒佛出世时不可避免要发生的灾难，这位未来佛（即弥勒佛）的降生将标志世界进入一个新的历史阶段。

王伦还是一个无师自通的医生，他抄撮（摘录）方书，专门为人治疗痈疡。由于效果显著，且不收报酬，他在乡民中享有很高的声望。

一些年轻人感恩其惠，愿为义儿义女以报德。王伦的追随者中有男有女，不仅包括农民和下层的胥吏、差役，还有一些生活在社会边缘的人物，如江湖艺人、和尚——其中至少有一人声称能够自由出入阴阳两界——和巫师等。白莲教信徒相信阴阳之说，认为宇宙是由阴和阳这两种相生相克的力量所主宰的。阴属女性，主黑暗、潮湿和否定，而阳属男性，主光明、干燥和肯定。

虽然王伦的嫡传弟子不多，约数十人，其中有十八人被他收为义子，但是这些弟子又把他的教义宣扬出去，吸收和团结了更多民众。经过十余年的努力，在寿张和邻近各县，王伦的弟子和他们的追随者已达数百乃至数千人，甚至在邻近山东的河南省也有他的教众。

大约就是在秦震钧被派到临清的时候，王伦开始隐晦地传出天有大变的预言。而后他越来越直白，公开向信徒宣告他自己就是弥勒佛的化身。为了强化这一印象，他又不断讲述自己的梦境（如梦见自己是龙）和一些其他征兆。在他的构思中，世界即将进入新时期是和推翻当今王朝关联在一起的。他要让别人相信他就是真命天子，紫微星转世。就这样，王伦一步一步地让他的信徒做好了行动的准备。他知道信徒手中的刀、叉、棍、棒敌不过全副武装的官军，于是教给他们刀枪不入的护身咒语。④

1774年（乾隆三十九年）夏，王伦的计划差不多已经酝酿成熟了。随着入教的人越来越多，即将发生叛乱的谣言迅速传遍四乡。有人向寿张县知县沈齐义报告，阳谷县有人和逆贼勾结。于是沈齐义遣人通知阳谷县知县张克绅，要求将这些清水教徒拘捕起来。但他手下一个叫作刘焕的衙役是王伦的追随者，立即向王伦示警。王伦遂决定先发制人，立刻行动，于八月二十八日午夜起兵造反。

清水教的第一个目标是寿张县县城，教主王伦曾经的住地。王伦命令邻近各县的信徒当夜携带武器在寿张城南集合。由于这时知县沈齐义与寿张营⑤署游击赶福已得到警报，将士们早就有所防备。他们在四乡巡查，没有发现异常。县城的四门各安排四十名左右的士兵把守。当夜四更（1点—3点），刘焕和二十名信徒爬进城内，与接应的信徒打开了南门。王伦的亲信带领叛军入城，很快就制服了守军，随后悄悄开到文武各衙门。当时寿张营守备王廷佐正在荆门闸催赶漕船，寿张汛千总孙云龙带兵外出不在衙内，署游击赶福听到风声，从其衙门后面翻墙脱身，旋即前往各处调兵剿贼。然而知县沈齐义就没有那么幸运了，他知事不可为，遂高声大骂，被叛军活活砍死。

寿张县城落入了叛军之手，他们抢掠财宝，没收库银仓谷，释放在押囚犯，并邀请这些人入伙。

同日起更（即一更，19点—21点）时，王伦的义子王经隆（又名王圣如）在他的家乡——寿张以北的堂邑县（治所在今山东省聊城市西北）张四孤庄起事。他和他的追随者与寿张叛军配合，轻而易举地控制了该村。他们持械杀害十余人（一说为该庄恶霸地主，一说为不愿入教者），又放火焚烧了庄里一半的房屋。他们并不打算守住庄子，第二日就整队出发，与寿张的教友会合。

八月二十九日，王伦和他的家眷到达寿张县，受到叛军的隆重欢迎。每个叛军都向他行八拜礼，向他们信奉的无生老母行三跪九叩礼。叛军攻陷寿张的胜利吸引了更多从众。在他们停留寿张的几天里，县城内和附近的一些百姓，以及王伦家乡党家庄的居民，纷纷加入叛军，壮大了他们的队伍。

秦震钧此时接到了关于清水教叛乱的报告。而临清州知州王溥正好离任，入京听候调用，遂由四十岁的州判秦震钧暂代其职。据他的《守临清日记》记载，二十九日午刻，从张四孤庄逃出的居民刘会等带来了教匪造反的消息。秦震钧不知寿张已经失守，身为署知州，他立即采取对策，先遣亲随查探消息虚实，查核后迅速派人禀报巡抚，同时亲自带兵赶往堂邑。九月初一日黎明，他和临清协副将叶信所率领的不到三百名士兵到达张四孤庄，发现该庄已经遭到破坏，多数叛军早就撤离，但他们还是逮捕了男犯十九人、女犯二人，其中包括王经隆的妻子。在张四孤庄，他们得知寿张已被叛军占领，且寿张毗连州境，也有贼人窜入，担心发生不测，乃星夜驰回临清，布置防御。犯人犯妇则交给此前赶到的堂邑县署知县陈枚，并拨兵役护送至县衙收押监禁。

回到临清后，秦震钧宣布实行宵禁，内外戒严，并将张四孤庄有奸民纵火杀人和"白布缠头"的贼人占领寿张的详细情况写成文状，上报山东巡抚徐绩。

秦震钧的报告于九月初二日中午送达设在山东首府济南的巡抚衙门。巡抚徐绩随即向正在热河避暑的乾隆皇帝奏报。当巡抚的奏折在九月初五日送到皇帝那里时，叛军早已放弃寿张往北去了。可是皇帝不可能知道这一情况，他命徐巡抚派兵包围寿张，不使叛军逃脱，又下令将秦震钧在张四孤庄抓获的男女犯人解往济南，以防止其同伙劫狱营救。这条谕令展现了乾隆皇帝的洞见，可惜为时已晚。

九月初二日，叛军已开始向北挺进，他们的最终目的地是北京。九月初三日，人数已过一千的叛军进攻阳谷县城。假如后果不是那么惨烈，此次攻防倒不失为一出错中错的喜剧。当时阳谷方面毫无防备，因为该县守军正应逃出来的寿张营署游击赶福的要求，全员出动去解救寿张县了。官军和叛军在黑暗中擦肩而过，彼此竟都没有察觉。所以当叛军抵达阳谷时，发现县城里的最高官员是典史（狱史，掌稽核囚犯，不入品阶）方光祀。由于有教友做内应，他们毫不费力地进了城，杀害了方光祀和其他几个企图抵抗的人。和在寿张时一样，叛军释放了狱中的囚犯，欢迎这些人加入他们的行列，并把县库洗劫一空。

虽然叛军进城时几乎没有遇到抵抗，但他们离去时却被迫打了一仗。兖州镇总兵惟一率领官军从张秋镇（位于阳谷县东南，东阿与寿张之间）赴援阳谷，自东门入城，正好遇上从南门出城的叛军。在短兵相接的战斗中，双方都有伤亡，随同惟一前来的赶福不幸殉难。叛军的大队人马继续向北挺进。

九月初三日，巡抚徐绩根据已经过时的情报，命副将叶信从临清派二百名士兵赴寿张剿捕教匪，这使临清失去了防御力量。他并不知道寿张此时已不在叛军手中，也不知道叶信的部队与已有数千人之众的叛军遭遇，将毫无战胜的希望。

叛军在顺利完成既定目标之后继续北进。他们的下一个攻击地点有两种选择：大运河以东的东昌府（治所在今山东省聊城市）和东昌府西北十余公里的堂邑县。他们认为堂邑的阻力较小，于是向那里进发。堂邑县城的城墙有多处坍塌，守兵不足，防御力量薄弱，所以叛军到达时没有遇到什么抵抗。在西城上守卫的原署知县陈枚⑥试图骑马逃走，但因其身躯肥重，由四五人扶掖仍不能上马，故而在徒步逃跑至北城附近的孔庙前被叛军捉住。叛军头目国太（一作归太，当时山东方言读国为归）在数个月前曾因贩卖私盐被陈枚逮捕法办，后在解送途中被其党羽劫走，而陈枚却不知情。现在国太得到了报复的机会，他先命人把陈枚捆绑起来，抬到北关外的演武场，用木棍毒打了一顿，然后将其阳具割下塞入口中，再砍断其四肢将其杀害。随后叛军打开了监狱大门，正如乾隆皇帝所担心的那样，将秦震钧先前在张四孤庄拿获、送往堂邑收禁的两名女犯（十九名男犯已由堂邑提至东昌府严审）纵放，监内其他囚徒也一并获得了自由。

叛军没有企图守住堂邑。在洗劫了县库的钱财之后，他们继续北进，攻打柳林庄。⑦这支自称"常胜军"的队伍所向披靡，攻下了途经的每一座城池，击退了遭遇的所有官军，终于到达距离富裕的临清州城不到25公里的地方。

临危受命守孤城

当叛军占据柳林庄的消息传到临清时，百姓们惊恐万分。临清有一个较大的旧城和较小的新城。旧城为外城，有许多店铺，是大部分民众的居住地。旧城位于京杭大运河（东面）与卫河（西面）交汇处，其城垣跨运河，周二十余公里，因年久失修，已有多处坍塌，仅存十分之三，势不可守。新城为内城，位于旧城东北隅，城墙高大牢固。驻守该州的临清协营部设在旧城，州衙门和粮仓、银库则设在新城。

由于副将叶信和他的大部分部队离开了临清，更使城里的居民惊惶万状。为此，震钧到旧城去安抚民心。他劝老弱搬入新城，督促人们藏好家里的贵重物品。极端恐惧的气氛，使震钧的僚属除去邓桂翁之外全都跑光了。他唯一留下来的这位助手，在制定接下来对付清水教教匪的策略上给了他极大帮助。

既然旧城的城墙起不了多少防御作用，在新城和叛军之间剩下的唯一屏障就是大运河。叛军显然会在旧城南部的砖板闸（或作砖闸）渡河。震钧命闸官何士锡拆掉闸桥，撤走各个渡口的所有船只，并将临清关税银抬置新城内，以供军需。同时大量储备米谷、薪柴、火药、火绳（用于引发火绳枪，通常是由几股亚麻搓成导火索，浸以助燃物后烘干而成）、铅丝等物。他还向巡抚徐绩请求派兵增援。在官军到来之前，他组织了八百余名民兵严守。

此时，王伦及其所部还驻扎在柳林庄。巡抚徐绩得知此事，亲自带领数百名将士前去攻打。他从南面逼近柳林庄，令总兵惟一从北面进攻，形成合围之势。这一消息使震钧和临清居民大为振奋，看来叛乱有可能在席卷临清之前得到镇压。但是事态的发展并非如此。徐绩的部队在柳林庄以北遭到袭击。徐巡抚本人被敌包围，危急之中，总兵惟一督兵赶来，从旁策应，解救了他，并把他的部队带到了东昌安全地带。叛军的勇猛和计谋给徐绩留下了很深的印象，他向乾隆皇帝奏称："臣于初七日领兵交战时，见其领众之人，两手持刀，疾走如飞，宛如猕猴，其余亦俱悍不畏死，不避枪炮。"难怪当时流传着白莲教叛军会施展魔法、刀枪不入等谣言

徐绩在九月初三日发出的奏折，一直到九月十二日才送达乾隆皇帝手中。不过，乾隆皇帝知道各省兵力恐不足以镇压叛乱，所以在五天前就已采取措施。他任命大学士舒赫德为钦差大臣，带着他的手谕去天津，密令署总兵永昌选调所辖绿营兵一二千人，听候调用。同时

密告驻防沧州（治所在今河北省沧州市）城守尉（八旗驻防将领）和驻防青州（治所在今山东省青州市）的副都统，各选调数百名八旗兵备战。如果舒赫德到达德州（治所在今山东省德州市）时，徐绩已经获犯结案，即可前往南河，办理堤工之事；若局势还没有得到控制，则紧急调兵赶赴前线。

要是王伦知道乾隆皇帝正在布置兵力对付他，他可能会采取不同的行动，但他显然对数百公里之外的这些决策毫无所知，再加上他和他的部队刚刚给山东巡抚予以沉重打击，此时他的人马正向临清逼近。

对震钧和临清百姓而言，所幸副将叶信和他的部队已从东昌回到临清。初六日辰刻（7点—9点），震钧远远望见他们到来，单骑去郊外迎接，官民为之振奋。九月初七日辰刻，德州参将乌大经率领一支一百四十人的部队到达临清（原奉巡抚之命赴寿张剿贼，半路听闻教匪前往临清，遂改道临清协守），布防在新城西南隅，这样新城里的兵力就增加到了将近四百人。这支增援部队来得恰是时候，因为一两个时辰之后，叛军的先头部队就到了临清。

清水教将士径直向砖板闸开去。他们发现闸桥已被毁，便立即着手搭桥。此处的大运河宽数百尺，叛军先从房屋上拆下木板绑成木筏，再把木筏绑在一起作为浮桥。至午时已有一百多个叛军渡过浮桥，在临清旧城里建立了桥头堡。

第一批叛军企图对新城的西门和南门发起冲击，但被城上守军用雨点般的枪弹和箭矢击退。然而，到了傍晚酉刻（17点—19点），有着数千人之众的叛军主力抵达大运河北岸。他们沿着大道前进，在途经旧城内副将叶信的衙门时放火将它焚烧，火光照亮了夜空。

当叛军进攻新城南门的时候，震钧在城墙上看到一个奇怪的景象。站在叛军最前列的是十几个妇女，她们摇着白扇，嘴里念念有词。在她们身边，还有几个和尚，个个仗剑执幡，指挥队伍进攻。

守军看到由巫婆与妖僧率领的头缠白布的叛军，已然胆战心惊。而当射出的枪弹和箭矢击不中目标时，士兵们更加沮丧了。守军试图破解叛军高喊的"炮不过火"的咒语，于是想出了以阴克阳的招数。根据秦震钧的叙述，他们召集了一些妓女，让她们坐在城头的女墙（又称女儿墙，即位于城墙内侧的露天小墙，高度不超过人身胸部，作用与护身栏杆相同）上，披头散发，解开亵衣。然后又杀掉几条狗，把狗血涂洒在城墙上，借此压制清水教的"邪法"。清水教徒见此场景，加之城上炮火隆隆，砖头、石块纷纷落下，一时不敢逼近。叛军的第一次进攻就这样被击退了。

戌刻（19点—21点），叛军改变战术，再次发动进攻。他们用牛车拉来秫秸（去穗的高粱秆），冲过枪林弹雨，把秫秸堆在南门外，想要火烧城门。同时，其他叛军爬到城墙边，企图刨挖地洞、坑道，杀进城去。震钧急忙召集部下，大呼：凡愿下城与贼兵作战者，将会得到厚赏。几个看起来像是民兵的老百姓挺身而出，在黑夜的掩护下缒下城去，躲进城门边的一条壕沟里，用镰刀向抱着秫秸往前冲的叛军的腿部砍去。其间，城上的守军继续放箭，枪炮声不绝于耳，将领、士兵皆拼死力战。到了午夜，叛军攻势不支，乃收兵而去。震钧估计，在这个回合里有超过二百名叛军被击毙，并在南门外俘虏了李现、穆建甫两名叛军。

浴血十七昼夜

虽然叛军控制着旧城，同时占据着进攻西门和南门的阵地，但是震钧仍能与巡抚保持联系。信使可以从新城的东门和北门出入，这两座城门外的郊野尚未被叛军控制。震钧将杀敌的情形上报巡抚徐绩，徐绩又把他的禀报转呈给乾隆皇帝。皇帝传旨嘉奖临清守军，下令提拔所有参与守城的文、武官员，以及自愿到城下与叛军肉搏的兵丁；其余将士也都赏给一个月的口粮和饷银。皇帝还指示徐巡抚为秦震钧记名一等军功，待叛军平定后将他送部引见[⑧]。

初八日辰刻，叛军对新城西门发起攻击。他们用牛车拉着显然是在旧城里找到的大炮，赶到西门，企图轰开城门。在城上守卫的乌参将，下令德州兵放过山鸟枪⑨，击毙了叛军头目，叛军由是溃散，把牛车丢弃在城下。德州兵从城头缒下百余人，杀死牛，把大炮和车内的火药、铅弹、器械等搬入城内。

围城的第三天，九月初九日酉刻，叛军再次向西门发动进攻。他们事先隐蔽在西门附近的元帝庙里，以避开城上射来的枪箭，同时向城上放暗箭。然后不时窜出一伙人来，人顶一束秋秸至城下堆积放火。烈火冲天，延烧民居三四里。突然噼啪一声巨响，城门正在裂开。震钧再次以厚赏招募民夫，缒下城去救火，但此时城墙上已出现一些洞口。叛军蜂拥而上，刀砍民夫，临清营把总仙鹤龄等齐跃下城，奋勇抗击。在战斗的喧嚣声里，新城内的男男女女拆庙宇砖瓦，和以泥土，填补城洞。在军民的共同努力下，临清州城又一次渡过了危机。据震钧估计，这次战斗歼敌一百多名。

第二天，震钧和临清城其他官员决定奖赏在战斗中起了重要作用的民夫，发给每人粮食一石。临清富户捐献的米麦则都分发给士兵。那日辰刻，震钧收到巡抚的批示：将俘虏的叛军李现凌迟处死，另一名叛军穆建甫已死，施行尸斩。

尽管叛军发动的每次进攻都被守军击退，但是他们已经知道要撤到枪弹、弓箭射程以外的地方。同时，他们开始运用在旧城里缴获的武器，而不再限于耍弄短刀或其他粗制的兵器。秦震钧在日记中写道："初十日大雨……贼用大炮来击，飞弹入城，声如饿鸥。"守军在城上放枪炮予以还击，双方交火持续到深夜。但因叛军有元帝庙作掩护，守军的枪弹大多不能击中，而弹药即将用尽。于是当夜守军主动出击，用绳子缒下民勇刘茂生等人。他们悄悄爬到庙旁，放火烧掉了元帝庙，使叛军失去避藏之所。

这是临清守军第一次袭击敌人的阵地，他们杀猪宰牛为民勇们庆功。

次日战事比较沉寂。叛军一直诱使守军开枪，以消耗他们的弹药。

从九月初七日叛军第一次攻打临清开始,王伦和他的从众就放弃了旧城外的营地,搬进城内,以展示他们驻扎临清直至攻下新城的决心。他们知道,占领这样一座重要城池,会给他们的起义带来它所亟须的动力。

叛军进驻了旧城的主要建筑物,其中王伦占据了被称为"大寺"的大宁寺(位于城西),前后建营十数里,枪刀旗帜排列严密。作为占领旧城的标志,他们在旗杆上挂起大纛,晚间则换上大灯笼。他们还洗劫店铺,俘虏百姓,胁降男丁,奸淫妇女。整个旧城只有回民聚居的一个角落没有受到侵犯,因为回民进行了强有力的抵抗。

由于新城里的店铺不多,叛军围城几日后,店里的存货所余无几,而守城用的军需更是全部告罄。对此,人们用油灯代替蜡烛,把旧布衣撕开制作火绳,又到处搜集锡器,熔化了铸成子弹。震钧一面飞书发往省城向巡抚告急,一面向邻近的清平、高唐等城镇请求接济。是日(即九月十一日)申刻(15点—17点),一百名增援的士兵到达临清。

九月十二日,兖州镇总兵惟一和德州城守尉格图肯,各带领二百五十名士兵赶到。他们避开了驻在城西南的叛军,在城东北的三里庄(或作三里屯)扎营。然而当日申刻,他们的营地遭到数百名叛军的突袭。官军本想张开两翼,合剿叛军,不想被叛军断为两截,彼此无法照应。当时震钧和守军在城上观战,因恐伤及惟一的部队,所以无法助战。结果,装备良好的官军在惊慌失措中乱了阵脚,溃散而逃。清水教士兵追出数公里之外,然后返回临清。

傍晚,叛军重新集结起来,其势更加猖獗,沿路防火。夜半,他们再次进攻新城,炮轰南门。其中一发炮弹直接飞进州衙门,炸断了一块石碑的碑额,幸而没有伤及震钧。战斗一直进行到天明,叛军始撤退。

此后六天,叛军没有进行大规模进攻。十三日,震钧在戒备森严的新城里努力鼓舞众人的士气。身为临清的最高官员,不管形势有多严峻,他有责任提高大家御敌的信心。他给士兵分发金钱和棉衣作为奖励，又给民夫发放大米、馒头、馍馍、饼粥等物，以激励人心。但是与此同时，他再次向巡抚徐绩告急。

十四日，震钧收到了令人鼓舞的消息：皇帝已经派遣三名位居极品的大臣——大学士舒赫德、七额驸⑩拉旺多尔济与左都御史阿思哈，率健锐营⑪、火器营⑫京兵一千名与天津、沧州兵，至临清进剿清水教乱。邻近的直隶和河南二省的官军也被调动起来，派至该省与山东交界处，负责拦截堵杀，切断叛军退路。震钧立即命人将檄文印刷分贴，安抚民心。次日，震钧所请的火药、火绳和铅弹也运到了临清。

在战事的间歇中，双方都有零星射击，补给很快就用完了。于是，兵民用锄头和其他铁器，改造了二百杆鸭舌枪（一种长枪，因枪头似鸭舌，故名），分发给士兵。由于人畜的粮食、刍秣也将耗尽，兵丁只好离开墙体的庇护，缒到城下割取芦苇来喂养马。薪柴用完之后，人们砍树替代，城内的树砍光之后就拆房屋的梁柱做燃料。

九月十六日，当震钧视察城上的防务时，发现一支箭平插在参将乌大经的帐幕上。他与众将商议说，从地面射来的箭应该是自下而上斜插着的，而这支箭是平插的，所以一定有敌人藏在和城墙一样高的建筑里。经查，他们发现新城南隅外有一家质库（即当铺），库有楼高与城相等。叛军埋伏在上面，不仅可以放箭，而且可以窥探城中的虚实。于是他下令立即除去那座楼。是夜，十二名自告奋勇的兵夫被缒到城下，他们每人背着一捆秫秸，神不知鬼不觉地潜到质库楼前。透过窗户，他们看到里面除了有两个人正在喝酒，其他人都已睡熟，便悄悄地点着秫秸。少顷，整座楼陷入一片熊熊烈火之中。当纵火的兵夫往回跑的时候，清水教叛军从楼里冲了出来。其中有三名年约三十、以黑缣裹额的妇人，挥刀纵马，追至城下。城上的士兵急忙朝她们开炮，而那三个后来据说是王伦义妇（侍妾）、义女的妇人，挑衅般地摇了摇左手，终于飞驰而去。

九月十八日，对临清城的防御工作十分满意的乾隆皇帝，降旨立即实授秦震钧为临清州知州，于事竣后仍送部引见。对此，身处临清的震钧毫无所知。他对清水教乱的妥善处置，使他在短短十数天内，获得了在其他情况下可能要数十年才能争取到的擢升。

九月十九日，叛军再一次对临清新城发动大规模进攻。这一次，他们的进攻策略是由新入教的回民、临清武科生员吴兆隆制定的。此前，由于城上落下的枪林弹雨，叛军不能安全抵达城门。吴兆隆想出了一个办法，能为携带火药前进的叛军提供掩护。他在三辆大车上装满火药，覆以秫秸，前面以长木板护之，两边突出的部分像展开的翅膀一样，所以又被称为"凤凰双展翅之计"。在夜幕的隐蔽下，七八名叛军伏在每辆车车底，推挽着车慢慢向南门移动。

因为周围一片漆黑，直到一辆车靠近城门时，才被守城部队发现。震钧意识到情势危急，马上命令士兵投掷砖石来阻挡车辆前进。没过多久，城门入口就被一尺多高的砖石堵住了。

他们也朝另外两辆车猛掷砖石。车上的重量越来越大，以至于车底的叛军承受不住，只好弃车逃走。震钧又下令放火烧车。但是火箭已经用完，守军只好用棉裹住火药，再用帽带绑在箭头上，里面插一段点燃的线香作为引信，由此把两辆被丢弃的、装满炸药的大车给炸掉了。最前面的那辆车由于离城门太近，不可炸毁，震钧遂命人把士兵缒下城去。他们戳死了藏在车底的六名叛军，搬走车上的秫秸，往火药上泼水，使其不能爆炸。清水教叛军对新城的最后一次有力进攻就这样被击退了。

不久之后，叛军被迫把注意力从攻打新城转向防守他们在旧城的阵地上。九月二十一日，第一支增援的官军到达临清北郊扎营。王伦企图保持主动，又一次指挥他的人马对官军发起突击。但是这次官军固守阵地，叛军最后只得后撤。这是他们自二十三天前进攻寿张以来第一次战败。

第二天，各路大军相继赶到。震钧收到巡抚的来信，派遣两名熟悉当地地形的向导兵张荣和乔令功赶赴大营，协助官军制定次日围攻旧城的计划，而他仍专管守城要务。

九月二十三日巳刻（9点—11点），旧城东南隅传来猛烈的炮响，宣告巡抚徐绩和左都御史阿思哈已率军抵达，展开进攻。少顷，乾清门侍卫音济图（此次健锐、火器二营的领兵侍卫章京之一）和巴图保带兵从西北方向开来，加入战斗。午时，钦差大臣舒赫德和他的八旗劲旅也从东路赶到了战场。叛军四面被围，无路可出，只好后撤，其间损失惨重。不少人躲进了民居[13]，于是官军冲入旧城，分进各巷，火烧房屋。

官军四面环攻，叛军明显失去了胜利的希望，即便如此，清水教徒仍在死守。官军向前剿击，为了减少误伤，他们只能逐条街道、逐座房屋地占领、搜查，因而推进得很慢。巷战持续了好几天。

虽然清军在数量上占据绝对优势，但清水教徒不是弱小的敌人，他们敢于用刀剑来对付枪炮。其中有一个被称为"乌三娘"[14]的妇女，特别难以制伏。这个二十来岁的漂亮女人，是王伦的弟子和侍妾。此人原是一个江湖艺人，武功高强，好像有魔力护身一般。当她率领其女性从众与官军巷战时，诸女一个接一个被杀死，而她仍能面无惧色，手舞双刀，悍蔽锋镝。据目击者形容，她从马背飞身一跃就上了房，再一跃又跳上更高的楼。四周的官军朝她开枪射箭，但她挥舞双袖，好似刀枪不入。跟她较量了几个时辰之后，日将夕矣，官军担心她会趁天黑时逃掉。这时，有一名老兵决定用以阳克阴之法对付她，他从一名叛军的尸体上割下阳具，放入炮中向她发射，一发而乌三娘堕地，立刻被乱刀砍成了肉泥。（一说乌三娘是被善使长枪的乔令功一枪射穿而死。）

巷战不可避免地会伤及百姓。九月二十四日，浓雾笼罩临清城，数千名从旧城逃出来的难民在新城城下呼号求救，要求入城避难。城里的文武官员唯恐混进敌人，不敢放他们进城。但是震钧说："此皆吾良民也，余不忍置之死。"他还表示，万一发生不测，他愿意负全责。为了减少混进敌人的可能，他安排士兵再三排查，下令只许老弱妇孺入城避难。难民入城后，被分散带往各寺庙安置，由士绅、富户供给衣食。

当日巳刻，舒赫德召集在营满汉各将士，于军前公开处斩兖州镇总兵惟一和德州城守尉格图肯。按照乾隆皇帝九月十六日所下的谕旨，在九月十二日的战役中，身为领兵大员的惟一和格图肯，自应勇往杀贼，即或贼稍猖獗，官兵不能取胜，亦当整队进临清新城，与在城文武协力坚守，而此二人一经兵挫，竟尔退往东昌。临阵退避，为国法所不宥，着舒赫德，俟京兵会集临清，于定期进剿之前一日，将此二人正法示众。乾隆皇帝选定这个时间行刑，显然是为了确保官兵愿效死战。

虽然叛军已被击溃，但他们仍在旧城里继续负隅顽抗，而且王伦本人尚未被抓获。九月二十六日，他几乎被擒。那一天，守城把总仙鹤龄探查到王伦可能藏在马市街已故湖南巡抚汪灏的宅邸里，遂和侍卫音济图带着二十多名官兵翻墙入院，并在堂屋门首找到了王伦。音济图以自投免死之语诱王伦投降，突然上前直接扭住其胸口，仙鹤龄一把揪住其辫发，沂州营外委郁广业环抱住其身躯，并将他拉出门外。众人一拥而上，正准备捆缚，突然十几个持刀教徒从两厢冲了出来，舍命解救其教主。仙鹤龄的项背被砍中数十刀，力不能支。音济图也身受重伤，但仍死死拽住王伦，两人扭打在一起。忽然一支短矛刺中音济图的咽喉，他才松了手。王伦遂被他的教众抢去，藏进里屋。

官军在王伦藏匿的汪宅周围布下重重警戒，以防有人逃走。九月二十七日三更，叛军企图突围，但在官军的枪林弹雨下，要么被击毙，要么被俘虏。王伦的弟弟王真就是丧命的叛军之一。

王伦被困在宅内的一座小楼上。几个被俘的叛军为了替教主争取时间，都自称是王伦。混乱之中，没有官军攻击他所藏身的小楼。但是王伦知道他已无法逃脱。九月二十九日，为了避免被活捉，他放火烧楼。当时还有少数教徒和他同在楼内，有人受不了烟火的熏炙，从窗口跳出，被官军生擒，如王经隆。王伦留在了楼内。事后，人们根据他的一把无鞘佩剑和两只扁银手镯，辨认出了他烧焦的尸体。

造成了大量伤亡的这次清水教乱，历时共三十一天。最终，一千多名教徒被处决，他们的头目被押解到北京，凌迟示众而死。

功业在朝，声名在野

王伦领导的起义，拉开了一系列主要的反清起义的序幕。此后，各地图谋推翻清朝统治的起义规模越来越大，平叛也越来越困难。发生在乾隆三十九年秋的清水教乱，虽然只用了不到一个月就镇压下去了，但它预示了清朝长达一个多世纪的衰落期的到来，直到1912年（宣统三年）清政府最终垮台为止。

王伦自焚而死后，叛乱随之结束。大学士舒赫德着手准备临清的战后重建工作，但他不认为在战火下曾有出色表现的秦震钧，适合接管和平时期治理临清的任务。有可能是为人谦逊的震钧没有给他留下什么印象，也有可能是震钧确实缺乏这方面的经验。总之，在由大学士舒赫德、七额驸拉旺多尔济、左都御史阿思哈和山东巡抚徐绩共同签署的奏折里，他们声称临清州地方残破太甚，所有一切善后事宜甚多，当此办理繁剧之时，升补知州的秦震钧恐不能肆应裕如。他们推荐以肥城县（治所在今山东省肥城市）知县李涛升署临清州，同时建议让秦震钧以知州衔暂时接替李涛原来的职务，等山东省另有知州缺出时，再题请补授。这样，虽然震钧依然保留了知州的官衔，但实际上是被降了职。对此，乾隆皇帝在十月初四日的上谕里表示同意，并称赞舒赫德"能据所见直陈，深得大臣之体"。

乾隆四十年（1775）五月二十三日，皇帝在北京接见了临清州前任知州秦震钧和现任知州李涛，详细询问了当地情形。显然震钧也没有给皇帝留下很深的印象。在召见二人之后，乾隆皇帝说："看其奏对光景，李涛较为明白，而秦震钧仅系诚实人。但该员于逆匪围攻临清时，随同乌大经等，督率兵夫上城，昼夜守御，颇为出力，其劳亦不可没。"他命军机大臣传谕新任的山东巡抚杨景素,遇该省有适当的知州空缺时,即以秦震钧题补。

与此同时,震钧继续担任泰安府肥城县知县。在当时,州县均按照管理的复杂程度被分类。临清被列为"困难"和"繁剧"的战略要地,而肥城则列为"易治"地区。"困难"指的是地方上不太平,"繁剧"意味着公务繁多。"易治"被认为在人口规模、岁入水平和诉讼范围方面都没有什么难以应付的地方。

次年二月,乾隆皇帝因为大小金川全境荡平,大功告成,乃启銮巡幸山东。四月初六日,他亲莅临清州旧城,写下了《临清叹》《临清歌》两首诗文,并勒石于临清闸东岸,以纪念王伦之乱的平定。他还降下一道谕旨,其中提到:"至秦震钧,虽以知州升用,但至今尚未得实缺,着赏缎二匹,以旌其劳,并着该省出缺即用。"

此后不久,四十二岁的震钧终于得到机会,证明他能管理一个州。他被递补为山东省平度州(治所在今山东省平度市)知州。平度是一个被归类为"困难"的州。震钧着手证明自己是个有管理能力的官员。他集中力量兴办教育,整饬当地书院,还亲自在每月初一、十五两日召集学生,教他们读书作文,敦品励行。

震钧同时下了大力气关心穷人和外乡人。每年冬天,他都下令给贫民发放棉衣,给流落在平度的旅客提供过冬的住所。等来年春天雪融冰解之后,再资遣他们还乡。

虽然各州、县的司法案件最终由各省的按察使负责,但调查罪行,逮捕和审讯嫌犯等工作主要还是由当地的官员来完成。震钧曾经处理过一起特别令人毛骨悚然的谋杀案。在平度发现了一具伤痕累累的尸体,死者脸上的皮肤已经被剥去,凶手这么做的目的显然是要使官府难以辨认死者的身份。但是震钧却得知死者身上的衣服属于一个姓楚的人。经过进一步的调查,他发现这个姓楚的人和一个姓曹的人一直不和。震钧便带人秘密搜查曹的家室,发现了血迹。曹接受审讯之后,招认了罪行。

三年期满后，震钧在平度的政绩得到了肯定，他被升为知府，于乾隆四十五年（1780）十月被派往甘肃省西宁府（治所在今青海省西宁市）任职。但是他谢绝了这项任命，理由是父母年事已高，如果他留在山东，他的双亲可以在省城济南相对舒适的条件下生活，而甘肃则要遥远、落后得多，所以他宁愿在平度留任原职。1782年（乾隆四十七年），他被任命为临清直隶州⑮知州。次年二月，他又一次得到升迁知府的机会。这次是到山东十一个府之一的曹州府（治所在今山东省菏泽市）。震钧接受了这项任命，但在他赴任以前，他的父亲秦春田去世了。他护送父亲的灵柩回到金匮，开始服丧。其间，他的母亲黄氏也撒手尘寰，因而延长了他的守孝时间。

1786年（乾隆五十一年），他在服满之后起复旧职，再一次被派往甘肃。这次是担任平凉府（治所在今甘肃省平凉市，辖平凉、华亭、隆德三县及静宁州）知府，他接受了任命。平凉是中国西北重要的交通枢纽，但是土地贫瘠。于是，震钧通过改善那里的交通条件，提高农业生产，努力发展地方经济。

不过，震钧在平凉取得的最重要的成就，是重建已经停办数十年的府学——柳湖书院。他拨出府库中的赎锾，命自己的僚属兼弟子平凉县知县龚景瀚雇工购料，修复府学旧址。修复工作完成后，他又决定扩大书院规模，用各州、县所筹的款项和僚属们捐出的俸金，平土山、浚深池、移门引泉，起造了几座更大的校舍。书院建成后，招收了三十名最优秀的学生，并聘请了教师给他们授课。他所做的这些努力后来被证明是有效的。就在重开府学的第二年，学生张绍学就通过了乡试，给全府带来了荣誉。之后又有周宗泰、周宗濂两兄弟被选为国子监贡生⑯。当地居民非常感激震钧重开府学，因为这给他们开辟了入仕的途径。

乾隆五十六年（1791）正月，震钧再次升迁，担任陕西督粮道（参见第十四章注释⑰），衙门位于省会西安府（治所在今陕西省西安市）。震钧离开平凉时，百姓们对他依依不舍。三年之后，震钧的六旬寿辰将至，他们派了代表到县衙，要求去西安拜望秦震钧，向他敬酒祝寿。知县龚景瀚劝他们不要长途跋涉，特别是对老人和孩子而言太过劳累了。"我会向他转达你们的心意"，龚知县说，"并告诉他，平凉的百姓都按照他的教导力田安宅，孝亲敬长。我确信他听到这些会很高兴，所以你们不必亲自去敬酒啦。"府学诸生写了许多赞颂秦震钧的诗词，龚景瀚把它们汇集成册，并亲自写了序，送给了震钧。

乾隆五十九年(1794)五月，震钧又一次得到升迁,他被任命为两浙、江南都转盐运使（掌盐课之事）。这是一个收入丰厚的职位，因为富有的盐商常常向他们送礼。在任一年之后，因为和上司意见不合，震钧以健康欠佳为由，辞官返回故里。这年，他六十一岁。

厚施乡邻，遗惠宗族

震钧引退以后致力于处理家族事务。他和族叔秦坤元、秦绍骞四处寻觅，终于找到了从宋代词人秦观到秦氏无锡分支始祖秦惟祯的坟墓。这意味着秦家知道了秦观以下二十五代祖先的坟茔所在。他们给这些祖先一一立了牌位，每年进行祭祀，还为其中的十四个祖先绘制了画像。

震钧还大幅度地扩大了宗族所共有的义田（位于金匮县第六箭河河畔），用其收成来接济境况窘迫的族人。震钧的伯父秦蕙田曾经定下购置一千亩农田的目标，这是很大一笔田产，很少有宗族能置办这么多义田。1774年（乾隆三十九年），震钧捐了一百亩田，其他族人如秦泰钧（秦蕙田之子）、秦镤（秦镞之弟）、秦兆雷（秦瑞熙之子）等，在原先五十几亩田的基础上又拿出了三百六十亩田，但这离既定目标还很远。1795年（乾隆六十年），震钧退休后又捐了四百九十亩田，终于达到了一千亩的目标。事实上，震钧几乎把自己所有的财产都变成了宗族公产，他对宗族的贡献要大大超过学问和官位都高于他的其他族人。

秦金编写了第一部秦氏宗谱，秦锐修建了秦氏宗祠，秦道然主持设计了秦氏双孝祠，秦蕙田制订了家训，现在秦震钧实现了宗族多年以来的愿望，使之拥有坚实的经济基础，以便贫寒无业的族人也有固定的收入。至此，秦氏宗族还缺少的就是一所家塾了。

这成了震钧下一步全力完成的工作。他在义庄右侧另外置田百亩，辟屋十数楹作为家塾，这是他的长兄兼启蒙老师秦鸿钧在他小时候就灌输给他的一个念头。他的侄儿秦瀛也捐了一百亩田，用其收入来聘请学识丰富的老师。震钧说，他希望入家塾读书的秦氏子弟，"皆能被服我国家之泽与祖宗之训，知尊亲之大义，敦孝弟（悌）之本行，循循谨谨。复有如唐文襄之所称，而不负吾先大夫（秦春田）暨伯兄（秦鸿钧）之遗意。"

震钧生有四子（秦江、秦泳、秦沅、秦澧）二女。他去世时已经有三个孙儿、七个孙女和三个曾孙。

出于某个不明原因，1803年（嘉庆八年），震钧以六十九岁之龄重新出仕。或许是因为导致他引退的官员已经离任了。总之，他被任命分守山东济东泰武临道，负责管辖济南、东昌、泰安、武定四府和临清直隶州。在山东三道当中，济东泰武临道的重要性要远远超过其他两道（兖沂曹济道、登莱青胶道）。

当时邻省河南发大水，波及山东。震钧是第一个向朝廷请求赈灾的官员。他还下令修筑堤坝以控制洪水，安排二百条船运送食品给灾民。1806年（嘉庆十一年）冬，朝廷让他署理山东按察使职务，尽管他的有些下属，官阶比他要高。

1807年（嘉庆十二年）秋，震钧从东昌前往济宁办公，途中他突然得病，几周之后死在任上，享年七十三岁。震钧为官数十载，升到了三品官职，这样的成就对于一个没有取得举人功名的人来说是罕见的。不过，在他的一生中，给人留下最深印象的还是固守临清的十七天。

【编者注】

① 每逢乡试之年，在国子监肄业的贡生和监生（参见注释⑯），经国子监考试录科，即可参加乡试。贡、监生要在乡试取中后才能成为举人，这一点和府、州、县学的生员并无不同，但是他们还可借由其他考选途径进入官场任职，身份显然高于地方学校的生员。因此他们可以和举人一样，头戴金雀顶冠（镂花银座，上衔金雀），身穿青绸蓝缘的公服；而生员则戴银雀顶冠，穿蓝绸青缘的公服。

② 白莲教的信仰基本上是以无生老母创世、三期末劫与弥勒佛救世而展开的。王伦的教派又特别尊称无生老母为"无生圣母"。

③ 王伦的出生年代无从考证，根据被俘的白莲教信徒供称，王伦造反时年四十余岁。故其生年应在雍正末、乾隆初。

④ 如秦震钧《守临清日记》中记载的一首清水教咒语说："千手挡，万手遮，盖世英雄就是咱。青龙、白虎、朱雀、元武等神齐招在我身，求天天就助，拜地地就灵。"

⑤ 营，此处指绿营军的编制单位。绿营军，清朝常备军之一。顺治初年，清廷将统一全国过程中收编的汉兵，参照明军旧制，以营为单位进行组建，用绿旗做标志，称为绿营，又称绿旗兵。其建制分为标、协、营、汛四种，总督、巡抚、提督、总兵官所属称"标"（总督统辖的称"督标"，巡抚统辖的称"抚标"，提督统辖的称"提标"，总兵统辖的称"镇标"），副将所属称"协"，参将、游击、都司、守备所属称"营"，千总、把总、外委所属称"汛"。标、协管辖一至五营不等，营以下分若干汛。每营的人数少则二三百人，多则六七百人，按道里远近，计水陆冲缓，分汛防守。其建制分京师、行省、边区三个方面，组织系统严密，发挥了臂指相使的镇压作用，成为清王朝维护其统治的主要支柱和武装力量。此处，寿张营为兖州镇总兵所辖。

⑥ 据清人俞蛟所著的《临清寇略》一文记载，陈枚是浙江人，以孝廉分发至山东试用。堂邑知县汤桂计偕（举人赴会试）入京，由他代理其职。九月初四日，汤桂返回任地，陈枚交还印绶，已经脱然事外了。但当天稍后，教匪攻打堂邑，陈枚仍分守西城，其身份已非署知县。

⑦ 据秦震钧的《守临清日记》记载，清水教众在攻破堂邑县之后，原打算按计划攻取东昌府，但得知临清副将叶信奉命调守东昌，备御甚严，遂不敢犯。又得知临清州城完整，为南北水陆要冲，思占据以为巢穴，然后分兵四出侵扰，占据离临清州城不远的柳林庄。

⑧ 送部引见：清代吏部的铨选制度。凡中下级官员，即京官五品以下、外官四品以下，在授官、京察、大计、保举、升调、俸满时，均须朝见皇帝，由皇帝当面裁定升降去留。文官由吏部引见，武官由兵部引见。届时，尚书、侍郎先以绿头签呈递给皇帝，得旨宣进。

⑨ 过山鸟枪，鸟枪的一种。鸟枪，或作鸟铳，来自欧洲，明嘉靖时期传入中国，是一种从枪身前端装入弹药的前膛式火绳枪。因可以射落空中的飞鸟，故名。鸟枪一般长1至2米，重2至4公斤，最大射程300米，有效射程150米以内。从装入弹药到射击，如果是极熟练的射手，每一发需时20秒以上。发射时间间隔较长，另外在雨天火绳淋湿时不能使用，有时大风天也很难进行射击，都是鸟枪的缺点。

⑩ 额驸：满语，又作娥夫、额夫，汉译为姐夫、妹夫，或为妻兄、妻姐夫之称，后来成为宗室、贵族之女的夫婿的封号，亦即驸马。此处指第三义。

⑪ 健锐营，又称云梯健锐营，清代八旗军中专门操演云梯的军营。1749年（乾隆十四年）第一次金川战役后设置（针对碉寨训练、作战），分左、右两翼，兵额屡有增加。平时驻北京西郊香山静宜园，担任守卫工作。

⑫ 火器营：清代八旗军中专门操演火器的军营。1691年（康熙三十年）设置，营兵有鸟枪护军与炮甲（使用子母炮）两种，分内、外两营操演。内火器营驻于北京城内，又分枪、炮两营；外火器营驻于城外蓝靛厂，专习鸟枪。

⑬ 据舒赫德等人奏言，临清为南北水陆冲途，商贾辐凑，百姓富庶，所以民居鳞次栉比，垣墙俱极高厚，尤其在马市街、钞关大街及大宁寺一带（位于大运河西岸），所有民房皆壁坚墙峭，以御盗贼水火。旧城南、北两街，周围五六里，街道逼窄，门户丛杂，其中小巷多至百十处，纵横相错，只容单人行走，不能调转马身，其路径复处处可通。故清水教叛军一至临清，即与党羽盘踞各宅，借以藏身。

⑭ 据《临清寇略》记载："乌三娘，兖州人，年二十许，娟媚多姿，而有膂力，工技击（击刺之术）。其夫某，能为角戏（角抵戏），俗所称'走

马卖械'者也。尝与三娘挟技走楚豫间，以糊口。而三娘技实过其夫，尝患疡，遇王伦治之而愈，不受值，且助以赀。三娘感其惠，愿为义女。夫卒，遂依于其家。王伦破寿张诸邑，三娘皆从，而更招致其当日同卖械者十余人。王伦皆呼为女，而实与同卧起，如妻妾。"

⑮ 直隶州，明清地方行政区划名。明代为了减少行政区划的层级，改路为府，将州分为直隶州（因直接隶属于承宣布政使司，故名。与府平级，地位略低于府，有属县）与属州（也称散州，与县平级），清沿明制。临清原是东昌府属州，1776年（乾隆四十一年）与济宁同时升为直隶州。

⑯ 虽然国子监的学生通称监生，但在清代因入学资格不同，分为国子监监生和国子监贡生。监生分为恩监、荫监、优监、例监；贡生分为岁贡、恩贡、拔贡、优贡、副贡、例贡。所谓恩监，为八旗官学生员考取者；荫监为满汉京四品、外三品以上文官，二品以上武官之子入监者；优监为优秀的附学生员入监者；例监为庶民捐纳资财入监者，其与例贡一样，视作杂流。岁贡、恩贡、拔贡、优贡、副贡，合称为"五贡"。由五贡出身而任官职与参加科举考试一样，均视为正途。其中，岁贡是每年各省由学政在府、州、县学廪膳生员中按年资选送的贡生，由于挨次出贡，故又称挨贡；恩贡是遇有国家庆典或新君登基，皇帝特别恩赐的贡生；拔贡又称选贡，每隔六年（1742年[乾隆七年]改为每十二年）由学政考选府学生二名，州、县学生各一名，保送入京后经朝考合格的贡生；优贡是每三年各省府、州、县学，仅限廪膳、增广生员，选文行兼优者贡入国子监肄业；副贡是各省乡试中名列副榜的生员，可贡入国子监读书。（关于"副榜"，可参看第二十三章注释①）监生的入监条件比贡生低，其地位也明显低于贡生。

第二十一章
秦瀛：扫荡海寇的按察使

身负一门重望

秦震钧的长兄秦鸿钧曾对他的长子秦瀛说："吾家科第代有显者，而汝曾王父（曾祖父，即秦实然）、王父（祖父，即秦春田）皆不达，以逮于吾又不达。今所望者，汝也！"

秦瀛在他的叔祖秦蕙田跟随乾隆皇帝南巡时只有十五岁，可已经是本地公认的早慧才子了。他十六岁就中了秀才，进入县学为生员，但是直到十六年后才通过乡试，而在乡试以后的十五年里，他六次参加会试均未得中。事实上，秦瀛——我母亲的五世祖——是极少数没有取得进士功名却位居极品的大臣之一。

秦瀛生于乾隆八年（1743）正月二十八日，是秦鸿钧五子三女中最年长的。他的母亲是秦松龄的同僚兼好友、著名学者徐乾学的后裔。事实上，徐、秦两家是双重姻亲。徐乾学的孙子徐德宗与秦松龄的孙女（秦实然之女）成了亲，所生的女儿徐氏又嫁给了她的大表哥秦鸿钧。

虽然秦瀛的叔祖秦蕙田曾任高官，但是秦瀛的家境并不富裕。他十九岁时娶妻朱氏，婚后第一年借住在岳丈家。当时他的父亲在沂州府（治所在今山东省临沂市）的琅琊书院任教，以其收入抚养一家大小。

1774 年（乾隆三十九年），秦瀛以廪膳贡生的身份进京入国子监就读。当时蕙田是刑部尚书，于是秦瀛成为蕙田的助手，从内部了解到了刑部的工作。这段经历日后对他甚为有益。

当值内廷

1774 年秋，秦瀛通过了乡试，在三十二岁时得中举人。这一年，他最为爱戴的叔父秦震钧因守卫临清城有功而获得封赏。两年后，乾隆皇帝巡幸山东，循例在泰安府举行召试（清代制科的一种，仅在皇帝出巡时举行，目的是招揽地方饱学之士）。秦瀛以举人身份应试，被列为一等。皇帝当即任命三十四岁的秦瀛到内阁担任中书。

秦瀛在上任前曾回无锡探望父母。这是他最后一次和母亲徐氏见面。他到北京的第二年，其妻携二子进京与之同住。此后七年，他未再归乡，但是时时想念家人。后来他为父母都请得了貤封。

1781 年（乾隆四十六年），秦瀛被任命为军机章京。当时军机处已经取代内阁成为权力中心。这是许多人汲汲以求的职位。那一年，他协助编纂了《四库全书》。这部清代最宏伟的丛书，一共抄录了三千四百五十多种珍贵的文献典籍，包括经、史、子、集四类。

秦瀛参与这项工作历时四年。主持"四库全书馆"的是乾隆皇帝的宠臣、年轻的满族正总裁和珅。当时谣传年迈的皇帝和这个外表俊美的原御前侍卫有同性恋关系。也有人说乾隆皇帝把他看作是自己年轻时曾经爱过的一个女人（传闻是雍正皇帝的妃嫔）的转世化身。和珅重用亲信，排除异己，他的权力远远超过诸位皇子。因此在太上皇乾隆驾崩后不久，嘉庆皇帝即赐和珅自尽，也就不令人意外了。史书上评价和珅是个极其贪婪、无能且渴求权力之人。

秦瀛是负责检查抄写和编辑工作的一小批校订人员中的一个。他处理过的稿本还要再经过其他官员复校，如果查出秦瀛确有疏漏之处，那他就要被记过处分。秦瀛在参与《四库全书》编纂工作的四年里，一共被记过三十六次。不过，在1782年（乾隆四十七年），秦瀛一次记过也没有。那一年，皇帝赐给他墨刻（碑帖的拓本）一本、如意①一柄、五丝大缎一匹、砚一方、笔一匣、墨一匣，以及绢笺十张。

1783年（乾隆四十八年）年初，秦瀛做了一个不祥的梦，他梦见长在无锡老家外边的一棵古松倒了。几个星期后，他收到了祖父秦春田在济南去世的消息（秦春田夫妇当时由震钧奉养）。当他听到这个消息的时候，事实上，他松了一口气，暗想梦中预兆之事已经应验了，至少他的父母都安然无恙。

那年秋天，七十三岁的乾隆皇帝赴盛京谒陵，秦瀛是随从人员之一。九月，他在塞外收到父亲写的一封家书，告知他年已六十三岁的母亲患了肺病。可是他当时无法回去探望她。

当他回到北京时，得知母亲已经在十一月病故。七个月后，他的父亲也随之溘逝。父亲之死又给其弟秦濂带来很大打击，他立时号恸呕血，过了两个多月也撒手尘寰了。短短数月内，秦瀛失去了三位亲人。父母死后，他暂时辞官，回家守制。

1787年（乾隆五十二年），秦瀛携家人返回北京，恢复在军机处的工作。他一回到北京，就埋首处理当时的一场危机——台湾林爽文之乱②。这场叛乱直到第二年才平复。接着在1788年（乾隆五十三年），皇帝出兵干涉安南（今越南）内乱③，最后使这个地区归顺大清。乾隆皇帝把降安南列为他在位期间的"十全武功"之一，但是这场战役日后造成了严重后果，使秦瀛也受到了影响。

乾隆五十四年（1789）二月，秦瀛在三年一次的京察中，被评为一等，得到加一级的奖励。四月，他升任内阁侍读（掌勘对本章、检校签票之事）。在内阁这个满洲人把持的机构里，十六个侍读席位汉人只能占两席。

秦瀛得以平步青云。虽然他没有与和珅勾结，但是他明显也没有与之敌对。他自己也承认与和坤的关系处得不错。不过，在与他交好的传记作者陈用光（嘉庆六年进士，官至礼部左侍郎）的笔下，和坤却变成了他的对头，只有在乾隆皇帝高度评价他的时候，和坤才不得不建议提拔他。

乾隆五十七年（1792）二月，秦瀛又获京察一等，得到加一级、记名以道府用的嘉奖。不久，他被任命为户部江西司郎中，掌管与江西省有关的财政事务。尽管公务繁忙，他还是挤出时间来教育两个儿子——缃武和缃文（后过继给秦濂为嗣）。当时缃武二十二岁，缃文十五岁。秦瀛写诗督促他们努力学习，在《勖缃武》中有几句说：

汝今务帖括④，笔力颇纵横。
惟苦所涉浅，腕底疵类（瑕疵）呈。
沙砾混精镠（纯金），碱砆（次玉之石）杂素琼（美玉）。
勉旃更力学，日迈月斯征。
技果进乎道，岂独取世荣。

在《勖缃文》中有几句说：

汝龄今十五，未解习文史。
须知志学年，年已非穉（稚）齿。
……
吾家数百年，弓冶（世传之业）只此是。
我贫无所贻，贻汝一经耳。
过时而不学，后悔不可止。
斯事不入人，当引为己耻。
力学如力农，耕耨自兹始。

除弊政，剿海盗

乾隆五十八年（1793）八月，秦瀛被任命为浙江温处道（驻温州府）道台，因此他错过了那年秋天英王乔治三世（King George III，1738—1820）的使节马戛尔尼勋爵（George Macartney，1737—1806）的历史性觐谒。马戛尔尼的使命是说服乾隆皇帝，准许英国派大使常驻北京，以便扩大商贸往来。但是他的大多数时间和精力却花在了抵制中国方面要他向皇帝下跪叩头的交涉之中。马戛尔尼觉得这样的礼节有辱其身份，只同意向中国皇帝致以其向英国国王所致同样的礼节。

但清朝当时正值鼎盛时期，乾隆皇帝决不肯承认英国国王和他平起平坐。八月十九日，他颁下了一道敕谕，驳斥马戛尔尼说："至尔国王表内恳请派一尔国之人住居天朝，照管尔国买卖一节，此则与天朝体制不合，断不可行。……天朝抚有四海，惟励精图治，办理政务，奇珍异宝，并不贵重。尔国王此次赍进各物，念其诚心远献，特谕该管衙门收纳。其实天朝德威远被，万国来王，种种贵重之物，梯航（梯与船，分别为登山与航海的工具，此处指水陆交通）毕集，无所不有，尔之正使等所亲见，然从不贵奇巧，并无更需尔国制办物件！"

中国人这种偏狭的态度种下了清朝衰落的种子。就在乾隆皇帝驾崩几十年后，外国军队和大炮轻而易举地击败了中国军队。这个强大帝国的气焰终于被抑止，开始了长达一个世纪的屈辱期。

乾隆五十八年（1793）十一月，当秦瀛到温州上任时，他已经五十一岁。他管辖的温处道包括温州和处州二府，是浙江省四道中的一道（余为杭嘉湖道、宁绍台道、金衢严道）。

秦瀛治理该道事务时最有长远意义的贡献，来自于他的一个发现。当地官员通常指派地保、庄长或村长负责催收钱粮，如有欠税也由他们负责垫付。因而，殷实富户的成员常被选来替官府办差，只有他们才付得起欠税。他们还要负责给官府的工程出劳役。

不少富户为了躲避这种繁重的负担，便贿赂当地官员，使他们免于这项义务。但是即使这一年能逃过一劫,下一年还是会被指派。这种办法实行了数十年,结果秦瀛到任后发现,温州已经无富户了。

官员们知道,如果免除了地保、庄长补足欠税的负担,那么收集应纳钱粮之责就会落在他们自己身上,因此不愿改变这种做法。他们对百姓的怨言充耳不闻,而当百姓向更高级别的官员申诉后,却还是被退给那些得益于现行做法的地方官员来处理。

1794年(乾隆五十九年),秦瀛在到任的第二年提出了废止这种做法的意见。他对温州府知府说:"催收钱粮本为官吏之责,何以转嫁于庄长?百姓为何担负官吏之责?"

在秦瀛的请求下,浙江巡抚吉庆批准了在全省"禁止勒派殷实农民、生监充当地保、庄长"的规定。为了确保温处道的官吏严格遵守此令,秦瀛特地命人将之刻于碑上。心怀感激的村民们向秦瀛保证,他们一定及时完粮纳税,不让他为难。他们还在农神庙旁为秦瀛树了一块碑,以示敬意。

那年冬天,秦瀛被任命署浙江按察使,成为仅次于巡抚和布政使、在全省排第三的文官,分管司法事务。担任按察使期间,他直接参与了扫荡海盗的行动,也亲眼看见了官军的软弱无力。

在18、19世纪之交,海盗在中国极为猖獗,其中受害最深的省份为浙江、福建和广东。除了本土海盗,还有来自安南的海寇。在某种程度上,这是乾隆皇帝干涉安南内乱的后果。虽然新掌权的阮氏接受了作为清朝藩属国的地位,但是其统治者却放任安南水师袭击中国沿海,还庇护中国海盗。⑤

因此,秦瀛就任署按察使以后,面对的最大麻烦就是海盗。他们的人数和枪支都超过了浙江的水师,常常能够不受阻碍地抢掠。同时,官军的指挥官则往往避开与海盗接触。他们在海盗抢劫时藏匿起来,海盗离开后才现身,把受害者当成海盗而逮捕起来。

因此,审理海盗案件存在错判的风险,使秦瀛注意到这一点的是他的妻子朱氏。有一次,他晚上办公,正在书写当天审讯的海盗的罪状,坐在旁边的朱氏说:"闻海盗多闽人,言语不可晓,又无赃证,是狱得毋可疑乎?"秦瀛大吃一惊,反复查阅了那些案件,发现有许多被指控为海盗的人其实是无辜的难民。

1795年(乾隆六十年)春,秦瀛正式调到杭州,担任浙江省最重要的杭嘉湖道(驻杭州府)道台,同时兼任署按察使。四月时,他年仅五十五岁的妻子去世。他在其行略(生平概略)里,称赞她是一个理想的妻子和贤内助。他悲叹道:"恭人性质直,遇事持论有远识。余始或互有可否,而事后辄服其言。恭人殁,又谁为余言者乎?"

可丧妻之恸并没有妨碍秦瀛再婚。次年,在他五十四岁时,他纳了一个年仅十六岁的妾。这位少女出身于无锡的一个姓戴的贫苦人家,比她最长的继子缃武小十岁。四年后,这个继子生子,使得她年纪轻轻就成了祖母。

秦瀛再婚之年,八十六岁的乾隆皇帝在统治中国六十年之后正式退位。他曾祈祷自己能像他的祖父康熙皇帝那样在位长久,现在出于孝道,他不愿超过这位伟大天子的六十一年的统治纪录。不过,在他驾崩以前的两年半里,他以"太上皇帝"的身份继续把持朝政,尽管在形式上他的儿子颙琰(初名永琰)已经继位成为嘉庆皇帝。

秦瀛在西湖的孤山上买了一块地,并建了一座祠堂来纪念他的祖先、曾经短暂担任过杭州通判的宋代词人秦观。他还建了一座望湖楼,以纪念秦观的恩师、曾经担任过杭州府知府的苏东坡。秦瀛时刻都念及他的先辈,特别是被公认为杰出文学家的秦松龄。他收集并刊印了他的这位高祖的诗文作品。

因为秦松龄曾用过"苍岘"这个别号,出于恭敬,秦瀛采用"小岘"作为自己的别号。在浙江的那些年里,秦瀛联络了一些当地文人,邀请他们一起饮酒赋诗。他还帮助刊印了浙江的著名学者齐召南(秦瀛少时曾受其知遇之恩)的散文。此外,他和多年好友、时任浙江学政的阮元合编了一部六卷的《江浙诗存》。

出任杭嘉湖道,秦瀛要负责杭州、嘉兴、湖州三个府的防务工作。

图 17-1　秦耀是秦氏家族的首富，他重新修建寄畅园，竣工后成景二十。图为其中之一的锦汇漪，以笔直的七星桥斜亘池上，一反江南常用曲桥的通例，别有一种质朴之美。

图 17-2　无锡博物馆馆长顾文璧（右）与周金福（左）交谈，她的祖辈给秦耀看守坟墓长达三个多世纪，直到"文革"时才结束。

图 18-1 东林书院是明末儒士对抗权宦魏忠贤的重镇,因而遭到无情的政治迫害。图为东林书院旧址上矗立的牌坊,坊额上从右至左题着"东林旧迹"四个字。

图 18-2 秦松龄画像。他的一生仕途曲折,两度起落,罢官后回乡颐养天年。

图 19-1 秦蕙田画像。他在乾隆朝首科勇夺探花,深得皇帝倚重。

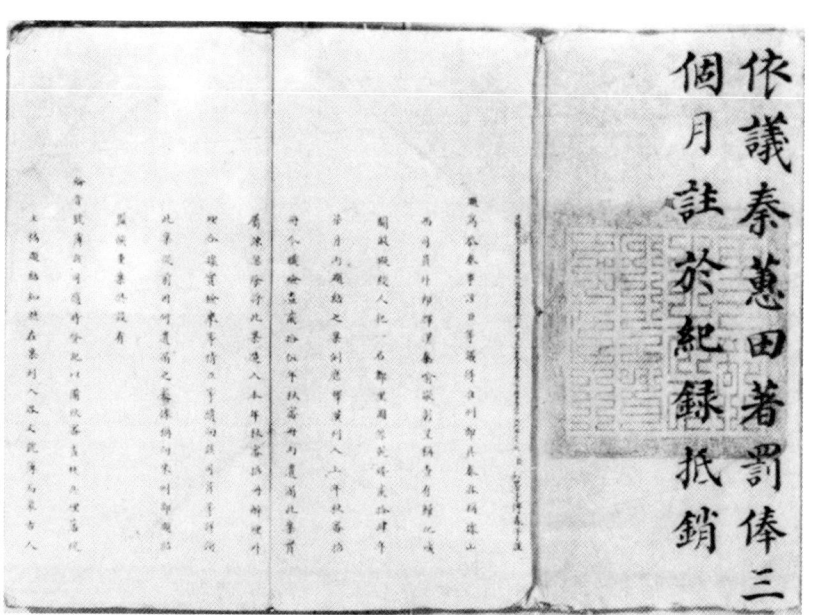

图 19-2 乾隆二十五年(1760 年)的朱批奏折(局部),内述秦蕙田在秋审招册中遗漏一案,必须接受罚俸三个月的处分。

图20-1 秦瀛晚年画像。他曾任按察使及刑部右侍郎。

图20-2 秦瀛的儿子秦缃业的画像。他虽无显赫功名,却关心时事,忧国忧民,是著名的诗人与史学家,曾在杭州任官多年。

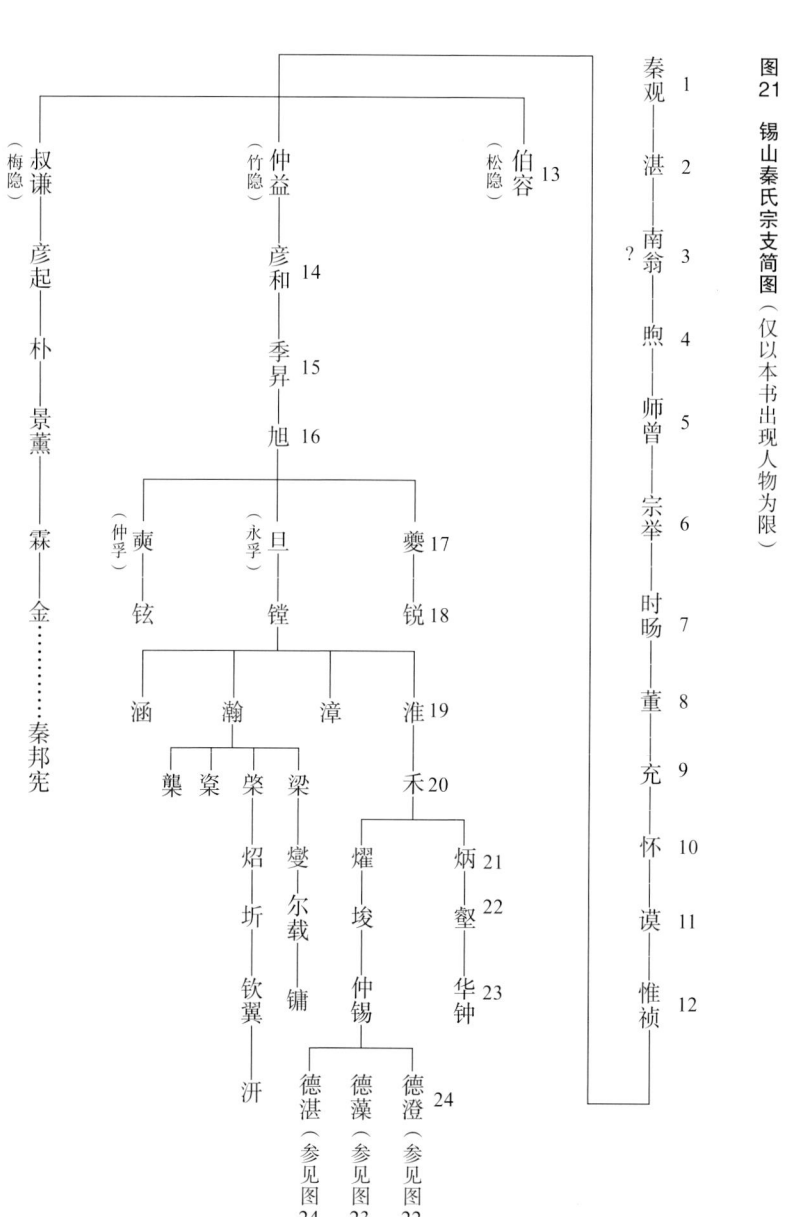

图21 锡山秦氏宗支简图（仅以本书出现人物为限）

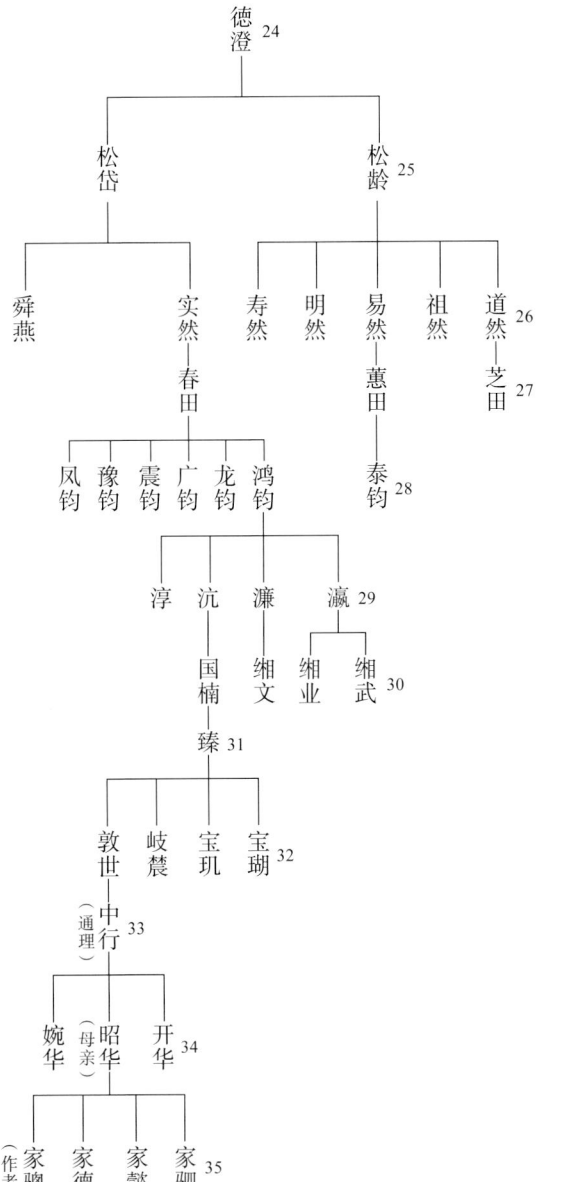

图22

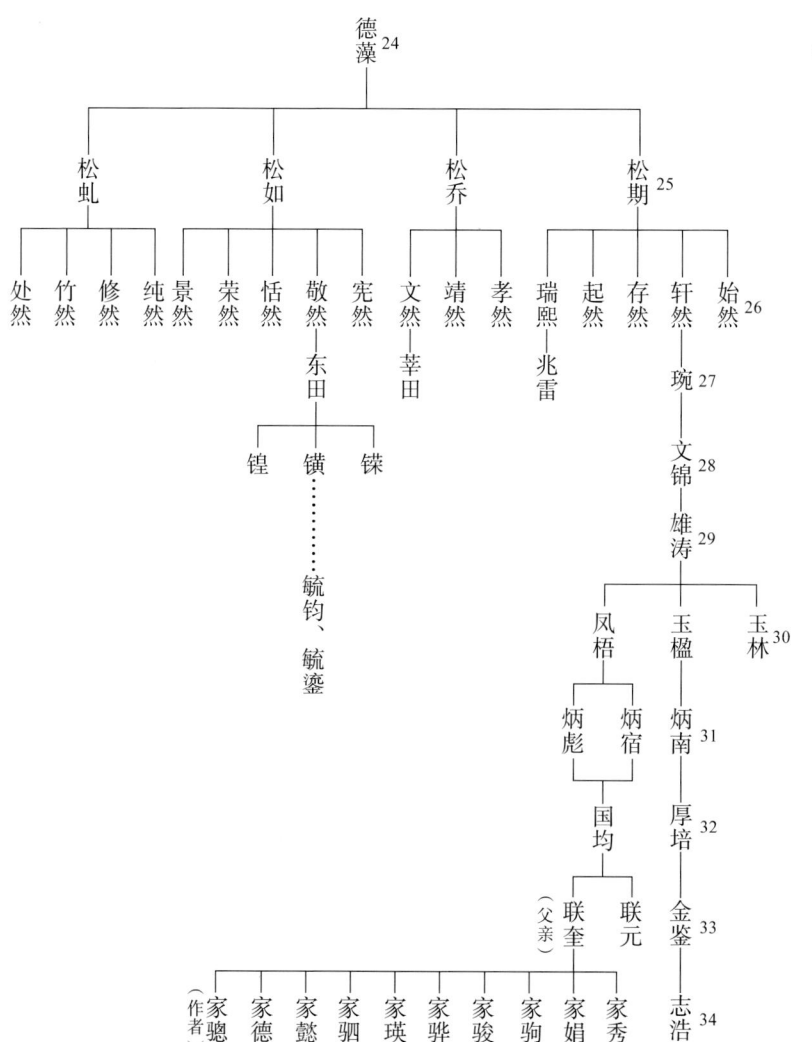

图23

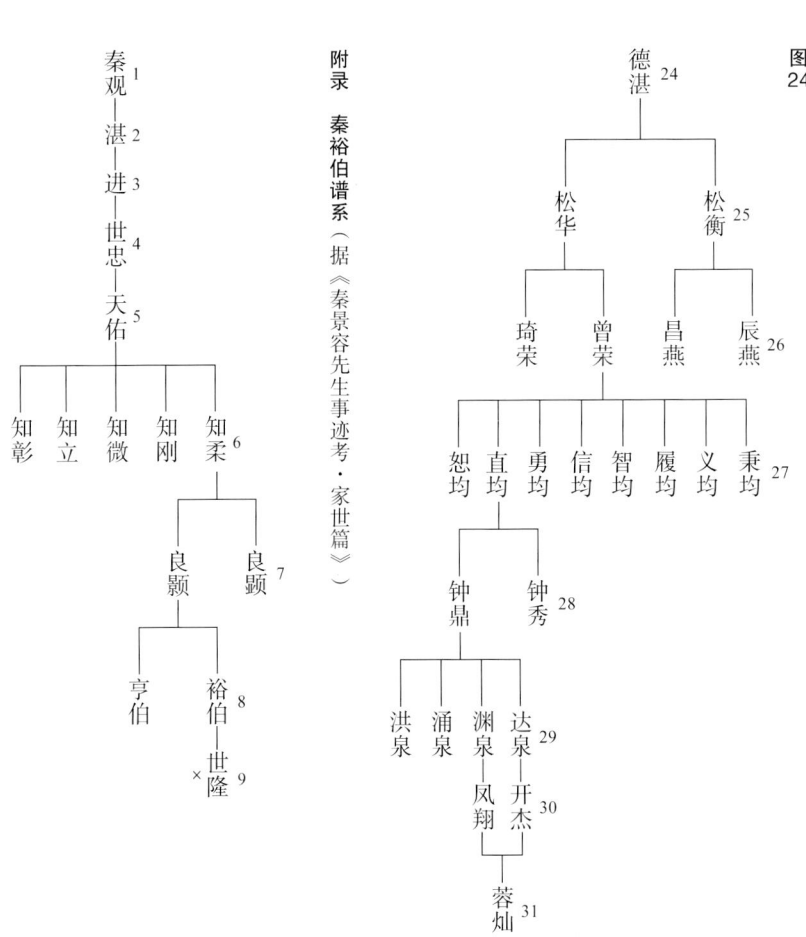

图24 附录 秦裕伯谱系（据《秦景容先生事迹考·家世篇》）

钤章

宣统二年五月二十五日内阁奉

上谕增韫奏考察属员贤否分别举劾一摺浙江秀

水县知县秦国钧署平湖县嘉兴县知县张学智

署馀姚县瑞安县知县汤赞清署石门县请补钱

塘县知县高荘凯署萧山县永嘉县知县翁长芬

署金华县候补知县黄羨钦正任丽水县知县李

瑞年署建德县试用知县贺家德署分水县候补

知县唐继勋平阳县知县王宝璜候补知县陶霳

既据该抚臚陈政蹟均著传旨嘉奖定海厅同知

试用通判史悠扬昏愦糊涂事权旁落署衢州府

同知候补同知鲁彤曾恇离职守政治多疏正任

图 25-1 浙江巡抚增韫上呈的奏折（局部），他认为应受嘉奖的地方官员中，作者的祖父秦国均列名首位。

图 25-2 作者的祖母"明秋馆主人"裘凌仙，是个文武双全的才女，可惜红颜薄命，抑郁而终。图为她在园景中伫立抱琴的留影，这张照片刊印在她的诗文集里。

图 26-1 作者的父亲秦联奎，是中国最资深的开业律师之一。图为秦联奎在事业巅峰时期充满自信的照片。

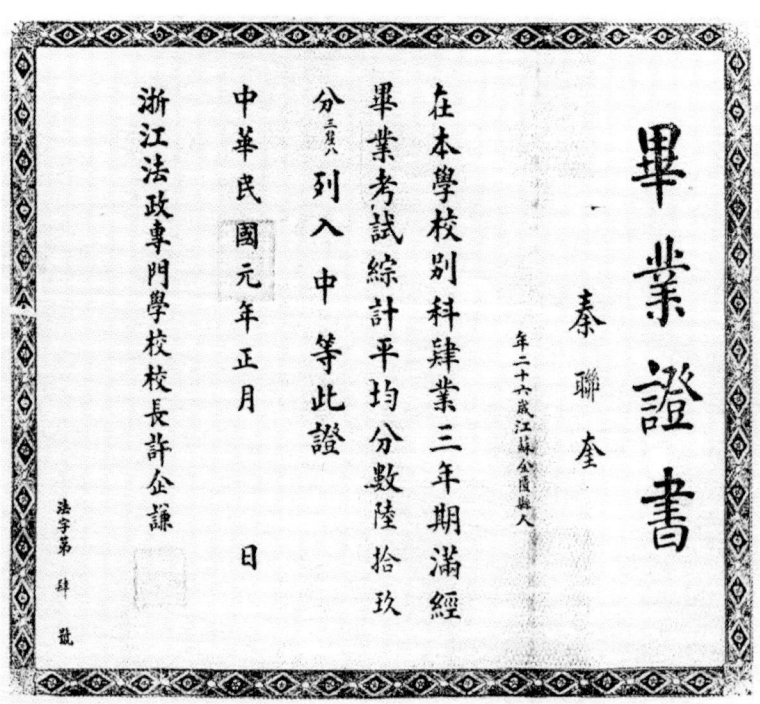

图 26-2 秦联奎在浙江法政专门学校的毕业证书。

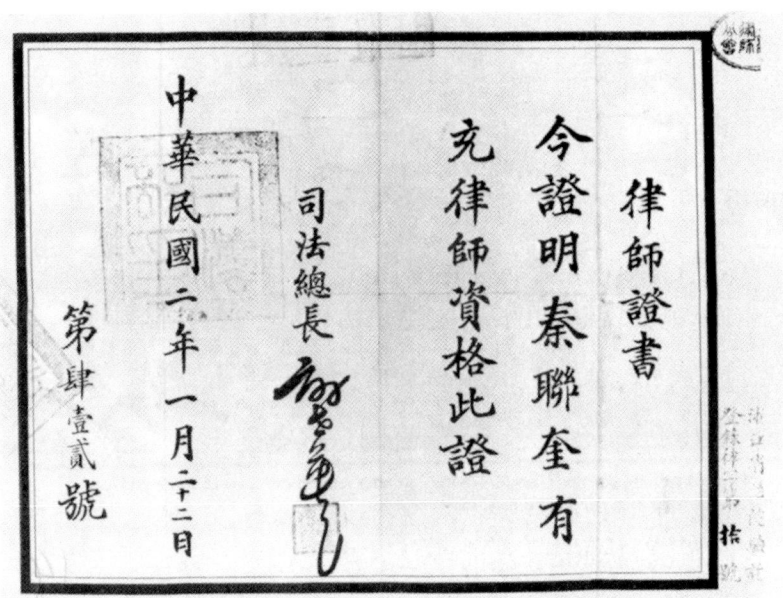

图 27-1 1913 年,司法部颁发给秦联奎的律师证书。

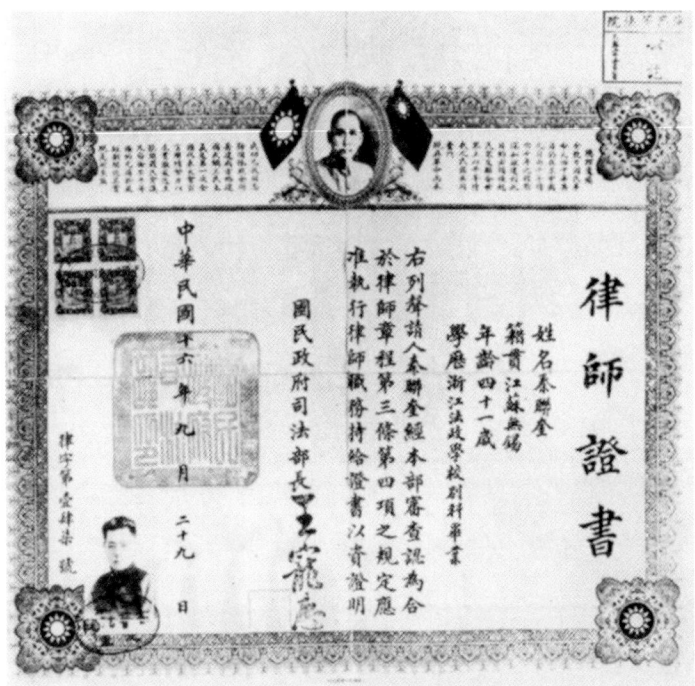

图 27-2 国民政府在北伐成功后发给秦联奎的律师证书,当时他是上海律师公会的负责人。

图 28-1 1933 年,秦联奎与第三任妻子秦昭华结婚时的留影,散发出中年男子成熟的魅力。

图 28-2 作者的母亲秦昭华在结婚时的留影,镜头下的她显得楚楚动人。

图29-1 1936年至1937年间"七君子"案件的被告及律师。秦联奎为第二排右数第一人。

图29-2 1938年,杜月笙开办的上海正始中学毕业班集体照。前排左数第一人为秦家的共产党烈士秦家骏,右数第三人为其兄秦家驹。

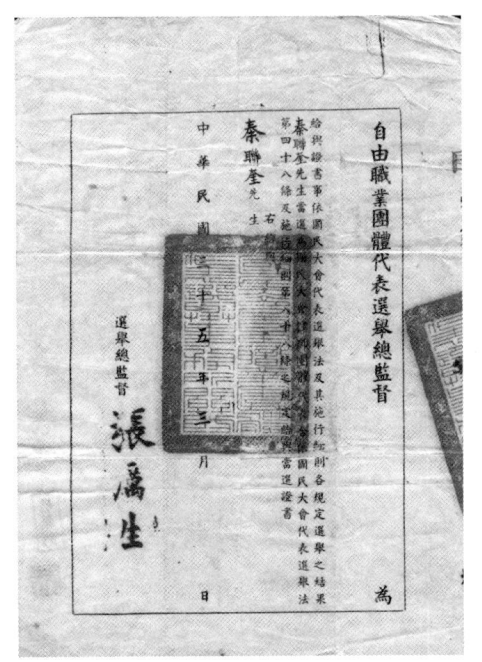

图 30-1 1946 年，秦联奎当选国民大会代表的证书。

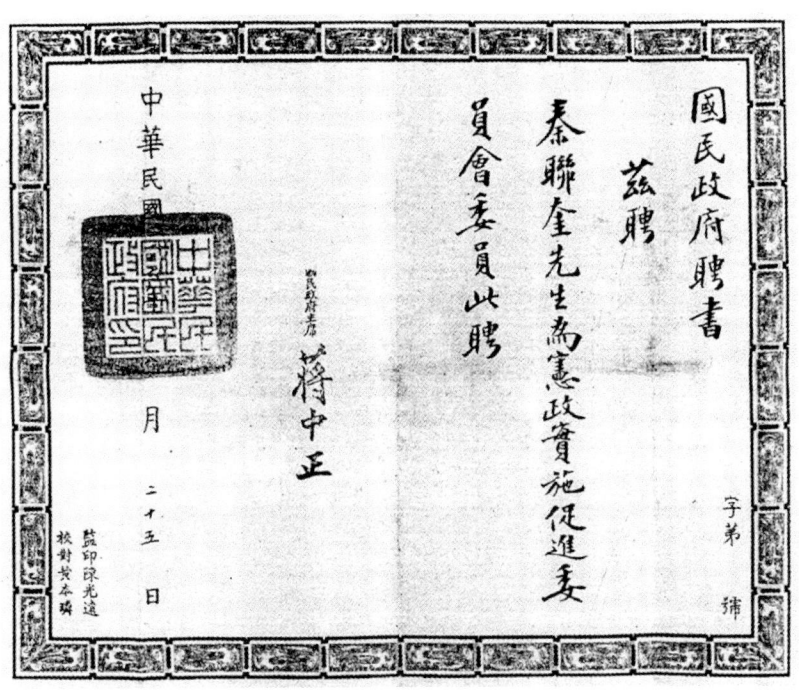

图 30-2 1947 年，秦联奎被国民政府延揽为宪政实施促进委员会委员的聘书。

图 31-1 1948 年，秦联奎在重新登记后所领取的上海律师公会会员证，照片中的他已略显老态。

图 31-2 作者（右坐者）十岁时的全家福照片，父亲已拄着拐杖，垂垂老矣，母亲仍然年轻美丽。

图32-1　老干新枝，世代传承，家族之树生生不息。图为作者于1999年夏携子赴美，探望母亲与继父赵真觉时的合影。

图32-2　2007年，作者（左四）与妻子（左三）参加《锡山秦氏宗谱》的首发式，站在作者右手边的是秦刚——中共前最高领导人秦邦宪（博古）之子。

同时身为署按察使，他要主持浙江省最高的司法审判工作。于是，他在两个层面上参与扫荡海盗的行动。因为内河水道由文官负责，海上安全由军队负责，所以与海盗作战的军队是由该省提督麾下的一位总兵来指挥。

通常海盗船和一般船只并没有多大区别，因而海盗能够掩饰自己的作案企图，直到他们驶近预定的作案目标。除了掠夺货物，海盗常常抢走商船来扩大他们的船队。他们还绑架船员和旅客，胁迫船员为他们工作，而旅客则被扣押起来换取赎金。被绑架的人在被迫入伙之前遭到鸡奸也是经常发生的事。

在当时，地方官员需要在罪案发生后的几个月内就抓到犯人，否则就会受到惩罚。秦瀛常常建议给那些无法破案的官员给予多次处分。这个做法迫使一些官员诬良为盗，以便他们自己可以逃避处分。

仅 1797 年（嘉庆二年）这一年里，秦瀛建议处分捕盗不力的官员就有十多次。有的案子已经拖了两三年还没有侦破。被处分的官员上自总兵，下至千总、守备等多人。

有一桩案件是：一个王姓商人买的一条货船遇上了海盗。海盗抢走了船上所运载的食糖和烟草，并绑架了三名工人。两个月后，当这艘船返航时，这个不幸的商人又遇上了海盗。这一次海盗没有绑架他的人，但是抢走了船上的全部烟草。过了一年，罪犯还没有被捕获，秦瀛乃上奏建议处分一名总兵和三名署千总。嘉庆皇帝批示同意，并下令兵部和刑部酌情处理。

秦瀛本人也受到这种司法规定之苦。有一次，他判决一个妇女叶梅氏死刑，但在处斩之前，此人在狱中自缢身亡。而秦瀛竟要对她的死负责，似乎是因为她的自缢使国家无法给予她应得的惩罚。身为一省的司法长官，秦瀛犯有疏防之罪。吏部拟议给予他降职调离的处分，但嘉庆皇帝决定令他留任。

海盗除了在外海实施突袭，也会在港口和内河抢劫商船，正如我们前面所说的，这些案件由当地文官负责。1800 年（嘉庆五年），秦瀛调查一艘运载食糖的货船被劫案。这桩劫案是在两年前发生的，但未曾有人被绳之以法，直到后来在邻省福建被捕获的一帮海盗，供认他们曾抢劫过浙江的糖商。秦瀛提交了应予以处分的文官名单，包括道台、知县、县丞、主簿各一人。他说虽然强盗已被逮捕，但他们是在另案中为他省所擒获的，因此浙江官员仍犯有疏防之罪。

处理海盗案件占用了秦瀛的大部分时间，但他还要负责浙江省的其他案件。例如，1799 年（嘉庆四年）年末，他处理了一桩食盐走私案。当时食盐的运输和买卖是政府的专利。

据秦瀛奏称：嘉庆三年（1798）六月初九日晚间，桐乡县盐捕（掌稽查缉拿贩卖私盐的罪犯）邱沅、陈武、张成三人值勤缉私，并雇用了船夫吴可祥和他的船沿河巡逻。当夜巡至该县的和尚桥时，他们遇到了一艘贩运私盐的船只，乃命吴可祥迅速摇桨追赶。吴可祥追上了盐船，并用手扳住其船帮，不让对方逃走。见船内只有三四人，盐捕正欲过船捉拿，此时船头的一名走私犯手持竹篙戳伤吴可祥的手背，致其跌落河内淹死，而盐船当即逃逸无踪。事过六个月，通缉的走私犯一个也没被捕获。

秦瀛认为三名盐捕在船夫吴可祥溺毙的事上犯有疏防罪。

还有一桩案件，相当于今天的银行（原文用了"银行"一词，但结合下文可知，"押运车"更准确）抢劫案。嘉庆四年一月二十二日，两名钱庄老板租用一条船，运送四千多两白银到另一个城市兑换番银⑥。然而，就在夜幕降临后，有两条船逼近了他们。强盗制服了船长和水手，捆绑了钱庄老板，并抢走了银子。事过四个多月，只有五名强盗被捕，还有包括盗首在内的七名罪犯在逃。秦瀛建议给予四名官员处分。

另有一案是：一个丁姓商人的邻家起火。丁惟恐火势蔓延，就把所有的钱财和贵重物品搬到了两条船上，以为这样就可以免受池鱼之殃。不料有六七只小艇围过来，接着十几名强盗跳到他的船上，大肆劫掠。丁的损失总计六百一十九两银子。此案也是数月未被侦破，相关官员也因此受到处分。

秦瀛以善于鉴人而闻名。有一次,一个女仆与人合谋害死了她的丈夫,然后嫁祸给了她的主人。主人被屈打成招,承认了他未曾犯过的罪行。此案送到秦瀛手里,由他进行复审,并查明了真凶的身份。女仆的同犯先是矢口否认自己的罪行,但秦瀛说:"吾视七人坐于庭(公堂),五人蹙頞(鼻梁),汝独与妇色善(镇定自若),是汝杀明也。"该犯后来俯首认罪了,但案卷中没有记录是否用过刑。

两次上书阮抚军

嘉庆四年十月,秦瀛的好友阮元被任命为署浙江巡抚,次年正月实授该职,成为秦瀛的顶头上司。他们之间建立了很好的共事关系。

阮元就职后不久,秦瀛根据他多年缉拿海盗的经验,向新任巡抚上书,陈述自己的看法:

瀛护上书大人阁下:

比以海洋多盗,劫掠运闽米船,重劳阁下驻节台州(台州府,治所在今浙江省临海市),躬亲督捕,甚慰滨海百姓之望。瀛窃惟米船之劫掠,由于海洋之不靖,而海洋之不靖,实由于武备之废弛。浙省设立黄岩、定海、温州三镇,水师兵不为少。于战船之外,新设缉匪各船,足供驾使。如果将备平时,操演有方,遇事争先奋勇,则运闽米船经由洋面,一遇盗匪,所有巡哨各船,自必出力救护。何至纷纷被劫,并无一兵一卒乘舟赴援,是其畏怯躲避,已可概见。迨米船被劫,其未出口者,俱截留内港,业已多日。凡出洋巡哨兵船,岂竟毫无闻见,乃仍逗遛(留)在洋。镇将等亦并不迅速调令回港,协同防护。盖在兵丁,不过潜匿岛屿,而镇将等亦漫无纪律,呼应不灵。即如宁波郡城道府捐赀,购办缉匪船二十六只,均被弁兵(指低级武官及兵丁)坐去,并无一只来港。

浙东三郡，其绾海而县者，风声鹤唳，舆情淘沸。而定海故舟山地（1688年〔康熙二十七年〕，清廷于舟山设定海县，同时将宁波的定海县改名为镇海县），孤悬海岛，虽有重镇驻守，闻仅有兵船八只。似此情形，实为单弱。万一盗匪窥伺，妄思登陆，其何以备扞御（防御）、壮声援耶？幸阁下特令黄岩镇标巡船四十只，前来策应，又以李铣、詹殿擢两将尚称能事，令其迅赴定海一带剿捕贼匪。闻命之下，人心始为宁帖。

秦瀛接着又把话题转向另一个更为紧迫的问题：

乃匪船潜住定海之长涂山已阅数日，而舟师仍无一人到者。伏念盗匪止系乌合之众，其中犷悍不法为群盗倡者，不过十数人，余皆漳泉民人，因岁荒饥不得食，不得已而从盗，正龚遂⑦所谓民饥而吏不知恤，遂弄兵于潢池者。其军械亦系一时剽劫，未必十分娴习。趁此贼船停泊，官兵乘势掩捕，人人思奋，未必不可聚而歼旃（之、焉二字的合读）。夫兵固贵慎重，尤贵神速。今盗匪逗遛日久，其心渐懈，乘其懈而并力亟攻，尤可克期（限定期限）集事（成事，成功）。若失此机会，将来盗船纷纷窜逸，欲进剿则远洋辽阔，风信靡常。前明俞大猷黄龙之战，尚不能得之于倭贼，欲缓兵则兵退之后，又恐其乘潮踵至，更无畏忌。

是此时贼之聚于长涂，正与我以可乘之机，而〔水师〕因循（沿袭老办法）蹉跎（白白浪费时间），日复一日，深可痛恨。盖水师积习，牢不可破，以选愞（选，通"巽"；愞，同"懦"，皆为软弱之意）为持重，以恇怯（恐惧、胆怯）为老成。宜（古汉语助词，无义）阁下日切焦思，而舟师迁延观望，迄无擒获之效也。且欲制胜，必先立威，欲立威，必先示信。所谓信者何？亦曰信赏必罚而已。今阁下任节钺之重，务使赤子无愁声，沧海无骇浪，惟当深念海洋滋扰之由，独持定见，用命者予重赏，不用命者予厚罚。赏罚明而将帅士卒无不用命,于以制群盗之命无难。庶海上无艅艎(吴、越战船名,后泛指海用大船)之警,而滨海百姓胥(全)获安枕之乐矣。

瀛不揣梼昧(愚昧,自谦之辞),以素为阁下所知,不敢不竭其区区,干冒尊严,伏祈鉴察。瀛再拜。

嘉庆四年十一月,阮元欣然上报了两次扫荡海盗行动的胜利,以及署按察使秦瀛所做的正确判断。

在第一次扫荡海盗的行动中,官军在靠近宁海县的海上捕获一艘海盗船。他们在战斗中杀死海盗六人,生擒四人,并在舱底发现七名被绑架者。

第二批海盗是在象山县附近的海上逮捕到的。官军截获海盗船一艘,杀死海盗两人,生擒五人,并解救了九名被绑架者。

所有罪犯均被解往杭州接受审讯。聆讯之后,署按察使秦瀛拟定了判决意见,经巡抚阮元同意,缮折呈请御批。

第一案所擒海盗中有一个名叫丁东的福建人,原为渔民。嘉庆四年四月十四日,他在捕鱼的时候,遭到以肥兴为首的海盗抢劫,并成为他们的俘虏。之后,他加入了这个已有十八名成员的海盗团伙。在这十八人当中,有一人名叫朱锦,也是遭肥兴俘虏、鸡奸之后才被迫入伙的。

根据丁东的供词,这伙海盗在五个月内共实施了四次抢劫,抢劫目标为渔船、货船和盐船,有一艘船被船主以一千五百两银子赎回。在这四次抢劫中,他们一共绑架了十二人,其中三人在缴纳赎金之后被释放,赎金包括钱财及鱼、米。另有两名俘虏同意入伙,剩下的则被关进了底舱。十月初六日,由肥兴指挥的船正与另外四艘海盗船一起航行,突然遭遇到了官府的哨船。在紧接着发生的交火中,肥兴和另外几名海盗被官军击毙。被绑架者都获得了释放。

经巡抚同意,秦瀛判决丁东和另一名海盗斩决,悬首示众,以儆效尤;判决朱锦判杖责一百、流放三年。

在第二桩案件里，一个叫毛阿卯的海盗也是渔民出身，被海盗劫持后入伙的。在入伙后的五个月内，他多次参与并袭击了运送米谷、食糖和鱼的商船，还抢夺了一条渔船。他既帮助海盗收敛战利品，又帮他们掌舵。在这段时间里，这伙海盗还通过绑架民众，壮大自己的队伍。有一个被绑架者叫李应孝，同意入伙为盗，其余人则被派去做烧饭之类的杂活。李应孝也是被官军生擒的五名海盗之一。

被生擒的还有一名叫翁有文的海盗，原先亦为被胁迫入伙者，在参与过两次抢劫后，要求回家探母。后来，他自愿加入了另一个海盗团伙。这样，在生擒的五名海盗当中，其实有三人最初为海盗的受害者。

最终毛阿卯、李应孝被判斩决，翁有文被判发配充军。虽然毛阿卯和李应孝也是受害者，但是因为他们直接参与了抢劫，所以判罪较重；而翁有文只是帮助同伙收集赃物，没有直接参与抢劫，所以情节较轻。

两件案子的判决决定都是依据当时的法律和判例所做出的。被判处死刑的海盗会被立即处决，并枭首示众，由按察使主持在市曹公开行刑。那些未实际参与暴行的海盗被发配充军，具体的发配地点视其罪情大小而定。因此，被海盗绑架的受害者都要面临一个艰难的选择：要么反抗海盗并承受随之而来的后果，要么与海盗同流合污进而承担被处死或被发配充军的风险。

1800年（嘉庆五年），秦瀛再次上书巡抚阮元，谈论海盗带来的威胁。不过，这一次他关心的重点不是海盗本身，而是应该抓捕海盗的官兵的行为，他们往往不去对付海盗，反倒陷害无辜。秦瀛说：

> 阁下以海盗窃发，躬亲督捕。三月以来，盗匪尚未尽戡，官吏百姓无不痛恨，思草薙而禽狝之（狝，猎杀；草薙禽狝，即悉数诛杀），虽寝处其皮，食其肉（食肉寝皮，形容深仇大恨），不足以纾官吏百姓之忿。乃（连词，表转折，至于）营员（绿营兵）畏葸无能，舍真盗于不捕，而妄指商船为盗，冀以塞责，则罪更浮于盗。

计其情节，大概有二：一则盗匪劫掠商船，遇哨船先以商船委之，而盗船因即扬去。哨船获商船，辄以盗船报。一则哨船不敢近盗船，见商船则横索贽财。商船不与，便指商船为盗船。夫不辨为商船，而误以盗船报，不可言也。明知为商船，因需索不获而指为盗船，并借以邀功，欲置之死，尤不忍言也。

秦瀛接着谈到他手上的一桩案子，涉及十二名已被定罪判刑的百姓，但他认为他们都是被诬告的：

> 即如近日定海拿获蔡长兴等十二人，瀛反复推鞫（审问），实民非盗。盖某等皆闽人，以贩鱼为业，其自闽出口，有船照可凭。船中米石，买自大鱼山，并非抢劫。其在洋，曾遇盗劫去二人，转辗引避，始到定海。徒以（仅仅因为）停泊汉港，营员讹诈不遂，便指为盗。昨某等自定海械送来鄞，运闽米船之截留镇海、鄞县者，无虑（大约）八九百人，佥名（签名）环吁，代为号泣请命。某等亦极口称冤。是其为难民，已断然无疑。而营员始则纵盗殃民，继且诬良为盗，实堪发指。
>
> 抑瀛窃有请者，比奉阁下之命，某等十二人，尚须械系（带上镣铐）送台（抚台衙门），伏候阁下亲鞫。阁下明镜高悬，真伪无难立剖。惟恐某等到台，阁下先令有司鞫问，若辈有意刑求，傅会（同"附会"）锻炼（拷打），桁杨刀锯（桁杨，一种夹脚及颈的刑具；桁杨刀锯，泛指各种刑具）之下，无求不得。或竟至某等诬服，则所关于人命者甚钜。夫难民既厄于盗，并厄于营员，而又厄于有司之刑求。彼难民皆赤子也，闽之难民，亦吾赤子也。以真盗而纵之则非法，以难民而诬之使罹于法则不仁。惟阁下广大造之德，立万物之命。百姓之仰阁下，不啻天地父母。如上年陈水一狱，狱词已具，卒荷平反。瀛知此十二人者，必能邀阁下之省释。而斤斤过虑，又复哓哓于阁下之前者，惟阁下能知之能鉴之而已。

最终阮元同意秦瀛的意见，释放了被错判之人。

阮元担任浙江巡抚对秦瀛甚为有利。他曾把代理布政使数月的重任交付给秦瀛。布政使乃一省的第二要员，主管财政、税收和人事。所以当一名知州因为伪造上谕，被以精神错乱之由革职后，秦瀛得以推荐继任者。但是要觅得适当的人选甚为困难，从他省物色官员可能不熟悉本地的情况，而按照回避制度，地方官员不得在原籍任职。因此在大多数情况下，继任者只能在分发浙江省委用的候补⑧官员中挑选。

署理布政使职务期间，秦瀛仍要参与扫荡海盗的工作。当时官兵面临的一个困难是大炮陈旧，使用时经常爆炸，再加上分配的弹药常常和官兵所用的火器口径不合。所以秦瀛建议把旧枪炮回炉重铸，并提出了所需经费和煤炭的预算。

宽猛相济，急纾民患

1800年（嘉庆五年），浙东的宁波、绍兴、台州三府在饥荒之后又遭遇严重的水灾。但是地方官员担心在预算之外增加赈灾经费，他们会受到责备，于是迟迟不愿向朝廷呈报实情。秦瀛上书阮元，反映了这一情况，并建议阮元和他一起上报嘉庆皇帝，不能坐视受灾百姓沦为饿殍。从秦瀛所写的《浙东大水行》这首诗里，可以看出当时的灾情：

> 黑风摧山怒蛟立，霹雳车缠电火急。
> 共工头触不周倾⑨，蹴起崩涛高百级。
> 半空瓦石随云飞，千村万户无完扉。
> ……
> 四邻鸡犬寂无声，穷谷惟闻恶鸱叫。

婺州（金华古称）迤南连括州（丽水古称），到处俱有怀襄（怀
山襄陵，谓洪水之汹涌奔腾）忧。

路上死人不知数，残骸挂树如猕猴。

死者已矣生更苦，寡妻哭夫子呼父。

绝粒分作沟中瘠，身无短褐居无宇。

我也闻之泪滂沱，五行沴气乖（违背）天和。

吾曹（吾辈）凉德（薄德）据（处于）民上，民兮民兮奈若何。

是年闰四月，秦瀛在代理浙江按察使六年之后，终于被实授了这个等待已久的官职。但是六个月后，他又奉调担任湖南按察使。

当他到达湖南时，衡州府也在闹饥荒。由于前一年的收成很差，该府出现了盗匪。他们不仅在偏僻的乡间活动，也骚扰衡阳、长沙等重要城市，而地方官员却对上隐瞒消息。秦瀛将实情呈报给湖南巡抚，衡州府因此得到该省其他地区的援助——将原拟拨给陕西的兵米先用以赈灾，盗首亦被缉拿归案。

嘉庆七年（1802）三月，时年六十岁的秦瀛患病，影响了手臂活动，因此获准两年病假。嘉庆九年（1804）六月，病愈后的他又奉调广东任按察使。皇帝在谕旨中对他说："民命至重，务得确情。事务虽繁，不可草率。应正法者莫纵，被屈者一杖不可加。坚持此意，妥协办理。"

海盗对广东的威胁较浙江尤甚，因为该省地近越南（1803 年［嘉庆八年］，清朝改称"安南"为"越南"），海盗极为猖獗。官军对此视若无睹，百姓则自行其是。

秦瀛着手对付海盗并取得了一些成绩，在他的指挥下，梁修平、吴虾喜等几名盗首被捕。

他赢得了公正严明的美名，因为他关心查明事实甚于定罪判刑，这一点可以从他任期结束之前所审理的一桩案件中看出来。有一个名叫林伍的商人，遭到海盗构陷。秦瀛相信他是无辜的，乃屡次为他争取平反。就在这时，秦瀛被擢升为浙江布政使，不得不回京述职。他

离任之后，林伍被改判死罪，临刑前此人大呼曰："假使秦按察在，吾不宜死。"

【编者注】

① 如意：器物名，梵语阿那律。其柄微曲，长三尺左右，头部呈弯曲回头之状，初作屈曲手指之形，用以搔痒，可如人意，故名。古时候和尚宣讲佛经，也手持如意，记经文于上，以备遗忘。后来，如意渐趋缩短，长不过一二尺，柄头由手形演变成卷云、灵芝、心字及团花形，柄端由直状变为小灵芝或云头形，与头部呼应，造型华丽，只供赏玩，象征吉祥。

② 林爽文，福建省漳州府平和县人，农民出身。1773年（乾隆三十八年）随父母迁居台湾府彰化县大理杙庄（今台中市大里区）。初充衙役，后被辞退，以耕田、赶车为业。此时，倡导反清的天地会在福建、台湾一带秘密流传。1784年（乾隆四十九年），林爽文加入天地会，之后成为彰化、诸罗（今嘉义县。时诸罗县城军民死守城池，1787年［乾隆五十二］年，皇帝取"嘉其忠义"之意，赐名嘉义）地区的天地会的重要首领。乾隆五十一年（1786）十一月，清兵搜捕天地会众，令大理杙庄交出林爽文等人，并以烧庄搜剿相威胁，林爽文遂率众起义，连克彰化、诸罗、淡水（淡水厅，治所在竹堑城，今属新竹市）等城，于彰化县衙建立大盟主府，自称"盟主大元帅"，僭元"天运"（后改"顺天"），还分封了诸多文武官员。次年，钦差大臣福康安率清兵渡海登台，多路出击，林爽文乃撤回大里杙。旋即与官军激战，兵败，退入内山藏匿。1788年（乾隆五十三年），林爽文于淡水厅老衢崎（北距竹堑十五里，今苗栗县竹南镇附近）被俘，解至北京遇害。

③ 明代末年，安南王室衰微，分裂为大越、广南二国。大越是黎氏所建，都河内；广南是阮氏所建，都顺化。当时南阮北黎有互争之势。清军定云南，黎氏遣使劳军。1666年（康熙五年），清廷封大越国王黎维禧为安南国王。1773年（乾隆三十八年），广南西山阮文岳、阮文惠、阮文侣（又作阮岳、阮惠、阮侣）兄弟兴兵灭广南，是为"新阮"，以别于广南阮氏的"旧阮"。

1786年（乾隆五十一年），阮文惠攻打顺化，逐安南国王黎维祁，安南大乱。安南遗臣有逃到广西省境内者，向清廷请求援助。乾隆皇帝认为，黎氏传国日久，且臣服天朝最为恭顺，乃于1788年（乾隆五十三年）命两广总督孙士毅出师征讨，先胜后败，改以福康安代之。这时阮文惠与暹罗（今泰国）构兵，恐两面受敌，乃奉表乞降，并改名阮光平。乾隆五十四年（1789）六月，皇帝降旨册封阮光平为安南国王，安南遂服属于中国。

④ 帖括：唐代的常科考试之一称为明经科，其考试内容首重"帖经"。所谓帖经，就是考官自经书中的任意选取某一段，掩其两端，只留中间一行。然后裁纸为帖，凡帖三字，使考生读出被帖的字，形式类似现今的填空题。后来应试的人渐多，考官常选偏僻的章句为题，考生乃取偏僻隐幽的经文，编为歌诀，熟读记忆，叫作帖括，即总括经文以应试帖。后世也泛称科举应试的文章为帖括。

⑤ 安南阮氏因国库空虚，乃召集中国东南沿海的亡命之徒，助以船械，命其入海劫掠商船，以充国用。沿海的奸民盗匪，附之者甚众，号称"艇匪"，若干人甚至接受安南总兵及王侯所颁给的敕印。

⑥ 番银：或作番饼、洋钱、花边钱，明清时期对外国银币的称呼。明代中叶之后，赋税逐渐改为征银，但是国内产银供不应求，致使银价腾贵。欧洲是最早铸造银币的地区，远在9世纪就有银币出现，但大量铸造银币，则是16世纪西班牙占领银矿丰富的墨西哥之后。随着西方殖民主义入侵东方，且1567年（隆庆元年），明廷宣布解除海禁，外商纷纷用银币来换购中国的丝织品、瓷器、茶叶和其他土产，因其按枚计值，便于应用，且缓解了当时的"银荒"，故民间使用日益广泛。至19世纪中叶，输入中国的番银，粗略统计有4亿枚之多。

⑦ 龚遂，西汉著名的循吏。初以明经为官，仕至昌邑王（刘贺，汉武帝刘彻之孙、昌邑哀王刘髆之子，曾被拥立为帝，后因荒淫而遭废黜，在位仅27天，史称"汉废帝"）郎中令。其为人忠厚，刚毅有大节，内谏争（通"诤"）于王，外责傅相，引经义，陈祸福，至于涕泣。及昌邑王废，昌邑群臣坐陷王于恶不道，皆诛；唯龚遂与中尉得免，髡（音同昆，古代一种剃去头发的刑罚）为城旦（秦、汉时一种刑名，汉代男犯以筑城五年服劳役）。宣帝初，渤海左右郡岁饥，盗贼并起，郡守不能制。丞相、御史举荐龚遂可用，宣帝乃召问息盗之术，

龚对曰："海濒遐远，不沾圣化，其民困于饥寒而吏不恤，故使陛下赤子（百姓）盗弄陛下之兵于潢池（池塘，此处指濒海的渤海郡）中耳。……治乱民犹治乱绳，不可急也；唯缓之，然后可治。"龚遂上任渤海太守后，下令罢逐捕盗贼吏，并规定持田器者为良民，不得过问，持兵者乃为盗贼；又开仓廪济贫民，选用良吏；他还躬率以俭约，劝民务农桑，郡遂大治。

⑧ 候补：清代吏部的铨选制度。凡未曾补授实缺的官员，均在吏部候选。吏部汇列呈请分发官员的名单，根据职位、资格、班次，每月抽签一次，分发某部或某省听候委用，称为"候补"。如欲请免抽签，自行指定到某处候补，须另行交钱，称为"指省"或"指分"。

⑨ 共工，中国古代传说中的天神；不周，山名。据《淮南子·天文训》记载："昔者共工与颛顼争为帝，怒而触不周之山，天柱折，地维绝。天倾西北，故日月星辰移焉。"从此洪水泛滥，民不聊生，遂又有女娲炼五色石以补天、断鳌足以立四极的传说。

第二十二章
秦瀛：京城大吏

提刑广东

嘉庆十年（1805）八月初十日，两广总督那彦成上疏皇帝说："前任臬司秦瀛，才识拘迂，不胜繁剧，粤省案件本多，由伊迟惧（误）者亦复不少。臣初到时，即谕以审辨（通"辦",今"办",治理）洋盗，必须追究勾通接济，伊意思似不以为然，屡次送审并不研究。所有获办勾通接济之犯，均系臣亲提审出，现有案卷可查。"

这些批评是在秦瀛刚刚结束广东的任期时做出的。事实上，秦瀛在广东的工作远不如在浙江愉快，主要就是因为他不得不与那彦成共事，这个满洲正白旗人因为过去所建立的战功在嘉庆九年（1804）十一月调补为两广总督。

嘉庆皇帝对海盗为患的问题十分关切，急欲灭之。为此，他从国库拨了超过四万两银子维修缉拿海盗的兵船，并指示新总督可以动用两广地区的14万两盐税。皇帝曾说："那彦成年轻有为，应能肃清盗匪。"但是说起来容易，要做到并不简单。

秦瀛在广东任事的最初几个月很忙，在他的监察下擒获了几名盗首，其中一人名叫梁修平。早在嘉庆九年四月初九日，梁修平的同伙廖宜汉等六人就已在新会县（治所在今广东省江门市新会区）和鹤山县（治所在今江门市鹤山市）之间的棠下镇（今属江门市蓬江区）被捕。秦瀛知道梁修平的海盗团伙正准备挟仇报复，遂下令在这个地区采取特殊防御措施，宣布执行宵禁，又设计以鸣钲为号，以便将海盗的动向通知各地官军。这些命令执行得很严格，任何失误都会受到严惩。于是，当梁修平率领匪徒到达鹤山县沙坪墟时，他们落入了官军事先布下的防御网中，包括梁修平在内的二十八名海盗全部被捕。

新总督就职后按照皇帝的旨意，亲自主持扫荡海盗的行动。然而，那彦成手下的官军却敌不过掠夺成性的广东海盗。于是他们采用粗暴手段，只要擒获海盗就施以重刑。在一桩案子中，有十八名海盗嫌犯被捕，那彦成上奏说其中十一人在接受审讯之后"病故"，其余人犯脸上黥刺"匪"字，发配远方。

按照既定程序，包括海盗案件在内的所有案件都应交由一省的按察使审理。然而，那彦成没有禀报皇帝，就擅自成立了一个名为"军工局"的特别机构，专门处理海盗案件。

总体上讲，广东的扫荡海盗行动是失败的：因为每抓获一人，就会有更多人逃走。而海盗则不断从他们的俘虏中得到新的补充。秦瀛乃又建议处分失职官吏。

一些海盗显然与安南方面有联系。例如，有一桩案件涉及一个叫符老洪的盗首。当他手下的九十九名海盗被擒之后，他于1801年（嘉庆六年）逃到了安南，并在那里被任命为一艘安南兵船的指挥官，旋即又开始重操旧业。符老洪既抢劫越洋商船也抢劫盐船，甚至还向运粮的官船索取保护费。所以符老洪被捕后，参与审讯的有布政使、按察使、广州府知府，以及广东都转盐运使。最终，符老洪被押赴广州市曹，凌迟处死，他的首级被送回家乡海康县悬挂示众。

为了避免武器落入盗匪之手，官府严禁民间私制枪炮弹药。这造成了一种自相矛盾的局面：商船想要自卫，只能从非法生产者那里购买武器。嘉庆五年（1800）三月，海阳县（治所在今广东省潮州市境内）人杨咱吆得知市场上需要铁炮之后，立即找人合资生产。他们向各村墟收买废铁，到十一月初已铸出250斤铁炮五门，到次年四月又铸出300斤铁炮三门、200斤铁炮五门。私铸的铁炮越来越重，价钱当然也越来越贵。嘉庆八年（1803）八月，非法军火商已能铸造每门重达350斤的铁炮，是年年底又造出了每门重达400斤的铁炮。至嘉庆九年（1804）十二月，所铸铁炮已是500斤的巨无霸了。他们前后共造出了43门铁炮，成本为番银427元，却卖出了2,284元的价钱。

嘉庆六年（1801）五月，陈阿斗听说铁炮生意兴隆，遂也自行筹资雇工，设厂生产。在被查禁之前，他的工厂一共铸造了20门铁炮。1805年（嘉庆十年），两个制售军火团伙遭到逮捕。除了一个工匠在收押期间病故，其余十人均以私自铸造、出售铁炮的罪名，被押赴市曹处斩。

在清军缉拿海盗的行动中，罕见的一次胜利发生在嘉庆十年五月中旬，澄海县（治所在今广东省汕头市澄海区）的海盗巨魁郑亚鹿事实上自投了水师舰队的罗网。郑亚鹿一伙人一直是官府通缉的要犯。一年前，他的远房族叔郑茂常曾秘密答应官府，要把他引入陷阱。谁知郑亚鹿发现了他们的计划，反过来把这个倒霉的亲戚骗到自己船上，将其杀害，并碎尸沉海。

郑亚鹿的败亡要从他在澄海县的放鸡（放鸡山，今妈屿岛，位于汕头港出海口）洋面抢劫一艘商船说起。当时，他和他的团伙才刚刚得手，就遭到以朱濆为首的另一伙海盗袭击。①在逃避朱濆时，郑亚鹿恰好冲入了正巧在附近巡逻的海门营（驻潮阳县海门港）水师的舰队中，结果他和他手下的四十人全部被擒。潮阳县（治所在今汕头市潮阳区）知县谢涛初步审讯之后，向上报告说五名犯人"于取供后病故"。其余案犯先由广州府知府福明问供，再由那彦成会同秦瀛和司道官员亲加严究。最后郑亚鹿被判凌迟处死，他的胞弟郑亚打被判斩决，被掳入伙且已病故的四人戮尸，一并传首沿海地方悬挂示众。其余擒获者或是黥面后发配东北为奴，或是杖责后发配充军，或是杖责后拘禁劳作。只有两人被释放，一人是因为年幼，另一人则是被绑架的受害者。

嘉庆十年闰六月，皇帝擢升秦瀛为浙江省布政使。所以当他的政敌那彦成在背后攻击他的时候，他正准备离开广东。

那年秋天，广东巡抚孙玉庭秘奏其上司两广总督那彦成玩忽职守、耽湎享乐。嘉庆皇帝和他的祖辈一样鼓励密奏，以此作为了解真实情况的一种手段。他派遣广东学政茅元铭为钦差大人，前去调查此事，但茅元铭报告说巡抚孙玉庭的控告不实。嘉庆皇帝对此有些怀疑，又命湖广总督吴熊光查问茅元铭。惶恐之下，茅元铭向吴熊光坦白，自己是受到了那彦成的盛宴款待，所以在报告中为其开脱。于是，嘉庆皇帝让那彦成对他在广东的所为做出解释。

那彦成试图为自己的行为辩护，他上疏说，他的计划是先惩办陆匪，再对付海盗，因为只要陆上的土匪被消灭了，海上的盗匪自然就失去了食物和其他物资的供应，否则纵然今日海中杀千百之贼，明日岸上又逃下千百之匪。为了实现这一目标，他说他需要其他官员如布政使、按察使的合作。此外，那彦成还说，他想要审讯嫌犯的过程变得迅捷、有效，并重在查出陆匪和海盗之间的联系上。

这位两广总督强调他的计划执行得很顺利，几个月内已经有三千多名海盗自首了。他说布政使广厚理解他急迫的心情，但前任按察使秦瀛却不肯与他合作。这可能是事实，因为秦瀛在浙江的经验教会他审讯必须谨慎，以免屈打成招，冤枉无辜之人。

不仅如此，那彦成说，按察使照例应该主持"会审"——这里实际指的并不是常规的督抚会审，而是军工局的会审——但秦瀛却常常在公堂上打瞌睡，而他不得不"令巡捕唤之"，由此可见秦瀛心中并无办贼之志，而且多病无才。那彦成还说，他原本想再行察看一两个月，然后据实具奏秦瀛的情况，但是为时已晚，因为皇帝已经宣布了秦瀛的升迁命令。

那彦成的这些怨言并没有消除嘉庆皇帝对他的怀疑。秦瀛这时可能还不知道总督对他的批评，不过，很快他就有机会面奏他这一方的看法了。

在秦瀛离开广东之前，那彦成奏报的最后一批案件中，有一案涉及海盗要犯李崇玉。嘉庆皇帝在派遣那彦成赴广东时曾明确命他搜查并捕拿此人，但那彦成始终未能将其抓获。不过，他确实掌握了一些传言，用以追究无法逮捕李崇玉的军官的罪责。

早在这年春天，官府就已获悉李崇玉的行踪，并制定了计划，打算出其不意地逮捕他。为了防备他从海上逃走，官军用船只封锁了陆丰县的甲子港。同时在陆地上，一支强大的兵力，包括五名炮手、六十名枪手和一百名刀牌兵也布置在了李崇玉的藏身处附近。但是，官军对李崇玉及其团伙如此恐惧，以至于他们在向敌人迫近时，竟忘记了原先的偷袭命令，擅自鸣枪放炮以图壮胆。在随后的战斗中，他们捕获了二十五名匪徒，而李崇玉却已逃脱。经过审讯，并未发现任何兵丁与敌人私通消息，下令鸣枪的碣石镇总兵李汉升承认自己心生畏怯。最终，参与行动的官兵受到了不同程度的处分，包括发配充军、革职、杖责等。这次审讯也证实在官军动手围捕之时，李崇玉早已离开了现场。

李崇玉一直未被擒获，直到同年晚些时候，他接受了那彦成提出的招降条件，向朝廷归命（投诚）。作为交换，他被任命为署潮州右营守备，并被允许保留相当数目的手下继续当他的随从。此外，他还得到了皇帝赏赐的几千两银子，以及佩戴四品武官顶戴②的荣誉。李崇玉之降是那彦成招安海盗的一部分，因为他无法战胜他们。他赏给每名投诚的海盗十两白银，一共有五千名海盗接受了招安。缉捕海盗的拨款就这样被用来收买海盗了。广东巡抚孙玉庭不同意这一项也在其他省份实行的政策，他提醒皇帝把海盗招来当兵乃是危险之举。

按照惯例，秦瀛到浙江就任之前必须回京面圣，接受正式任命。他于十月十一日入朝觐见皇帝，这给了他机会向皇帝禀报广东的情况。嘉庆皇帝询问那彦成履行职务以及缉捕海盗的表现。

秦瀛——回禀之后，嘉庆皇帝怒气冲冲地下了一道谕旨：

本日秦瀛到京陛见，朕询以那彦成在粤办事情形。据称那彦成添设军工局一节，实有其事，局内派入藩臬、运使、道府及副将等七人，委讯之员俱系佐杂。所有内河、外洋各盗案俱经发讯，讯后仍移送臬司覆审。又委员等曾动刑审讯，被控至巡抚衙门等语。

粤省案件即使繁多，亦应照例由臬司一一审办。如臬司精神不足，有贻误实迹，即当将臬司参奏，何得另设军工局名目？且藩司、运使及道府各员，俱各有本衙门应办事件，朝廷设官分职，岂容彼此挽越，致紊旧章？甚至副将武员亦均派入，尤属任意妄为，大乖体制。况讯供后仍须由臬司衙门核办定谳，岂不徒添枝节？又如内河盗案，例应由臬司招解（使招供并解送上级官府复审），巡抚定案，今那彦成亦一并提入局内办理，殊涉专擅。看来那彦成曾在军机处行走，俨然欲仿照军机处设立此局，尤属诞妄。前已有旨，令其速行裁撤，着吴熊光、托津（吏部左侍郎，在军机大臣上学习行走）于查办百龄③各款，秉公定案后，即前往粤省查明。傥（同"倘"）此局尚未裁撤，即着传旨裁撤，并将那彦成添设军工局一节，据实参奏。

至百龄前此参奏那彦成饮酒、看戏等事，今询据秦瀛奏称，那彦成署内每月宴会唱戏有三四次。又曾邀同广厚往延丰处听戏，一月之内，间有几次等语。是一月之内，那彦成于两处饮酒、看戏次数，已属不少，安能不贻误公事？看来百龄所奏实非无因，着吴熊光、托津到粤后，一并查明参奏。……

经过调查，这位总督最终被革职了。皇帝谕令其谪戍新疆伊犁，但两年之后，他又被委以要职。

留京任用献良策

秦瀛在接受嘉庆皇帝召见时,请准不去浙江,留在京城工作。嘉庆皇帝考虑到他年事已高,遂同意了他的请求,先以三四品京堂④补用,十二月时任命他为光禄寺卿,不久又任命他为太常寺卿。嘉庆十一年(1806)三月,秦瀛在担任太常寺卿时写下了他一生最重要的一份奏折——《奏广东事宜折》。他在其中分析了广东的海盗情况,并提出了应对这一威胁的意见。

他说主要的海盗团伙声势越来越大,小股盗匪的数目也日益增多。可是官军却软弱无能,因为他们不仅缺乏足够的武器和经费,而且缺少有能力的统帅。他说统兵之将常常以船有毛病或者天气不好为借口,不去堵截海盗。在不得已出海时,"亦潜匿岛屿,不敢御盗。即与盗遇,盗情狡黠,扬帆先逸,而以一二被掳商船,委之官兵。兵船见而擒获,即以真盗报,不复追盗,械送省城,问供定罪。"诛戮势几无虚日,而海盗却越杀越多。

将领无能,统领将弁的提督也不负责任。秦瀛深为绝望地指出:"乃黜一孙全谋,而魏大斌即孙全谋之续。再黜一魏大斌,而继魏大斌者,又恐未必非魏大斌之续。"⑤

然后,他提出了几条剿捕之法,包括以下这些要点:

一曰讨军实。沿海地方,设立水师,水师废弛,则帑饷虚縻。广东情形,辄以置办船艘、储备糗粮(干粮)、经费不足为虑。今海盗猖獗,既非寻常办盗之法所能集事,自须厚集兵力,以期有济。近阅抄报,知粤省洋、盐两商,踊跃捐输,业蒙圣旨俞允(帝王允许臣下的请求),是剿捕之资已较宽裕,惟恐经手之员尚有侵渔,遣委之将仍复骄惰。是立法痛惩,仍恐有名无实。当责成督臣吴熊光,严定章程,统为经理,俾(使)赀用悉归实济,毋得委任所属,复致虚縻,捕务可蕲(通"祈")振作矣。

一曰树声威。盗党繁夥，善于侦探，若非我兵先声足以詟（音同哲，震慑）人，则盗已从而（进一步）轻我。古人用兵，以虚运实，以寡胜众，疑鬼疑神，自操胜算。臣拟兵行之日，督抚宜坐堂皇（官府办公的厅堂），将士擐甲待命，举觞劝饮，谕以大义。如有功而归，开辕行赏（古代帝王外出止宿，以车为藩，出入之处，仰起两车，车辕相向以表示门，称辕门，后指军营之门或衙署的外门；此处即指打开官府大门论功行赏），不用命者，杀无赦。不独官弁感激思奋，而盗亦闻风震慴（慑）。气无馁，斯事必有成。

一曰戒虚饰。方舟师在洋，擒捕盗匪，真假岂能预必。但一存邀功讨好之念，势必以假为真。大吏喜其获盗，交地方官迎合，文致妆点狱辞（狱词，犹供词），迨至谳成，多失其实，杀愈多盗愈炽。即或误拿之案，偶经上司平反，亦每以获盗为重，不复深咎，益无顾忌。嗣后，惟有督饬舟师，务须拿获大夥真盗，勿仅以一拿塞责，勿轻以民命图赏。审讯者于严明之中，寓慎重之旨，总期真盗弋获，毋纵毋枉，此亦感召天和之一端也。所谓防守口岸者，沿海多设炮台，原为守御之用。然口岸多而汛兵（即千总、把总、外委所率绿营兵）少，一经调拨，倍觉空虚。即未调拨，而无兵之处，盗船迳可乘间抵隙，直入内港。即设有炮台处所，该管镇将，平日漫无约束，或竟无人防守，且闻盗至，率先避匿。惠、潮两属（指惠州、潮州两府下属各州县），屡有失事者，以此内地不逞之徒，或勾引洋盗，或自行焚劫。各县虽设有巡船，船少不能御盗，且为盗资。……又保甲一法，仅成虚名，且纵令胥役讹索，反成厉政。……欲行保甲团练，必须处民上者，素有相亲相爱之意，百姓服从，则一号令而民无不应。广东吏治不讲（通"疏"，直、明），民与官有日离之势。臣以为严防守必先澄吏治，澄吏治必先固民心。

一曰清讼谳。粤民好讼，大小案件，勿论虚实，地方官宜依限审结，频奉谕旨严饬，尚多沉搁。殆由案之初起，迟延不办，土棍讼师从而把持，遂至供情屡易，莫可穷究。惟有督饬州县，遇有一案，即清一案，务洗慵懒偏私之积习，秉公审理，纵未必能尽持谳狱之平，而百姓可谅其无他。尘牍既免堆积，奸猾亦无从售其欺矣。

一曰抑冗滥。六计⑥上廉，近海州县有缉盗、解犯之费，尤宜撙节（节省），庶不致亏仓库而累闾阎。乃一令到任，即有荐幕友、家人者，多人坐食，势不能复为廉吏。广东幕友，又辄多索厚修（修，通"脩"，本指干肉，借指致送老师的酬金，此处指薪俸），高其声价。臣接见属员，屡示训饬，其风未息。至杂职、武弁，惟利是图。武弁稍授以权，用为耳目，即挟制文员。而杂职差委过多，亦滋扰累。惟有严幕友、家人耗食之禁，杜杂职、武弁需索之渐，俾州县崇尚廉节，公事亦无虞牵制矣。

一曰惩蠹猾。地方官不能不用胥役，而不可为胥役用。胥役熟悉地方情形，官用胥役，胥役即能用官，而转不为官用。迨至串同官亲家属，肆为民害，官懵然罔觉，及其既觉，羽翼已成，辄付之无可奈何。上官闻而查拿，辄以其人才能办盗，曲为开脱。殊不知广东胥役，且有暗通盗匪、会匪（官方文书把民间秘密结社如天地会的成员称为会匪），收受陋规（非常规收入）者，此尤不可不严加惩创者也。三者既举而吏治澄，吏治澄而民心固，于以举行保甲团练，无不可使之民，即无不可行之法。众志成城，守御有资矣。

嘉庆皇帝读了秦瀛的奏折，认为其所奏各条俱属可采，遂命军机处传谕新任两广总督吴熊光，详细查核，分别酌办。同时，这份奏折的抄本也分发给了沿海各省官员，命他们付诸执行。

屡遇疑难案件

嘉庆十一年（1806）四月，秦瀛被任命为顺天府府尹。这是一个无论名义上还是实质上都很重要的官职，因为顺天府就在北京城周围。当皇帝不想履行礼仪性的职责时，顺天府府尹就代皇帝出面，主持仪程。这个职位的重要性也体现在它的服饰用品上。除了一二品要员，以及正三品官中的顺天府、奉天府府尹用的是银质官印，其他品官用的都是铜质官印。

秦瀛到任伊始便遇上一桩悬案。先前，顺天府辖下的大兴县（治所在今北京市大兴区）人崔成辅控告王文元不仅殴打他，还霸占其田地，抢割其收成。但是，兼管顺天府府尹（简称"兼尹"，因顺天府掌理京师，地位特殊，故由大学士、尚书或侍郎兼管该府事务，同时监督府尹）的工部左侍郎莫瞻菉却以时届农忙为由，下令将王文元取保后释放。后来因为原告崔成辅提出反对，莫瞻菉又把王文元带回私宅，说要亲自讯供。刑部听说此事，乃传讯莫瞻菉，指控他违例专擅，不按正常程序办事，并将此事上报给嘉庆皇帝。皇帝谕令到任不久的秦瀛，调查兼尹的行为。秦瀛在覆奏中说，正常程序应该由顺天府衙门审理案件，然后呈报给刑部。而且衙门审理时，向来先由委派人员勘详，再会同府尹覆讯，没有兼尹独自提讯之例。至于私宅问供，私自将嫌犯释放，实非事理所有。他还指出保释王文元是他到任以前发生的事，后面的事他没能及时察觉，恳请交部议处。

嘉庆皇帝在上谕里断言说，莫瞻菉肯定有收受贿赂的情弊，否则何以将原告杖责，又将王文元释放？他谕令内阁，立即革退莫瞻菉兼管顺天府府尹一职，交吏部严加议处，同时押在公所看守，等待刑部提集案内人犯秉公究讯。此外，还要调查大兴县知县何道榜是否也有通同舞弊之处（即听从莫瞻菉的指示，释放被告）。秦瀛因为没有早行参奏兼尹的荒唐行为，也连带受到了处分，降两级留任。

嘉庆十二年（1807）正月，秦瀛升任刑部右侍郎。五月初五日，他因与其他官员一起庆贺端午节，而受到纪律处分。此前，嘉庆皇帝曾宣布，由于京师地区发生旱灾，除非天降甘霖，否则照常办事，不得庆节。⑦然而端午节这一天，众臣依然去圆明园向皇帝贺节。皇帝在上谕里说："乃今日王、大臣等，相率呈递膳牌，殊属无谓。伊等既非奏事及带领引见，又非值日。若因庆节而来，则今岁端阳（端午节的别称），有何可庆贺而为此虚文乎？且伊等舆从络绎，纷至沓来。在里巷小民，未必不以为现当祈雨之时，庆节犹如往岁，不几视朕为置民瘼（人民的疾苦）于不问耶？王、大臣等何不仰体朕意，一至于此？"他谕令，除了在内廷行走及承值奏事、带领引见的王公大臣，当日不遵圣旨去圆明园者，包括亲王、郡王、贝勒、贝子、大学士、尚书、侍郎（秦瀛是其中之一）、都统、副都统、顺天府府尹等三十三人，各罚俸三个月。虽有纪录，不准抵销。

到了刑部，秦瀛不得不又处理早年遗留下来的案件。其中最令刑部难堪的一个案子，就是该部的内库在1804年（嘉庆九年）被盗，并丢失库银一万九千两。此案拖延数年，尽管审讯、拷问了数十人，但罪犯并未缉获，库银也未追回。参与调查此案的官员因为工作不力，全部受到处分，刑部的主管官员则奉命赔偿所有损失。

嘉庆十二年八月，当刑部准备秋审大典时，发现湖南省有积案逾限未结。因为秦瀛曾担任湖南按察使，其间他没能审结案件，所以也负有责任。吏部奏请给他降两级调用的处分，但皇帝决定让他留任。

身为刑部右侍郎，秦瀛的一个职责是监斩罪大恶极的要犯。是年十一月，有一个名叫钟宽的犯人，因扶乩传咒并奸拐妇女葛氏（葛氏之子跟随钟宽习咒，并称之为师祖），被判死罪，处以绞刑。因为绞刑能让犯人留下全尸，所以被认为是较宽大的死刑方法。较之更严酷的是斩决，犯人通常要被枭首示众，以昭炯戒。最残酷的死刑无疑就是凌迟了，它也被称为剐刑。行刑时，刽子手把犯人绑在一根木柱上，然后将其身上的肉一片片割下来，末了才将头颅砍下。

钟宽临刑时大声喊冤，声称并无扶乩收徒之事，前系差役诬赖，他也没有画押认罪。负责监刑的秦瀛及其同僚广兴（刑部满右侍郎）将此事上奏皇帝，嘉庆皇帝乃特派大学士庆桂进行覆审。庆桂在提集犯证、逐一研讯之后，认为原来的判决实属"情真罪当"，而且钟宽在各次会审中都俯首认罪了，及至押赴市曹，才极口呼冤，乃是为了苟延旦夕，所以议请将该犯改判为斩立决。嘉庆皇帝准其所奏，同时谕令先将钟宽重责四十板，再行正法，以警告其他罪犯。

皇帝还命秦瀛和广兴监刑时，当众宣读钟宽所犯的罪状及改判缘由，使众人共见共闻。最后他在上谕里说："设再遇有临刑呼冤之犯，仍应奏明重加详勘。果有覆盆之冤，必立为申雪，将原审官照例惩治。如系奸谲之徒，罚当其辜，而妄行翻异，冀延显戮（处决示众），亦必照此加等治罪，以惩刁顽。"

处决犯人本属平常，但是并不能随时下令执行。正如婚礼等大事必须择期进行一样，有些日子是吉日，有些则被认为不吉。处决犯人也得挑选适当的日子，皇帝曾在嘉庆十三年（1808）五月十一日谕令：凡亲祭奉先殿、恭进玉牒、惇叙殿筵宴宗室之日，不进涉及立决的刑名本章；帝皇（孝和睿皇后钮钴禄氏）寿辰之日，不进任何刑名本章；皇后千秋节（十月初十日）前一日，尚在皇帝万寿节（十月初六日）庆典期间，仍不进任何刑名本章；千秋节后一日，不进涉及重辟的刑名本章。不过，他否决了在皇子、皇孙诞生日不进刑名本章的建议。

秦瀛在担任刑部右侍郎期间，也参与了一些从政治上或安全上考虑很是敏感的案件。譬如，刑部在嘉庆十三年四月处理的护军（清代守卫官禁的八旗士兵）富勒章阿伤人致死一案：该犯在团河大营（位于南苑黄村门内，清帝在此建有行宫，故派军驻守）里与人争吵互殴，并用刀扎伤赶来劝解的富顺，致对方毙命。因为行营属军事重地，与紫禁城内无异，所以皇帝谕令先将他重责三十板，再行处斩。行刑地点就安排在本旗教场，由侍郎秦瀛和护军统领富翰监刑，并召集护军人等在场观看，以示警诫。

中国古代是一个等级森严的社会，满人的地位高于汉人，官吏高于百姓，父高于子，皇帝高于一切。在这种背景下，最大的罪行莫过于扰乱社会秩序了。如果仆人打了主人，儿子打了父亲，还不受到惩罚的话，这就相当于允许弑君了。所以中国古代的律例对攻击乃至杀死主人的奴隶和仆人所给予的惩处是最严酷的。嘉庆十四年（1809）七月，秦瀛就处理了一桩预谋杀害主人的案件。一年前的秋天，江苏省淮安一带发大水。淮安府山阳县知县王伸汉虚报户口，冒领发到该县的二万三千两赈银。此事被江苏省候补知县李毓昌（新科进士，等待实缺期间奉江苏巡抚汪日章之命前往山阳查赈）发现，欲向布政使禀奏。但是在他采取行动之前，他的家丁李祥就先行将此事密告包祥（王伸汉的家丁），转告王伸汉了。王伸汉见事败露，以重金贿赂李毓昌，毓昌不受，王、包二人遂密谋杀害李毓昌。他们先买通李祥，李祥答应帮忙，并商同家丁顾祥、马连升一起下手，用毒药鸩死了主人。随后，王伸汉派人将李毓昌写好的呈状及户口清册取走烧毁，又用两千两银子收买了审理此案的淮安府知府王毂，以自缢上报并了结了此案。后来，李毓昌遗孀林氏在其夫遗物中发现一件血衣，其中还缝有"山阳冒赈，以利啖毓昌，毓昌不敢受，恐上负天子"的纸条。李家开棺验尸，得知毓昌死前身中剧毒，真相这才暴露。最终，嘉庆皇帝谕令将主犯李祥带到李毓昌坟前，先刑夹一次，然后处斩，再摘其心祭奠亡者，以泄愤恨。又派秦瀛将一干从犯押赴市曹行刑：顾祥、马连升各重责四十板，再行处斩；设计杀人的包祥，先刑夹一次，再行处斩；王伸汉冒赈杀人，被判斩立决；贪赃枉法的知府王毂亦被判绞立决。此外，两江总督、江苏巡抚、江宁布政使、按察使等也分别受到了严处。

失而复得

秦瀛以刑部右侍郎的身份监斩了上述一案的从犯，但他是在经历了数次职务变动之后，才重新回到这一职位上的。事情要追溯到嘉庆十三年闰五月，秦瀛遇到了一桩很棘手的案件。闲散宗室（奉恩将军以下无爵位之宗室）敏学恃势逞凶，无端打伤卖白薯的平民，又带领家丁打伤了劝阻他的巡街的官兵，打坏了岗哨的门窗枪架。该案由刑部和宗人府共同处理。两个机构的官员意识到此案的敏感性，都设法为他开脱。结果他们上奏的报告自相矛盾之处甚多，被皇帝谕令下部严议。吏部奏请将刑部、宗人府堂司各官均照溺职（失职）例革职。虽然秦瀛没有被革职，但嘉庆皇帝在谕旨里说："秦瀛在署专办部务，于会审案件，未能酌核允当，亦且年老无能，着降三级调用。"

于是，在嘉庆十四年正月，秦瀛被降调为光禄寺卿。不过在接下来的一年里，他又逐渐取得了皇帝的信任，担任了六个不同的职务。

三月，他被任命为都察院左副都御史，而且尽管他从未得中进士，却被指派为该年恩科会试（为庆贺嘉庆皇帝五旬万寿）的知贡举（会试监考官，总摄考场事务，不负阅卷取士之责）。由于他们抓住了三名挟带小抄的考生，皇帝非常高兴，奖赏了所有考官。

四月，他被调任为仓场侍郎（全名为总督仓场户部侍郎，仓场衙门的最高长官，分满、汉各一人）。此时旧事重演，他甫一到任就遇上了户部仓场衙门的一件丑闻。由于管理不善，储于旧太仓内的漕米已霉变朽坏，不能食用。这已经是该仓在三个月里第二次发生这种问题了，皇帝遂谕令御史进行详细盘查。照例主管官员要对此负责，秦瀛的两位前任达庆、蒋予蒲均被降职并罚俸四年。其他官员也因疏于职守受到处分，监督（仓场衙门的属官）华龄及其前任僧格分别予以解任、革职。嘉庆皇帝说，此次受潮漕米，霉变日甚，是因为验收草率，存贮不谨，而入仓之后又没有定期晾晒，以致米色黑腐，不堪食用。日后南粮抵京必须留心查验，盘运入仓必须随时挑晒。因而，虽然皇帝这次没有追究秦瀛的责任，但他显然认为这项费力的工作应该由更年轻的官员担任。于是秦瀛在名义上担任了七天的仓场侍郎之后，便以二品顶戴的身份，仍回都察院担任左副都御史一职。

五月，北京城外的通州中、西二仓发现白米严重亏缺。嘉庆皇帝特派两个四人小组——秦瀛被分在头班——轮流进行调查,并下令自二十四日起,每五日向他具奏一次结果。调查内容为是否有人偷盗,如果有的话,发生在漕米进仓以前还是以后。

最终的调查结果着实骇人听闻。特派小组发现共有数十万石白米被盗,而且有人做了假账。有一份奏折说,盗粮者将米浸入一种溶液中使其膨胀(一说掺入灰和水),如此粮仓的漕米看起来会比实际更多。但是秦瀛用这种溶液做了试验,并没有得到预期的效果。他向嘉庆皇帝奏明自己的发现,结果皇帝说他也做了同样的试验,得到同样的结果。秦瀛的试验证明了出售、储存和购买这种溶液的人的清白。不仅如此,他那不满足于现成结论,坚持自己去揭露真相的行为也赢得了皇帝对他的信任。

六月,他被擢升为内阁学士兼礼部侍郎衔。不久又被任命为兵部右侍郎,兼署刑部右侍郎。十一月,再转任兵部左侍郎。次年(即1810年,嘉庆十五年)正月,被正式授以刑部右侍郎一职。在因处理闲散宗室打人案被降调一年半之后,秦瀛终于恢复了原来的官职。

同年八月,秦瀛兼署工部右侍郎,管理钱法堂⑧事务。至此,他已在六部中担任过五个部的侍郎了。

乞病归乡

嘉庆十五年十二月,六十八岁的秦瀛以眼疾为由申请解任。与其叔祖秦蕙田的情况一样,视力不佳对于他们这种地位的人是有潜在风险的。他在给嘉庆皇帝的《陈请休致折》里说:"本年八月初旬,缘感伏暑,并冒风邪,两眼红肿。迨兹日久,虽外患稍减,而目光受烁已深,殊形恍惚。每逢奏事之日,听鼓趋朝行走,诸多未便。阅看稿案,亦觉模糊。兼以骤患耳鸣,渐致失听。"秦瀛恳请皇帝,准许他在明春三月十八日恭送圣驾离京谒祭西陵⑨以后,引退回籍。

嘉庆皇帝准其奏请,并在上谕里说:"秦瀛供职有年,小心谨慎,前在外任,官声亦好。今因感冒风邪,染患目疾,一时未能痊愈,即具奏恳请开缺,尚属以公事为重。"皇帝认为眼疾是由风寒引起的,应该不难医治,并嘱咐他"俟调理就痊后,仍着来京另候简用"。

秦瀛在向皇帝辞行的《回籍谢恩折》里说:"臣自问策名(原指在竹简上书写自己的姓名,以示为人之臣;引申为出仕)以来,感沐厚恩,毫无寸长足录。白发侵寻,虚叨(自谦之词,表示受之有愧)知遇,圣主不遽休弃,尚欲煦阳和于朽株,施鞭策于驽骥,谕令旋里后医治痊愈,仍着来京恭候简用。闻命自天,酬恩靡地。臣自后犬马余年,若能仰邀覆帱(也作"覆焘",即覆盖之意,此处指加恩),视听无恙,即当趋赴阙廷,重申瞻恋,曷敢偷安林壑,自外生成。"

1811年(嘉庆十六年)初,秦瀛回到无锡城,在那里以自己的余生致力于写作。他不仅帮助家族修辑了宗谱,还对其祖先宋代词人秦观的生平做了深入研究,为其祖先明代学者秦镛编写的《淮海先生年谱》做了注释,又编写了其后在1813年(嘉庆十八年)刊行的《无锡金匮志》。

嘉庆十八年二月二十四日,七十一岁高龄的秦瀛喜获麟儿,其妾戴氏为他又生下一子(此前生的绲承早夭),取名绲业。这说明当时他的身体还很健康,而他晚年得到的这个儿子比正室朱氏所生的兄辈更为出色,后来继承了这一书香门第的传统。

1818年(嘉庆二十三年),秦瀛七十六岁时,举行了纪念他考取秀才六十周年的庆典。只有很少人的寿命能够长到得以庆祝入泮⑩六旬之喜。这个周年之所以重要是因为中国人是以六十年一甲子的周期来衡量时间的。而且在这一年,秦瀛的孙儿昌煜(绲文之三子)考中了秀才,进入府学成为生员,又给这个吉庆的日子增添了欢乐。为此,秦瀛特赋《重游泮宫》一诗以纪念此事。

宣宗道光元年(1821)四月二十三日,秦瀛致书老友陈用光,请他为自己准备一篇墓志铭。他写道:"余衰病增剧,恐旦暮入地。君知我，又素知古文。敢以他年墓石之文相属。余生平治行，子弟无能尽知者。当略具梗概，属琼山张编修为行状，以授子。"秦瀛在是年七月初十日去世，恰逢全国庆祝新君登基。

【编者注】

① 据郑亚鹿供称：他与朱渍管下的一个小盗首金开熟识。1789 年（乾隆五十四年），经金开引见，下朱渍船内入伙。后即另为盗首，自带一帮贼船，于闽、粤洋面迭肆掳劫。

② 顶戴：或作顶带，俗称顶子，清代用以区别官员等级的帽饰。清制，从皇帝到各级官员，无论穿礼服、吉服乃至常服，都要在所戴冠帽上，用宝石和金属装饰物，标明官爵品秩，不得僭越。如果官员降级或革职，须立即变更或夺去顶戴，因而顶戴也成为功名、前程的代称。通常皇帝可以赏给无官的人某品顶戴，也可以对次一等的官员赏赐较高级别的顶戴，使其享受较高级别的待遇。此处守备为正五品官职，但李崇玉被授予了四品衔。

③ 百龄是前任的广东巡抚，嘉庆十年六月擢升为湖广总督。那彦成在就任两广总督之后，上疏参劾他苛虐营私，在粤用非刑（非常之刑，指法律规定之外的刑罚）致人毙命，又逼勒供应，临行时用人夫千余名抬送什物，到湖北后又截留广东会奏批折。鞫实，议褫职遣戍，后来皇帝加恩，命其效力实录馆（纂修皇帝实录的机构）。

④ 京堂：清代对都察院、通政使司、詹事府、大理寺、太仆寺、太常寺、光禄寺、鸿胪寺及国子监的堂上之官，即正、副长官，概称为"京堂"，在官方文书中亦称为"京卿"，一般为三品、四品官。清中叶以后对官小而任重者，另加三品京堂或四品京堂衔，遂逐渐成为一种虚衔。

⑤ 孙全谋，嘉庆元年（1796）十二月擢升为广东水师提督。嘉庆九年（1804）六月，因新会县被海盗劫掠，上谕："广东洋匪向来不过在外洋劫掠，此次胆敢由磨刀、虎跳门潜行登岸，劫掠村庄，该省武备废弛，以致洋匪肆行无忌，非寻常疏忽可比！孙全谋着交部严加议处。"同时，命广东左

翼镇总兵魏大斌署理提督之职。1805年（嘉庆十年），总督那彦成奏魏大斌不胜提督之任，上命再行察看，结果一个月后被黜。上谕："该署提督统带兵船出洋一月之久，所巡不出五百里之内，且因管驾不善，致船只遭风损坏，又复藉词修理，迁延时日。魏大斌庸懦无能，着降补千总。"

⑥ 六计：西周考察官吏的六项标准。《周礼·天官·小宰》："以听官府之六计，弊群吏之治：一曰廉善，二曰廉能，三曰廉敬，四曰廉正，五曰廉法，六曰廉辨。"郑玄注："听，平治也。平治官府之计有六事。弊，断也。既断以六事，又以廉为本。善，善其事，有辞誉也。能，政令行也。敬，不解（懈）于位也。正，行无倾邪（斜）也。法，守法不失也。辨，辨然不疑惑也。"明清的京察、大计之典，即仿自唐虞的三载考绩，周官的六计上（尚）廉。此处的廉，均应作"察"字解，意为考察，但也有清廉、廉洁之意。

⑦ 清初，皇帝和大臣多于重午日（即五月初五日）乘舟进西苑，至北桥登岸，到南台（瀛台）欢宴至暮方罢。乾隆年间，皇帝于端午日至圆明园福海西岸的望瀛洲亭观赏龙舟竞渡，王公大臣及内廷词臣亦得与宴赏。其东为蓬岛瑶台，系皇太后观竞渡之处。至嘉庆时，移至福海西南的澄虚榭殿观赏。是日其轮应奏事者推班，王公大臣全递膳牌（红、绿头签），来园共申庆节之意。

⑧ 钱法堂：官署名。清制，于户、工两部设钱法堂，各有一铸钱局。属户部的为宝泉局，属工部的为宝源局。宝泉局所铸钱币主要供全国官民使用；宝源局所铸钱币主要供工部所管各项工程使用。此处指的是工部钱法堂，掌宝源局铸钱事务，包括验收由云南、贵州、湖南等省运解至京的铜铅，交宝源局熔炼，核定所铸钱币数额，并将所铸之钱全部报解户部等。钱法堂设满、汉侍郎各一人，例由该部右侍郎兼管。

⑨ 即清西陵，清代在关内所建的第二组皇家陵区。位于河北省易县永宁山下，北京以西140公里，故名。该陵始建于1730年（雍正八年），与清东陵一东一西，实行昭穆之制。陵区内共有皇帝陵寝四座、皇后陵寝三座、妃园寝三座、王园寝二座、公主园寝一座、阿哥园寝一座，埋葬着四个皇帝、九个皇后、五十七个妃嫔，以及王爷、皇子、公主等七十六人。

⑩ 入泮：明清时期，学童考进地方学校（府、州、县学）为生员，即考中秀才，称为入泮。古代的大学（太学），天子曰辟雍（中央为高台建筑［称为"明堂"］，四面环水；辟，璧也；雍，邕也），诸侯曰泮宫（等级逊于辟雍，

仅东西门以南通水），这里最早也是举行飨宴的地方。后代学宫沿袭其形制，称地方学校为"泮宫"，并于孔庙前修建半圆形的水池，称为"泮池"。明、清两代，凡府、州、县学新录取的生员要先跨过泮池上的石桥，再到文庙拜谒孔子，到正殿明伦堂拜见学官，才算是正式入学，故称入学为"入泮"，也叫"游泮"。

第二十三章
秦缃业：荣登副榜

恪遵父训勤治学

秦瀛的遗孀戴氏在勉励自己的儿子秦缃业奋发努力时，曾含着泪对他说："小子其毋忘乃父之训乎？"

秦缃业要比他的长兄、秦瀛的长子缃武小四十二岁。因为年龄相差很大，缃业没有和他父亲早年的子女们一起长大，而是在母亲的教养下成人的。每天下学回家，母亲都要让他背诵当天所学的所有课业。如果背得好，她就开心；如果背不出，她就要强迫他苦读到深夜。每当缃业有所松懈时，她就取出亡夫生前为儿子所写，由她小心保存在箧中的故事及格言，用以督促他。

缃业幼时的学习颇佳，到十八九岁时已经写成一本小小的诗集。他很是为自己骄傲，就把诗集刊印了出来，并送给父亲的好友阮元，希望他能为之作序。但是那位已经升任大学士的显赫大员，并没有理睬他的冒昧请求。

缃业还不到二十岁时，母亲就安排他和比他大三岁的一位姓汪的表姐结了婚。新娘的外祖父也姓秦。这种"亲上加亲"的婚姻在当时是常见的。缃业的婚姻把富有的汪家和有名望的秦家联结了起来。

和所有有志气的读书人一样,缃业顺利地考中了秀才。1835年(道光十五年),他在二十三岁时进京入读国子监,准备像他父亲那样参加乡试。但是他在京师待了二十年,始终和举人头衔无缘。

在这段时间里,中国的国力衰弱日益明显。1839年(道光十九年),皇帝认识到必须采取行动,对付那些把越来越多的鸦片运进中国,用以补偿从中国购买的茶叶、丝绸和瓷器的英国商人。他们的所作所为不但大大地消耗了中国的财力,而且造成大清帝国的世风日下。

道光十九年正月二十五日,受命查禁鸦片的钦差大臣林则徐正式抵达中国与洋商的贸易中心广州。流入中国的鸦片主要来自英属印度,在这项获利颇丰的生意里,最活跃的就是英国商人。林则徐在虎门(毗邻广州)没收并销毁了他们运来的两万余箱鸦片。不过,这时中国人仍然对自己的力量有着不切实际地幻想。道光皇帝以禁止茶叶出口威胁英国人,以为他们没有茶叶就活不下去了。

林则徐还要求外国商船具结保证,以后绝不夹带鸦片来华。有五十五艘外国商船的船长签字具结,其中只有一艘是英国商船,另有三十二艘英国商船的船长拒绝签字。在英国商人的鼓动下,英国首相帕麦斯顿(Lord Palmerston,1784—1865)集合了一支远征军进攻中国,进而引发了从1840年到1842年(道光二十年至二十二年)的鸦片战争。

中国人料到了这支由二十余艘军舰、四千名英国和印度士兵组成的远征军要攻打广州,却没有料到它会向北开去。道光二十年(1840)六月初七日,几乎没有防御措施的浙江省定海县在遭到长时间的炮击之后,陷入英军手中。

一个月后,英国舰队抵达天津大沽口外,直接威胁到了北京。英国人递交了帕麦斯顿给道光皇帝的信,提出了一系列要求,包括赔偿被没收的鸦片和英国的派兵费用等。

清廷同意在英军南撤的条件下进行谈判。谈判拖了好几个月,这让英国人失去了耐心。为了展示其大炮的威力,他们于十二月十五日攻占扼守广州的虎门要塞，并摧毁了清军的大部分船舰。炫耀武力起到了作用：十二天之后，两广总督兼钦差大臣琦善接受了英国人提出的要求，签订了《穿鼻草约》（或作《川鼻草约》，因在穿鼻洋〔虎门口外的海面〕议和，故名），内容包括割让香港、赔偿英国政府600万银圆、重新开放广州为通商口岸等。

《穿鼻草约》还未经朝廷正式批准，英军就占领了香港。结果清廷拒绝承认这份草约，并派大军进入广东，企图消灭英军。次月，英军再次进攻虎门，轻而易举地占领了各要塞和外商工厂。随后，英国军舰沿珠江而上进逼广州，并利用河道控制了周边农村。道光二十一年（1841）四月，英军炮击广州城。广州府知府余保纯奉退入城内的靖逆将军奕山之命出城求和，签订了屈辱的休战协议《广州和约》。不过因为害怕皇帝发怒，他们在奏折里隐瞒了真实情况。

没过多久，英国人发现广州的官员不能兑现他们做出的承诺，决定再次向北方进军。英军相继攻陷厦门、宁波等沿海城镇，并于道光二十二年（1842）五月十一日拿下了上海县。然后他们沿长江而上，攻陷了镇江，直抵南京下关江面，直逼南京城。在英军建立了明显优势的情况下，道光皇帝终于让步，命耆英和伊里布为钦差大臣，在南京和英军展开谈判。

谈判的结果是道光二十二年七月二十四日签订的《南京条约》。条约包括：中国同意割让香港给英国，赔偿2,100万银圆，开广州、福州、厦门、宁波、上海为通商口岸，同时承认中国与英国官员在外交上的平等地位等13条款项。2,100万银圆的赔款中有600万指明是没收鸦片的补偿。这样，尽管条约字面上没有提到鸦片，实际上是默许了鸦片贸易。

现在，鸦片战争被视为中国历史的分水岭，但在当时的北京，许多人并没有完全看清它的影响。他们只是为外国军队撤走而松了一口气，认为西方的"野蛮人"不可能改变延续了千百年的天朝传统。

当时，京城里的读书人纷纷对事态的发展展开讨论，缃业无疑也加入其中。可惜他这一时期写的东西在后来的战火中几乎全部丢失了。

生逢乱世，身如飘萍

1846 年（道光二十六年），秦缃业再度参加乡试，还是没有考取举人。不过，这次他的成绩已经很接近了，因而被列入"副榜"——一个四十名考生的名单中。① 在这份荣誉的鼓舞下，他又参加了几次乡试，仍旧无法中试。登上"副榜"成为他学业的最高成就，在很大程度上这也是他一生的写照：虽然他胸怀大志，想要解救苦难深重的祖国，但他始终没有升到能够一展抱负的高位。不过，尽管没能实现所有志向，但他后来确实赢得了作为一名学者和历史学家的声誉。

缃业不到四十岁时已经有了五子（光筒、光翰、光祖、光庭、光儒）一女。虽然他继承了一些家产，他的妻子也出自富裕人家，但他还是渐渐面临养家糊口的需要了。所以，主要出于经济上的考虑，他开始出任官员的幕宾。这是当时不能进入仕途的读书人可以找到的少数出路之一。他先在山东，后来又在安徽，为这两个省的学政工作，辅佐他们考校诸生。接近中年时，他以副贡的身份进入国史馆，担任地位低下的誊录一职，后来被晋升为盐大使（全称为盐运司库大使，正八品官职）。

严格来说成为副贡，意味着缃业有了入仕的资格，但在当时想要做官的人很多，而员缺却很少，所以往往要等很多年才能得到补缺的机会。清廷开办了捐纳例，让想要入仕的人出钱，把自己的名字列入候补官员名单。缃业拿出相当大一笔钱，捐了地方官里较高一等的同知。1856 年（咸丰六年），他被派去浙江等待补用。

在等待期间，缃业是没有俸禄的。不过，朝廷有时会委派他担任一个临时职务，而在这数周或数月的时间内，他的工作是有报酬的。有一项临时职务是往来苏州和常州之间筹集军饷。因此他被升为知府，尽先补用道，赏戴花翎加盐运使衔，但是仍旧没有让他治理一个地方。

19世纪50年代，中国南方因太平天国起义（1851—1864）而变得动荡不安。太平军的领袖洪秀全和秦缃业一样仕途不顺，曾四度赴广州应童子试②均落第。这场震撼中国长达十四年之久的乱事，发生时间大致与美国的南北战争（1861—1865）相同。其间，共有三千万人丧生，仿佛预告了清朝统治的结束。

洪秀全在鸦片战争中亲眼看到了西方枪炮的优势。紧跟着炮舰来到中国的传教士所传播的基督教吸引了他，他阅读了许多宗教读物。有一天，洪秀全因病陷入昏迷，清醒后自称是耶稣的弟弟，和耶稣一样是上帝之子。他和他的追随者宣告成立一个新的王国——太平天国。他们的使命不仅是要推翻清朝，恢复汉人的统治，而且还要传播他们自己的一套基督教教义。起初西方国家因为它和基督教之间的联系，对这个运动抱有好感；后来他们觉得还是清廷能更好地为他们的政治和商业利益服务，于是就和清军联起手来镇压起义者。

一开始，太平军在前进过程中并没有遇到多少阻力。他们攻下了一座又一座城镇，于咸丰三年（1853）二月初十日占领南京，把它定为太平天国的首都，号称"天京"。

南京失守的消息传到无锡后，居民陷入了恐慌。咸丰三年二月二十七日是清明节，就在人们祭祀逝去的亲人时，传出了太平军逼近无锡城的谣言。居民在混乱之中争拥出城，自相踩踏，结果有二十七人在南吊桥下被踩死，从城墙跌下摔死和泗水遭灭顶者亦不在少数。有一个乞丐扔掉讨饭的碗之后自杀身亡。

一名小贩途径在北边守卫无锡城的两个军团。他照例敲打着两块竹板，大声叫卖他的货物。可是心神不定的士兵远远看见他，又听到噼啪之声，以为是敌人靠近，竟放起枪来。另一些士兵以为自己真的遭到了袭击，于是试图逃跑，却与另一个军团的逃兵混在了一起，互相攻击。混战中，死了十多名士兵，而小贩却安然无恙。

无锡人预想的进犯在数年之后才发生。在此期间，城内的居民心情烦乱，寝食难安，无论是百姓还是军人都紧张地等待着大祸临头。

由于最富庶的江、浙两省大部分都落入了太平军之手，清廷的财政收入随之减少，士兵的口粮也遭削减。咸丰十年（1860）闰三月十六日，围攻天京的江南大营有五万余名士兵哗变③，向常州溃逃。无锡守备蒋志善组织团练固守城池，直到四月初清军的援军调至。五天之后，等待已久的无锡攻城战终于开始了。广西提督张玉良、宜兴总兵刘季山率领全部人马出城迎击正面进攻的敌人。另一支太平军从西门袭击，轻而易举地占领了失去防守的无锡城。

进城之日，太平军在各乡贴出告示说，他们将会吊民伐罪（吊，抚慰；伐，讨伐），秋毫不犯。但是，就在隔天，头上包着红巾的太平军士兵四出焚掠（谓之打先锋，即没收地主、官僚资财充入圣库），杀害男人并奸淫妇女（谓之打水泡）。

太平军极力招募当地人来服役，而城外有几处仍在抵抗，其中一处就是秦缃业之友、其长媳之父华翼纶所镇守的荡口镇。华翼纶的部队头上包着白巾，以区别于头上包红巾的太平军。

北京的清廷已无力增援各省，西方列强一直在对它施加压力④，要求开放中国内地，让外国人旅行、经商和传教，还有最重要的一条：允许西方各国在平等的外交基础上派公使常驻北京。谈判失败后，他们便诉诸武力。咸丰七年（1857）十二月二十九日，英法联军攻占广州。次年五月，在英法联军威胁要进攻北京的情况下，清廷和英、法、美、俄四国政府签订了《天津条约》。

咸丰九年（1859）五月，英、法两国派遣了一支庞大的海军舰队抵达天津大沽口外，要求到北京互换经过正式批准的条约，遭到中国方面的拒绝。英法联军遂进攻大沽炮台，但这次清军准备充分，指挥得当，竟大败联军。咸丰十年（1860）六月，联军再度向北京进军，他们从几乎没有设防的北塘口登陆，顺利攻占天津，直逼北京。咸丰皇帝以到北方狩猎为借口逃往热河行宫。八月，英法联军入侵北京，二十二日火烧了圆明园，终于让中国看清它在西方军事技术面前的软弱无力。清廷在这种压力下被迫与英、法两国签订了《北京条约》，包括保证外国使节享有驻在京师的权利，增开天津商埠，增加中国应付的赔款等。其间，俄国利用中国的积弱不振，迫使清廷也和它签订了一个不平等条约（即《中俄北京条约》），规定把乌苏里江以东的中国领土割让给俄国。面对这一系列的危机，皇帝奕詝的健康状况迅速恶化，咸丰十一年（1861）七月十七日，三十一岁、正值盛年的他驾崩了，由他六岁的儿子载淳继承帝位，是为同治皇帝。但是在此后的半个世纪中，掌握大权的却是皇帝宝座背后的一个女人——恶名昭彰的慈禧太后。

太平天国之乱是无锡在一千年内所遭遇的最严重的灾难。太平军控制无锡长达四年。仅第一个月，就有超过十九万名男人、女人和孩童惨遭毒手。四年当中，许多人纷纷选择上吊、投河或跳井自杀。由于田地无人照管，这个地区成了一片荒地，连麻雀也不见踪影。在这片地区恢复平静之前，幸存者到最后被迫靠吃人肉生存。为了取得尸体充饥，邻近聚落的百姓自相残杀。

在无锡城即将被叛军占领的时候，缃业正在杭州任职，但是他的母亲还留在无锡城内。缃业的长子光简把祖母送到乡下安全的地方避难。咸丰十年十一月，在太平军到达杭州城之前，缃业设法逃离了那儿，在野地里躲避了一个多月，然后才找到一条船把他带回无锡，暂住在其友华翼纶所指挥的民兵控制下的荡口镇内。

由于当时差不多整个浙江省都陷于太平军之手了，缃业不可能继续担任官职。所以在穆宗同治元年（1862）三月，他和华翼纶一起去了上海。他们在那里见到了刚被任命为署江苏巡抚的李鸿章，并成为他的幕宾。

那年秋天，缃业的母亲和其他家人也来到上海。虽然这里不受太平军的威胁，但他们的日子过得并不愉快。缃业的四子光庭幼时已经夭折，现在次子光翰没能熬过战时的艰苦生活也不幸去世。加上光简的一对儿女又患了天花，其子不治而死。缃业亲自教他疼爱的孙女读诗，为住房狭小，不能令儿孙们好好读书而深感遗憾。

入浙兴利多

1863年（同治二年）年末，李鸿章的淮军（奉时任两江总督曾国藩之命，于是年二月招募淮河一带的乡勇在安徽省会安庆组建成军，人称"淮勇"或"淮军"）把太平军逐出了无锡和苏州。但是收复回来的无锡城百分之九十的建筑，包括秦家成员聚居的第六箭河河畔的许多房屋都已被摧毁。太平军本来把较好的屋舍保留下来，供他们自己使用，但是官军到来后引发的巷战造成了大规模的破坏。官军得胜以后又恣意破坏，杀戮奸淫远远超过太平军的所作所为。

无锡收复后，缃业曾给新上任的知县问梅（姓名不详）写信，表示他想要回归仕途，但是缺少捐官所需的钱财。他写道："弟上次休案，已被部骏行，催列省彼中已矣，自不待言，家累亦难安，斯或有劝其入赀者，妙手空空，集掖不易。"

后来，缃业终于筹足了所需数目。1864年（同治三年），他辞去了在李鸿章幕府里的工作，把全家搬到苏州。第二年闰五月，他重新跻身官场。

1866年（同治五年），他在担任署两浙、江南都转盐运使时，进行了一项试验，用发盐引或期票代替盐运。但是因为得不到时任浙江巡抚马新贻（即清末四大奇案之一"刺马案"的主角）的支持，终究未能付诸实施。

那一年，盛夏酷热，新秋骤凉。八月，缃业的母亲及其三子光祖在三天内相继病故。缃业把他们运回无锡城安葬。他在为母亲撰写的行述里，悲叹自己的收入才刚刚开始有所改善，还未及报答养育之恩，八十六岁的老母就去世了。

在浙江的几年里，缃业担任过好几个职务，并且越来越多地参与到记载重要政治事件的工作中。浙江巡抚杨昌濬命他和候补知县陈钟英纂修关于左宗棠（在太平军攻占杭州城期间，曾担任浙江巡抚和闽浙总督）如何从太平军手中夺回本省的史录。他们用两年的时间完成了一部十六卷的《平浙纪略》。

在这部官方刊印的史书里，缃业用的完全是来自清廷方面的材料，如皇帝的谕旨和官员的奏折等。他自然没有打算从起义者的角度去记事，但是通过集中描写浙江的情况，还是能够反映当时这个国家究竟发生了什么。

战争像潮水一样冲刷着浙江，该省的许多地区曾多次沦于太平军之手，又多次被官军收复。在漫长的斗争岁月里，数不清的人丢掉了性命。战前浙江省会杭州的城乡共有人口八十一万，战事结束时只剩不到十分之一。

缃业记叙道，咸丰十年杭州城被围时，随着粮食贮备用罄，粮价飞涨。最终因为买不到粮食，荷叶、香蕉皮、草根、树皮都被吃得一干二净。军粮另有储备，但也被食尽，于是就宰杀马、驴等牲口。将领们沦为吃蜡烛果腹，士兵们则饿得软弱无力，其人数因死亡而大大减少。杭州城终于失守。省城里的五六百名官员无一人逃脱。太平军大肆抢劫杀戮，街上血流漂杵，河里塞满投水自尽的妇女尸体。

他说在偏僻地区，因为人们藏起来了，所以破坏较小。但是即使在那些地方，也仅有一半略多的人得以生存。

浙江平定后，经济也逐渐复苏，这意味着朝廷又能从这个被认为是最富庶的地区征税了。但秦缃业和省里的其他官员联名提出了减免赋税的请求。他们解释说，经过多年战乱，人们需要时间休养生息，朝廷不应该追索同治元年（1862）浙江被太平军控制时的赋税。

缃业和太平天国之乱以后推行的税制改革有很密切的联系。他曾在同治六年（1867）四月为一本关于赋税问题的书《杭嘉湖三府减漕记略》作了序。在序中，他把浙江的高税率与江苏相比照，因为江苏也是赋税最重的省份之一，并且因此引发了多次百姓叛乱。缃业写道：

"顾江苏,州、县未建漕仓,概收折色,定价四千五百有奇。夫米者,农民所自有,若必粜(音同跳,卖出)米易钱而后完漕,已不胜其烦扰。况值谷贱伤农之岁,几以两石而完一石。民何以堪?"

不过,早在同治三年,浙江全境勘定之时,闽浙总督左宗棠就在省城设立了清赋局,由候补知府戴槃(字涧邻)主持,办理减漕、清赋事务。戴槃即《杭嘉湖三府减漕记略》一书的作者,缃业写道:"君姈(后作"专")心壹志,博考通筹,而后得其要领。于是,定议减原额三十分之八,为米二十六万六千七百余石。民困为之大苏,犹沉疴之去其体,而出之乎水深火热之中也。岂非数百年来未有之盛事哉!"

伴随重新向朝廷缴纳漕粮而来的问题,就是漕运了。数十年来,浙江一直面临着是否要开发海运来代替运河漕运的问题,因为泥沙淤积和河水泛滥已经使大运河的航行条件变得越来越困难了。要将南粮北运,供应北京的朝廷和北方各省,一条畅通的航道是必要的。

早在1803年(嘉庆八年),黄河泛滥,泥沙堵塞大运河时,就有人想起先朝曾用过海道运输,乃拟议开辟一条海上航线。但是洪水一过,这个问题便被搁置起来。19世纪20年代,洪泽湖大堤决口,使运河河道的一部分遭到破坏,漕运网络就此瘫痪。于是,开辟海道的问题再次引起极大关注。道光五年(1825)六月,皇帝终于决定将江苏的漕粮改由海运北上。次年,一支由1,562只商船组成的船队,从上海出发,把漕粮运抵天津。不过,道光皇帝宣布,这只是临时措施,第二年大运河修好后,还是使用内河航道。⑤

到了19世纪40年代,漕运的问题变得日益严重,各省解送进京的漕粮日渐减少,造成京师出现缺粮危机。于是,1848年(道光二十八年)再开海运。此后,因为太平军起义,导致内河运输受阻,再加上1855年(咸丰五年)黄河改道,致使运河山东段逐渐淤废,恢复大运河之议就再也没人提起了。

有关浙江省开辟通往北方的海运路线的历史,在一部以巡抚马新贻的名义刊印的书——《浙江海运漕粮全案重编》里作了详细记载。

秦缃业为其中一卷写了序，不过也署了马巡抚的名字。

秦缃业的结论是：海路运输要比运河运输省钱省力，也省时间。但是他也发现一些问题，特别是随着浙江逐渐从兵祸中恢复过来，粮食的收成也越来越多，届时可能会没有足够的船只运送漕粮。他说："惟近年商贩利用洋船，中国之舟几废。……若米日见其多，船日见其少，将何以济？"

1871年（同治十年），缃业再次担任署两浙、江南都转盐运使。他发现盐场员多缺少，导致一些行政官员把持人事，借机中饱私囊。他于是抓住劣行最严重的一个官员，逐页清查册籍，曝光其贪污行为，以儆效尤。此后，盐场的其他官员便不敢再收贿鬻缺。

缃业处理的另一个问题，涉及破坏国家的食盐专卖制度。朝廷规定了各地食盐的生产配额，并制定了较高的盐价以便增加国家收入。但是，有许多人生产和销售私盐，最大的非法经营地就是浙江的岱山县。此城地处海岛（位于舟山群岛中部），居民可以用木板晒盐，不需要投入多少资金和劳力，他们所生产的盐以远远低于官价的价钱出售。缃业建议与其禁止这种生产，不如改由巡抚遣官向制盐者收税。这个意见被采纳了，岱山盐得以公开出售，官府也收到了税款。尽管缃业大力号召在浙江的其他地方也推行此法，但却没有成功。在之后的数十年内，私盐的产销一直是个大问题。缃业曾多次慨叹，盐运使没有推行政策的权力。

家道中落暗伤神

缃业和他的父亲秦瀛一样，有许多朋友是杰出的作家和诗人。1867年（同治六年），他与一些诗人组成"湖舫吟社"，每月聚会两次，游湖吟诗，极一时风雅之盛。他们还拟订刊印一部诗集，但是因为一些成员到外地任职，另一些年老的成员去世，这个诗社最终解散了。

1873年（同治十二年），一位名叫白骥良（白少溪）的诗人找到缃业，让他看其本人和另外七八位诗人的作品。这些诗人大多正在等待补缺，他们的诗社也因为有成员死亡或迁往别处而解散。白骥良请缃业删去诗作的十之二三，选出最好的诗作，汇成一集，缃业欣然同意了。

大约在此时，缃业应族人之请，主持第八次修辑宗谱的工作。上一版宗谱是由其父秦瀛纂修的，并于1819年（嘉庆二十四年）问世。虽然缃业的侄子和侄孙有好几位的科举功名比他高，而且也参与了重修宗谱的工作，但是因为缃业的辈分最高，又是最知名的学者，所以族人才找他来主持。

缃业在序言里把未能按时修辑宗谱的原因，归咎于太平天国之乱。有许多族人死去或逃离无锡，以致谱牒散亡，子嗣凋零。把过去与现在一比，他说：

> 惟吾秦氏，当前明中叶及本朝乾、嘉间，服官中（内）外者，一时恒有数十人，而应春、秋二试（即春闱与秋闱）亦如之，榜发必有掇（摘取）巍科（科考名列前茅）、登上第者。而出为名臣、为循吏，处为文学、为醇儒、为孝子悌弟者，又历历可数。旰（通"吁"），亦盛矣！
>
> 乃十数年来，历经丧乱，死亡颠沛之余，饥寒日迫，舍本逐末，惟利是趋。读书稽古之士，百无一二，其赴童子试者，且不如曩时乡、会之多。而名列贤书者，已寥寥无几，何其衰也！

显然在他的心目中，无锡秦氏和大清王朝一样已经进入了衰落期。以下几组统计数字可以说明秦家的兴衰：15世纪，族里出了两名进士，16世纪出了三名。在17世纪，这个数目一跃为九，18世纪更是猛增到十六，但19世纪又骤减为二。族中举人，从16世纪的十名上升到17世纪的十四名。18世纪剧增到三十一，19世纪又回落到十六。从中可以明显地看出：这个家族最鼎盛的时期是在18世纪，特别是乾隆年间。缃业悲叹自己无力挽回家族的颓势,他在序言末尾写道:"濡笔以序兹谱,其能无恧(音读女第四声,惭愧)于中也?其能无慨于中也夫?"

有趣的是,一个多世纪以后,无锡博物馆馆长顾文璧先生也在秦家的没落和清朝的衰败之间找到了共通之处。他说:"无锡秦家的没落实际上反映了中国封建社会日薄西山的历史趋势。封建官僚地主已经病入膏肓,无力阻止它的衰败了。"

1875年(光绪元年)发生了一件奇怪的事。缃业的族侄孙宝玑,一位凭借自己的能力为人所知的学者,在山西一家旅店中发现一本诗集,里面就是年轻时的缃业在差不多半个世纪以前所写并送给阮元的那些诗。阮元这时早已过世。秦宝玑买下了这本诗集,并把它送给了自己的族叔祖。年事已高的缃业认为这些诗并不值得发表。

这段时期,经常有较年轻的作者请他为他们的集子作序。

上书李中堂论外交

1878年(光绪四年),与缃业共同生活了四十多年的妻子不幸去世。缃业在为汪氏写的事略里说:"四十余年伉俪,半居贫苦忧患之中,未赏一同安乐。"当她知道自己不久于人世时,便取出发钗、手镯分赠给孙女、侍婢,然后把箧中剩余的所有积蓄都交给了丈夫,让他为自己置备棺木。缃业说:"盖知余贫,虽濒死,犹不忍以此事累余。"

第二年,经已是大学士的李鸿章举荐,缃业被任命为署浙江金衢严道,负责金华、衢州、严州三府。当时在金华府汤溪县山区,有几股土匪纠合在一起作乱,甚至还有自己的盖印和旗帜。缃业逮捕了匪首,把他们送到省城审讯,但让他失望的是,他们都被巡抚释放了。后来其他道府都发生了骚乱,而他管辖的三个府却平静无事。

这时,他虽然已不是李鸿章的幕宾,但对国内和国际事务仍极为关注。他还给李鸿章写信，提出自己对一些重大事件的看法。

当时中国陷入了与俄国之间的领土争端。同治十年（1871）五月十七日，俄国趁新疆发生动乱，派兵占领了西部重镇伊犁，声称在中国有能力平乱之前，将代为管理。⑥1878年（光绪四年）春，清廷通知俄国不再需要他们代管了，但圣彼得堡却迟迟不肯交还这块土地。是年年底，清廷派遣出使俄国大臣崇厚赴圣彼得堡与俄方展开谈判。光绪五年（1879）八月十七日，崇厚在里瓦几亚俄皇行宫擅自签订条约（即《里瓦几亚条约》，又称《交收伊犁条约》，或简称《崇约》），同意仅把伊犁城交还中国，其余三分之二的土地划归俄国，中国还要付给俄国一大笔赔款等。就是在这个时候，缃业给李鸿章，这位可以说是中国当时最有权力的大臣，写了一封信。

他在信里痛斥俄国人对中国领土的贪婪野心，对他们把炮舰开进中国水域，以此增加他们在谈判中的筹码表示极为愤怒。他说如果能把俄国人引上岸，那就可以打败他们，因为在平原旷野，对方的军舰大炮不能发挥威力，更何况关外"雄师劲旅，雾合云屯，胜券我操，何畏于彼。"

不过，缃业提醒说，朝廷在全局上的行动要有节制，因为东南沿海的防御力量薄弱。他写道："所可虑者，闽、广、江、浙数省，平日布置恐未周密，防不胜防。而浙其尤焉者也。盖温、台、宁、绍、杭、嘉六郡，皆沿海之区，一处疏虞，处处震动。"

而中国内部的虚弱，一部分是官员恶政造成的。他说："至今年勘办荒熟田亩，有司迎合上意，务在取盈，几同加赋。是以杭、嘉、湖三府，叠有滋事之案，以致大失民心。万一海上有事，加以散勇、盐枭勾结，乘间而起，岂曰无人？外患内忧，一时俱集，其何以堪？"

最后，他的结论是："以古今大义而论，断断不可出于和；以东南大势而论，又断断不可出于战。"

在此后写给李鸿章的另一封信里，缃业提醒中堂大人要注意俄、日两国与英国之间的不同。

他认为，俄国人之所以选择谈判，而没有采取军事行动，主要是因为其国内的政治问题。他还列举了俄国之前的种种恶行，包括在日本觊觎台湾的时候帮助过日本（一说这是日本故意制造出的假象，诱导清廷在伊犁问题解决之前承认其对琉球的占领），企图接管西北的战略要地等，俄国人"割地要盟，欺凌太甚，人人共愤，欲得一战而甘心，亦无足怪。"可是，缃业补充说，中国仍然没有做好开战的准备，"浙虽近亦添营购炮，办理海防，恐仍属虚应故事，战守均有所不足。推之闽、广等省皆然。今暂以一和字款之，亦天下人民之幸。"

　　他继续写道："然俄、倭（日本）二国究与英国不同。英人志在通商，和似可久。俄、倭则志在开辟，和乌（疑问代词，同"何"）可恃？数年之后，例需换约，乘我师老备弛，彼必复生觊觎。"

　　瞻望未来，缃业建议朝廷在媾和之余，"外应撤防，而内则轻徭薄赋，固结人心。训士练兵，潜修战具，以备一旦之变。将来即使有事，陆地以战为守，海口以守为战，庶（副词，差不多，表示可能）有豸（通"止"，解决）乎。"缃业的意见反映了当时中国人的普遍看法：外国人善于在他们的炮舰保护下作战，一旦上岸就可以将他们歼灭。他说："考本朝康熙中，俄人寇边，两次兴师讨之。⑦其主上疏谢罪，且请分定边界，自后朝贡不绝。此陆地可战之说也。"至于日本人，缃业说："昔元世祖以舟师十万征之，遭暴风，军尽没，卒未得志。⑧今彼族船坚炮利，更胜于前朝。此海口可守不可战之说也。"

　　当时浙江省城里有一所官办书局（即浙江官书局，设立于1867年［同治六年］）。1880年（光绪六年），缃业因为他的文学成就，被任命为书局的提调（清代后期各新设机构中的主管官员），负责刊印具有历史价值的著作。缃业参与出版的规模最大的一部书，是长达六十卷的《续资治通鉴长编拾补》。在他的主持下，书局补正了由南宋历史学家李焘所著、记载北宋史事的《续资治通鉴长编》中已佚失多年的部分，包括被金人俘虏的皇帝徽宗和钦宗时期的记录，是研究北宋历史的重要资料。

缃业在跋文（后记）中说，这部拾补"夫殚竭八九人之心力，博稽百数十种之史书，且阅两年之久，而后克成。亦可谓勤苦倍至，精严不苟矣。"

忧国忧民忧时

光绪七年（1881）闰七月，新巡抚陈士杰就任，要求本地官员就如何治理浙江提出建议。在浙江工作了近二十五年的秦缃业，上书指明问题主要在于财政。

他从政府对食盐的专卖谈起，和十几年前一样，他极力主张使私盐的生产合法化，以及向制盐者收税，但还是没有得到批准。事实上，盐政改革要到20世纪20年代外国人插手盐务之后才实现。①

关于漕粮，缃业说自从同治年间办理减赋以来，百姓都很高兴，但是仍旧存在着问题。他说，百姓交给地方的是实物，而地方交给户部的是现钱。所以地方官府必须把收来的米再以三千六百文一石的官价返销给农民，而不管当年的收成如何，市场粮价又是多少。不仅如此，其他赋税在歉收之年可以减免，漕粮却每年都按定额收缴。由于每年的收成好坏不同，市场粮价——也就是农民的实际负担——也因之而变化：收成好的时候，农民的负担较轻，若遇到荒年，农民的负担就更重了。

他说，在过去官吏们争着要收粮，因为这是肥差；而近来他们都视之为畏途，不愿意担任，因为如果农民缴不足漕粮，差额就要由他们赔补。缃业说情况如此荒谬，他甚至听说有人祈求灾荒，以便米价会上涨。大概是因为，如果市场的米价能高于官价，那农民就能从购粮中得到好处了。他说："年岁有丰歉，米价有涨落，每石三千六百文恐难画一。若〔官价〕能照市价再加二三成耗解，上在将军首府少有未便，于百姓则无关利病，而州县之力纾矣。如仍有短征短解，罪之可也。"

然后,缃业谈到了厘金(因初定税率为一厘[即货值的1%],故名)的问题。厘金又分为行厘(又称"活厘")和坐厘(又称"板厘"),行厘指的是地方政府对过境的货物所征收的一种通过税,而坐厘则是对产、销地的货物征收的一种交易税。他指出,在太平天国之乱以前并没有这种税,地方开始征收厘金是专门为了筹集军费,而现在动乱已平,这种税却没有取消。他说:"今天下无事十数年矣,在浙则有塘工(负责修筑、维修挡潮堤坝即海塘)之用、海防之用、甘饷(拨解甘肃的粮饷)之用,势不得不取给于此,其难遽行裁撤,势亦宜然。"为了征收这笔税款,朝廷又设立了庞大的官僚机构,包括省局、府局、厘卡、分卡等,又设提调、委员、司事、巡丁等,不但每年要支出大笔费用,而且腐败舞弊的现象也愈演愈烈,此举"是病民,而国亦无利焉。"

他还讲到自己为了改变这种现象所做的努力,说:"缃业前督理省局(兼任浙江全省牙厘局督办)时,曾通商藩司,重立章程,分别成数,以定去留。功过虽未必尽当,而人知趋事赴功,即收多解少、以多报少之弊,亦差(副词,略微)鲜(少)矣。"

最后,缃业说他年事已高,决心退休。不过,只要他的意见受到重视,他是否继续在政府里工作并不重要,"窃以为不用其言而用其人,犹之不用也。用其言而不用其人,犹之用也。至言之能否有当高深,亦不敢自信,伏祈裁择,无任悚惶。"

缃业在任上做的最后几件事中,有一件是为年轻的节妇陈氏奏请旌表。陈氏是他的族曾侄孙秦鼎铭(秦震钧的来孙)的遗孀。他们结婚刚几周,鼎铭就去世了。陈氏立誓不改嫁,绝食一个多月而殁,死时年仅二十五岁。缃业认为她这种高尚的行为不应该不为人所知,所以和另外一些无锡名流为她奏请表彰,作为其他妇女的榜样。这个请求得到了朝廷批准。

回到无锡之后,缃业应邀续修地方志。上一版的《无锡金匮志》

还是他父亲秦瀛主持编纂的,并在他出生那一年付梓行世。1840年(道光二十年)未及统修,只刻印了《无锡金匮续志》,至今已有四十余载。缃业像他的众多先辈们一样编写家乡的历史,他记下了无锡城在太平天国之乱中所遭遇的巨大灾难,列出了当地比较知名的遇难者的名单,包括一百多名秦家成员。1881年的这版《无锡金匮县志》明确记录了无锡当时的历史和地理情况,并且自此以后再未增补过。

在县志里,缃业也收进了他自己写的《折漕变通议》,一篇关于漕粮折征的文章。他说由于太平天国之乱以后,漕仓大半毁坏,官府被迫专收折色而不收本色,但这种税制是不公平的。官府规定每石米要折钱四千五百文上缴,可米价高低时常变化,有时仅值二千余文。普通农民按市价卖米缴税,实际上等于税率加倍甚至过之,而"绅户则有强弱多寡之不同,于是抗欠包揽无所不有。"他听说,有的乡绅大户自己定价每石米折钱二千五六百文,"强纳诸官或为之包解者(即一手承揽征解钱粮的胥吏)"。

他接着说:"至于小户,田止数亩,以至数十亩,终岁勤动,本不足供八口一年之食,折漕既无现钱,势必举其日食之米而贱售之。"

虽然缃业因为他的功名、官位,理所当然地被认为属于上层乡绅阶层,但他从来不是大地主,他的心也明显在穷人这边。写这篇文章表现了他的勇气,因为他这么做是在挑战无锡乡绅的既得利益。他提出了两个可行的解决办法:一是各州县速建漕仓,恢复以征收实物为主的税制,免去折钱所引起的问题;二是仍旧折钱,但是改以市场米价计算,另附加少许钱以补贴收税的行政费用。和他的许多建议一样,这个意见也没有得到任何人的理睬。

缃业一生始终为没能达到高位而苦恼,所以他只能退而求其次,向身居高位的官员陈述自己的看法,希望能够影响他们。1882年(光绪八年),法国侵犯东京湾(北部湾的旧称,其北临广西,东临海南,西临越南,因越南首都河内旧称东京,故名)。在中、法两国看似要在越南问题上发生冲突时,他写了一篇文章,叫《论策应越南事宜》。

他指出了越南在历史上和地理上与中国的联系，说："越南之臣属中国也，旧矣。"法国与越南远隔重洋，而越南却与中国的云南、广西两省接壤。而且越南非常弱小，轻易就会被法国占领，然后遭到和琉球群岛落入日本手中同样的命运。

当时，原太平军领袖刘永福在越南避难，组织了武装抵抗法军。他的黑旗军（因举黑旗作战，故名）打了好几场胜仗。缃业认为清廷应该赦免刘永福的罪，并派兵支援他的行动。他质问说："然法悍未肯遽退，越瘠岂能久持，中国其可如秦越相视（指先秦时的秦、越两国，一个在西北，一个在东南，喻关系疏远，漠不关心）而不出一旅援之乎？"

不过，他也承认中国的兵力有限。他说虽然李鸿章的淮军百战百胜，但是如果把他们派往越南，"则两湖、三江、闽浙方有斋匪⑩、哥老会⑪等伺隙而动，恐外国未服，中土先已骚然。况越江逾岭，道里辽远，师行因之告疲，水土又多不习，殊非计之所宜。"

缃业主张派遣小部队到中越边境，鼓舞越南军和黑旗军的士气。另外，他建议对刘永福"赦其既往，嘉其义勇，授以二三品武职"，使其本人与麾下士兵成为中国军队的一部分。这样的话，如果法军侵犯中国边境，那他们就会遭到黑旗军和那些被派往中越边境的小部队的夹击。

他还说，如果法国派海军进攻中国，清军不应出洋与之作战，而应加强陆上防御。然后，"可引入内地，合防兵、团勇以奋击。彼长技无所施，必大受惩创而去。如是而苟悔祸丐和（指洋人对所造成的灾祸表示悔恨并求和），至再至三，而后许之，和自可久。"至于其他西方国家，缃业认为它们不会插手。他说："盖英、美各国，志在通商，一用兵而海道梗塞，商旅不前，各国方且仇视之，孰为援手？"他的结论是孤立无援的法国不可能得胜。

然而，清廷拒绝正式承认刘永福，也拒绝从南方派兵进入越南。得不到支援的黑旗军无法抵抗法军，清军于是被迫进入战斗，却被法军打败。结果清廷签订了丧权辱国的《中法会订越南条约》，不仅承认法国在东京地区的利益，而且同意开放云南、广西等省与法国人通商。

缃业最有名的一篇文章是《海防议》，他在其中表述了一个非正统的观点：总的来说，外国人不是掠夺者。他说外国人所追求的只是通过贸易来谋取利润，并非喜好战争，"即有一二国狡焉思逞，往往为他国所牵制"。

但他也警告说："惟东洋人心存叵测，贸易亦少，与西洋不同。"这句话后来证明他是有先见的。

他还说日本人已经成为制造铁甲船的专家了，中国人也必须学会造这些船。不仅如此，缃业指出：军舰的造价很高，每艘在百万两银子以上，中国买不起很多。至于枪炮，情况也是如此。况且外国人卖给我们的都是过时的产品，"迨我能仿之，而彼之法又变矣。前日之器已不如今日之精，后日之器又过于今日之利。……故洋人尚铁甲船，我必思破铁甲船之法；洋人尚后开门枪炮，我必思破后开门枪炮之法。若仅购之仿之，即足相抵，亦难得志。"

而且"洋人长于水战，而不长于陆战；长于火器，而不长于兵器。"所以中国应该反其道而行之，集中自己的资源训练一支现代军队。他还主张减免赋税，让沿海城镇组织民兵御敌。他说："洋人畏百姓甚于官兵，必不敢深入。万一口外（指海口或港口外）不能拦阻，则击之口内，主客既分，劳逸悬绝，彼之利器亦无施。洋人以船为命，断无舍水趋陆之理。而我陆军守隘，与水师犄角，自足防其侵轶。……况洋人以船为家，去国数万里，后无应援，而我之兵勇可以调募于临时。果能沿海人心固结，驱逐汉奸，严断接济，而复广募渔船海盗，以孤其势，彼术立穷，断不能占我海口。其阑入（擅自闯入）口内者正可聚而歼旃（之、焉二字的合读），否亦去之惟恐不速，何能内犯腹地？则所谓用我所长，攻彼所短者此也。"

此外，他说一支精锐的军队不但能遏制外国人，而且能镇压内乱。朝廷可以仿照外国人制造各项火器及小轮船，用来对付造反者。

他力促朝廷要选拔优秀的人才担任官吏，教育百姓并改善他们的生活。他在文章结尾说："人心大定，兵力自强，虽亿万年久安长治可也，岂特东西洋人不敢生心而已哉？"

君子固穷

缃业退休后过的是贫穷读书人的生活。他的一生除了担任盐运使期间外，经济都十分拮据，虽然他已年过七十，但是当他被邀请到杭州主持东城讲舍的时候，他接受了邀请，并且不得不卖掉两幅字画来筹集盘缠。然而，他还没有启程，就已经病倒了。

缃业在1883年（光绪九年）秋开始卧病，五十多天以后，于十月十二日去世，享年七十一岁。

缃业的朋友孙衣言在为他写的墓志铭里说："澹如（秦缃业的号）读先人之书，考治乱之故。使其遭遇略如先侍郎（秦瀛）时，必当有见于世。而以一监司困穷终老，顾使里巷浅夫（见识短浅的人），操短长以议其后。此予所以为今日天下惧也。若夫穷达得丧（得失），一毫末之间，又岂足为君子道哉！"

【编者注】

① 科举时代，按中额录取的称为正榜。正榜之外，还有副榜。1348年（元至正八年），中书省奏会试例取十八人外，再取副榜二十人，"副榜"之名始于此。明永乐中有会试副榜，给一些下第举人做官的机会。正统后，中副榜者不参加廷试，但能参加下科会试。嘉靖中又有乡试副榜，名列其上者，准做贡生，即副贡。清沿明制，初有会试副榜免廷试，咨吏部授职，1664年（康熙三年）罢之。此后仅乡试有副榜，中副榜者准入国子监肄业，备各馆缮写。

当时每届乡试中额，依文风高下、人口多寡、丁赋轻重而定，所以各省不一。凡正榜中额五名，即设副榜中额一名。

② 童子试：又简称童试，是明、清两代取得生员资格的考试。清制，未取得生员资格的读书人，不论年龄大小，凡入试者都称为儒童或童生。童生要取得生员资格，必须经过县试、府试和院试（由各省学政主持的考试，雍正四年改学政为学院，故名），这一系列的考试总称为童子试。

③ 江南大营，清廷在太平天国都城天京城外建立的军营，与立于扬州的江北大营互为犄角。当时官军由钦差大臣、江宁将军和春率领，驻扎在小水关。得到和春重用的翼长（清代八旗武职官员）王浚等，素以克扣军饷著称，以致士气涣散，兵无斗志。该营又因粮饷不继，每四十五日仅发一月粮饷，致军心益怨，甚至有"贼匪一至，我们即走"之语。咸丰十年闰三月十六日，大营官兵索饷而哗，太平军得知消息后，并力外扑，结果五万余人同时溃逃。

④ 中英签订《南京条约》的消息传到美国后，美方也派代表访华胁迫清廷与之谈判，并于道光二十四年（1844）五月十八日签订了《望厦条约》。除了规定美国在通商、外交等方面，享有与英国同等的权利外，还规定"所有贸易及海面各款恐不无稍有变通之处，应俟十二年后，两国派员公平酌办。"英国人得知后，刻意曲解该项条款，于1854年（咸丰四年）《南京条约》满十二年的时候，援引最惠国待遇，向清廷提出了全面修约的要求。1856年（咸丰六年）《望厦条约》满十二年时，美国也提出了全面修约的要求。

⑤ 虽然海运的速度远快于漕运，风险远低于漕运，还能减少治理运河的庞大开支，但仍有相当大一批官员出于各种私心和利益关系反对海运。他们提出诸如海上风大浪急、多海盗出没、粮食易霉变、运输成本高等理由，都被支持海运的官员驳斥了。不过最后，考虑到负责漕运的官吏难以计数，一旦裁撤，将无处安置；海运会断送运河沿岸以水手为业的十余万人的生计，一旦散归，难保不别滋事端；运河的衰落可能减弱朝廷对江南的控制等问题，可能会影响到国计民生，所以道光皇帝还是放弃了海运。

⑥ 19世纪初，俄国陆续吞并中亚诸小国，并与新疆接壤，随即不断要求与中国通商。1851年（咸丰元年），伊犁将军奕山与俄国定约（即《中俄伊犁、塔尔巴哈台通商章程》），许开伊犁、塔尔巴哈台（今新疆塔城地区）为商埠，俄方的势力遂侵入北疆。1864年（同治三年），新疆爆发回乱，伊

犁等地落入叛军手中。清廷因民变迭起，最初无暇派军前去镇压。1871（同治十年），俄国人以保护通商为名，乘机出兵占领伊犁一带，并派出大量移民，从事各种建设，图谋久居之计。俄国驻北京公使倭良戛里（George Vangaly）派员告知清廷，谓俄国已代中国收复伊犁，一俟乱平，即行交还。

⑦ 清初，中国人用"罗刹"（恶鬼之名）一词来称呼俄国人。1651年（顺治八年），俄国人在雅克萨河口筑城，屡次劫掠黑龙江沿岸诸民族。1658年（顺治十五年），俄国人又建城于尼布楚河口，作为他们在黑龙江上游的根据地。次年，俄国人被驻防宁古塔的将军巴海所败，相率逃去。至1665年（康熙四年），俄国人又集中于雅克萨，积极经营。1669年（康熙八年），尼布楚城复为俄国人所占，对黑龙江地区蚕食日甚。

1681年（康熙二十年），清廷平定三藩之乱后，乃积极备战。1682年（康熙二十一年），黑龙江将军萨布素击俄将于瑷珲（今黑龙江省黑河市瑷珲区）附近，尽俘其众。1685年（康熙二十四年），都统彭春水陆并进，直抵雅克萨，俄将不支而降，清军毁其城而还。不久，俄国人又于雅克萨复筑新城。次年，清军又围之。是时，俄皇彼得大帝（Peter The Great，1672—1725）在位，以战地辽远，不便应援，亟思媾和。清廷也久厌兵事，乃听从荷兰人的斡旋，与俄议和，并在1689年（康熙二十八年）与俄签订《尼布楚条约》，两国东以外兴安岭、西以额尔古纳河（黑龙江上源之一）为界。中俄数十年的纷争，至是始告平息。

⑧ 1266年（至元三年）至1273年（至元十年），元世祖忽必烈六次遣使，赴日招降，均告失败。至元十一年（1274）三月，他遣战船九百艘，载士卒一万五千人，自高丽出发，远征日本。十月，入其国，击败日本守军，但元军未谙海战，行伍不整，箭又用尽，因此只掳掠四境而回。灭南宋之后，1281年（至元十八年），世祖再遣军十数万人远征日本，分为两路由高丽及江南出发。元军入海后，士气不振，几次登陆战均告失败。移泊五龙山（今日本西南端九州长崎县的鹰岛）途中，元军遭遇台风袭击，战船多毁，将卒溺死者大半。而后统师忻都、范文虎等择坚舰乘之，弃军逃走，被遗弃在五龙山海滩上的元军遂尽为日军所歼。世祖本拟再度出师，因群臣谏阻，又以用兵安南，遂寝其议。（日本人认为是神制造了这场风暴消灭了元军，所以称之为"神风"，这也是"二战"时日军"神风突击队"起名的由来。）

⑨ 袁世凯窃据中华民国临时大总统职位后，急于处理革命遗留下来的问题，包括偿还外债及列强赔款、遣散各省军队、优待逊位的清帝及清皇室等。于是，他以全国盐税、关税作担保，向英、法、德、俄、日五国（美国中途退出）银行团进行大借款，并于1913年4月签订《中国政府善后借款合同》，其中规定：要在外国人的襄助下，对中国盐税征收办法实行整顿、改良；在北京设立盐务稽核总所，由中国总办一员、外国会办一员主管；在各产盐地设立盐务稽核分所，设中国经理、洋人协理各一员。中国的盐务行政权就这样落入了洋人手中。

⑩ 斋匪：即斋教之乱。斋教，又称"老官斋教"（会众统称"老官"，故名），是由明教演变而成的秘密宗教组织，融合有白莲教的成分，崇奉弥勒佛，以"代天行事""天国普有"为宗旨。明、清两代流行于福建、浙江、江西、江苏、湖南、贵州等省，清代中叶以后，频起乱事。

⑪ 哥老会：又称"哥弟会""袍哥会"。清代民间秘密结社组织，天地会的支派之一。清初，由福建、广东客家移民在四川建立，因四川方言呼弟为老，故称"哥老会"。其首领被称为"大哥"或"大爷"，互称"袍哥"（一说取自《诗经》"与子同袍"之意，故名）。会众多属工匠、破产农民、遣散军人和游民，活跃与长江流域。

第二十四章
我的祖父：知县秦国均

兼祧本宗，捐赀入仕

在秦缃业修辑的宗谱里，有关于我祖父的记载，如下：国均，文锦（秦松期曾孙）元（玄）孙，凤梧子（有误，应为凤梧孙或炳彪子）。字鹿萍，太学生，候选[①]从九品。生咸丰壬子（即咸丰二年，1852年）十二月初七。聘裘氏，浙江候补同知裘云栋女，生咸丰辛亥（即咸丰元年，1851年）二月初八。

修辑宗谱时（即1873年，同治十二年），我祖父已经订婚，但尚未娶亲，未婚妻比他大一岁。当时他已经捐了个监生，即太学生，相当于秀才，有资格参加乡试。此外，他还是从九品候补，属于最低等的政府官员，地位仅仅高于书办、胥吏、差役等不在官制之内的职员。

我的曾祖父秦炳彪也曾捐了功名，在浙江宣平县当过县丞。不过，他三十四岁就去世了，留下寡妻和七岁的国均。国均的三个哥哥福均、三宝、四宝都在幼年夭折了。

我的曾祖母朱氏带着稚龄的儿子去到西安，投靠她的兄弟生活。可几年之后，她也与世长辞了。国均最亲的、还健在的父系亲人，只剩下也在浙江担任地方官的伯父秦炳宿。但是没过多久，炳宿和夫人邹氏相继病故。由于他们没有孩子，十几岁的国均便成为他父亲和伯父留下的唯一后嗣，担负着承继两家香火的责任。

国均不到二十岁就参加了陕甘总督左宗棠的军队。当时这支军队正在镇压西北回族的叛乱。关于国均这一段早年生活的详情，几乎没有什么文字记载，不过根据家族内部的口头传言，我祖父曾在左宗棠麾下最有名的两位军官刘松山和刘锦棠（二人为叔侄）的手下效力，并且可能参与了后勤工作，确保军队的给养供应。

同治十年（1871）正月，叛军领袖马化龙战败后被磔死。随着西北战事结束，祖父捐了个监生，准备步入仕途。事实上，买这个功名和捐其他官职相比花钱并不多，大约是一百两银子，但国均分两次才付清，后一次是在1889年（光绪十五年）。监生的身份使他有了当官的资格，但是为了进入候补官员的名单，他不得不花费比捐监生多得多的银两，才能出现在名单的最底层。对一个候补官员而言，往往要等许多年才能慢慢移到补缺名单的前头，要补上还得有职位出缺。到19世纪末，绝大多数低级官员都是通过捐纳而不是科举得到他们的职位。这个办法给清廷开辟了相当可观的财源。

志在四方轻别离

祖父成为官宦阶层的一员后，便到浙江迎娶他的未婚妻裘凌仙。她的父亲裘云栋是个读书人，曾在浙江省会杭州府担任通判。据说婚礼举行之前，比秦家有钱的女家曾嘱咐到祖父家中筹办喜事的仆人，让他们用手摸一摸新房里叠起来的被子。如果是光滑的，说明被子是绸缎做的；如果是粗糙的，那就是棉布做的。仆人回去后，向主人报告被面是光滑的。祖父的婚礼是由其族祖秦缃业主持的，缃业当时正第二次出任署盐运使。

1872年（同治十一年），祖父母的第一胎孩子降生，是个女儿。他们一共生了五女二子，长子秦联元过继给伯父炳宿家，次子秦联奎则继承自家的香火。秦联奎就是我的父亲。

婚后不久，祖父就发现他的妻子是个才女。祖母与当时的一般女子不同，从小跟着自己的父亲读书，博学多闻。她十三岁就能作诗，十五岁就能著文，到十八岁时已经饱读经史。祖母因擅长诗文而为人所知，她的文采远远胜过其丈夫，曾代替他写诗赠给他的朋友。在当时，朋友之间互相赠诗是一种风尚。此外，祖母还长于武术，曾教过她的儿子张弓舞剑。

祖父在婚后的十年里具体做了什么并不是很清楚。从祖母所著的《明秋馆诗集》（裘凌仙自号"明秋馆主人"）来看，祖父经常离家外出，行踪多在东北和西北。可能他又加入了左宗棠的部队，参与了1875年至1877年（光绪元年至三年）收复新疆（除伊犁）的斗争。不过，尽管他们长时间分居两地，但还是每隔两三年就有一个孩子。

1880年（光绪六年），二十九岁的秦国均成为候补县丞，需要在浙江收集漕粮，然后经海路运往京师。这些漕粮非常重要，因为其中不但有供应北京城及郊区百姓食用的稻米，还有专门供应宫里的贡米。由于任务完成得好，祖父在1882年（光绪八年）年中受到嘉奖，得到了一个晋升的许诺：一旦他补上县丞，就能享受知县的待遇。这是清末常见的一种奖赏，表面上看来是升官，但是暂时并不增加朝廷的支出。

虽然海上航行辛苦，但是祖父显然很喜欢旅行。他在北方逗留了许久，直到年底还待在山东。当时带着孩子留在浙江的祖母写了下面这首诗，诗名为《壬午岁暮（一年将尽）外子有山左之行口占（随口成文）以送》：

频催腊鼓[②]岁将阑（残尽），未听骊歌泪已干。
异地风霜宜自卫，故园松菊待君看。

请缨有志相期得，戛（敲击）釜无烦欲度难。

珍重不须回首望，雄心至此也应酸。

次年，祖父到了陕西，也许是为了探望幼时曾在一起生活的他母亲那边的亲戚。祖父喜欢吹箫，骑马时总随身带着一管铁箫，有时也用它来驱赶恶狼。事实上，他称自己为"铁箫道人"，祖母在写他的诗里也用过这个号。

由于祖父的旅行癖，抚育子女的责任便落到了祖母一人身上。家里缺钱时，她就自己纺线来补贴家用，当时有很多女人都这样做。不过，跟别的女人不同，祖母还成了一名相当于今天的自由撰稿人。她用笔名掩藏自己的性别，给杭州的著名书院"诂经精舍"（阮元创建的一所官办书院）所出的文集撰写时事论文。晚上她教孩子们读唐诗，给他们念古文。因为寂寞和忧伤，她经常夜不成寐。

运银累立功绩

19世纪80年代末，祖父连着好几年，负责押送大批银两进京。这些银两是百姓上缴的各种税款。当时清廷常常为了满足特定的需要而额外征税。譬如在1888年（光绪十四年），户部就命令浙江筹集四十万两银子，做加强边防之用。

可是浙江全省最多能筹到五万两银子，只好保证尽力筹足剩余款项。祖父那年三十七岁，是个候补知县，被委派先将银两押送到上海，再经海路转运天津，最后经陆路运抵北京。

祖父和一位县丞一起负责押送这五万两银子，除此之外，他们还要带去六千两其他税款。他们于七月二十四日起程，八月二十七日到达北京，把银两交到了户部官员手中。然后两人都得到了加一级和纪录两次的奖赏。

光绪十五年（1889）正月，皇帝载湉大婚，并在形式上从慈禧太后手中接过了统治权。为了庆贺这个大典，朝廷又一次增收赋税，浙江所担负的份额是一万两。

这一年，祖父到北京入觐皇帝，这是他正式获准晋升的必经程序。就在前一年，他终于筹足了十七年前捐监生所差的三十九两银子。大概必须付清这笔钱款才能被引见面圣。七月十一日，光绪皇帝召见了他，然后降旨给吏部说："本日引见之浙江候补知县秦国均，以知县仍留原省补用。"这就是说他仍以候补的身份在浙江工作，必须等到有实缺才能补上。这往往要等许多年，而且有了实缺之后，他还要经过一个试用待补期。

此后几年，祖父作为试用待补知县，主要职责仍旧是从浙江押送税款到北京。1890年（光绪十六年），他押送了八万两。次年是五万两。1892年（光绪十八年），他又押送了六万两厘金，其中二万两上交国库，四万两做东北防务经费。

所有这些银两都全数交到了户部官员手里。根据规定，交接之后祖父有资格在京官的保举下要求晋升。不过，从浙江押送银两到北京的时限是七十天，交接手续必须在这个时限内完成。成功完成交接的外官，每押送五万两可以加一级和纪录两次。祖父因为在1890年到1892年之间顺利完成了押送工作，所以他在1894年（光绪二十年）得到加三级和纪录六次的奖赏。

这一年，中国和日本为争夺中国最重要的藩属国朝鲜而爆发了中日战争，结果中国惨败。因1894年岁次甲午，故史称"甲午战争"。次年，在与日本的谈判中，清廷不但承认朝鲜独立（实则承认日本对朝鲜的控制），而且同意割让辽东半岛、台湾岛及其附属岛屿、澎湖群岛给日本。当时正在病榻上的祖母，写了一首《乙未（即1895年，光绪二十一年）初春病中口占》，抒发了国家有难，自己却无能为力的悲哀。诗里有这样的句子：

学剑三年剑未成，摩挲匕首愧平生。

谁筹善策安君国，病里愁闻画角声。

中国这时国力日衰，又面临着内忧外患，外部遭到列强的入侵，内部又缺少强有力的统治。虽然慈禧太后在名义上已经归政于光绪皇帝，搬进了颐和园，但她实际上仍旧大权在握，因为她并没有放弃阅读重要奏折和任命大臣的权力。从小就被教导要惧怕和服从母后（其实是伯母兼姨母兼养母）的载湉，难以违抗她的旨意。为了付给列强巨额赔款，朝廷只得不断增加赋税，因而引发了大规模的动乱。年轻的皇帝无法实行重振国家所亟须的改革，因为一心想着尸位素餐的官员把持着朝政，阻挠革新派改变现状的一切努力。这种情况在1898年（光绪二十四年）终于到了非变不可的关头。

安抚温州民变

那年春天，有十几个省份奏称，因为前一年雨水过多，收成不好，造成粮食严重短缺。由于米价暴涨，又引发了民众袭击粮仓和官府的骚乱。其中，浙江的情况特别严重，一个叫爱德华·亨特（Edward Hunt）的传教士这样描写了他在永嘉县城（温州府治、永嘉县治所在）亲眼看到的情况：

> 上星期四发生了一场激烈的暴乱，并且以百姓的胜利而告终。那天人们起床后，关闭了所有店铺，成群结队地来到三个主要的府县衙门。他们殴打了一些官吏，搬走了一个衙门里所有可以带走的东西，还把全部门窗砸得粉碎。新设立的鸦片局（在那里能够买到鸦片）也遭到了同样的命运。官员们纷纷躲入驻军衙门，从里面发出一系列告示，试图平息百姓的怒火。但是这些告示一

贴出来，马上就被民众撕掉了。到最后，官府只好贴出告示，答应打开粮仓以公平的价格出售粮食，暴乱这才平息。

三天之后，当地爆发了一次更严重的暴乱，一些商铺被抢。官府调来军队，杀掉了两名起事者，才恢复了秩序。

现任知县因无能被罢了官，祖父于是被任命为署知县，具体任务是找出起事的领袖。浙江巡抚在发给京师的电报里禀告说，新知县到任后，米价已经回落，现在正对此次暴乱主事者进行调查。

浙江的形势如此严峻，以致英国驻宁波领事白挨底（G. M. H. Playfair）给驻京大使馆发去了紧急报告。这份报告立即转到了伦敦。白挨底说，虽然这次暴动不是针对欧洲人的，但它是"一场好像正在中国的大部分地区发生的运动的一部分。"这个领事又写道：

> 最近报道的许多骚乱似乎具有两个特征，也就是粮食短缺和拟议中的征收新税。宁波的米价已经从每石3元涨到了每石6元。虽然宁波产米，但是产量不够本地消费，必须从芜湖和其他内河港口购进米谷才能补充供应。在如此困难之下，官府又提议要对农作物征收新税，因此农民就起来闹事了。8号那天，他们从乡下冲入城内，不仅洗劫了县衙门，还虐待了知县。
>
> 显然现在中国急需金钱来偿还债务和赔款等，但它依靠百姓的捐款来解决财政困难的努力，已一次又一次地被证明是徒劳的。

浙江和其他地方的缺粮报告促使光绪皇帝采取行动。是年四月二十三日（6月11日），他下了第一道变法诏书，明确提出中国需要改革，以便赶上西方和日本。在此后三个月里，光绪皇帝在一小群热心维新的青年人的帮助下，发布了一系列改革和精简政府机构的诏令，包括：在科举考试中废除八股文，撤换重要的保守派官员，在北京设立现代化的学堂（即京师大学堂），采用西方的军事操练等。所有这些改革都遭到了保守派官员的反对，他们向慈禧太后求助，慈禧太后惟恐她也会被剥夺权力，于是凶狠地展开反击。八月初六日（9月21日），她招来皇帝，把他幽禁在瀛台，同时恢复摄政。自此以后，在光绪皇帝剩余的十年生命里，尽管奏折是上呈给他和慈禧太后两人的，圣旨也是用两人的名字共同签署的，但他实际上却是她的囚徒。从温州爆发粮食骚乱到朝廷发布诏令对此做出回应，几个月内北京已发生了一场政变。

十月十八日，朝廷发布诏令，不点名地指责某些官员为了请求免除赋税而谎称当地发生了饥荒或旱灾。虽然说了几句需要照顾百姓利益的好听话，但结论却是各地必须按时收缴全部税款，而且丝毫没有提到需要采取措施使百姓能以合理的价格买到足够的口粮。

因为西方国家普遍同情维新派，加深了慈禧太后的排外心态，所以她在两年后支持了仇视外国人、要把他们全都杀死和赶出中国的义和团。

祖父成功恢复了永嘉县的秩序，因此赢得上司的尊重和当地人的赞赏。但是他的资历还不足以使他得到长期任命，所以他不得不把位子让给别人。尽管如此，没过多久，温州又陷入了动乱，这次和1900年（光绪二十六年）发生的义和团运动有关，于是又需要祖父去那里工作。他前后一共在温州待了将近六年。

善后教案获好评

义和团运动起于北方，然后逐渐向南扩展。由于慈禧太后的支持和默许，光绪二十六年五月，义和团进入北京城。同时，外国公使也调遣军队向北京进发。北京城内的冲突不断升级，义和团团民包围了使馆区（东交民巷），日本使馆书记杉山彬和德国公使克林德（Klemens Freiherr von Ketteler，1853—1900）被杀。前来解围的英、美、德、法、俄、日、意、奥八国联军于七月二十日（8月14日）攻进北京，这是中国首都在四十年里第二次被外国军队占领。慈禧太后则挟着失去了自由的光绪皇帝逃往西安。

这些事件发生在北京，总的来说对东南各省并没有什么影响。在五月二十五日（6月21日）清廷向外国宣战之后，东南各省督抚认为他们必须避免卷入这场同时对抗所有列强的战争，于是与各国领事达成协议，答应保护外国人，镇压义和团等秘密结社，史称"东南互保"协议。

尽管如此，义和团运动还是发展到了华东和华南，并在中国官员和外国人当中引起了相当大的恐惧。当时，曾主张招抚义和团和以反洋著称的端郡王载漪发布了一道告示，正式批准对外国人——大多是传教士——和信教的中国人使用暴力。这道布告在东南其他省份都被压下了，但浙江巡抚刘树棠却下令将它分发、张贴。在温州，气氛一时特别紧张。

六月初八日（7月4日），驻温州的英国领事约翰·康普顿（John Compton）发了一封急件给驻宁波的英国领事说：主要的传教组织中国内地会（China Inland Mission，1865年由英国牧师戴德生［J. Hudson Taylor］创办）的成员"为他们自己和教民的安全极为担心，请求我通过信使给你们写信，希望你们设法立即派一艘炮舰到这里来，否则可能就来不及了。"

几天之后，六月十三日（7月9日），新派来的英国驻温州领事额必廉（O'Brien Butler）到任。他发现在江心屿上的英国领事馆里挤满了前来避难的传教士。这些人加上海关官员及他们的家属，几乎是驻温州的全部外国侨民。在他们之外，只还有两名法国传教士和三名日本商人。

额必廉在给英国外交部的报告里说，他到任后立即给温处道道台童兆蓉发了急电，通知对方"华中和华南各省当局已经脱离北方，因此大清帝国的这些地方和所有外国势力相安无事。我请求阁下马上晓谕老百姓这一事实，使他们安心。同时警告他们，任何敢于侵犯外国人或教民，损害其财产的人都将受到严厉惩处。"

在会见童道台之后，这位领事考虑到温州与外界隔绝，只有一艘叫"普奇号"（Poochi）的轮船每十天从上海过来一次，所以决定还是应该马上撤走所有在温州的外国人。这时正好有五位中国教民前来报告，说："义和团手里有一张二十八名基督徒的名单，并且公开宣布要把他们全都杀掉。"这就更加坚定了额必廉的决定。

他在给英国外交部的报告末尾说：

> 那天下午，我们得知义和团在离温州仅25公里的地方大肆破坏。很明显，他们正在逐渐接近这座城市，这打消了我们对于离开这个河港是否明智的全部疑虑。最后从三个不同方面传来的消息说，一股三千余人的义和团势力正从16公里外的一个地方出发，企图进攻温州城里的教堂和外国人。对此，最为详尽的报告是一位中国教民给天主教神父带来的。他说暴徒们前进的速度很慢，因为他们一路破坏教会财产，同时还在路上进行祭祀。估计他们会在星期四拂晓时到达温州。得到以上消息后，我通知所有外侨都尽快登上"普奇号"，命令轮船立刻升火待发。

由意大利制造的"普奇号"轮船于六月十六日（7月12日）离开温州，驶往上海。船上除了船员以外，乘客包括十九名男子、十名妇女和十名儿童。

外侨从温州撤离后不到十天，附近的衢州（治所在今浙江省衢州市）就发生了屠杀外国传教士事件。两名男子、六名妇女和三名儿童遇害，其中九人为英国籍，两人是美国籍。这个事件使浙江的局势更为紧张，并最终导致列强要求清廷把该省的高级官员，包括巡抚在内，全部革职，将乱民一律处死。

虽然温州的外国传教士及时撤走了，但是中国教民却没有那么幸运。数百人不得不躲到山里去。结果他们中的一些人被杀害了，另一些人死于颠沛流离之中。一般认为,激烈排外的温州府知府启续(满族人)对纵容义和团团众的暴行负有责任。

在这种反基督教的狂热气氛里,祖父再次被派往温州。他的任务是去平息骚乱,调查民怨,了解破坏程度,以及处分肇事者。他还要参加与外国人的谈判,确定清廷的赔偿数额。他的身份是洋务委员。七月十八日(8月12日),英文晚报《文汇西报》(Shanghai Mercury)的特讯里记载了他到达温州的消息:

> 一起乘船抵达的还有一位前来调查最近骚乱的特派官员。本地官员十分不喜欢他的到来,在他前去拜访时,他们以一些鸡毛蒜皮的事情为由,拒不接见。

祖父的任务显然非常艰巨。不过,最终他对这项工作的处理和他两年前平定温州局势的成就,给他赢得了精明能干的声誉。

关于祖父的工作详情没有留下什么文字记载,不过他受到了上司的褒奖和外国人的赞许,因为他很快就逮捕了两名暴徒首领,同时也采取措施追捕其他暴徒。

基督教会要求的赔偿不久就确定了,双方协议赔款一万六千多银圆。但是与天主教会的商谈却难办得多。在道台写给巡抚的一份报告里,显示出了当时令中国官员颇伤脑筋的局面。报告说:"当耶稣教开议之时,职道等愚见,恐天主教案迟了或有后言,即饬秦令(即知县秦国均)转约教士一起开议。只以刘教士(即天主教传教士主管卢埃[Père Louat]神父)声言,彼教各案业经申报宁波主教,即应主教主持,无从在温开议。"

卢埃神父索要的赔偿数额很大,他指出当地教会的损失是2万银圆,中国教民的损失又是2万银圆。这位传教士有法国驻杭州领事给他撑腰,领事扬言要派军队和炮舰到温州来。

祖父再次联系卢埃神父,希望尽快解决问题,但神父再次拒绝了。

于是祖父得到指令，去宁波直接与赵保禄主教（Paul Marie Reynaud, 1854—1926）交涉。

祖父在十一月就去了宁波，但是和赵主教的谈判没有取得进展。光绪二十七年一月二十三日（1901年3月21日），英文《北华捷报》报道说：中国人和天主教会"未能达成协议。有识之士并不会对此感到奇怪，因为中国人说要求赔款的数额太高，我们倾向于相信这一点。现在索赔问题已经被带到省会杭州去了。"祖父显然也参加了杭州的谈判。这次谈判直到六月中旬才结束。

三月初六日（4月24日），《北华捷报》刊载了一篇文章，赞扬了祖父和他的上司道台所做的努力。文中说：

> 幸亏我们道台是位宽容的人，他做了极大的努力去抵销知府（即启续）所做的坏事。当时的洋务委员，曾任和现任知县秦君给了他有力的支持。要不是有这两位官员，此间的暴动会是十分可怕的。由于他们的影响，风暴只延续了几天，许多基督徒得以在一个月之内回家。秦大老爷在处理他的县的赔偿问题方面做得很出色，也帮助了不在他管辖之内的县。他亲自视察受害严重的地区，监督发还从教民家里夺走的财物。教会的赔偿问题已经有了协议，并且正在偿还。

次年（即1902年，光绪二十八年）四月，浙江巡抚任道熔在呈递给皇帝的奏折里，大力推荐祖父在内的三名官员应予以晋升。他说："浙江候补知县署永嘉县知县秦国均，于〔光绪〕二十六年接署是缺，正值温属教案迭出之后，力为其难，次第议结。凡地方兴革（兴办和革除）事宜，均能切实措施，绅民翕然（一致）称之。该员勇于任事，有守有为，达变通权，胆识俱壮，尤为人所难能。"

尽管有这样的盛赞和推荐，祖父仍然没有得到晋升。皇帝要求被推荐的官员觐见他，但是祖父直到两年后才得到这份殊荣。一个原因是候补官员的人数在不断增加，而官职数量却没有变动。任巡抚曾在一份奏折里，要求朝廷不要再派候补官员到他的省去了。他指出当时浙江已有二十七名候补道、七十四名候补知府、一百五十名候补知州和三百多名候补知县，而空缺的只有两个道台、五个知府、二十四个知州和七十六个知县。他的要求不大可能引起注意，因为卖官作为国家财政收入的来源实在太重要了。

明镜高悬

1900年到1901年（光绪二十六年至二十七年），祖父的大部分时间都用来处理与义和团有关的事件了，但他仍要履行一个知县的其他职责，其中两项主要职责是维持治安和收税。知县要负责逮捕违法的嫌犯，确定他们是否有罪并给予适当的处罚。中国在传统上是不把行政和司法分开的。在上，这些权力都集中在皇帝一人手里；在下，普通百姓遇到地方官的地方就是衙门。

身为知县，祖父要在期限内调查并解决所有案件。而且由于温州是贫困地区，当地经常发生抢劫案，给祖父带来很多麻烦。更困难的还有宗族纠纷，经常是为了争夺田地的所有权，有时还会闹出人命。因为各个宗族都袒护自己的成员，所以知县往往抓不住人犯。

祖父成功解决过一桩发生在光绪二十七年九月初九日的案件。当时他正在杭州出差。一群强盗闯入温州居民王家达的家中。他们用石块砸破了他家的门，打伤了两名仆人，抢走了价值三百零三两银子的衣物、钱和首饰。

五个月之后，又有一群强盗抢了一户陈姓人家。祖父得到报告之后，便和捕头一起赶到了犯罪现场。他发现陈家是一座有着七进院落的大宅第，位于离城二十多里的偏远地区。他又检查了被砸破的后门和被撬开的箱子、柜橱，在一间屋子里发现了一把斧头，在后门之外找到一段石柱，可能是强盗用来砸门的。他们估计陈家的损失在六百三十九两银子，并根据受害人的描述，画了强盗的肖像，到处张贴。

仅仅过了四天，他们就抓到了八个人。在追回的赃物里，既有属于陈家的，也有属于王家的。经过审讯，发现盗首贺长林参与了两桩抢劫案。贺长林是个三十五岁的湖南人，曾应募当兵，跟过好几支杂牌军。后来他所在的部队被解散了，他就成了游民。他纠集了二十多个强盗作案，其中多数人还在逃。他承认作案两次，并且详细交代了他们是如何计划和实施抢劫的。他供认他穿着军服、带着手枪去抢劫，并从王家抢来的赃物里，分得折合40银圆的财物，从陈家抢来的赃物里，分到折合26银圆的财物。在供词中，他还说他只参加过这两次抢劫，他的亲属中没有人涉案，他也不知道在逃同伙的下落。

王家抢劫案里的另外两名犯人，一个是修伞匠，另一个先是当过民兵，后来因为玩忽职守被开除，便从事起船夫的工作。船夫承认他还参与过在另一个县的一次抢劫。抢了王家之后，他分得折合20银圆的财物。而修伞匠只负责放哨，没有实际参与抢劫，分得折合5银圆的财物。

因为法律规定，无论是首犯还是从犯，凡强盗一律判处死刑，所以祖父给两个当过兵的定了死罪，斩首示众。另一名犯人，也就是修伞匠，被判流放新疆永远为奴。他的脸上被刺了字，以便所有人都知道他犯过什么罪。

处理陈家抢劫案时，祖父判了其他五名罪犯中的两人死判。这两人一个也曾是非正规士兵，因为偷懒被开除，另一个曾在台湾的清军营里服役，因为多次擅离岗位而被开除。他们每人从陈家抢来的脏物里分得折合26银圆的财物。这两人还都参与过另一次抢劫案。其余三名罪犯中，两人是退伍士兵，另一人当过保镖，因为他们只担任放哨没有参与抢劫，所以判了较轻的充军，给在新疆服役的军人做奴隶。

在这两桩抢劫案里，多数强盗都当过兵。旧时，士兵通常来自中国底层社会，大多是贫穷的文盲。有一句中国俗谚说："好铁不打钉，好男不当兵。"

当时的死刑判决分为"立决"和"监候"两种。被判监候的案犯可以等到来年皇帝主持秋审时才定谳,届时常常会得到减刑。不过,就算是判了立决的案犯也要经过一个漫长的覆审过程才会行刑。

知县判决的案子首先要送到府衙里去覆审,如果知府没有发现知县的报告和犯人的供词之间有不符之处,就要把案子送给道台再次覆审,然后再送给按察使。如果每一级都支持原判,案卷会被送到北京的刑部。只有在刑部批准立决后,定了罪的犯人最终才被处死。

祖父处理的这两桩案子都被送给知府覆审。在府衙里,犯人又接受了其他县的知县审讯。王家抢劫案里的所有判决都没有异议,于是案子呈给了道台。不过,等案子上报到刑部已经是两年半以后了。陈家抢劫案里的死刑判决得到了确认,但其他犯人翻了供,所以被发回县里重审。这时祖父已不在温州,新来的知县开堂审问之后,肯定了原来的审讯结果和判决。尽管祖父抓到了八名犯人,并治了他们的罪,但他还是因为没有抓到盗伙的另外一些成员,而面临处分。朝廷对知县的期望是抓住所有违法者,而不仅仅是其中一部分。不过,这一次上面决定不处分祖父。

爱民丢官,纳妾丧妻

知县的职责包括许多方面。光绪二十八年(1902)九月,一艘朝鲜渔船发生故障,漂流到温州附近。船上的十七个渔民被救起,其中三人受了伤需要治疗。祖父安排了人照料他们,直到他们被遣送回国为止。后来,这些渔民被送到了省会杭州,和其他难民一道被护送到上海,然后再搭乘一艘日本轮船回朝鲜。

朝鲜难民所获得的待遇,反映了中国、日本、朝鲜三国之间的关系变化。数百年来,被西方称为"隐士王国"的朝鲜是中国的主要附属国。朝鲜人公开承认这种地位，并采用中国的政治和文化体制。然而，中国的衰落和日本作为一个现代强国的迅速崛起使形势发生了剧变，朝鲜越来越多地进入日本的势力范围。当日本人在浙江开设领事馆以后，中国官员遇到船只失事的朝鲜渔民经常是简单地交给日本领事馆处理，由他们安排经日本遣送回朝鲜。中国的这种做法实际上是默认了日本在朝鲜的权力。

收税是知县工作中的一个重要——可能是最重要的——部分。正税税额是固定的，如果纳税人不及时上缴，知县就要担负责任。在富庶地区，官员可以征收附加税，用来支付他们自己的开销。但在温州这样的贫困地区，往往连按时上缴所有的正税税款都难做到。1903年（光绪二十九年），祖父因为上一年的粮食税只收了九成而被降一级留用。

可是，祖父仍然没能向百姓施加足够的压力使他们按时纳税，结果他遭遇了仕途上的最大挫折。光绪三十年（1904）四月初二日，浙江巡抚聂缉规奏请免去祖父的职位。他在奏折里说，祖父上一年所收的地丁正银比定额短少一百四十七两三钱一分，粮捐短少七千串铜钱。此外，祖父兼理的温州府的屯漕粮捐也亏欠一百二十九元九角八分六厘。聂巡抚说他已经警告祖父两次了，但祖父仍然没能在期限之前把钱交上来。于是，祖父在捐官入仕三十三年之后被革职了。

祖父不肯催逼百姓缴纳税款，必然使他更加受到温州百姓的爱戴。他们在他离任的时候，送给他一顶"万民伞"，上面缀有写着无数温州居民姓名的纸条。他们还在一座小山上给他立了一块"思旧碑"。当地人对祖父的崇敬一直到1937年12月，也就是他去世二十五年之后，还是表现得很明显。当时他的几个子孙逃难路过温州，其中有一位是我的表姐陈晏恒（即我五姑母的女儿），她后来告诉我说，一天他们正在一家旧式旅店的客厅里谈话，一位老厨师上前问他们怎么会讲温州话。

我的五姑母秦飞卿（本名佩琼，以字行）回答说，她年轻时跟父亲在温州住过。

老人问："你父亲在温州做什么事情？"

五姑母答道："他是永嘉县令秦乐平（祖父的另一个字）。"

听他们这一说，老人翘起双手大拇指，连声大叫："青天大老爷！青天大老爷！"

祖父离开温州之后，带着家人返回杭州。当时和现在（20世纪80年代）一样，最方便的办法是先坐船到上海，然后再去杭州。在上海，祖父迷恋上一位被父母卖作丫鬟的年轻姑娘。祖母觉察到了他的感情。虽然她受过教育，拥有比较现代的想法，但在中国传统文化的影响下，她还是认为自己有责任给这个女子赎身，然后把她送给祖父当侍妾。不过，这样做使她十分伤心。

祖父被革职一个多月后，五月初十日，聂巡抚奏报朝廷，说拖欠的三种税捐已经补齐，要求让祖父复职。祖父是怎样筹足这笔款项的，至今不大清楚。也许他从某家新近开张的钱庄借了一笔钱。

然而，尽管革职的决定做得很迅速，复职却需要好几个月。他得先被皇帝召见，正式恢复候补知县的职位，然后和其他候补知县一起等待员缺。

祖父在五月被批准复职，但直到十月初三日，经户部安排，他在北京再次接受皇帝赐见才正式生效。事后，皇帝降旨批准前候补知县秦国均官复原职，派往浙江。

一个月后，两年前任道熔巡抚的推荐终于发生了效用。十一月初四日，皇帝又一次召见祖父，提拔他主持一个独立部门。但这次仍旧只是空名，没有实际职务。

抑郁寡欢损害了祖母的健康。她在光绪三十二年（1906）正月十一日去世，时年五十六岁。父亲告诉我说，在祖母临终之前，他曾试图撑开她的嘴，希望这样她就能继续呼吸，但她在挣扎中几乎咬断他的手指。他还曾用一只手按着她的头顶，防止她的灵魂出窍。

革命暗潮汹涌

中国正面临着关键时刻。1900年（光绪二十六年）八国联军占领北京的巨大打击，终于使清廷行动起来。许多中国人确信他们正面临着民族的毁灭。清廷认识到了改革的必要，慈禧太后一面把权力紧抓在自己手里，一面开始实行她的侄子光绪皇帝在十几年前曾试图推行的革新方案。1905年（光绪三十一年），甚至连已经施行了一千多年的科举制度都被取消了。清廷还选派了学生出国留学，成立了责任内阁。

在清廷推行新政的同时，越来越多的读书人确信问题出于王朝本身。他们发现清朝统治者为了保全自己的利益，总是愿意出卖国家利益的。人们谈论着革命，期待一场不仅要结束清朝统治，而且要建立和许多西方国家类似的共和政体的革命。

以后发生的事件证明，清廷开始它的改革已经为时过晚。而且，随着每一项新政都收效甚微，革命党在改革的推进下日益壮大了。更有讽刺意味的是，清廷派到国外去的留学生非但没有努力维护它，反而带回了民主与共和思想，寻求推翻它。

20世纪初年，浙江出现了一些非法社团，而且越来越有组织性。当时最突出的革命党领袖之一是一位叫秋瑾的浙江女子。她曾留学日本，1906年（光绪三十二年）回国之后，成为秘密革命社团的活跃分子，还为女性创办了一份报纸：《中国女报》。1907年（光绪三十三年）年初，她回到家乡绍兴，以此为据点开展活动。她成为当地的革命活动中心——大通学堂（由革命党人徐锡麟创办）的督办，又通过在诸暨县建立体育协会，扩大学堂的影响范围。

大约在同一个时候，即1906年年末或1907年年初，祖父被派任为署浙江绍兴府诸暨县知县。究竟祖父在镇压那里的革命活动中扮演了什么角色，并不大清楚。他可能根本就不知道有这样一位女革命家在他的县里活动。

总之，1907年春，他暂时被调去做别的工作。当时有好几个省份遭受天灾，祖父被派往灾区参与救济。他主要去了湖北省，从一个城到另一个城，负责处理其他省份运来的粮食，包括检查粮食的品质，安排付款和运输等。有一次，他不得不以私人名义向钱庄借二千两银子来支付各种费用，同时向南京紧急催款。另一次，他报告说，由于当地官员办事手续过于僵化，计划用某一艘船来运粮食就不能用另一艘船来运，结果导致放在仓库里等待运走的六千包白米霉烂了。

祖父在赈灾工作中的贡献，使他又一次得到晋升。这次他被升为同知，赏戴饰有青金石③的四品顶戴。

从湖北调回浙江后，祖父被任命为嘉兴府秀水县知县。他于六月初八日到任，就在六月初六日，拟在绍兴举行起义的秋瑾被官府逮捕并杀害。直到今天，中国大陆和台湾地区都把她奉为革命烈士。

新政无疾而终

祖父在嘉兴工作了三年。这个地方被官方形容为"要津"，特点是"往来频繁，多事困难"，就是说它是一个重要的运输枢纽，存在的问题很多，对地方长官来讲是较难治理的地方。

嘉兴最严重的一个问题是盗匪猖獗。治安最差的地点是在一个叫作濮院的繁荣城镇。有一次，接连十三家商店被抢。还有一次，强盗从主街上的一家店里一担又一担地运走货物，用了好几个时辰。甚至连传教士也没有幸免。最后在祖父的安排下，上面派了炮船和士兵到濮院来，才结束强盗的骚乱。

大约在祖父抵达嘉兴的时候，这个地方突然发生了虫害，把原来可望有好收成的稻谷全毁了。9月的一个星期日，一大群农民聚集在知府衙门外面请求帮助。知府把祖父和另一位知县叫去，让他们帮忙解决，最后农民散去了。严重的虫害使地方官府不得不向朝廷请求减税。

光绪三十三年（1907）十二月，在嘉兴的另一个县桐乡，由于赋税过重和收成欠佳而发生了暴乱。当时有一份报纸报道说，因为我祖父处理得好，所以秀水县很平静。也许正是因为祖父没有用高压手段去收税，不过不久他就为此陷入了麻烦。宣统二年（1910）二月，浙江巡抚上疏报告上一年拖欠税款百分之十以上的失职官员。祖父拖欠的税款达到他负责收缴的三种税的百分之三十到五十。他因此受到了处分，但是没有被革职。

知县的职务也包括一些有趣的活动。1909 年（宣统元年）春，祖父上了一份奏折，请求旌表节妇戚沈氏。她的丈夫死得很早，但她一直不肯再嫁，靠着在家为人做针线活，独自把子女抚养成人。不仅如此，这位寡妇一点一滴地把钱积攒起来，二十年后有了相当一笔积蓄。

祖父担任知县的时候，戚沈氏捐了价值一千多两银子的田产，用来建造了一座育幼堂。祖父认为这位节妇的善行不应该被埋没，于是调查了她的家庭背景，准备了一份列举她上三代祖先事迹的材料，经巡抚同意并上报北京的朝廷，正式请求为她树立一座牌坊，写上"乐善好施"四个字。三个星期之后，朝廷下达了许可令。

知县还得解决常见的口角、斗殴等小事。1909 年年初，一些士兵在饭馆里和老板打架，导致一个旁观者的头被打破，两名士兵被捕。英文《北华捷报》上说："知县是一位能干、为百姓所爱戴的人，他无须军方干预就解决了这场纠纷。"

清廷在推行新政时，祖父正好在嘉兴工作。新政的一个重要组成部分就是控制鸦片。作为禁绝鸦片计划的一部分，朝廷决定：只允许领有执照的商人出售鸦片，限制每次出售的数量，对熟烟征税，而且只许有烟瘾的人购买。他们希望这样吸鸦片的人数就会日益减少。嘉兴是中国在控制鸦片方面做得最成功的城市之一。

当中国走向 20 世纪的时候，现代化的象征开始出现了。1909 年 3 月，杭州与嘉兴之间的铁路开始通行。同年，电报也终于来到了嘉兴。与朝廷密切合作的商会也作为嘉兴自然发展的一部分诞生了。

清廷维新派努力推行新政的另一个重要发展是在中央成立了"资政院"，在各省成立了"咨议局"。这些主要由社会上层人物组成的机构本意是对应兴应革事宜提供咨询。但是它们的权力逐渐增大，不仅定期收到政府文件的副本，而且被征询对于政策和人事变动的意见，更甚至还发起提案。

维新派最重要的一项改革，是组建与过去那种由未受训练的社会渣滓组成的军队不大一样的新式军队。1907年春，嘉兴举行了新军的操练。祖父是坐轿子去练兵场检阅训练的文官之一。

一个目击者接受采访时说："四百名士兵身着深色军服，佩戴红肩章，头戴黑军帽，脚穿外国式皮鞋。军官们身着藏青色军服和两侧缀着红条的马裤，佩戴红肩章，头戴有金边的帽子，样子相当神气。操练从总体上讲还不错，但是少数士兵的动作不完全符合标准。"这篇报道最后说："参观练兵的人都不会看不到中国在这方面的进步。……据我们了解，省城的军事当局打算派这支军队到本省的其他一些地方去展示。这将激起民众的爱国心，并向他们证明，有了合适的领导，中国人也能做到这样。"

对于清朝统治者来说，遗憾的是这项改革和派遣留学生一样，得到了不利于他们的结果。这些职业军队后来成了共和运动的主力，在浙江尤其如此。

清廷进行行政改革的最终目标是建立君主立宪，让各省享有高度的自主权。为了给达到这一目标铺平道路，清廷下令在全国设立现代化的学堂，包括法政学堂，目的是使官员接受适当的法律教育。在过去，地方官员没有受过任何正规的法律教育就执行司法审判。在杭州开设了浙江法政学堂（民国后改名为"浙江法政专门学校"）。祖父把他的两个儿子联元、联奎送到这所学堂去读书。我的伯父毕业于1911年（宣统三年），父亲则毕业于1912年（民国元年），共和国宣布成立的那一年。

担任过洋务委员的祖父和外国传教士、外交官等人一直维持着良好的关系,尽管嘉兴总共只有约二十名外国侨民。祖父出席了上海朱厄尔小姐学校(Miss Jewel's Music School)的一位苏格兰女教师和美华书局(American Presbyterian Mission Press)的一位美国传教士的婚礼。婚礼在海关税务司署(Imperial Maritime Customs)举行,因为新娘的父亲是海关副税务司(清末雇用外国人管理海关,以便监督外国人遵守贸易法规)。参加婚礼的除了来自上海的相当一部分外国侨民,包括美国领事在内,还有一些中国官员。《北华捷报》描述说,那些中国官员"虽然不懂英语,但是热情地融入了那个欢乐的场合"。

挥别帝制旧中国

1909年秋,刚刚调到浙江的巡抚增韫,推荐祖父前往具有战略重要意义的台州府黄岩县,担任已经空缺数月的知县。

为了向朝廷说明我祖父是恰当的人选,增巡抚说:"该员任内,并无承审案件、承缉盗案。"这件事照例上报到吏部议奏,却在那里遇到了阻碍。吏部说黄岩县是海疆要缺,按照规定只能由已有三年经验的官员调补,而我祖父担任正职知县未满三年,又没有捐资取得破例资格,所以没有批准巡抚的请求。

第二年,增巡抚又上了一份奏折,把他管辖范围内的官员分成三类:一类有严重错误,应该永远革职的;一类应予革职,但是可以给予另一次机会的;一类政迹卓著,应予嘉奖和晋升的。

在优秀官员名单上,位列第一的就是秦国均。巡抚说他仁爱如师,视民如子,执行新政且筹集了大量款项,纪律严明。

皇帝在上谕里批复说,秦国均等优秀官员"政绩均著,传旨嘉奖",其余人等应予革职。

三个月后,增巡抚建议任命祖父为定海直隶厅④同知。定海是舟山群岛中的一个岛,因为它是剿捕海盗的据点,也是外国船只北上前往京师的必经之地，所以被分类为"要缺"。

巡抚指出，祖父担任候补知县已有六年，可以补上他完全有资格担任的职位。

这一次，巡抚的请求得到了批准。但是，祖父在这个新职位上没有待多久。第二年秋天，他被派往离杭州不远的海宁州暂任知州。

不过，他还没有前去赴任，武昌便发生了起义。它标志着一场全国性的反对清朝统治的革命爆发。其后一个个省份的政治活动家相继夺取了地方政权，宣布脱离北京独立。

巡抚增韫也受到压力，要他宣布浙江独立，但被他拒绝了。1911年11月5日（宣统三年九月十五日）凌晨2点，在浙江接受过优良训练的新军响应起义，从军营开进城里，没有流血就占领了省城。增韫和他的家人被抓，然后被护送出省。新的省政府宣告成立，不仅发表了独立宣言，谴责清廷的统治，还保证现任官员只要承认新政权，就可以保留他们的职位。

祖父于九月初抵达海宁，当革命浪潮在九月十七日波及海宁时，他任职不过半个月。在和家人商议之后，祖父决定投降，在衙门外挂出了一条床单。当革命党人进入衙门时，祖父身穿朝服等待着他们。

令他吃惊的是，他们对他很有礼貌。然后他又发现，他的次子联奎在向一些革命党领袖挥手致意。原来我父亲和那几位领袖是朋友，先前官军追捕革命党人的时候，他曾把他们藏匿在祖父的衙门里。

清朝被推翻之后，祖父迁居到了上海。1912年1月21日（宣统三年十二月初三日），他因哮喘病去世，享年六十一岁。同月，我父亲秦联奎从浙江法政学堂毕业。在南京，孙中山宣誓就任中华民国第一任临时大总统。中国正进入一个新时代，在我们家，父亲开始在新诞生的律师行业立足。

【编者注】

① 候选：清代吏部铨选制度中的一项规定。京官自郎中以下，外官自道员以下，凡初由考试或捐纳出身，以及原官因故开缺依例起复，皆须赴吏部报到，开具履历，呈送保结（证明相关身份的文书）。吏部查验属实，允许登记后，听候依法选用，称为"候选"。

② 古代民俗，在腊日（即十二月初八日）或前一天击鼓来驱疫。

③ 青金石：或作青金，既是一种矿物名，也是一种以这种矿物为主要成分的玉石名。其色以所含青金石矿物的含量多少决定，通常呈深蓝、天蓝、紫蓝及淡绿蓝等。带有玻璃光泽。其质以含有其他杂质矿物越少越好。主要产于阿富汗。它在古代多被用来制作皇帝的葬器，据说"以其色青，可达升天之路，故用之"。清制，四品朝冠亦以青金石作为顶戴饰物。

④ 直隶厅：清代地方行政区划名。清初，知府委派佐贰官同知、通判驻扎在本府境内较为偏远或新开发的地区分防，逐渐形成府以下的一种新的行政单位，即称为"厅"。开始，厅只设置在西北、西南等少数民族地区或沿海新开发的地方，到清后期，内地也设置了厅。乾隆年间，厅有了直隶厅和散厅之别。直隶厅与府、直隶州平行，因直隶于省，故名；散厅与散州、县平行，由府管辖。

第二十五章
我的父亲：法界先驱秦联奎

家中宠儿习法政

  两年前，港九马路上常见一位形容枯槁、骨瘦如柴的老人，他身着唐装，头戴毡帽，手里提个藤箧，踽踽独行，神情落寞，这便是上海鼎鼎有名的大律师秦待时（秦联奎，号待时）先生。

  这是1960年刊登在香港《春秋》杂志上的一段文字，准确地描述了我所知道的父亲形象。他是一个古怪、忧郁、多病、爱发脾气的人，到了晚年还有多疑的毛病。我了解的几乎只有他性格的这一面，必然也是我记得最清晰的一面。我出生时他已经五十多岁了，虽然大家说他在我小的时候很溺爱我，但是我对他唯一清楚的记忆，却是一个很少跟自己的孩子说话，甚至连他们有没有上学也不知道的老人。占据这个老人全部思想的，是他对自己的众多身体疾病和暗暗逼近的死亡阴影的猜疑和恐惧。

  不过，就像杂志文章所展现的，我的父亲远远不只是我所看到的那个苍白的影子。该文作者形容父亲说："秦律师是位聪明绝顶的人，又极富正义感。中国司法界自有律师制度以来，他领到的律师执照是第七号，牌子最老。"

我的父亲在1959年1月去世，过了二十多年，我才开始把他的生平拼凑出来。我的资讯大多来自母亲和哥哥姐姐们。可是，因为父亲比母亲大了二十七岁，所以他的早年生活有很多连她也不知道。后来，主要是通过阅读1912年开始的旧报纸，我才终于填补上了空白。

秦联奎，生于清光绪十四年（1888）二月初四日，出生地可能是在杭州。他是祖父第七个、也是最小的孩子。因为祖父曾在浙江的不同地区工作，父亲从小就能够流利地说杭州话和温州话。尽管他的老家是无锡，但他从未在那里住过，所以不会说无锡话。

祖父的前五个孩子（佩兰、佩薇、佩芝、佩蘩、佩琼）都是女儿，因而后来出生的两个儿子（联元、联奎）尤其得到父母钟爱。全家旅行的时候，两个男孩要被分别安排在不同的船上，以便万一发生不幸，他们中的一个还能生存下来，赓续秦家的香火。祖母总是把伯父打扮成书生，把父亲打扮成军人。当父亲还是个孩子时，祖母就训练他在鞋上绑了重物去爬山，为的是重物去掉之后他能够健步如飞，轻易地超过别人。这个习惯父亲差不多一直保持到了晚年。他经常挥动手杖，沿香港的人行道坚定地走着，借此来减轻折磨他的腹部疼痛。

父亲是在祖母的监督下接受早期教育的。她不仅教他经史子集，还教他武术。但是在父亲九岁那一年，祖母去世了。从那时候起，比他大十七岁的大姐佩兰管家，成了他的代理母亲。不过在几个姐姐当中，他最亲近的是五姐佩琼，大家都说她是祖父的女儿当中最能干的一个。

父亲十几岁时，祖父就开始为他追随自己的脚步、在朝中为官而铺路。为了达到这个目的，祖父给他捐了各种官衔，又把他送到新成立的浙江法政学堂去读书。清廷设立这种新式学堂是为了培养一批现代法律人才，将来到新式法庭里任职。

在浙江法政学堂里，父亲结识了他政治上的导师许大夫。许大夫是一个秘密反清社团的成员，也是父亲的一位老师的兄长。通过他，父亲得以与浙江的政治活动分子密切来往，甚至瞒着祖父把因煽动叛乱罪而被通缉的革命党人藏匿在祖父家里。正因为如此，父亲很早就和被尊为现代中国之父的孙中山领导下的革命党人建立了极好的关系。

在那所三年制的学堂里，父亲学习了伦理学、大清律法、中外立法史、宪法、行政法、民法、刑法、商法、司法程序、国际法和监狱管理，并取得律师文凭。此外，他还在法理学方向获得了一个独立学位。他于1912年1月毕业。

同月，孙中山宣布就任中华民国临时大总统，以南京为临时首都。同时，清廷在北京与南方代表协商宣统皇帝退位的条件。次月，条件终于谈妥，12日，后来被西方称为亨利·溥仪（Henry Puyi）的七岁皇帝正式退位，结束了中国延续几千年的王朝统治。作为协议的一部分，孙中山同意由原清廷重臣、北洋军军头袁世凯接替他担任临时大总统。虽然人们普遍不信任袁世凯，但孙中山觉得既然袁世凯保证会遵守起草中的民国宪法（即《中华民国临时约法》），那么他的权力就能得到约束。

闯荡上海滩

清朝垮台的时候，恰好中国的司法制度正试图革新，并与西方民主国家进一步接轨。1910年设立的新式法庭使法官从知县的手里接过了司法职能，但是抛弃长久形成的一套做法，不可避免地要产生新问题。1912年父亲从法政学堂毕业时，形势就相当混乱。

父亲作为律师在上海开业。这座世界性的都市因为有很多外国人存在，所以局势特别复杂。当时上海大约有二百万居民，其中只有一半多一点接受中国当局统治，其余都是外国人。列强通过与清廷签订一系列不平等条约，把治外法权的概念强加给中国。在上海的中心，即19世纪60年代英、美租界合并形成的"公共租界"，主要由英、美、日等国的驻沪领事治理。此外，法国在上海有它自己的租界，称为"法租界"。中国政府的统治只存在于上海华界及其邻近各县。这当然刺伤了中国人的感情，但是由于外国人管辖的区域比上海其他地方治理得好得多，许多中国人更愿意住在租界里。

租界的存在发展出了一种独特的法律制度。在租界内设有"会审公堂"（又称"会审公廨"，成立于1869年［同治八年］），由一位上海地方长官担任会审官和由外国领事们担任的陪审官一起审理案件。在理论上，这是一个中国法庭，执行中国法律，但是如果案件发生在租界以内或牵涉到外国人的利益，实际上由外国领事共同裁定。这就给外国律师创造了一种环境，使之能在租界建立起兴旺的业务，甚至发展到成立自己的律师协会，例如美国人就在上海建立了远东美国律师协会。但是中国律师却无权在会审公堂出庭。

1911年11月4日，父亲在浙江时结识的陈其美率领革命党人占领上海。他们成功攻占了上海的重要军事设施江南机器制造总局，随后陈其美出任沪军都督。受革命影响，会审公堂暂时关闭。各国领事利用这一混乱时期，加强对租界的控制。从这时起，中方审理案件的官员必须"在外国陪审官的指导下，与他们协同行动"，并且即使不涉及外国人的民事案件，也要会同外国陪审官进行审判。当时上海当局不能有效地反对这种做法，会审公堂就在事实上变成了完全由外国人组成的租界政府——上海公共租界工部局——的附属机构。不过，会审公堂无权判处死判，应处死刑的案件必须移交中国法庭。

即使在华界，司法制度也很不稳定。一方面国家从君主政体向共和政体转变带来了混乱，另一方面那些只在口头上承认中央政权的地方军阀浮沉不定的命运使局势更加恶化。司法部匆匆忙忙地起草和颁布种种新法令，但是往往连哪些法令在什么时候、什么地方生效也不清楚。

许多自称律师的人，很少或者根本没有学过法律，他们从一些什么课程也不开设的"野鸡大学"取得了学位。另一些律师，自称国外大学毕业，其实从来没有出过国，只是通过函授学了法律。

父亲就在这种混乱的情况下开了业。1912年3月27日，上海《申报》刊登了一则启事，宣告了年仅二十五岁的秦联奎律师的出现。这则启事每隔一天在报纸内页登出一次，连续刊登了两个星期。两个月后，一条内容相似、用黑体字排印的启事出现在头版上，连续刊登了一星期。

在启事里，父亲宣称："本律师有权在上海会审公堂，及江苏各级审判厅、浙江各级法院并各行省法庭，办理各类案件。凡诉讼、公证、订约、买产、分产、代收房租等事，不论租界、华界，洋人、华人，无不代办。"

作为一个新到上海的人，父亲发现不断宣告自己的存在很有好处。8月，他刊登了一系列启事，告诉可能成为他的委托人的人们，他的联系地址没有改变。然后在11月，他又出了一批启事，宣告自己换地址了。

与此同时，司法部在9月公布了《律师暂行章程》和《律师登陆暂行章程》。虽然条例比较笼统，不过规定了律师资格和地方律师公会的重要作用。其中一条规定说："律师非加入律师公会不得执行职务"。此外，"律师公会会长应立即向地区法院报告该会所接纳律师之姓名及其入会日期。"没过多久，司法部开始给有资格的律师发放正式的律师证书。父亲的律师证上所标注的颁发日期是1913年1月22日。

这些新发展明显推动了父亲和上海其他律师的活动。1913年2月27日，《申报》上登出了上海律师公会召开成立大会的启事。

1913年3月12日，另一则启事宣布上海律师公会于十天前召开成立大会，其中只提到三个人的名字。一个是公会的首届会长丁榕，他也是全国律师公会的副会长。此外，还提到父亲和另一个人，他们负责签收新会员的会费。

究竟上海律师公会创立时有多少会员，现在并不清楚。父亲的会员证说明他是被接收的第十六位成员。1918年的一份会员名单上显示有二百六十五人，其中只有四人是创始人。律师公会是半官方性质的，因为地方检察院的代表有权出席它的会议，而且它实际上有权决定一个律师能不能够在它的活动范围内开业。

齐人不是福

上海的情况仍旧是混乱的。1913年3月20日，政界领导人宋教仁在上海遇刺，至22日伤重不治去世。三十一岁的宋教仁是《中华民国临时约法》的起草人，临时大总统袁世凯正是在这部大法的限制下实行统治。宋教仁曾被孙中山指定为新成立的革命派政党"国民党"的领袖。随着国民党在全国选举中获胜，年轻的宋教仁成为最有可能出任新政府总理的人，所以袁世凯指使亲信在他即将起程去北京的时候，在上海火车站刺杀了他。

宋教仁的遇害使孙中山和其他革命党人认识到他们已经被袁世凯出卖了。于是，1913年7月到8月在上海爆发了"二次革命"，目的是推翻那个在几个月之前还得到孙中山支持的人。此前在袁世凯的压力下辞去沪军都督一职的陈其美，这时再一次率领部队进攻江南机器制造总局。但当时北洋军在袁世凯的手中，反袁的尝试最终失败了。

父亲逐步建立起他自己的律师业务。他仍旧是个理想主义者，敢于挑战《戒严法》（1912年12月由袁世凯颁布）的上海执行者。1913年8月，他和上海律师公会新会长陈则民控告警察厅厅长穆湘瑶在处决五名盗匪时越权。他们引用《戒严法》第九条来说明该法只适用于军事案件，争辩盗匪应该按照民法来处置。他们说穆厅长错误地使用了戒严法所赋予指挥官的权力。

两位律师向上海地方检察厅控告警察厅厅长,他们的控告也是对批准处决案犯的沪军都督的批评。

一个星期之后,报纸上一则新闻说警察厅厅长提出了反控,指责两位律师诬告。但是随后两位律师在一封致编辑的信里说,他们去检察厅核实过,并没有人提出这样的控告。当时的报纸没有报道清楚这个敏感的政治问题最终是怎样解决的,但是这个事件似乎把父亲描绘成这样一个男人:不仅敢于反对警察厅厅长滥用职权,而且敢于反对袁世凯日益专横的独裁统治。

父亲的行动很可能反映了他过去的导师一直对他带来的影响。清廷被推翻以后,许大夫加入了国民党,并当选为浙江省的十名参议员之一。1913年4月8日,由国民党主导的中华民国第一届国会在北京召开。之后,孙中山发动了二次革命,由于许多国会议员不愿卷入新的内战,结果包括许大夫在内的一百四十八名参议员选择退出国民党,留在国会,试图寻求政治手段而非军事手段解决与袁世凯之间的冲突。而袁世凯先是强迫国会选举他为正式大总统,得逞之后于1914年年初解散了国会。面对这种违背宪法的做法,许大夫和其他议员只得无奈地散去。

这时我父亲二十七岁,还没有正式结婚。不过,他已经爱上了他在一家上等妓院里认识的一个名叫曹月恒的苏州女子。男子寻花问柳的古老习俗在当时仍然非常盛行。父亲认识曹月恒的母亲,是看着曹月恒长大的。曹月恒长着一张中国古典美人的瓜子脸,父亲便和她相好起来。当时他刚开始当律师,不能为她赎身。后来等他有了足够的钱财,她已经跟别的男人生了一个女儿。可是他对她的爱那么执着,竟然把她和她的孩子、母亲全部接到了自己家中,并像对待自己的亲骨肉一样抚养那个女孩,给她取名家秀。后来曹月恒为他生了六个孩子,其中一个死在襁褓之中。

按照习俗,父亲必须娶一个原配夫人。有人建议他娶许大夫的妹妹许佩华。出于对过去导师的尊敬,父亲同意了,并在1914年4月

20日和她成了亲。结婚以前父亲没有见过新娘,婚后也避免频繁地和她见面。她不仅有麻子,而且眼睛极小,家里人给她取了个外号,叫"小眼"。正式结婚以后,他还是不和她同房,更愿意和可爱的曹月恒一起过夜。在真正意义上,曹月恒才是他的妻子,虽然他永远不能给她这个名分。

为了减轻"小眼"的寂寞,父亲把曹月恒生的第一个儿子阿祥送给她抚养。不幸的是,阿祥在四岁就夭折了,"小眼"悲痛得要发疯。有一天,她通知父亲,她准备自杀。他急忙赶到她房里,她告诉他,她已经服毒了。不过,她说她有解药,如果他答应她的条件,她就吃解药,否则她就死在他的眼前。父亲屈服了。

她的要求很简单:要他和她住在一起,直到她怀孕。父亲住了下来,她也如愿怀孕了,生下来一个男孩。她给他取名"再生",以纪念阿祥。悲惨的是,再生也没有活多久,"小眼"又回到了孤独的生活中。1932年,她去世了,只有四十岁。

讼案坚守原则

1914年,中国律师终于能够在会审公堂出庭。父亲申请并获得了出庭资格,这样他就能够在会审公堂、上海地方审判厅及闸北分庭、江苏高等审判厅和北京的最高审判机关——大理院(前身为大理寺,1906年改称)出庭了。

1916年5月18日,又一件政治谋杀案震惊上海。这次被杀害的是前沪军都督陈其美,他是回沪策划反袁活动的。袁世凯在1915年12月宣布恢复帝制,自己要当皇帝。后来,面对巨大的反对声浪,他不得不宣布取消这个决定,但他已经越来越不得人心。陈其美原本住在中国警察管辖之外的法租界,身边总有一些警卫。可是袁世凯所派的人,在陈其美的组织内部成员李海秋的牵线下,借口鸿丰煤矿公司的借款需要陈其美签字（此前，急于筹措经费的陈其美答应给鸿丰煤矿的借款担保），进了他的住处，枪杀了他。法租界的安南警察逮捕了六名嫌犯，在会审公堂审讯。结果两人被判谋杀，一人无罪开释，另外三人以较轻的罪名判了刑。

由于有两名凶手应判处死刑，超出了法租界法庭的权限，这两个罪犯——许国霖和宿振芳——被移交给中国当局，以便"按其严重罪行给以应得之惩罚"。于是，上海地方审判厅重新安排了一次审判。

这次审判几乎只是走走形式。人们普遍认为，既然他们已经被宣告有罪，自然是有罪的。尽管如此，根据当时实行的义务法律援助制度，法庭还是给他们指定了辩护律师。具有讽刺意味的是，在上海那么多开业律师当中，偏偏选中了我父亲来为杀死他朋友的凶手辩护。

不过，父亲还是尽可能做了最有力的辩护。在为被告许国霖辩护时，父亲说他虽然是鸿丰煤矿公司的业主，但他开这家公司的目的是商业性的，不一定了解暗杀阴谋。父亲承认他的委托人在枪响时确实在场，枪响后跳进汽车企图逃走，但是这一行动可能出于惊慌和恐惧，而不是犯罪。

至于被告宿振芳，法租界法庭判他有罪，部分是依据他签过字的供词。然而在上海地方审判厅，宿振芳翻了供。父亲于是对现存的证据，主要是目击者证词的可靠性提出了怀疑。他说由于一个目击者说凶手是"高个子"，而在暗杀发生的第二天拜访鸿丰煤矿公司的宿振芳恰巧身材高大，于是被捕。但是，父亲说已经有另一名目击者指认那个"高个子"是另一个人。

在谋杀案的审讯过程中，陈其美遗孀的代理律师站起来提出了一项民事申诉，要求凶手负责偿还被害人的债务，总计35万元。他还补充说债主正向陈其美的遗孀追讨这笔欠款。

父亲反对这位律师的要求，争辩说：虽然陈其美遭人杀害，但是他的财产并没有受到损失。他和对方律师争论了一个多小时，直到法官宣布休庭。两个嫌疑犯要求法官再指定我的父亲为他们在民事诉讼中辩护，但法官说他没有这个权力。然后父亲表示自愿为他们辩护。

正如人们所预料的，法庭宣判两名被告有罪，判处许国霖死刑，宿振芳十五年徒刑。两人都提出了上诉，后来都减了刑。许国霖改为无期徒刑，宿振芳改为监禁十二年。在整个审讯过程中，没有人直接提及这桩政治罪案的策划者袁世凯的名字。他在陈其美遇害的半个多月后病故了。

袁世凯的死标志着军阀混战时期的开始。北京接连处于几个军人的控制之下，各省的地方势力对这些军人的服从常常仅停留在口头上。袁世凯死后在北京政府掌权的是国务院总理段祺瑞。为了使他的权力合法化，段祺瑞重新召开被袁世凯非法解散了的国会。这次会议的进展并不比上次顺利，因为1917年6月12日，保守派将军张勋以调解"府院之争"（以黎元洪为首的总统府和以段祺瑞为首的国务院之间的斗争，故名）为名，率兵入京，解散了国会，企图拥护清废帝溥仪复辟。同年8月，南下的一百五十余位国会议员在广州召开了非常会议，决定成立以孙中山为首的"中华民国军政府"。

与此同时，我父亲在上海的业务一直在稳定地开展。他不仅在法庭上也在报纸上进行了多次法律争辩。例如1922年秋，一个叫王焕切的律师在报纸上宣布：不得到他的委托人——一位叫许王氏的寡妇——的同意，就不能对死者的产业进行处置。父亲也刊登声明，对王律师的要求提出异议。他说他是死者的两个兄弟的代理律师，王律师的声明侵犯了两兄弟和死者其他亲属的权利。

挑战治外法权

在复杂的环境下，无论是政府还是法律界都逐步取得了更多经验。〔司法部〕不再授权律师在所属律师公会权限范围以外的法庭出庭。1919年，司法部又复查了江苏省，包括上海在内的所有律师的资格，并要求他们之中的四百到五百名律师重新通过考试。只有担任过三年法官的人才能免试。到了年底，全国律师公会联合会在北京成立。

父亲是上海律师公会的活跃分子，多次当选执行委员会的委员。律师公会非常重视保护其会员的权利，反对非会员在任何时候违反司法部的规定出庭。

但是律师公会本身也有些问题。比如在留过洋的律师和在国内读书的律师之间，或者在来自不同省份的律师之间，都存在着派系摩擦。再如，有那么多会员不愿意参加律师公会召开的会议，以至于有许多次因为达不到法定人数而开不成有效会议。公会章程规定出席会议的人数必须达到半数以上才能开会。公会曾不止一次地求助于公会以外的人。例如1925年3月，公会召开领导改选会议。最初到会的人员比法定人数少四人，后来有四个会员赶来了，达到了开会的法定人数，但是中途又有四名会员已经走了。由于公会章程里面没有不准离席的规定，父亲和另外三名领导成员决定选举照常进行。事后，公会写信给最高法院，询问在当时那种情况下，选举结果是否有效。答复是有效。后来公会章程做了修改，把半数以上的法定人数改为三分之一。修改以后要凑足有效会议的出席人数，仍旧存在很大困难。

尽管公会里存在派系之争，但对一个问题，几乎所有会员的意见都是一致的，那就是要结束外国人在上海享有的司法权。在清朝统治的最后数十年里，列强加剧入侵中国，而民国时期的特点则是不懈努力地击退列强。1918年，父亲被指定参加一个刚组成的九人委员会，任务就是研究与政治上很敏感的治外法权密不可分的问题。在中国的领土上存在外国法庭，这被认为是民族的耻辱，遭到不单单是律师还有学生、工人、商人的一致反对。中国在第一次世界大战的后期，加入了协约国集团，并最终赢得了战争的胜利，这让中国人产生希望，以为列强会放弃在华享有的治外法权。然而，巴黎和会（Paris Peace Conference）却把德国在山东享有的权益移交给日本，导致1919年爆发了以学生为主、席卷全国的游行示威活动，被称为"五四运动"。

上海律师公会支持了学生的抗议活动。

每次遇到机会，律师公会必敦促当局对会审公堂采取行动。1922年9月的一次司法会议上，律师公会提出一项议案，要求无条件地把会审公堂归还给中国掌管。它指出，没有一个条约规定了会审公堂要由外国领事掌管，而且中国会审官所做的只是在外国陪审官达成的决定上签个名，所以要求立即采取措施"维护国家的权益"。

当律师公会正在谋求摆脱外国对中国法庭的操控时，这个国家继续遭到派系之争的破坏。袁世凯死后，北洋军很快分裂，他们企图控制北京政府，遂与地方势力结成联盟，形成奉系、皖系、直系三个主要派系。1922年8月，旧国会再次在北京召开会议，试图实现国家的和平统一。此时，又一个军头希望国会能赋予他合法地位：直系军阀首领曹锟想让国会选举他当中华民国大总统。父亲的妻兄许大夫再度以议员的身份参加了国会。曹锟一伙人向议员施加压力，要他们投曹锟的票，但是有几百名不肯支持他的议员逃到了南方。1923年7月，他们企图在上海召开国会与之抗衡，但因不足法定人数失败了。最后有些人向曹锟屈服，回到北京投了他的票。许大夫一直留在南方，和他的妹妹同住苏州，在政治上默默无闻地度过了他的余生。看起来父亲可能在1923年前往北京与许大夫会和，当挫退曹锟的努力失败后又和他一起逃到上海。或许是由于早年的这些经历，父亲后来极力避开政治，拒绝了所有要他担任政府官职的邀请。他也告诫他的孩子们不要介入政治。

收回会审公堂的运动，拖拖拉拉地持续了许多年也没有多大进展。列强在原则上同意就这个问题进行协商，同时反过来要求中国对其他问题进行谈判，例如扩建和改善港口，增大公共租界的范围等。然而，1925年发生的一个事件，为解决会审公堂的问题的提供了必要的推动力。那一年，上海的几家日本纱厂工人举行了几次大罢工。5月15日，一个叫顾正红的中国人被日本领班开枪打死，结果引发了5月30日大学生在公共租界的示威活动。缠着红头巾的印度巡捕和中国巡捕，在他们外国上司的命令下，向学生开枪，当场打死十一人。这起惨案促发了一系列学生、工人、商人的抗议活动，使上海瘫痪了好几个月，并且很快波及了其他城市。这个在历史上被称为"五卅运动"的事件，激起了全国民众的愤怒，他们不仅要求惩办杀人元凶，而且要求解决造成社会不满的深层原因，尤其是外国人主导会审公堂，以及外国人垄断对公共租界的管理这两点。

外国律师必然抵制把会审公堂归还给中国掌管，他们组织了一个委员会来保卫自己的利益。远东美国律师协会发表了一份措辞强硬的声明，反对把会审公堂交还给江苏省政府，宣称管理省政府的不过是以孙传芳大帅（直系军阀）为首的一群军人。声明说："在过去两年里，所谓的江苏省政府已经以万花筒般的速度易手四次。孙大帅掌权的时间还很短，而且，如果报纸上的消息可信，他很快将会被想要控制上海公共租界周围富庶地区的其他军阀首领取代。"美国律师接下去说，上海的中国居民对会审公堂的信任超过对中国的司法机构的信任。

美国律师的声明让中国人十分气愤，因为它讲的在很大程度上是当时政局的真实情况。地方当局的确不大理会中央的指令，而且自1921年以来，中国存在着两个政府，均声称是中国唯一合法的政府：军阀掌权的北京政府和孙中山在广州成立的军政府。孙中山没能得到列强的承认，他继续和在北京掌权的人打交道，而不论这人是谁。1921年，另一个争夺政治权力的竞争者出现了，那就是刚诞生的中国共产党。到1924年，共产党和国民党联合起来以推翻北洋军阀。

美国律师发表声明的第二天，即1926年7月18日，父亲和上海律师公会的另外十二名会员开了一次紧急会议。会后也发表了一份强硬声明，不仅要求恢复中国对会审公堂的管理权，而且宣称不应给予外国律师出庭的权利。律师公会的声明说："外国律师不懂中文和中国法律，因此不许在中国法庭执行业务。使用译员既浪费法官的宝贵时间，有时也会引起误解。"此外，声明还说，不应允许享有治外法权的外国律师出庭，因为如果他们行为不端，法官又不能对他们实行纪律制裁。他们问道："难道我们要以牺牲公正及中外友好关系为代价，去保存一百个外国律师的利益吗？"他们给美国国务卿和美、英驻北京的大使发去电报。与此同时，外国律师也派了一个代表团去北京，敦促他们的大使不要向中国方面让步。

在上海律师公会和其他团体，特别是上海总商会的压力的推动下，外交部在那一年8月成功与外方达成协议（即《收回上海公共租界会审公廨暂行章程》），规定自1927年1月1日起，由上海临时法院取代会审公堂。这标志着中国在争取结束外国控制的漫长过程中前进了一个阶段。不过，从新建立的法庭名称可以看出，协议所做的规定是暂时性的。根据协议：除了属于各国领事裁判权的案件外，公共租界内的所有民事和刑事案件都由临时法院审理；取消外国陪审官，在审理涉及外国利益的案件时，可以由领事指派一名外国代表列席，这名代表可以提出不同意见，但是无权推翻法官的决定；外国律师可以代表涉及外国人案件中的任何一方，但不准代理涉华案件。协议明确说明，临时法院可以暂时存在三年，如果三年后双方没有达成最后解决办法，这份协议可以继续施行。收回司法权的问题，这次至少暂时得到了解决。

会审公堂的结束使中国朝着真正的独立前进了一步，但是它又衍生出了其他问题，比如服装。按照规定，中国法官和律师出庭时必须穿一种特别式样的袍子。临时法院建立以后不久，一个叫科维（Covey）的英国律师出庭，和中国法官进行了以下对话——

法官：你为什么没有穿中式律师袍？
科维：因为我不是中国律师。
法官：那我就不能听取你的发言。
科维：我是不是要这样理解——因为我身为一名英国开业律师，允许我在英国法庭上只能穿英国律师袍，且规定我不能穿着它或其他袍子出现在英国以外的任何法庭，所以我被拒于这个法庭的辩护之外。……我别无选择,只能服从阁下的裁决。

科维的译员:我能向科维先生的委托人讲话吗?

法官:不能。因为我不能承认你是一位没有穿中国律师袍的律师的译员。

乡人同宗最是亲

虽然我祖父在童年就离开了无锡,父亲也从来没有在那里住过,但他还是把无锡视为自己的家乡。事实上,他曾把上海的无锡宗族学堂作为他的通讯地址。毫无疑问,他的无锡关系帮助他扩大了交往圈子,他们为他写推荐函和介绍新顾客。当时有远远不止十万个无锡人住在上海,其中很多是知名的生意人。在上海有一个无锡会馆,它是无锡同乡聚会、交际和互通消息的场所,也给来自无锡的旅客提供住处。这所会馆提供的另一项服务是身处上海的无锡人死后,通常要等候回无锡下葬,其间家人可以将灵柩暂存在那里。我祖父在1912年1月去世以后,父亲就把他的棺木寄放在会馆。虽然会馆通常要求会员在两年内把灵柩运走,但是父亲为了寻找一块风水好的坟地,一直在那寄放了二十五年。我祖母的灵柩也在杭州的一座庙宇里停放了三十年,才入土安葬。

由于父亲的无锡关系,当1923年开始筹建无锡旅沪同乡会时,他被招募为一名发起人也就不足为怪了。新的同乡会和会馆不同,它的主要目的不是进行社会交际,而是为住在上海和仍旧住在家乡的无锡人提供帮助。8月,一百五十名发起人召开会议,宣告同乡会成立。创会之初就有六千多名会员,父亲担任了同乡会的法律顾问。

同乡会的活动包括慈善工作、法律咨询、教育和娱乐。凡年满二十一岁的无锡男子,经两名会员介绍即可入会。同乡会为无锡儿童开办了一所小学,为无家可归的无锡妇孺设置了一个救济所,还创办了一本杂志。

第二年年初，江苏督军齐燮元（直系军阀）和浙江督军卢永祥（皖系军阀）之间发生战事（史称"江浙战争"或"齐卢之战"，起因是齐欲占领卢所控制的上海），这使新成立的同乡会极大地消耗了财力。位于江苏省内的无锡正处于军事交战区。当一支军阀部队踏过无锡，其身后就留下了死亡和破坏。同乡会组织紧急救援，向无锡运送粮食和其他物资，还把五六千名难民疏散到了上海。在此过程中，同乡会的一名工作人员不幸中弹身亡，于是同乡会为他举办了一场群情激愤的追悼会。会上展示了死者的血衣，包括父亲在内的几位同乡会负责人都发表了讲话。

8月27日，同乡会召开全体大会，纪念它成立一周年。父亲在致辞中说："过去，在我们组织起来以前，同乡们遇到困难，无处求援。现在，任何时候发生情况，我们都能提供帮助。如果争执双方都是无锡同乡，同乡会可以出面调停，帮忙解决问题，使双方不至于伤感情。身为法律顾问，我愿尽力效劳。"

父亲积极为同乡会工作了十多年。1927年夏，同乡会设宴欢迎新任无锡市市长于崇焕。当时全国正在建立地方法院，把市长和法官的职权分开，但是无锡还没有实行。父亲在致辞中敦促市长支持行政权和司法权相分离的原则。他说地方士绅往往企图左右审判结果，避免发生这种问题的最好办法就是使司法真正独立。

大约就在这时，无锡秦氏决定修辑第九版宗谱。其实早在1919年就提出了重修建议，但是因为缺少经费而一再推延。秦家在报纸上登出通知，要求宗族成员提交各家的最新情况，包括出生、死亡、婚嫁等重要变更信息。父亲同意在这项工作中担任宗族的法律顾问，负责评审大家交上来的材料。宗族试图利用他的声望，尽量减少宗谱编印后可能产生的法律问题。宗谱之所以重要，是因为写进去一个人的名字就意味着他拥有了继承权。既有秦家成员入赘到没有男性后代的岳丈家，也有外姓人因婚姻关系而姓了秦，还有过继侄子或其他亲戚为子嗣，这些情况都存在潜在的法律纠纷。

宗谱的主编是一位有名气的学者，叫秦敦世，他是秦瀛的曾孙，中过举人。他的那一支有好几代出过杰出的学者。秦敦世的儿子秦通理（本名中行，以字行）是父亲的远房堂弟，毕业于京师译学馆，当过盐运副使。父亲和秦通理是很好的朋友，他们两人同岁（通理比联奎晚五天出生），并且有着同样的爱好——京剧。他们不仅是戏迷，而且都学过唱戏。高度程式化的京剧素以华美的服装著称，但是几乎没有布景，空空的戏台上通常只摆一张桌子和两把椅子。京剧的剧目有限，经常看戏的人能把所有的戏都熟记在心。对京剧只有初步了解的人也知道，一个人挥动鞭子就是在骑马，背上插着许多小旗的是指挥千军万马的将军。看戏的乐趣不在于看故事的发展，而在于观察演员怎样能够通过一拂袖、一摇头，表现出愤怒、恐惧、惊讶等情绪。京剧的角色包括生、旦、净、末、丑，甚至还有动物，譬如很受喜爱的美猴王孙悟空。父亲的专长是扮演小生，也就是京剧中长相好看的年轻男子。

秦通理和父亲还有一个共同点：两人都喜欢漂亮女人。虽然秦通理有妻子伍氏和三个孩子，但他每隔些时候就要纳个妾，过些时候又把她们抛弃掉。他的好几个姨太太都是有名的戏子。当其中一位在报纸上被称为"秦通理夫人"时，他的妻子大为恼火，在报纸上登了一则启事，声称秦通理夫人只是位家庭主妇，没有演戏的才能。从那时候起，这位姨太太只自称"秦太太"，而秦通理的妻子也没有再公开为难她的丈夫。

优游十里洋场

父亲虽然没有再娶妻或纳妾，但是大家都知道他有过好几个情妇，甚至是在他正式和许佩华结婚并与曹月恒同居以后。根据中国人的传统价值观，男人大多有四个弱点——嫖妓、赌博、酗酒和抽鸦片。父亲向他的一个朋友承认他有前两个弱点。他饮酒不多，但是烟抽得厉害。不过，他抽的不是鸦片烟而是香烟。他最喜欢的香烟是英国制的加里克（Garrick）牌，一天要抽掉一罐五十支装的，以至于他的手指都给尼古丁熏黄了。父亲去世以后，他的另一个朋友写了一篇关于他的文章，说他晚年多病是因为"年轻时耽于女色"。

父亲沉迷于任何形式的赌博。他做黄金、外币、股票和债券的投机买卖，还去赌马，打麻将，买彩票，在当时流行的回力球上下赌注，常常玩到连身上的最后一分钱都输掉了。有一次，他刚拿到三千元大洋①的手续费，就去赌场玩轮盘赌，一直玩到输光所有钱。他是那么习惯于挥霍他的律师业务给他带来的丰厚收入，从来不认为自己有存钱的必要。

但是实际上，赌博也是当时结识朋友和谋求代理诉讼的一种途径，很多友谊是在麻将桌上开始的。父亲就是在赌场里认识了上海最重要也最被人畏惧的人物之一——杜月笙。杜月笙是一个复杂的人，他既是黑社会头子，经营毒品、妓院及其他非法生意，又是实业家、银行家和慈善家。当蒋介石在1927年决定消灭共产党的时候，就曾求助于他，而杜月笙也大力帮助了蒋介石，把自己的人派进国民党军队不能公开进入的外国租界，搜捕共产党人。杜月笙没有受过多少正规教育，他是通过自己的性格力量成为青帮②这个非法秘密组织的首领的。他把非法活动的所得投入合法生意，最终控制了证券交易所和好几家银行，还当上了一百多家公司的董事，证明自己在这方面也很擅长。他的朋友们支配着整个上海，政客和那些与他有生意往来的人都有求于他。

杜月笙的朋友中有一个叫朱如山的富有商人，偶尔会到杜月笙经营的赌场去豪赌一个通宵。这个朱如山碰巧也是父亲的朋友，因为他也是个戏迷和京剧票友。由于父亲爱好赌博，那他有一天要求陪朱如山到杜月笙的公馆去就很自然了。那晚父亲输了四千元大洋，是一笔相当可观的数目。他用庄票（钱庄开的支票）付完账，然后就离去了。

根据一篇讲述那天晚上发生之事的文章，父亲走后，杜月笙问朱如山："你带来的这位朋友是做什么事情的？"朱如山答道：他叫秦联奎，是个律师。杜月笙把那张四千元大洋的庄票拿出来，交给朱如山说："当律师，用心血，摇笔杆，逞口舌，能有几个铜钿好赚？我实在不想赢他的钱，请你替我退还给他。"

第二天，朱如山把支票退还给父亲，但是父亲拒绝接受。朱如山再三向他解释，杜月笙是诚心诚意的，除了表示敬意，没有别的意思，而且杜月笙向来有个不成文的规矩，他送出去的钱不容别人推却，父亲这才收回了那张庄票。从那时候开始，父亲和杜月笙成了亲近的朋友。他给杜月笙当义务法律顾问，在往后的二十年里为对方出谋划策。当然杜月笙还有其他律师，但是他们都不如父亲和杜月笙那般关系密切。他常常不事前通知就去杜家吃饭，两人还互相以"兄弟"相称。通过杜月笙广泛的交友圈，父亲得到了很多新主顾，特别是在他的事业后期。

跃登事业巅峰

孙中山在1925年3月12日逝世，当时国民党还没有一个不容争议的领袖。可是，到了1926年7月，蒋介石已经作为国民革命军的总司令出现了，负责发动北伐战争清除军阀势力，实现已故孙总理统一中国的愿望。

所以当北京的外交部正在进行取消会审公堂的谈判时，蒋介石的军队正从广州向上海推进。他们很快就拿下了长沙，10月就占领了华中的武汉。1927年3月，国民革命军在上海四周摆开阵势。上海律师公会原定于3月20日召开春季会员大会，但没有开成。两天之后，国民革命军占领了上海。

驻守上海的旧军阀垮台后，国民党迅速着手巩固它在这个中国最大、最繁荣的城市里的地位。它的到来受到了上海资本家的欢迎，因为这些人对掌控着上海最有势力的工会的共产党日益增长的力量非常害怕。蒋介石也认定共产党是不可容忍的威胁，于是在 4 月 12 日突然背叛他的统一战线伙伴，发动了针对共产党人的大屠杀，杀死了数百人。

但是，商界和国民党之间的联盟并没有存在多久。当蒋介石一而再、再而三地索要大笔金钱时，上海的资本家犹豫了。不过，他们最后还是被吓得就了范，因为国民党和青帮勾结在一起，用绑架和其他办法勒索钱财。当时的一个外国观察家报告说："有钱的中国人可能在自己家里被抓走，或者神秘地消失在街上。……百万富翁被当作共产党人而遭到逮捕！"

为了进一步控制上海资本家，榨取他们的钱财来资助北伐，国民党接管了上海总商会。全面行使上海的行政权和立法权的国民党中央政治委员会上海分会，建立了一个由政府控制的监督委员会来管理商会。中央政治委员会的负责人就是蒋介石自己。

国民党要把有影响力的机构置于控制之下，它的另一个活动目标就是上海法律界。为此，它采取的第一项行动就是设立一个名为"上海律师同志会"的组织，和上海律师公会分庭抗礼。同志会成立于 3 月 25 日，就在国民党占领上海之后没几天。同志会只接纳国民党党员为会员。它的临时执行委员会的常务委员，包括上海律师公会的发起人之一、显然令人尊敬的律师文超和其他三名国民党党员。但是，由于上海的大多数律师并不想参加这个由国民党控制的新组织，国民党又企图改组律师公会本身。

4 月 24 日，上海律师公会补开春季大会。按照惯例，将有一位政府代表出席会议，但这次来的却是国民党代表。律师们被告知，在公会章程取得国民政府——亦即国民党政府（1925 年 7 月 1 日在广州成立，前身为军政府），而非北京的北洋政府——的批准之前，律师公会不得召开常规会议。到会的律师于是决定成立改组委员会，父亲高票当选为这个委员会的委员。

当其他律师听到关于改组的决定时，引发了一阵骚动。许多人要求从1917年起就一直担任会长的张一鹏不要交出控制权。张一鹏给政治委员会和检察厅写信请示，同时改组委员会选举出包括父亲在内的六人组成接管委员会。这把父亲置于一个左右为难的处境：身为律师公会的创始人之一，他无疑希望保持公会的独立性。但是，他又和许多国民党领袖有私交，而且长期以来一直支持国民党反对北洋军阀。很可能出于这个原因，父亲拒绝加入接管委员会。当时，超过一百二十名会员联名写信拒绝承认改组委员会，要求张一鹏会长继续主持会务直到下一次改选大会正式选出一个新会长。但是当政治委员会断定改组的做法合法之后，张一鹏公开宣布辞去了会长职务。

一个星期之后，改组委员会宣布已经成立一个五人常务委员会来接管律师公会。父亲不是这个国民党控制的新的领导机构的一员。

国民党本身也分裂成了左、右两派。1927年1月，国民党左派和它的共产党盟友把中央党部和国民政府从广州迁移到武汉，成立武汉国民政府。4月18日，蒋介石在上海取得胜利之后，与反共的西山会议派[3]宣布在南京成立一个与武汉对峙的政府，即南京国民政府。加上北京的北洋政府，中国同时有三个政府。8月，蒋介石在强大的反对声下辞去国民革命军总司令一职。但是到次年1月，他又重新出任总司令之职，继续主持北伐。

蒋介石离开政治舞台之后，武汉国民政府迁往南京，并于1927年9月在南京成立了联合的国民政府，史称"宁汉合流"。在这种比较宽松的氛围下，上海总商会和律师公会都在一定程度上得以恢复它们的独立性。于是在上海律师公会的一次改组会议上，决定取消会长制度而采取委员会制度，并选出十五名成员组成执行委员会，三名成员组成监察委员会，三人组成常务委员会。在选举中，父亲得到多数票，当选执行委员会高级成员和常务委员会委员。这两个职务使他成为律师公会事实上的负责人。他没有成为国民党党员,可能觉得这样更容易调解公会和国民党之间的分歧。无论如何,他显然做到了,让许多律师减轻了对国民党的疑虑。

国民政府掌权之后,命令所有律师都要重新登记,并给他们认为合格的人发了新的律师证书。在1927年9月29日发给父亲的律师证上,有一张他的照片,这个四十一岁的男子穿着高领长袍,外面罩着马褂,他的头发向后梳,露出高高的前额、一双锐利的眼睛、英挺的鼻子和一张轮廓分明的嘴,他的皮肤白得像雪花石膏一样,他的神色让人感觉他是一个坚定、有抱负的人。当时的父亲正处于他事业的巅峰。

在个人生活方面,曹月恒死后留下六个孩子要他抚养。父亲把家务全都交给了他的岳母,把几个孩子送到苏州交给岳母的另一个女儿照料,而他自己则继续过着自由自在的单身生活。

【编者注】

① 大洋:民国初年铸造的银币,有两种,一是以袁世凯头像为纹的"袁头",一是以孙中山头像为纹的"孙头"。"袁头"又称"袁大头""袁头币",1914年由天津造币总厂开始铸造,一元银币重七钱二分,成色九〇(含银90%、铜10%),后为便于收换旧币,改为成色八九。此币花样崭新,形式划一,重量、成色均能严格按照规定,自1915年起由北洋政府正式发行,逐渐成为流通货币中的主币。孙中山像银币,俗称"小头""船洋",1912年5月由南京造币厂开铸,纪以开国字样,次年1月停铸。1927年北伐胜利之后,国民党政府下令停铸"袁头",改铸先总理像币,成色、分量,均照"袁头"办理。此后两种银币在国内通行,直到1935年国民党政府实施币制改革,放弃银本位制,改行钞票,银币遂逐渐被取代。

② 青帮:或作"清帮",近代重要的秘密结社之一。相传发源于明代的罗教,至清雍正年间,由翁雍、钱坚、潘清组织下层社会的船夫为清廷承办漕运。

最初分布在北直隶、山东一带，后沿运河发展到江苏、浙江、江西等地。因翁、钱二人去世较早，潘清独撑大志，制定帮规、家法等，故号称"潘门"，亦称"潘家"。它按辈分收徒，长期在漕运中保持行帮的地位，要求其成员相互"帮丧助婚，济困扶危"，因而将许多粮船水手团结在一起。后因漕运改海运，粮船水手生计无着，流为游民，便"密行贩盐，或以偷税为业"，出没于皖北、江北，逐渐转往太湖流域广大腹地，旋又向上海发展。其成员也有所变化，除了破产农民、失业工匠、地痞无赖外，不少被裁革的兵勇也加入这一组织。由于青帮势力庞大，帮徒众多，民国以后成为各方政治人物争相笼络、利用的对象。

③　第一次国共合作期间，由于共产党人在民众中呼声很高，引起了部分国民党人的愤恨。1925年8月20日，主张"联俄容共"政策的国民党中央执行委员会常务委员兼工人部长和农民部长廖仲恺在广州遭人暗杀。反对容共的胡汉民因嫌疑最大被迫出国，其他国民党右派邹鲁、林森、谢持、张继等也纷纷离开广州，他们联络国民党内的反共人士，发出通告要在北京西山碧云寺孙中山灵前召开所谓的"国民党一届四中全会"，也称"西山会议"。会议始于1925年11月23日，止于次年1月4日，共开会二十二次，决定取消共产党员的国民党党籍，解除负责国民党改组事宜的苏共代表鲍罗廷的顾问一职，停止国民党左派代表汪精卫的党籍六个月，在上海另立国民党中央执行委员会等。1926年3月29日，在上海另立"中央党部"的国民党右派举行了所谓的"国民党第二次全国代表大会"，正式决议分共，国民党左、右两派的分化也随之明朗化。这一批右派反共的国民党人，史称"西山会议派"。

第二十六章
我的母亲：昭华的于归

战乱初结缘

　　1924 年到 1925 年的江浙战事也波及了上海。公共租界和法租界是这片乱世里的平静小岛。父亲的好友秦通理想把妻子和孩子搬出华界，但又不能让他们和他的住在法租界的姨太太住到一起。由于他和父亲是至交，他认为让父亲暂时收留自己的妻儿不算过分，父亲也同意了。

　　但是父亲不能让他们住在自己家里，因为战乱蔓延，很多难民涌入上海，父亲家里已经住了一些别的亲戚，于是他安排他们暂时住在公共租界的一家旅馆里。

　　父亲以前见过秦通理的妻子，但这是他第一次见到他们的孩子。年纪最大的是一个十三岁的男孩，名叫开华，他的两个妹妹分别是十岁的昭华和八岁的婉华。因为父亲和秦通理是族兄弟，所以孩子们叫他伯伯。

　　这次见面的时间虽然很短，但却给父亲和梳着小辫的昭华都留下了深刻的印象。在他看来，她是个清秀的小姑娘，将来可能长成一个美人。对她来说,风度翩翩的书生就应该像他那样——身形瘦瘦的,肩膀宽宽的,穿着一件传统的中式长衫。不过,她印象最深的还是他的一些怪癖:在思索时快速地眨动眼睛,以及一根接一根地抽烟。父亲称秦通理的妻子为弟妹,但当她到来和离开的时候,他都极有礼貌地向她深深鞠躬。

父亲和昭华要到很多年后才再见面。在此期间,他专心于律师业务,而她还得上学。小学毕业以后,她升入了由英国人开办的贝赞特女子中学(Besant Middle School for Girls)。父亲的长女家秀也在那里读书,她和昭华成了朋友。许多年后,正是家秀让父亲和昭华重逢的。

昭华从贝赞特女子中学毕业后,上了美国浸信会办的伊丽莎白学堂(Elizabeth School),然后秦通理又让她转到了贵族化的中西女中(McTyeire School for Girls)。当时有很多权贵人家的女儿都在这所学校跟随美国卫理公会的传教士读书。这所学校的毕业生里有著名的宋氏三姐妹:宋庆龄嫁给了孙中山,宋美龄嫁给了蒋介石,宋霭龄嫁给了孔祥熙,而孔祥熙是一名银行家、富商兼政府官员。秦通理让他的女儿在那里上学,希望她有朝一日也会嫁给一个上海富户。他不可能想到,她会成为他的好友和远房堂兄的妻子。

司法革新露曙光

1928年,国民党领导的北伐战争取得胜利以后,中国统一在了一个政府之下。10月10日,由行政院、立法院、司法院、考试院和监察院组成的五院制国民政府在南京正式宣告成立,开启了这个国家在建设上取得瞩目进步的一个时期,包括农业、工业、金融、教育和铁道等方面。

全国统一后,上海律师公会便积极推动司法制度的发展。1928年6月,它向司法部、最高法院和其他有关机构提出了建立陪审制度的建议，强烈要求由司法部门挑选陪审团成员，并且主张把担任陪审员视为公民的一种义务。陪审团最少应有四名成员组成，并以多数票决定裁判结果。凡是可以判处五年以上监禁直至死刑的罪案，必须有陪审团参与审判。律师公会还建议，应当建立一个特别的商业犯罪法庭和一个劳动争议仲裁庭。另外，它要求废除地方官员集行政、司法大权于一身的旧制度。

最重要的是，在争取最终解决外国势力干涉中国法庭的问题上，上海律师公会站在了斗争的最前线。它通过了一项决议，禁止非公会会员的律师在上海临时法院出庭。这项决议引出了《北华捷报》上一篇很长的文章，文章谴责律师公会企图垄断上海的律师业务，并把公会形容成一个被"极端分子"控制的组织，指控公会的领导层，包括我父亲在内的十五人都是国民党党员。

不过，尽管外国人强烈反对，次年1月，江苏省政府还是发出命令，不许非律师公会会员在上海临时法院执行业务。这道命令一经发出，立即就接受了考验。1月9日，一个叫查林清的非会员律师，接受了一名被控违反交通规则的卡车司机的委托，担任其代理律师，并在临时法院出庭。中国法官根据省政府的命令，不许他发言。但是，以代表身份参加审判的荷兰副领事范·登·贝尔赫（Van den Berg）强烈反对这个裁决。他说如果查律师不能代理这个案子，那他也要退出法庭。甚至连警务处的检察官①也反对让查林清退出法庭，并暗示省政府的命令是非法的。最后这个案子被无限期搁置起来。

1926年收回会审公堂的协议规定："凡审理直接影响公共租界安定与秩序的刑事案件时，高级领事可以指派一名代表和法官并坐在一起，旁听审理过程。"关于法官和这位代表的权限是这样规定的："凡法官之判决，无须得该代表之同意，即生效力，但代表有权将其不同意之点记录在案。另外，无中国法官之许可，该代表不得对证人及被告人加以讯问。"

2月23日，一位姓郭的法官正在审理一桩牵涉到四名面临各项指控的劳工的案件，突然旁听席上一个名叫祖竹清的律师插话说：他代表女原告的丈夫和公公指控她犯有通奸罪。郭法官告诉他，由于此前法庭并未受理起诉通奸一案，他没有出庭资格。但是祖律师不肯保持安静，继续与法官争辩。这时外方代表——又是那位荷兰外交官范·登·贝尔赫——进行了干预，但祖律师说他们的争辩与他无关。法官命令祖律师离开法庭，对方拒绝服从，于是贝尔赫指示法警把他拖出庭去。祖律师想要重新进来，却被法警拦在了庭外。

庭审结束时，贝尔赫签署了案件记录，他写道："我宣布暂时停止祖竹清先生在本庭执行业务，直至他对他在本庭上极不恰当、应受谴责的行为做出适当的收回和道歉为止。"就这样，这位未经法官许可、连向证人提问的权力都没有的代表，竟然自作主张地暂停一名律师执行业务的权利。这起事件让中国司法界大为震惊，并加剧了关于临时法院的前途的争论。

上海临时法院院长何世祯向外国驻沪领事团高级领事提出抗议，说他的代表在停止律师业务问题上侵犯了法官的职权，并说在问题解决以前，所有法官都拒绝与范·登·贝尔赫共事。他同时写信给工部局警务处处长巴雷特（E. I. M. Barrett），告诉他那名法警未经法官许可就执行领事代表的命令是错误的。②但是高级领事，一个叫埃德温·克宁翰（Edwin S. Cuningham）的美国人为荷兰外交官辩解说：如果法官没有尽到职责，那么"代表就有义务"采取行动。不仅如此，他还说如果法官们联合抵制范·登·贝尔赫，那么首先受害的将是"你的同胞，因为他们势必要被关进监牢"。

当临时法院就该事件进行交涉时，上海律师公会也加入了争论。它在一份措辞激烈的抗议书里说："领事代表范·登·贝尔赫先生越出了自己的权限，侵犯了中国的司法权，他的行为是对中国法官的侮慢，此事至关重要。"律师公会要求撤销这位荷兰外交官的代表身份，并催促临时法院要为任用中国的法警做准备。

为了避免事态扩大，经多方协议，同意让祖律师在3月14日到法庭来向领事代表范·登·贝尔赫道歉,而在接受道歉之后,贝尔赫要解除对祖律师的禁令,这样就能保住所有人的面子。经过初步讨论,法官对祖律师说:"高级领事代表范·登·贝尔赫先生已经被要求撤销中止你业务的命令了。以后不得到法官的同意,代表不能停止任何律师的业务。现在我要求你道歉,因为你应该对自己的行为负责。"

对此,祖律师抗议说代表本来就无权停止任何人的业务,但他终究还是道了歉。然后范·登·贝尔赫撤销了暂停祖律师执行业务的命令。法官转向祖律师说:"现在一切问题都解决了。你的禁令已经撤销。以后,你必须服从本法庭的命令。法警今后在法庭上不得执行法官之外任何人的命令。"

但是法官想错了,问题并没有都解决。范·登·贝尔赫想要祖律师接受惩罚,不仅仅只因为他在法庭上的行为,还因为据说他在庭外威胁过其他人。由于没能说服庭长采取行动,贝尔赫又在当天下午恢复了对祖律师的禁令。

这场争论演变成了以庭长为首的中国法官与外国领事、法警之间的较量。听了贝尔赫的投诉,检察官布莱恩(R. T. Bryan)宣布对祖律师提出三项控告。贝尔赫随即再次撤销停止祖律师业务的命令。不过,当检察官向法庭提交起诉书时,法官拒绝审理此案。这时布莱恩说:"如果法官阁下拒绝和代表阁下一起审理这些案子,那我作为上海市政厅的代表将别无选择,只好请求高级领事允许代表单独审理这些案子。"

法官回答说:"如果警务处要抗议,他们尽管抗议。但是原定于今天上午审理的案子都停止审理。"

然后贝尔赫在案件记录上写道:"我保留对休庭提出抗议的权利。"

在理论上,中国法庭的所有权柄是授予中国法官的,但是由于公共租界的实际运行,像另外一个国家一样,有它自己的政府、警察和监狱,所以法官很难在和领事代表的争执中占上风。范·登·贝尔赫事件突出说明了临时法院制度必须进行修改。1929年4月,南京国民政府通知各国公使,它打算在年底暂行章程到期时改组临时法院。

临时法院的一个主要弱点，是它脱离了这个国家其他地方所实行的司法制度。在全国各地的地方法院，如果当事人对判决结果不服，可以向该省高等法院提出上诉，必要时还可以向首都的最高法院上诉。1929年10月，上海律师公会在一份意见书里，极力主张这种三级三审制度必须同样适用于公共租界，甚至要求在临时法院被一个完全中国式的法院代替以前，就开始实行这种制度。

中外双方代表力争在12月31日截止日期之前达成协议，不过还是到了次年2月17日才正式在《关于上海公共租界内中国法院之协定》上签了字。根据协定，撤销了上海公共租界临时法院，成立江苏上海特区地方法院和江苏高等法院第二分院。设立高等法院分院，意味着可以向南京的最高法院上诉。随着协定出台，外国代表和中国法官共同审理案件的联合审问制度终于被废除了。但是由于公共租界依然保留自己的警力，司法行政工作仍需要外国法警合作，而且这些司法警察被允许出庭，并在法官审理与警政有关的案件时提交意见。协定还规定外国律师有权出庭，但他们必须持有司法部颁发的律师证书。

改组临时法院的协定标志着中国在摆脱外国控制的斗争道路上又前进了一步。但是，取消治外法权的道路是曲折的。当时，列强当中只有苏俄主动放弃了在中国的特权。③中国政府与西方国家的谈判进行得艰难且缓慢。1929年4月27日，国民政府照会美、英、法等国驻中国公使，表达了尽快废除损害中国主权的领事裁判权的愿望。对此，各国公使的反应是冷淡的，不过都表示愿意就逐步达成结束在华治外法权举行谈判。8月，国民政府再次照会有关国家，磋商谈判事宜，仍然没有得到积极回应。11月，等得失去耐心的中国人致电各国公使，表示不管达不达成协议，他们将自行宣布从1930年1月1日起废除列强在华的司法特权。外国人力图把实际变革减少到最低限度，如英国人就声称他们愿意同意"把1930年1月1日视为逐步取消治外法权的进程在原则上开始的日子"。

12月28日，国民政府公布了期待已久的撤废领事裁判权的声明，其中说：

> 兹为恢复吾国固有之法权起见，定自民国十九年一月一日起，凡侨居中国之外国人民现时享有领事裁判权者，应一律遵守中国中央政府及地方政府依法颁布之法令、规章。

尽管声明的口气斩钉截铁，但它并没有起多大作用。西方列强把它解释为一种意图的表述。西方的这一态度在美国人的立场上得到了体现。美方表示改变应该是逐步的，可能包括一段十年的过渡期，其间，外国人将继续享有在各通商口岸的特权。

国民会议修宪法

孙中山从他在1912年就任临时大总统起，就一直想要召开一次国民会议，来废除中国与其他国家之间的一切不平等条约。他的这一愿望是那么强烈，后来他把它写进了自己的遗嘱。他说：

> 余致力国民革命，凡四十年，其目的在求中国之自由平等。积四十年之经验，深知欲达到此目的，必须唤起民众及联合世界上以平等待我之民族，共同奋斗。现在革命尚未成功，凡我同志，务须依照余所著《建国方略》《建国大纲》《三民主义》及《第一次全国代表大会宣言》，继续努力，以求贯彻。最近主张开国民会议及废除不平等条约，尤须于最短期间，促其实现。是所至嘱！

1930年12月，蒋介石重提召开国民会议的意见。次年元旦，国民政府公布了《国民会议代表选举法》。中外领导人都知道国民会议将提供一条途径，让中国人表达他们日益高涨的民族主义情绪。不过，列强也继续相信，一切都会保持原样。

国民会议代表是按照区域和职业选举的，由各地根据定额从农会，工会，商会及实业团体、教育会、国立大学、教育部立案之大学及自由职业团体、中国国民党五个团体中选出。律师被列入自由职业团体。父亲决定参加竞选，他到全省包括他的原籍无锡的各个法律学院和大学发表竞选演说，在无锡的师生中得到了广泛支持。他的竞选经费大部分由他的朋友张澹如承担，张澹如是一个银行家兼盐商。在参选的六名律师中，父亲所得的选票远远超过了其他人。

5月5日，星期五上午9时，475名代表、政府官员和国民党领导人齐聚在南京国立中央大学大礼堂，举行国民会议的开幕式。堡垒和港口战舰都鸣放了礼炮，拉开了开幕式序幕。

国民政府主席蒋介石在开幕词里说：这次会议有两个目的，一是巩固和平与国家统一，制定国家建设计划；二是为实行宪政、还政于民铺平道路。根据孙中山的政治理念，实行宪政是一个分为三阶段的纲领的最终目标。第一个阶段称为"军政时期"，目的是通过军事行动促使国家统一。然后进入第二个阶段"训政时期"，其间将由国民党训导人民如何行使权力。最终迎来第三个也是最后一个阶段，即"宪政时期"，在宪法颁布之后，国民党会将统治权交到人民手中。这次召开国民会议标志着军政时期的结束，因此会议的主要任务是讨论和制定训政时期的约法。

在正式开会之前，数百名代表聚集在孙中山陵墓前举行了庄严的仪式，宣誓遵从他的教导，实现他的遗志。

会议开始后不久，一位代表提出一项紧急议案，号召废除一切不平等条约。他的建议反映了代表们的普遍心情，他们强烈地感受到在自己的国土上有外国太上皇是中国人的耻辱。但是蒋介石的想法并不和他们完全一致，他说："我们应该努力证明我们能够掌握形势。要想摆脱各种不平等条约，需要近乎超人的努力。为了达到这一目标，我们必须先使自己的国家独立富强。老是叫喊废除不平等条约是无济于事的。"他号召大家集中精力建设国家，并说把国家建设好了，废除不平等条约就容易做到了。

这次国民会议共举行了八次全体大会，在不开大会的时候，各种委员会分别召开会议，仔细研究大会提出的议案，并准备决议草案。父亲参加了约法的讨论会。身为全国律师的主要代表，他特别关心在全国，包括由外国管辖的地区，建立统一的司法制度，但他没能争取到足够的支持。他提出的另一项动议是有关人权的，在这一点上他得到了相当多的支持。于是新的约法草案里写进了一条规定：

> 人民因犯罪嫌疑被逮捕、拘禁者，其执行逮捕或拘禁之机关至迟应于二十四小时内移送审判机关审问，本人或他人并得依法请求于二十四小时内提审。

父亲关心的另一个问题是政府对那些遭到错误逮捕或拘禁之人的赔偿，但是这个问题也没有引起足够多的关注。

到5月12日，开第四次全体大会的时候，《中华民国训政时期约法》已经草拟好了。这份包括八十九条规定的文件在代表们兴高采烈的欢呼声中通过了。

次日，代表们又一致通过《废除一切不平等条约宣言》。这份文件最后写道：

> 鉴于以上情况，国民会议作为全体国人之代表，在此向全世界作以下庄严声明：
> （一）中国人民不承认列强过去强加于中国的一切不平等条约。
> （二）国民会议将遵照孙中山总理遗嘱，在最短期间实现中国之平等独立于世界民族之林。

会议中高涨的民族主义情绪，也体现在一份呼吁政府"立即着手与各外国政府谈判，修改对华侨的歧视性法规"的议案上。虽然表面上说的是外国，但代表们心里想的很可能就是美国。排斥华人的做法在那个国家很普遍，包括在移民、就业和拥有房产上施行歧视华人的法规，甚至不允许华人在法庭上作证。

相逢惊为天人

国民会议以后，中国继续与西方列强，特别是美国和英国，进行关于废除治外法权的谈判。1931年9月18日，谈判仍在进行，日军袭击沈阳，开始入侵中国东北。国民政府主席蒋介石呼吁软弱无力的国际联盟（League of Nations，"一战"结束后建立的国际组织）进行干预。

日本人很快就巩固了他们对东北地区的控制，并且为了掩饰其占领东北的目的，又着手组建一个傀儡政权。他们找来在1912年退位的清朝最后一个皇帝溥仪，他当时住在天津的日本租界内。溥仪同意出任东北新政权"满洲国"的"元首"。1932年3月9日，他正式就任伪满洲国执政，并以长春为伪满洲国"首都"，更名"新京"。

在上海，民众对"九一八事变"极为愤怒，他们发起反日运动，并成立抗日救国联合会，组织社会各界团体包括律师公会、各地同乡会、基督教青年会、学生和妇女团体，甚至还有人力车夫协会等开展各种抗日救国活动。父亲参加了上海律师公会在1931年9月30日晚上召开的紧急会议。会议决定向南京国民政府发送一封电报，询问政府将采取哪些措施，包括军事行动，来应对当前局势，同时呼吁政府对日本进行经济抵制。律师公会自己也决定对日实施经济抵制。公会会员不再与日本律师共事，也不再接受日本人委托的案子，甚至连房屋租赁这样的经济关系也中止了。

然而，任凭全国民众对日本入侵东北义愤填膺，国民政府主席蒋介石却奉行"不抵抗政策"。他不反击日本人，而热心于围剿共产党。从上海律师公会在 1931 年 12 月 18 日发表的一份声明中，可以看出民众的情绪。这份声明直指国民党政府，谴责它扩大国内冲突、限制人权、丢失国土、引发金融混乱，甚至说国民党和军阀没有多大区别。在声明最后，律师公会说中国最重要的事是结束党治，回归法治。

为了给东北难民募捐，父亲和他的一些朋友决定举行义演。他们都是很有造诣的票友，而且有地位的男子举办这种活动在当时是时髦的事。他们连续三晚举行京剧经典曲目的特别演出。许多京剧爱好者都参加了这次活动，包括秦通理和他新娶的姨太太王洁（后改名"王吉"）。王洁是无锡人，曾在上海有名的黑猫舞厅当过舞女，所以人们有时叫她"黑猫"。她和影星胡蝶、徐来、广告明星谈雪卿被时人誉为"四大美人"。

秦通理这时做智利硝石生意，日子过得相当不错。他为"黑猫"和她母亲在法租界租了一幢西班牙式洋房，还送她去学唱京剧和昆曲。她很有天赋，在两年内就成了名，被认为不比专业演员逊色。身处上海这座城市，她不仅与传统名妓一样曲艺俱佳，而且掌握了外语，能讲英语、法语和日语。

一天，秦通理带着女儿昭华去看王洁，她们俩一见如故。起初昭华只是偶尔去他们那里借宿，后来每隔一周的周末去住，最后他们的寓所成了她的第二个家。

在"黑猫"的影响下，昭华学会了唱昆曲。尽管当时只有十六七岁，可她特别擅长扮演《春香闹学》（明代汤显祖《牡丹亭》的一个折子）里调皮的丫鬟春香。她、秦通理和"黑猫"都参加了宁波同乡会的演出。父亲那一天去看戏，自从好几年前秦通理的妻子带着孩子们去他家避难以来，他还是第一次见到她。现在，昭华已经出落成了一位美女，父亲在观看演出时完全为她倾倒了。

自此以后，他对她的爱慕日益增长，他不再把她看作秦通理的女儿，而是看作一位风华正茂的姑娘。

忘年逆伦之爱

1932年1月28日，日本军队攻打上海，引起民众一片恐慌。驻防淞沪地区的十九路军英勇地保卫了这座城市。上海的许多头面人物发起给十九路军捐赠装备和物资的活动。律师公会也成立了特别募捐委员会，负责募集十万元劳军费用，父亲是这个委员会的成员。昭华则成为一名志愿护士，做清洗绷带之类的工作，还帮助伤员给他们的家人写信。

1932年年中，父亲宣布把长女家秀嫁给他大姐的儿子、家秀的表哥吴汉元。因为家秀是父亲的养女，所以她和她的表哥并没有血缘关系。父亲在美丽的杭州城为他们安排了盛大的婚礼，并邀请分散在各地的亲友前来参加。婚宴是在杭州城里最豪华的西泠饭店举行的。

父亲也利用这个机会接近昭华，他问秦通理能否让她担任伴娘，秦通理替她答应了。婚礼是一个重要的社交活动，有许多权贵人士参加，父亲请来知名票友连续演出了三天京剧和昆曲。

婚礼前一夜，父亲安排宾客们在西湖泛舟，随后到远近驰名的楼外楼举行宴会。

晚宴过后，父亲询问昭华，能不能给他的女儿家娟辅导英文。昭华迟疑了一会儿，然后同意了。从那时起，她就经常到他家去，开始每周一两次，后来几乎每天都去。虽然表面上她是去教家娟的，但是因为父亲的事务所开在同一幢房子里，他们俩得以经常见面。

从父亲这边来说，时年四十五岁的他正当年富力强。他的原配夫人许佩华已在苏州去世，在法律上他是个鳏夫。他又生性不拘泥于陈规，不觉得对朋友的妙龄女儿表示好感有什么不对。在昭华这边，由于她的父母偏爱儿子，她在家里并不快活。虽然当时她只有十八岁，但心理上已非常成熟，会对众多向她献殷勤的男人做出回应。她在中西女中的同学们举办的聚会上，不仅结识了她们的兄弟和堂、表兄弟，而且邂逅了一些年纪大得多、阅历丰富的男人。他们为她的青春和天真所吸引，而她也喜欢得到男人的爱慕，对他们并非无动于衷。

是昭华的母亲在无意之中把自己的女儿推向了这样一个年纪较大的男人。一天，她向昭华吐露了一个秘密：她多年来一直在做黄金投机买卖，开始做得不错，但最近她不但损失了丈夫给她的所有的钱，而且赔掉了一些亲戚委托给她做生意的钱。她急需两千元，可是不知道去哪里弄这笔钱。她知道自己的女儿和一些富人有交往，于是向昭华求助。昭华很自然地第一个就想到了她的联奎伯伯。她向他要钱，他喜不自胜地给了她，并告诉她，他不愿意看到她着急，他想要照顾她。

可能是从这时候开始，这位中年律师和女高中生之间的关系就发生了变化。他不再是她的伯伯，而成了她的追求者。她不能继续当一个无忧无虑的少女，而开始考虑承担成年后的责任。有一次，父亲把昭华叫到一边，给她看一本古老的线装书，就是载有他们共同的祖先名字的《锡山秦氏宗谱》。他指给她看，她的父亲、祖父和他们的先人的名字，以及他自己和他的先人的名字，向她证明他们之间的血缘关系实际上很远，对婚姻毫无妨碍。

当昭华的家人发现她在认真考虑嫁给一个年纪比她大那么多的男人，而且还是亲族的时候，他们气极了。她的祖父秦敦世用孔子的话叫喊道："是可忍也，孰不可忍也！"她的父亲秦通理让妻子赶快安排一门亲事，把她嫁给别人。

父亲的许多朋友都劝父亲不要结这门亲事。犹豫不决的他乃求助于一种古老的中国艺术——测字。测字，或称"拆字"，是一种通过分析汉字来推测命运的方法。当一个人遇有疑难时，就会去找测字先生，告诉他自己有什么烦恼，然后随意挑选一个字。测字先生会分析这个字的组成部分，并根据对方所提的问题加以解答。父亲自己就很善于测字，由于亿则屡中（亿，通"臆"；猜测总能与实际相符），老上海常说他有"通天眼"，能够看到普通人看不到的东西。

父亲试图用测字来解答自己的困惑。当然，他不能自己挑字自己分析。有一天，他受邀去政界要人张静江（曾资助孙中山革命，是"国民党四大元老"之一,也是张澹如的二哥)的公馆吃晚饭。一进门,他就遇到了张家的账房先生李立敬。他没有告诉李立敬他要解决什么问题,只是请他挑一个字。由于账房先生刚刚见过一个姓顾的朋友,于是选了"顾"字。

父亲研究这个有着二十一画的字,来获得关于他的婚姻问题的答案。不一会儿,他欣喜地大叫:"太好了!太好了!"他对李立敬解释说:"顾"字的左边是"户",意思是"房子",里面是个"佳",意思是"佳人";右边最上头两画像汉字"丁",意思是"儿子",下头的"贝"是"钱财"的意思。父亲立时根据自己的分析,作了一个对子:

佳人入户,财丁两发。

这件事给李立敬留下了极深的印象,当我在半个世纪以后在上海找到他时,他津津有味地给我讲了这个故事。

共缔白首盟

就这样,父亲和昭华不顾人们的窃窃私语和物议诋毁,不顾她家里的极力反对,于1933年5月22日在杭州旅行结婚。和几个月前自己女儿结婚时的盛大庆典相反,这场婚礼是低调举行的。昭华家没有人参加,父亲家只有几个近亲出席,此外还有担任证婚人的两位当地律师在场。仪式很简单,新娘、新郎宣读了以下誓词:"我们,缔婚约人秦联奎、秦昭华,今天按照民法第二章第九百六十三款规定,在新郎父母的家乡杭州举行的婚礼上结为夫妇。"

婚礼结束后,他们去北京度蜜月,住在了北京饭店。他们按照当时的习俗在照相馆拍了结婚照。照片里的父亲是个头发漆黑的英俊男子,他的头稍稍低着,穿着中式长袍和布鞋。他看上去是一个如果有必要就准备和全世界较量的男人。照片里的母亲是个有思想的年轻女子,她的眼睛明亮,头发从中间分开,身穿高领的盘花纽扣旗袍,两耳戴着圆形的白金耳坠。她看起来很端庄,有点怯生生的,似乎对于命运将给她带来什么没有把握。

当他们度完蜜月回到上海时,等待着母亲的是一个巨大的打击。因为和父亲结婚,她的家人公开宣布与她脱离关系。秦通理在报纸上刊登了一份声明,其中说道,遵照他父亲的命令,他断绝与不孝女昭华的一切关系。

幸运的是,她的妹妹婉华和她的母亲没有与她决裂,还不时地来看望她。但是,她的哥哥开华却拒绝与她往来。每当她回去探视他们的母亲时,他都要离开家。

昭华很伤心,她没有想到自己的父亲会做得这么绝。然而,更使她难过的是,秦通理虽然不肯原谅她,却还是把我的父亲——他现在的女婿——当作朋友。当她质问自己的丈夫为什么要继续和她的父亲来往时,他说身为丈夫,他必须对妻子的父母把她抚育成人表达感激之情。

父亲也因为这桩亲事遭到批评。情绪激动的族人在无锡开了一次宗族会议,思想保守的老辈们在会上痛斥他。就是在上海,他的一些朋友也开始疏远他,但最后他们还是接受了现实。毕竟,父亲是一位出色的律师,很多人要他为他们办事,要孤立他是不可能的。随之,母亲也逐渐被父亲的朋友们接受了。

第二年,父亲最亲近的一个朋友张澹如陷入了困境,由他开办的通易商业储蓄银行遇到了严重困难。

1934年1月,为缓解经济危机,美国总统罗斯福决定使美元贬值,造成银价猛涨,中国的白银储备急遽外流,一年内流出数亿元之巨。由于中国的货币制度是银本位,上海的银行受到了很大压力。次年,情况更加恶化。到11月,中国被迫放弃银本位制,改采外汇本位制,实行法币政策(即以中央、中国、交通三家银行所发行的钞票,定为国家法定货币）。随着上海的白银储备减少，银行开始削减直至完全停止贷款。一位名叫卡恩（E. Kann）的经济学家写道："生意停顿，企业倒闭，成了家常便饭。上海地价下跌比一般批发商品快得多。由于银根收紧，大多数用土地或房屋做抵押的贷款人无法偿还债务，有些人甚至连利息也付不出。"

那一年，在上海，67家中国的银行有12家倒闭了，关门的工厂达一千多家。倒闭的银行当中就有张澹如的通易商银，它的相当多的资产冻结在地产里。1935年1月，通易商银停业。父亲是这家银行的董事，试图争取政府的支持来避免破产，但是没有成功。

在此后一年多的时间里，父亲投入全部精力解决通易商银的法律问题，不求任何薪酬来做这件事。他对政府拒绝给银行担保非常气愤，认为政府应该承认张家对中国革命的贡献。

勇哉"七君子"

1936年春，上海律师公会发起一场运动，宣传其早已提出的但在国民会议上被否决的建议，即对无辜被拘禁者给予赔偿。公会联系了一些影院老板，请他们放映这方面的幻灯片，也拜托电台广播消息。父亲和其他八位执行委员分头到上海各区的电台上演讲，呼吁政府给无辜受害者赔偿，包括那些受到迫害又被证明无罪的人和那些在上诉之后被撤销有罪判决的人。对于那些已被执行错误刑罚的受害者的亲属，不管他们是否有经济上的需要，政府都应该给予赔偿。此外，如果一个人的名誉因此受到了损害，那么政府应该正式在报纸上公开道歉。由于公会的努力，这一建议终于被写进了5月5日公布的《中华民国宪法草案》（又称"五五宪草"）第二十六条，其内容是：

> 凡公务员违法侵害人民之自由或权利者，除依法律惩戒外，

应负刑事及民事责任；被害人民，就其所受损害，并得依法律向国家请求赔偿。

同时，国民政府宣布了在 1936 年 11 月 12 日召开制宪国民大会的计划。法律界分配到十个名额。8 月，父亲和其他几个人被提名为候选人。但是到 10 月中旬，执政的国民党宣布由于国内形势动荡，大会要推迟一年召开。

随着日本的持续入侵，国内的民族主义情绪日益高涨，民众对蒋介石委员长（1931 年年底辞去国民政府主席一职，次年 3 月担任国民政府军事委员会委员长）不抵抗政策的反对日益激烈。蒋委员长觉得共产党是比日本人更为严重的长期威胁，他认为要想攘外必先安内。

许多人强烈反对蒋介石对形势的这种估计。他们感到中国正面临着亡国的危险，所以共产党和国民党应该团结起来对付共同的敌人。为了敦促蒋介石抵抗日本侵略者，站在抗日救亡运动前列的一些社会知名人士，于 1936 年 5 月组成了"全国各界救国联合会"（简称"救国会"或"全救会"）。救国会的领袖沈钧儒是父亲的老朋友，当时也在上海从事律师工作。他们的口号是"救国"。为了实现这个目的，他们要求国民党和共产党停止内战。当毛泽东在延安发表了愿意联合抗日的公开信时，一些国民党官员怀疑救国会是共产党的同谋。

1936 年 11 月 23 日，国民党当局以"勾结赤匪""主张推翻国民政府"等罪名逮捕了沈钧儒和救国会的其他六名领导人：章乃器、邹韬奋、王造时、沙千里、李公朴、史良。他们当中有三位律师（沈钧儒、沙千里、史良），其中一位是女律师（史良，曾任上海律师公会执行委员，中华人民共和国首任司法部长）。沈钧儒是上海律师公会的常务委员，他向公会提交了辞呈，但他的同仁们拒绝接受他辞职，以此来表示对他的支持。国民党当局对沈钧儒等七人的审判成了民国时期最轰动的政治事件之一。人们称这七名被告为"七君子"，尽管其中有一位是妇女。

"七君子"的被捕激怒了公众,甚至在国民党内部也产生了意见分歧。包括孙中山的儿子孙科在内的国民党中央执行委员会二十多名委员致电蒋介石,要求释放他们。时任西北剿匪总司令部副司令的张学良也力劝蒋介石释放他们,他说逮捕沈钧儒等人造成了爱国有罪的印象。此外,美国知名人士,包括爱因斯坦(Albert Einstein)和哲学家约翰·杜威(John Dewey)也打来电报,表达对此事的关切。

12月12日,另一桩戏剧性的事件引起了全国的注意:蒋介石委员长在西安被张学良扣押了。整个国家在焦虑不安中等待着事情的下一步发展。张学良人称"少帅",以区别于他那被称为"大帅"的父亲张作霖,他曾眼看着自己的家乡东北遭到日军践踏,所以不愿意继续执行蒋介石的攘外必先安内的政策,不愿意与共产党继续作战。他的东北军也无心和自己的同胞打仗。张少帅在西安和共产党领导人有过接触,相信他们真诚地想要合作对付日本侵略者。他扣押蒋介石的主要目的就是逼蒋联共抗日,由此他也要求撤销对"七君子"的指控。

蒋介石被扣押三天之后,由周恩来、叶剑英、秦邦宪④组成的共产党代表团抵达西安,来说服蒋介石合作抗日。他们表示只要他愿意抗日,共产党会接受国民党的领导。经过十天的谈判,双方初步达成了关于统一战线的协议。12月25日,蒋介石在圣诞节当天被释放。为表示自己的忠心,张学良陪同蒋介石回南京,但蒋介石却把他逮捕起来,交给军事法庭审判。12月31日,军事法庭判处张学良有期徒刑十年。四天之后,张少帅得到特赦,但还是被软禁了起来,直到蒋介石去世为止。蒋介石在1948年年底逃往台湾,在此之前他就把张学良送到那里去了。

挺身捍卫人权

蒋介石确实结束了他对日本的不抵抗政策,但他没有撤销对"七君子"的指控。相反，"西安事变"使"七君子"案被扣上了更为险恶的罪名：检察官怀疑救国会的领袖与张少帅勾结，扣押了蒋委员长，以致"国本几乎动摇，名为救国，实则害国"。

1937年4月，检察官以"危害民国"罪提交了起诉书，政府显然下定决心要对"七君子"进行审判了。为了应对检方的指控，沈钧儒和其他被告着手聘请律师。根据法律规定，每名被告最多可以聘请三位律师担任辩护人。他们七人决定聘请二十一位最好的律师，组成一个律师团，来处理这桩案件。他们定下两条挑选标准：第一，必须是有影响力的律师；第二，不能反对抗日。

中国司法史上最强的律师团由此组成了。七名被告中，有一人在回忆录里写道："这些人都是社会知名人士，他们做好了打一场激烈官司的准备，去揭露'救国有罪'的反动政策。"沈钧儒选择了父亲做他的辩护人。在那个月，父亲与另外两位为人尊敬的律师，刚刚以多数票再次当选为上海律师公会的执行委员。

审判定于6月11日在苏州的江苏高等法院开庭。那天早晨，律师们齐赴监狱，在前院和他们的委托人见面。开庭时间定在了下午2点。被告在警卫的护送下，从监狱出发，途径苏州城曲曲折折的狭窄街巷，抵达高等法院大楼。一路上，每隔五到十步就设有一个岗哨，每辆汽车的两侧踏板上都站着荷枪实弹的士兵。在旁观者眼里，这好像是高级官员的车队。

尽管已有一大批民众聚集在了法院门外，但法院临时宣布不许旁听者入内。院方担心在法庭上会出现示威活动，甚至在狂热的气氛下会有人试图劫走被告。法院此举遭到了"七君子"和律师团的强烈反对，经过反复交涉，最后法院做出妥协，同意让新闻记者和被告家属入场旁听。

法庭上有一名审判长、两名陪审法官、一名书记员，还有公诉人，他们都穿着相应的出庭制服。首先进入法庭的是被告，他们被命令面向法官站着。随后，身穿律师袍的辩护律师入庭，他们坐在一张长方形的桌子两旁，父亲坐在上首。等所有人都坐定后，审判长让每名被告自报姓名、年龄、籍贯、家庭住址和职业。紧接着，公诉人宣读起诉书。第一个接受审问的是主要被告沈钧儒。他蓄着胡须，身穿一件浅色长袍，气度非凡。他用了一个半小时的时间有力地驳斥了公诉人对他的每一项指控。他的辩护律师也发了言，特别要求法庭逐条调查起诉书中提到的有关被告与"西安事变"之间有联系的证据，还要求让张学良出庭作证。但是法官拒绝了他们的所有要求，声称没有调查的必要。

在审问其他被告时，法庭同样拒绝对起诉书中所列举的"事实"进行调查，也拒绝传唤有关人员进行询问。他们不但不接受律师团的调查请求，甚至连律师团为被告提出的证据也拒不考虑。

经过五个小时的审讯，法庭在晚上7点休庭。但是律师团并没有休息，他们开了一个商讨策略的会议，一直开到午夜。因为他们担心，法庭会在第二天就根据《危害民国紧急治罪法》，宣告所有被告有罪，并判决"七君子"入狱。为此，他们必须立即采取一些措施。

根据当时在场的一位律师说，父亲在这个紧要关头发了言。他建议被告方面以法官的公正性有问题为理由，提出取消其审判资格的请求。当时的刑事诉讼程序是：如果被告方面对法官的公正性提出质疑，应停止审讯，等待裁决。他们立即起草了一份申请："由于全体法官在执行职务时众口一词，对其不公正存在严重担忧实不足为奇。兹请求审判长及陪审法官回避。"

这个策略起到了作用。第二天，所有审讯工作都暂停了下来，等候更换新法官。这样就赢得了宝贵的时间。

由另一组法官主持的第二次审判定于6月25日开庭。这一天，父亲和其他几位辩护律师乘坐早上8点的快车从上海赶往苏州，于开庭前到达法庭。控、辩双方围绕被告与张学良的关系和扣押蒋介石的问题进行了七个小时的辩论。辩护律师要求传唤张学良进行质询，并提出如果不能做到这一点，至少应该调来军事法庭审讯张学良的记录，检查其中是否有证据证明被告与张学良勾结。但审判长对这些要求还是不予理睬。

最后，父亲站了起来。他说他担任律师二十六年，一向避免与公诉人发生不必要的冲突，但是"今天我们集体要求调来张学良的案卷用作旁证，此要求符合我国法律和常理，法庭必须加以注意。"

审判长宣布休庭，以便他与两名陪审法官进行商议。回到法庭之后，审判长宣布同意调取张学良的审讯档案作为旁证，并说到文件送来为止，暂时停止审讯。于是，被告被送回了监狱。

这又给七名被告争取到了喘息的机会。在此期间，事情发生了戏剧性的变化。呼吁当局释放"七君子"的行动已经发展成了全国性的运动，称为"救国入狱运动"。领导这个运动的是孙中山的遗孀宋庆龄，她要求和"七君子"一起坐牢。不久，数百位各界知名人士，以及学生、工人也都参加了进来，他们说如果爱国有罪，他们也想坐牢。

7月7日，日军攻打卢沟桥，入侵北京——它当时叫作"北平"⑤。这起事变引发了全民的愤怒，政府要继续监禁这七位主张抗日的爱国领袖，在政治上已不可能。7月31日，"七君子"被取保开释。此后，江苏高等法院对这件案子的审理再也没有恢复。但是，对"七君子"的指控，则要到1939年1月，当苏州、上海和南京都已沦入日本人之手时，才正式撤销。

在1949年10月1日中华人民共和国宣告成立以后，沈钧儒成为第一任最高人民法院院长。

【编者注】

① 直到1930年改组上海公共租界临时法院，才在新法院内添设检察处和中国检察官，此前临时法院的公诉人例由工部局警务处（巡捕房）的高等

警察官充任。

② 根据《收回上海公共租界会审公廨暂行章程》，临时法庭的法警由工部局警务处选派。

③ 从1919年7月到1923年9月，列宁领导的苏俄政府三次发表对华宣言，声明沙俄政府与中国政府签订的一切条约全部无效，放弃在中国的一切领土和租界。因三次宣言是苏俄政府代表加拉罕发表的，故又称"加拉罕宣言"。加拉罕宣言改变了很多中国人对苏俄的看法，在一定程度上也促成了孙中山推行"联俄容共"的做法。1924年5月31日，中俄两国正式签订《中俄解决悬案大纲协定及声明书》，同意将中国政府与沙俄政府所订立之一切公约、条约、协定、议定书及合同等项概行废止。

④ 秦邦宪，以其化名"博古"著称于世，为无锡秦氏家族的一员，出自秦金这一支。1931年9月至1935年1月期间担任中国共产党中央委员会总书记。1946年4月因飞机失事死于空难。

⑤ 1928年6月6日，国民革命军进占北京。6月20日，国民党中央政治会议决议：直隶省改名河北省，省会设在天津；北京改名北平；北平、天津定为特别市。

第二十七章
我的哥哥：共产党烈士秦家骏

家变烙下心痕

母亲跟父亲结婚之后，发现自己成了六个孩子的继母，这个地位让十九岁的她十分尴尬。六个孩子的年龄比她小不了多少，其中长女家秀已经结婚了。

似乎是为了减轻父亲的负担，这些孩子从小就被分开抚养。两个女孩子家娟和家瑛被送到苏州与她们的姨妈一起生活。她们一直在那里住到姨妈去世之后才回家。男孩子主要是在家里长大的，只有年纪在中间的家骏是例外。

秦通理的姨太太严丽真是家骏生母曹月恒的好友，她非常喜欢家骏，认他做了养子。所以，当家骏还在襁褓中时，就被送到了养父母那里，直到他满了十岁，在严丽真离开秦通理嫁给别人之后才回到家里。不过，他始终和严丽真保持着亲密的联系，直到他去世。对他来说，严丽真是他唯一的母亲，因为曹月恒在他还很小的时候就病故了。

自幼失恃，再加上被送到养父母家住了许多年，无疑对家骏是有影响的。父亲和秦通理的女儿结婚，一定使他尤为不安，对他来说这几乎等于乱伦,因为他的过房姐姐现在成了他的继母。

儿时的经历使家骏成为一个深切关心社会弊病的人。他充满了年轻人的理想主义,在很年轻的时候就成了素食主义者,以佛教徒自许。有一次,在朋友们饱餐了一只鸡之后,他为那只鸡撰写了一首挽歌。

到我父母结婚的时候,五个未婚的孩子都住在家里。父亲在法租界福煦路、富民路的两幢毗邻的房子里,安了两个家。他和母亲住在一幢房子里,另一幢房子是他的事务所和五个孩子的住处。父亲很小心地把他十九岁的新娘和他的孩子们分开。新婚不久的家秀是母亲的同班同学,家娟只比母亲小两岁。但是,父亲担心的不是他的女儿们而是儿子们。最大的家驹已十五岁,家骏十四岁,家骅十二岁。

烽火少年时

母亲设法尽力担负起她的新责任,包括照管孩子们的教育。婚后几个月,她和父亲把最小的男孩家骅送进小学,把两个大一些的男孩送进正始中学。那家中学有宿舍,学生平日可以住校,只在假日回家。

正始中学的校长陈群(理事长是杜月笙)是孙中山早期的支持者,和蒋介石也过从甚密。

据说,1933年全市小学毕业会考以后,陈群找到教育局的负责人,要对方把最好的毕业生分配到他的学校。家驹和家骏都是在那一年入学的。虽然家驹比家骏大一岁,但是两兄弟上了同一个年级。

正始中学办得像个军事学校,注重培养学生的军人精神,比如强迫所有学生都剃光头,把军事训练列为学校的必修课程,让所有学生都穿全白的军服,戴遮檐帽等。学校的纪律非常严格。

由于陈校长得到了全上海最好的学生,他能够对外夸耀,他的学生没有一个通不过市里举办的中学毕业统考。他甚至在报纸上发表声明,宣称每年统考成绩最好的毕业生都出自他的学校。

家骏用行动证明了自己是个聪明用功的学生。他最喜爱的科目是数学、物理和化学。此外，他还喜欢古典文学。他掌握了两门外语，英语和日语，并且能够相当流利地运用它们。他给自己取了一个英文名字 Oliver，有时会使用它。

家骏受到正始中学政治气氛的影响，这不难理解。因为陈校长过去和蒋委员长有交往，所以家骏当时是蒋介石的热情崇拜者。

1937年8月，日军攻打上海，使家骏中断了学业。落在法租界内"大世界"游乐场的炸弹炸死了一千多人，炸伤的还要更多，这表明上海已不再安全。尽管日本人没有进占租界，父亲还是安排要把家搬到香港去。

但是在离开以前，他必须安葬他的双亲。祖母去世已有三十年，祖父去世也有二十五年，父亲却迟迟没有为他们举行葬礼，总想找到一处能给他自己和他的后代带来好运的风水吉地。同时，六个孩子的生母、他的侧室曹月恒也去世十多年了，还未下葬。他的哥哥联元死于1933年，同样没有入土。战争带来了一种紧迫感，因为停灵的棺木可能在战火中遗失或被损坏，造成尸体被亵渎。在和他年龄最接近的五姐佩琼的帮助下，父亲在杭州郊外买下一块墓地，掘了三个墓穴：一个埋他的父母，一个埋他的哥哥，还有一个埋六个孩子的生母曹月恒。他把曹月恒而不是原配夫人许佩华和他的双亲葬在一起，事实上已公开承认了她作为他的妻子的身份。就在葬礼举行的时候，日本人还在轰炸。

8月28日，星期六，意大利邮船公司（Lloyd Triestino）的"韦尔德伯爵号"（Conte Verde）轮船载着1,042名乘客离开上海港，其中包括我家的9名成员。当时，我母亲已经生了两个孩子，女儿家懿和儿子家驷（Anthony）。这艘11,527吨的海轮刚开出港口，船上的乘客就目睹了一幕悲剧：中国飞机误把美国轮船"胡佛总统号"（President Hoover）当作日本运输舰给炸了。当时，"韦尔德伯爵号"上的乘客看到4架中国飞机出现在他们头顶的天空中，先绕着"韦尔德伯爵号"

飞了一圈，然后朝着"胡佛总统号"飞去，开始投掷炸弹。惊慌失措的乘客们害怕极了，他们担心"韦尔德伯爵号"会成为下一个目标。但是显然，鲜明的白色和奶黄色船体使"韦尔德伯爵号"避免了被轰炸的命运。

"韦尔德伯爵号"死里逃生之后，继续它去香港的三天航程。抵达香港后，它还将取道新加坡、科伦坡、孟买和塞得港，驶往威尼斯、的里雅斯特（Trieste）和布林迪西（Brindisi）。"韦尔德伯爵号"于9月1日抵达香港，船上的乘客和数十万中国难民一起涌入了这块遭到英国殖民统治的土地上。就在第二天，香港遭遇了其近代历史上最大的台风。数千个渔民被淹死，二十七条轮船沉没和搁浅。这时，我们家刚搬进九龙界限街（Boundary Street）上的一幢房子里。然而，台风扫过，屋顶坍了下来。我们家不得不另找住处，这次搬到了亚毕诺道（Arbuthnot Road）。最后，我们才在太平山（Victoria Peak）山腰的罗便臣道（Robinson Road）11A号找到一个公寓作为长期居所。

三个男孩没有在香港住多久，他们在年底到来以前，又回到上海去继续完成他们的学业。虽然战火已经烧遍了上海的大半地区，但是租界暂时还没有受到影响，正始中学还在上课。学校聘请了外国人担任董事，使日本人不敢来干预学校。我的哥哥们在这样不正常的气氛中继续读书，直到1938年年中毕业。当时许多学生都选择了中途退学。家驹和家骏的班里一开始有大约50名学生，到毕业时只剩下18人。

徜徉银河话剧社

虽然国民党军队为保卫上海进行了英勇战斗，但是最终被日军击溃，死伤25万人。

蒋介石以放弃国土来换取时间，国民党军队在训练有素、装备精良的日军面前一再退却。十九岁的家骏在上海无可奈何地眼看日本人占领南京。国民政府先撤退到了汉口，最后行抵四川省，将重庆定为战时首都。

家骏想去重庆参加政府的抗日活动，但是父亲根本不考虑他的要求，要他继续读书。

抑郁不乐的家骏进了大同大学（1912—1952），攻读理科。大同大学和右翼的正始中学极为不同，它与当时上海的大部分地区一样，是政治活动的温床。这里有为日本人、国民党和共产党工作的密探，所有这些人都暗中行动，互相监视和告密。大多数学生是民族主义者，不过，他们中的许多人并不敢公开讲话。因为就是在外国租界里，反日活动也是被禁止的，所以没有反日的公开演讲和集会。国民党和共产党的统一战线还维持着，但是双方谁也不信任谁。

到了1938年年底，日本人已控制了华北的大部分地区和华东、华中的大片土地。他们占领的区域是那么广阔，以至于建立了好几个傀儡政权来帮他们进行统治。这些傀儡政权只能控制主要城市和交通干线，比如铁路，但在农村，特别是各省交界的边缘地带，共产党建立了抗日根据地。

当家骏进入大同大学的时候，共产党的新四军①刚刚在国民政府的许可下组建完成。新四军的活动区域为华中，主要是在苏南，至于苏北则处于国民党军队的控制下。这两支抗日部队分驻长江两边，并没有直接冲突。但是1940年春，新四军决定开辟苏北战场。同年7月28日，共产党的军队在一个叫黄桥的小镇（位于今江苏省泰兴市境内）消灭了一支国民党军队（何克谦的保安第四旅）。国民党调来增援部队（李守维的第八十九军），两军于10月初又在黄桥打了一仗，双方伤亡都很严重。最后，共产党军队歼灭了国民党军队。黄桥战役把国、共两党之间的深刻裂痕公开化了。

1941年1月17日，国民政府指责新四军严重违反军事纪律，下令撤销其番号。不过，共产党没有执行解散命令，而是把原先的六个支队改编为七个正规师。至此，国共两党的合作实际上已经结束。夺取了苏北的新四军成了上海的学生和知识分子心中的一座灯塔。

大学期间，家骏对政治怀有浓厚兴趣，并在学生组织的"银河话剧社"找到了表达的机会。刚开始的时候，家骏很可能并不知道这个社团是一个共产党阵线的组织。因为它只有一个由共产党党员组成的小核心，而且所有公开活动都是用非党员的名义进行的。家骏逐渐成为这个社团的活跃分子，既参加演出，也担任编导，还写作剧本。1939年秋，他成了话剧社的三名领导成员之一。在这三人中，只有一个是地下共产党党员。他们不仅在校内而且在校外进行演出。

大同大学的地下共产党党员留意到了家骏。虽然家骏出身于一个比较富裕的家庭，但是他生活节俭，不玩纸牌，也不打麻将，而且穿着朴素。其中一人回忆家骏说："他非常积极和热情，主要参与反日宣传。他爱国且工作刻苦，是个好同志。"

在实践自己的信仰上，家骏很热忱，也很容易被新的观念吸引。他对别人极富同情心。有一次，当他看到两名警察枪杀了一个强盗时，表达了对被杀害者的同情，说受害者在中枪之后像纸人一样倒下了。

家骏认为所有中国人都应该说国语。由于他自己只会说上海话，就努力学说国语，经常去公园练习。一个月后，他的进步很大，能用国语演戏了。

为爱入党

当时许多地下共产党党员都升到了显要地位，但对家骏影响最大的无疑是一个叫曲瑾（后改名张红）的女子。她是大同大学的中共地下党书记。

身处上海这个国际性城市，许多女大学生都是开通练达、老于世故的。家骏不认为这样的女生可爱，他觉得直率热情的女孩子更有吸引力。曲瑾就是这样的人。曲瑾的父亲是个有钱的银行家，但她不化妆，不烫头，一直都是短发。她非常活泼健谈，还是学校一个刊物的主编。

他们两人常常在一起谈论政治。她推荐了一些政治哲学方面的书籍给他，并对他说抗日不一定非得去重庆，在任何地方都可以从事革命活动。他们经常在上海的马路上散步到深夜，她发表自己的政治见解，他在一旁静静地听着，心中对她产生了爱情。虽然她来家里看过他几次，但是没有家人见过她。父亲自然还在香港，家娟已经出嫁，不住在家里。

家骏起初并不知道曲瑾是共产党党员。对他而言，她是一个志同道合的朋友，是他生命中所追求的爱情对象。

没有任何证据显示她引诱过他继续这份感情。事实上，她可能温和但坚决地让他明白，应该丢开关于爱情的想法，而这可能就是家骏企图服毒自杀的原因。恢复健康之后，他决定按照她的条件接受和她的关系。经她介绍，他加入了地下共产党。

1940年八九月的某一天，家骏在朋友家举行的一个只有其他两三人参加的简单仪式上，正式成为共产党党员。在一间布置朴素、既没有旗帜也没有相片的房间里，他宣誓自愿加入中国共产党，为党的目标奋斗终生，保守党的秘密，决不出卖同志。为了安全起见，没有发给他党员证。

共产党党员从不用党员证来公开证明其党员的身份。事实上，为了尽可能减少损失，由三人组成的党小组和其他小组之间互不联系，党员之间可能也互不相识。这样就能形成一条关系链，即便其中的某个环节暴露了，也不会使其他环节必然遭受相同的命运。当然，这也使得共产党党员很难知道谁可以信任、谁不可以信任，并且当链条中的某个环节被切断后，下层党员要和党的负责部门重新建立联系就变得非常困难。出于这个原因，"文化大革命"期间，许多党员因为他们在20世纪30年代和40年代所采取的一些行动而被监禁。尽管这些行动是党指示的，但是领导过他们的上级要么被捕要么被杀了，没有留下任何纪录，所以他们无法证明这些是事实。

1941年3月，根据党的紧急指示，家骏隐藏了起来。为了避免被捕，他被劝告不要住在家里，所以他搬到了养母严丽真家去住。后来，党组织决定让他离开上海，前往苏北共产党领导的新四军控制区域。

早陨的彗星

1942年年初，只在大同大学读完三年级上半学期的家骏离开了上海。他的养母给了他二百元钱。他和其他学生在往来于日本占领区和共产党控制地区的向导的带领下，通过了日军的封锁线。他们的行动是严格保密的，甚至在同一组内的人互相也不认识。

他从上海坐船沿长江上行，到达长江分成若干狭窄支流的地方。在那里，日军控制着沿江地区，而内陆几乎所有县镇都处在共产党的控制之下。家骏每天步行20公里，继续深入内地。沿路设有共产党的联络站，作为一个新来的同志，他受到了热情接待。他还经过了国、共军队曾两次交火的黄桥镇，然后继续前进，终于到达目的地——新四军的根据地东台县（今江苏省东台市）。

家骏到东台的时候，这个地区的生活条件很差。吃的东西是够的，但除此之外，每人每月只能领到一块钱，用来购买肥皂、手纸一类的生活必需品。养母给他的钱在路上被强盗抢走了，家骏写信给上海的哥哥，哥哥设法给他捎了些钱过去。

在新四军的部队里，家骏不仅接受了一种新的生活方式，而且取了一个新名字，叫作王生白。党员一旦到了共产党控制的"解放区"，通常都要改名换姓。因为在那里，他们以公开的党员身份活动。如果别人知道了他们的真实姓名，他们的朋友会遇到危险，他们原来与党组织的联系也会暴露。

家骏穿上了灰布军服和布鞋，戴上了灰布军帽。他被任命为政治指导员，职责包括：组织文化活动，完成教学任务，进行抗日和拥护共产党的宣传等。

但是家骏不满足把自己局限在宣传教育工作上，他想投身到真正的战斗中去。他在很难得写给上海老同学的一封信里说："我非常高兴，因为今天我用我的金表换到了一把手枪。"这反映出了他当时高昂的斗志。

他与家人、朋友之间的联系，随着局势的发展断断续续，但他能够不时地安排人捎信给家人和以前在银河话剧社的同学。有一天，他的一位从江苏来的同志拜访我父亲，请求经济上的援助。尽管当时父亲已经有好几年没工作了，但他还是把手上的戒指摘下来给了那个人。

家骏带着他的手枪，腰间插着手榴弹，走上了战场。他在苏北参加过几个战役。

1942年秋，他的部队在东台附近和日军打了一场大仗。战斗进行得很顺利，共产党明显占了上风。家骏起身朝一个碉堡里的敌军士兵喊话，叫他们弃械投降，就在这时他被一颗子弹打中，壮烈牺牲。死时他才二十三岁。

我们家在很久以后才得知家骏的死讯。在当时的条件下，新四军无法通知死者的家属。1949年5月，共产党拿下上海的同时，以破竹之势取得了全国性的胜利。家娟期待她的弟弟回来，但所有寻找他的努力都失败了。之后，她在报纸的私人广告栏里刊登了一则寻找他的启事，但是没有得到回音。

三年后，在1952年，家娟收到家骏过去的一位同志的来信，告诉她："家骏同志于1940年冬在苏北参加革命。他是个勇敢的人，不幸在1942年秋的东台县角斜区战役中牺牲。"

家骏被葬在他战死的地方，在一座没有名字也没有任何标志的坟墓里，但他并没有被共产党遗忘。1953年，上海市政府给他的家人颁发了一张证书，颂扬他是为共产主义事业献身的烈士。人们敲锣打鼓地把证书送到家娟家里，纪念这个光荣的日子。

后来，这张证书非常有用。家娟用它证明自己是一位共产党烈士的姐姐，这使她得以克服许多困难。不幸的是，这张证书在后来的政治动乱里丢失了。

虽然家娟知道家骏已死，但是余下的家人，要么在香港要么在美国，被蒙在鼓里许多年。大家相距很远，没能经常通信。

父亲显然也没有发觉家骏的事，直到1957年，家娟一家迁到香港。不过，父亲并没有对家骏去世的消息表现出多大反应，也许是因为这时他已经相当老了，他自己有许多严重问题需要应付，包括他日益恶化的身体和精神上的各种病症。

至于我，家骏死时我还不满两岁，我从来没有见过他。等我长大以后，和我一起生活的亲戚们也不大清楚他究竟出了什么事。直到我担任《华尔街日报》的特派记者回到中国后，我才终于能够肯定我有过这样一个哥哥，他曾是个积极的地下共产党党员，并且在抗日战场上牺牲了宝贵的生命。

【编者注】

① 新四军：1937年10月12日，中国共产党与国民党达成协议，将南方八省的红军游击队改编为国民革命军陆军新编第四军，简称"新四军"。同年12月25日，新四军军部在湖北汉口成立；次年1月6日，移驻江西南昌；4月5日，移驻安徽岩寺。1941年1月6日，由于新四军日益东进和北上，国民党对华中的新四军军部发动突然袭击，致使皖南新四军几乎全军覆没，史称"皖南事变"。1月20日，共产党下令重建新四军军部，至抗战结束后撤销番号。

第二十八章
父亲的晚年

蜗居海隅

我们家搬到香港的第二年,母亲最小的女儿家德出生了。两年后,1940年12月13日,我也呱呱坠地。家德和我都生在跑马地(Happy Valley)的养和医院。由于我的母亲是美国小罗斯福总统(Franklin D. Roosevelt,1882—1945)的崇拜者,她决定给我取个英文名字Frank。

1941年12月7日,我还没有满周岁,日本人轰炸了珍珠港。随之,第二次世界大战的战火蔓延到了太平洋。和偷袭珍珠港几乎同时,几个小时后,日军对香港发动攻击,启德机场和市中心都遭到日机轰炸,同时已在广东省候命的日本陆军也越过了边界。

当居民意识到香港正遭受有史以来的第一次攻击时,全城都陷入了恐惧。惊慌的民众把商店货架横扫一空,大米也断了货。幸亏姐姐家瑛的男朋友买到了一些沙丁鱼罐头和咸牛肉,还有两袋麦片和两袋他误认为是面粉的玉米淀粉。这些食物帮助全家度过了十八天。晚上,所有窗户都拉上了自制的黑窗帘,甚至烛光也不让露出。

到我一岁生日那天,天上落着日本人的炸弹,我和家人为了安全蜷缩在一起。我们对面的楼房中了炸弹,烧成一片瓦砾。父亲觉得我们家太暴露,于是决定先搬到跑马地他的一个朋友家里。由于没有交通工具,我们只能步行过去。全家人在12月16日清晨出发,家瑛背着我,母亲抱着家德,父亲牵着家懿,他的朋友扶着有哮喘病的家驷。我们抵达那个公寓时,里面已经挤满了逃难的人。晚上我们所有人都睡在一间小屋的地板上。

虽然香港的保卫者进行了英勇抵抗,但是这座城市终究没能禁受住日军的持续攻击,到圣诞节那天,港英政府就投降了。耀武扬威的日本兵在大街上走来走去,随便享用食物和女人。城里到处流传着关于抢劫和杀人的消息。

父亲决定还是回自己家更好,于是我们全家又搬回了罗便臣道,大人搀着或抱着孩子,徒步爬上山。家瑛建议,让家里的女人和孩子到她读书的意大利修道院去避难,这所学校离我们家不远。天主教办的几所学校是香港最好的学校,学生不一定要是教徒。家瑛解释说,由于日本和意大利之间的联盟,日本兵不会找修女特别是意大利修女的麻烦。在那里,我们找到了暂时的避风港。

回归上海

到1942年年初,局势稳定了下来。父亲恢复了他在维多利亚城(Victoria City)中环环境幽雅的告罗士打酒店(Gloucester Hotel)喝茶的习惯。有一天,他碰巧遇到了刚从上海来的一个老朋友。这个身材高瘦、神色紧张的人叫徐采臣,和张澹如有姻亲关系,名义上是做纺织品生意的,但实际上,他是和日本人有联系的密探。香港沦陷后不到一个月,他坐日本军用飞机来到香港,帮助在港的中国官员家属迁到重庆去。当时,日军正急需船只,而这个有办法的男人竟能找到一艘载重近一万吨的货轮。他接受了两百名左右乘客，主要是妇女和儿童上船，免费把他们带去上海。虽然上海当时也处于日本的占领下，但是食品供应比香港好。因此，父亲把全家都送上船，他自己则留了下来，让一个朋友——一位带着两个孩子的妇女——先走。他在两个月后才来到上海与我们会合。

那艘货轮挂着一条说明它在执行"撤退难民任务"的横幅，这样就不会遭到盟军飞机的轰炸。由于2月份多风暴天气，海上走了一个多星期。于是，我们在船上克制的气氛中，度过了农历新年。

一回到上海，我们就住到了法租界巨籁达路（Rue Retard）我的外婆秦通理妻子的家里。具有讽刺意味的是，中国人一直都没能取消上海的外国租界，而日本人在珍珠港事件后把军队开了进来，只发动一个突袭就做到了。

现在条约规定的所有通商口岸都处在日本人的占领下，西方列强想要继续享有治外法权便成了泡影。况且，中国已加入同盟国阵营。1943年1月11日，重庆国民政府和英、美两国政府签订了关于取消其在华治外法权的条约。法国当时处在维希（Vichy）政权[①]的统治下，因而受日本影响，与汪精卫伪国民政府（日本在南京扶持的傀儡政权）谈判放弃在华治外法权问题。5月19日，重庆国民政府单方面宣布不再受法国取得治外法权的条约拘束。

外婆住的是秦通理为他自己退休后所准备的一组宅邸中的一座房子。这组宅邸包括一座用铁门围起来的大房子，以及三座西班牙式联排洋房。秦通理当时住在海滨城市青岛，他在那里担任税务局局长，为以王克敏为首的华北政务委员会（原为日本在北平扶持的伪中华民国临时政府，1940年加入汪伪政权后改称）工作。尽管战争带来了无数悲剧，但日本人的占领在某种意义上确实促成了秦通理和他女儿之间的和解。和解是从一桩生意开始的。母亲在外婆的催促下，给外公写了一封信，问她能不能租用他的一所房子。他本可以高价出租给别人，但还是同意把它租给自己的女儿。后来他又约她去青岛，说海风对当时正在犯哮喘病的家驷的健康有好处。

于是，母亲带着家驷和家德去了青岛。在秦通理宣布和她脱离关系整整十年之后，他和他的女儿终于言归于好。他们一起在青岛待了十天，然后去北京看望秦通理的父亲即年迈的秦敦世。母亲也和她的哥哥开华达成部分和解，当她返回上海时，他去车站给她送行。这是他们最后一次见面。

虽然还在战时，但上海并没有真正的战事，生活照常进行着。家瑛上了震旦大学（1903—1952），家懿进了中西女中。父亲没有工作。身为律师，他本来必须到日本人扶持的傀儡政府去注册，但他拒绝承认这个政府。另一些律师要么没有这种顾虑，要么无法承受好几年不工作的经济损失，便开始重新执业了。后来，他们为此吃了苦头。

有一天，父亲接到他最敬重的同行之一、曾经担任上海律师公会会长的张一鹏打来的电话。张一鹏告诉父亲，他已经接受了汪伪政府的司法行政部部长一职，邀请父亲担任他的副部长。他声称想要改善国内监狱的恶劣条件，并说帮助同胞不能算是卖国行为。一向谨慎的父亲以自己身体不好为由，拒绝了他的邀请。

张一鹏确实做了一些努力去改善监狱里疾病丛生的悲惨情况。上任半年后，他从监狱的犯人那里传染上疾病，去世了。抗战结束后，国民政府把他定为汉奸，没收了他的全部财产。

重抄旧业享盛名

1945年，由于秦通理卖掉了他在上海的房产，我们必须另觅住处。父亲认为把家迁出上海比较安全，于是我们搬到了不像上海那样令人注意的苏州。正是在苏州，父亲听到了日本投降的消息。中国人和日本人周旋了八年之久，终于在1945年8月，美军在日本广岛和长崎投下原子弹之后取得了胜利。所有中国人都为自己的国家恢复和平而欢庆。在上海，民众热切地盼望着移驻重庆的"真正的"国民政府归来。

但是，国民党回来对上海人来说并不是一件纯粹的幸事。那些追随政府去了重庆的人被看作忠于党国的公民，所有留下的人则受到了质疑，特别是那些在日军占领时期发达起来的人。许多人被指控为汉奸，这几乎不可避免地意味着他们的全部财产都会被没收。在一定程度上，这让人回想起了1927年的情况，那时候国民党为了榨取上海资本家的钱财，就指控他们为共产党。

总的来说，遭到指控的只有富人，其他的给亲日傀儡政府干过工作的人并没有遇到什么麻烦。对法律界人士而言，政府大规模地审讯"汉奸"给他们提供了发财的机会，因为那些被指控为汉奸的人不仅有钱，而且愿意花钱消灾。

许多面临指控的人都来找我父亲为他们辩护。尽管父亲的经济状况不佳，但他还是坚决地拒绝了所有人，包括那些因丈夫被关了起来而哭哭啼啼跑来委托辩护的妇女。当时，人们用金条和美元来付费，许多有名的律师都高高兴兴地接受了高价聘请。父亲一概谢绝了那样的委托，他说："如果我胜诉，我就害了国家；如果我败诉，我又害了委托人。我宁愿受穷也不愿受到良心的谴责。"其实，父亲在战争一开始就证明了自己是爱国的。1937年7月，为了组织民众抵抗日军侵略，上海各行业团体正式成立了上海市各界抗敌后援会。父亲是这个组织的领导成员之一。

不过，律师也没能逃脱被指控为汉奸的命运。所有律师都必须重新登记。那些在日本占领时期开业的律师被永久地吊销了律师证，我母亲的舅父就是其中一位。她小的时候曾在他家里住过。父亲先后在1946年4月和5月被正式允许在上海地方法院和上海高等法院重新执行律师业务。

被迫赋闲八年之后，父亲又能工作了。很快，他就又成为上海的名律师之一。需要他服务的人当中有他的老朋友杜月笙。杜月笙可能是上海最有势力的人，他在抗日战争爆发以前是上海华商证券交易所的董事长。从 1937 年 8 月 13 日日本人攻打上海开始,交易所就停止了营业。但是日本占领时期,1943 年,汪伪政府强令张慰如等人,在汉口路原证券大楼,主持伪上海华商证券交易所营业。

抗战结束后,伪证券交易所关闭,不少有关人士都被缉拿法办。但是,老的证券交易所并没有重新开业,它的股东一心只想着处理资产,收回他们的投资。国民党当局筹备了一个新的证券交易所——上海证券交易所,由原上海华商证券交易所的股东和中央银行、中国银行、交通银行等合认股份。但是,杜月笙发现他自己被拒在了门外。

杜月笙向父亲请教对策,他想要继续在战后的金融市场占据重要地位。父亲跟另一位律师和两名会计师一起拟定了一个计划。首先要和多方谈判,包括老股东和一些政府部门。然后从经济部获得许可,允许老的证券交易所发行不记名股票,以便像货币一样容易转让。这些不记名股票可以用来赠给新的董事会成员和政府官员,以便取得他们的支持。此外,还通过了一项决议,把老的证券交易所改成一家房地产公司。

最后由这家房地产公司向新的证券交易所投资。结果杜月笙被提名为新的证券交易所董事,实际上当上了它的董事长。

作为报酬的一部分,父亲得到了一个交易所经纪人的位子,这是很多人梦寐以求的。父亲把这个位子给了他的女婿何品衡,何品衡是在战争开始时和家娟成婚的。

豪门恩怨

父亲在这个时期经手的另一桩重要案件,是处理家财万贯的雪拉斯·阿隆·哈同(Silas Aaron Hardoon,又名"欧司·爱·哈同")的财产。哈同是一个伊拉克犹太人,他出生在巴格达,后来随父母迁居印度,在孟买接受了教育,并在那里入了英国国籍。1873 年(清同治十二年），哈同来到香港，后来在上海定居下来，并娶了一个叫罗迦陵（Lisa Loo，本名"罗俪蕤"）的中国女人。刚到上海时，他给著名的沙逊（Sassoon）家族工作，从很低的职位开始干起。积累了一定的积蓄后，他开始自己经商。由于勤奋、精明，再加上运气好，他成了亿万富翁。他在公共租界中心一条以他名字命名的街道（即哈同路［Hardoon Road］，今上海铜仁路）上，为自己和妻子建了一座精致的花园，叫哈同花园（Hardoon Gardens，又名"爱俪园"）。1931年6月19日，他以八十三岁的高龄去世。哈同拥有公共租界和法租界绝大多数的重要地皮，据说他是远东第一富豪，据估计他的财产总价值高达400万英镑。

哈同夫妇没有生育子女，但是收养了许多孩子。夫妻两人签署了两份内容相同的遗嘱，指定对方为自己遗产的唯一继承人。如果继承人也去世，则遗产由养子女分享。其中，哈同生前宠爱的两个养子大卫·乔治·哈同（David George Hardoon）和罗弼·维多·哈同（Reuben Victor Hardoon）分配到了更多份额。遗嘱规定，除了赠予其他养子女的份额及其他开支，剩下的遗产大卫·乔治·哈同得百分之七十，罗弼·维多·哈同得百分之三十。哈同死后，根据遗嘱，他的全部财产由妻子罗迦陵继承。但是，很多自称是哈同亲戚的人，有的远在伊拉克和印度，对哈同的遗嘱提出了异议。争论的焦点在于：究竟应该按照英国法律、中国法律，还是伊拉克法律来处理哈同的遗产？

哈同的堂兄爱士拉·阿道尔·哈同（Ezra Abdullah Hardoon）向英国在华最高法院（1865—1943，设于上海公共租界内）提起诉讼，声称应该按照伊拉克法律处理哈同的遗产。伊拉克法律规定：遗嘱只适用于立遗嘱人的三分之一的财产；对一名继承人有利的遗嘱，不得到其他继承人的同意应视作无效；受遗赠人如果与立遗嘱人的国籍不同，则不能继承。哈同的遗孀既不是英国国籍，也不是伊拉克国籍，而是中国国籍，所以不能继承遗产。对此，罗迦陵的律师们争辩说，哈同已经加入英国国籍，实际上是受英国保护的公民，应该适用英国法律，而且既然英国在中国享有治外法权,哈同的遗嘱就有效,他的中国遗孀就能继承遗产。他们的立场得到了英国在华最高法院的支持。

1937年9月30日,罗迦陵立了一份与旧遗嘱截然不同的新遗嘱。她宣布:旧遗嘱的主要受益人大卫·乔治·哈同"给我带来许多麻烦,他竟然用手枪威胁我,向我要钱",因此"我不再承认他是我的养子"。不过,她并没有完全取消他的继承权,她安排他和其他养子女一样,在年满二十五岁时每人可分得14万元遗产。遗嘱里说:"届时,只有我的委托人按照他们本人绝对自由的判断,认为大卫·乔治·哈同过着有益的、符合道德的生活",他才能获得遗产。

她的大部分财产留给了罗弼·维多·哈同,以及她收养的五个中国儿子——他们都跟她姓罗。

罗迦陵在1941年10月3日去世,大卫·乔治·哈同随即向英国在华最高法院提出民事申请,要求在法律上承认原来的遗嘱有效。哈同家族的大管家姬觉弥,前后两次都被指定为遗嘱执行人,向法庭证实第二份遗嘱是罗迦陵最后认定的遗嘱。但是,案子还没有终结,日军入侵公共租界,使庭审程序突然中断了。

日本占领时期,哈同家族的产业被日本人接管。大卫·乔治·哈同与日本人合作,分给别无其他收入的罗氏兄弟一些钱,于1944年从他们那里拿到了签好字的协议,声明原来的遗嘱是唯一有效的遗嘱。抗战结束后,这起遗产纠纷案的庭审程序也恢复了。罗氏兄弟对大卫·乔治·哈同和罗弼·维多·哈同提出诉讼,企图恢复执行新遗嘱。

我父亲正是在这一阶段参与这个案件的,他担任罗氏兄弟的代理律师。此时,英国已不再享有治外法权,英国在华最高法院也已不复存在。

1945年10月,父亲向上海地方法院递交了诉状,说明了这个案子的复杂历史。他有力地争辩说,日本占领时期所签订的那些协议是在胁迫下达成的,因而无效。父亲宣称大卫·乔治·哈同是一个通敌分子,深得日本人的信任,罗氏兄弟都怕他。而且,罗迦陵曾明白无误地取消了他的继承权,旧遗嘱已为新遗嘱所取代。父亲请求法庭宣告旧遗嘱无效,大卫·乔治·哈同无权继承遗产,1944年签订的协议作废。

当时,罗氏兄弟的经济依然很困难。他们允诺出售两处指定的地产,将变卖所得——无论是现金、股票,还是其他什么——的一部分,并且是父亲所能接受的价钱,来支付他的律师费。不仅如此,他们甚至连法院的诉讼费都付不起。因为他们没有付钱,法院拒绝做出有利于他们的裁决。

为了避免这场官司耗费更多的时日和金钱,他们想要在庭外和解。被邀请出面调停的,是双方都能接受的杜月笙和顾嘉棠。父亲建议为了顾全面子,双方都不要再提两份遗嘱的事,而是集中讨论财产的分割。1946年7月,双方终于达成协议,大部分财产归大卫·乔治·哈同所有,但罗氏兄弟也得到了相当可观的钱财。

1948年10月,父亲收到了办理这个案子的第一笔报酬,因为第一块地已经卖了出去。我不清楚他是否收到了第二块地产变卖后他所应得的那一份,因为不久之后他就离开了上海。

识破时局有先见

虽然父亲在上海的律师业务又兴旺起来了,但他对国家的长远前途是有疑虑的。绝大多数人曾经对未来抱有很大的希望,他们热切地盼望国民政府回来,欢迎政府官员从重庆飞来上海,从日本人手里接管这座城市。

但是现在,这些国民党官员不但不把上海民众当作在日本统治下受过苦难的同胞加以安抚,反而摆出征服者的姿态,把在沦陷区生活过的民众鄙视为有污点的人。日本占领时期毕业的学生必须接受国民党意识形态的特别课程教育;教师必须接受考试,以确定他们对国民党的了解和忠诚。所有在日本占领区生活过的人都被打上了耻辱的标记。

国民党官员自称是爱国的、正直的,但他们的主要目标似乎是获取金条、汽车、房子、女人和面子。他们的种种行为,很快就让支持其统治的主要民众失去了对他们的尊重。

国民党也证明了它没有能力继续治理国家。国家没有一个明确的经济政策,政府靠印钞票来筹集资金,结果造成了可能是世界历史上最严重的一次通货膨胀。人们外出购物得带上成袋的钱,100万元法币不够吃一顿饭。为了稳定金融,政府于1948年发行了所谓的"金圆券"[②]代替法币,金圆券1元可以兑换法币300万元。但是,这一招也失败了。金圆券发行初期,政府一度强制冻结工资(维持在8月上半月的工资率)和物价(维持在8月19日水平),但在市场的作用下不得不解冻,于是又开始新一轮通货膨胀。

父亲很早就对国民党的所作所为感到憎恶了。他曾私下对母亲说,国民党的法律能把任何一个哪怕在沦陷区只吃过一顿饭的人也给判成卖国罪。

1946年年中,父亲告诉母亲,他已经积攒了一些钱,让她选择是在上海买一幢房子还是把全家带到香港去。由于他对母亲一向有极强的占有欲,这次他竟然提出由她独自考虑是否迁居香港,说明他对中国的前途的怀疑到了何等地步。他肯定已经知道国民党和共产党之间的和平是不可能持续下去的,而且国民党会被共产党打败。母亲也早被国民党官员专横跋扈的作风吓坏,所以她决定不再留在上海。

1946年夏,我们又搬家了。母亲带着她的四个孩子——家懿、家驷、家德和我——去香港。在父亲的建议下,正在震旦大学读四年级的家瑛也一起同行。父亲独自留在上海,准备过些时候去和我们会合,但这一拖就拖了两年半之久。家人离开之后,父亲搬到了他设在杜月笙开办的中汇银行大楼里的事务所去住。

知道自己重回律师生涯的时间有限,一定让父亲变得很清醒。他的脑子里自然会浮现出关于死亡和永别家乡的念头,这就可以解释第二年发生的一件事了。父亲的三从兄弟秦金鉴曾经负责管理无锡旅沪同乡会的学堂，当时他到上海来看望他的儿子秦志浩。父亲请他们出去喝咖啡，并对秦金鉴说："我不能再回无锡了。古话说'落叶归根'，现在我给你一颗我的牙齿，请你把它带回去，埋在无锡，就象征我回到了祖籍地。"秦金鉴按照他的话去做了，把那颗牙齿埋在了秦家宗祠的院子里。

在香港，母亲和家瑛为寻找一间公寓和为孩子们报名上学而奔忙。遭到战争破坏的香港当时正闹房荒，母亲经历了许多困难，总算在坚尼地道（Kennedy Road）这个不错的地段找到了住处。但是，这幢房子靠山，我们不得不先爬上一个山坡，然后登上一段很长的台阶才能到达。此外，当时要爬上去还有一个困难，暴雨把山上的泥土冲刷下来挡住了道路，母亲不得不花钱雇来女工，一篮一篮地把泥土运走。

家瑛没有和我们在一起住多久。母亲坚持要她回上海完成学业。母亲自己没有机会上大学，她懂得拿学位对于家瑛有多重要。

我们搬进了一幢三层楼房的底层，和另外一家人合住。我在这所房子里住了十四年。每当我想起我的童年，这所房子就出现在我的记忆里，包括隔壁的聋哑儿童学校，以及因为合用厕所和厨房，我们和邻居之间不时发生的争吵。

荣膺制宪重任

随着抗战结束，国民政府恢复了召开国民大会的准备工作。这次国民大会要正式通过永久性宪法，结束一党专政。1936年已经选出了参加大会的代表，但是因为日本入侵，大会被不定期地延迟了。

抗日战争的八年在官方上讲是国共合作时期，战争一结束，国民政府主席蒋介石就邀请毛泽东到重庆商讨战后国家发展。1945年8月28日，毛泽东率领共产党代表团到重庆与国民政府展开和平谈判。至

10月10日，双方成功签署《政府与中共代表会谈纪要》，又称《双十协定》。会谈纪要涉及多方面的问题，其中心是关于和平建国的基本方针、政治民主化和国民大会。

共产党方面认为原来在国民党主持下选举产生的国民大会代表是亲国民党的，提出要重选代表，但政府方面坚持已经举行过的选举应该被认为是有效的，不过可以合理增加代表的名额。最终双方达成协议，共产党同意承认1936年选出的区域及其职业代表1,200名，国民党同意增选850名新代表（包括台湾、东北等新增各区域及其职业代表150名，党派及社会贤达代表700名），使国民大会的代表总数成为2,050人。

关于"五五宪草"，双方决定成立一个委员会来研讨各条款，并拟出"五五宪草"的修正案提交给国民大会表决。这一切都预示着良好的未来，国民党和共产党似乎终于能够和谐地共事了。

为了在5月5日召开制宪国民大会，筹备工作仍在进行。原先选出来的代表经过资格审查，证明是通过正当选举产生的，就可以取得政府颁发的正式证书。我父亲在3月时收到了他的当选证书。

宪草审议委员会在1946年2月14日召开了第一次会议。但是，会议还在进行当中，国民党中央执行委员会就开会通过了若干决议，看起来仿佛要否定它在政治协商会议③上所做出的主要承诺。这引起了国民党和共产党之间新的争论。结果在4月24日，当许多国民大会代表已经到达首都南京时，政府又一次发出了延期开会的命令。

国民大会最后定于这一年11月15日召开，但是共产党和中国民主同盟④抵制出席会议。原定的2,050名代表中，只有不到1,400人参加了会议。

制宪国民大会开了四十天。律师、会计师、医生和新闻工作者都有自己的业界代表。法律界有十名代表参会，以父亲为首。

11月28日，国民政府主席蒋介石把修改后的宪法草案提交给大会代表审议。每位代表都有机会发表自己的看法。父亲在12月4日的发言中，一如既往地关心人权问题。他说："公民的财产应该受到保护，这一点在第九十一条和十六条都有规定。但是，有必要进一步保障个人的权利，包括有权自由地选择居住地点。我们应该保留'五五宪草'中关于保证公民权利的规定。"

父亲的这个建议被写进了《中华民国宪法》第十条，它规定：

人民有居住及迁徙之自由。

这条规定表面上看起来无足轻重，但在中国，传统做法是每个人都必须向政府登记他的户籍信息。居住权是重要的，甚至在今天的台湾和大陆，每个家庭都必须向政府登记全家每一个成员的姓名。如果有亲戚或朋友要留下过夜，必须向警察申报。（作者撰写此书时，台湾还没有解除戒严，大陆也尚未改革开放。）

蒋介石举行了一系列宴会，轮流邀请代表与他共进午餐或晚餐，一直持续了三天。据父亲讲，在一个宴会上，蒋主席走到正在吃饭的父亲旁边，停下来说："秦律师，你的精神很好哇！你甚至还能啃鸡骨头。"父亲担心蒋介石会邀请他担任什么官职，立即把手伸到嘴里取下假牙说："你看我的牙齿都没有了，全是假的。"

《中华民国宪法》在 12 月 25 日经大会表决通过，定于 1947 年 1 月 1 日由国民政府公布，1947 年 12 月 25 日起正式施行。在推翻清朝统治三十五年之后，中国看起来要进入宪政时期了。

山河变色自放逐

然而，甚至在国民大会开会期间，国民党军队就已经和共产党军队发生了零星战斗，双方都在试探对方的实力和弱点。国民党拒绝解散国民大会，共产党拒绝回到 1946 年 1 月的军事态势。公开的战争已经不可避免，但即便如此，代表中也很少有人会想到：在不到三年的时间里，国民党政府就会被共产党军队赶出中国大陆，他们苦心孤诣所制定的宪法在台湾以外将变得毫无意义。就是在台湾地区，只要政治形势还处在"勘乱"时期，宪法的主要条款是暂时不会执行的。

父亲尽量继续留在上海工作。律师重新登记过后，1948年2月，上海律师公会给他颁发了新的会员证。从北伐后重新登记到此时已经过去二十一年了，新的会员证上的照片可以看出岁月给他留下的痕迹。这是一张老人的脸，两颊凹陷。灰白的头发剪得很短，几乎成了平头，发际线明显高了，但他的眼光依旧犀利，只是已不那么清亮，嘴角显得有点下垂。

到1948年夏天，共产党大军向上海进发。1949年年初，父亲认定去香港的时候到了，便来到香港，与母亲、他俩的孩子和家瑛团聚在了一起。

家瑛在1947年大学毕业后便离开了上海。到香港后，她在中国两大航空公司之一的中国航空公司担任机场地勤。1949年，她离开香港去了美国，是我们家第一个移居美国的成员。她的离家在我的生活中留下一片空虚。身为大姐，她过去常常在星期日带我们出门，先去教堂，然后去吃午饭。甚至在她和男朋友约会时，也经常让我们跟着。她离开香港时我只有八岁，在她刚走之后的几个月里，我常常梦见她回来。

家瑛离开的时候，国民党军队正面临着全面溃败，共产党军队一路向南推进，势不可挡。1949年10月1日，毛泽东在北京宣告："中国人民站起来了！"正式建立了中华人民共和国及其政府。自此，中国在政治上开始分为共产党执政的大陆和国民党执政的台湾。数十年来，两岸的分隔使许多夫妻父子、兄弟姐妹天各一方。

在香港，家瑛工作过的中国航空公司也发生了内讧，分为亲共产党的和亲国民党的两派。11月9日，中国航空公司的10架民用飞机和它的姊妹公司中央航空公司的2架飞机"叛逃"了，未经宣布就飞往共产党控制的地点。两家航空公司的总经理刘敬宜、陈卓林也和驾驶员及部分员工同行。

他们的"叛逃"在香港引发了法律问题。当时，英国还是承认国民党当局的，但共产党立即声称两家航空公司在香港的资产属于中华人民共和国。随后，台湾当局向香港高等法院申请冻结两家航空公司的资产，拿不到薪水的职工提出了停业申请。1950年1月，英国宣布在外交上承认中华人民共和国政府为中国唯一的合法政府，情况随之变得更为复杂了。这起法律纠纷最终以新成立的共产党政府担负起航空公司的责任而告结束。这两家公司没有关闭，但在此后的二十年里一直暂停营业。现在它们已经恢复，但不再是航空公司，而是航空公司的管理机构——中国民用航空总局（CAAC）。

家瑛在赴美以前，帮助母亲把四个孩子都送进了天主教的教会学校。我最早受业于意大利修女，然后是爱尔兰的耶稣会士。父亲对我们毫不关心，只是模模糊糊地知道我们在上学。

到这时，父亲早年的孩子当中，长女家秀已于1949年病故；家娟跟着丈夫品衡和他们的孩子一起留在上海；我们的大哥家驹在上海的一家银行工作；家骏已经战死；第三个儿子家骅有时失业，有时在不同的地方干些杂活。无论怎样，他们都已成年，不再是他的责任。

他的第二群孩子虽然年纪要小得多，但他并没有为我们准备什么。他从上海带出来相当数量的钱款，算得上一笔中等财富，但他不再有经常性收入了。尽管如此，他没有拿这笔钱做一些慎重的投资，而是继续过着放荡不羁的生活，在投机和赌博中挥霍他的钱财。他不时到澳门的赌场去，总是输得精光才回来。也许他认为现在只不过是他生命中的一个插曲，以后他还会恢复他的事业的。

时不我予空悲切

父亲还年轻的时候，曾给自己取过一个号，此后除了在正式场合，他都使用这个号。这个号是"待时"。他总是觉得某一天他的时机会到来，只要他等待就好。他爱上我母亲时，她还是个小女孩，于是他等着她长大。日本占领上海期间，他等了八年，胜利终于到来了。现在大陆由共产党执政，父亲再一次等待着机会。不过有些时候，他一定也认识到他的时间所剩不多了。

父亲在香港也有很多朋友。他一向慷慨，无论是花钱还是花时间，他都很大方，他的朋友们也这样对待他。当他有需要时，常常有这个或那个老朋友送钱给他。当时，有两百万人涌进香港，其中有一些是父亲最亲密的朋友，包括杜月笙和张澹如。他们和父亲一样，宁愿住在这块土地上，也不愿生活在大陆或台湾。

毛泽东曾派章士钊为密使，到香港来劝说像杜月笙那样的知名人士回内地。章士钊是杰出的法学家，也是父亲的好友。根据杜和章会面时在场的人说，他们之间进行过如下对话——

杜："章先生是决定在北平定居了，是吧？"

章："是的。"

杜："章先生是否照旧挂牌做律师？"

章："这个……诚然，共产党执政下是用不着律师的，我不能再挂牌，不过……"

杜："章先生既然不能再做律师，那么，你有什么计划？是否想改行做做生意？"

章："做生意嘛，只怕共产党的制度也不容许。不过，毛主席当面告诉过我，我在内地，一切有他负责。有了毛主席的这一句话，个人的生活种种，那还用得着担心吗？"

杜："啊啊，只是生活不用担心，只是生活不用担心。"

杜月笙决定不回内地。父亲也曾被邀请回去，但他拒绝了，尽管他的老朋友沈钧儒已经被任命为最高人民法院的院长了。父亲的另一个朋友，人称"火柴大王""毛纺业大王"的刘鸿生决定回上海。到1951年，共产党开始实行工商业国有化时，身为资本家的他受到了攻击。

章士钊到北京定居了，不过1970年，他带着比他小三十岁的第四任妻子来到了香港。这位章太太对于嫁给章士钊实际上原是犹豫的，还是父亲劝她与他结的婚。父亲对她说，年龄相差三十岁并不是障碍。直到很多年后我告诉她，她才知道我父亲也娶了一个比他小二十七岁的妻子。

在中华人民共和国成立的最初几年里，出境还是容易的。1951年，我们的大哥家驹突然带着他的同居配偶出现在香港。父亲对他说，他不应该离开有工作的上海，而跑到前途未卜的香港来。况且父亲当时也没有收入。大哥一向是父亲的宠儿，让他回上海一定使父亲很痛苦。

身心俱病，劳燕分飞

20世纪50年代初，家懿和家驹都离开了香港——家懿去了美国，家驹去了法国。就我当时所能看到的情况来说，父亲对这些事并不上心。家驹起程去法国之前，曾给父亲一个"法"字请他拆字。"法"字可以指"法律"，也可以指"法国"，但父亲看了这个字一眼，就说："哦，你要去外国。"他解释说，"法"字左边的偏旁是水，右边的"去"字指出行，合在一起的意思是说家驹要漂洋过海去别的国家。这种分析真神秘，至少我当时是这样认为的。哥哥临行前，父亲对他说，如果他娶个外国老婆，父亲不会介意。后来，哥哥确实这样做了。

母亲既要工作挣钱养家，又要料理家中的大小一切问题。有一次，因为我功课不好，她气恼地把我拽到父亲面前，向他抱怨说我偷懒。父亲气急了，当即脱下一只鞋子，拿它扇我耳光。母亲赶忙制止了他。从此以后，她再也没有让他过问孩子的教育。

这并不是说父亲完全不关心我们。有一天，他看到我和家德在房子外面溜冰，对我们说这很危险，让我们不要再溜了。还有一次，我过生日，他邀了几位朋友在饭店里吃饭，虽然是他付账的，但他告诉客人们是我请的客。他一想到自己最小的儿子已经长大，能请他吃饭了，就十分高兴。

父亲的身体向来不好，现在随着意志消沉，健康也日益恶化。他的视力减退，听力也变差了。他最严重的毛病是肚子疼，但他不肯去看医生，因为他迷信医生会诊断出是癌症。在很多年里，他都时刻抱着一个热水袋来止疼，以至于他肚子上的皮肤到最后都变成了黑色。

他年纪大了以后经常便秘，必须要走很长的路来帮助消化。他还非常怕光。在他的要求下，我把他房里的所有玻璃窗都漆成了绿色，但他还是抱怨光线太强。最后，我不得不把所有窗户都用木板钉上，使他的房间即便在白天也是漆黑一片。他只靠一盏小台灯照明，这盏台灯点着一支五瓦的灯泡，上面覆盖着深绿色的灯罩，以便露出像针尖似的一点光亮。

他那间总是漆黑和肮脏的房间成了老鼠的避风港，尤其还因为他总是到处搁食物。由于父亲出生在鼠年，他不肯加害于它们。有一次，乘他出门，我到他的房里去查看，搬动了家具，始终找不到老鼠的踪影。我坐在床上思索，立即听到了很响的吱吱声，这才发现原来老鼠把父亲的床当成了它们的家，就在床底下搭了窝。父亲终于决定要对付老鼠了，他说他和它们誓不两立。我在他房里放了老鼠夹，夜里听到了可怕的尖叫声，可惜夹住的是我们家的猫。

父亲的精神状况恶化得比他的身体还要糟糕。他患上了被害妄想症，老爱猜疑别人，尤其是对母亲，总说母亲企图害死他。他甚至怀疑我。有一天夜里，我和住在楼上的一个男孩玩手电筒。父亲说我在给什么人打暗号，要放毒气。他说，只是因为他整夜坐着，并用橘子皮放在鼻子上当防毒面具，他才活了下来。

像他这样娶了比自己年轻许多的太太的人，本来就容易嫉妒。现在父亲觉得自己老了，没有用了，便常常指责母亲想把他弄死，这样她就可以再嫁别人。最后，母亲说如果他那样怀疑，那他们最好离婚，她也就没有理由要害死他了。起先父亲极力反对，最后还是同意了。他坚持要亲自起草离婚文件，花了两年时间才完成。文件起草好，父亲和母亲就认为他们已经离婚了，并没有走法律程序。

"离婚"实际上没有带来什么变化。父亲从来都住他自己的房间，"离婚"前是这样，"离婚"后也是。他通常睡到中午才起床，让家德给他念天气预报，然后出去做他的保健散步，经常要到晚上10点或11点才回来。就是晚间散步的时候，他也撑着伞，用来遮挡路灯的光。有很长一段时间，家秀的丈夫吴厚远天天陪他散步，搀扶他爬坡、上台阶。后来，家秀的女儿玲德（Linda）接替了她父亲的工作，因为她的父亲也老了，衰弱了。

有一天，我提出由我陪父亲出去散步。我们走了好几个小时，然后停下来，在他常去的一家饭馆吃午饭。其间，我唯一一次和父亲就我将来的职业进行了交谈。因为他是律师，我鼓起勇气问他："爸爸，你觉得我应该当律师吗？"他马上回答说："不，不，你一定要很精明才能当律师。"

由于我们家在山上，要上一段很长的台阶才能走到。爬那个山坡对父亲来说太吃力了。有时，他觉得特别没有力气，就不回家，去旅馆住几天。他最喜欢的旅馆是位于北角的云华宾馆（Winner House）。当他躺在宾馆的床上时，我和家德就会去看他。

孤独走完人生路

1957年，家娟和品衡带着他们的孩子康国、康华和康美从上海来到了香港。尽管这些孩子是我的外甥、外甥女，但是他们的年纪实际上和我差不多大。康国还比我大五天。他们来了以后，我的生活有意思多了。

家娟到达香港当天,就来看望父亲。虽然家娟很爱父亲,但是父亲却因迷信而疏远她,因为家娟是蛇年生的,蛇是吃老鼠的。

父亲越来越衰弱,也就越来越频繁地住在旅馆里。通常由家德陪着他,睡在他床边的地板上。每次他一咳嗽,她就跳起来,递给他一个里面衬着报纸的加立克香烟罐,当作痰盂。父亲称赞小女儿有孝心,但家德说她之所以反应那么快,是因为她就躺在床边,害怕一口痰会吐在她身上。

即使到生命的最后时期,父亲对他的外表还是很注意的。他染头发,但是染得不够频繁,所以灰白头发还是会露出来。他的脸总是很光滑,不是因为他把胡子刮掉了,而是因为他把它们都拔掉了。他厌恶洗澡,只偶尔用湿毛巾擦身。大概一年他会洗一次蒸汽浴。他让人把热开水倒进浴盆,然后他坐在浴盆边上,让蒸汽包围住他的身体。每次洗完澡后可以看出他一身清爽,精神焕发。

父亲始终没有摆脱被害妄想症。他常常说他在保险箱里留了一封信,指控母亲谋害他,而那封信会在他死后公开。他指责孩子们偏心,他曾告诉我,我有一半属于他,只有一半属于我的母亲。他十分害怕想到死亡,曾对家德说,她无法折寿几年给他真是可惜,因为她还有这么多年好活。

1959年1月27日,七十二岁的父亲被发现死在了床上。他的上半身伏在一张椅子上,显然他是想要起身而未能办到。

我们都非常担心父亲提起过的那封控告母亲的信。在法律上,他一死,他的银行保险箱就要自动封存起来。最后,经过一位有同情心的银行官员的斡旋,我们终于打开了保险箱。不过,里面只有一叠旧信和几瓶药。

当我发现父亲死了的时候,最先有的是一种如释重负的感觉。我觉得他让我们所有人,包括他的妻子和孩子,生活得很艰难。当我拿着死亡证明回家时,远远地看见了家娟,她的脸扭曲着。我原以为她也是为他的去世感到松了一口气,但当我走近后才发现,她是真的悲恸不已。在我只把他看作一个自私自利的老头子，除了麻烦什么也不是的时候，家娟却能爱他到如此程度，使我感到很惊讶。当然，家娟知道处在事业巅峰期的父亲，而我认识的只是他晚年的躯壳。

再回首，亲情犹在

回顾过去的事情，现在我能以一个完全不同的角度去看待父亲了。我想，他是一个非常矛盾的人。他对朋友很忠诚，但却忽视了最亲近的家人。他极其注重原则，但又足够现实地避开了一切政治纠葛。他是一个敢于蔑视传统的浪漫主义者，但对待他心爱的女人却很残忍。他是一位卓越的律师，在中国历史的动乱年代里在事业上取得了很大的成就，但他性格上的弱点，尤其是沉迷于投机和赌博，又使得他为时势所左右，而没能掌握自己的命运。归根结底，他是一个悲剧式的人物。他的人生格言是："害人之心不可有，防人之心不可无。"他把这句话传授给了他的妻子和早年的几个孩子。

父亲的死讯隔了许久才传到他在内地的儿女们那里。父亲生前是否知道他们的下落，这一点很难说。不过，即使他知道，也不会使他最后的日子过得轻松些，因为他的两个孩子都遇到了政治上的麻烦。1957年秋，在新华书店工作的家骅被打成"右派"，送到上海郊区"在劳动中接受再教育"。几个月后，家驹被送往安徽，在公安部的监督下接受劳动改造。他在那里，先当厨师，后来去种菜，最后是做木箱。

两兄弟都是当时政治气候的受害者。1956年，毛主席提出了"百花齐放，百家争鸣"的口号，号召有意见的人把话讲出来。随之暴露出来的对于共产党的大量不满，使毛主席做出了反击右派分子的指示，结果这演变成为一场群众性政治运动，数十万人被打成了"右派"。

父亲去世时，国外很少有人会怀疑中共最高领导层发生了严重分歧。确实在父亲刚身故的几个月里，我们对内地的政治运动并不十分关心。我们有更紧迫的事情要处理，因为我们家正在准备离开香港。父亲死后的几个月内，家德和母亲就离开了。家德去了美国，而母亲则到英属婆罗洲（英国在东南亚的殖民地）去为政府工作。我们都希望能开始新的生活。第二年，我也去了美国。当时脑子里根本没有想过要回中国寻根。

令人难以预料的是，1971年基辛格（Henry Alfred Kissinger，1923— ）秘密访华，几个月后尼克松（Richard Nixon，1913—1994）总统正式访问中国，这使我开始把注意力转向了我的祖国。中美关系解冻使美籍华人能够看望阔别已久的亲人了，这在我心里唤起了了解自己的根底的渴望。那么多年，我从未听到过来自祖先的呼唤，但是，一旦听到了，想要回应就成了心中不可抑制的激情。

【编者注】

① 维希政权：指法国从被纳粹德国击败（1940年7月）起至第二次世界大战期间被盟军解放（1944年9月）止，以贝当（Henri Philippe Pétain，1856—1951）元帅为首脑、赖伐尔（Pierre Laval，1883—1945）为主要策划者，在阿列省（Allier）著名旅游胜地维希建立的傀儡政权，其正式名称为维希法国。维希政权受到纳粹德国保护，仅享有限的自治权。

② 1948年8月19日，为了挽救恶性通货膨胀带来的经济崩溃局面，南京国民政府公布了一系列财政经济法规，其中包括《财政经济紧急处分令》和《金圆券发行办法》，规定自即日起以金圆券为本位币，发行总限额为20亿元，限期（11月20日前）以1比300万的比率兑换法币，并限期强行收兑民间所有金银外币。由于金圆券没有有效的准备金（名义上有5亿美元）做后盾，加上财政赤字激增，政府没有严守限额，发行了更多钞票，结果通货愈加膨胀，金圆券的币值陡降。同年11月11日，国民政府又公布了《修改金圆券发行办法》，宣布发行定额不以20亿元为限而"另以命令之"。至1949年5

月 18 日，金圆券发行总额达 9.8 万亿元，上涨了四千九百多倍，仅 9 个月时间金圆券即成废纸。7 月初，代总统李宗仁在广州发布了改革币制令，决定以银圆券取而代之，限期（9 月 1 日前）以 1 比 5 亿的比率兑换金圆券，结束了金圆券历史。

③ 政治协商会议：抗战胜利后，由中国国民党、中国共产党、其他党派和社会贤达四方面的代表参加的国是会议。为了与 1949 年后召开的中国人民政治协商会议相区分，此次政治协商会议被简称为"旧政协"。1945 年《双十协定》公布后，国民党当局继续"剿匪"。但是，由于国内反战气氛浓厚，美国总统杜鲁门（Henry S. Truman，1884—1972）也发表对华政策声明，并派特使马歇尔（George C. Marshall，1880—1959）来华调停国共争端，国民党在政治上处于不利地位，被迫根据《双十协定》的规定，于 1946 年 1 月 10 日在重庆召开政治协商会议。与会代表共三十八人，其中国民党八人，共产党七人，民主同盟九人，青年党五人，无党派人士九人。蒋介石代表国民政府致开幕辞，宣布政府决定实施四项承诺，包括：人民享有言论及人身自由，各党派享有合法平等权利，推行地方自治并实行普选，释放政治犯。在大会上，国共代表先汇报了停战和重庆谈判的经过。随后各方就改组国民政府、制定施政纲领、整编军队、召开国民大会和修改宪法草案这五个问题展开了激烈争辩。会议于 1 月 31 日闭幕，在五个问题上都达成了协议。不久，国民党发动全面内战，政协决议成为泡影。

④ 中国民主同盟：简称"民盟"。前身为"统一同志建国会"，由中国青年党、国家社会党、第三党、救国会、中华职业教育社、乡村建设协会及无党派人士于 1939 年 10 月成立，1940 年 3 月 19 日在重庆秘密召开成立大会，改名为"中国民主政党同盟"。1944 年 9 月 19 日，为摆脱青年党的影响，在重庆召开全国代表大会，又改名为"中国民主同盟"，选举张澜为主席，成员以个人名义参加，其政治主张是：结束国民党独裁统治，实现民主宪政。1946 年初，民盟和共产党合作促成了政治协商会议的召开。次年 10 月，因拒绝参加国民党包办的国民大会，被国民政府宣布为非法团体。11 月，位于上海的民盟总部被迫解散。1948 年 1 月，沈钧儒等人在香港重建民盟总部，之后宣布接受共产党的领导。1949 年 3 月，民盟总部由香港迁到北京。

附　记

本书追述了我的家族自秦观以后的祖先之事，但是这位北宋词人的先世却鲜为人知。因此，当2015年10月25日扬子晚报（第A9版）上刊登了发现秦观祖父母（秦咏及夫人朱氏）墓志的消息时，着实让我大吃一惊。为墓志撰文的，是秦观的恩师、苏东坡的好友孙觉。墓志上还提供了秦咏的父亲（秦玫）、祖父（秦禹）和曾祖父（秦裕）的名字。突然之间，我们家族又可以上溯五代了，而且秦观的五世祖很有可能生活在宋以前。但是，除了名字，关于他们的生平并没有更多详细说明。新发现的考古信息还对已知的资料提出了质疑，比如秦观兄弟的名字，墓志显示为震、鼎、升、蒙、涣、溢等。不过，中国社会充满了惊喜，未来完全有可能发现更多信息。秦观的后裔都热切期待着这样的新发现。

图书在版编目（CIP）数据

祖先：一个家族的千年故事 /（美）秦家骢著；舒逊，曼予译. — 北京：北京联合出版公司，2016.10（2017.7 重印）

ISBN 978-7-5502-8429-6

Ⅰ. ①祖… Ⅱ. ①秦… ②舒… ③曼… Ⅲ. ①家族—史料—中国 Ⅳ. ① K820.9

中国版本图书馆 CIP 数据核字 (2016) 第 197731 号

Ancestors: The story of China told through the lives of an extraordinary family
by Frank Ching
Copyright © Frank Ching 1988, 2009
The revised and updated edition was first published by Rider Books, an imprint of Ebury Publishing. A Random House Group Company.
The edition arranged with Ebury Publishing through Big Apple Agency, Inc., Labuan, Malaysia.
Simplified Chinese edition copyright: 2016 Ginkgo (Beijing) Book Co., Ltd.
All rights reserved.
本书中文简体版权归属于银杏树下（北京）图书有限责任公司。
北京市版权局著作权合同登记号　图字 01-2016-6857

祖先：一个家族的千年故事

作　　者：[美]秦家骢
译　　者：舒逊　曼予
选题策划：后浪出版公司
出版统筹：吴兴元
特约编辑：周　茜
责任编辑：李　伟
营销推广：ONEBOOK
装帧制造：墨白空间·陈威伸

北京联合出版公司出版
（北京市西城区德外大街 83 号楼 9 层　100088）
北京京都六环印刷厂印刷　新华书店经销
字数 450 千字　655 毫米 × 1000 毫米　1/16　33.5 印张　插页 36
2016 年 10 月第 1 版　2017 年 7 月第 2 次印刷
ISBN 978-7-5502-8429-6
定价：68.00 元

后浪出版咨询(北京)有限责任公司 常年法律顾问：北京大成律师事务所　周天晖 copyright@hinabook.com
未经许可，不得以任何方式复制或抄袭本书部分或全部内容
版权所有，侵权必究
本书若有质量问题，请与本公司图书销售中心联系调换。电话：010-64010019